中文社会科学引文索引（CSSCI）来源集刊

民间法

FOLK LAW

第30卷

主　　编·谢　晖　陈金钊
执行主编·彭中礼

中南大学法学院 主办

中国出版集团有限公司
研究出版社

图书在版编目 (CIP) 数据

民间法 . 第 30 卷 / 谢晖 , 陈金钊主编 . --
北京 : 研究出版社 , 2023.4
ISBN 978-7-5199-1466-0

Ⅰ . ①民… Ⅱ . ①谢… ②陈… Ⅲ . ①习惯法
- 中国 - 文集 Ⅳ . ① D920.4-53

中国国家版本馆 CIP 数据核字 (2023) 第 067970 号

出 品 人：赵卜慧
出版统筹：丁　波
责任编辑：张立明

民间法（第30卷）
MINGJIANFA（DI 30 JUAN）
谢　晖　陈金钊　主编
研究出版社 出版发行
（100006　北京市东城区灯市口大街100号华腾商务楼）
北京建宏印刷有限公司印刷　新华书店经销
2023年3月第1版　2023年3月第1次印刷
开本：787mm × 1092mm　1/16　印张：33.5
字数：706千字
ISBN 978-7-5199-1466-0　定价：128.00元
电话（010）64217619　64217652（发行部）

总　序

在我国，从梁治平较早提出“民间法”这一概念起算，相关研究已有25年左右的历程了。这一概念甫一提出，迅即开启了我国民间法研究之序幕，并在其后日渐扎实地推开了相关研究。其中《民间法》《法人类学研究》等集刊的创办，一些刊物上“民间法栏目”的开办，“民间法文丛”及其他相关论著的出版，一年一度的“全国民间法/民族习惯法学术研讨会”、中国人类学会法律人类学专业委员会年会、中国社会学会法律社会学专业委员会年会、中国法学会民族法学专业委员会年会等的定期召开，以及国内不少省份民族法学研究会的成立及其年会的定期或不定期召开，可谓是相关研究蓬勃繁荣的明显标志和集中展示。毫无疑问，经过多年的积累和发展，我国民间法研究的学术成果，已经有了可观的量的积累。但越是这个时候，越容易出现学术研究“卡脖子”的现象。事实正是如此。一方面，“民间法”研究在量的积累上突飞猛进，但另一方面，真正有分量的相关学术研究成果却凤毛麟角。因此，借起草“《民间法》半年刊总序”之机，我愿意将自己对我国当下和未来民间法研究的几个“看点”（这些思考，我首次通过演讲发表在2020年11月7日于镇江召开的“第16届全国民间法/民族习惯法学术研讨会”上）抛出来，作为引玉之砖，供同仁们参考。

第一，民间法研究的往后看。这是指我国的民间法研究，必须关注其历史文化积淀和传承，即关注作为历史文化积淀和传承的民间法。作为文化概念的民间法，其很多分支是人们社会生活长期积累的结果，特别是人们习常调查、研究和论述的习惯法——无论民族习惯法、地方习惯法、宗族习惯法，还是社团习惯法、行业习惯法、宗教习惯法，都是一个民族、一个地方、一个宗族，或者一个社团、一种行业、一种宗教在其历史长河中不断积累的结果。凡交往相处，便有规范。即便某人因不堪交往之烦而拒绝与人交往，也需要在规范上一视同仁地规定拒绝交往的权利和保障他人拒绝交往的公共义务。当一种规范能够按照一视同仁的公正或“正义”要求，客观上给人们分配权利和义务，且当这种权利义务遭受侵害时据之予以救济时，便是习惯法。所以，民间法研究者理应有此种历史感、文化感或传统感。应当有“为往圣继绝学”的志向和气概，在历史中观察当下，预见未来。把史上积淀的民间法内容及其作用的方式、场域、功能，其对当下安排公共交往、组织公共秩序的意义等予以分门别类，疏证清理，发扬光大，是民间法研究者责无旁贷的。在这方面，我国从事民族习惯法，特别是从史学视角从事相关研究的学者，已经做了许多值得赞许的工作，但未尽之业仍任重道远。其他相关习惯法的挖掘整理，虽有零星成果，但系统地整理研究，很不尽人意。因之，往后看的使命绝没有完成，更不是过时，而是必须接续既往、奋力挖掘的民间法学术领域。

第二，民间法研究的往下看。这是指我国的民间法研究，更应关注当下性，即关注当代社会交往中新出现的民间法。民间法不仅属于传统，除了作为习惯（法）的那部分民间法之外，大多数民间法，是在人们当下的交往生活中产生并运行的。即便是习惯与习惯法的当下传承和运用，也表明这些经由历史积淀所形成的规则具有的当下性或当下意义。至于因为社会的革故鼎新而产生的社区公约、新乡规民约、企业内部规则、网络平台规则等，则无论其社会基础，还是其表现形式和规范内容，都可谓是新生的民间法。它们不但伴随鲜活的新型社会关系而产生，而且不断助力于新社会关系的生成、巩固和发展。在不少时候，这些规范还先于国家法律的存在，在国家法供给不及时，以社会规范的形式安排、规范人们的交往秩序。即便有了相关领域的国家法律，但它也不能包办、从而也无法拒绝相关新型社会规范对人们交往行为的调控。这在各类网络平台体现得分外明显。例如，尽管可以运用国家法对网络营运、交易、论辩中出现的种种纠纷进行处理，但在网络交往的日常纠纷中，人们更愿意诉诸网络平台，运用平台内部的规则予以处理。这表明，民间法这一概念，不是传统规范的代名词，也不是习惯规范的代名词，而是包括了传统规范和习惯规范在内的非正式规范的总称。就其现实作用而言，或许当下性的民间法对于人们交往行为的意义更为重要。因此，在当下性视角中调查、整理、研究新生的民间规范，是民间法研究者们更应努力的学术领域。

第三，民间法研究的往前看。这是指我国的民间法研究，不仅应关注过去、关注当下，而且对未来的社会发展及其规范构造要有所预期，发现能引领未来人们交往行为的民间法。作为“在野的”、相对而言自生自发的秩序安排和交往体系，民间法不具有国家法那种强规范的可预期性和集约性，反之，它是一种弱规范，同时也具有相当程度的弥散性。故和国家法对社会关系调整的“时滞性”相较，民间法更具有对社会关系“春江水暖鸭先知”的即时性特征。它更易圆融、自然地适应社会关系的变迁和发展，克服国家法在社会关系调整中过于机械、刚硬、甚至阻滞的特点。惟其如此，民间法与国家法相较，也具有明显地对未来社会关系及其规范秩序的预知性。越是面对一个迅速变革的社会，民间法的如上特征越容易得到发挥。而我们所处的当下，正是一个因科学的飞速发展，互联网技术的广泛运用和人工智能的不断开发而日新月异的时代。人类在未来究竟如何处理人的自然智慧和人工智能间的关系？在当下人工智慧不断替代人类体力、脑力，人们或主动亲近人工智慧，或被迫接受人工智慧的情形下，既有民间法是如何应对的？在人类生殖意愿、生殖能力明显下降的情形下，民间法又是如何因应的……参照民间法对这些人类发展可以预知的事实进行调整的蛛丝马迹，如何在国家法上安排和应对这些已然呈现、且必将成为社会发展事实的情形？民间法研究者对之不但不能熟视无睹，更要求通过其深谋远虑的研究，真正对社会发展有所担当。

第四，民间法研究的往实看。这是指我国的民间法研究，应坚持不懈地做相关实证研究，以实证方法将其做实、做透。作为实证的民间法研究，在方法上理应隶属于社会学和人类学范畴，因此，社会实证方法是民间法研究必须关注并运用的重要工具。无论社会访谈、调查问卷，还是蹲点观察、生活体验，都是研究民间法所不得不遵循的方法，否则，民间法研究就只能隔靴搔痒，不得要领。在这方面，近20年来，我国研究民间法，特别是研究民族习惯法的一些学者，已经身体力行地做了不少工作。但相较社会学、人类学界的研究，民间法研究的相关成果还远没有达到那种踏足田野、深入生活的境地。绝大多数实证研究，名为实证，但其实证的材料，大多数是二手、甚至三手的。直接以调研获得的一手材料为基础展开研究，虽非没有，但寥若晨星。这势必导致民间法的实证研究大打折扣。这种情形，既与法学学者不擅长社会实证的学术训练相关，也与学者们既没有精力，也缺乏经费深入田野调研相关，更与目前的科研评价体制相关——毕竟扎实的社会学或人类学意义上的实证，不要说十天数十天，即便调研一年半载，也未必能够成就一篇扎实的、有说服力的论文。因此，民间法研究的往实看，绝不仅仅是掌握社会学或人类学的分析方法，更需要在真正掌握一手实证材料的基础上，既运用相关分析工具进行分析，又在此分析基础上充实和完善民间法往实看的方法，甚至探索出不同于一般社会学和人类学研究方法的民间法实证研究之独有方法。

第五，民间法研究的往深看。这是指我国的民间法研究，要锲而不舍地提升其学理水平。这些年来，人们普遍感受到我国的民间法研究，无论从对象拓展、内容提升、方法运用还是成果表达等各方面，都取得了显著的成就，但与此同时，人们又存有另一种普遍印象：该研究在理论提升上尚不尽如人意，似乎这一领域，更“容易搞”，即使人们没有太多的专业训练，也可以涉足，不像法哲学、法律方法、人权研究这些领域，不经过专业训练，就几乎无从下手。这或许正是导致民间法研究的成果虽多，但学理深度不足的主要原因。这尤其需要民间法研究在理论上的创新和提升。我以为，这一提升的基点，应锚定民间法学术的跨学科特征，一方面，应普及并提升该研究的基本理念和方法——社会学和人类学的理念与方法，在研究者能够娴熟运用的同时，结合民间法研究的对象特征，予以拓展、提升、发展。另一方面，应引入并运用规范分析（或法教义学）方法和价值分析方法，以规范分析的严谨和价值分析的深刻，对民间法的内部结构和外部边界予以深入剖析，以强化民间法规范功能之内部证成和外部证成。再一方面，在前述两种理论提升的基础上，促进民间法研究成果与研究方法的多样和多元。与此同时，积极探索民间法独特的研究方法、对象、内容、范畴等，以资构建民间法研究的学术和学科体系——这一体系虽然与法社会学、法人类学、规范法学有交叉，但绝非这些学科的简单剪裁和相加。只有这样，民间法研究往深看的任务才能有所着落。

第六，民间法研究的比较（往外）看。这是指我国的民间法研究，不仅要关注作为非制度事实的本土民间法及其运行，而且要眼睛向外，关注域外作为非正式制度事实的民间法及其运行，运用比较手法，推进并提升我国的民间法研究。民间法的研究，是法律和法学发展史上的一种事实。在各国文明朝着法治这一路向发展的过程中，都必然会遭遇国家法如何对待民间法的问题，因为国家法作为人们理性的表达，其立基的直接事实基础，就是已成制度事实的非正式规范。随着不同国家越来越开放性地融入世界体系，任何一个国家的法制建设，都不得不参照、尊重其他国家的不同规范和国际社会的共同规范。因此，民间法研究的向外看、比较看，既是国家政治、经济、文化关系国际化，人民交往全球化，进而各国的制度作用力相互化（性）的必然，也是透过比较研究，提升民间法学术水平和学术参与社会之能力的必要。在内容上，比较研究既有作为非正式制度事实的民间法之比较研究，也有民间法研究思想、方法之比较研究。随着我国学者走出国门直接观察、学习、调研的机会增加和能力提升，也随着国外学术思想和学术研究方法越来越多地引入国内，从事比较研究的条件愈加成熟。把国外相关研究的学术成果高质量地、系统地迻译过来，以资国内研究者参考，积极参与国际上相关学术活动，组织学者赴国外做专门研究，成立比较研究的学术机构，专门刊发民间法比较研究的学术专栏等，是民间法研究比较看、向外看在近期尤应力促的几个方面。

当然，民间法研究的关注路向肯定不止如上六个方面，但在我心目中，这六个方面是亟须相关研究者、研究机构和研究团体尽快着手去做的；也是需要该研究领域的学者们、研究机构和研究团体精诚团结、长久攻关的事业。因此，在这个序言中，我将其罗列出来，并稍加展开，冀对以后我国的民间法研究及《民间法》半年刊之办刊、组稿能有所助益。

创刊于2002年的《民间法》集刊，从第1卷到第13卷一直以“年刊”的方式出版。为了适应作者及时刊发、读者及时阅读以及刊物评价体系之要求，自2014年起，该集刊改为半年刊。改刊后，由于原先的合作出版社——厦门大学出版社稿件拥挤，尽管责任编辑甘世恒君千方百计地提前刊物的面世时间，但结果仍不太理想。刊物每每不能按时定期出版，既影响刊物即时性的传播效果，也影响作者和读者的权利。《民间法》主编与编辑收到了不少作者和读者对此的吐槽。为此，经与原出版社厦门大学出版社及甘世恒编辑的商量，从2020年第25卷起，《民间法》将授权由在北京的研究出版社出版。借此机会，我要表达之前对《民间法》的出版给予鼎力支持的山东人民出版社及李怀德编审，济南出版社及魏治勋教授，厦门大学出版社及甘世恒编审的诚挚感谢之情；我也要表达对《民间法》未来出版计划做出周备规划、仔细安排的研究出版社及张立明主任的真诚感谢之意。期待《民间法》半年刊作为刊载民间法学术研究成果的专刊，在推进我国民间法研究上，责无旁贷地肩负起其应有的责任，也期待民间法研究者对《民间法》半年刊一如既往地予以宝贵的帮助和支持！

是为序。

陇右天水学士　谢　晖

2020年冬至序于长沙梅溪湖寓所

原　序

自文明时代以来，人类秩序，既因国家正式法而成，亦藉民间非正式法而就。然法律学术所关注者每每为国家正式法。此种传统，在近代大学法学教育产生以还即为定制。被谓之人类近代高等教育始创专业之法律学，实乃国家法的法理。究其因，盖在该专业训练之宗旨，在培养所谓贯彻国家法意之工匠——法律家。

诚然，国家法之于人类秩序构造，居功甚伟，即使社会与国家分化日炽之如今，前者需求及依赖于后者，并未根本改观；国家法及国家主义之法理，仍旧回荡并主导法苑。奉宗分析实证之法学流派，固守国家命令之田地，立志于法学之纯粹，其坚定之志，实令人钦佩；其对法治之为形式理性之护卫，也有目共睹，无须多言。

在吾国，如是汲汲于国家（阶级）旨意之法理，久为法科学子所知悉。但不无遗憾者在于：过度执著于国家法，过分守持于阶级意志，终究令法律与秩序关联之理念日渐远离人心，反使该论庶几沦为解构法治秩序之刀具，排斥法律调节之由头。法治理想并未因之焕然光大，反而因之黯然神伤。此不能不令人忧思者！

所以然者何？吾人以为有如下两端：

一曰吾国之法理，专注于规范实证法学所谓法律本质之旨趣，而放弃其缜密严谨之逻辑与方法，其结果舍本逐末，最终所授予人者，不过御用工具耳（非马克斯·韦伯“工具理性”视角之工具）。以此“推进”法治，其效果若何，不说也知。

二曰人类秩序之达成，非惟国家法一端之功劳。国家仅藉以强制力量维持其秩序，其过分行使，必致生民往还，惶惶如也。而自生于民间之规则，更妥帖地维系人们日常交往之秩序。西洋法制传统中之普通法系和大陆法系，不论其操持的理性有如何差异，对相关地方习惯之汲取吸收，并无沟裂。国家法之坐大独霸，实赖民间法之辅佐充实。是以19世纪中叶、特别20世纪以降，社会实证观念后来居上，冲击规范实证法学之壁垒，修补国家法律调整之不足。在吾国，其影响所及，终至于国家立法之走向。民国时期，当局立法（民法）之一重大举措即深入民间，调查民、商事习惯，终成中华民、商事习惯之盛典巨录，亦成就了迄今为止中华历史上最重大之民、商事立法。

可见，国家法与民间法，实乃互动之存在。互动者，国家法借民间法而落其根、坐其实；民间法藉国家法而显其华、壮其声。不仅如此，两者作为各自自治的事物，自表面看，分理社会秩序之某一方面；但深究其实质，则共筑人间安全之坚固堤坝。即两者之共同旨趣，在构织人类交往行动之秩序。自古迄今，国家法虽为江山社稷安全之必备，然与民间法相须而成也。此种情形，古今中外，概莫能外。因之，此一结论，可谓“放之四海而皆准”。凡关注当今国家秩序、黎民生计者，倘弃民间法及民间自生秩序于不顾，即令有谔谔之声，皇皇巨著，也不啻无病呻吟、纸上谈兵，终其然于事无补。

近数年来，吾国法学界重社会实证之风日盛，其中不乏关注民间法问题者。此外，社会学界及其他学界也自觉介入该问题，致使民间法研究蔚然成风。纵使坚守国家法一元论者，亦在认真对待民间法。可以肯定，此不惟预示吾国盛行日久之传统法学将转型，亦且表明其法治资源选取之多元。为使民间法研究者之辛勤耕耘成果得一展示田地，鄙人经与合作既久之山东人民出版社洽商，决定出版《民间法》年刊。

本刊宗旨，大致如下：

一为团结有志于民间法调查、整理与研究之全体同仁，共创民间法之法理，以为中国法学现代化之参照；

二为通过研究，促进民间法与官方法之比照交流，俾使两者构造秩序之功能互补，以为中国法制现代化之支持；

三为挖掘、整理中外民间法之材料，尤其于当代特定主体生活仍不可或缺、鲜活有效之规范，以为促进、繁荣民间法学术研究之根据；

四为推进民间法及其研究之中外交流，比较、推知相异法律制度的不同文化基础，以为中国法律学术独辟蹊径之视窗。

凡此四者，皆须相关同仁协力共进，始成正果。故鄙人不揣冒昧，吁请天下有志于此道者，精诚团结、互为支持，以辟法学之新路、开法制之坦途。倘果真如此，则不惟遂本刊之宗旨，亦能致事功之实效。此乃编者所翘首以待者。

是为序。

陇右天水学士　谢　晖

公元2002年春

目　录　　民间法（第30卷）

制度分析

实证分析

域外经验

学理探讨

语言的模糊性与法律正义问题解构*

黎四奇　李琴琴**

摘　要　语言与思想具有同构性，语言不仅是存在的家园，同时也是人类通向平等与自由等共生共存价值不可或缺的工具。语言不仅影响，甚至是决定法律是什么，同时也直接主导着正义的内涵与正义实现的途径。事实上，法律是人类语言的产物，而非自然客体的产物。法律、正义并非一个单纯的规则问题，其更是一个语言问题。法律学即语言学，法律与正义即是一种语言的机制与系统。虽然我们意图通过语言对法律与正义进行裁断，但是任何人都不可能做到准确的裁剪。人们自以为自由，但是却无往不在于语言开放性的枷锁之中。语言及其模糊性不仅能使人们对法律与正义有一个客观且理性的认识，同时更能使人们洞察法律改良与正义维系的基本路径。

关键词　语言模糊性　法律　正义

对于法律人而言，正义是一个永恒不变的主题，因为正义代表着良知与底线，为百德之和，是一个政治、法律与哲学的综合性范畴。法律旨在实现正义，但是其必须走一条语言的路线，因为我们存在于一个语言的世界，法律与正义必须通过语言进行表达，“法律语言是贯穿于法律的制定、研究和运用过程的语言文字表意系统”。[①] 语言的精准表达直接关系到社会中每一个人的财产、自由与生命等利益的确认与保障。然而，无论人类如何殚精竭虑，语言模糊性及因此而生的不确定性是法律与正义的基本特征。当下，为了求知，人们越来越对抽象思维表现出浓厚的旨趣。当认知世界的语言越来越虚幻不定，我们也必定离我们所处的世界，离我们的家园渐行渐远。为了追求理性，我们套用自然科学的

---

* 教育部重大攻关项目“科学构建数据治理体系研究”（项目批准号：21JZD036）

** 黎四奇，法学博士，湖南大学（法学院）教授，博士生导师；李琴琴，湖南大学（法学院）博士研究生。

① 刘红婴：《法律语言学》，北京大学出版社2003年版，第9页。

做法将法律贴上了科学的标签，但问题是法律可以像“1+1=2”那样被证伪吗？如果不是，法律正义就自然成了一个假命题。法律文明下，由字词所组成句的法律规范最终要屈从于解释者的评价。客观上，从语言的角度，而不单从规范的角度来考察正义，不仅是一个方法论问题，更是一个法律与正义的真实性问题。

一、语言的基本范畴：法律正义实现的基础

虽然我们无时无刻不被司空见惯的语言所包围，但是根据黑格尔的“熟知并非真知”的观点，如果我们突然诘问一下什么是语言时，可能就要遭遇一个奥古斯丁式的尴尬，即“什么是时间？若无人问我，我便知道，若要我向询问者解释，我便不知道”。① 现时下，经过数代人的艰辛努力，法律的知识已博大精深，但一个事实是，在法律恢宏的殿堂中，无论是哪一种法律理念、法律制度、法律文件及每一条规范，还是具体的法律适用，脱离了语言，其都将是无源之水与无本之木。这也决定了无论是在法学理论的探索中，还是在法律实务中，法律人应先盯住的是字与词，而不是成品的规则。从这个角度看，与其说法律人从事的是一项神圣的正义事业，倒不如说他们一生实际上都是在与字词打交道。在法律正义的事业中，以下洞见具有启迪性，即若法律人不弄清语言的意义，那么其就没有资格讨论法律问题。在哲学层面，最简单的东西往往是最本质与最复杂的。人类思想的进步与超越多源于对常识的突破。是故，为了尽可能地接近真理，我们必须将语言作为撬动法律与正义世界的支点。

（一）语言：一个认识论的问题

对我们而言，语言似乎是一个过于平常的常识性问题，“也许由于太平淡无奇了，我们对语言很少注意，把它只看得像呼吸或者走路那样理所当然的事”。② 无论是在理论研究，还是在具体的实践中，语言观念影响，甚至决定研究者所要使用的研究方法及语义的现实解释。也正因为如此，在法律学中，人们多认为，谁占有法律语言，谁就占有相关的资源与利益。在种类繁多的知识跋涉中，准确地对语言进行定义是一个既非常重要，又颇具有挑战性的前置性问题。“语言是什么？这是语言研究的首要问题。所有与语言研究有关的其他问题，诸如语言研究的理论，语言研究的目标，语言研究的范畴，语言研究的途径，语言研究的方法，语言研究的重点，语言研究的结果，乃至语言政策的制订等，都建立在对语言是什么这个根本问题的基础上进行的。”③

思想家斯宾诺莎曾言：如果你不想做，那么就要去找一个借口；如果你想做，那么就要去找一个方法。为了对研究对象的解读寻找一个与众不同的突破口，学者们都会不惜余

① ［古罗马］奥古斯丁：《忏悔录》，周士良译，商务印书馆2015年版，第17页。
② ［美］布龙菲尔德：《语言论》，袁家骅等译，商务印书馆1980年版，第1页。
③ 潘文国：《语言的定义》，载《华东师范大学学报》（社会科学版）2001年第1期。

力地去寻觅一个全新的角度，这也表明在深一脚与浅一脚的理论掘进中，方法论问题举足轻重。对此，埃利希认为："一切研究之要务在于寻找到与其对象相适应的某种研究方法。故此，一些伟大学者的一生都花在寻求方法上；方法一旦找到，工作就可以完全由下面的人力来进行。"① 为了揭开语言的"庐山真面目"，语言学的研究者已积累了眼花缭乱的多种学说，贡献了他们对语言理解的智慧。对此，作如下说明。

工具论：该论将语言视为一种交流与沟通的手段，这一见解得到了许多人的支持，如"语言是言语社区的沟通和认同工具"②"从语言本身的结构来说，语言是由词汇和语法构成的系统。这个系统中的每个成分即每个语言成分都由声音和意义两个方面构成的。就语言的基本职能来说，语言首先是交际工具，而且是思维工具"③"语言是表情达意达到互相理解的工具，是交际工具"④"语言是人类最重要的交际工具。人们利用它来互相交际、交流思想、达到互相了解的目的。语言是同思维直接联系的，它是思维的工具，思想的直接现实，是人区别于其他动物的本质特征之一。语言是以语音为物质外壳、以词汇为建筑材料、以语法为结构规律而构成的体系"⑤"语言是工具，同时又是思维的辅助形式，它使人类既能了解自己，又可彼此交流，从而形成了社会"。⑥

符号论：该说将语言视为一种音义结合而成的符号系统，该流派以语言学者索绪尔为代表，其认为，语言是一个系统，其具有自己固有的秩序，其不仅是一个分类的体系，同时也是一个自足性的结构系统。该观点在语言学研究中具有广泛的市场，学者们援用不同的措辞作了许多雷同性的阐述，如"语言是人类用于交际、思维和文化传承的最为重要的符号体系"⑦"语言是作为人类交际工具的音义结合的符号系统"⑧"语言是表达思想的符号体系"⑨"语言是人的具有社会交往性的特殊的意指符号系统。或者说，语言是人们借助于特定的意指符号系统进行社会交往的活动"。⑩

系统论：该说认为语言是一个结构复杂的系统，其关键词在于系统。如有人认为："语言是一个系统，是被系统地组织起来并按照编码规则运作的，说话人就能以一些为数很少的基本成分，先组成个别的符号，再组成成组的符号，最后是无限的话语，而听话人

① Eugen Ehrlich, *Grundlegung der Soziologie des Rechts*, Dritte Auflag, Duncker & Humblot/Berlin 1967, S. 5.

② 徐大明：《语言是交流和认同的工具》，载《语言战略研究》2018年第2期。

③ 高名凯主编：《语言学概论》，中华书局1963年版，第16－34页。

④ 葛本仪主编：《实用中国语言学词典》，青岛出版社1992年版，第1页。

⑤ 胡裕树主编：《现代汉语》，上海教育出版社1984年版，第1页。

⑥ J. Vendryes, *Language－A Linguistic Introduction to History*, trans. by Paul Radin, Kegan Paul, Trench, Trubner & Co. Ltd. (1925), p. 1.

⑦ 李宇明等：《中国语言生活状况报告（2005）》，商务印书馆2006年版，第1页。

⑧ 戚雨树等：《语言学百科词典》，上海辞书出版社1993年版，第444页。

⑨ 束定芳等：《现代外语教学》，上海外语教育出版社1996年版，第21页。

⑩ 钱伟量：《语言与实践》，社会科学文献出版社2003年版，第266页。

能辨别他所说的一切，因为在他身上也存在着同样的系统”① “语言是一个复杂的习惯系统”② “语言是任意性的声音和声音系列所组成的结构系统，用来在某一人类社团内部进行人际交流，它还可以相当完备地记录事物、事件和人类环境的其他种种”。③

评：人所看到的现象很有可能是假象。怀疑论者休谟即认为：我们的观念不可能超越我们的经验。凡在理智之中的，无不在感觉之中。“思想中的一切材料都是由外部的或内部的感觉来的。人心和意志所能为力的，只是把它们加以混合和排列罢了。”④ 对于客观事物究竟是什么，物自体论者康德的观点是，我们人所听到的、看到的、感觉到的一切，都已被深深地打上了主观框架的烙印，都只是现象，而不是事物本身，所以如果要了解真相，就必须进行心灵的转向，即从现象转向理念。之所以作如此阐述，其意在于说明，虽然就人类已有的经验及当下的文明水平而言，语言似乎是一个人人皆知的问题，但是若我们本着认死理的执拗，以探其究竟时，则不难感觉到不在我们思考范围内的语言却是一个十分棘手的、哥德巴赫性的难题。在语言学的研究中，人们都力图执牛耳般地去说明语言是什么，但是他们都难以穷尽这一简单问题的本质。

在语言真理性知识的探究中，人们从自然性、社会性、历史性或分立或综合等视角对定义语言进行了绞尽脑汁，如“语言是人类作为交际工具的音义结合的表现符号。符号是语言的属，而交际工具、表现是语言的种差”⑤ “语言是一种特殊的社会现象，是人类最重要的交际工具和思维工具，是音义结合的符合系统”⑥ “语言是从言语中概括出来为社会所公认的词语和规则的总和”⑦ “语言不仅仅是一个交际工具或符号系统，语言本质上是一个民族的意义系统和价值系统，是一个民族的世界观”⑧ “语言是一种心灵活动，是一种社会现象”。⑨ 由于片面性的单一论并不能展示语言的全貌，因而有学者提出了综合说，如“作为思维工具、交际工具、文化载体的语言，是一种具有自调节功能的和非体系特征的，处在不断地从无序向有序运动过程中的、动态平衡的、多层次的音义相结合的复杂的符号体系”。⑩ 索绪尔则将语言与言语进行切分，其认为：“语言既是言语的工具，又是言语的产物。”⑪ 虽然在给语言下定义中，这些精彩纷呈的论点浓缩了人们对语言的认

---

① Benveniste, *Problems in General Linguistics*, trans. by Mary Elizabeth Meek, University of Miami Press (1971), p. 21.

② ［美］霍凯特：《现代语言学教程》，索振羽等译，北京大学出版社2002年版，第151页。

③ Carroll, The Study of Language: A Survey of Linguistics and Related Disciplines in America, Harvard University Press (1961), p. 10.

④ ［英］休谟：《人类理解研究》，关文运译，商务印书馆1957年版，第21页。

⑤ 胡朝阳等：《关于“语言定义”的评析与重新阐释》，载《湖北科技学院学报》2018年第1期。

⑥ 冯志纯主编：《现代汉语》（上册），西南师范大学出版社2006年版，第1页。

⑦ 邢公畹主编：《语言学概念》，语言出版社1995年版，第15页。

⑧ 申小龙：《中国文化语言学》，吉林教育出版社1990年版，第76页。

⑨ 陈嘉映：《语言哲学》，北京大学出版社2003年版，第12页。

⑩ 王希杰：《修辞学通论》，南京大学出版社1996年版，第67页。

⑪ ［瑞士］索绪尔：《普通语言学教程》，高名凯译，商务印书馆1985年版，第41页。

知，但是它也说明一个事实，那就是，在以语言为核心的知识体系中，对于语言是什么这个最本质的问题，人们仍处于半明半暗的摸索之中。

概念是人类认识、把握、与世界和谐及通向自由的工具，它所代表的是认识从感性上升至理性的过程，是人类对事物共性特征抽象性的概括，为人类思维系统中最基本的构成单位。由此形成的判断是，“概念是存在和本质的真理”。① 这事实上也从某个侧面说明，人类文明的进步是从概念开始的。在人类的知识体系中，语言是存在的家，因为我们是通过不同的语言来对世界进行分割与定型，是通过语言来标注、彰显人类的文明与卓尔不群。在文明的演进中，明确什么是语言是一个最基础性的问题。然而，若在当下语言研究中对这一问题进行耙梳，则关于什么是语言的众说纷纭无不指向一个定论，那就是人类对构筑文明基础的“语言”认知仍处于一种模棱两可状态。无论是在法学理论的研究，还是在解释性的法律实践中，为了突出与标榜法律自身的独立性与学科性，法律人素来强调法律必须讲究法言法语。毋庸置疑，在繁杂的学科与专业分工中，以独树一帜的语言来划分学科所在的“势力范围”具有其正当性与合理性，但也必须看到的是，特色的学科语言也直接或间接地植入了限制竞争的功能。虽然当下的学科枝分已日见分门别类，但是学科的生存与发展仍然深度受限于基础性的语言，因而对语言所存在的瑕疵进行刨根问底是益于人类文明的推陈出新。

（二）语言的模糊性：人类文明的桎梏

人是符号性的动物，但人更是语言性的动物，因为我们人类是通过语言来表达与实现人与人之间的意思联络与情感交流，是通过语言来与自然界建立关联。然而，这种交流的效果却不得不受语言本身精确性的影响。我们的世界是一个润物细无声式的进化过程，语言的进化与人类自身的进化具有强烈的同步性。大道至简，纯朴自然。简单、直接的语言意味着意思联络的准确无误，但是对于“共相”的狂热追求使得人类在知识的丛林探索中日益偏好笼统性的抽象思维，并为之贴上了致知的哲学标签。实际上，语言体现的是一种错综复杂的现象，其内容具有显著的不确定性，它既可指作为共相的语言，亦可意指具体的语言。同时，它集生理、物理、心理和社会文化、价值等特征于一体。语言是文明的载体，其与文明之间具有同步性，但文明演进是否就只意味着进步，这是一个值得反思的问题。目前的研究表明，生物性的进化是一波三折的，进步性并不是进化固有的基本特征，进化并不全部导致进步，相反，其有时是一种退化与返祖。当下，在人类语言的进化中，我们不得不面临以下两种截然不同的风险。

其一是技术语言的“篡位”风险。当人类的科学技术一路高歌猛进时，与此同时，我们也被迫自食其果地面临技术语言的篡位性风险。科技进步实则意味着科技语言精准表达

① 邓晓芒：《西方哲学史》，高等教育出版社2014年版，第257页。

的进步。人为了自由与满足欲望而追求技术，吊诡的是，科学技术的日新月异不仅会改变人类的生存方式，而且技术性的精准语言还有可能导致人性的泯灭与心灵家园的荒芜。当技术性语言占统治地位时，人面前的世界已不再是一个充满灵秀与仍有远方的生机勃勃之场所，相反，是一个一切都被模式化与程序化、一切都被机械决定与主宰的场所，人类最终受技术性语言统治与奴役。在科技语言的狂飙突进中，以下思想具有深刻的警醒性："如果我们的文明概念被认为仅仅包括人类文化中的物质成分、技术成分、知识成分和艺术成分，那么这个概念的范围就一定被限定得过于狭窄了。我们必须指出，这一概念还包括有人类社会生活的伦理方面，而不论他们所采取的是宗教形式，还是世俗形式。"① 技术意味着进步、解放与自由，但是当语言越来越特化而成为统摄时，这对于人类而言，可能并不是什么福音，而可能是一种无法承受的灾难。

其二是抽象思维日炙下语言模糊性的迁移风险。世间万物是客观存在的，对于人类而言，只有被感知与认识，才有意义。虽然通过语言我们认识了世界，定格了我们的思想，塑造了我们的情感，但是对于芸芸众生而言，语言是什么，这是一个只知其然而不知其所以然的问题。若本着认真的态度，不难察觉到，具有常识性的"语言"是一个"此中有真意，但欲辩已忘言"的问题。在认识度上，语言是由命题构成的，世界则是由事实构成的。根据人为自由立法的真知灼见，语言是对现实世界图像性的摹写，其表达必须以经验世界为限，一旦超越这一界限，则语言就不可能做到准确、有效的描述。虽然语言是我们认知自我与世界必备的工具，但是语言自身也存在着一个巨大的缺陷，即"语言作为人类认知经验的成果，模糊性是其最重要的基本属性。语言的模糊性源于人的范畴化认知活动，与人的主观意识密切相关"。② 这种模糊性动态地渗透于组成语言元素的语法、语音、词汇、语义等各个细节，其最突出地体现于语义方面。模糊性是我们脚下这个世界固有的特征。产生这种模糊性既有主观，又有客观方面的原因，前者表现为语言使用者认知能力的不足、刻意的语义模糊化，后者则是受制于认识对象本身的含糊其词，因为"由事物和特征所构成的世界是连续的，而词语所表示的观念和意义却是离散的。词语意义反映外在世界时，产生内涵模糊、界限不清，在所难免"。③

在语言学的研讨中，语言究竟是工具，还是思想，这个问题一直让人纠结不清。实际上，无论是在法律正义的实现，还是在自由的追寻中，语言不仅仅是交流、对话与交际的工具，其更是人类文明存在的形式。语言与思想是同构的，语言不仅实现了人类对现实世界的临摹，而且也实现了思想。现实地看，只有以语言为媒介，人类才能把握自己的思想和感知自己与世界的存在。思想离开了字与词恰如其分的表达，只能是一堆无法名状与浑

① ［美］博登海默：《法理学——法律哲学与法律方法》，邓正来译，中国政法大学出版社1999年版，第300页。

② 苏联波：《语言的模糊性与模糊化认知》，载《中华文化论坛》2008年第3期。

③ 华劭：《语言经纬》，商务印书馆2003年版，第28页。

然不清的模糊之物。虽然在主体上，我们并不排斥思想本来就是语言表达之结果这一论断，但问题是，本就模糊不清的语言能准确地实现其预定的功能吗？这是一个繁琐的问题。对这一困惑，哲学大师维特根斯坦就认为：凡能说的，要说清楚；凡不能说的，要保持沉默。那么，什么是说得清楚的呢？其认为，所有自然科学的命题都是可说的，但是关于价值、激情、生命与伦理等一切可以赋予人生以价值与意义的事物都是不可说的。这也从另一个侧面说明，由于语言的模糊性，人文科学的问题因其不能被证伪，都处于一种难以说清楚的状态。

在人类文明的演进中，语言是一种社会现象，而“现象有真假之别，假象是从反面表现本质、与本质不一致的特殊现象。”① 语言是人类解构世界不可缺少的手段，但是任何理解都必须以“前理解”为支撑，而“前理解”就是相关“前见”“前有”及“前设”的综合。理解之路注定是坎坷曲折的，因为“谁试图去理解，谁就面临了那种并不是由事情本身而来的前见解的干扰”。② 在假象研究中，很久以前，培根就抛出了“市场假象说”，其认为，人们是通过语言进行交流的，而语词对人的理智具有强制性与统治性，它反而会使一切陷入混乱，并且使人们深陷于数量众多的无聊、空洞的争论与幻想之中。人们一方面借助语言来理解，且也总是自负地认为，天赋的理性能让他们有足够的能力把握字词句，但是另一方面人类创造出来的文字反过来又制约着其理解力，并使理解陷入困境。“文字对于理解力有两种假象，一种是有名称，但实际上并不存在的；另一种是事物存在着，而名称却是混乱的，并且含义不清、定义不当，是从实在中草率且不合规范地抽象出来的。”③

语言是表达与拓展人类思想及与外在世界达成理解与和谐的桥梁。也正是基于这一认识，“维特根斯坦就把全部哲学归结为语言批判，把哲学看成是一种澄清语言的活动，因为他觉得以往的争论和混乱的产生就在于人们对语言的误用与滥用。”④ 产生“市场假象”的根本原因是语言问题，因为正是由于语言的非精确边界性才衍生了理解假象。虽然假象也或多或少地反映了事物的本质，但是毕竟“真象表现事物本质的肯定方面，假象表现事物本质的否定方面”。⑤ 在法治国家渐入人心的当下，法律学的地位日益巩固而不可撼动，其科学性似乎也是一个只能信仰而不容置疑与冒犯的真理性问题。为了像自然科学一样维护法律“1+1=2”的精准性，智者们发表了许多脍炙人口的名句，如“法律是没有感情的智慧。”⑥ “一个民族的法官，只不过是宣布法律之语词的喉舌，是无生命的人，他们既

① 郭冰：《“假象论”质疑》，载《社会科学研究》1987年第3期。
② ［德］伽达默尔：《真理与方法》，洪汉鼎译，上海译文出版社2004年版，第345页。
③ ［英］培根：《新工具》，陈伟功编译，北京出版社2008年版，第24页。
④ 敖素：《弗．培根的“假象论”对后世哲学的影响》，载《贵州大学学报》（社会科学版）2011年第6期。
⑤ 高建军：《论假象》，载《河北大学学报》（哲社版）1985年第3期。
⑥ ［古希腊］亚里士多德：《政治学》，吴寿彭译，商务印书馆1965年版，第XI页。

不能变动法律的效力，也不能修正其严格性。”① “现代的法官是自动售货机，投进去的是诉状与诉讼费，吐出来的是判决和从法典上抄下来的理由。”②

法律之本在于正义，而语言是实现正义的主宰。虽然在正义的阐释与实践中，为了表明正义的准确性与一致性，有人仿效自然科学的方法来力挺法律的科学性，但是亦有反对者与之针锋相对，如卡多佐即认为：“司法过程的最高境界并不是发现法律，而是创造法律。”③ 由于每一种法律思想、每一条法律规则是通过字词句表达出来的，又由于字词句本身的难以达意，所以正义事实上更是一个解释性的命题，只有在解释中，法律才能真正地被激活而具有生命。对此，拉德布鲁赫的见解是：“面对法律，法学家的任何有三：解释、构造、体系。”④ 德沃金的看法是：“如果法律是解释性的概念，那么任何法学的价值都必须建立在解释是什么的某些观点上。”⑤ 由于作为语言组成部分的文字并不能像数学公式那样可以精准无误地对认识对象进行限定，因而“生搬硬套”地用科学对法律进行冠名，这本身就难以让人心悦诚服。法律关乎价值判断，价值判断决定法律正义，而法律正义又存在于语言之中，那么在语言模糊而言不尽意时，法律人顶礼膜拜的正义能否如愿以偿呢？如果能遂人愿，那么它又有哪些瓶颈必须先行解决呢？这些都亟需合理的答案。

二、法律正义的“阿喀琉斯之踵”：语言的模糊性

对法律人而言，若被追问法律是做什么的，这似乎显得荒唐与可笑，因为浩如烟海的法律著述无不向公众展现一个“铁板钉钉”性的结论，即法律就是正义。很久以前，亚里士多德即认为：“正义的美德是国家的特征，因为正义就是政治社团的安排，正义感决定了什么是正当的。”⑥ “正义是由理性之光所承认的，明确决定什么属于自己和什么属于他人的问题的自然最高规律。”⑦ 众多的法学名言隽语亦表达了对正义的渴望，如正义不仅要实现，而且要以看得见的方式实现；正义从来不会缺席，只会迟到；迟来的正义非正义；与其责骂罪恶，不如伸张正义。虽然法律人一直坚忍不拔地行进于寻找正义的道路上，但是若我们透过现象来探查问题的本质，则立马会发现由于语言自身挥之不去的模糊性，我们的法律正义不得不面临一个梦魇性的“市场假象”问题。

（一）法律正义：一个熟知非真知的问题

在当下的认知中，“法律 + 正义”是一个完全不必饶舌的常识，而且也正因为其精神

---

① ［法］孟德斯鸠：《论法的精神》，张雁深译，商务印书馆1997年版，第76页。

② ［德］马克斯·韦伯：《论经济与社会中的法律》，张乃根译，中国大百科全书出版社1998年版，第62页。

③ ［美］本杰明·卡多佐：《司法过程的性质》，苏力译，商务印书馆2000年版，第105页。

④ ［德］拉德布鲁赫：《法学导论》，米健等译，中国大百科全书出版社1997年版，第169页。

⑤ Ronald Dworking, *Law' s Empire*, Harvard University Press (1986), p. 50.

⑥ Aristotle, *The Politics*, trans. by T. A. Sinclair, Penguin Books (1981), p. 61.

⑦ ［法］弗朗斯瓦·魅奈：《魅奈经济著作选集》，吴斐丹等译，商务印书馆1978年版，第294页。

权威性，在平等、自由、公平等核心价值追求中，作为一个先入为主而被灌输的概念，法律正义并不是作为法律人思考的对象存在，相反，而是作为思考新问题的支点而存在。在逻辑结构上，法律与正义之间呈现为一种手段与目的的关系。这也表明，在思维的逻辑推演中，如果我们试图着力挖掘出语言模糊性对法律正义的冲击性影响，并说明法律的科学性很有可能是一个伪命题，那么就有必要从何谓法律与何谓正义的角度进行切入。在法律文明的康庄大道上，我们常用以下名句进行自勉：别的发明使人类学会了如何驾驭自然，而法律使人类学会了如何驾驭自己，而且为了正义，法律人还形成了自己的法律语言。然而，语言的不确定性使得这一切变得有些晦暗不明。

什么是法律？这是一个不问则明、问则难知或不知的问题。虽然对法律进行定界困难重重，但是法律人依然对此展开了乐此不疲的探讨，并纷纷发表了启发性的洞见，如西塞罗的人类理性说、萨维尼的民族精神说、霍姆斯的预测说、庞德的社会工程控制说、奥斯丁的命令说、霍贝尔的强力威胁说、戴雪的国会主权说、狄骥的社会连带关系说、卢埃林的争端行为官方解决说等。虽然法律是什么的知识对垒主要表现为自然法学派与实证法学派之间的交锋，但即使是在同一阵营内，亦广泛存在相互“不买账”的情况，如为了证明法律的实证性，哈特就对奥斯丁的命令说毫不留情地进行了抨击。为了更好地说明观点分歧，以下对相关的内容进行列举。“从最广泛的意义来说，法是由事物的性质产生出来的必然关系。在这个意义上，一切存在物都有它们的法。”① “法起源于对立利益的斗争，法的最高任务是平衡利益。”② “法是一种理性体系，是从伦理原则、公认原理中推理而来的，但是以我们那位恶人的眼光来看，他根本不关心公理、伦理或推论，而只想知道马萨诸塞州或英格兰的法院事实上可能会作出什么判决。”③ 由于凯尔逊认为，法律科学一直是在毫无检讨与责问的情况下被人们同社会学、历史学、心理学、政治学等搅和在一起而无形中丧失了其纯洁性，因而出于正本清源的目的，其认为：“法律是一种有关人的行为的强制性秩序。”④

“每一种思维模式都有与之相适应的思维语言。以一种思维模式去理解另一种思维模式，其实也是两种思维语言之间的沟通。”⑤ 客观上，语言具有突出的民族性与区域性，不同的语言潜藏着不同的价值与理念，同时其模糊程度也各不相同。虽然文化之别多表现为风俗习惯、观念与信仰等方面的不同，但是究其根源，其更是一个与语言相关的问题，如就汉语与欧洲的语言相比，前者具有以下鲜明的特点：一是汉语不苛求时态，比较随意，逻辑性差；二是具有语法意义的指示词可以省略；三是诸多词汇具有浓郁的男尊女卑

---

① Montesquien, *The Spirit of Law*, trans. by Thomas Nugent, Hafner Publishing Company (1966), p. 1.

② 张文显：《二十世纪西方法哲学思潮研究》，法律出版社 1996 年版，第 130 页。

③ Oliver Wendell Holmes, *The Path of Law*, Harvard Law Review (1897) 10, p. 461.

④ Kelsen, *The Pure Theory of Law*, transl. by M. Knight, California University Press (1967), p. 33.

⑤ 林喆：《法律思维学导论》，山东人民出版社 2000 年版，第 174 页。

思想，如以男性为基轴对亲属进行内外有别的亲疏分类；四是由于具有强大的包容性，所以汉语语言的不确定性尤为显著。语言的种类不同，思想划分的单元、制定的界限也存在本质上的差异。这种差别不仅导致不同的民族与国家对法律概念的理解千差万别，而且也导致在法律价值的定向上也很难对等，如对我们而言，“我们的法律并不是西方人惯常理解的那种，毋宁说，它们不是法律，反倒简直是压制法律的东西，它是执行道德的工具，是附加了刑罚的礼”。①

为了构筑一种纯知识性的法律体系，明晰法律的含义无疑是一个兹事体大的事情，但是这种努力却给人一种飞蛾扑火的感觉，因为作为一种社会治理的主观价值判断工具，法律本身就是难以言说的。虽然理性能指引人类迈出黑暗而走向光明，但是客观上能为人类理性所掌控的东西永远是有限的，更多的东西都深处黑暗而难为人所知。作为语言存在的概念其本意在于确定事物的边界，但是一切肯定的东西都包含着否定的成分。对于法律是什么这个最核心的问题，哈特曾撰写《法律的概念》，以期揭示其本性，但是全文对于法律却并无明确的定义，而只是象征性地提出与解析了以下三个常见性的争议点，即法律与以威胁为后盾的命令之间、法律义务与道德义务之间的区别与联系及什么是规则与规则应达到什么样的状态才可以被称之为法律。同时，作者将该书的写作意图盖棺为：“本书的目的并不在于提供一个符合正确用词方法的可验证的定义，而是想通过一种改进了的分析和一个更透彻的理解来促进法律理论的发展。”②

概念是知识体系建构的基本单位。为了在科学性上能与自然科学看齐，法律人，特别是法学理论者一直心怀一个法律公理体系的梦想，而这个梦想必须通过明确法律是什么来完成。之所以如此是因为“假若法学家能够将法律体系的各个原则、规则和概念厘定清晰，像门捷列夫元素表一样精确、直观，那么他就能从根本上解决千百年来一直困扰专业法律家的诸多法律难题”。③ 然而，语言的模糊性注定了这是一座不可能被攀越的高峰。法律的雕刻必须借助于语言，法言法语是法律典型的语言符合，其体现一个国家与民族生活中所应贯彻的价值，是其文化的重要组成部分，具有强烈的动态性与民族性。此外，作为固定思维的媒介，模糊性的语言亦不是简单的存在，因为“获得某一种语言就意味着接受某一套概念和价值。在成长的儿童缓慢痛苦地适应社会成规的同时，他们祖先积累了数千年逐渐形成的所有思想、理想和成见也都铭刻在他的脑子里了”。④ 当下的社会，国家林立、民族多元，语言内置的价值也决定了，法律并不是一个恒定不变的概念，亦并不具有真理的成分，其只是一种复杂多变的地方性或区域性的情感与文化。“法律并不是立法

① ［美］伯尔曼：《法律与宗教》，梁治平译，中国政法大学出版社2003年版，第10–11页。
② ［英］哈特：《法律的概念》，张文显等译，中国大百科全书出版社1996年版，第17页。
③ 舒国滢等：《法学方法论问题研究》，中国政法大学出版社2007年版，第3页。
④ ［英］帕默尔：《语言学概论》，李荣等译，商务印书馆1983年版，第148页。

者所创造的，它是人们在日常生活中所创造的，立法者能做的只是发现它并总结它。”①

什么是正义？虽然正义一直是法律人期望通过法律实现的目标，但是自这个词语产生以来，正义一直被一种神秘莫测的气息所笼罩。为了还原正义的“原貌”，众多学者一直负重前行，但是其结果却差强人意。为了突出科学性与严谨性，法律人倾向于接受法律是人类理性思维产物这一认识，但是客观地看，正义观念与真正的理性并无太大关联，其更多地是对一定社会习俗、价值判断的反映，而且在最糟糕的情形下，则很有可能沦落为在社会中处于支配地位的阶层对其他弱势群体的强制标准。为了达到“去魅”的效果，正义之旅也必定是崎岖且成效难以卓越的。

在人类法律文明的上下求索中，正义是一个经久不衰的命题，虽然无比正确的表述是：正义表达的是一个关系范畴，是一种价值追求，昭示事物之间的和谐与统一，但是这些华美的表述并不能像数学公式般呈现其本质。为了提供确切的纲领性指引，许多智者试图澄清正义是什么。查士丁尼认为：“正义就是使每个人都能获得其应得的东西那种恒久不变的意志。”② 亚里士多德：“在研究正义与非正义时，我们必须考虑它实际上涉及哪些行动，它属于哪一类正义，正义的另一极端是什么。”③ 基于这一判断，亚氏提出了分配正义与矫正正义观。罗尔斯是当代正义论研究的集大成者，其不仅系统地阐述了传统的正义观，而且将其研究推向一个新高，基于社会的基本结构，提出了机会平等原则与差别原则基础上的公平正义论，其将该两原则明确如下：“第一个原则：每个人对与其他人所拥有的最广泛的平等基本自由体系相容的类似自由体系都应有一种平等的权利。第二原则：社会和经济的不平等应这样安排，使它们（1）被合理地期望适合于每一个人的利益；并且（2）依系于地位和职务向所有人开放。”④

对法律人而言，正义具有难以抗拒的诱惑力，是法律人绝对的精神权威。为了更进一步地接近正义，虽然人们的努力持续不断，但是这一过程比较痛苦、周折，甚至很有可能功亏一篑。关于正义的著述可谓不胜枚举，但是这也说明在语言概念上，正义多是一个由情感、价值影响或决定的问题，其离真正的科学仍然是任重道远，在内外延上其存在极大的不确定性。科学注重理性，而理性以精确为归宿，其潜台词是，应通过逻辑推理的方式，得到必然性的结果，其讲究的是“若某个主张是合乎理性的，则其就必须建立在一种类似数学家所具有那种见解的基础之上。而且，只有那种被认为具有必然性且不会被质疑的东西，才真正属于理性认知的范畴”。⑤ 在正义的认知中，无论人们如何煽情地将其归结为真善美，还是将其浓缩为安全、自由与平等，只要其内容不能为理性所决定，那么那

① 苏力：《法治及其本土资源》，中国政法大学出版社 1996 年版，第 4 页。

② ［古罗马］查士丁尼：《法学总论》，张企泰译，商务印书馆 1989 年版，第 5 页。

③ Aristotle, *Ethics*, trans. by J. A. K. Thomson, Penguin Books (1976), p. 171.

④ ［美］约翰．罗尔斯：《正义论》，何怀宏等译，中国社会科学出版社 2009 年版，第 47 页。

⑤ Chaim Perelman, *The Idea of Justice and the Problems of Argument*, The Humanities Press (1963), pp. 119 – 120.

些不一而足的虽然表达不同但主旨惊人相似的正义观都只是非理性的思想。在人类凭借法律来实现人与人、人与自然之间的共生共存时，如果我们非要将正义人为地归为理性，那就是："诉求正义无异于砰砰敲桌子，一种将个人要求变成一个绝对公理的感情表达。"① 事实上，在法律中，尽管正义是一种"圣物"般的存在，但是它展现的是理性与信仰之间的紧张关系。在维护这种关联中，理性是激情的奴隶，可能正因为荒谬，我们才选择了相信。

评：语言是法律与正义的主宰。"法学其实不过是一门法律的语言学。"② 虽然在法律的研究中，为了追求独立性与学科性，我们愈加漠视语言对法律研究与适用的主宰，但是这并不能掩饰法律是一种语言机制，每一条法律规范都是基于一定的语法由字与词组合成的结构。只要我们开启法律的研究，只要我们意图给当事人一个公正的说法，就会不由自主地发现："在所有关于自我的知识和关于外界的知识中我们总被我们自己的语言包围。"③ 法律是社会利益的调节器，其涉及权利、权力、债权、物权等一系列与公民的衣食住行紧密相关的事项，但是若抽丝剥茧地看，则不难真切地感觉到："语言不仅仅是法律借以展开运作的工具，在许多至关紧要的方面，语言就是法律权力……权力既由法律实践的语言细节所决定，也决定着法律实践的语言细节。"④ 法律的语言性决定了法学是一个货真价实的语言问题，法学者实为语言学者。是故，在以法为业中，如果研究者企图撇开语言来证明法律理念、制度、规则等的合理性与科学性，其结果只能是臆想与一厢情愿。实质上，法律的语言性给法律人指明了一条通向光明的道路，即"将语言学作为法理学和其他学科的前提或基础学科是符合逻辑的。换言之，将法律规则视为更为基础的语言规则的一种是符合逻辑的。"⑤

在法律人那里，无论是出于获得的认可，还是出于宗教性的信仰，或是出于科学的探索，指引其勇往直前的外在精神支柱只有一个，那就是所有的法学理论、所有的法律条文及现实中的法律适用，都必须受正义的支配与控制。如果这一结论代表了绝对正确，则会发现我们的法律学已深陷于一个反逻辑的漩涡中。毫无疑问，在整个法律的知识谱系中，法律与正义的概念具有根基性。如果对于什么是法律，我们还是一知半解或不得其解，那么本着"工欲善其事，必先利其器"的逻辑，就自然会得出以下结论：正义的前途凶险未卜；另一方面，如果对于什么是正义，我们仍停留于各说各语，只能主观定性分析，而不能定量评价，那么很有可能，因为方向缺失而找不到回家的归途。虽然概念法学备受诟病，但是将法学打造为一门数学性的法律体系让一代代的法律人魂牵梦萦。与此同时，我

---

① Alf Ross, *Law and Justice*, California University Press (1959), p. 274.

② 舒国滢：《战后德国法哲学的发展路向》，载《比较法研究》1995年第4期。

③ ［德］加达默尔：《哲学解释学》，夏镇平等译，上海译文出版社1994年版，第62页。

④ ［美］康利等：《法律、语言与权力》，程朝阳译，法律出版社2007年版，第18页。

⑤ ［美］古德里奇：《法律话语》，赵洪芳等译，法律出版社2007年版，第12页。

们也必须明白："概念永远先于理解，而当概念模糊时，理解也就不确实了。在没有概念的时候，必然也就没有了理解。"① 概念是建筑法律大厦的基石，是法律与正义最基本的元素。"概念在未明确之前，不应使用它，且在没有相信真实性之前，不应提出该主张。"② 虽然在法律人的理解中，什么是法律与正义是一个不足挂齿的常识，但当下的问题是语言的模糊性使得这一熟知变成了假知，进而使得整个法律系统面临一个巨大的"釜底抽薪"性的塌崩风险。实质上，法律与正义的幻象折射的是一种法律人的合谋，因为专业、复杂的法律文本不仅是迷惑与蒙蔽他人的工具，而且也反映了以下真实意图，即通过以偏概全的模糊性语言来规范与控制他人的行为。

（二）法律教条主义：机械式的正义

法律是什么？这是一个令人"生死相随"的问题。虽然理论高于实践，但是理论的自洽性与合理性最终要受实践的检验与制约。法律旨在确立可预期的行为模式与稳固社会秩序，因而实践性是法律的基本品性。诚如前文所言，客观上，法律是一种规范性的语言结构，法学即语言学。由此而生的问题是，在法律正义功能实现中，如何针对具体的案情来理解法律条文所承载的字与词呢？无论是对于理论研究者、法律适用者，还是对于当事人而言，这是一个利益攸关的问题。虽然在对该问题的态度上，死抠字词句的法教条主义为人所厌恶，但现状是在法学分科日益细分的当下，部门法的研究者依然故我地醉心于对法律条文进行僵化、刻板、生搬硬套式的解释，而置其语境、价值判断、天理人情等于不顾。在法律实务中，虽然照本宣科性的判案激起了社会公众的愤懑、不满与责难，但是在断案中，仍有不少法律工作者趋之若鹜，如2006年南京的"彭宇民事侵权案"、2006年广州"许霆盗窃案"、2014年因网购24支仿真枪的"刘大蔚走私武器案"、2016年的天津摆气球摊的"赵春华非法持有枪支案"、2016年内蒙古王力军玉米收购的"非法经营罪案"、2017年"深圳王鹏出售鹦鹉案"及王海式的知假买假案等。

在对诸如此类的案件评说中，与其说是一个如何寻找与适用法律规范的问题，倒不如说它更是一个个的语言问题。虽然奔流不息的历史长河对人类思维的推陈出新起到了大浪淘沙的效果，但是死盯字词句的法教条主义仍然是阴魂不散。为什么会这样？这是一个必须打破砂锅问到底的问题。因语境、主体的认知等原因，语义具有巨大的伸展性，其传递的信息存在边界不确定性。而且，形容词与副词更是加剧了法律条文遣词造句中的不确定性风险，如在我国刑法规范中，立法者就大量采用了数额较大、数额巨大、数额特别巨大、情节严重、情节特别严重等界限极度模糊不清的词语。语言具有开放性，但是为什么在实践中，法律人依然乐此不疲地拘泥于死抠字眼的游戏呢？虽然我们可以为之提供各种

① ［英］休谟：《人性论》（上），关文运译，商务印书馆1980年版，第189页。
② ［德］考夫曼：《法律哲学》，刘幸义译，法律出版社2004年版，第10页。

解读，但是其明知故犯的真意是：“传统的法学是不科学的，由于它们把正义、理性等道德标准引入法学，混淆了政治道德的这些意识形态与法律的界限，也就混淆了法学与伦理学、政治学的界限，所以没有弄清法学的研究对象。”① 真相是，死盯字词并对其进行“生吞活剥”意在于巩固法学的江湖学科地位，突出其独立性与科学性，因为其“真正地将法律升格为一种专门性的技术和知识，并使得法律不再是一种政治理论话语，甚至也不再是政治话语的附庸”。②

语言是法律的载体与灵魂，而这也决定了虽然立法者创制了繁杂的法律规则，但事实是，如果规则没有在程序中被适用者解释，那么它就没有生命，而只是僵死的躯体。当一部法律文件按照既定的流程走完所有工序，立法者的使命即告完成，其后所面临的就是语言性的解释问题。为了阐明行动中的法律是什么，当下的法律解释学为解释的方法贡献了一份长长的清单，如限制解释、字面解释、扩充解释、逻辑解释、文理解释、系统解释、狭义解释、广义解释、文义解释、功能解释、体系解释及历史解释等不一而足。同时，也为解释的原因提供了诸多佐证，如概念不明确、价值隐藏、滞后性及体系庞杂等。虽然这些琳琅满目的学术分类拓宽了思维的视野，但是法条主义仍然根深蒂固，人们仍然痴迷于唯法条是举，除法条之外，别无他物，如对知假买假行为的不认同、正当防卫引发的热议就是这种法条至上观念的冰山一角。

理想上，千秋大计的法律应是精致且完美的，但现实是“无论法律制定得多么周详，它毕竟只是一套形诸文字并由概念和规则交织复合而成的逻辑系统，繁复庞杂的社会事实不可能与之天然吻合”。③ 那么，令人不解的是，在关系日渐连带之下，刻板的法条主义为什么没有衰落，相反还生命力强劲呢？这主要是源于话语权之争，因为法条主义对于众多的法律人而言，其意味着科学、独立与体系。然而，在这绵延至今的争夺中，人们恰好对以下论点掩耳盗铃，即“法律的生命不在逻辑，而在于经验”。④ 法律是为了人类幸福的生活而存在，而不是人类为了法律而存在。“法律不是作为一规则体，而是作为一个过程和一种事业，在这种过程和事业中，规则只有在制度、程序、价值和思想方式的具体关系中才具有意义。”⑤ “一个没有研究过经济学和社会学的法律人极有可能成为人民公敌。”⑥ 在利用这些雷同的观点对法条主义进行抨击时，我们更不能忽略了，法律实为一个规则编码与解码的语言问题，而“意义与语境具有本质的关联，意义并非直接等同于真

---

① 严存生主编：《西方法律思想史》，法律出版社2004年版，第281页。

② Brian Z. Tamanaha, *Law as a Means to an End: Threat to the Rule of Law*, Cambridge University Press (2006), p. 3.

③ 桑木谦：《理论法学的迷雾》，法律出版社2008年版，第51页。

④ Oliver Wendell Holmes, *The Common Law*, Harvard University Press (1963), p. 5.

⑤ ［美］伯尔曼：《法律与革命》，张志铭等译，中国大百科全书出版社1993年版，第13页。

⑥ John A. Garraty, ed., *Quarrels That Have Shaped the Constitution*, Harper & Row, New York 1987, p. 195.

值的确定性，而具有了动态和语用的特征”。① 这也说明，法律人不应在纯粹定义的脊背上构建其空中楼阁式的理论，而必须致力于剖析语言在实际生活中是如何被适用的。如果法律人不能明晰语言的特征和含义，那么其就没有资格谈论法律问题。

语言具有天然的模糊性，而模糊性使得语言充满了欺骗性。为了使语言最大化地不要偏离所要真正表达的思想，在法律的实践中，每一条法律规范都不应，也不能脱离其特定的语境。虽然法条主义也是一个解释性的语言问题，但是若说得动听些，其是因维护正义而坚守法条；若说得尖刻些，则是出于以法为业而食古不化地恪守法条。在稳定社会秩序与引领社会前进中，法律不可能是价值中立的，法律所要强力维护与实现的价值必须通过个案以语言的方式向社会广而告之，而法条主义则打着科学、实证的幌子，将法律视为不会说话的文字，极力主张并不存在法条争议，而将立法价值、社会的变动不居、关系的连带等统统束之高阁。此正所谓：“法条主义坚持价值与事实相分离的科学标准是极其虚伪的，因为它将涉及诸如好坏、善恶、正义与不正义等道德的选择及原则作为对价值的荒谬偏爱。”②

法律绝对不只是徒有语言形式的东西，其语言也绝对不是只存在死钻字眼的唯一性解释，它有所指，有其在现实生活中所应落实的价值，而价值则无法避免地受制于特定的政治、经济与社会环境的影响。为了解决以不变应万变的法律与社会发展诉求之间的矛盾，就必须审时度势地对法律规范中的语言作与时俱进式的理解。“那种把法律条文本身当作研究对象的学问不是法学，法学真正被称为一门科学，是因为法律条文背后的东西和一个社会的政治、经济、文化、传统乃至生活方式结合在一起。”③ 法律是人类和谐共存的价值符号，而不确定性的语言是其存在的家园。如果时下，我们都认同法律是确认、保障与实现社会主导价值的标杆及实现公众共和的主要工具，那么就必须从语言的视角觉悟到：“语言系统所承载的意义，不论是词义、句义，还是语篇意义，往往都取决于语言所处的具体环境，即语境。”④

如果是出于对自然科学的命题可以被证伪的垂涎而将其实验方法嫁接到法律学，并在该精神的支配下将法条主义贯彻到底，那么其结果不仅是刻意地掩盖了法律的本质，而且也最终使法律学在一个脱离语言、语境、语义的真空环境中亚健康地生长。如果法律人在追寻法律“科学性”的道路上仍然一意孤行，那么唾沫横飞地大谈特谈立法目的与法律价值是极其荒诞不经的。更严重的是，如果现实中的纠纷以一种生硬、违背社会基本认知的方式进行决断，如前述的“天津大妈非法持有枪支案”、2018 年河北 84 岁的老奶奶李淑贤“两次申请保外就医被拒案”及同年的“吉林省辽源中院刑庭庭长审同院前民庭庭长

① 郭贵春等：《霍根的“语境语义学”思想分析及其意义》，载《科学技术与辩证法》2009 年第 3 期。
② 邓正来：《中国法学向何处去》，商务印书馆 2008 年版，第 21 页。
③ 陈瑞华：《论法学研究方法》，北京大学出版社 2009 年版，第 108 页。
④ 顾建敏：《语境与语义研究》，载《河南大学学报》（社会科学版）2004 年第 6 期。

不回避案”，那么社会机体上就会产生溃烂，如果这样的创伤与日增多，则必然会导致社会关系的撕裂及对法律不公的怨恨。时至今天，尽管法律日益显贵，以法为业者规模日益庞大，但必须心知肚明的是，法律并非真理，只有价值判断。如果法律人是社会和平、阳光与公正的使者，那么他们就不能从规范的字面上认死理，其必须铭记于心的是：他们从事的是一项语言的事业。为了廓清语言的含义，此时此景与彼时彼景、公众情感、经验、逻辑与常识等都是必须考察的核心要素。

（三）权力滥用：对语言模糊性的套利

语言即权力。权力是一种语言性的表述，客观上，谁把握了语言的解释权，就意味着对他人、对利益与对关系的界定与主宰。虽然法条主义存在这般或那般的沉疴积弊，但是它却暴露了法律不可避免的语言模糊性所可能产生的职权滥用与枉法裁判等恶行。现实地看，法律与正义之难在于语言，而语言之难又在于开放性的语义。虽然人们挖空心思地用一些感人的辞藻对法律的伟大进行包装，如法律是关于善良与正义的艺术，是善的促进者与恶的抑制者，法不阿贵，绳不绕曲，是法平等，无分高下，但语言性的法律毕竟只是一种需要社会公众参与的法律人之间的游戏。腐败是社会良性秩序维系中的“毒瘤”，但是在形形色色的腐败中，不显山露水的语言腐败才是最可怕、最具有破坏力的，因为腐败者会借助语言的模糊性对字词作导向性的解释，从而使得其本不正当的行为与利益模糊化与形式合法性。对此，解析如下。

其一是导致权力的滥用。无论权力是私人的，还是政府的，权力在本质上都具有邪恶性，因为权力意志的根本目的是操控人，使人最终沦为工具，而不是目的。在法律文明的前进中，以下观点已基本上成为共识，即当代法律产生的动因就是基于对权力的不信任，其核心任务即在于为权威设定限制，在于规范与控制权力，以最大化地缓解或消除因权力失控所造成的摩擦与灾难。“今天许多人都说法律乃权力，而我们却总是认为法律是对权力的一种限制……法律绝不是权力，它只是把权力的行使加以组织和系统化起来，并使成为有效地维护和促进文明的东西。”① 尽管如此，在突出法律限权、控权及权力服务于权利等观念时，也必须清楚：“企图通过民主方式来保证主权的绝对权力不侵害个人利益，只能是一种幻想。抽象的权力也许可能是高尚的、公正的、无私的，而现世的权力必定是偏私的、压迫性的，或者说是罪恶的。”②

对于自由与权利而言，法律是最佳的稳定器，而对于失控的权力而言，法律又是最好的抑制器。法律与权力之间是一种此消彼长的拉锯关系，权力总是时刻准备着对法律进行蚕食与争夺，而模糊的语言即为权力的滥用提供了广阔的发挥空间，因为“语词的模糊性

---

① ［美］庞德：《通过法律的社会控制：法律的任务》，沈宗灵译，商务印书馆1984年版，第26页。
② ［法］贡斯当：《论社会制度与政治》，石磊编译，中国商业出版社2017年版，第10页。

就表现在它有一个应用的有限区域，但这个区域是不明确的”。[①] 语言的模糊性决定了法律并不圣洁、不确定，并不完全让人信赖，即使是对于同一案件，不同的法律人根据同样的法律规范也会得出大相径庭的答案。虽然在表象上，我们服从的是法律文本中的规范，但是在事实度上，法律作品“诞生”之时即意味着作为其作者的立法者与法意之死亡。当立法权、行政权与司法权等缺乏有效掣肘时，法律对权力的控制就会失灵，因为谁最终掌握了法律解释，就等于握住了掌控权力的缰绳。也正是出于这一忧虑，早期的研究者即清醒地提出以下观点：“如果司法权与立法权合二为一，则将对公民的生命和自由施行专断的权力，因为法官就是立法者，他可以用他的一般意志（立法者）去蹂躏全国，他可以用他的个别意志去毁灭每一个公民。”[②] 法律语言其意在于对现实中需求的正义进行描绘，而这些被描绘的正义图像与真正的正义之间并非一种准确的对应关系，因为“图像的真或假在于其意义与实在符合或者不符合”。[③] 故而，现实中的法律是一个主观性的被解释与修正的概念。

理论上，法律应对公众产生合理信赖与正当期待，但是当国家利益与公众利益并不行走于同一个方向性时，为了强调、宣示与保障国家意志与威权，语言的模糊性恰好为国家权力挣脱法律应有的羁绊提供了契机。当这一情形现实地发生时，由于语言问题，法律不仅在轨道上会背离于其控权与限权的初衷，而且最终异化为控制人、奴役人、吞噬人的权力帮凶。人是利益性的动物，而利益影响、决定主体的价值判断与选择。为了寻求一种可期的确定性，人们会将这种目标寄寓于法律，但是依存于语言的法律与生俱来具有不可剔除的不确定性。为了掩饰法律的这种先天不良，有人粉饰性地认为：“法律的许多不确定性并非不幸的偶然事件，不确定性本身具有重大的社会价值。”[④] 虽然该说具有合理的成分，但是在陶醉于法律的“科学性”时，我们也不能对国家这个“利维坦”可怕的破坏力视而不见。滥用权力，将强权变成真理是权力者的企图，权力对权利具有天然的侵略性与压制性，而模糊的语言为权力的伸展提供了防不胜防的机会。

其二是权力自利性的套利。人是社会性与利益性的物种。虽然在社会分工中，每个人都扮演着不同的社会角色，但事实是，每个实在的人都在竭力地维护自己的存在，都是爱自己胜过爱别人，追求自我利益胜于关心他人利益。个人利益支配个人判断，公共利益支配国家判断。在社会秩序构建中，为了宣扬法官等法律适用者的公正性与中立性，我们将其神化为非我的光明化身与正义的天使，但是掌握有国家权力的法律人并不是神，而是有血有肉、精明的追求个人或集体利益最大化的生命体。作为以法为业者，其自然深谙法律变化难测的语言性奥秘，而这无疑是对人性的极大诱惑。因语言而生的法律不确定性给权

① 黎千驹：《实用模糊语言学》，广西师范大学出版社1996年版，第18页。
② ［法］孟德斯鸠：《论法的精神》（上），张雁深译，商务印书馆1961年版，第156页。
③ ［奥］维特根斯坦：《逻辑哲学论》，贺绍甲译，商务印书馆1996年版，第31页。
④ Jerome Frank, *Law and The Modern Mind*1930, Anchor Books (1963), p. 7.

力者寻求“租金”的腐败行为炮制了舒适的温床。

根据当前的理论，设租与寻租主要存有内外两方面的原因：“一方面，政府主动创租的行为源于权力持有者的经济人本性。另一方面，正式制度缺陷为经济人寻租提供了条件。”① 权力的正当性与合法性源于法律的赋予，从这个角度看，与其说政府及权力使用者之所以能够寻租套利是由于制度自身的瑕疵，倒不如说是语言的模糊性为权力的扩容预设了伏笔。法律旨在创建一种和谐、天下为公的和平秩序，及实现经济效益与社会福利最大化的目标。然而，不正当的权力设租与寻租不仅造成社会资源的浪费，不能产生社会剩余，而且借用权力的“抢劫”也会极度扭曲经济资源的配置效率，使得整个社会深陷停滞不前的困境：一方面，一般社会主体会将大量的时间、金钱与精力投资于对权力者的游说与俘获，而不是投资于正常的生产；另一方面，它也会迫使他人竭尽全力地避租，同时政府也不得不花费大量的人财物对寻租、游说等行为进行打击。

实质上，所谓的正义并不在乎法律规则的正确或错误、精湛或拙劣，其所强调的是同样的事情必须依同样的规则进行处理，而且这种规则适用于所有的人。然而，语言的模糊性使得法律的价值多元化，并使得预期的价值在实现中得以光明正大地被隐藏。法律通过在个人与群体中广泛地分配权利及规范权力程序的方式来达到驾驭权力的效果，但遗憾的是，语言的模糊不清使得这一愿望的实现高深莫测，或者说试图通过边界不确定的法律来控权与限权本就是一种不得已为之的正义幻象。虽然由于最低道德的原因，我们拥有一些什么是不正义的否定看法，但是语言的模糊使我们难以对正义标准作肯定性的厘定。此外，语言、法律的民族性与区域性也决定着人们对法律的理解、权力势力范围伸缩的程度。

当下，虽然我们对西方的法律文明耳濡目染，并力图“洋为中用”，但是汉语语言的风格也对这种移植的效果具有深远影响。相较于西方语言，汉语的不确定性更为明显，造成这一结果的主要原因是汉语在表达上并无明确的时态等语法分类，汉语也惯于省略某些仅具有语法意义的符号，且出于对意境美的追求，汉语使用者也热衷于使用一些笼统、朦胧的词汇。这些语言风格与用语习惯也自然一脉相承地体现于我国的法律中，如立法者就对范围不确定的“等”字表现了无比青睐。之所以如此，其根子还在于我们对于法律的理解与西洋人对法律的理解存在本质性的不同，因为我们的法律更多地在于秩序、稳定与一团和气，而“等”这个极度模糊的字眼则给国家权力扩张的限度提供了无限的想象空间。此外，在立法中，过多地使用形容词、副词也直接导致国家权力扩张边际效应的递增。立于善治的角度，法律与权力之间是一种限制与被限制的关系，但是语言的开放性使得这一目标被高度理想化，使得法律在事实上依附于权力。语言的含糊难清助长了国家权力扩张与被滥用的风险。为了避免使公众成为权力围猎的牺牲品，为了使法律能真正地成为设定

① 刘泽霞：《我国权力寻租影响因素的实证研究》，法律出版社2012年版，第10页。

自由与保障自由的工具，我们的关注点应先是字词句及文法，而不是那由一条条拗口的法律规范所形成的文本。

三、模糊性与法律正义平衡的进路

海德格尔曾言：模糊性是智慧固有的美德。必须承认，对于日复一日、循规蹈矩的世俗生活而言，模糊性所蕴藏的抽象美能让人们的生活被诗情画意所点缀，使人们在辛苦劳作之余，还能有“人充满劳绩，但却诗意地安居于这块大地之上”① 的轻松与释然。然而，学问、知识与科学追求的并不是朦胧与“暧昧”，其必须以逻辑性、一致性与明确性等为依归。培根即认为：一切科学都是证明科学，都是根据演绎逻辑进行的公理体系。由于主客观方面的原因，一个字、一个词、一句话总是具有多个模糊的意义，模糊性是人类语言无法摆脱的客观属性。法律是一个语言学的范畴，而这也决定了正义不得不受语言的宰制。虽然就当下的研究而言，正义仍是一个“革命尚未成功，同志仍须努力”的概念，但有一点是确凿无疑的，那就是“一视同仁”“一把尺子量到底”是正义公平性所应有的内含。虽然语言自身的不确定性动摇了法律、正义的根本，但是由此我们也并不能因噎废食地推导出现实生活不需要法律的结论。相反，在百舸争流的社会中，为了使人类避免在“狼与狼关系”的争斗中消亡，“法律规则的首要目标，是使社会中各个成员的人身和财产得到保障，使他们的精力不必因操心自我保护而消耗殆尽”。② 是故，如何理性地实现语言模糊性与法律正义之间最佳的协调是未来法律进化中所必须精雕细琢的问题。

（一）法律的科学性：一个应务实认识的问题

在人类知识的开拓中，“观察——思考——答案”应该是自由的，但是任何概念性的命题都必须接受为什么会这样之类的质疑与挑战。胡塞尔即认为：“在认识批判的开始，整个世界、物理的和心理的、自然的、最后还有人自身的以及所有与上述这些对象有关的科学都必须被打上可疑的标记。它们的存在、它们的有效性始终是被搁置的。”③ 经过数代人不懈的进取，法律已牢不可破地成为人们生命周期中不可缺乏的必需品，其地位也日渐显赫，因而当法律科学与否这一问题被提出来时，则不免与大众的观念格格不入，且显得有些愚蠢与幼稚。然而，正如康德所言：“我们的时代是真正批判的时代，一切都必须经受批判。”④ 科学知识的可靠性及其贡献在一定程度上取决于研究者能否及时认识到科学自身的不足，并随时准备进行纠正。故而，批判不会阻滞法律的发展，相反，只会加深

---

① ［德］海德格尔：《人，诗意地安居》，郜元宝译，广西师范大学出版社2000年版，第73页。

② ［英］彼得·斯坦、约翰·香德：《西方社会的法律价值》，王献平译，中国法制出版社2004年版，第41页。

③ ［德］胡塞尔：《现象学的观念》，倪梁康译，上海译文出版社1986年版，第28页。

④ ［德］康德：《纯粹理性批判》，邓晓芒等译，人民出版社2004年版，第3页。

人们对法律的认知，并对其社会功效有一个更冷峻的预期与评价。

如果我们认为法律是科学的，那么在此之前，就必须知道科学是什么？虽然对于国人而言，科学似乎是一个老少皆知的词语，但是若认真起来，则其是一个复杂的、越想说清楚却越说不清楚的语言性问题。在词义上，人们发表了不同的看法。很久以前，达尔文即认为，科学就是整理事实，发现规律，得出结论。“广义的科学指知识、学问，可以用德文 Wissenschaft 来标志，狭义的科学指自然科学，可用英文的 science 来标志。”① “科学是从经验事实中推导出来的知识。”② 对于我们而言，科学属于舶来品，在使用这一概念中，我们存在二种倾向：一是滥用，即为了标明无比正确，将科学随意地贴标签；二是功利，即从实用主义出发，将科学等同于科技或技术。虽然由于历史传统、文明层次等原因，科学似乎是一个不太好定论的概念，但有一点是可以肯定的，那就是科学是一个以语言为基础的建立于事实之上，经过实践检验和严密的逻辑论证，关于事物的本质与运动规律的知识体系。事实性、可实验性与可证伪性是鉴定科学的基本标准。若依这一标准对法律的科学性进行评价，则不难发现这是一个两难的问题。

为了法律的科学性，法律语言应需而生。“尽管专门词汇能够让我们把注意力集中在某些概念上，但是专门词汇同任何其他词汇一样在其边缘处也是意义模糊的。”③ 语言的区域性及其模糊性决定了法律科学性是难以或者说是不可能被证明的。为了科学性，我们将自然科学的标准进行了移花接木，且认为：“立法者应该把自己看作一个自然科学家……如果一个立法者用自己的臆想来代替事物的本质，那么就应该责备他极端任性。”④ 然而，我们必须看到，语言的模糊性不仅决定了不同民族与国家对法律认识的迥然相异，同时即使对于一个国家而言，法律也只是一个没有固定模式与结论的选择问题，而不可能像自然科学一样，其数据与结论等都存在严格的一致性。为什么会这样？这可归结为语言，因为自然科学的语言不仅确凿，而且精确，而法律的语言开放、含糊、张力明显。

虽然法律人一直热衷于将自然科学的方法论嫁接到法律中，并力图从实证的角度证明法律是科学的，但是法律语言强大的伸展性、社会关系的多变性注定了法律只是作为一种知识、学问与价值判断存在，其与科学性无缘，而这也是对法律本质性的最好说明。形成这一观点，其意并在于否定与抹黑法律不可或缺的社会功能，而在于说明当法律人给法律贴科学的标识时，其还应保持一份必要的警醒，即不能因为对科学性的痴迷而忘却了真正的法律是什么。即使法律的语言性揭示了，公平与正义等在结果上是缥缈不定的，但是它也并不会对法律的定纷止争产生颠覆性效应，此正如：“虽然人们对椅子的概念有不同的

---

① 吴国盛：《什么是科学》，广东人民出版社 2016 年版，第 28 页。

② ［英］A. F. 查尔默斯：《科学究竟是什么》，鲁旭东译，商务印书馆 2018 年版，第 5 页。

③ ［澳］约翰·吉本斯：《法律语言学导论》，程朝阳等译，法律出版社 2007 年版，第 37 页。

④ 《马恩全集》（第 1 卷），人民出版社 1956 年版，第 183 页。

认可，可并不妨碍我们利用椅子这个概念进行沟通。”①

（二）法律语言的规范化：通向正义之路

面对外在陌生的世界与事物，人们都会不由自主处于一种难以名状的恐惧之中。为了获得心灵上的安宁与行动上的自由，人的一生都在致力于寻求可靠的确定性。本质上，创造语言的过程即追求确定性的过程。然而，由于语言开放性结构的存在，语言在真实表达的意图上会产生失真或造假问题。法关乎人的自由、平等、财产、生命等核心利益，与人的幸福、尊严等密切相连。语言的确定性对于这些利益保护的重要性是自不待言的。为此，人们创制了各种法律，构筑了盘根错节的法律体系，期望其在法律的翼护下，能获得可信赖的安全感。然而，语言模糊性所带来的法律条文、解释者与受解释者之间不确定性的关系很有可能使得公众预期的目的落空，因为即使人们费尽心机地推出各种法律文本，但现实是，由于语言的善变性，人们又不得不痛苦地承受“应然即应该怎样，实然即实际怎样”② 的问题。语言代表着权力与利益，掌控了语言即意味着对他人人身与财产的掌控。“语言是人们进行利益权衡的重要工具，人们言谈举止的选择修饰之得当或不当，是其利益获取或丧失的重要条件和方式。”③

“法的模糊性不仅是法学领域的普通问题，而且是法学领域的核心问题。”④ 为了杜绝同案不同判、法律问题政治化、权力寻租等不和谐行为，从而真正地让民众能从法律中收获安全感与认同感，就必须意识到空洞、随性、散漫、粗放、逻辑关系混乱之类的失范语言是法律公平正义的天敌。如果说法律关乎正义具有知识的成分，那么法律语言的规范化就是通往正义的必经途径，或者说正义问题先是一个法律语言规范问题。“法律语言规范指按照既定的标准使用表述法律意义的词汇、语法，逐步消灭不规范的现象，减少直至消灭法律意义的分歧，增强统一性的过程。”⑤

只要人类生生不息，语言的开放性问题就会如影相随。尽管讲究语言规范并不能消除语言模糊性，但是在共同认知下，它却可以有效地对语言的开放性进行限定或规制。法律语言规范化的核心目标在于对扩张性的语言进行规范化的限制，以最大化地压缩语言被解释的空间，从而控制自由裁量权，防止法律语言的腐败。法言法语并非一个标明法律与众不同的徒有其表的表述，其意味着为了贯彻法律的使命，在用词造句上必须有严格的标准，其因场景不同而包括立法语言、法庭语言及法律文书用语。通观当下法律语言学的著述，人们将法律语言应有的特征进行了大同小异的总结，如“明确性、简明性、严谨性、

---

① ［美］德沃金：《认真对待权利》，信春鹰等译，中国大百科全书出版社1998年版，第11页。

② 夏勇：《人权概念起源》，中国政法大学出版社1992年版，第199页。

③ 谢晖：《诠解法律的语言工具及其效力》，载《文史哲》2004年第5期。

④ 陈云良：《法的模糊性之探析》，载《法学评论》2002年第1期。

⑤ 宋北平：《法律语言规范化研究》，法律出版社2011年版，第79页。

庄严性”①，“准确无误——法律语言的生命，严谨周密——法律语言的科学性，庄重肃穆——法律语言的权威性，朴实无华——法律语言的务实性，凝练简洁——法律语言的高效性”②。

无须赘述，这些标准与法律的品性是契合的，但问题是在法无明确的硬性要求下，这些标准亦只能是纸上谈兵，达不到对法律语言规范的效果。为了克服这一矛盾，有些国家将其上升到法律要求的层面，如瑞士的《立法指南》即规定：“法律语言不同于诗歌语言，它必须清晰，不能含混模糊，并尽其可能直接表达意思。其特征：对规范事宜优先领会的需要；前后延续连贯；明晰；简洁；尊重一切以前存在的术语体系。”③ 韩国《国会法》亦要求：在委员会已结束法律案件审查或立案后，应交付立法司法委员会接受体系与字句的审查。法案内容中有相互抵触的条款、字句、数字及其他事项时，可委托议长或委员会进行必要的调整。虽然语言开放性具有利弊相生的特点，但是在趋利避害的权衡中，为了尽可能地规范法律用语，有必要将前述的标准上升为法律，而不是缺乏“牙齿”的君子式说教。

（三）法律规范解释的价值位序：正义功能应有的守护

虽然在给当事人提供正义的说法时，我们可以通过法律语言规范的方式防止可能的不正义，但是这并不能清除语言不确定性对正义所可能产生的负面影响。“站在客观的角度看，构成法律条文的法律语言是很难做到精确和没有任何歧义。用以表达法律的文字应做到准确无误，而实际上并非如此，且也无法改变。”④ 事实上，法律适用的过程就是一个相关法律规范被解释复活的过程。虽然时下关于法律解释的系列清单开启了我们对法律语言模糊性的理性认知，但是在这一点上，我们仍有必要解放思想，走得更远一些。

法律亦即利益，利益支配着我们的判断，一个没有判断和评价的法律既不是理性的，同时也不是现实的。语言具有开放性，其语义又深度受制于语境。面对既定的法律事实与相关的法律规范，通过解释使查明的事实与规范之间形成准确、公正的对应关系是法律人的天职所在。每一种解释方法都是解释者基于一个或多个价值立场所作出的抉择。对于职业法律人而言，解释是一种自始至终都包含着价值评判的事务。只有对所有法律价值进行系统的批判性学习，这一任务才能圆满完成。法律并不是依一定的句法由字词所构成的公理体系，“法律体系实质上是一个内部的法律价值体系”。⑤ 因此，基于对安全、秩序、法治、权利、权力、自由等法的核心价值的深厚素养，形成一种职业性的价值位序判断才是

---

① 孙懿华等编：《法律语言学》，中国政法大学出版社1997年版，第90－97页。

② 潘庆云主编：《法律语言学》，中国政法大学出版社2017年版，第93－117页。

③ ［法］安娜·瓦格纳：《法律中的晦涩与明晰》，苏建华等译，中国政法大学出版社2014年版，第9页。

④ 陈忠诚：《法律英语阅读．综合法律》，法律出版社2003年版，第65页。

⑤ ［德］魏德士：《法理学》，丁小春等译，法律出版社2003年版，第330页。

所有解释的真谛所在。

为了实现上述目标，解释者必须对以下内容了然于心：一是应有法律先于立法的基本思维。“从法律规则中不能推论出任何所谓的正义，相反，法律规则的渊源是来自于我们关于何谓正义的认识。”① 法律产出的政治、经济、社会背景对于价值判断的意义是不言而喻的；二是必须考虑到不同的法律部门所蕴含的价值。对于公法而言，法律的基本宗旨是严格控权与限权，因而其导向是法无授权不可为。即使是在该法域，不同的法律门类，其解释的边际也存在差异，如在刑事法律关系中，个人在国家机器面前是微不足道的，因而其适用法无规定不为罪、罪刑法定及非法证据排除等。对于私法而言，其更注重平等、个体、自治等价值，因而其导向是法无禁止即自由；三是必须综合考虑政治、经济等方面的因素。法律并非一个孤岛性的存在，其必须为政治秩序、经济利益的最大化保驾护航；四是必须体现宪法价值。宪法是国家的根本法、是母法、是治国安邦的总章程，是其他法律的灵魂与基础。因此，“在多数可能的解释中，应始终优先选用最能符合宪法原则者。”②

（四）法律职业伦理：法律人必须坚守的底线

什么是法律？这是一个既深奥又至简的问题，因为在某种程度上，法律就是良知，就是为人之底线。敬畏良知，就是敬畏法律；守护良知，就是守护法律，而这和法律人的职业伦理密切相关。法治是法律职业共同体努力的方向，在各种宣讲中，这一概念日益被神圣化、魅惑化。法治，顾名思义，即依法而治。然而，正本清源地看，法治的核心还是一个人的问题。“法治的意思并不是说法律本身能统治，能维持社会秩序，而是说社会上任何人的关系是根据法律来维持的。法律还得靠权力来支持，还是靠人来执行，其实是‘人依法而治’，并非没有人的因素。”③ 人并不是神，其具有天使与恶魔的双面性。为了使人性阴霾的恶性能得到有效的遏制，进而确保法律的正确使用，仅有法律是远远不够的，还必须讲法律的职业伦理。当法律被嵌入社会时，如果没有一大批人怀揣信仰，心甘情愿地以法为业，那么法治也只能是一种空想与乌托邦，更可怕的是，“学法律的人若没有人格或道德，那么他的法学愈精，愈会玩弄法律，作奸犯科。”④

法律是法律人的家园，法律人应该是法律的守护神。如果法律人在执业中不遵守基本的职业伦理，其不仅是在与整个职业共同体为敌，更是与整个社会为敌。为了使法律人能虔诚地爱护自己的法律家园，我国也出台了专门的伦理性要求文件，如《法官职业道德基

---

① ［英］哈耶克：《法律、立法与自由》（第1卷），邓正来译，中国大百科全书出版社2000年版，第113页。

② ［德］卡尔·拉伦茨：《法学方法论》，陈爱娥译，商务印书馆2003年版，第217页。

③ 费孝通：《乡土中国》，北京大学出版社2004年版，第48页。

④ 孙晓芳等：《法学教育》，中国政法大学出版社2004年版，第151页。

本准则》《律师职业道德和执业纪律规范》等。然而，这些并不足矣说明伦理要求背后的原因。法的世界发端于语言，法律是凭借语言制订与公布的。法与法律制度纯粹是一种语言形式，法律问题即语言问题，法律是一门关于语言的学问。因此，除了认知到无伦理的危害之外，还必须从语言的角度切入伦理存在与植入的真正原因。虽然成文法国家并不承认法官等的造法功能，但事实是，无论是谁，只要他最终拥有解释任何条文的绝对权威，那么就是这个人，而非先写与先说的人（包括法律的制订者），才是真正表达其意图与目的的立法者。法律职业伦理是防止法律正义崩溃必不可少的堤坝。那么，法律人到底应该恪守哪些伦理底线呢？以下观点是见微知著的："忠实执行宪法和法律；以事实为根据，以法律为准绳；严明纪律，保守秘密；相互尊重，相互配合；恪尽职守，勤勉尽责；清正廉洁，遵纪守法。"①

四、结语：以法为业

语言晦涩难懂，且"故意模糊在法律中是很普遍的"②，其也使得法律与法律人行走于一种既有光明又有黑暗的环境中而不断迷失。为了以法为业，法律人一直前仆后继地试图以科学、真理的方式说明法律是什么，从而找到通往正义的方向与道路。然而，结果证明，这只是一种徒劳。"众多的人对法的概念给出定义，试图就这个问题得出正确答案，但迄今没有一个答案或者看法能获得普遍的认可，特别是没有一个定义可以跨中西方的界限而获得大体上的共识。"③"人们寻求对法的定义就像是寻找圣杯一样，一直是人们梦寐以求的愿望。"④ 法律是法律人寻找正义的支点，但什么是正义却是那般飘浮不定。也正因为如此，法律也许并不是在积极地追求正义，而只是在消极地消除最基本的不正义。假如非要说法律追求的是一种肯定性的正义，那么也只能说它追求的只是一种最粗浅的正义，而不是法律人理想中的终极性实质正义。我们本期望法律给人类播撒正义与光明，但是却并不能确切地知道什么是法律与正义，这样的认识不免令人惆怅而有些无所适从。撇开语言的模糊性，我们原本以为生活于法律的光明之中，但是在这半真半假的光明中，我们反倒忘记了我们正身处黑暗而有些无家可归。

人类的存在与发展、人类对物质文明与精神文明的开拓需要方向。可是，语言的模糊性似乎使得法律人找不到回家的路，因为这条路本来就是模糊不清，或者说不是客观存在的，它只存在于每个人的心中。莎士比亚曾言：一千个人眼中就有一千个哈姆雷特，可能这也是对法律特性最贴切的写照。虽然语言使法律家园这一命题被虚置，但是为了归宿

---

① 李本森主编：《法律职业伦理》，北京大学出版社2016年版，第19－25页。

② ［美］弗里德曼：《法律制度——从社会科学角度观察》，李琼英等译，中国政法大学出版社2004年版，第309页。

③ 周旺生：《立法论》，北京大学出版社1996年版，第14－18页。

④ ［美］霍贝尔：《初民的法——法的动态比较研究》，周勇译，中国社会科学出版社1993年版，第19页。

感，法律人必须为自己、为渴望得到公正对待的芸芸众生创设一个家园，因为毕竟法律语言也是正义存在的家。虽然语言是生涩的，但是为了和平、安详、秩序、自由等，现实的生活仍需要法律来主持公道。法律是一种服从于理性规则的事业，而事业意味着奉献、执着、目标与成就。虽然在语言的支配下，我们还不能对法律、正义像数学公式一样作绝对的定性，但是在法律职业伦理的恪守下以法为业就是法律人必须营造的家园。

On Deconstruction of Language Obscurity & Legal Justice

Li Siqi, Li Qinqin

Abstract: Language is isomorphic with thought. It is not only the home of existence, but also an indispensable tool for human beings to achieve symbiotic coexistence values such as equality and freedom. Language not only influences, even determines what the law is. In the meanwhile, it also directly dominates the connotation of justice and the way to achieve justice. In fact, law is the product of human language, not the product of natural objects. Law and justice are a language issue, not a simple rule problem. Essentially, the law is linguistics, and law and justice are the mechanisms and systems of a language. Although we intend to judge law and justice through language, no one can do accurate cropping. People think they are free, but omnipresent in the shackles of open language. Language and its ambiguity not only enable people to have an objective and rational understanding of law and justice, but also enable people to have an insight into the basic path of legal improvement and justice.

key words: obscurity of language; law; justice

（编辑：尤婷）

《苗族贾理》所见“代理人式”理老调解及其当代启示*

刘军平 江 萍**

摘 要 《苗族贾理》被誉为黔东南苗族的“百科全书”，该书所记载的“贾理”是苗族世代相传的规约古理，其中许多内容一直被苗族社会当作“习惯法”使用。理老调解是苗族民间纠纷解决的重要方式，其间的“代理人式”理老调解颇具特色。“代理人式”理老调解运行程序独特，当事人聘请理老代表自己进行调解，依据民族习惯法，通过叙贾说理的方式，达成协议，解决纠纷。“代理人式”理老调解作为一种特色解纷方式，在促进少数民族纠纷解决和稳定社会秩序等方面发挥着重要作用，应当对此吸收继承，为完善少数民族地区基层治理提供借鉴与启示。这些启示主要包括：建立健全地方特色民间调解员培训体系、创新推动法院调解与民间调解合作共赢、完善少数民族地区“社会＋法院”大调解格局等。

关键词 苗族贾理 代理人 理老调解 纠纷解决机制 民间调解

《苗族贾理》是一部世代流传于黔东南地区的古籍经典，① 堪称古代苗族的“百科全书”，并于2008年被列入第二批国家级非物质文化遗产目录，对其进行研究具有很强的理论和现实意义。目前学界对贾理文化的研究主要在文学和历史学方面，② 从法学角度专门

---

* 基金项目：国家社会科学基金重大项目《完善诚信建设长效机制的立法研究》（20ZDA056）。

** 刘军平，法学博士，湘潭大学法学院教授，博士生导师，法治湖南建设与区域社会治理协同创新中心研究员，主要从事调解文化相关研究；江萍，湘潭大学法学院硕士研究生。

① 王凤刚搜集、整理、译注：《苗族贾理·上》，贵州人民出版社2009年版。

② 关于贾理文化的文学研究主要有：胡晓东、胡廷夺：《“理辞”与“苗例”》，载《贵州社会科学》2011年第10期。关于贾理文化的历史研究主要有：石朝江：《苗族传统社会组织及其功能》，载《中南民族学院学报》（哲学社会科学版）1993年第3期；山民：《试析〈苗族古歌〉的史料价值》，载《贵州民族研究》1987年第4期。

进行研究的成果并不多见。既有研究成果主要集中在苗族的口承习惯法和歌唱的纠纷解决方式，重点是分析理词的作用和歌唱形式的诉讼与裁定。① 尽管学者们对贾理文化和理老的相关研究渐趋深入，但是，对于《苗族贾理》所涉纠纷调处及其文化内蕴却缺乏深入研究，也少见对理老调解程序的专门研究。《苗族贾理》中所记载的“代理人式”理老调解②是苗族社会纠纷解决智慧的集中体现。在这种调解类型中，纠纷当事人聘请理老代表自己进行调解，理老则依据民族习惯法，通过叙贾说理的方式进行纠纷调处。这种极具特色的“代理人式”理老调解不仅促进了少数民族地区纠纷解决和社会秩序的稳定，其中所蕴含的以矛盾纠纷多元化解决为主要内容的基层治理经验更可为当下完善民族地区基层治理提供有益借鉴。习近平总书记指出，推进国家治理体系和治理能力现代化，基层治理是基石，少数民族地区社会治理是重要组成部分。中国传统文化为国家治理提供精神滋养和智力支撑，完善民族地区基层治理必须借鉴民族特色传统文化。本文拟采用文献分析方法，以《苗族贾理》为基础资料，以“代理人式”理老调解为研究对象，对其理念、依据和案件类型进行分析，研究“代理人式”理老调解的运作程序。在此基础上，探析“代理人式”理老调解的当代启示。

一、“代理人式”理老调解的理念、依据和案件类型

理老，在《苗族贾理》中被泛称为“lil loul”，是苗族地区的纠纷解决者，他们一般由村寨里德高望重、明情懂礼之人担任。在“代理人式”理老调解中，由当事人聘请理老代表自己论理，达成协议，解决纠纷。③ 这种理老调解极具特色，颇值研究。以下对“代理人式”理老调解的理念、依据和案件类型分别进行介绍。

（一）调解理念

理老调解的理念，是在苗族历史文化发展过程中逐渐形成、发展和积累下来，经过不断完善后用以指导理老调解活动的信念与原则。无论是“法官式”理老调解还是“代理

---

① 张联秀等人认为苗族民间规约存在和谐无讼的文化内涵，纠纷解决方式和民间规约以歌唱形式呈现，鼓社、议榔和理老在苗族社会意义重大。相关著述主要有：张联秀：《〈苗族理辞〉民间规约研究》，载《四川民族学院学报》2014 年第 23 卷第 1 期；徐晓光：《歌唱与纠纷的解决——黔东南苗族口承习惯法中的诉讼与裁定》，载《贵州民族研究》2006 年第 2 期；田应梅：《浅析苗族习惯法》，载《贵州民族研究》2004 年第 3 期；廷贵、酒素：《略论苗族古代社会结构的“三根支柱”——鼓社、议榔、理老》，载《贵州民族研究》1981 年第 4 期。

② 郝廷婷将理老调解划分为“法官式”理老调解和“代理人式”理老调解。参见郝廷婷：《论苗族民间纠纷调解的形式》，载宝贵贞主编：《回顾与创新：多元文化视野下的中国少数民族哲学》，中央民族大学出版社 2013 年版，第 180－181 页。

③ 《苗族贾理》中记载有理老将自己比作辩理者和判案人。参见王凤刚搜集、整理、译注：《苗族贾理·下》，贵州人民出版社 2009 年版，第 553 页。学界有将黔东南理老划分为“法官性质”的理老和“代理人性质”的理老。参见郝廷婷：《论苗族民间纠纷调解的形式》，载宝贵贞主编：《回顾与创新：多元文化视野下的中国少数民族哲学》，中央民族大学出版社 2013 年版，第 180－181 页；袁志丽：《浅谈近代苗族的社会组织及其职能特点》，载《黑龙江民族丛刊》2016 年第 2 期。

人式”理老调解，其调解理念基本相同，并无明显差别。主要包括：和谐共存、宽容为善、息事宁人、公平公正。

（1）和谐共存。《苗族贾理》记载，在天地初始，各种动植物产生时，祖先就提出要和谐共存，“同生才繁荣，共长才美好”“共生才繁荣，共存才美好”①。和谐是一种美好的社会状态和社会理想，以村寨为居的苗民，尤其要注重村寨和谐。如果寨民之间的矛盾和纠纷不能妥善解决，将会影响村寨的日常生产生活。

（2）宽容为善。苗族以村寨为居，同先祖的血缘不可分割。苗人之间既是村邻，也是亲戚。日常相处中，苗人一直秉承宽容为善的宗旨，如“气话别计较，气语别铭心”②。宽容为善是使群居社会安定的一个重要因素。苗寨是大山深处的苗民全部生产活动的场所，大家族小家庭的村寨生活中，矛盾时有发生，坚持宽容为善的处世准则有利于稳定苗族社会生活秩序。

（3）息事宁人。息事宁人是理老调解纠纷的一个重要理念。原是指不生事、不骚扰百姓，后来指平息纠纷，消除事端，令人们平安相处。“咱是拿水来灭火，不是拿火来烧水”③。作为解决纠纷的一个基本理念，息事宁人常被误认为是“和稀泥”“各打五十大板”，其实并不尽然。调解的最终目的在于化解纠纷，平息事端。为了稳定秩序，统治阶层一般都会最大限度地化解纠纷，避免矛盾激化导致社会动荡，进而威胁政权。

（4）公平公正。在苗族社会，理老因公平解决纠纷、公正为人处世而备受赞誉。“见牛斗去拉鼻串，见马斗去拉缰绳，不让粑棰偏，不让碓嘴歪”④，坚持中立不偏颇的公平公正原则，是理老解决纠纷的基本出发点。苗人社会封闭而安稳，利益关系错综复杂，纠纷发生极为自然。在这样狭小的村寨中，为了更好地生存和发展，大家都注重维持彼此间的和谐关系。所以，面对纠纷需要综合考量双方利益，寻找最佳的利益平衡点，从而获得令双方都满意的调解结果。

（二）调解依据

理老调解的依据主要是苗族习惯法，这种习惯法由议榔制定的苗族规约转化而来。

从规约到习惯法，可大致分为两个阶段，包括规约制定和规约转化为习惯法。苗族规约由榔头等人召开议榔大会，组织民众公开议定。议榔大会上，规约由大家逐条讨论协商，经全体成员同意，方能最终确定。规约议订完毕后，要杀牲畜共食以示对规约的遵守，然后栽榔石或榔柱为证。对于没有到场的民众，由议榔大会负责派人给每人送去一份

---

① 王凤刚搜集、整理、译注：《苗族贾理·上》，贵州人民出版社2009年版，第21－22页。
② 王凤刚搜集、整理、译注：《苗族贾理·上》，贵州人民出版社2009年版，第131页。
③ 王凤刚搜集、整理、译注：《苗族贾理·下》，贵州人民出版社2009年版，第553页。
④ 王凤刚搜集、整理、译注：《苗族贾理·下》，贵州人民出版社2009年版，第553页。

牛肉，并告知议订规约的结果，借此表示已将新规约传达给所有人知晓，请大家共同遵守。① 这种制定规约的方法，能够做到让村寨民众信服，以达到规约实施的最佳效果。

规约被制定后，经理老、巫师等以理歌理词形式传唱，逐渐被固定成为理辞，其中涉及行为规范的部分，就被当作苗族习惯法。调解纠纷时，理老要先唱诵传承下来的议榔规约，再根据案件的实际情况选择合适的议榔规约予以适用。例如，在《案件篇》中，案例的最后几句话通常都是“《贾》是这样叙，理是这样说”②，表明理老在调解时会援用各种规约。此外，规约被固定为理辞后也并非一成不变。“也成一段《贾》，也成一个理”③，表示理老在调解过程会结合新的案件，进行灵活裁量形成新的理词④，并对此加工提炼后充实本地的贾理。

苗族没有文字，所以苗族习惯法无法通过文字记载和保存，而是由苗人以口头方式传承。在对《苗族贾理》和其他一些苗族理辞进行分析后，笔者将其中的习惯法归纳为三部分：民商事习惯法、刑事习惯法、婚姻家庭继承习惯法⑤。

民商事习惯法包含公私财产所有权和农业生产规则等内容。规定保护私人财产不受侵害，损害他人财物要赔偿，“你们放的火，你们烧的树，……，你们拿银陪我牛，拿钱赔我树”⑥；还规定集体所有和民众共有的林地、田地等公共财产不被私人侵占⑦。在农业生产活动方面，规定“活路头”为农业生产活动的领导人，开田、耕作等农业活动要重视“祭土”习俗。

刑事习惯法规定了偷盗、杀伤人、强奸等罪行认定以及惩罚问题。例如，若有偷盗行为，就送去议榔问罪，并让大家引以为戒，“谁若做兽行，谁若当窃贼，捆他来对榔规，捉他来对场约，捆来给众人看，捉来给大伙瞧”⑧。而对杀人、强奸等严重丧失伦理道德的侵害人身安全行为，一般是惩罚过错方割地赔礼。因为耕地是以农业为生的苗族人的生命，让犯下严重过错的一方割地赔偿，就是一种严厉惩罚。例如，基雄东迷奸裴洛南，最后将自己的土地赔偿给努札连。⑨ 此外，苗族还允许依照议榔规约复仇。比如董强奸了柳的妻子，柳所在的村寨民众依据议榔规约对董进行报复。⑩

---

① 参见廷贵、酒素：《略论苗族古代社会结构的“三根支柱”——鼓社、议榔、理老》，载《贵州民族研究》1981年第4期。

② 王凤刚搜集、整理、译注：《苗族贾理·下》，贵州人民出版社2009年版，第503页。

③ 王凤刚搜集、整理、译注：《苗族贾理·下》，贵州人民出版社2009年版，第497页。

④ 参见徐晓光：《古歌——黔东南苗族习惯法的一种口头传承形式》，载《中南民族大学学报》（人文社会科学版）2009年第29卷第1期。

⑤ 苗族日常纠纷，很多是由财物和妇女引起的，婚姻纠纷数量庞大，故在此将婚姻家庭继承习惯法单独列为一类。

⑥ 王凤刚搜集、整理、译注：《苗族贾理·下》，贵州人民出版社2009年版，第530页。

⑦ 李廷贵、酒素：《苗族“习惯法”概论》，载《贵州社会科学》1981年第5期。

⑧ 王凤刚搜集、整理、译注：《苗族贾理·上》，贵州人民出版社2009年版，第45页。

⑨ 参见王凤刚搜集、整理、译注：《苗族贾理·下》，贵州人民出版社2009年版，第581页。

⑩ 参见王凤刚搜集、整理、译注：《苗族贾理·下》，贵州人民出版社2009年版，第525页。

婚姻家庭继承习惯法则包含从恋爱到结婚、离婚以及再嫁的规定，其中还涉及婚姻伦理和继承问题。苗族有许多固定的婚姻礼俗要求和很多婚姻伦理规则。强调女子若是同时和两男结婚会受到惩罚，如宝蕾父母允许宝蕾在议定婚约后与其他男子私奔，最后结束婚姻关系并受惩罚；不允许兄弟共娶一妻或者兄弟乱伦，“哥娶是哥妻，弟娶是弟媳”①；对男女不守道德发生奸情的，都给予惩罚，“若男进错屋，若女拿错篓，脏用清水洗，错拿猪赔礼”②。这些皆是强调要遵守婚姻伦理道德。

（三）调解的案件类型

《案件篇》记载了总共16个案例，可将这些案例大致分为婚姻家庭案件、侵犯人身案件和侵犯财产案件等三大类。具体归类如下。

《案件篇》中案件类型一览表③			
案件类型	婚姻家庭案件	侵犯人身案件	侵犯财产案件
数量（16）	4	6	6
案件名称	《裴瑙对》 《牛和虎》 《猪和狗》 《扁董和夏伙》	强奸类： 《伙计柳和董》 《基雄东》 斗殴伤人类： 《杨梅树和竹》 《老果与老浪》 《阿丢和阿里》 《挪公》	偷盗类： 《果阿与果隆》 《筛该与敢谁》 《果诺和依收》 欺诈、侵占他人财产类： 《蛇与蛙》 《亚柳与亚阿》 《丢闷和瓦侠》

（1）婚姻家庭案件。苗族婚姻习俗以包办婚姻为主，此外还发展出独特的自主婚。如果夫妻感情破裂，婚姻不能继续，双方一般会邀请理老调解纠纷，和平解除婚姻关系。例如，扁董与夏伙自由恋爱后结婚，但婚后扁董不用心操持家务，夏伙因此家暴扁董将其打伤，此事经理老调解后，以夏伙赔银，二人离婚告终。④

（2）侵犯人身案件。《苗族贾理》所载的侵犯人身案件可分为强奸类和斗殴伤人类。苗族社会如果发生妇女被奸淫侮辱的案件，当事人多请理老帮助解决矛盾。例如《基雄东》一案，基雄东迷奸裴洛南，努札连请理老解决纠纷，最后基雄东割地赔偿并赔礼道歉。⑤ 斗殴伤人事件在苗族社会中也并不少见，例如阿丢和阿里为争夺灌溉水源而发生斗

① 王凤刚搜集、整理、译注：《苗族贾理·上》，贵州人民出版社2009年版，第9页。

② 王凤刚搜集、整理、译注：《苗族贾理·上》，贵州人民出版社2009年版，第9页。

③ 田土纠纷等是少数民族民间纠纷的重要组成部分，在关于苗族文化的介绍中均有记载。但《苗族贾理》一书中并未记载关于田土纠纷的案例，为忠实于本书，故在此未将田土等纠纷列入贾的案件类型。

④ 参见王凤刚搜集、整理、译注：《苗族贾理·下》，贵州人民出版社2009年版，第548－561页。

⑤ 参见王凤刚搜集、整理、译注：《苗族贾理·下》，贵州人民出版社2009年版，第563－581页。

殴以致死伤，又如因挪公之死而导致两个部族发生械斗。[1]

（3）侵犯财产案件。可分为偷盗类和欺诈、侵占他人财物等案件。苗寨属熟人社会，共同劳作的生产方式和山多地少的恶劣自然环境，使收成难由人力控制，所以偷盗、欺诈、侵占财物案件经常发生。例如，农农公和奈奈奶因偷鸟被理老判赔银以弥补果阿与果隆的损失；宝隋和宝毕偷盗猎狗被议榔评判有罪；亚柳和亚阿以庄稼被牛偷吃为借口敲诈牛主人的银子，其同伙被问罪。[2]

二、“代理人式”理老调解的运行程序

理老作为苗族纠纷解决人员，既可以居中定理评判纠纷，也可以代替当事人辩论说理。在“代理人式”理老调解中，理老以当事人的“代理人”身份出现，接收案件并向当事人了解案情，然后与同为对方“代理人”的理老论理。本文以《扁董与夏伙》一案作为参考，剖析“代理人式”理老调解的运作流程。

（一）理老收案

首先，双方当事人请来理老。“代理人式”理老调解的双方当事人在调解开始前要邀请代表自己一方的理老。例如，夏伙与扁董原是因自由恋爱而结婚，但是婚后妻子扁董不顾家，丈夫夏伙难以忍受便动手打人，导致婚姻纠纷发生。于是二人分别请来理老帮助解决纠纷：“去请熊基其，去叫丢番商”；“去请基龙南，去叫俄往溜”[3]。邀请理老代表自己解决纠纷，是“代理人式”理老调解的重要开端。

其次，理老接受邀请并代表当事人出面了解情况。理老会认真听取己方当事人的陈述，了解案件的实际情况，然后收集整理证据，为调解做好必要准备。在上述案件中，扁董和夏伙各自聘请的理老认真听取陈述，了解实际情况后，便着手调解纠纷，“才定在吉日，才定在吉夜，才定在半路，才定在中途，拿《贾》来论辩，拿理来评说”[4]。《基雄东》一案中，理老分别代表基雄东和努札连出面解决纠纷，“带我话去讲，拿我语去说，带我《贾》去辩，拿我理去评”[5]。这两个案例都说明了理老在调解中的“代理人”角色定位。

（二）理老叙贾

在理老收案后，双方理老见面，各自叙贾。“贾”是对口传规约形成的苗族理辞的专

① 参见王凤刚搜集、整理、译注：《苗族贾理·下》，贵州人民出版社2009年版，第498－583页。
② 参见王凤刚搜集、整理、译注：《苗族贾理·下》，贵州人民出版社2009年版，第498－583页。
③ 王凤刚搜集、整理、译注：《苗族贾理·下》，贵州人民出版社2009年版，第551－552页。
④ 王凤刚搜集、整理、译注：《苗族贾理·上》，贵州人民出版社2009年版，第55页。
⑤ 王凤刚搜集、整理、译注：《苗族贾理·下》，贵州人民出版社2009年版，第575页。

称，是规约古理的外在表现形式。叙贾是指理老引经据典，向民众念唱苗族历史上流传下来的古理和先例，陈述祖先的思想和准则，以期民众能了解和知悉，并表示自己会按照规约进行调解。例如："咱是芝麻救粑棰，冷水救粘膏，来解牛斗角，来解狗撕咬，咱是拿水来灭火，不是拿火来烧水"①，强调要息事宁人，不可火上浇油。"要做支碓的架，要做支枧的木，见牛斗去拉鼻串，见马斗去拉缰绳，不让粑棰偏，不让碓嘴歪"②，则表明要保持不偏不倚的态度，做到公平公正地调解。由此可见，理老叙贾目的在于为之后的理老论理做准备，表明理老参与调解的目的在于解决纠纷，使双方重归友好。

（三）理老论理

理老论理是理老调解的关键性环节，它直接关系到调解的成功与否。理老在弄清案件事实，叙述历史上的古理规约后，便正式开始论理。"理"是理老处理纠纷的准绳，理多为胜。理老论理颇具特色，双方理老一问一驳，交叉辩论。以下仍以《扁董与夏伙》一案为例进行说明。

首先由女方理老发问，责问男方是否因妻子扁董有婚外情行为，才被丈夫夏伙狠心打成重伤："我的这扁董，是否爱掐草？是否爱招手？執与兄弟玩？執与兄弟乱？……就揍不择拳，就骂不择语"③。随后进一步诘问，是否扁董有手脚不干净、爱偷东西等不良品行："或到寨人家，就偷寨人鸡？或到妯娌处，就偷妯娌线"④？

男方理老先是对女方的提问支支吾吾，随后又作出反驳，强调要就事论事。接着指责扁董婚后懒惰不顾家的行为："夹坪咱就来捕鸟，夹坳咱就来猎兽。你的这扁董，开始很贤惠，后来却变孬"⑤。然后男方理老进一步陈述扁董婚后的不良行为："上坡懒洋洋，回家气鼓鼓，饭半吃半撂，纱边纺边烧，衣破手不破，应补好又穿，她见破就甩，她见破则丢"⑥，指出扁董婚前婚后的反差。男方理老又表明，夏伙动手打人是情有可原的："种不成庄稼，缝不成衣穿。才揍不择拳，才骂不择语"⑦。

针对男方的陈述，女方理老要求男方出示证据："我们家扁董，先前咋贤惠，后来咋变孬？"⑧。并且作出反驳，正是因为男方打骂，所以扁董才会如此："你在门外就打狗，你在屋里就骂猫，她才在不成，她才受不了"⑨。

完成基本事实陈述和证据说理后，男方理老提出二人婚姻无媒无聘："你家的扁董，……，

---

① 王凤刚搜集、整理、译注：《苗族贾理·下》，贵州人民出版社2009年版，第553页。
② 王凤刚搜集、整理、译注：《苗族贾理·下》，贵州人民出版社2009年版，第553页。
③ 王凤刚搜集、整理、译注：《苗族贾理·下》，贵州人民出版社2009年版，第553页。
④ 王凤刚搜集、整理、译注：《苗族贾理·下》，贵州人民出版社2009年版，第556页。
⑤ 王凤刚搜集、整理、译注：《苗族贾理·下》，贵州人民出版社2009年版，第557页。
⑥ 王凤刚搜集、整理、译注：《苗族贾理·下》，贵州人民出版社2009年版，第557－558页。
⑦ 王凤刚搜集、整理、译注：《苗族贾理·下》，贵州人民出版社2009年版，第558页。
⑧ 王凤刚搜集、整理、译注：《苗族贾理·下》，贵州人民出版社2009年版，第558页。
⑨ 王凤刚搜集、整理、译注：《苗族贾理·下》，贵州人民出版社2009年版，第559页。

无舅舅送嫁，无舅妈送亲”①，意在表达即使离婚也不需要给女方补偿。而女方理老作出反驳，指出二人结婚是因为情投意合：“你心各愿连彼心，你坛各愿配坛萝，……，自娶进你门，自迎进你屋”②。

（四）理老结案

理老论理之后，案情已经基本明了，可以进入理老结案程序。理老结案程序包含两个方面：调解结束和纠纷解决。双方理老经过一番辩论后，最终会出现理亏的一方，此时论理环节结束。理老可以为当事人拟定调解协议，并确定赔偿的范围和数额，至此调解结束。一般情况下，理老与当事人事先均已经确定好适宜的赔偿限度，所以最后的赔偿基本都在双方的可接受范围之内。以上述《扁董与夏伙》一案为例，夏伙在婚内动手殴打扁董，所以男方理缺：“有那基龙南，有那俄往溜，才吞《贾》不了，才吞理不去”③。随后双方达成调解协议：“讲成银七两，评成银五钱，才休扁董去，才结夏伙案”④。夏伙按照协议赔偿扁董，案件了结，此后男婚女嫁，各不相干。

一般来说，经过理老调解后，纠纷都能获得一个双方都能接受的解决方案。但是也存在例外情形。在这种情况下，有时会由当事人的亲属出面解决或是采用神明裁判。例如《基雄东》一案。双方理老辩论说理后，纠纷仍难以化解，最后由当事人的姐妹出面解决了纠纷。“既是咱舅舅，既是咱亲戚，就由咱来了结吧。向众人宣言，向众老宣告：‘咱划责努过，咱划依寒番，纠纷就消散，案子就结清，纠纷完彻底，如雨后天晴。’”⑤

经理老调解后双方达成调解协议并且完成了赔偿，并不代表纠纷解决程序终结。因为纠纷完全解决除了需要按照合意进行赔偿，当事人还要给理老一定的报酬；甚至有时还要杀猪、宰羊宴请全寨人，当作因自己与人发生纠纷伤害邻里和气而赔罪。此时纠纷才算完全解决，理老调解活动正式结束。《苗族贾里》案件篇的最后一部分，即《结案收礼辞》，专门讲述理老在调解完成后，收下银钱作为报酬：“兴受分厘礼，兴收分厘银，咱受分厘礼，咱收分厘银，收偿千日活，受酬百日工，偿口水之辛，酬汗水之劳”。⑥

三、“代理人式”理老调解的当代启示

调解是中国传统社会中最具文化代表性和生命力的司法形式，也是最为世界瞩目的法律传统。⑦ 作为多元化纠纷解决机制中的核心一环，调解还是推进基层社会治理的重要载

① 王凤刚搜集、整理、译注：《苗族贾理·下》，贵州人民出版社2009年版，第559－560页。
② 王凤刚搜集、整理、译注：《苗族贾理·下》，贵州人民出版社2009年版，第560页。
③ 王凤刚搜集、整理、译注：《苗族贾理·下》，贵州人民出版社2009年版，第560页。
④ 王凤刚搜集、整理、译注：《苗族贾理·下》，贵州人民出版社2009年版，第560页。
⑤ 王凤刚搜集、整理、译注：《苗族贾理·下》，贵州人民出版社2009年版，第581页。
⑥ 王凤刚搜集、整理、译注：《苗族贾理·下》，贵州人民出版社2009年版，第584页。
⑦ 春杨：《晚清乡土社会民事纠纷调解制度研究》，北京大学出版社2009年版，第7页。

体。我国是统一的多民族国家，民族地区地理位置特殊、战略位置重要，保持民族地区和谐稳定，既关系到社会安定和边疆巩固，也关系到民族团结和国家长治久安。推进民族地区社会治理创新，建设民族地区新型治理格局，是完善民族区域自治制度、推进国家治理体系和治理能力现代化的必然要求，应充分利用少数民族地区优秀传统文化。“代理人式”理老调解发挥了维护民族团结和促进社会稳定的积极作用。对此进行深入探索，认真总结其中所蕴含的优秀经验，不仅有利于弘扬中华优秀传统调解文化，而且对推进基层治理有着举足轻重的作用。“代理人式”理老调解的当代启示主要包括：建立健全地方特色民间调解员培训体系，创新推动法院调解与民间调解合作共赢，完善少数民族地区“社会＋法院”大调解格局等。

（一）建立健全地方特色民间调解员培训体系

理老等少数民族民间调解员在解决纠纷方面的作用不可忽视，他们是民族地区社会治理可利用的良好资源。虽然理老掌握丰富的调解知识，但他们的法律知识明显不足。因为理老是在苗族社会长期发展过程中自然生成的，没有经过规范统一的培训流程。故而，建立健全理老这类特色民间调解员培训体系具有重要意义。对此，必须注重对民间调解员的培养、任用、推广，依靠国家力量，运用现代教育手段培养现代化地方特色民间调解员队伍。

首先，完善地方特色民间调解员培养机制。缓慢的成长过程决定了理老等地方特色民间调解员是一种“稀缺资源”。保证民间调解机制的长效稳定，需要做好特色民间调解员的“开源”培养工作。行政部门和教育机构可以开展联合行动，将少数民族地区习惯法和调解中的精华部分编入教学教材，列入当地文化教育中，以实现对特色民间调解员的长久培养。① 同时对现有民间调解员进行登记，由司法行政部门定期开设民间调解员培训班并进行管理和培训。这些调解员需要学习现代法律文化，甄别传统调解文化，培训调解技能，遵守调解员行为规范。通过这些举措，一方面可以帮助他们尽快掌握人民调解知识，规范民间调解；另一方面可以借助他们民间权威的身份优势，将现代化法律传递给少数民族群众，以实现在纠纷解决过程中民间习惯法与国家法的协调。②

其次，注重地方特色民间调解员的考核任用。理老等民间调解员完成培训后，由司法行政部门统一进行结业考核。成功通过考核的民间调解员，由司法行政部门登记造册，制作人民调解员证书，确认调解资格，规范调解范围与程序。③ 司法行政部门对民间调解员

---

① 参见张邦铺：《彝族民间调解制度的现代转型》，载《西华大学学报》（哲学社会科学版）2020年第39卷第3期。

② 参见杨雅妮、杨芳：《法治中国背景下藏族民间调解的再思考》，载《兰州文理学院学报》（社会科学版）2016年第32卷第5期。

③ 参见张邦铺：《论彝族新型“德古”调解——以小凉山彝区“德古”调解为例》，载《原生态民族文化学刊》2013年第5卷第1期。

进行统一管理，但是在特色民间调解员的任用上，由有关组织机构分层考核选用。经基层调解委员会考核后，可吸纳为人民调解员；经交通管理部门等行政机关考核后，可聘任为行政调解员；经人民法院考核后，可选任为人民陪审员、特邀调解员等。①

最后，要加大对地方特色民间调解员的推广力度，进行线上线下双推广。一方面，建设地区调解平台，为民间调解员制作调解名片。民众通过“扫码”即可进入平台，查看调解员的相关资料，选择心仪的民间调解员参与调解。另一方面，制作特色民间调解员手册，将调解员的简历、调解经历印刷在册，发给当地的村社民众。同时提供评分机制，在调解结束后，由当事人为调解人员打分，并定期评比公布，以调动民间调解员的积极性，促进调解员队伍及时更新，做到奖惩有效。

（二）创新推动法院调解与民间调解合作共赢

实现法治化社会治理，不仅需要大力改革司法制度，而且要将司法落实在基层。因此，要完善人民调解制度，发挥人民调解在纠纷化解和社会治理中的作用，构筑社会治理的“第一道防线”。面对民族地区纠纷增多且复杂的现状，单纯依靠法院和行政机构解决纠纷的传统模式耗时费力。但是理老调解这种传统的民间纠纷解决方式却能在少数民族地区有效解决纠纷并维护社会秩序稳定。所以，民族地区司法工作者可以在当代调解模式中融入传统理老调解，借助传统调解模式来化解纠纷困境。例如，榕江县法院首创“民歌法庭”，创新运用传统调解文化，促进了少数民族官方调解和民间调解的良性互动。

法院可聘请理老担任民歌调解员。在“民歌法庭”的模式下，由法院筛选能歌会唱的歌师，经过法律知识学习和庭审培训后，担任民歌调解员，在调解过程中起辅助和指引作用。为了拉近与当事人之间的距离，法官在调解过程中不穿法袍，不采用常规审判程序。一般是根据案件类型播放同类歌碟或视频，或者由歌师结合案情现场演唱，唤起当事人的同理心，以达到劝和调解目的。② 作为传统调解文化与现代司法理念有机结合的产物，“民歌法庭”的运作必须结合当地文化风俗和语言特色。理老作为苗族社会的专业调解人员，拥有丰富的调解知识。与没有专业调解素养的歌师相比，理老能更好地胜任“民歌法庭”的调解工作。所以，法院可以专门聘请理老作为民歌调解员，既可以辅助调解，也可以独立调解。由他们负责选取与案件相关的理歌，或者提前根据案情创作新的理辞调解纠纷。

“民歌法庭”的运作，可分为诉前调解、庭前调解和庭审中调解。纠纷发生后，当事人可以主动寻找调解员的帮助，而民歌调解员在得知案情后，也会积极主动上门调解。他

---

① 参见张邦铺：《彝族民间调解制度的现代转型》，载《西华大学学报》（哲学社会科学版）2020 年第 39 卷第 3 期。

② 参见《庭内庭外唱和谐——榕江县法院创新“民歌法庭”探秘》，载贵州省黔东南苗族侗族自治州中级人民法院，http：//qdnzy. guizhoucourt. cn/xwfbt/19527. jhtml，2012 年 9 月 3 日。

们开导、劝说双方当事人，促进双方当事人自行和解，尽量减少案件进入诉讼程序。法院开庭审理前，民歌调解员及时劝导，促进双方达成庭前调解，法院可根据当事人的请求出具确认书。案件进入法庭审理阶段后，民歌调解员需在场了解案件详情和进展，并按照法官的指示进行调解。采用“法律 + 民歌”的运作形式，推动法院调解和特色民间调解新合作，有利于使民间调解焕发生机，丰富多元化纠纷解决机制的内涵。

（三）完善少数民族地区“社会 + 法院”大调解格局

为了克服传统民间调解模式的局限性，回应纠纷主体多元化需求，纠纷解决的未来方向应是构建“社会 + 法院”的多元化纠纷解决机制。① 基于理老等少数民族民间调解员在民族地区纠纷解决中的特殊作用，法院和司法行政部门必须充分全面了解理老这类民族调解员，将其作为社会调解力量，充分发挥民间调解的作用。做到司法调解、行政调解、人民调解相互配合，特色民间调解与诉讼、仲裁合理有效衔接，提高调解的公信力、纠纷进入调解率和调解成功率。②

第一，司法行政部门要充分认识少数民族特色民间调解的优势与不足，积极调动民间调解资源参与司法活动。因地区习惯法、调解文化和调解人员自身存在的局限，民间调解达成的协议存在形式不规范、与国家法相冲突和背离的缺点。对此，可以在民族地区完善调解协议的司法审查制度。由司法机关对调解结果进行司法审查和确认，避免民间调解协议违反法律法规，损害公共利益。法院、司法行政部门、人民调解组织必须在思想层面上达成共识，积极促进诉讼调解、行政调解、人民调解和特色民间调解互利共赢。在制度层面上，法院和司法行政部门要建立相关制度，促进司法调解与民间调解规范有序衔接。各机关、各部门可以联合成立人民调解工作小组，相互建立工作联系，聘任如苗族理老等民间调解员担任人民陪审员，共同提升民间调解的工作地位。完善司法调解与人民调解的有效衔接，协同人民法院开展立案前调解、诉前调解和诉中调解，提升司法效率，节约司法成本。③

第二，加强行政调解与民间调解衔接协调，完善行业性民间调解机制，促进行业纠纷解决。当前医患纠纷频繁发生，若医患矛盾不能妥善解决，将影响医院的有序运转。卫生部门应注重在卫生系统内建立和完善医患纠纷调解处，聘请民间调解员协同行政调解员调解医患纠纷，防止医闹事件升级。交通部门可以在各交警大队建立交通纠纷调解委员会，聘任有资质的民间调解员常驻，联合交通部门行政人员共同完成交通事故纠纷调解。为缓解劳动人事纠纷，劳动部门应当完善劳动争议纠纷调解制度，建立健全劳动纠纷调解委员

---

① 参见陆晓萍：《彝族传统非诉讼纠纷解决机制的现代价值》，载《人民论坛》2013 年第 23 期。

② 参见陆晓萍：《彝族传统非诉讼纠纷解决机制的现代价值》，载《人民论坛》2013 年第 23 期。

③ 参见张邦铺、谢重阳：《论民间调解员调解彝区纠纷的困境与进路》，载《鸡西大学学报》2012 年第 12 卷第 2 期。

会，由劳动部门有关人员和民间调解员合作调解劳动纠纷。

第三，在民族地区建立特色组织机构，加强对特色民间调解的指导。如在苗族地区建立便民诉讼联络站。便民诉讼联络站拥有两种职能，一是帮助当事人解决纠纷的调解职能，二是帮助当事人起诉的指引职能。可以聘请考核合格的民间调解员担任便民诉讼联络员，在各村寨、社区协助基层司法工作。纠纷出现后，由联络员负责第一时间到场进行调解。如果诉讼联络站无法调解该纠纷，则由联络员指引当事人进行起诉，节约当事人和法院的司法实践和各项成本。同时，这些诉讼联络员收集和反馈的纠纷信息，使法庭能够及时了解和掌握案件的原委和焦点，便于快速解决纠纷。

结　语

“代理人式”理老调解是黔东南苗族地区一种古老的纠纷解决方式。它在调解理念、调解依据及调解程序等方面都极具特色，不仅有效地化解少数民族地区的各种纠纷和矛盾，而且保证了苗族社会生产和生活秩序的稳定。与此同时，通过贾理的唱诵，宣扬了苗族的古理和规约，道德伦理得以传承，有力地促进了社会整体道德水平的提高。对此进行深入研究并探析其当代启示具有重要的理论和实践价值。与此同时，我们也应该清醒地认识到，这种理老调解还存在不少与当代法治社会不相融合的地方。亟须对此进行现代化改造，探索传统调解文化的当代转型。

The “agent – style” mediation for the elderly in “Jaxlil of the Miao Nationality”

Liu Jun – ping　Jiang Ping

Abstract: “Jia Li of the Miao nationality” is known as the “encyclopedia” of the Miao people in Qiandongnan, and the “Jiali” recorded in the book is an ancient statute passed down from generation to generation by the Miao people, and many of its contents have been used as “customary law” by the Miao society. The “agent – style” mediation for the elderly is an important way to settle disputes among the Miao people, and the “agent – style” mediation for the elderly is quite distinctive. The “agent – style” mediation for the elderly is a unique procedure in which the parties hire a representative to mediate on their own behalf, and reach an agreement to resolve the dispute through the way of reasoning in accordance with ethnic customary law. As a characteristic way to resolve disputes, “agent – style” mediation for the elderly plays an important role in promoting dispute resolution and stabilizing social order among ethnic minorities, and should be absorbed and inherited to provide inspiration for improving grassroots governance in ethnic minority areas. These inspirations mainly include: establishing a sound training system for local civil mediators, innovating and promoting win – win cooperation between court mediation and civil mediation, and improving the "society + court" mediation pattern in minority areas.

Keywords: Jialil of the Miao nationality; agent; mediation of the old man; dispute resolution mechanism; folk mediation

（编辑：张雪寒）

多元文化视野下的元代“烧埋银”性质与渊源刍议*

胡小鹏　张　宏**

摘　要　元代的“烧埋银”，并非中原汉地的赎金、私和钱、埋葬钱。“烧埋银”的渊源是人类社会早期的“命价银”习惯法，在北方游牧民族法文化中广泛存在。夷汉相犯致死，既断以律令，又偿以“命价”，在女真旧俗、北宋司法实践中已出现。忽必烈以诏令形式将“烧埋银”正式确定为国家制度，反映的正是在元代多元一体大背景下，国家整合在法律制度上的体现。

关键词　元代　烧埋银　习惯法　国家整合

元代人命案件中的“烧埋银”制度，国内外学者围绕它的形式与内在、实践与背景等方面曾开展了富有成效的研究，取得了一定的成果①。通过梳理，我们注意到学界对“烧埋银”的性质、来源的讨论仍有模糊之处，还有必要放在更加宏观的文化背景下去观察，特别是要与北方游牧民族法文化中的“命价银”习惯法联系起来考察，这对于廓清烧埋银的性质、追索烧埋银的渊源大有裨益。

一、问题的提出

《唐律》载，“诸斗殴杀人者，绞；以刃及故杀人者，斩。虽因斗而用兵刃杀者，与

* 基金项目：国家社会科学基金重大项目“中国古代北方游牧民族与中原农耕民族交融史研究”（17ZD176）

** 胡小鹏，法学博士，西北师范大学历史文化学院教授，博士生导师；张宏，西北师范大学历史文化学院博士生。

① 参见［日］岩村忍：《元代法制中的人命赔偿——试论烧埋银与私和钱》，载《蒙古学资料与情报》1989年第1期；张群：《元朝烧埋银初探》，载《内蒙古大学学报》（人文社会科学版）2002年第6期；张群：《烧埋银与中国古代生命权侵害赔偿制度》，载《中西法律传统》2004年（总第4期）；王炳军：《偿命、命价与烧埋银——试论元代烧埋银制度的形成》，载《浙江万里学院学报》2016年第2期。

故杀同”“诸斗殴而误杀伤傍人者，以斗杀伤论；致死者，减一等”“诸戏杀伤人者，减斗杀伤二等”“诸过失杀伤人者，各依其状以赎论”①。不难看出，在封建法制比较成熟的唐代，“杀人偿命”是衡量人命案的主要裁量依据。不过，据日本著名的中国法制史学者仁井田陞考证，《唐律》以外，唐令中已经出现了与人身损害赔偿相关的内容，如唐开元二十五年《狱官令》中载：“诸伤损于人及诬告得罪，其人应合赎者，铜入被告及伤损之家”②，只是这里的“伤损”显然不包括人命。

宋初，史载其律令，“国初用唐律、令、格、式外，又有《元和删定格后敕》《太和新编后敕》《开成详定刑法总要格敕》、后唐《同光刑律统类》《清泰编敕》、周《广顺续编敕》《显德刑统》，皆参用焉”③。我国古代社会，作为天命转换的一种体现，新朝必颁新律，因此，宋初在使用这些唐代中后期、五代十国割据政权编纂的律令时，其正统性就成了问题，所以在宋建隆四年（963 年），尚未完成全国统一的宋太祖赵匡胤即诏令窦仪等人重编律令。是年七月，与《唐律》的卷式、体例相似的《宋刑统》共三十一卷奏上，太祖令颁行天下。《宋史》刑法志言，“宋法制因唐律、令、格、式，而随时损益则有编敕”④，精炼地点出了窦仪等人编纂《宋刑统》的思路要义，故宋代一般的人命案，也遵照“诸谋杀人，徒叁年；已伤者，绞。已杀者，斩”⑤ 的规定进行审理。而在《宋刑统》中，前述开元二十五年《狱官令》中“伤损于人应合赎者”一条，被窦仪等编入了《宋刑统》的首卷《名例律》中，其性质就由原先的单行立法提升到了强制力更大的“律”类，成为刑法总则一类的基本法律通论。但是，《宋刑统》中亦未见除过失杀人以外的人命赔偿规定。

辽、金两朝，法制体系既有参用中原法制的一面，也含有本民族一些文化特征。辽初因时立法、随事立法、任意用刑现象比较突出，到辽太祖六年（921 年）时，“乃诏大臣治契丹及诸夷之法，汉人则断以律令”⑥，即实施因俗而治的政策，汉人依唐代律令处置。辽兴宗重熙五年（1036 年），又“纂修太祖以来法令，参以古制”⑦，编成《新定条制》五百四十七条。辽道宗咸雍六年（1070 年）时，耶律洪基再次诏令修订以前条制，这次修定律法的具体指导思想是，“凡合于律者，具载之；其不合者，别存之”⑧。无论是辽太祖所说的“律令”，还是兴宗时的“古制”乃至道宗时的“律”，皆指唐代的律令而言。金代，熙宗完颜亶时，“诏诸臣，以本朝旧制，兼採隋、唐之制，参辽、宋之法，类以成

① （唐）长孙无忌：《唐律疏议》卷第二十一《斗殴故用兵刃》、卷第二十三《斗殴误杀伤旁人》、卷第二十三《过失杀伤人》，岳纯之点校，上海古籍出版社 2013 年版，第 332、361、365 页。

② ［日］仁井田陞《唐令拾遗》，栗劲 霍存福等编译，长春：长春出版社，1989 年，第 726 页。

③ （清）徐松：《宋会要辑稿》刑法一，刘琳 刁忠民等校点，上海古籍出版社 2014 年版，第 8211 页。

④ （元）脱脱等：《宋史》卷一百九十九《刑法一》，中华书局 1977 年版，第 4962 页。

⑤ 岳纯之：《宋刑统校证》，北京：北京大学出版社，2015 年，第 236 页。

⑥ （元）脱脱等：《辽史》卷六十一《刑法志上》，中华书局 2016 年版，第 1039 页。

⑦ （元）脱脱等：《辽史》卷六十二《刑法志下》，中华书局 2016 年版，第 1046 页。

⑧ （元）脱脱等：《辽史》卷六十二《刑法志下》，中华书局 2016 年版，第 1047 页。

书，名曰《皇统制》”①；章宗完颜璟时，又编成《泰和律义》，根据《金史》的说法，《泰和律》“实唐律也”②，只是将《唐律》中不合时宜的四十七条删去、另新增一百四十九条、略有损益者二百八十二条，《名例》《卫禁》《职制》《户婚》等十二篇名和篇数也完全按照《唐律》的体例进行编排。辽、金两代完整的法典今已不存，但是据以上史料可推知，辽金两朝汉人间的人命案，其刑罚想必依旧是按照唐宋法典中的原则进行处理，而略有损益。

元代肇起漠北，刑罚简约，初“惟以万户统军旅，以断事官治政刑，任用者不过一二亲贵重臣耳”③。据《蒙古秘史》载，公元1206年，蒙古建国伊始最早的断事官是成吉思汗母亲诃额仑的养子失吉忽秃忽。相传，蒙古帝国最早的法典是成吉思汗的“大札撒”，是由蒙古民族原始习惯、宗教禁忌及成吉思汗本人治国治世言论等汇编而成的卷帙。其杀人，“对于杀人窃盗通奸鸡奸等罪，处以死刑”④，而按照波斯蒙古史学家志费尼的说法，蒙古人的传统是，“一个该当死刑的犯人，如果遇赦活命，那就去送他打仗。理由是：若他注定该死，他会死于战场。否则他们派他出使不那么肯定会送他回来的外国，再不然，他们把他送往气候恶劣的热带地方去”⑤。南宋彭大雅《黑鞑事略》也有类似的记载，言蒙古人犯罪，“有过则杀之，谓之按打奚；不杀则罚充八都鲁军，或三次、四次，然后免其罪之至轻者，没其资之半”⑥。也就是说，在蒙古民族的法制习惯中，也贯穿着“杀人偿命”的思想，只是在实际执行中，死刑往往会被改为流远充军、军前效力。蒙元时期的流远不同于中原，由于蒙元帝国实行“诸色户计”的人口管理体制，犯人“流则南人迁于辽阳迤北之地，北人迁于南方湖广之乡”⑦ 之后，即被编入当地蒙古千户百户或者某个职业户计，几乎终身不能返回原籍。在蒙元早期的史料中，也有与人命赔偿有关的记载。拉施特《史集》中《成吉思汗的儿子窝阔台合罕纪弁言》一章中记载了一则轶事，言窝阔台汗时，从中原来了一些戏子为窝阔台表演戏曲，其中有一穆斯林老人被拖于蒙古战士马尾的表演引起了窝阔台的不满。这是由于，在窝阔台的印象中，从巴格达和不花剌敬献来的珍宝要比中原的精致，而且很多穆斯林有来自中原的奴隶，而在中原拥有穆斯林奴隶的现象却很少见，因此，窝阔台汗说，成吉思汗的“大札撒”曾规定，“一个木速蛮的血的价值为四十个金巴里失，而一个汉人仅值一头驴”⑧，反映出窝阔台汗时草原社会还存在着古老的命价习俗。蒙古的军事征服，在坚持“纳质、助军、输粮、设驿、编户籍、置

① （元）脱脱等：《金史》卷四十五《刑》，中华书局1975年版，第1015页。
② （元）脱脱等：《金史》卷四十五《刑》，中华书局1975年版，第1024页。
③ （明）宋濂等：《元史》卷八五《百官一》，中华书局1976年版，第2119页。
④ ［瑞典］多桑：《多桑蒙古史》（上册），冯承钧译，上盖古籍出版社2014年版，第183页。
⑤ ［伊朗］志费尼：《世界征服者史》（上册），商务印书馆2004年版，第54页。
⑥ （南宋）彭大雅：《黑鞑鞑事略》，许全胜校注，兰州大学出版社2014年版，第108页。
⑦ （明）宋濂等：《元史》卷一百二《刑法一》，中华书局1976年版，第2604页。
⑧ ［伊朗］拉施特：《史集》（第二卷），余大均 周建奇译，商务印书馆1983年版，第88页。

长官"①的"旧制六事"前提下，并不改易风俗。在此国策之下，至元八年（1271年）以前，北方中原汉儿人"遇有刑名公事，先送检法拟定，再行参详有无情法相应，更为酌古准今，拟定明白罪名"②，参用金《泰和律》断案。在公元1265年农历二月时，元世祖突然颁布圣旨条画，规定"'凡杀人者，虽偿命讫，仍出烧埋银五十两。若经赦原罪者，倍之。'钦此。"③，成为有元一代处理人命案件的定制。明代的国家制度以唐宋为宗，但在实际司法运行中也曾借鉴元代这种做法，只是在适用范围、罚金数额上有所调整，如洪武元年（1368年）正月颁布的《大明令》中规定，"凡杀人偿命者，征烧埋银一十两；不偿者，征银二十两"④，而在清代的《大清律例》中也有，斗殴致死及故杀人，"仍各追埋葬银二十两，给付尸亲收领"⑤的规定。

目前，国内外学者对于元代"烧埋银"制度的渊源、性质认识不尽相同。日本的仁井田陞认为"烧埋银"制度起源于一种古老的杀人赔偿，且主张"刑法以及损害赔偿制度的历史发展，在各民族中大体上都是同样的，根据学者们的解析，他们都起源于复仇"⑥。而另一位日本学者岩村忍主张，"烧埋银"制度是元朝利用中国社会的民间习惯"私和钱"，"把蒙古人的固有习惯法以'烧埋银'的形式，施用于中国"⑦的产物，即将无序的民间习惯进行了法制化的规范。而且，岩村忍反对"烧埋银"是赎金刑的观点，这是由于"烧埋银"向苦主家属交付后并不能免除加害人本身的刑责。国内学者也注意到了"烧埋银"制度与唐宋法典的矛盾之处，关于这项制度的起源与性质，有的学者主张，"蒙古人也很重视（烧马），因此把征烧埋银作为杀人、伤害、因失职致死人命等罪的附加刑广泛使用"⑧，即"烧埋银"的出处或与蒙古人死后的"烧马"习俗有关，"烧埋银"是正刑之外的附加刑；也有的学者主张，"烧埋银的渊源是蒙古族命价银"，其性质"是中国第一个系统的犯罪被害赔偿制度"⑨。

我们认为，中外学者的研究对于探清元代"烧埋银"制度的性质、源流贡献颇大，但是依旧有定位不甚明晰，甚至一些局部的观点与史料并不重合的地方。特别是，当前的各种研究结论仍没有明确地指明"烧埋银"究竟来自草原文化或是蒙古习惯中的具体的何种人命赔偿机制，以及这种制度嵌入中原法制的背景、过程与客观需要，因此以往的研究仍有挖掘的价值。

---

① （明）宋濂等：《元史》卷二百八《高丽》，中华书局1976年版，第4614页。

② 陈高华等：《元典章》朝纲卷之一《体例酌古准今》，天津古籍出版社2011年版，第139页。

③ 陈高华等：《元典章》刑部卷之五《杀人偿命仍征烧埋银》，天津古籍出版社2011年版，第1489页。

④ （明）李善长等：《大明律》，怀效锋点校，法律出版社1999年版，第265页。

⑤ 马建石 杨育堂：《大清律例通考校注》，中国政法大学出版社1992年版，第797页。

⑥ ［日］仁井田陞：《中国法制史》，牟发松译，上海古籍出版社2018年版，第69页。

⑦ ［日］岩村忍：《元代法制中的人命赔偿——试论烧埋银与私和钱》，载《蒙古学资料与情报》1989年第1期。

⑧ 韩玉林：《中国法制通史》（第六卷），法律出版社1999年版，第397页。

⑨ 张群：《元朝烧埋银初探》，载《内蒙古大学学报》（人文社会科学版）2002年第6期。

二、“烧埋银”的性质辨析

周良霄先生把元代社会经济的基本特点概括为两个方面，一是大一统、多民族的经济共同体在经历了长时期的分裂后再度形成一个大一统的国家；二是全国各地区不同少数民族以及南北中国之间差异甚大①，这两种统合与差异的辩证关系造成了元代法律实践上“法之不立，其原在于南不能从北，北不能从南”② 的困局。元初文士李冶评价当时的法制废弛情况时谈到，“为治之道不过立法度、正纪纲而已。纪纲者，上下相维持；法度者，赏罚示惩劝。今则大官小吏下至编氓，皆自纵恣以私害公，是无法度也”③。法制不一的状况同样引起了元世祖身边一些重要谋臣的重视，如深受世祖倚重的潜邸旧臣、建元后官拜太保的刘秉忠就曾建言，“笞捶之制，宜会古酌今，均为一法，使无敢过越”④，冀望世祖制定一部元代的统一法典；另一元初名臣、中书省左丞姚枢，也曾向忽必烈提出治国平天下的三十条纲略，其中之一是“定法律，审刑狱，则收生杀之权于朝，诸侯不得而专”⑤。姚枢的建议，与另一位大儒许衡“考之前代，北方之有中夏者，必行汉法乃可长久。故后魏、辽、金历年最多，他不能者，皆乱亡相继”⑥ 的主张类同，认为忽必烈应当效仿元魏、实行汉化改革，以夏变夷，认为这是当时最急迫的天道与时弊也。而另一著名经学家郝经，在奉忽必烈诏令出使南宋的途中上《立政议》疏，向元世祖提出了自己对当时政治局势全面的看法，在这份疏中亦有“夫纲纪礼仪者，天下之元气也；文物典章者，天下之命脉也。非是则天下之器不能安。小废则小坏，大废则大坏。小为之修完则小康，大为之修完则太平。故有志于天下者，必为之修而不弃也”之言，隐晦地提出，希望元世祖能够崇垂金朝中后期“以儒治国”的方略，制定一部以儒家思想为指导的成文法典以佐政，达到“明赏罚以定功过。有功不赏，有罪不诛，虽尧舜不能以善治”⑦ 的治世目的。元初很多文人名士、藩府旧臣对忽必烈的期望是比较高的，当时蒙古贵族中的忽必烈确实也具有善于纳谏的一面，不过在山东汉族世侯李璮发动叛乱以后，元世祖对汉族世侯的猜忌心理愈重，对汉臣与儒家文化也有了一些自己的看法与主见。这一转变也为当时的一些中原士大夫所觉察，因此退而求其次，一些中原士大夫不再一味强调中原纲纪中的天道、伦理观念，转而走向一种便宜的实用主义，如胡祗遹即主张，“窃谓宜先选必不可废急切者一二百条，比附祖宗成法，情意似同者，注以蒙古字蒙古语，解释粗明，庶可进读，庶

① 周良霄：《元史》，上海人民出版社 2019 年版，第 506 页。
② （元）胡祗遹：《紫山大全集》卷二一《杂著》，《钦定四库全书》本。
③ 陈得芝：《元代奏议集录》（上册），浙江古籍出版社 1998 年版，第 46 页。
④ （明）宋濂等：《元史》卷一百五十七《刘秉忠》，中华书局 1976 年版，第 3692 页。
⑤ （明）宋濂等：《元史》卷一百五十八《姚枢》，中华书局 1976 年版，第 3712 页。
⑥ （明）宋濂等：《元史》卷一百五十八《许衡》，中华书局 1976 年版，第 3718 页。
⑦ （元）郝经：《郝文忠公陵川文集》，秦雪清点校，山西人民出版社 2006 年版，第 444、450 页。

几时定，上有道揆，下有法守，则天下幸甚”①，想要寻求一种蒙汉二元的折中方法建立起元代的法律体系。除此以外，元代前中期倡导制定法典的还有王恽、魏初、崔彧、孛术鲁翀、苏天爵等。在这些儒士阶层的推动下，元朝于至元二十八年（1291年）年颁布《至元新格》，英宗至治三年（1323年）颁行《大元通制》，顺帝至正六年（1346年）时又编《至正条格》作为国家正式的成文法典。另外，江西一带还出现了一部元代前中期法令文件汇编《大元圣政国朝典章》，也即《元典章》。翻阅史料，有关元代“烧埋银”制度的记载散见于这些法律文献中，除去重复的，这些文献中至少有83例有关实施“烧埋银”制度的记载与断例，《元史》刑法各卷中也至少有56条从具体断例中删减而来的法条。特别是《元典章》，其保存资料的面貌较为原始，是接下来本文廓清“烧埋银”性质最为至关重要的证据材料，但由于学界历来对《元典章》的史源出处有争议，因此首先需要对这部史料作出简扼的说明。

《元典章》不见于明代所编《元史》。元末期孔齐所撰《静斋至正直记》中有“大元国朝文典，有《和林志》《至元新格》《国朝典章》《大元通制》《至正条格》《皇朝经世大典》《大一统志》”② 字样，但张金铣先生认为，“这里《国朝典章》是否就是《大元圣政国朝典章》，目前难以确定。”③ 乾隆时的经学家杭世骏曾在自己的《道古堂文集》中为《元典章》作跋，题为《〈至治条例〉跋》，认为《元典章》“不列作者姓氏，亦非奉敕编纂，意必当时台、部所辑”④，首次言明了这部典章制度著作的原始出处，此观点得到清代藏书家黄丕烈的响应，认为“则是书为《至治条例》”⑤。乾隆二十八年（1763年）进士沈初编《浙江採集遗书总录》，称此书“事于大德七年，成于至治元年”⑥，也即开始编纂于元成宗1303年，编成于英宗1321年。纪昀等奉旨编《四库全书》，其中亦保存了《元典章》，但言“此书于当年法令分门胪载，採掇颇详，固宜存备一朝之故事。然所载皆案牍之文，兼杂方言俗语，浮词妨要者十之七八，又体例瞀乱，漫无端绪。观省扎中有‘置薄编写’之语，知此乃胥吏钞记之条格，不足以资考证。故初拟缮録，而存其目焉”⑦，四库馆臣猜测《元典章》乃胥吏奉命抄写的公文往来，且认为此书于史不足以考证，对《元典章》的学术价值评价不高。清代中期桐城派著名文士姚鼐也注意到了这部来

① （元）胡祗遹：《紫山大全集》卷二二《论定法律》，《钦定四库全书》本。

② （元）孔齐：《静斋至正直记》卷一《国朝典章》，《粤雅堂丛书》本。

③ 张金铣：《〈元典章〉研究综述》，载《古籍整理研究学刊》2010年第4期。

④ （清）杭世骏：《道古堂文集》卷二十六《〈至治条例〉跋》，陈高华等点校《元典章》附录三《杭世骏跋》，天津古籍出版社2011年版，第2459页。

⑤ （清）黄丕烈：《荛圃藏书题识》卷三《史类二》，陈高华等点校《元典章》附录三《黄丕烈题记》，天津古籍出版社2011年版，第2460页。

⑥ （清）沈初：《浙江採集遗书总录》丁集《史部·掌故类》，陈高华等点校《元典章》附录三《沈初题要》，天津古籍出版社2011年版，第2457页。

⑦ （清）纪昀：《四库全书总目提要》卷八十三《史部三十九·政书类存目一》，《景印文渊阁四库全书》（第二册），台湾商务印书馆1983年版，第724页。

历不甚明了的典章制度著作，认为“此书条例较为繁多，意出于胥吏所初辑，而《通制》稍加删定欤”“然一朝制度之详，史所不书者，此略备之。又其书尤详于刑律，世谓元时用法颇慈仁者，于此尤可见也”①，姚鼐赞同四库馆臣《元典章》乃胥吏所抄的观点，但怀疑《元典章》与《通制条格》可能存在承袭关系，也对四库馆臣原先所认为的《元典章》于史不足以考证的观点进行了反驳。另一位元史大家钱大昕，获知其故友吴泰来将要把家藏抄本《元典章》赠己时，顿有“如获百朋”② 感。据日人岛田翰所著《江浙间所见所获名人遗著》载，钱大昕曾“就旧抄本行间栏上蝇头细注，多未发之秘”。③ 光绪十六年（1890）进士、沈家本修律助手董康东渡日本，带回了杭州丁氏家藏本《元典章》，沈家本为该本作跋，沈家本不同意姚鼐的观点，在这篇跋中言“此书当日乃奉官刊布”“《大元通制》成于至治三年二月，见《元史·英宗纪》，纂集于仁宗延佑二年，见欧阳玄《至正条格序》，与此书之刊行年月皆不相侔”④，沈家本认为《元典章》与《大元通制》《至正条格》皆不相关、各为一本。陈垣先生曾校注沈刻本《元典章》，作《沈刻〈元典章〉校补》及《〈元典章〉校补释例》，“校出沈刻本讹脱衍倒多达一万二千余处”。⑤ 清末民初的胡玉缙作《四库全书总目提要补正》，关于《元典章》的出处，认为“此实坊间所记。大抵前集为官刊，《新集》乃坊贾所次之耳。”⑥ 昌彼得先生也曾撰文专门讨论过《元典章》的史源问题，提出了一些新的看法，如《元典章》“与《风宪宏纲》之时代相当，则此二书或不无关系，然亦非即官修也”，“至于编辑者，或如《四库总目提要》所云，怠胥吏所抄记。然主其事，似为坊贾也”，“今观此刻版式字体，其为建阳坊刻无疑”⑦。陈高华先生对此亦有论及，“《元典章》和《元典章新集》的编纂者佚名。对此书的性质，学术界历来有两种意见，一种认为是官修法典，一种认为是民间编纂刻印的书籍。我赞成后一种意见。”⑧ 陈先生还进一步指出，元代民间汇集条格与断例的做法并不少见，如元人黄溍文集中载，江浙等处行中书省参知政事王都中“时经制未立，公患吏易于舞（文），汇集条画、断例为八十帙，俾有所遵守而无以容其奸”，青阳县尹徐泰亨“宪府以时所引用断例不一，求文学吏整比之。君定自中统讫大德，为之纲目，条分理贯，

---

① （清）姚鼐：《惜抱轩书录》卷二《史录》，陈高华等点校《元典章》附录三《姚鼐题要》，天津古籍出版社 2011 年版，第 2458 页。

② 参见钱大昕《潜研堂文集》卷二八《跋〈元圣政典章〉》。

③ ［日］岛田翰：《古文旧书考》，杜泽逊 王晓娟点校，上海古籍出版社 2017 年版，第 428 页。

④ （清）沈家本：《寄簃文存》卷七《钞本〈元典章〉跋》，陈高华等点校：《元典章》附录三《沈家本跋》，天津古籍出版社 2011 年版，第 2462 页。

⑤ 洪金富：《〈元典章〉点校释例》，载《中国史研究》2005 年第 2 期。

⑥ （清）胡玉缙：《四库全书总目提要补正》卷二十四《政书类存目》，陈高华等：点校《元典章》附录三《四库全书总目提要补正》，天津古籍出版社 2011 年版，第 2450 页。

⑦ 陈高华等点校：《元典章》附录三《跋元坊刻本〈大元圣政国朝典章〉》，天津古籍出版社 2011 年版，第 2477、2478 页。

⑧ 陈高华：《〈元典章·户部〉简论》，载《中华文史论丛》2008 年第 2 期。

简而易求，约而可守，览者便之。”① 元代大儒吴澄亦有“吾郡张绍渐渍儒术，练习法律，为律吏师。《通制》未成书之时，编录诏条及省部议拟通行之例，随所掌分隶六部，题曰《大元条例纲目》。枚茎朗例，采拾该徧，由初逮今，垂四十载，功力勤甚”② 之语。不仅如此，元人郑介夫的《太平策》中谈到，“民间自以耳目所得之敕旨、条令，杂採类编，刊行成佚，曰《断例条章》，曰《市民要览》，各家收置一本，以为准绳”③，则陈高华先生的观点不无道理。

归结起来，关于《元典章》的出处，学者们有台部所辑、胥吏所辑、胥吏奉命抄写、民间汇集四种观点。学者们在研究过程中，已经充分注意到了《元典章》纲目后的一段文字，这段文字如下：

> 大德七年，中书省札节文：准江西奉使宣抚呈："乞照中统以至今日所定格例，编集成书，颁行天下。"照得先据御史台："比及国家定立律令以来，合从中书省为头一切随朝衙门，各各编类中统建元至今圣旨条画及朝廷已行格例，置薄编写检举。仍令监察御史及各道提刑按察司体究成否，庶官吏有所持循，政令不至废弛。"已经遍行合属，依上施行去讫。今据见呈，仰照验施行。④

《元典章》前后无序，这段文字充当了小序的作用，这段小序申明，《元典章》是依照大德七年（1303 年）中书省的札付编纂而成，这也是《元典章》为官修法典一说最重要的证据。但是，昌彼得先生认为“虽有江西奉使宣抚呈请将格例编集成书颁行天下之语，然中书省通行各属，仅令置薄编写，庶官吏有所持循，并无颁行成书之辞”“沈、胡二氏据以为大德中江西奉札官刻，嗣后续增，纯属揣测之辞，未可以为据”⑤，进而主张《元典章》为胥吏之作。问题在于，这段小序为何要引用御史台的条令，根据常识，公文一般引用的往往是自身的上级部门的规定，这是否暗示了《元典章》的出处，乃为元代江西某监察机构的架阁档案，这是有可能的。因为，元世祖至元二十一年（1284 年）时，御史台就曾议准山东东西道提刑按察司请求“拟自至元二十一年已前应行文卷簿籍，责任经历司尽数合陈照勘完备，将已绝文卷编类入架，未绝卷宗依例催举。已後结绝，依例编类入架”⑥ 的成文。元世祖至元二十八年（1291 年）颁布的元代第一部成文法典《至元

---

① （元）黄溍：《金华黄先生文集》卷三一《正奉大夫江浙等处行中书省参知政事王公墓志铭》、卷三十四《青阳县尹徐君墓志铭》，《四部丛刊》本。

② （元）吴澄：《吴文正集》卷一九《大元通制条例纲目后序》，《文渊阁四库全书》本。

③ 李修生：《全元文》（第 39 册），凤凰出版社 2005 年版，第 46 页。

④ 陈高华等点校：《元典章》附录二《大元圣政国朝典章纲目》，天津古籍出版社 2011 年版，第 2287 页。

⑤ 陈高华等点校：《元典章》附录三《跋元坊刻本〈大元圣政国朝典章〉》，天津古籍出版社 2011 年版，第 2476 页。

⑥ 陈高华等点校：《元典章》吏部卷之八《文卷已绝编类入架》，天津古籍出版社 2011 年版，第 527 页。

新格》中亦有日常架阁管理的规定，如“诸已绝经刷文卷，每季一择，各具事目首尾张数，皆以年月编次注籍。仍须当该检勾人员躬亲照过，别无合行不尽事理，依例送库，立号封题，如法架阁。後遇照用，判付检取，了则随即发还勾销”①，可见元世祖时对公文归档已有专门立法。另外，元代监察法令汇编《宪台通纪续集》的小序中亦有台官担心卷册遗失，“乃命採辑成书”② 之语，而另外一部江南行御史台所编的《南台备要》，亦为时任台官董守简命“掾属刘孟琛，率其肄业生刘敏、杨暹、钱适、王仲恒，披牍历案，稽覆故实，裒辑成编”③，说明宪台内确实也有汇编法令的传统，所以，本文认为，《元典章》伊始乃江西一带监察御史系统内的架阁档案，将《元典章》所记的史料引以为据是可靠的。

《元典章》所记的最早的一起杀人并征“烧埋银”案是至元二年（1265 年）发生的一起因奸杀害本夫案，现摘抄主要内容如下：

> 南京路李政等四人各招：“至元元年十月内，去何馒头家吃酒，与何馒头妻阿陈通奸。当年十月内，李政说合何馒头妾何阿安与刘天璋通奸。在後，刘天璋对李政道：‘咱两个数算何馒头。咱要这两个妇女做媳妇。’此时说知二妇人。至元二年十月二十五日，何阿安向李政道：‘俺小何城外拾橡子去了也。’李政与刘天璋前去，杀死何馒头。是实 。”法司拟，李政、刘天璋所指，系谋杀人已杀事理。刘天璋为首，李政从而加功，各合处死。在卷，何馒头系陈玉驱，依旧例，合徒五年，仍於家属处徵烧埋银五十两给付苦主。④

此案的典型之处在于，发生时间较早，正好是元世祖颁布“烧埋银”圣旨条画的当年；其次，构成要件符合赔付“烧埋银”的一般要求。加害人李政、刘天樟两人因与被害人何馒头妻、妾通奸，事后刘天樟起意，唆使李政与其合力杀死何馒头。据此，法司拟，刘天樟为首，李政为从，比照“诸谋杀人，徒三年；已伤者，绞。已杀者，斩；从而加功者，绞”⑤ 的旧例，拟将二人处死；妾何阿安比照“诸谋杀周亲尊长、外祖父母、夫、夫之祖父母、父母者，皆斩”⑥，拟处死；又据当年二月“烧埋银”圣旨条画，于刘、李处征烧埋银五十两给付苦主。

---

① 陈高华等点校：《元典章》吏部卷之八《又至元新格》，天津古籍出版社 2011 年版，第 527 页。

② （元）赵承禧：《宪台通纪》（外三种），王晓欣点校，浙江古籍出版社 2002 年版，第 88 页。

③ （元）赵承禧：《宪台通纪》（外三种），王晓欣点校，浙江古籍出版社 2002 年版，第 141 页。

④ 陈高华等：《元典章》刑部卷之四《因奸谋杀本夫》，天津古籍出版社 2011 年版，第 1430 页。

⑤ （唐）长孙无忌等：《唐律疏议》卷第十七《谋杀人》，岳纯之点校，上海古籍出版社 2013 年版，第 278 页。

⑥ （唐）长孙无忌等：《唐律疏议》卷第十七《谋杀期亲尊长》，岳纯之点校，上海古籍出版社 2013 年版，第 276 页。

元代中原地区人命案的分类基本上与唐宋相同，有“谋杀、故杀、劫杀、斗杀、误杀、戏杀、过失杀”①之分，除了谋杀之外，故杀②、误杀③、戏杀④、过失杀⑤，以及还有一种特殊的失职引起的致人死亡⑥，都要征缴烧埋银⑦。然而，这种征缴属于什么性质，学界的看法并不统一，难以尽述，这里仅将我们的看法条陈于下。

“烧埋银”非赎刑。关于我国元代以前的赎刑，学者们已有论及⑧。元代的法律，大儒吴澄评价其“以古律合新书，文辞各异，意义多同。其于古律，暗用而明不用，名废而实不废”⑨。这里的所说“古律”，当指唐宋法典或金《泰和律》。《元史》刑法志《名例律》载，“诸牧民官，公罪之轻者，许罚赎。诸职官犯夜者，赎。诸年老七十以上，年幼十五以下，不任杖责者，赎。诸罪人癃笃残疾，有妨科决者，赎”⑩。《元史》刑法志的法条多由具象的断例抽象而成，删减比较严重，相较于《元典章》，《元史》刑法志对赎刑的记载不算丰富，但也简扼地点出了元代赎刑的基本特点。一是对特权身份的限制，即“诸牧民官”，唐宋法典对此的规定更为具体，为“诸应议、请、减及九品以上之官，若官品得减者之祖父母、父母、妻、子孙，犯流罪以下，听赎”⑪；二是身体、年龄，即上述“癃笃残疾”或“老七十以上，年幼十五以下”，《唐六典》的解释为，“及年七十已上，十五已下及废疾等犯罪加役流、反逆缘坐流、会赦犹流已下罪者，及年八十已上、十岁已下及笃疾犯盗与伤人者”⑫可纳赎，对可以纳赎的具体罪名有更详尽的说明；三是情节轻微或过失犯罪。可见，元代赎刑的法理基础与唐宋法典极其接近，问题在于，其一，

---

① （元）徐元瑞：《吏学指南》，杨讷点校，江苏古籍出版社1988年版，第60页。

② 陈高华等：《元典章》刑部卷之四《挟仇故杀部民》，天津古籍出版社2011年版，第1436页。

③ 陈高华等：《元典章》刑部卷之四《因斗误伤旁人致死》《误打死人》《主误伤佃妇至死》，天津古籍出版社2011年版，第1440、1441页。

④ 陈高华等：《元典章》刑部卷之四《船边作戏淹死》《因戏杀人》，天津古籍出版社2011年版，第1444、1445页。

⑤ 陈高华等：《元典章》刑部卷之四《走马撞死人》《射鹿射死人》《神刀伤人》，天津古籍出版社2011年版，第1446、1448、1449页。

⑥ 陈高华等：《元典章》刑部卷之十六《被盗枉勘平民》《枉勘部民致死》《枉禁平民身死》《重杖打人致死》《拷勘叶十身死》，天津古籍出版社2011年版，第1800－1802、1805－1806页。

⑦

烧埋银的征收程序、数额参见岩村忍《元代法制中的人命赔偿——论烧埋银与私和钱》，载《蒙古学资料与情报》1989年第1期；张群《烧埋银与中国古代生命侵权损害赔偿制度》，载《中西法律传统》2004年刊。

⑧ 参见陈汉生等《我国古代赎刑制度述略》，《社会科学》，1983年，第11期；郭淑华《试论我国古代之赎刑》，载《政法论坛》（《中国政法大学学报》）1989年第6期；戴建国《宋代赎刑制度述略》，载《法学研究》1994年第1期；朱红林《竹简秦汉律中的“赎罪”与赎刑》，载《史学月刊》2007年第5期；龙江《论中国历史上的赎刑制度》，载《山东社会科学》2008年第11期；陈玺《唐代赎法规则及其当代启示》，载《法商研究》2020年第6期。

⑨ 黄时鉴：《元代法律资料辑存》，浙江古籍出版社1988年版，第82页。

⑩ （明）宋濂等：《元史》卷一百二《刑法一》，中华书局1976年版，第3609页。

⑪ （唐）长孙无忌等：《唐律疏议》卷第二《应议请减》，岳纯之点校，上海古籍出版社2013年版，第22页。

⑫ （唐）李林甫等：《唐六典》卷六《尚书刑部》，陈仲夫点校，中华书局2014年版，第187页。

赎金刑的意义在于以赎代刑，纳赎后刑罚自然免去，而“烧埋银”并非如此；其二，中原汉地的赎金，罚没对象乃是国家，个人受益的情况不多①；其三，赎金刑每一等刑罚都有相应的赎金，而“烧埋银”原则上都是白银五十两。另外，还有一种逻辑上的矛盾之处是，假设“烧埋银”是一种赎金刑，那么“烧埋银”该如何处理与死罪赎刑之间的关系，这就成了一个问题。《元典章》中载，元世祖忽必烈至元七年（1270年），陕西行省民刘志朴打死徒弟刘志升，加害人刘志朴此时已过耄耋之年，可以适用赎刑规定，因此地方法司在初步审理后将该案件呈送中书省，尔后中书拟判，“徵赎罪钞一定，更徵烧埋银五十两，给付苦主。”② 可见，“烧埋银”与赎金刑不仅在法理机制上不同，即使是在元代的司法实践中，也并不是一回事，烧埋银并非赎刑。

“烧埋银”亦非私和钱。《唐律》规定，“诸祖父母、父母及夫为人所杀，私和者，流二千里；期亲，徒二年半；大功以下，递减一等。受财重者，各准盗论”③。也就是说，中华法系中的私和行为严格来讲是违法的，故而，唐以及宋、明、清都有在法律层面打击私和行为的条文④，元代亦同。岩村忍认为，“烧埋银”可能来源于元朝对民间人命私和习惯的法制化规范，这与唐宋以后中华法系之立法精神相悖，且系统的考虑，元朝为何仅规范了人命私和，却遗漏了强窃盗私和，这也是一个问题。另外，抛开私和银数额远高于“烧埋银”不说⑤，元代在人命案中想通过私和达到免于刑罚的目的，在很多时候也是难以实现的，由此可见，“烧埋银”亦并非私和钱。

“烧埋银”非单纯的埋葬钱。埋葬钱一说，大概因大德七年（1303年），衢州路开化县尉王泽妄勘属民致死一案而起，该案刑部拟准，“仍于县尉王泽名下追征中统钞一十锭，给付苦主，充营葬之资”⑥。该刑部拟判，不免让人想到《通制条格》中载，仁宗皇庆元年（1312年），唐州、沧州各发生一起官吏在捕盗中身亡的案例，唐州案中，中书省拟，“殁于王事，理宜优恤其家。如将本户身役比依阵亡军人例存恤二年，所据烧埋钱钞，比及正贼败获，于本处系官钱内支给”⑦；沧州案中，中书省拟，殉职官吏“官司仍给埋葬钱中统钞一拾定；射死的弓手、田主人等，官给各家中统钞壹拾定外，弓手依例存恤贰

---

① 参见长孙无忌等：《唐律疏议》卷二十二《妻妾殴詈故夫父母》、卷二十三《部曲奴婢詈旧主》、卷二十七《在市人众中惊动》，岳纯之点校，上海古籍出版社2013年版，第356、363、429页。

② 陈高华等：《元典章》刑部卷之四《年老打死人赎罪》，天津古籍出版社2011年版，第1472页。

③ （唐）长孙无忌等：《唐律疏议》卷十七《祖父母夫为人杀》，岳纯之点校，上海古籍出版社2013年版，第282页。

④ 参见茆巍《清代命案私和中的法律与权力》，载《社会科学研究》2016年第4期；游志能《论中国古代亲属为人杀私和罪》，载《湘潭大学学报》（哲学社会科学版）2018年第2期。

⑤ 参见陈高华等：《元典章》刑部卷之三《踢死堂侄》、刑部卷之四《因奸谋杀本夫》、刑部卷之四《射要鹅儿射死人》，第1398、1430、1450页，其私和银分别为中统钞三锭二十两以及“田土屋契”、中统钞二百两以及中统钞二百九十五贯。

⑥ 陈高华等《元典章》刑部卷之十六《拷勘叶十身死》，天津古籍出版社2011年版，第1807页。

⑦ 方龄贵：《通制条格校注》卷第七《军防》，中华书局2001年版，第328页。

年"①。至元二十年（1287），元朝变更钞法，开始印造至元钞，至元钞一两准中统钞伍两，至元三十一年（1294）时，白银每两折至元钞二两、折中统钞十两，因此，大德七年时，中统钞十锭也就是白银五十两，也就是说，县尉王泽名下追征的中统钞十锭以及殉职官吏家属所接受的"营葬之资"十锭出现的时间晚于"烧埋银"出现的时间，所谓的"营葬之资"实际可能是"烧埋银"的另一种说法，所以，埋葬钱的说法虽然并非没有可能，但亦略欠妥。与埋葬钱关系密切的是"烧马"与"烧饭"一说，元人叶子奇在其笔记中谈到"元朝人死，致祭曰烧饭，其大祭则烧马"②。十三世纪中期，奉罗马教皇英诺四世之命出使哈剌和林的意大利人柏朗嘉宾，曾见到蒙古人病死后，"要用一匹母马及其马驹、一匹带缰绳和备鞍的牡马等陪葬"③。《元史》中亦载，每岁九月内及十二月十六日以后，"于烧饭院中，用马一，羊三，马湩，酒醴，红织金币及里绢各三匹，命蒙古达官一员，偕蒙古巫觋，掘地为坎以燎肉，仍以酒醴、马湩杂烧之"④。有学者据此将"烧埋银"与"烧饭""烧马"联系起来，言下之意，"烧埋银"起源于蒙古人的这种祭祀习俗。但是，在蒙古早期主要的史料中，却不能找出杀人后要赔付"烧马"的证据，而且，蒙古祭祀习俗的说法，也不能尽释"烧马"习俗为何同样要适用于中原汉人。

综上，元代人命案中广泛实施的"烧埋银"，无论从赎刑、私和钱、埋葬钱，还是从"烧马""烧饭"习俗上看，总是不能够尽释人疑，于是，我们怀疑过去的视野是否过于窄了，"烧埋银"或许有更宽广的文化背景。

三、从多元文化看元代的"烧埋银"

在文化景观上，长城以北历史上存在着一个与农耕国家发生机制相异的草原社会，孕育出了众多文化信仰不同的游牧族群，仅我国先秦文献就有猃狁、犬戎、狄等诸多不同的称谓。到了约公元前三四世纪的战国末期，草原民族逐渐融合形成了一个强大的多元、多种族的混合型政权⑤——匈奴。有文字记载的我国北方草原民族法制情况，就是从匈奴开始。《史记》对匈奴刑罚制度的描述只有寥寥数十字，"其法，拔刃尺者死，坐盗者没入其家；有罪小者轧，大者死。狱久者不过十日，一国之囚不过数人"⑥，司马迁的记载说明匈奴的刑罚措施已有处死、籍没、轧、囚禁等不同的方式。学界的争论是"拔刃尺者死"的含义，林干先生解释为"拔刀伤人过一尺者处死"⑦，而日本国江上波夫的观点是，

---

① 方龄贵：《通制条格校注》卷二十《赏令》，中华书局2001年版，第576页。

② （元）叶子奇：《草木子》卷三《杂制篇》，吴东昆点校，中华书局2012年版，第49页。

③ ［意、法］柏朗嘉宾、鲁布鲁克：《柏朗嘉宾蒙古行纪 鲁布鲁克蒙古行纪》，耿昇 何高济译，中华书局1985年版，第32页。

④ （明）宋濂等：《元史》卷七十七《祭祀六》，中华书局1976年版，第1924页。

⑤ ［日］杉山正明：《游牧民的世界史》，黄美蓉译，广场出版社2013年版，第135－152页。

⑥ （汉）司马迁：《史记》卷一百十《匈奴列传》，中华书局1959年版，第2892页。

⑦ 林干：《匈奴通史》，人民出版社1986年版，第31页。

“拔刀剑及一尺者，处以死刑”①。需要注意的是，匈奴的“没”刑，武沐、王希隆先生认为“没即没入全家为奴隶或没入全家财产”②，由此可见，匈奴社会当时已出现了财产刑。“匈奴国家形态与政治传统深刻影响了其后的草原政权”③，匈奴的东方近邻东胡，有一支系乌桓，史载其法，“若相贼杀者，令部落自相报，不止，诣大人告之，听出马牛羊以赎死”④。也就是允许涉事两造部落间同态复仇，说明东汉时，乌桓族群中还存留着氏族社会古老的血亲复仇传统，杀人偿命被视为一种正当的报复行为，也是具有共同血缘关系的集体成员间的相互义务，只有在血亲复仇的行为出现相报不止、危及社会整体秩序时，部落首领才会介入调停，允许杀人者以马牛羊折抵命价以赎死。东胡的另一支鲜卑，史载“当死者，听其家献金马以赎……民相杀者，听与死家马牛四十九头，及送葬器物以平之”⑤。鲜卑与乌桓的不同之处在于，鲜卑不鼓励血亲复仇，而是代以杀人者向死者家属支付一定的财产以化解恩怨，明确规定受益人为死者家属，这一点也较乌桓更为合理。与鲜卑渊源比较接近的室韦，学界比较一致的看法是，北室韦中的蒙兀室韦，可能就是蒙古族的源头。据《北史》载，室韦“其国少盗窃，盗一征三，杀人者责马三百匹”⑥。如此看来，室韦除了命价力度昂贵之外，其人命纠纷的处置机理与鲜卑如出一辙。室韦诸部长期受突厥役属，突厥“其刑法：反叛、杀人及奸人之妇、盗马绊者，皆死……斗伤人者，随轻重输物，伤目者偿以女，无女则输妇财，折肢体者输马；盗马及杂物者，各十余倍征之”⑦，《周书》《隋书》所载与此同。从种种记载来看，草原社会经过匈奴到突厥数百年间的融合演化，草原民族间各种人身伤害纠纷的解决已经呈现出一定的规律，即以大量使用财产化解矛盾似乎成为一种通约，只是不同时期的金额不尽相同，这可能与各个族群当时所处的社会生产力有关，也可能与各自法制中的人命重视程度、受害者的身份地位等有关，不一而足。

与蒙古民族生活年代较为接近的女真亦如此。《金史》提供了一则鲜活的人命纠纷处置事例。《金史》载女真始祖函普从高丽迁入完颜部后，有一完颜部民杀死它族之人，完颜部众请求函普帮助他们化解恩怨，于是函普前往仇家议曰，“杀一人而斗不解，损伤益多。曷若止诛首乱者一人，部内以物纳偿汝，可以无斗而且获利焉”，表示愿诛首恶，并输物折罪，于是双方约定，今后“凡有杀伤人者，征其家人口一、马十偶、牸牛十、黄金

---

① ［日］江上波夫：《骑马民族国家》，光明日报出版社1988年版，第38页。

② 武沐、王希隆：《匈奴司法制度与刑法考述》，载《中南民族大学学报》（人文社会科学版）2004年第6期。

③ 胡小鹏、杨帆：《元代西北诸“二十四城”释疑——从巩昌二十四城谈起》，载《西北师大学报》（社会科学版）2020年第6期。

④ （南朝宋）范晔：《后汉书》卷九十《乌桓鲜卑列传》，中华书局1965年版，第2980页。

⑤ （北齐）魏收：《魏书》卷一百一十一《刑罚》，中华书局1974年版，第2873页。

⑥ （唐）李延寿：《北史》卷九十四《室韦》，中华书局1974年版，第3129页。

⑦ （唐）李延寿：《北史》卷九十九《突厥》，中华书局1974年版，第3288页。

六两，与所杀伤之家，即两解，不得私斗”[①]，成为女真“杀人及盗劫者，击其脑杀之，没其家资，以十之四入官，其六偿主，并以家人为奴婢，其亲属欲以马牛杂物赎者听之”[②] 的伊始。需要指出的是，这种女真旧俗中，人命杀伤诛首恶，并没其家资的处理方式，在构造上与元代的“烧埋银”制度有相似之处，金朝是否将这种制度在中原适用过，是否元代的“烧埋银”就是对这种制度的一种改良，由于金代史料的匮乏，已经无法考证。

另一方面，早在金入主中原之前，在北宋司法实践中已经出现了“偿命价”习俗[③]。《宋会要辑稿》中载大中祥符二年（1009 年），西州回纥人李顺与入贡蕃人斗殴死亡，礼宾院“依蕃部例和断，收偿命价”[④]，即蕃人殴死回纥人，依蕃俗收偿命价。北宋著名政治家王安石在其《临川集》中曾写道，“旧羌杀中国人，得以羊马赎死，如羌法”[⑤]；秦观在《淮海集》也说，“故事，汉人杀夷人，既论死，仍偿其资，谓之骨价”[⑥]。王安石所说的“羊马赎死”之法、秦观所论的“骨价”，在不少地方融合了多种民族的习惯法，如果秦观所言不虚，那就说明这种构造上与“烧埋银”非常相似的双重问责机制，至少在北宋就已经存在了。南宋时，用“偿命价”处理夷汉间相犯的记载频仍，如高宗绍兴二十七年（1157 年），川蛮客崖遇赴黎州互市，被宋边民杀死，黎州知州唐秬“令边民偿其骨价”[⑦]；孝宗时，“左须夷人杨出耶者，复因沙平以叛，土丁杀其徒二人。出耶遂犯木头寨，焚掠至始阳镇，郡以所杀骨价偿之，夷人乃去”[⑧]；光宗绍熙五年（1194 年），“有弥羌人闷笆至三冲寨，与土丁赵阿闰相殴，邂逅杀之”，宋朝地方官命士卒赵阿闰“以骨价钱三千三百缗，偿闷笆之兄畜卜”[⑨] 了事。

作为一个政治家，忽必烈以诏令形式确定“烧埋银”制度，并非单凭主观好恶，也不能将从古至今多数正常国家都会坚持的“人命至重”这样的基本原则作为唯一的理论依据，想必有一种更为深刻的现实需要。“烧埋银”制度实施以前，不同族群间相犯，法律适用是比较矛盾的。中原成文法原则上遵循，“诸化外人，同类自相犯者，各依本俗法；

---

① （元）脱脱等：《金史》卷一《本纪第一》，中华书局 1975 年版，第 2 页。

② （元）脱脱等：《金史》卷四十五《刑》，中华书局 1975 年版，第 1014 页。

③ 参见陈玺 尚剑：《宋代民族地区死亡赔偿规则之建构与适用——以骨价为中心的考察》，载《法律史评论》2022 年第 1 卷（总第 18 卷）。

④ （清）徐松：《宋会要辑稿》职官二五，刘琳 刁忠民等校点，上海古籍出版社 2014 年版，第 3684 页。

⑤ （北宋）王安石：《临川集》卷九十《彰武军节度使侍中曹穆公行状》，《乾隆御览四库全书会要》本。

⑥ （北宋）秦观：《淮海集》卷三十三《泸州使君任公墓表》，《钦定四库全书》本。

⑦ （南宋）李心传：《建炎以来系年要录》卷一百七十八，辛更儒点校，上海古籍出版社 2020 年版，第 3125 页。

⑧ （南宋）李心传：《建炎以来朝野杂记》乙集卷二十《边防三》，徐规点校，中华书局 2000 年版，第 876 页。

⑨ （南宋）李心传：《建炎以来朝野杂记》乙集卷十九《边防二》，徐规点校，中华书局 2000 年版，第 867 页。

异类相犯者，以法律论”① 之规定。事实上，宋代的夷汉相犯，并不总是按照这样的原则处理纠纷，如前文所举的“赵阿闰殴杀弥羌人闷笆”，官府仅据羌俗赔“偿命价”了事，人犯赵阿闰并未被依宋律断罪；而在黎州知州唐秬“令边民偿其骨价”案，知州唐秬事后则受到了弹劾，被要求“仍令提刑司将为首者一人脊杖，送千里外州军编管”②，出现了同罪不同罚的情况。再者，夷汉相犯，夷人以羊马赎死，而汉人不仅要赔“偿命价”，还要被依律治罪，在事实上也难以公平公正。元初，这样的法律适用矛盾依旧突出，《元史》世祖本纪中有一条，“世祖二年正月，诸王塔察儿使臣阔阔出至北京花道驿，手杀驿吏郝用、郭和尚；有旨徵钞十锭给其主赎死”③，“而汉人只要殴杀蒙古人，即予处死”④，这种异罚现象看似民族歧视，实则属于草原与农耕两种不同的法制文化、法律体系之间的矛盾冲突。“烧埋银”不分种族地规定“虽偿命讫，仍出烧埋银五十两”，糅合了中原“杀人偿命”的精神与其他族群“偿命价”的习俗，相对公平地解决了这一法律适用的矛盾冲突与调试，也影响到了蒙古民族日后的法制发展进程。元亡后，北元图们汗时期的土默特万户阿勒坦汗制定法典，规定“杀人者，除鞭杖外，罚头等牲畜一九，执为首者一人”⑤；清代《理藩院则例》则引据康熙十三年（1681 年）之规定，“故杀他旗之人及谋杀、仇杀者，除偿人外，系王罚马百匹，贝勒、贝子、公罚马七十匹，台吉罚马五十匹，给死者亲属。系庶人，为首拟斩监候，为从拟绞监候，均籍没家产牲畜给死者亲属”⑥。

四、多元法律文化融合的当代启示

法律是一个时代社会发展的需要，同时也是一个时代政治发展的缩影。“烧埋银”制度从它的渊源上看，是一种历史上流传下来的古老的“命价银”习惯。“烧埋银”的性质，并非中原汉地一般意义上的赎刑、私和钱乃至埋葬钱，要结合中原、草原等多种不同的文化背景将之理解为一种古老的人命赔偿即可。元代的法律制度具有多元复合、自然积淀的特征，“烧埋银”这样的判罚模式，并非在元代突然出现，而是结合了元代以前不同族群间相犯后“偿命价”“骨价”的一种成法，元世祖以诏令形式，将原先一种部门的、地方官府的带有多元文化色彩背景之司法习惯，上升为国家正式之制度，从微观视角来说，反映是不同法律文化、法律制度与法律习惯之间的一次融合与创新；而从宏观视角来讲，恰好正是我国历史上多民族国家有效整合过程中的一次制度创新实践，对于积极维护

① （唐）长孙无忌等：《唐律疏议》卷六《化外人相犯》，岳纯之点校，上海古籍出版社 2013 年版，第 107 页。

② （南宋）李心传：《建炎以来系年要录》卷一百七十八，辛更儒点校，上海古籍出版社 2020 年版，第 3125 页。

③ （明）宋濂等：《元史》卷六《世祖三》，中华书局 1976 年版，第 105 页。

④ 黄时鉴：《〈大元通制〉考辨》，载《中国社会科学》1987 年第 2 期。

⑤ 奇格：《古代蒙古法制史》，辽宁民族出版社 1999 年版，第 93 页。

⑥ 赵云田：《乾隆朝内府抄本〈理藩院则例〉》，中国藏学出版社 2006 年版，第 166 页。

和发展我国历史上业已形成的中华民族多元一体格局具有借鉴价值。

苏力在《法治及其本土资源》中讲，“中国的法治之路必须注重利用本土的资源，注重中国法律文化的传统和实际。”①我国历史上不同文化背景间的族群关系，以班固在《汉书》中的表达最为经典，言“外而不内，疏而不戚，政教不及其人，正朔不加其国；来则惩而御之，去则备而守之。其慕义而贡献，则接之以礼让，羁縻不绝，使曲在彼，盖圣王制御蛮夷之常道也。”② 二千年多年的封建帝制社会，中原汉地的大族群观基本上沿着这个思路展开，这就是历史上有名的羁縻思想。唐代武功强巨，国力强盛而幅员广阔，在边界部族政权中设置了若干羁縻州府，以当地部族首领为都督，朝廷派出佐贰副臣相参其治，对东汉班固的羁縻思想赋予了具体的治理内容。两宋前后，辽、金、元相继登上历史舞台，对中国传统的族群观提出了严峻的挑战。面对政治危机现实，两宋士人的族群观逐渐趋向保守，代表性的如苏轼，曾论“夷狄不可以中国之治治也”③，再者如陆九渊亦说“夷狄强盛，吞并小国，将乘其气力以凭陵诸夏，是礼义将无所措矣，此圣人之大忧也”④，在文治璀璨的两宋，士人们的族群主张繁星绚烂，当然不囿于此，仅以苏、陆的观点以管窥豹，睹全局之一斑。蒙元王朝作为我国历史上第一个统一全部中国的少数民族政权，执政之初，对于统一多民族国家在政治、经济、文化、南北地域等方面的整合命题显得尤为突出，“烧埋银” 仅为其法律制度整合上的一例。元代的族群政策，大体上坚持因俗而治，也就是蒙元王朝的开拓者、元太祖成吉思汗所定的“日出至没，尽收诸国，各依风俗”⑤ 之国策。元代各依风俗的治理原则也与维系多族群大一统的目标是相辅相成的。历史存在的意义在于知兴替，元兴未有百年而亡，明代人以元代律法为例，评价元代的国家整合，“其得在仁厚，其失在乎缓迟而不知检也”⑥，点出了元代因俗而治与统一国家整合之间的张力与度的问题。对于国家整合中的统与分，清代中后期维新思想之先驱冯桂芬有句名言，“治天下者，宜合治亦宜分治。不合治则不能齐亿万以统于一，而天下争；不分治则不能推一以及乎亿万，则天下乱”⑦，用今天的话说，中华民族的国家整合，存在着诸多多元文化背景的族群，分而治之、和而不同是国家基础、是现实，统而合之、融而和之是目标，国家整合的路径，要在合法与合理基础上吸收不同族群、不同区域先进文明成果，构筑起政治、经济、文化乃至法律上的同质社会，充分培养和发展中华民族共同体意识，这对于当前中华民族命运共同体的构建或有借鉴之处。

---

① 朱苏力：《法治及其本土资源》，北京大学出版社 2015 年版，第 6 页。

② （东汉）班固：《汉书》卷九十四下《匈奴传》，中华书局 1962 年版，第 3834 页。

③ （北宋）苏轼：《苏轼文集》卷二《王者不治夷狄论》，中华书局 1986 年版，第 43 页。

④ （南宋）陆九渊：《陆九渊集》卷二十三《大学春秋讲义》，中华书局 1980 年版，第 227 页。

⑤ 陈高华等点校：《元典章》刑部卷之十九《禁回回抹杀羊做速纳》，中华书局 2011 年版，第 1890 页。

⑥ （明）宋濂等：《元史》卷一百二《刑法一》，中华书局 1976 年版，第 2604 页。

⑦ （清）冯桂芬：《校邠庐抗议》卷上《复乡职议》，转引自胡恒《清代的乡官论与制度选择》，载《历史研究》2020 年第 5 期。

A Study on theProperty and Origin for Shaomaiyin in Yuan Dynasty from a Multicultural Perspective

Hu Xiaopeng Zhang Hong

Abstract: Shaomaiyin wasn't ransom, compounding and burying money existed in the central plains in Yuan dynasty. The origin of the shaomaiyin was the customary law for life price in the early human society, and it existed widely in the northern nomadic people's legal culture. The murderer who killed each other between Han and minority people were punished by the law and life price concurrently, had existed in the jurchen tradition and the north Song's judicial practice. Kublai khan confirmed Shaomaiyin as a national system by means of imperial edict, reflected a fusion in legal system undering the background of national integration which was in a state of unity in diversity in Yuan dynasty.

KeyWords: Yuan dynasty, Burning and burying silvers, customary law, national integration

（编辑：陶文泰）

论民间规范的法治向度

喻名峰　李　耀*

摘　要　新时代法治语境中的民间规范研究，需要明确其在中国特色社会主义法治理论体系中的基本定位。就民间规范与法律的关系而言，包括无涉、正相关和负相关三类，结合中国立法、司法实践的考察，则主要呈现为以负相关为主的关系形态。在新时代法治语境中，民间规范之于法治建设的有效助益，需要强调民间规范和法律基于“秩序多元”场域中的良性互动。从研究面向看，需要在法学研究中重视民间规范，进一步在法学框架内展开与民间规范相关的理论研究；从实践面向看，需要在法治实践中重视民间规范，为民间规范结构立法与司法留出相应的制度空间。

关键词　民间规范　民间法　法治建设　法治理论

引　言

自民间规范/民间法研究在国内兴起以来，已走过三十余年的发展历程。其间，民间规范/民间法研究从无到有，相关的研究范围、内容也在不断扩展和深化：无论是民间规范本身的实证化内容，还是民间规范的理论化体系化工作，都取得一系列令人瞩目的成果。① 可以这样认为，民间规范/民间法研究业已成为国内社科法学领域研究的重要组成部分。不过，就新时代法治语境而言，当下民间规范/民间法研究一个不可回避的问题就是：民间规范/民间法在中国特色社会主义法治理论体系中的定位究竟如何？其之于中国特色社会主义法治建设而言究竟是一种助益性的力量还是一种解构性的存在？如果说，民

---

* 本文系国家社科基金项目“以人民群众满意为指向的司法公信力实证研究”（项目编号：21BFX002）和湖南省社科基金项目“湘西苗、侗少数民族民间文学的法文化研究”（项目编号：19YBQ069）的阶段性成果。
喻名峰，湖南师范大学法学院教授；李耀，湖南师范大学法学院硕士研究生。

① 参见谢晖：《民间法的视野》，法律出版社 2016 年版，第 142－143 页。

间规范/民间法及其研究确实构成中国特色社会主义法治建设的一种助益性力量，那么，具体的实践操作路径又当如何？民间规范/民间法研究需要在明晰自身法治定位的基础上进一步廓清其之于中国法治建设的助益路径。

一、秩序多元中民间规范与法律关系的再审视

（一）“秩序多元”释义

想要明晰民间规范之于新时代法治语境中的具体定位，首先需要就民间规范与法律的关系进行说明。本文认为，对民间规范与法律关系的探讨，可在“秩序多元”的场域中展开。所谓“秩序多元”，是指这样一种秩序状态，在该种秩序状态中，存在多个不同的秩序类型，这些秩序既彼此独立又相互影响，共同构成整体意义上的社会秩序。关于秩序多元，可从以下三个方面理解。

首先，秩序多元是对人类社会的秩序描述。从概念上讲，秩序是指事物之间或者事物内部所存在的相对和谐、稳定和有规律运动的状态，其既可指向自然界的秩序，也可指向人类社会的秩序。① 就秩序多元而言，其无疑只是对人类社会秩序状态的描绘，自然界并不存在秩序多元。值得注意的是，强调人类社会是秩序多元的前提，并不等于说是有人类社会则必有秩序多元。如在原始社会或埃利希的“原始的团体”中，都存在特定的秩序，但那只是单独或割裂的秩序状态。相较而言，近代社会或是由埃利希的“后来的团体”所组成的社会，才可能存在秩序多元。②

其次，秩序多元必然意味着权力多元。权力多元是秩序多元得以维系的重要保障。因为只有在以权力为后盾的强制手段足够有效时，秩序才可能得到真正的持久维持。在埃利希看来，无论何种社会团体，其强制效力的取得不外于如下事实，即：“个人实际上从来就不是一个孤立的个人，他登记、加入、融入和受制于一系列团体，因此，对他而言，脱离这些团体生存是难以忍受的，甚至常常是不可能的。”③ 这一论断点出了社会权力相较国家权力在强制手段上的重要区别，即人的社会性存在本身。当然，这种“强制”也使得社会权力通常能够很好地维持其所指向的秩序状态。

最后，秩序多元必然意味着规范多元。这是秩序多元与权力多元所导向的必然结果。

---

① 胡平仁：《法理学》，中南大学出版社2016年版，第113页。

② “原始的团体”和“后来的团体”是埃利希关于社会团体所作的分类。其之于埃利希“法律多元”的理论意义在于：“社会乃是彼此存在联系的人类团体的总和……这些构成社会的人类团体是各式各样的，国家、民族、国际法上的国家共同体，地球上远远超越国家和民族界限的文明民族之政治、经济、思想、社交共同体，宗教共同体，单个的教会，教派和宗教组织，财团法人、阶级、阶层、一国的政党，狭义和广义的家庭，社会帮派、宗派，这个由盘根错节的团体和相互交织的圈子形成的整个世界，由于它们之间的相互影响终归是可以感知的，而组成了社会。”详可参见［奥］埃利希：《法社会学原理》，舒国滢译，中国大百科全书出版社2009年版，第28页。

③ ［奥］埃利希：《法社会学原理》，舒国滢译，中国大百科全书出版社2009年版，第66页。

"社会规范不过是人类团体中的秩序。"① 从这个角度讲，社会规范本质上不过是秩序的一种规范化表达。社会中存在多少种秩序，也就存在相应的多少种规范。法律、民间规范、道德规范无外不是其特定秩序的规范化表达。秩序之所以具有规范性，无外乎（1）秩序所指向的规范得到实际的遵守；（2）秩序本身得到团体及其成员的"同意"，具有了应然性。由此，则法律之于整体社会秩序而言的普遍适用和优先效力就被消解了，因为其所指向的不过是社会中存在的诸种秩序之一。

（二）秩序多元中民间规范与法律的关系形态

民间规范与法律的关系之一：无涉。② 所谓无涉，是指两者间的不相关状态，在这种状态中，民间规范与法律在各自的领域发挥功能，互无影响，互不干涉。从法治角度看，这样关系形态似乎构成对法治的一种解构，因为法治的基本要求就是"法律之治"，即社会中存在的主要乃至全部社会关系均由法律进行调整，而民间规范与法律的无涉状态则表明，在法律所调整的社会关系之外，尚存有通过其他规范进行调整的社会关系。这是否构成对法治的一种挑战？

这一问题的答案当然为否。理由在于，就秩序多元的视角看，民间规范与法律间的这种关系状态不过是整体社会秩序中的一种正常现象。具体来讲，秩序多元下的规范多元决定了法律本身适用的局限性——按埃利希的说法是：（1）一阶秩序内的秩序状态应当由一阶规范去进行调整，就一阶秩序而言，作为二阶规范的法律无能为力；（2）二阶秩序中的秩序状态，应当由客观存在的多种二阶规范（按埃利希的观点，法律、民间规范、道德规范等都属于二阶规范），在各自的作用范围内分别进行调整。③ 这样一来，民间规范与法律的无涉关系正好说明民间规范与法律各自就各自的领域发生作用，不存在彼此干涉或相互影响的情况，其无疑是符合秩序多元的要求的。

综上，民间规范与法律间的无涉状态是两者间关系的一种正常状态，问题在于，现实中是否还存在绝对意义上的民间规范与法律的分而治之的不同领域？现实中，伴随社会文明的不断前进以及法律的不断发展，民间规范与法律间的这种无涉状态，业已因应法律的强势而呈现出法律之于民间规范的一种干涉和强制，"分而治之"也沦为一种理想上的秩序构造。具体来讲，作为一种规范的法律，总有这样一种倾向，即总是试图扩大自身的作用领域，而将尽可能多的社会关系纳入其调整范围中去。这样一来，法律就难免因其自身的扩张，而导致与社会中其他规范类型——包括民间规范、道德规范等在调整范围上的重

① ［奥］埃利希：《法社会学原理》，舒国滢译，中国大百科全书出版社2009年版，第63页。

② 有研究者亦将民间规范与法律间的这种无涉关系称之为是二者在社会秩序层面的一种分化。实际上，这只是对民间规范与法律间无涉关系的另一种说法而已。详可参见张镭：《论民间规范与法律——两种规则体系及其关系研究》，南京师范大学出版社2008年版，第83－88页。

③ ［奥］埃利希：《法社会学原理》，舒国滢译，中国大百科全书出版社2009年版，第38－42页。

合/叠加。相应的，这种重合/叠加也将导致法律与其他规范的效力协调或冲突现象。

民间规范与法律的关系之二：正相关。所谓正相关，是指两者关系状态中的积极一面，在这种关系状态中，民间规范与法律一则就各自的领域发挥功能，二则就彼此的领域呈现出一种积极的影响，即两者间存在良好的效力协调。这种协调一方面指向民间规范之于法律的效力协调，即法律通过立法/司法，将民间规范结构自身，进而实现彼此间的效力协调；① 另一方面指向法律之于民间规范的效力协调，即民间规范根据法律的具体规定来调整、限制或约束自身，使其不仅不与法律发生冲突，同时也可充分就自身的领域发挥功能。

就民间规范之于法律的效力协调，要求法律将民间规范作为自身的规范渊源。具体来讲，民间规范与法律在发生学层面上的相关性决定了，民间规范必然构成法律——尤其是早期法律的一类重要渊源。也因之，通过一定的立法/司法方法，来将民间规范结构自身，就成为法律构造与实践过程中的必然选项。将民间规范结构法律，一方面可以保证法律具有更强的针对性与可操作性，一方面也表达了法律对于民间规范的尊重和认可。实际上，无论法律发展至其何种阶段，民间规范总是构成其重要的渊源类型，完全脱离民间规范的法律，往往会因失之对民众需求的必要关照而成为一座“空中楼阁”，其既无法为民众所认可，也得不到民众在实践中的支持。相反，唯有那些体察民众需求、关照民众体验的法律，能够得到民众发自内心的尊重，进而呈现出实践层面的最优效果。②

就法律之于民间规范的效力协调，要求民间规范根据法律的规定来调整、限制或约束自身。尽管民间规范所表达的主要是一种群体和地方意义上的主体需求，但作为人类社会中存在最早、并延续至今的一类规范，其必然内涵有某些具有普遍意义上的主体需求，如关于秩序的需求，如关于自由的需求。由此，当法律因应人类普遍需求而对某一具体事项作出规定时，民间规范即有必要在二者之于主体需求表达相一致的层面，对自身内容作出符合法律要求的调整、限制或约束。当然，这并不等于民间规范对于法律的妥协，毋宁是二者之于主体需求的一致化表达。现实中，经常能够看到一些地方，或是将法律的内容予以其民间规范化的表达，或是按照法律的要求来调整原有的民间规范，这种表达或调整对于民间规范在法治语境中的实践，通常都是有所助益的。③

民间规范与法律的关系之三：负相关。所谓“负相关”，是指两者关系状态中的消极一面，在这种关系状态中，民间规范与法律欲就各自的领域发挥功能，但一方功能的实现

---

① 参见谢晖：《论民间法结构于正式秩序的方式》，载《政法论坛》2016 年第 1 期。

② 参见周俊光：《论习惯的规范价值》，载谢晖、陈金钊、蒋传光主编：《民间法》（第 27 卷），研究出版社 2021 年版，第 46 – 63 页。

③ 如云南省丽江市宁蒗彝族自治县跑马坪乡的彝族家支头人，就通过家支“虎日”盟誓的办法来解决当地毒品泛滥、吸毒成灾的问题，并收到良好效果，创造了宁蒗跑马坪乡戒除率高达 64% ~87% 的戒毒“神话”。详可参见庄孔韶：《“虎日”的人类学发现与实践——兼论〈虎日〉影视人类学片的应用新方向》，载《广西民族研究》2005 年第 2 期。以及冯广林、刘振宇：《“活法”视域下国家法与民间法的关系》，载《内蒙古大学学报（哲学社会科学版）》2012 年第 2 期。

意味着对方功能的丧失，即两者间存在不良的效力冲突。这种关系形态既取决于民间规范与法律各自不同的规范本质，同时也取决于民间规范与法律各自不同的强制方法和强制效力，其在某种程度上被认为是民间规范与法律不可避免的一种关系形态。①

从学理上看，法律的扩张必然意味着其与社会中其他规范的碰撞，这种碰撞的根本原因在于，法律为业已存在相应规范的社会秩序施加了一种带有正式制度意义上的强制要求，由此，则原有规范与法律间必然存在效力上的冲突。就社会生活中某一特定的主体而言，意味着其在面对某一具体纠纷/争议时，存在民间规范和法律两种截然不同的规范依据。此时，国家公权力的背书并不构成适用法律的更强理由，毋宁主体需要根据两类规范的具体内容进行权衡——这里所说的“内容”，并不仅仅指向两类规范所可能导向的不同处理结果，毋宁是一个包括方法、路径、效果等在内的多方面、多层次的具体“内容”：一般来说，法律总是倾向于通过国家公权力来促成某一结果，其路径、方法等总是呈现出明显的公共化、程序化、形式化特征。相较而言，民间规范则更倾向于通过私人之间的协商或是通过非公开的调解、协调来促成某一结果，其路径、方法等更多呈现出相应的私密性、非程序性、② 非形式化特征。这些都构成主体选择规范时需要考虑的成本要素。

就民间规范与法律负相关关系所导致的结果，包括两类，一是规避，二是妥协。下面分别述之。

所谓规避，用于描述民间规范与法律间的关系形态是说，在两种规范并立的情况下，主体为能够适用其中一类规范而采取各种办法来对另一规范进行躲避。有鉴于法律在现代社会规范体系中的强势地位，民间规范与法律关系间的规避情形一般表现为民间规范对法律的规避。如美国法学家埃里克森笔下夏斯塔县的牧民，在法律已有规定的情况下仍然选择以本地的民间规范来处理牲畜越界以及栅栏维修的相关纠纷。在他们看来，选择用法律的方式解决问题不过只会让问题更加复杂，并且“唯一挣钱的就是律师”。③ 当然，并不排除通过法律来处理纠纷的办法，这个时候，虽然主体对法律的选择从制度上看并无任何不妥，但其行为往往会被认为是一种非常规的做法。如夏斯塔县的牧民们就将个别把牧场纠纷提交法院的人称为“坏苹果”“怪人”，因为这些人破坏了既有关于牧场纠纷的常规做法——这些常规做法之于牧民而言通常就代表了理性和正当。④

所谓妥协，用于描述民间规范与法律间的关系形态是说，在两种规范并立的情形下，

---

① 关于民间规范与法律间冲突的必然性，谢晖从“三个对立”，即对立的主体、对立的利益、对立的人性方面做出了较为全面的界说。详可参见谢晖：《大、小传统的沟通理性》，中国政法大学出版社2011年版，第3－5页。

② 当然，“非程序性”不是说民间规范是适用绝对没有程序，毋宁是其适用的相关程序不如法律程序那般严格和规整。

③ ［美］埃里克森：《无需法律的秩序——邻人如何解决纠纷》，苏力译，中国政法大学出版社2003年版，第73页。

④ 参见［美］埃里克森：《无需法律的秩序——邻人如何解决纠纷》，苏力译，中国政法大学出版社2003年版，第77页。

主体为其目标的达成而就民间规范和法律的共同适用，而在具体的适用过程中，通常是以某一或并立规范的部分适用作为前提。从分类上看，妥协可分为部分妥协与完全妥协。部分妥协意味着民间规范与法律的彼此退让，或是某一规范相较另一规范的部分退让。就实践层面看，部分妥协必然导致两种规范针对同一领域的共同功能发挥，只不过这种发挥并不是并立规范或其中某一规范的完整功能发挥。换言之，就妥协的规范看（无论是单方面妥协还是两类规范均有妥协），妥协总是意味着其规范性的部分实现。如我国藏区至今仍然具有相应规范效力的“赔命价”民间规范，其实践即意味着法律对其效力的必要妥协。① 完全妥协在实践效果上与规避相类似，只不过做出完全妥协的规范，本身还保有形式上的规范效力。

二、民间规范与法律的不良耦合：基于法律视角的分析

（一）立法和司法实践中的民间规范

前文就民间规范与法律的三种关系形态做了理论上的探讨，接下来笔者拟就现实中民间规范与法律的关系状态进行考察。总体来看，虽然不乏一些正相关事实的存在，但就整体状况而言，民间规范与法律主要呈现出以负相关关系为多的事实样态。

从立法方面看，我国立法长期否定民间规范的正式法源地位，直到 2017 年才通过《民法总则》第 10 条的相关规定，赋予民间规范以民事类法律的一般法源地位。即便如此，民事类法律对民间规范的立法认可也并不充分，更遑论其他部门法对于民间规范的相关规定。笔者于 2022 年 5 月通过“中国法律检索系统”对当代中国法律之于民间规范的一般规定进行考察。可以看到，中国现行生效的近 300 个法律文件当中，仅有 23 部法律文件中的 52 个条文涉及民间规范。这 23 部法律中，包括宪法及宪法相关法类 6 部、行政法类 9 部、民商法类 3 部、社会法类 2 部、经济法类 2 部、刑法类 1 部。② 这些法律中，除民事类法律已由《民法典》赋予民间规范以一般法源地位外，其他部门法对民间规范的

---

① 参见淡乐蓉：《藏族“赔命价”民间规范法研究》，中国政法大学出版社 2014 年版，第 236－243 页。

② 这 23 部法律分别是：《中华人民共和国宪法》《中华人民共和国全国人民代表大会和地方各级人民代表大会代表法》《中华人民共和国地方各级人民代表大会和地方各级人民政府组织法》《中华人民共和国民族区域自治法》《中华人民共和国香港特别行政区基本法》《中华人民共和国戒严法》（宪法相关法类）；《中华人民共和国非物质文化遗产法》《中华人民共和国教育法》《中华人民共和国义务教育法》《中华人民共和国电影产业促进法》《中华人民共和国驻外外交人员法》《中华人民共和国反恐怖主义法》《中华人民共和国人民警察法》《中华人民共和国武装警察法》《中华人民共和国监狱法》（行政法类）；《中华人民共和国民法典》《中华人民共和国海商法》《中华人民共和国消费者权益保护法》（民商法类）；《中华人民共和国未成年人保护法》《中华人民共和国老年人权益保障法》（社会法类）；《中华人民共和国标准化法》《中华人民共和国旅游法》（经济法类）；《中华人民共和国刑法》（刑法类）。当然，如上法律对“民间规范”的表述并不统一。其中，有使用“风俗习惯”者（16 部法律，23 个条文），有使用“习惯”或“交易习惯”者（2 部法律，18 个条文），有使用“行为习惯”者（3 部法律，4 个条文），有使用“生活习惯”者（3 部法律，3 个条文），有使用“习惯法”者（1 部法律，1 个条文），有使用“劳动习惯”者（2 部法律，2 个条文），有使用“当地习惯”者（1 部法律，1 个条文）。

规定大多停留在个别式规定或宣告式表达的层次上。① 这极大限制了法律之于民间规范的效力协调。

立法对民间规范的重视不足直接影响到司法的相关操作，进一步加剧民间规范与法律在实践层面的效力冲突。这种冲突并不是通过立法赋予民间规范以一般性法源或补充性法源地位就可以消弭的。试举两例：

例1：在黔东南雷公山区某县山村，两户人因田地琐事发生纠纷。在该村寨老对该纠纷进行处理后，纠纷一方某甲因对寨老的处理决定不满，遂将纠纷提交至该县法院要求处理。县法院在受理案件后多次派人到该村了解情况、进行调解。后该村寨老不胜其烦，遂告知某甲，倘若其不接受寨老的处理意见，那么，村里就要对其采取更严厉的处罚措施：任何村民，三年之内不准和某甲以及他的家人说话。同时告知县法院，倘若法院一定要“管这个事情”，那么，村里以后再不对这类事情进行任何处理，所有纠纷悉数交由法院处理。随后，某甲即接受了之前寨老的处理决定，并撤回起诉。②

例2：藏区“赔命价”在古代以官方法的形式存在，在现代则成为游离于正式秩序之外的民间规范。时至今日，藏民在命案发生后仍会通过“赔命价”处理案件，命价不论贫富，多是以田地和牛羊折价赔偿，并提供丧葬念经等费用。1970年农历正月十三，甲、乙因平日积怨发生斗殴，甲在斗殴中持刀插进乙胸部，致乙当场死亡。此案经A县革命委员会保卫部、A县公检法机关军管组审理，认为被告人甲构成斗殴杀人罪，于1970年8月29日依法判处甲有期徒刑20年。1981年甲因病保外就医，回家后被害人乙的亲属即扬言要报复甲。后经大队调解，甲给被害人付了6600余元命价款，方能回家安住。③

如上案例充分说明司法实践中习惯与法律间的负相关状态。具体来讲，在例一中，寨老所依据解决纠纷的规范就是民间规范。在村寨寨老针对纠纷的处理完成后，某甲仍然不满，并将纠纷提交至县法院要求获得处理。在村寨中，可以明显感受到寨老之于“外来”法律的反感与排斥。因为这些法律实际构成对村寨既有秩序的冲击和挑战。也因之，在面

---

① 个别式规定是指将民间规范作为特定群体权利的一种规范表达。此类规定大多与少数民族的权利内容相关。如《民族区域自治法》第10条对各民族保持或改革其风俗习惯的规定：“民族自治地方的自治机关保障本地方各民族都有使用和发展自己的语言文字的自由，都有保持或者改革自己的风俗习惯的自由。”《消费者权益保护法》第14条对消费者特定民族风俗习惯予以尊重的规定：“消费者在购买、使用商品和接受服务时，享有人格尊严、民族风俗习惯得到尊重的权利，享有个人信息依法得到保护的权利。”宣告式表达是指在一定程度上把民间规范与地方习俗、个人习惯相等同。如《义务教育法》第36条对学生学习习惯的规定：“学校应当把德育放在首位，寓教育于教育教学之中，开展与学生年龄相适应的社会实践活动，形成学校、家庭、社会相互配合的思想道德教育体系，促进学生养成良好的思想品德和行为习惯。”《未成年人保护法》第16条第3款对未成年人行为习惯的规定：（未成年人的父母或其他监护人）教育和引导未成年人遵纪守法、勤俭节约，养成良好的思想品德和行为习惯。

② 参见谢晖：《法（律）人类学的视野与困境》，载《暨南学报（哲学社会科学版）》2013年第2期。本文引用时有删改。

③ 参见周俊光：《论民间规范义务——一种民间法哲学视角》，载《法学论坛》2018年第6期。本文引用时有删改。

对法律所可能带来的冲击与挑战时，寨老选择了一种看似“极端”的做法予以应对，那就是要求某甲——甚至包括县法院，做一个选择：就某甲而言，假如其一定要求通过法院处理纠纷，那么，该村村民在三年之内都不会同某甲以及他的家人说话——这种做法的本质是群体驱逐，是一种源自人的古老和群体生活方式而来的惩罚措施，甚至可以被认为是最严厉的惩罚措施。① 就县法院而言，倘若其一定要对该纠纷进行处理，那么，以后村里类似纠纷悉数交由法院处理，村子再不“管事”。在面对村中寨老的如上“要求”时，不仅某甲选择了撤回起诉，同时县法院也“被吓到”而“不再管这个事情”。

例二同样标示了民间规范与法律在司法实践层面的负相关状态。具体来讲，“赔命价”要求加害人必须给付一定数量的“命价”款才能抵清其“罪行”。这种给付义务并不因为法律的介入就能得到抵消。因之，即便甲的杀人行为业已受到刑罚处罚，但这种法律意义上的处罚措施并没有免除其在“赔命价”上的相关义务。在甲因病保外就医（有期徒刑执行11年）后，被害人方，也就是乙的亲人仍然拥有根据“赔命价”而来的“报复”“权利”——当然，与其说是报复，不如说是求偿（即“命价”）来得准确一些。实际上，针对这种“权利”，不仅甲是认同的，其所生活的那一群体也是认同的，正是基于此，双方才有能够通过大队的调解，达成6600余元的“命价款”。

综上，就当下法治实践而言，民间规范与法律更多呈现出一种彼此对立、彼此冲突、彼此抵牾的状态。这种负相关关系的存在，无疑将产生进一步的追问，即缘何中国语境下的民间规范与法律间关系状态，会呈现出如此负相关的一面？针对这种负相关，又应当如何具体操作以图协调？

（二）民间规范与法律不良耦合的原因分析

本文认为，民间规范与法律间的负相关关系，基于法律视角来看，其原因可从主、客观两个方面展开：就主观方面看，法律并未对民间规范及其作用予以足够之重视；就客观方面看，法律的实践造成对民间规范的强行压制。由此，在面对法律对自身领域的强制施加时，必然引发民间规范之于法律的强制反弹与冲突回应，民间规范与法律间的负相关状态也就不足为奇。

首先，从主观方面看，法律并未对民间规范及其功能予以足够重视。这是缘于我国法治建设伊始就一以贯之的“国家法中心主义”之弊端。所谓“国家法中心主义”，主要是指这样一种法治观念，即将经由国家制定而来的法律作为社会秩序存在/运转的核心要素。“国家法中心主义”的主要观点包括：(1) 严格意义上的法律，指的是经由国家制定并由国家保证实施的裁判规则，法律体系就是法官据以裁判案件的规则体系。(2) 法律体系从逻辑上讲具有周延性与完整性，现实生活中出现的任何法律问题，在已经制定的法律文本

① 参见魏治勋：《禁止性法律规范的概念》，山东人民出版社2008年版，第155页。

中总是可以找到一个标准的答案。(3) 民间规范并不属于法律的范畴，民间规范/民间法只是一种从属于法的东西，其效力取决于立法者的授权、认可或批准。①

从观念的延伸上看，“国家法中心主义”“把国家法律视为社会秩序的主要来源，常常否认或是大大低估了其他社会规范在现实社会秩序中的作用”。② 换言之，其倾向于将法律作为社会规范的唯一形式，而排斥除其他的规范形态。这样一种法治观念，之于法律的制度化构造固然具有重要意义，也有助于推动法律的实践进程，问题在于，“国家法中心主义”一方面肯定、强调法律之于社会的基础性作用，一方面也否定、消抹作为一个共同体组织的社会的自我调节能力，这不仅是对民间规范、道德规范等在功能层面的否定，同时更是对这些规范之于社会中形成、发展的否定。③

作为一种法治观念的“国家法中心主义”最早源于西方，包括英美法系的实证主义思想，以及大陆法系的理性主义思想，都是“国家法中心主义”得以成立的重要渊源。这样一种观念之所以能够主导当代中国法治建设的原因在于，其满足了国人长期以来建设有独立自主、富强文明的现代国家的理想需要。即国家法中心主义告诉我们，只要拥有一套经由“完美立法者”所制定出来的精密完整的法律体系，那么，就可以通过对该法律体系的全面实施来实现关于国家/社会的制度构造与良好运转。这样一种理想，对于其时尚处于积贫积弱境况中的国人而言无疑是极具诱惑力的，因为它极大地简化了建设一个富强、民主国家所需要关注的诸多理论与实践面向，而将所有的问题统统归结到一个只需要是制定得“完美”的法律之上。相较于面对建设一个富强、民主国家过程中可能存在的诸多不可预见的复杂境况，通过一部“法律”来解决所有问题，无疑是最简便快捷，同时也是最节省成本的办法。正是基于这样一种认识，“国家法中心主义”才得以在当代中国法治建设的进程中逐渐占据核心理念的重要地位。不过，存在并不意味着绝对合理，“国家法中心主义”之于当代中国法治建设的弊端，正伴随法治建设的不断深入而日益凸显，近三十年来逐渐兴盛的民间规范/民间法研究也对解构国家法中心主义起到了相当的重要作用。④

其次，从客观方面看，法律的实践造成对民间规范的强行压制。从逻辑上看，这是因为立法未对民间规范予以必要重视，而导致的法律在实践层面所呈现的必然结果。就“国家法中心主义”而言，倘若其是作用于某一本身即重视将民族传统与地方经验转化为法律性存在的国家/地区（如英、美、或加拿大魁北克省等强调通过判例来将民间规范予以法律化的国家/地区，或是如德国那样强调法律必须为“民族精神”之体现的国家），那么，法律尚可因其与民众日常生活的紧密关联而成为一种关照民族传统与地方经验的规范性存

① 参见周俊光：《论法治进程中民间法与国家法的二元并立》，载《甘肃政法学院学报》2015年第5期。

② 王启梁：《民间规范法/民间法研究范式的批判性理解——兼论社会控制概念在法学研究中的运用可能》，载《现代法学》2006年第5期。

③ 参见梁治平：《清代习惯法：社会与国家》，中国政法大学出版社1996年版，第28－32页。

④ 参见周俊光：《规范法学视野下的民间法研究》，载《河南大学学报（社会科学版）》2017年第2期。

在，法律与民间规范间的关系兴许还不会呈现为过多的负相关状态。问题在于，当代中国的法律制度和法律体系，主要是传承自苏联与欧洲大陆法系成文法传统的外来产物，其之于本土的法律传统及法律文化而言，完全是一种异质性的存在，无论是在法律观念，还是规范构造，都与传统法律大相径庭。就这样一个存在“古—今”断裂性特征的法律及其制度而言，还要要求其能够在“国家法中心主义”的前提下，在规范构造和司法实践中注重对本土经验的关照，无疑是“强人所难”。也因之，当代中国的法律实践，必然造成对民间规范的压制，由此所导致的二者的对立、冲突自然也就不足为奇了。

就实践层面法律对民间规范的压制，还可从另外一个视角进行解读，那就是当代中国在单一制国家结构形式下的统一法律制度。对于中国这样一个地大物博、人口众多的国家而言，要求在全国范围内统一适用相同的法律规范，尽管就一般性的法制统一原则来看，并无疑问，但落实到具体的操作层面，则必然意味着法律与民间规范的冲突。这种冲突的本质在于，代表国家统一意志之规范（法律）与代表主体自治要求之规范（民间规范）间的断裂结构与对峙状态。一方面，无论何种法律，都不可能对成长于不同情境、生活在不同地区的主体的不同需求，做出一种带有普适性质的规范安排；另一方面，法律在适用上的优先性和正式性又在一定程度上“剥夺”了民众适用自身需要之规范——尤其是民间规范的合法效力，由此，则冲突在所难免。就传统中国而言，法律通常并不具有相较民间规范、道德规范的优先效力。在法律之上，尚有“礼”作为最高的制度理念来对法律和其他规范进行统摄：“远东各国的人民与西方人不同，他们并不把维护社会秩序与公正的希望寄托于法律，他们固然也有法律，但法律只具有次要的地位与意义，只起到次要的作用。”① 此外，在法律的适用上，传统中国的法律适用必须同时兼顾多方面因素——如地方、风土、人情等的综合考量。这样一种情形下，法律反而能更好地实现其之于主体自治需求的必要关照。

三、民间规范与法律的良性互动：基于中国情境的实践路径

（一）秩序多元与法治规范

“法治最初只是一种理想，后来逐渐发展成为一种文明秩序，一种社会框架，而这种社会框架与法治理想之间实际上存在着很大的差距。”② 自古希腊先哲亚里士多德的良法法治论，即“人人都应该守法，且所守之法必为良法”，到如今英国经济学家、法学家F. A. 哈耶克将法治理解为是对政府行为的一种必要规制，即“抛开所有术语，（法治）意味着政府的一切行动是由预先颁布的固定的规则所约束，规则使人们有可能以公平的确

① ［法］达维德：《当代主要法律体系》，漆竹生译，上海译文出版社1984年版，第483页。
② 於兴中：《法治与文明秩序》，中国政法大学出版社2006年版，第4页。

定性预见当局如何在特定情况下会使用它的强制权力，并且基于这一认识来规划个人事务”。① 法治早已超越其字面上的含义，而成为人们意图通过法律来表达自身的一种理想追求、制度框架。也因之，法治并不是简单的法律之治，即通过法律来调整一切社会关系，或是让法律成为社会生活中唯一的规范类型，这只是法学家们不切实际的幻想。秩序多元场域中的法治，毋宁是将法律作为一种宏观与整体意义上的基本规范，通过这一规范来整合、协调社会中存在的其他规范，使之能够与该规范产生良好的效力协调，进而确保社会秩序的稳定、有序。因为秩序多元提醒我们，社会中所存在的秩序总是多元的，法律作为一种经由国家制定/认可的规范类型，通常并不能够对任意秩序产生直接而有效的规范作用，总是会存在一些法律不方便或者难于调整的秩序领域。这个时候，通过法律与该秩序原有规范的良性互动，来实现法律对于该秩序的间接调整，反而更符合秩序多元以及法治实践的客观要求。法律之于民众日常生活与社会交往的介入与调整，方才不会引起民众关于法律的不适与反感，法治也才能够得以在秩序多元的前提下进一步深入开展。

就当下中国而言，这种法治观念尤其具有现实意义。如前文述，缘于国家法中心主义的“宰制”，长期以来我们并未在理念上给予民间规范以必要的重视。这样一种理念作用于法律规范的构造以及相关制度实践的结果就是，法律在没有顾及民间规范客观实存的情况下，就对民间规范的秩序领域任性介入。这种介入很大程度上是国家统一意志之于个体自治领域的单方强制，引发作用对象的反感，以至进一步的冲突自然在所难免。因之，有必要首先强调法治观念的变革：首先，法律之于社会而言，绝不是“唯一”的规范类型，在法律之外，在社会之中，尚存有诸如民间规范、道德规范等的其他规范；其次，法律之于社会而言，也绝不是唯一具有效力的规范类型，在法律之外，民间规范、道德规范等同样具有相应的规范效力，并且，这些规范的相应效力并非来自外界的强制，而更多呈现为是主体——不特定的群体及其成员本身的一种赋予。法律本身并不具有在社会生活中的绝对优先地位，而是必须通过与其他规范的良性互动来实现其功能。换言之，在法治语境下，任何规范都不能脱离法律而“自在存在”，否则即失却其之于法治语境中的基本正当，但同时，法治也并不意味着法律具有相较其他规范的绝对优先地位，毋宁是法律需要在承认和尊重其他规范的基础上，通过一种正确、正当、有效的方式来沟通彼此，实现“共治”。法治本质上是基于法律之上的规范共治。秩序多元语境下的法治尤其需要强调民间规范与法律的良性互动。②

（二）良性互动的实践路径

本文认为，就民间规范的立场而言，强调其与法律的良性互动，可在学术研究以及法

① 转引自於兴中：《法治与文明秩序》，中国政法大学出版社2006年版，第12页。

② 胡平仁、陈思：《民间法研究的使命》，载《湘潭大学学报（哲学社会科学版）》2012年第2期。

治实践两个方面具体展开。之于研究层面看，“民间规范与法律的良性互动”意味着需要在法学研究中重视民间规范，进一步在法学框架内展开与民间规范相关的理论研究；之于实践层面看，“民间规范与法律的良性互动”意味着需要在法治实践过程中重视民间规范，必须为民间规范结构法律——包括立法与司法留出相应的制度空间。

首先，之于研究层面看，“民间规范与法律的良性互动”意味着需要在法学研究中重视民间规范，进一步在法学——尤其是规范法学框架内展开与民间规范相关的理论研究。如果说，关于法律的学理分析，可因研究视角的不同而作“关于法律的理论”和“根据法律的理论”的区分，那么，关于民间规范的学理分析，同样可因研究视角的不同而作“关于民间规范的理论”和“根据民间规范的理论”的区分。① 相较而言，法社会学、法人类学进路的民间规范/民间法研究，更偏向于“关于民间规范的理论”，即基于“外部视角”，通过社会实证的方法来发现、搜集、整理社会中存在的规范事实，并进一步通过对民间规范的功能、作用考察来说明民间规范的价值/意义。而规范法学进路的民间规范研究，则更偏向于“根据民间规范的理论”，即基于“内部视角”，通过规范实证的方法来梳理、整合、提炼关于民间规范的规范性知识，并在此基础之上构造关于民间规范的规范性知识体系，进而为民间规范的立法/司法适用供应理论知识。从民间规范的知识属性上看，无论是“关于民间规范的理论”，还是“根据民间规范的理论”，都构成民间规范知识体系的重要组成部分。不过，缘于法学本身的规范性特征，围绕法学而展开的民间规范研究有必要格外重视“根据民间规范的理论”。

具体来讲，作为一种渊源于民众日常生活与社会交往过程中的规范类型，针对民间规范的搜集、整理、描绘，实际构成民间规范/民间法研究的基础性工作，没有关于民间规范的事实内容，没有关于民间规范的实证材料，那么，再来说什么是民间规范，再来探讨民间规范有什么价值/意义，不啻于无源之水、无本之木。但是，关于民间规范的理论研究不能仅停留在关于民间规范的搜集、整理、描绘上，理由在于，“和法人类学紧密相关的民间法研究，尽管是靠事实说话的学问，是更多地倾向于‘叙事’的学问，但不得不指出的是，叙事本身并不构成学问，它最多只是学问的材料积累。过分强调民间法研究的叙事功能，而忽视在叙事基础上的理论提升和逻辑归结，则仍停留在故事基础上。”② 故此，在当下民间规范/民间法研究已然获得较大进步（相较三十年前）的情况下，很有必要进一步强调从法学——尤其是规范法学框架内展开与民间规范相关的理论研究。关于此点，可以如下论断作为说明：“如果法学界的民间规范研究所供给的仅仅是不同地方、不同人群对待和运用民间规范的事实，甚至也提供了司法解决纠纷中法官如何运用民间规范之事实，而不能描述并供给民间规范自身的规范原理，那么，可以判定其对民间规范的研究仍

① 参见谢晖：《法理学的能与不能》，载《政法论坛》2000年第5期。

② 谢晖：《民间法、民族习惯法专栏主持人手记（五十）：不能忽视民间法的理论提升》，载《甘肃政法学院学报》2014年第2期。

处于经验研究和事实陈述阶段，并未升华到民间规范的理论建构层面。虽然民间规范的理论建构，不可避免地需要以它的经验研究做基础，不过这样的研究，法学家尽管可以置身其中，但与社会学家、人类学家们的经验研究相比，并非其所专长。法学家只有在民间规范研究中提供有关民间规范的规范知识，才能与民间规范的经验研究相辅相成、相得益彰，既获取学科分工与合作的效果，也深化对民间规范的认知。"①

其次，之于实践层面看，"民间规范与法律的良性互动"意味着要在法治实践过程中重视民间规范，必须为民间规范结构法律——包括立法与司法留出相应的制度空间。具体来讲，就立法而言，"良性互动"必须注重民间规范之于法律制定的重要意义，在法律制定的具体过程中重视对可能相关之民间规范的考察，并就民间规范之于法律的可能作用进行权衡。倘若有将民间规范结构法律之必要，那么，就可以通过各种立法方法——如关于民间规范的一般性规定或者特殊性规定，来将民间规范融入自身。值得注意的是，缘于民间规范本身的地域性、民族性特征，民间规范在结构法律的过程当中必然面临（关于法律的）普遍规定与（关于民间规范的）特殊规定间的矛盾问题，这个时候，就有必要特别强调通过地方立法的方式来将民间规范结构法律。当然，地方立法结构民间规范的基本前提在于上位法授权——可以想见，伴随《立法法》将地方立法的权限下放至设区的市一级，地方立法将越来越成为民间规范结构法律的主要途径，而与地方立法相关的民间规范实践也将成为民间规范结构法律的重要"增长点"。②

就司法而言，"良性互动"必须注重民间规范之于司法实践的重要意义，在司法实践的过程中重视对相关民间规范的关照，并就该民间规范之于特定案件的司法适用进行权衡。就特定案件言，倘若存在（1）法律空缺——即法律并未对与案件相关之具体事实进行规定，（2）法律调整不能——即法律对与案件相关之具体事实不便规定，或者（3）法律的适用将导致特定之个案不正义的结果发生，那么，就有必要考虑通过引入民间规范，来为特定案件的调处设置相应的规范依据。值得注意的是，通过法官的司法适用而将民间规范结构法律，这种做法之于制度层面的表达即是"法官造法"。"法官造法"本质上是法官司法自由裁量的规范表达，这种自由裁量倘若不是在特定的制度框架中有序展开，那么，就很有可能因为权力的"失控"而走向"司法的暴政"。换言之，民间规范之于司法实践的有效适用，必须以法官适用民间规范的合法、合理权力作为前提。③ 总之，只有在立法/司法过程中重视民间规范，法律才有可能真正关照民众生活，反映民众需求，体现

① 谢晖：《民间法、民族习惯法专栏主持人手记（七十）：习惯的规范研究》，载《甘肃政法学院学报》2019年第2期。

② 参见彭中礼：《设区的市立法与民间规范：经验、理论及其解析——基于东中西部三省设区的市立法的比较分析》，载《法学杂志》2019年第11期。

③ 我国目前的司法制度设计并未赋予法官以适用习惯的相应权力。换言之，法官并不享有在司法实践中根据需要来适用习惯的必要权力。假如以后的司法制度要赋予法官以适用习惯的相应权力，那么，这种权力的相关合法、合理边界同样构成相应司法制度设计的核心问题。

民众情感，同时，法律也才有可能真正得到民众发自内心的认同与服从。

另外，就民间规范的理论研究而言，“民间规范与法律的良性互动”同样具有相当的积极意义——这种积极意义的集中表现就是，关于民间规范的法治实践可为关于民间规范的理论研究供应有必要的实证素材，进而有效促进民间规范理论与民间规范实践间的互通互动：“就我国民间法研究的实际情形看，人们民间规范于在社会学视野研究之，特别民间规范于在日常交往秩序视角研究之。相对而言，在纯粹法学视角对民间法的研究，不论是在规范分析方面，还是在纠纷解决方面，都最多只能说刚刚起步。这既取决于严格法治路线在我国尚未真正落实，因之，既有法律的缺陷尚未完全暴露，从而民间法对法律不足的救济并未充分显现；也取决于我国司法的创造性匮乏，在法律明显不足时，运用民间法予以救济的意识、能力以及制度根据都不能到位。这种制度事实中的问题，遏制了学者对民间法在法学视野研究的热情，也使法学者在寻求相关的规范实证材料时显得捉襟见肘。这样，法学视野的民间法研究和民间法的实践运用，特别是司法运用之间，不能相互支持、相互启发。反之，司法中即使用了民间法，但在裁判文书中也会讳莫如深；民间法研究中即使有法学视野的一些成果，对司法及其他纠纷解决而言也是爱莫能助。凡此种种，都需要强化法学视野的民间法研究，并另辟蹊径，推进我国规范实证、法律方法和司法实践之间的相互影响、相互启发。”①

结 语

习近平总书记指出：“要加强对我国法治的原创性概念、判断、范畴、理论的研究，加强中国特色法学学科体系、学术体系、话语体系建设。”② 民间规范/民间法研究在经过三十余年的发展后，尤其需要明确自身之于新时代法治语境中的基本定位，以期更好助力中国特色社会主义法治理论构造，更好助力中国特色社会主义法治建设。就前者而言，民间规范/民间法研究需要进一步加强自身的系统化理论化工作，其中，尤其需要关注对民间规范/民间法核心范畴的提炼，以及在此基础之上的理论构造。就后者而言，民间规范/民间法研究需要重视对各类型民间规范的搜集、整理和适用，并在此基础上通过相应的立法和司法方法，实现民间规范与法律的有效衔接，让民间规范真正有效服务于当代中国的法治建设。

---

① 谢晖：《民间法的视野》，法律出版社2016年版，第77－78页。

② 习近平：《坚持走中国特色社会主义道路 更好推进中国特色社会主义法治体系建设》，载《求是》2022年第4期。

On the Legal Practice of Custom Law

Yu Mingfeng　Li Yao

Abstract: The theory of custom law in the context of rule of law needs to clarify its basic position in the Chinese socialist rule of law theory. For the relation between custom law and law is concerned, there are three types including irrelevant, positive correlation and negative correlation. Combining these types with legal practice in China, we can find that negative correlation has become the main type for the relation between custom law and law practice. In the context of rule of law, if custom law wants to more contribute for the legal practice in China, it is necessary to emphasize the good interaction between custom law and law based on the field of "order pluralism". on one side, it means that we need to attach importance to custom law in research, and further carry out theoretical research related to custom law within the framework of legal science. on the other side, it means that we need to pay more attention to custom law in legal practice, and leave the necessary institutional space for the interaction between custom law and law.

Key words: folk norm, custom law, legal practice, rule of law

（编辑：申汪洋）

劳动法上的劳动习惯研究

王立明　曹云勇*

摘　要　对劳动习惯的立法规制理由主要有价值、裁判和秩序等三方面的考量。相较于国外劳动法学者，我国劳动法学者对劳动习惯的研究是碎片化的，并未形成学术体系。我国法官适用劳动习惯裁判劳动争议案件遵循的是民法的裁判方法，即劳动合同没有约定或约定不明确的，法官可以依据明示的劳动习惯或默示的劳动习惯习惯裁判劳动争议案件。此外，一个有效的劳动习惯可以作为裁判案件的根据，除要有事实、意思表示等两个要件外、还要不得违反法律和不得违背公序良俗。对劳动习惯效力的认定，除依法律外，还可依合理、有利的原则来解释。

关键词　劳动习惯　立法规制　裁判依据　效力认定

引　言

实践中，劳动报酬支付、工作工时计算、休息休假安排、劳动义务履行、劳动时间、劳动地点、劳动范围等用人单位指示权，以及各种各样的诸如节日奖金、年终奖金、交通津贴、生活补助津贴、业绩奖金等福利待遇，凡此等对于劳动者有利或不利之措施，如果未订立在劳动合同中，亦未通过集体合同约定或用人单位规章制度规定，而是由用人单位单方意思表示，且长期以来反复多次地适用于劳动者，则劳动者是否有权请求用人单位履行？用人单位单方变更其原先的自愿给付，进而减轻或增加劳动者义务负担，又该如何认定？默示构成劳动合同内容，是否为劳动者的信赖？诸如此类问题，我们认为，只能从劳动习惯中寻找答案。为此，本文就如下四个问题展开讨论：其一，劳动习惯的立法规制与劳动习惯的适用；其二，劳动习惯的学说举要；其三，我国劳动习惯适用的类型；其四，

* 王立明，法学博士，三亚学院法学院教授；曹云勇，法律硕士，北京市铭达律师事务所律师。

对劳动习惯的再思考。

一、劳动习惯的立法规制与劳动习惯的适用

在我国的审判实践中，劳动争议案件属于民事案件。所以，作为劳动法源的劳动习惯，在规范性法律文件中有诸如“习惯”“公序良俗”等文字的表述，也在法院的裁判文书中有诸如“行业惯例”“公序良俗”等文字的表述。现依次说明如下：

（一）劳动习惯的立法规制

就国内立法而言，《劳动法》《劳动合同法》等法律并没有劳动习惯的规定，但人力资源和社会保障行政主管部门制定的部门规章中有少数民族放假和请婚丧假的习惯规定。①此外，一方面，《民法典》第10条规定了作为劳动法源的劳动习惯。②另一方面，劳动争议案件、人事争议案件案由不仅规定在最高人民法院印发的《关于修改〈民事案件案由规定〉的决定》（法〔2020〕346号，以下简称《民事案件案由规定》）中，③而且《最高人民法院关于审理劳动争议案件适用法律问题的解释（一）》（法释〔2020〕26号，以下简称《劳动争议司法解释（一）》）是依据《民法典》制定的。④尤其值得一提的是，《劳动争议司法解释（一）》第43条规定：“用人单位与劳动者协商一致变更劳动合同，虽未采用书面形式，但已经实际履行了口头变更的劳动合同超过一个月，变更后的劳动合同内容不违反法律、行政法规且不违背公序良俗，当事人以未采用书面形式为由主张劳动合同变更无效的，人民法院不予支持。”虽然公序良俗不等同于劳动习惯，但公序良俗可以作为判断劳动合同变更习惯是否合法的法定原则。与此同时，最高人民法院印发的《关于深入推进社会主义核心价值观融入裁判文书释法说理的指导意见》（法〔2021〕21号，以下简称《社会主义核心价值观融入裁判文书释法说理指导意见》）第4条第4款规定：“涉及公序良俗、风俗习惯、权利平等、民族宗教等裁判文书，诉讼双方存在较大争议且

---

① 《国务院关于修改〈全国年节及纪念日放假办法〉的决定》（国务院令〔2013〕644号）第2条规定：“少数民族习惯的节日，由各少数民族聚居地区的地方人民政府，按照各该民族习惯，规定放假日期。”此外，《劳动部队企业单位工人、职员加班加点、事假、病假和停工期间工资待遇的意见》（原劳动部〔1959〕67号）第3条规定：“为了照顾我国旧有习惯，不论工人职员请婚丧假在三个工作日以内的，工资照发（不包括在上述第2项事假之内）；超过三个工作日以上的其超过的天数，不发给工资。”

② 《民法典》第10条规定：“处理民事纠纷，应当依照法律；法律没有规定的，可以适用习惯，但是不得违背公序良俗。”

③ 《民事案件案由规定》第6部分规定的是“劳动争议、人事争议”案由，其中17为“劳动争议”，即186. 劳动合同纠纷（含确认劳动关系纠纷、集体合同纠纷、劳务派遣合同纠纷、非全日制用工纠纷、追索劳动报酬纠纷、经济补偿金纠纷、竞业限制纠纷）、187. 社会保险纠纷（含养老保险待遇纠纷、工伤保险待遇纠纷、医疗保险待遇纠纷、生育保险待遇纠纷、失业保险待遇纠纷）和188. 福利待遇纠纷。此外，18为“人事争议，即189. 聘用合同纠纷、190. 聘任合同、191. 辞职纠纷和192辞退纠纷。

④ 《劳动争议司法解释（一）》规定：“为正确审理劳动争议案件，根据《中华人民共和国民法典》《中华人民共和国劳动法》《中华人民共和国劳动合同法》《中华人民共和国劳动争议调解仲裁法》《中华人民共和国民事诉讼法》等相关法律规定，结合审判实践，制定本解释。”

可能引发社会广泛关注的案件，应当强化运用社会主义核心价值观释法说理。”此等规定为法官裁判涉及劳动习惯的劳动争议案件提供了价值判断依据，即善意的劳动习惯可以作为裁判依据，恶意的劳动习惯不得作为裁判依据。

就国外立法而言，对劳动习惯的规制，多是规定在法典中的。例如，《德国民法典》第612条第2款（雇佣合同报酬）规定：“报酬额不确定的，有价目表时，必须视为已达成合于价目表的报酬的协议，无价目表时，必须视为已达成习惯上的报酬的协议。”①又如，《奥地利普通民法典》第1154条（提供劳务的契约的报酬请求权）第1款规定：“除另有约定或另有关于此类劳务的报酬给付习惯外，应在劳务结束后支付报酬。”②再如，《意大利民法典》第2120条第3款（工作年数的偿金）规定：“于未定期间的契约终止场合，对劳动提供者按其就业年数支付偿金。但其因过失解雇或任意辞职场合，不在此限。但是同业组合规范，对于偿金，即使在任意辞职场合，亦得定其条件和方式而规定支付。偿金的数额，以最后的工资为基础，并且依劳动提供者所属领域的同业组合规范、习惯或公平的原则决定。”③

我们认为，劳动习惯不仅是劳动法的法源，而且对某一具体劳动习惯应当进行立法规制。概而言之，对劳动习惯进行立法规制的理由主要有如下三方面：其一，价值考量，即劳动习惯在现代社会中具有不可替代的价值，尤其是随着新就业形态的不断出现，新的劳动习惯亦会不断产生，且作用不可小觑；其二，裁判考量，即劳动习惯以法律明文规定，便于法官适用习惯及时处理纠纷；其三，秩序考量，即违反法律、行政法规的强制性规定以及违背公序良俗的劳动习惯无效。

（二）劳动习惯的适用

在我国的司法实践中，在法院审判的劳动争议案件的裁判文书中，有使用“行业惯例”“公序良俗”等字眼。例如，在“原告马某诉被告某用人单位请求支付加班费”案中，法院认为，根据行业惯例，一般保安人员普遍存在工作时间较长的情形，其原因在于保安工作的部分内容具有值班性质。鉴于本案马某从事保安工作的特殊性，对于未明显超过该行业通常执行的工作时间部分，不宜认定为加班。④又如，在“原告广某诉被告某煤矿请求支付经济补偿”案中，法院认为，如果某煤矿向广某支付解除基于入职20年冒名顶替所导致的劳动合同无效所产生的事实劳动关系的经济补偿，对作为依法经营的用人单位某煤矿而言显然不公平，亦有违公平正义之法律原则。守法者对违法者进行赔偿，不仅会助长不法行为，而且还会破坏整个社会的法治秩序和诚信基础。故广某要求某煤矿支付

---

① 《德国民法典》（第2版），陈卫佐译，法律出版社2006年版，第233页。

② 《奥地利普通民法典》，戴永胜译，中国政法大学出版社2016年版，第216页。

③ 《意大利民法典》，陈国柱译，中国人民大学出版社2010年版，第368页。

④ 参见重庆市高级人民法院（2020）渝05民终字第246号民事判决书。

经济补偿金没有法律依据，应不予支持。这不仅符合公序良俗，而且亦与法律法规规定的诚实信用原则相一致。①再如，在“原告郭某诉某花园公司请求支付绩效奖金”案中，法院认为，根据惯例，原告郭某除固定工资收入外，被告花园公司需在年初发放上一年度绩效奖金。被告花园公司提供的证据没有形成完整证据链证明其已向原告告知劳务合同的内容有所调整，更无证据证明原、被告已达成一致合意的情况下，原告与被告约定的提成奖励的发放标准没有发生变更。②

上述3起案件，法院皆因当事人主张存在劳动习惯的事实而适用劳动习惯作出上述判决。此谓“明示劳动习惯”，即法官在裁判文书明确提出此案判决是依据劳动习惯作出的判决。明示劳动习惯可以是书面的，也可以是口头的。与此同时，法院的如下判决虽没有提及劳动习惯，但法官裁判案件明显是依据了劳动习惯。详言之，法院认为，王某受伤地点在公司办公地点，可以认定王某接受了公司的劳动管理，其所提供的劳动系公司的业务组成部分，公司所称当天系对王某进行面试，面试内容之一是试炒几个菜，尚未安排其上班，但并未就此主张提交证据予以证明，法院不予采信。③此谓“默示劳动习惯”，即某些应聘职位的特殊性决定了劳动习惯的存在，如本案面试厨师工作的劳动者只有经“炒几个菜”的程序，公司才能决定是否录用，此等做法为餐饮行业之惯例，业内人士皆知，法院在裁判文书中无须明确指出。

二、劳动习惯的学说举要

从学说上观察，国内外学者对德国、意大利、英国、法国、日本等国的劳动习惯有研究，而我国国内学者对劳动习惯的研究成果并不多。现就国外、国内学者对劳动习惯的研究成果列举如下：

（一）域外的学说举要

在德国，劳动习惯被视为雇主基于合同给予雇员特权之法源，是囿于劳动关系为民法调整。例如，有学者认为，习惯可能只是对雇员有利的一个法律渊源。在特定条件下，雇主自愿给雇员的特权不能被轻易剥夺。只不过这些权利在一定期限内有效，但这会因雇员的主张而续展。这一主张于是被视为建立在个人合同基础上。④

---

① 山东省高级人民法院（2017）鲁04民终字第797号民事判决书。此外，在“员工因外遇被公司解雇”一案中，法院的裁判理由是：介入他人合法存续的婚姻关系，不仅违背了公序良俗，更严重违反了与公司签订的劳动合同中约定的劳动纪律，公司解除合法。参见江苏省高级人民法院（2019）苏02民终字第1288号民事判决书。

② 参见上海市青浦区人民法院（2019）沪0118民初字第5142号民事判决书。

③ 参见北京市第一中级人民法院（2017）京01民终字第9484号民事判决书。

④ 参见［德］曼弗德．魏斯、马琳．施米特：《德国劳动法与劳资关系》，倪斐译，商务印书馆2012年版，第3页。

在意大利，劳动习惯亦是法源，限于在立法和集体谈判缺失时适用，并具有习惯解释之功效。例如，有学者认为，最初在规制个体劳动关系方面发挥了很大作用的习惯，随着立法和集体谈判的发展已变得不那么重要。按照通例，为了使其可以被视为法源，一项习惯法则必须被不间断地、正常地及连续地在一段时间内被重复实践，其间还应凸显出其具有约束力的特性（法律意见）。根据《民法典》第2078条的规定，当立法和集体谈判缺失时，习惯可以被适用。如果对工人有更多的好处时，它可以胜过不紧急的法律条款（非集体协议条款），但习惯永远不能胜过个人劳动合同。根据《民法典》第1368、1340条规定，习俗和惯例也可以作为解释和整合相关劳动合同的手段。工作场所的实践，从非正式的谈判结果看，往往是由事实上作为解释劳资关系内容和影响重要组成部分的法院加以确认。①

在英国，劳动习惯和惯例在传统上是作为劳动合同条款的法源。例如，有学者认为，要成为劳动合同中的条款，习俗和惯例必须是确凿的、合理的且广为人知的。即使个别劳动者对某一习俗不知情，他（她）也被拟定为知晓当地的惯例。此外，雇员缺勤期间报酬的取得受雇佣合同条款及惯例的影响，劳动者的计薪方式不影响其在未被指派工作任务时仍享有获得劳动报酬权，但其第一获得报酬权可能被明示或默示的劳动协议或惯例所排除。②

在法国，劳动习惯亦有适用之范围。例如，有学者总结了法国的劳动习惯在如下三方面适用：其一，最高法院对奖金的“习惯性”规定了持久性、普遍性和确定性三个必要条件；其二，集体合同中的常见惯例是按照不同学历、岗位等标准确定最低工资；其三，劳动者有权在休假期间领取津贴。③

在日本，劳资习惯对法律规范具有一定的影响。例如，有学者对日本劳动习惯的理解是：有关劳动条件的事项、工会活动的方式，在就业规则和集体协议中没有具体规定，但经过长期反复实行，形成劳动者（或者工会）与雇主之间事实上的规定，这些规则一般被称为劳资习惯，最典型的就是终身雇佣制。④

以上是我们搜集的德国、意大利、英国、法国、日本等五个国家涉及劳动习惯的文献资料，概而言之，有如下四方面的认识：其一，五国均认可劳动习惯的存在，尤其是德国、意大利、英国等三国将劳动习惯视为劳动法源；其二，有学理上的劳动习惯定义，如意大利将劳动习惯定义为”不间断地、正常地及连续地在一段时间内被重复实践，其间还

---

① 参见［意］T. 特雷乌：《意大利劳动法与劳资关系》，刘艺工、刘吉明译，商务印书馆2012年版，第60页。

② 参见［英］史蒂芬·哈迪：《英国劳动法与劳资关系》，陈融译，商务印书馆2012版，第155－159页。

③ 参见韩壮：《法国劳动法》，载田思路主编《外国劳动法》，北京大学出版社2019年版，第37－50页。

④ 参见田思路：《日本劳动法》，载田思路主编《外国劳动法》，北京大学出版社2019年版，第224页、第253－254页。

应凸显出其具有约束力的特性（法律意见）”；[①]其三，劳动习惯适用范围广泛，如法国；其四，劳动习惯属公私法规范。需要说明的是，尽管上述国家对劳动习惯有一定的研究，但仍显不足，尚有待进一步研究。例如，对有效劳动习惯的构成要件到底有哪些？又如，劳动习惯与当事人意思表示的关系是什么？再如，劳动习惯与信赖义务之间的关系又是什么？

（二）域内的学说举要

我国民国时期的史尚宽、李剑华、樊澍等学者均认为，劳动习惯是劳动法源。[②]尤其值得一提的是，2020年我国台湾地区施行的“劳动事件法”第3条、第50条规定了劳动习惯。[③]

就我们掌握的文献资料看，目前我国大陆地区劳动法学者对劳动习惯的研究主要有如下观点：其一，冯彦君认为：“应从个体习惯、社会习惯的构成来审视劳动习惯的合理性。”[④]其二，程延园认为：“习惯是劳动法的渊源。”[⑤]其三，赵伊在考察了清代私营工商业劳动习惯后认为：“清代民间习惯法与国家立法是两套并行的规则。”[⑥]其四，尚海涛在归纳了民国时期山东省的雇佣制度后指出：“短工主要依托雇工劳动市场、长工则主要靠中间介绍人介绍。”[⑦]其五，腾晓春、孟师认为：“用人单位内部劳动规则经历了一个从习惯到国家授权立法的过程。”[⑧]其六，杨飞认为：“中国将来能否出现劳动习惯法，仍需社会的充分孕育。”[⑨]

由此可见，我国大陆地区劳动法学者对劳动习惯的研究尚处于起步阶段，并未形成体

---

① ［意］T. 特雷乌：《意大利劳动法与劳资关系》，刘艺工、刘吉明译，商务印书馆2012年版，第60页。

② 参见史尚宽：《劳动法原论》，台湾正大印书馆1978年台北重刊，第4页；参见李剑华：《劳工法论》，上海法学编译社1934年版，第23页；樊澍：《劳动法大纲》，商务印书馆1933年版，第37页；参见黄程贯：《劳动法》，空中大学出版社1996年版，第105页；黄越钦：《劳动法新论》，中国政法大学出版社2003年版，第30页。

③ 我国台湾地区“劳动事件法”第2条规定：“本法所称劳动事件，系指下列事件：一，基于劳工法令、团体协约、工作规则、劳资会议决议、劳动契约、劳动习惯及其他劳动关系所生民事上权利义务之争议。”同时，第50条规定：“劳工提起确认调动无效或回复原职之诉，法院认雇主调动劳工之工作，有违反劳工法令、团体协约、工作规则、劳资会议决议、劳动契约或劳动习惯之虞，且雇主依调动前原工作继续雇佣非显有重大困难者，得经劳工之声请，为依原工作或两造所同意工作内容继续雇佣之定暂时状态处分。”

④ 冯彦君：《劳动法上“合理”的多重意蕴及其应用》，载《中国法学》2018年第5期。

⑤ 程延园：《劳动法学》，中国劳动出版社1998年版，第28页。

⑥ 赵伊：《清代私营工商业中的劳动习惯》，载《湖北经济学院学报》（人文社会科学版）2017年第6期。

⑦ 尚海涛：《农业雇佣劳动习惯法研究——以民国时期山东地区的雇工制度为例》，载《山东理工大学学报》（社会科学版）2007年第5期。

⑧ 腾晓春、孟师：《从习惯到契约：用人单位内部劳动规则的演进》，载《研究生法学》2007年第1期。

⑨ 杨飞：《劳动法的渊源研究》，中国人民大学博士学位论文，2007年，第186－191页。

系。[①]相比之下，我国民法学者、法理学者对民事习惯、民间习惯的研究成果比较丰硕。[②]值得一提的是，有学者对劳动领域的从业人员条件等级、从业方式和技术、行业规矩和禁忌以及行业习惯法的执行进行了研究。[③]

三、我国劳动习惯适用的类型

在我国的司法实践中，法院在审理劳动争议纠纷案件时，或多或少、或隐或现会引用用人单位的劳动习惯做法，并以此作为裁判的依据。从一些法院的裁判文书看，劳动习惯主要适用在如下五类案件：其一，工资支付习惯；其二，工作时间计算习惯；其三，劳动合同订立及履行习惯；其四，用人单位管理习惯；其五，工伤待遇支付习惯。现依次说明如下：

（一）工资支付习惯

《工资支付暂行规定》（劳部发〔1994〕）489号）第7条规定："工资至少每月支付一次。"由此可见，工资在每个月发放的具体日期，是由用人单位确定的，且具有长期、反复适用的特质，并为法院认可。从法院裁判案件看，用人单位工资支付的习惯主要有如下六方面：其一，工资支付时间。例如，有法院认为，原告于2018年1月1日离开被告公司，被告按每月8日向原告发放上一个月工资的习惯，原告实际未领取2017年12月工资2010元，被告应予支付。[④]其二，工资结算时间。例如，有法院认为，根据社会习惯和企业管理习惯，对以银行汇入方式结算工资的，发放方一般不要求工资领取人再另行以签字方式签收，故乔某以未签收为由不予认可该加班工资已发放的意见，本院不予采纳。[⑤]其三，工资迟延支付。例如，有法院认为，按照一般通常习惯，认定当月职工的工资，用人单位于次月发放，3月份的工资表工资系为2014年2月份的工资，4月份的工资表无原告签字，视为未发放。[⑥]其四，未休年休假工资支付。例如，有法院认为，公司提供支付凭证没有注明其支付的是哪年的未休年休假工资，且2016年8月支付当年未休年休假，也不符合通常交易习惯，故对田某主张支付2016年未休年休假工资2425元的诉讼请求予以支持。[⑦]其五，加班工资支付。例如，有法院认为，结合原告的工作岗位性质以及物业

---

① 参见刘俊教授主编的"马工程"《劳动与社会保障法学》教材，虽未将劳动习惯视为劳动法渊源，但在"劳动合同履行的特殊规则"中提及了习惯，即劳动法规和政策未作明确规定的，可考虑按照通行的习惯履行。参见刘俊主编：《劳动与社会保障法学》（第2版），高等教育出版社2018年版，第96页。

② 囿于篇幅限制，在此不一一列举国内学者对民事习惯、民间习惯的研究成果出处，可参见王立明在《民事习惯研究——兼评青海藏区习惯及其习惯法》一文中的归纳总结（载《青海社会科学》2020年第3期）。

③ 参见高其才：《中国习惯法论（修订版）》，中国法制出版社2008年版，第108－127页。

④ 参见福建省南安市人民法院（2018）闽0583民初字第694号民事判决书。

⑤ 参见辽宁省葫芦岛市中级人民法院（2018）辽14民终字第494号民事判决书。

⑥ 参见浙江省杭州市下城区人民法院（2014）杭下民初字第1537号民事判决书。

⑦ 参见湖北省江汉中级人民法院（2017）鄂96民终字第575号民事判决书。

管理行业工作发放习惯，被告每月在工资中向原告支付加班费200元，应当视为双方均认可。①其六，年终奖支付。例如，有法院认为，尽管发放年终奖并非用人单位必须承担的强制性义务，但因公司存在发放年终奖的惯例，且年终奖属于劳动者的劳动报酬，故游某年终奖应发放数额应由公司承担举证责任。②

上述六起案件，用人单位工资支付习惯的事实需要证据证明，此等习惯的事实，或由当事人举证证明，或法官依行业惯例释明，在此基础上，法官依据《最高人民法院关于民事诉讼证据的若干规定》（法释〔2019〕19号）的相关规定，对用人单位工资发放习惯的事实证据决定是否予以采信。③

（二）工作时间计算习惯

《国务院关于职工工作时间的规定》（1995年修订）第3条规定："职工每日工作8小时、每周工作40小时。"此外，我国《劳动法》第40至43条对加班、节假日进行了原则性规定。用人单位在具体执行上述规定时，亦多采习惯做法。从法院裁判案件看，用人单位实行的计算工作时间习惯主要有如下三方面：其一，通常工作时间。例如，有法院认为，王某与国典公司对王某的上班时间主张不一致，双方均未提交证据证明自己的主张，本院参照东莞市的用工习惯酌定王某每月上班26天，每天上班10小时。④其二，加班工作时间。例如，有法院认为，考虑到原告系驾驶员，存在检查车辆、交接班、接送车辆进出库等职业习惯，酌情按原告每周3小时计算延时加班工资。⑤其三，休息休假安排。例如，有法院认为，结合本地春节期间的习俗及私人煤炭企业多为除夕前停产放假，大年过后才正常上班的习惯，故酌情每年春节期间的放假时间为15天。⑥

上述三起案件，每月工时习惯、驾驶员加班习惯、春节放假习惯的事实，尽管是由当事人举证，但每月工作天数、每周加班天数、春节放假天数则是由法官根据当地用工的习惯决定的。

（三）劳动合同订立及履行习惯

我国《劳动合同法》第2章、第3章对劳动合同订立及履行的规定较为原则，导致用人单位在具体执行过程中多采习惯做法。从法院裁判案件看，用人单位实行的劳动合同订

① 参见重庆市武隆县人民法院（2015）武法民初字第02791号民事判决书。

② 参见重庆市第五中级人民法院（2017）渝05民终字第6672号民事判决书。

③ 《最高人民法院关于民事诉讼证据的若干规定》（法释〔2002〕33号）是2001年12月6日最高人民法院审判委员会第1201次会议通过的，2019年10月14日最高人民法院审判委员会第1777次会议通过了《最高人民法院关于修改〈关于民事诉讼证据的若干规定〉的决定》。

④ 参见广东省东莞市第二中级人民法院（2017）粤1972民初字第13285号民事判决书。

⑤ 参见黑龙江省大庆市中级人民法院（2018）黑06民终字第414号民事判决书。

⑥ 参见重庆市第五中级人民法院（2015）渝五中法民终字第02788号民事判决书。

立及履行习惯主要有如下两方面：其一，劳动合同未约定。例如，有法院认为，虽然双方签订的劳动合同不完备，但合同生效后双方就相应条款可以协议补充；不能达成补充协议的，可以按照合同条款或者习惯确定。①其二，劳动合同约定不明确。例如，有法院认为，原告翁某被派遣至台州国税从事食堂厨师工作两年的期间内，每月工资由被告人力资源公司按时发放，原告翁某均予以接受，应当认为双方就劳动报酬确定及支付已经形成了习惯做法，该习惯做法已经为双方所接受，并已成为双方之间劳动合同的约定的一部分。②

上述两起案件，法官的裁判思路是遵循了民法的裁判思维，即劳动合同没有约定或约定不明确的，法官可以依据习惯确定。③

（四）用人单位管理习惯

尽管《劳动合同法》第4条赋予了用人单位管理权，但管理权涉及的范围甚广，且每个用人单位都有自己的具体管理习惯。从法院裁判案件看，用人单位实行的管理习惯主要有如下两方面：其一，员工考勤管理。例如，有法院认为，考勤表中仅记录了张某一人的出勤情况，与一般多为以班组、部门为单位记录考勤的习惯不符，亦没有提交其他证据佐证，故本院对该证据不予采信。④其二，驾驶员管理。例如，法院认为，基于上诉人是以其单位名义对外运输，作出对驾驶员资质、营运安全等方面的规范性要求以及据此进行管理，并未超出该种行业习惯的范畴，不能以此认定双方之间存在人身上、组织上的从属性。⑤

上述两起案件，第一起案件，法官是依据班组、部门考勤的习惯来否定考勤表中对一人的考勤记录；第二起案件，法官是依据行业习惯来否定以单位名义从事对外运输的驾驶员的从属性。

（五）工伤待遇支付习惯

《工伤保险条例》（国务院令〔2003〕586号）对工伤保险有规定，从法院裁判案件看，用人单位实行的工伤待遇支付习惯主要有如下两方面：其一，护理费支付数额。例如，法院认为，根据本辖区护理费按每人每天100元的赔偿习惯，一审法院确认孔某的护理费损失为1100元（100元/天×11天）。⑥其二，劳务派遣单位承担工伤保险。例如，有法院认为，法律在双方无别特约定的情况下，已经明确工伤保险责任由劳务派遣单位承担

---

① 参见黑龙江省齐齐哈尔市富拉尔基区人民法院（2018）黑0206民初字第80号民事判决书。

② 参见浙江省台州市椒江区人民法院（2017）浙1002民初字第11834号民事判决书。

③ 《民法典》第51条规定："合同生效后，当事人就质量、价款或者报酬、履行地点等内容没有约定或者约定不明确的，可以协议补充；不能达成补充协议的，按照合同相关条款或者交易习惯确定。"

④ 参见天津市东丽区人民法院（2017）津0110民初字第5135号民事判决书。

⑤ 参见湖北省宜昌市中级人民法院（2016）鄂05民终字第859号民事判决书。

⑥ 参见广东省肇庆市中级人民法院（2018）粤12民终字第1679号民事判决书。

相关工伤保险待遇更符合派遣用工形式下的通常习惯。①

上述两起案件，第一起案件，法官是依据当地护理费支付习惯来确定孔某住院期间用人单位未派人专职护理孔某的每天护理费100元；②第二起案件，法官是依据更有利于被派遣劳动者的习惯确定了劳务派遣单位承担工伤保险待遇的。③

四、对劳动习惯的再思考

通过上述分析，我们知道，劳动习惯存在于法律规范、司法裁判、学术研究和用人单位管理中。可以肯定地讲，劳动习惯不仅存在于劳动过程中，而且在劳动过程中有着特殊的、不可替代的作用。因此，对劳动习惯诸多问题仍需要进行深入研究，以期能在学术界、实务界达成共识，为处理劳动争议纠纷提供正确指引。下文笔者仅就劳动习惯的概念及有效劳动习惯的构成要件、劳动习惯效力的判断、劳动习惯的明示路径、劳动习惯的调查整理等四个问题进行再思考。

（一）劳动习惯的概念及有效劳动习惯的构成要件

《民法典》第10条规定："处理民事纠纷，应当依照法律；法律没有规定的，可以适用习惯，但是不得违反公序良俗。"基于《劳动争议司法解释（一）》是根据《民法典》等相关法律制定，为此，劳动习惯的概念及有效劳动习惯的构成要件，亦需要依上述条文之规定进行分析。④

1. 劳动习惯的概念

在我国法理学界，学者们将习惯视为行为规范或行为习惯。例如，有学者认为："习惯是在特定区域形成并自发运行的、具有长期性、且被该区域所有主体自愿接受、对其权利义务具有支配作用的行为规范。"⑤又如，有学者认为："习惯是指人们在生产、生活中俗成或约定所形成的一种行为习惯。"⑥在我国民法学界，通说认为，民事习惯是当事人所

---

① 参见江苏省南通市中级人民法院（2017）苏06民终字第2026号民事判决书。

② 《广东省工伤保险条例》（粤人大常委会〔2011〕69号）第26条第4款规定："工伤职工在停工留薪期间生活不能自理需要护理的，由所在单位负责。所在单位未派人护理的，应当参照当地护工从事同等级别护理的劳务报酬标准向工伤职工支付护理费。"

③ 值得一提的是，《劳务派遣暂行规定》（人社部令〔2014〕22号）第10条规定："……劳务派遣单位承担工伤保险责任，但可以与用工单位约定补偿办法。"由此可见，被派遣劳动者在用工单位因工作遭受事故伤害的，劳务派遣单位承担工伤保险责任，但并不排除双方可以另行约定补偿办法。

④ 据统计，《民法典》至少有41个条文使用有习惯、公序良俗、当地习惯、交易习惯、风俗习惯、恶习等词语的表述，其中第一编总则有5条、第二编物权有2条、第三编合同有31条、第四编人格权有2条、第五编婚姻家庭有1条。此外，本文引用的法院裁判文书，至少有通常习惯、赔偿习惯、行业习惯、考勤习惯、习惯做法、习惯、用工习惯、上班习惯、交易习惯、惯例、社会习惯等11种不同词语的表述。

⑤ 谢晖：《"可以适用习惯"的法教义学解释》，载《现代法学》2018年第2期。

⑥ 高其才：《作为当代中国正式法律渊源的习惯法》，载《华东政法大学学报》2013年第2期。

知悉或在实践中的生活和交易习惯。①在我国劳动法学界，有学者认为："习惯是人们在社会实践中自发形成的具有约束力的规则。"②也有学者认为："劳动习惯是指存在于劳动关系中或与劳动关系密切相关的其他社会关系中，长期存在并经反复适用的具有约束力的行为规范。"③

借鉴上述学者的观点，我们认为，劳动习惯的概念可界定为：劳动者和用人单位在劳动关系和与劳动关系密切相关的其他社会关系中，就涉及劳动权利、义务和责任内容长期反复适用，具有约束力的行为规范。此定义有如下四个特征：其一，劳动习惯适用的主体是劳动者和用人单位；其二，劳动习惯适用的范围是劳动关系和与劳动关系密切相关的其他社会关系；其三，劳动习惯的内容是劳动权利、义务和责任；其四，劳动习惯的性质是行为规范。

2. 有效劳动习惯的构成要件

我们认为，就法院裁判劳动争议案件而言，一个有效的劳动习惯应当同时具备如下三个要件：其一，有劳动习惯的存在。简言之，劳动习惯经合法、有效的证据证明劳动者与用人单位在劳动关系和与劳动关系密切相关的其他社会关系中反复适用的客观事实。其二，劳动者和用人单位有明示或默示适用劳动习惯的意思表示。简言之，某一劳动习惯有被劳动者和用人单位之间采用的意思表示，此意思表示有书面、口头、推定、默示等四种形式。其三，不得违反法律、行政法规的强制性规定，不得违背社会主义核心价值观，不违背公序良俗。简言之，一个劳动习惯是否有效，其价值判断标准就是不得违反法律、行政法规的强制性规定，不得违背公序良俗。值得一提的是，我国用人单位拥有制定规章制度的自主权，导致用人单位制定的规章制度中有许多劳动习惯的规定是有利于用人单位而不利于劳动者的，尤其是用人单位在规章制度中规定有诸如扣减工资、旷工辞退等劳动习惯，亟待在立法上进行规制，使得劳动习惯既不违反法律、行政法规的强制性规定，也不违背公序良俗。

（二）劳动习惯效力的判断

我们认为，劳动习惯的效力判断，应当依据《民法典》第 8 条的规定来判断：④其一，劳动法主体从事劳动活动中的劳动习惯，不得违反法律。进而言之，不得违反法律，应当是指劳动法主体从事劳动活动中的劳动习惯，不得违反法律、行政法规的强制性规定。⑤

---

① 王利明：《民法（第 8 版）》，中国人民大学出版社 2020 年版，第 32 页。

② 杨飞：《劳动法的渊源研究》，中国人民大学博士学位论文，2007 年，第 185 页。

③ 王天然：《论劳动习惯作为劳动法法律渊源》，中国政法大学硕士学位论文，2020 年，第 30 页。

④ 《民法典》第 8 条规定："民事主体从事民事活动，不得违反法律，不得违背公序良俗。"

⑤ 《民法典》第 143 条规定，民事法律行为有效条件之一，是不违反法律、行政法规的强制性规定，不违背公序良俗。值得一提的是，《最高人民法院关于适用〈中华人民共和国合同法〉若干问题的解释（二）》（法释〔2009〕5 号）第 14 条规定："合同法第 52 条（5）项规定的'强制性规定'，是指效力性强制性规定。"

其二，劳动法主体从事劳动活动的劳动习惯，不得违背公序良俗。[①]至于哪些行为属于“违反强制性规范”“违背公序良俗”，立法者基于挂一漏万的考量，没有列举。为此，法官对劳动习惯是否“违反强制性规定”效力的判断，应当严格依照法律规定；法官对劳动习惯是否“违背公序良俗”效力的判断，应当依据《社会主义核心价值观融入裁判文书释法说理指导意见》。[②]此外，法官判断劳动习惯效力的判断，结果有如下两种：其一，劳动习惯有效，可以作为裁判案件的根据；其二，劳动习惯无效，不能作为裁判案件的根据。

需要说明的是，劳动习惯效力的判断，还可以依据如下两个学术观点来解释：其一，习惯合理。详言之，运用“合理”来解释个体习惯（一种长期重复的，形成某种定式的，独立的个体行为）、社会习惯（在特定的社会环境中，并成为特定社会环境中普遍的共识），即道德价值与实质性正义的合理性追求。[③]其二，有利原则。详言之，该原则主体是劳动者、规范对象是立法缺失、调整方式是利益衡量、功能是恢复法律公平价值。[④]可以肯定地讲，上述两种解释均是立法者基于对劳动者处于弱势地位而需要被保护的合理性追求的考量。应该说，此等解释是符合劳动法发展规律的。[⑤]因为，大多数劳动者是弱势群体，且劳动活动的一些有利于劳动者的劳动习惯被社会所公认。因此，承认有利于劳动者的劳动习惯的有效是符合法律精神的。

（三）劳动习惯明示的路径

通常认为，习惯都是口头的，不是书面的，此种认识是片面的。前文谈及劳动习惯有明示劳动习惯和默示劳动习惯的区分，此种区分是依据劳动习惯的表现形式而划分的。换言之，如劳动习惯是以书面形式表现，则为明示劳动习惯，反之亦然。例如，《劳动合同法》第39条规定，劳动者严重违反用人单位的规章制度的，用人单位可以解除劳动合同。对于“严重”的认定，有些用人单位在其规章制度中列举了如下五种情形：其一，员工在自然年度内累计受到记过处分；其二，员工连续旷工3天以上（含3天）或在自然年度内累计旷工5天以上；其三，因过错造成公司或给客户造成损失20000元以上（含20000

---

① 通说认为，公序良俗，即公共秩序与善良风俗的简称。所谓“公序”，即社会一般利益，包括国家利益、社会经济秩序和社会公共利益。所谓“良俗”，即一般道德观念或良好道德风尚，包括社会公德、商业道德和社会良好风尚。参见最高人民法院司法案例研究院编：《民法典新规则案例适用》，中国法制出版社2020年版，第53页。

② 近几年，已有法官根据“社会主义核心价值观”裁判的案件，如江苏省无锡市中级人民法院（2019）苏02民终字第1288号民事判决书，法院认为，第三者介入他人家庭，不仅与社会主义核心价值观背道而驰，也违背了社会公序良俗。因此，文化工作者自身发生影响较大的负面新闻，势必对文化工作的严肃性和单位声誉造成不良影响，最终支持了用人单位解除劳动合同的请求。参见江苏省无锡市中级人民法院（2019）苏02民终字第1288号民事判决书。

③ 参见冯彦君：《劳动法上“合理”的多重意蕴及其应用》，载《中国法学》2018年第5期。

④ 参见许建宇：《“有利原则”的提出及其在劳动合同法中的适用》，载《法学》2006年第5期。

⑤ 有学者提出，在分配利益和负担的语境中可以有两种意义上的平等对待：一种是强式意义上的平等对待。另一种是弱式意义上的平等对待。参见郑成良：《法律之内的正义》，法律出版社2002年版，第40页。

元)；其四，员工存在提供虚假病假单，或病假期间在外兼职、自营，或非因治疗所必须的外出旅游等情形；其五，员工因言行违反规范性法律文件，给用人单位造成严重损失或带来严重社会影响。又如，《劳动合同法》第50条第2款规定："劳动者应当按照双方约定，办理工作移交。"为督促劳动者及时办理工作移交手续，有些单位在其规章制度中有如下规定：离职员工最后一个工资支付周期的工资以现金形式发放，员工按照劳动合同约定的工资支付期限领取工资。离职员工除工资依法支付外，其余应结费用均以离职员工按照本管理规定完成工作交接为结算前提，如离职员工未按照或未完全按照本规定要求进行工作交接，用人单位有权暂扣相应费用。值得一提的是，我国《劳动合同法》中使用"严重""不能""重大"等表述的条款不在少数，为用人单位以规章制度细化并反复适用留下了余地。

我们认为，用人单位以规章制度方式对法律条文中的某些条款作出进一步细化解释，多是明示的劳动习惯。此种做法不仅被用人单位反复适用，而且可以作为法院裁判案件的依据。例如，《劳动争议司法解释（一)》第50条第1款规定："用人单位根据劳动合同法第4条规定，通过民主程序制定的规章制度，不违反国家法律、行政法规及政策规定，并已向劳动者公示的，可以作为确定双方权利义务的依据。"可见，用人单位在其规章制度中明确规定劳动习惯的做法是有依据的，但对侵犯劳动者合法权益的劳动习惯必须予以严格的立法规制。

（四）劳动习惯的调查整理

郭建、王志强在《中国民事习惯大全》一书中指出："按照欧洲国家的民法传统，凡民事行为有法律规定的按照法律处理，没有法律规定的就要按照习惯处理，习惯也没有的，就要援引法理进行裁判。"①为裁判的需要，我国民国时期进行了较大规模的民事习惯调查，此次调查涉及雇佣劳动习惯（例如，雇主一般在劳务工作结束之后，无须先行支付。若是按照期间约定报酬，劳务者则需在各期间经过后，向雇主请求其经过期间的报酬。雇佣仆役类都是如此，但在商店中若使用者选择解除契约，虽然劳务期间尚未终了，使用者应当给付未终了以前的报酬；若是劳务者选择自行解除，则使用者只须给付其经过期间的报酬，未满的期间可不给付)。②基于我国各地法院裁判文书常有引用劳动习惯作为裁判案件的依据，故厘清各地的劳动习惯是极其珍贵的，尤其是我国地方广大，通常是"三里不同风，五里不同俗"，更亟待调查整理劳动习惯。此外，厘清各地的劳动习惯不仅可备各级法院引用劳动习惯裁判案件之参考，而且可作全国风俗改良之前驱。对劳动习惯调查整理，需要解决的问题主要有如下四方面：其一，统一劳动习惯名称。《民法典》至少使用了习惯、公序良俗、当地习惯、交易习惯、风俗习惯、恶习等6种名称。在前文引

① 施沛生：《中国民事习惯大全》，上海书店出版社2002年版，第12页。

② 参见前南京国民政府司法行政部编：《民事习惯调查报告录（下册)》，中国政法大学出版社2000年版，第430页，第448页。

用的法院裁判文书，至少有通常习惯、赔偿习惯、行业习惯、考勤习惯、习惯做法、习惯、用工习惯、上班习惯、交易习惯、惯例、社会习惯等11种表述。此等名称是否合理，有待进一步研究。其二，劳动习惯事实调查依据。习惯以事实为基础，劳动习惯事实之调查，与审查争执事实程序相同，以《民事诉讼法》《劳动争议调解仲裁法》为依据，法官根据当事人举证，进而调查并认定是否适用。进而言之，当事人应就其所主张的利己事实尽举证之责，若所举证据不足为利己主张的证明，则相对人即无举出反证的必要。其三，劳动习惯司法适用。各地法院调查的劳动习惯，系各地法院法官个人之报告，仅供参考，有无法律之效力，自应另有审认。其四，制定适用劳动习惯规则。建议最高人民法院制定劳动习惯适用规则，名称可以为《最高人民法院关于处理劳动争议案件适用劳动习惯若干问题的解释》，地方各级人民法院以最高人民法院制定的《最高人民法院关于处理劳动争议案件适用劳动习惯若干问题的解释》为根据，制定适用于本地域内的《某某人民法院关于处理劳动争议案件适用劳动习惯的指导意见（试行）》。

总之，劳动习惯作为规范意义上的法源被立法者确定，为处理劳动争议案件提供了法律依据，但劳动习惯作为事实，不仅需要证据规则指引，更需要程序设计。如是，将来我国制定的《劳动法典》，除将劳动习惯作为劳动法源规定在总则中外，其他章节视规制需要作必要的条文设计。

Study on Labor Customs in Labor Law

Wang Liming　Cao Yunyong

Abstract: The reasons for the regulation of labor habits mainly include three aspects: value, judgment and order. Compared with foreign labor law scholars, the research on labor habits by labor law scholars in my country is fragmented and has not formed an academic system. Judges in my country apply labor habits to adjudicate labor dispute cases in accordance with the civil law adjudication method, that is, if there is no agreement in the labor contract or the agreement is not clear, the judge may judge labor dispute cases based on the express labor habits or implied labor habits. In addition, an effective labor habit can be used as the basis for adjudicating a case. In addition to two elements, such as facts and an expression of intention, it must not violate the law or violate public order and good customs. The determination of the validity of labor habits, in addition to the law, can also be interpreted in accordance with the principle of reasonableness and advantage.

Key words: labor habits; legislative regulation; basis for judgment; determination of validity

（编辑：陶文泰）

民间法研究的知识论资源之反思性检视*

沈明敏**

摘　要　对民间法的研究是当前法学研究中的一个重要组成部分，它一定程度上担负着破除“西方（法）中心主义”与削弱“国家（法）中心主义”之迷思的作用。也因此，民间法研究可谓最生动地实践了利用西方的资源来研究本土的问题。但在民间法研究走过大开大合、大进大出阶段之后，显然需要对其所依凭的知识论资源进行一个回顾与反思。故而文章从法律文化理论；地方性知识理论；法律多元理论；大、小传统理论等四个核心理论出发，展示了其中所隐藏的深层次问题：即单个理论存在一定的不适格应用以及部分理论之间存在某种紧张与微妙的关系。这无疑值得民间法学者深思并尝试在下一步研究中予以解决。

关键词　民间法　法律文化理论　地方性知识理论　法律多元理论　大、小传统理论　反思性检视

一、问题的提出

无论是从学术产出的数量与质量，还是从研究的方法与内容，抑或是从研究人员的基数与分布来看，对民间法的相关研究自80年代后期以来一直呈现出蓬勃发展之态势。以至于早在10多年前，就有学者判定当代中国的民间法研究俨然成为一个知识运动、话语方式、与中国现代化相伴而生的学术思想运动。① 站在10多年后的今天，当我们再次概览民间法的研究格局时，必须承认，对民间法的研究获得了进一步的发展，并已然在宏大的

---

*　司法部2019年度国家法治与法学理论研究项目重点立项课题“基于裁判逻辑的司法评鉴制度构建研究”（项目编号：19SFB1001）。

**　沈明敏，厦门大学法学院博士研究生。

①　魏敦友：《民间法话语的逻辑——对当代中国法学建构民间法的三种理论样式的初步探讨》，载《山东大学学报（哲学社会科学版）》2008年第6期。着重号为引者所加。

基础上逐步走向精细、精深和具有形成学术流派之趋势。但也正是在这个研究格局之下，一个之前被遮蔽的问题逐步凸显了出来。这就是当民间法研究走过大开大合、大进大出之后，那些先前支撑其命题的知识论资源在经过“拿来主义”地适用与引用之后，还有没有进一步的理论解释力与理论潜力。换言之，我们是否有必要对民间法研究的知识论资源进行一个回顾与反思？

在笔者看来，这是非常有必要的，因为这实是关涉到民间法研究的“后劲”问题，也从根本上关联着民间法研究及其理论本身的合法性问题。如所知，中国的民间法研究可谓最生动地实践了利用西方的资源来研究本土的问题。但如任何改革一样，当民间法研究的“增量改革”份额与空间（这主要表现为对西方相关知识论理论资源的引进与吸收）已渐趋用尽，倘若还想继续推进民间法的研究，一个非常现实的方向就是迈向民间法研究的“存量改革”。关于民间法研究的存量改革，一方面，我们当然并首先可以向中国当下正在发生的真实具体实践要生产力，但另一方面，秉持一个相对平视甚或必要的俯视而不是如刚开始那般仰视的姿态，依凭于诸多学者的学术努力与实践以及后来者所具有的时间与视野优势，我们依旧可以经由对相关知识论资源的检视来进一步向理论要生产力。显然，本文的目标在后一种。但需要紧接着说明的是，本文意义上的“生产力”应当作广义的理解，它既包括正向的理论阐释，也包括反向的理论辩正。为了本文的论述更有方向性与针对性，笔者必须先行对当前民间法研究的知识论资源予以类型化的阐明。那就是，从总体上讲，民间法研究的知识论资源可分为两个层次：“国外（主要指西方）—国内”与“国家—社会”。前者主要是从一种中西对比的角度出发，借鉴法律文化理论与吉尔兹的地方性知识理论等来证成民间法的主体合理性，进而破除法律研究与实践中的“西方（法）中心主义”。后者主要是从国家与社会分立的二元理论入手，依凭于法律多元理论以及人类学领域中的大、小传统理论等，力图在法律研究与实践中的“国家（法）中心主义”下为民间法争得一席之地。一横一纵，一经一纬，可以清晰地看出民间法研究的知识论资源是较为全面的，但全面显然并不能等同于单个组成的适格应用以及部分组成之间的体系自洽。下面请容笔者分论之。

二、“国内—国外”：民间法研究的横向知识论资源

改革开放后的中国法学研究，一如同时段的中国立法，都是以积极引进、消化西方的法律（理论）为开端。但在大规模的引进西方法律理论后，一方面造成了中国法学对西方法学的亦步亦趋，甚至在某种程度上变成了西方法学在中国之演绎。不客气地说，早期中国法学的研究似乎或多或少地隔空验证了蔡枢衡的如下判断：“今日中国法学之总体，直为一幅次殖民地风景图：在法哲学方面，留美学成回国者，例有一套 Pound 学说之转播；出身法国者，必对 Dugiut 之学说服膺拳拳；德国回来者，则于新康德派之 Stammler 法哲

学五体投地。"① 与此相关联的则是另一方面，此种法学研究无意间消解了中国的主体性，学者们研究来研究去，却在蓦然回首中发现，那个灯火阑珊处的"她"却越发"阑珊"甚至"消失"了。以至于在21世纪初，邓正来重新发出了中国的法学研究要从"主权的中国"迈向"主体性的中国"的强音。②

应当讲，出现彼时的这种研究格局既有学者个人的原因，但更多的是时代的原因，毕竟在一个后发的法学研究国度里，西方法学发挥一个作为参照系、坐标系之功能是不可避免的。可不论原因如何，这种研究格局的事实形成，无疑是导致法学研究"幼稚"（戴逸语）之名远播的一个重要原因与证据。但也正是在这一法学研究的宏观背景下，我们才能更贴切地理解以横向知识论资源支撑的民间法研究出现的必然，因为这实是代表着一些研究者主体意识的觉醒，以及希望由此实践真正意义上的以中国为中心的法学研究——尽管其所依凭的知识论资源依旧是西方的。值得一提的是，以中国为中心的法学研究，并不意味着对西方理论资源的区隔，事实上，在当今这个全球化的时代，这既不可行也不可欲。相反，我们比任何时候都更需要汲取西方的理论资源来发现并研究中国的法学问题，进而在此基础上形成独特的理论贡献，所需要警惕和反对的只是那种以西方理论资源"拉大旗作虎皮"以及研究中"只见西方而不见中国"式的研究。毋庸置疑，在此种民间法研究类型中，以法律文化理论和地方性知识理论为知识论资源的民间法研究堪称最为耀眼。

（一）法律文化理论智识下的民间法研究

用法律文化理论代表人物梁治平的话来说，作为一种比较法意义上的法律文化理论就是指"用法律去阐明文化，用文化去阐明法律。"③ 显然，法律文化理论意图经由法律与文化交相阐释而获致一种仅从单向度阐释所不能获得的洞见。从更深层次的意义上讲，这是一种哲学解释学意义上的"解释学循环"路径，即意图在法律与文化的二者循环理解中实现更为动态、开放与深刻的理解。但这里存在着一个实践操作上的难题，那就是"文化"这一概念过于宽泛也因而很难把握。如果不加以必要的限定，很可能导致一种大而化之、笼而统之的解释，即那种常见的将所有人类的精神产物包括但不限于诸如价值、理念、制度、语言、风俗等都划归为文化这一概念之中。文化在这里似乎通过扩展自己的边界而赢得了力量，但事实上，它却在这个过程中成了一个"纸老虎"。幸运的是，梁治平从当代社会科学特别是文化人类学、符号语言学以及哲学解释学中获得了启发，一开始就将文化限定为关涉意义的符号体系。借用梁治平也征引过的格尔茨（另有译为吉尔兹）的

---

① 蔡枢衡：《中国法学与法学教育》，载许章润主编：《清华法学》（第四辑），清华大学出版社2004年版，第14页。

② 参见邓正来：《中国法学向何处去——建构"中国法律理想图景"时代的论纲》，商务印书馆2011年版，第25-31页。

③ 梁治平：《法辩：中国法的过去现在与未来》，中国政法大学出版社2002年版，第11页。

话就是："我以为所谓文化就是这样一些由人自己编织的意义之网，因此，对文化的分析不是一种寻求规律的实验科学，而是一种探求意义的解释科学。"① 随后借鉴格雷·多西作为"安排秩序观念（ordering ideas）"② 的"法文化"概念，其基本架构了法律与文化之间互为阐释的桥梁。

申言之，在法律文化理论那里，法律与文化作为人类的意义秩序，一定是反映了生活在特定时空的人们的具体生活想象与诉求，既如此，它们就不可能也不应该相同。我们所要做的不是在现代西方法律意识形态的指导下消灭这些差异，而应当是了解并理解这些差异，进而追问其背后的"根据"与"意义"③。也正是从这里出发，一些民间法学者（也包括梁治平本人）找到了作为一种自生自发的在野秩序——民间法——的价值与意义。当然，法律文化理论与民间法的勾连，也无疑受到了80年代兴起的"文化热"影响。在反思"文革"等政治运动带来的重大灾难，以及面临改革开放后涌入的新一轮"欧风美雨"之冲击，加之在其他层面并没有学者太多的学术发挥空间，④ 文化理所当然就成了学者们的重点关注对象。⑤ 学者们希望通过对宽泛意义上的文化研究，反思（传统）文化并依凭于其找出那种在西方经济等面前已然受到冲击的"主体性"。而作为文化热兴起的原因之一，即"对文化差异的一种猛然的醒悟"，⑥ 自然更是学者们关注的重中之重。毋庸置疑，这种从文化差异角度出发的智识显然也辐射到了法学界，特别是其中与传统文化密切关联的民间法研究。

但也或多或少正是因为这种对文化差异的关注，一方面，导致了在法律文化理论智识下的民间法研究往往"在功能主义者'求同'的地方敏于'辩异'"。⑦ 即努力挖掘隐藏于民间法背后的秩序观念与想象。民间法在这里就不仅是功能意义上的，更是精神意义上的。也就是说，它担负着阐述中国独特的区别于西方的秩序观念。为了凸出民间法的这一深层次功用，其一定程度上就必须贯彻比较方法研究中的"差异最大化"⑧ 原则——在符合可比性的前提条件下，尽量选择相对异质甚至对立的比较对象，如此，便可以最大可能

① ［美］克利福德·格尔茨：《文化的解释》，韩莉译，译林出版社2014年版，第5页。

② ［美］格雷·多西：《法律哲学和社会哲学的世界立场》，梁治平译，载梁治平编：《法律的文化解释》，生活·读书·新知三联书店1998年版，第241页。

③ 参见梁治平：《法律文化：方法还是其他（代序）》，载梁治平编：《法律的文化解释》，生活·读书·新知三联书店1998年版，第4页。

④ 譬如说在经济层面，因为改革开放刚刚起步，我们当时对西方经济（企业管理制度、技术等）基本上处于学习的阶段。

⑤ 一个例证就是，如今的一些重要学者（包括刚去世不久的）基本都参与了当时的文化研究。譬如，甘阳主编的"文化：中国与世界"系列丛书；李泽厚的系列中国思想史论；庞朴的"一分为三"传统文化研究；刘小枫的"诗化哲学"；等等。

⑥ 朱剑：《"文化热"的兴起及其发展》，载《东南文化》1988年第2期。

⑦ 参见梁治平编：《法律文化：方法还是其他（代序）》，生活·读书·新知三联书店1998年版，第4页。

⑧ 参见梁治平：《法律的文化解释》，载梁治平编：《法律的文化解释》，生活·读书·新知三联书店1998年版，第38页。

地、直观地将根源性的事物也就是比较的目标暴露出来。必须承认，这种基于差异最大化的比较思路，的确让我们看到了民间法背后所预设的特定民族的秩序观，并且这也恰恰是它得以顺利运行并发挥作用的一个“权威”来源与“支配力”保障。可也必须承认，就民间法——一种具有“法”的基本并普遍功能之法——来说，若完全以差异最大化来统治论述与结论，只会导致下面两种近似悖谬的结果：一是，在“殊相”（秩序观意义上的）被重视的情况下，“共相”（功能意义上的）被有意或无意地忽略了。但民间法研究追求的并不只是甚至主要不是一种宗教意义上的精神秩序，它追求的毋宁更是实实在在的规范实证秩序。这也是民间法与作为一般意义上的法律文化理论存在的重要区别；二是，在承认“共相”的前提下，又会导致其本身的“辩异”目的受损。因为部分民间法学者之所以借鉴法律文化理论，一如上文所说，是为了凸出民间法背后迥异于西方的秩序观念，进而在超越现代西方法治理念之外来论证民间法存在的合理性。可一旦我们承认民间法在功能意义上与现代西方法律具有相通之处，实际上就又不自觉地重新进入了西方法治理念之中，因为法律的功能与其背后的法律理念在某种程度上是相通的。

对于民间法来讲的这两种不可能共存而只能择一的理路，法律文化理论虽然也多少需要面对，尽管并不那么紧张。因为在他们看来：“文化解释并非不注意古代文明诸多表面的相似和相近之处，但它显然更关注不同人群看待和处理诸种共同问题的态度和方式，尤其是那些隐蔽在共同表象之后的有意味的差异。因为持这种立场的缘故，比较的方法在这里就成为一种认识特征和揭示意义的有效手段。”① 申言之，法律文化理论由于其较为“纯粹”的“辩异”追求，其相当讨巧地在上述两种结果之间打了一个“擦边球”。可相对来说，民间法的“辩异”目标——由上文所述可知——更为“功利”（不带贬义）。也就是说，由于民间法借用法律文化理论的理论目标过于“执着”，它反而在一定程度上限制甚至吞噬了这个理论本身所可能具有的意义。

另一方面，由于强调文化之间的差异，顺理成章地，又推出了文化之间的不可比性。这一点对于民间法来说太重要了。因为一旦能够得出各种文化之间的不可比性，即没有现代化线性序列上的先后之分，实质上也就证成了民间法的主体合理性。但也正是在这里，法律文化理论似乎立即面临了自相矛盾。庆幸的是，法律文化理论注意到了这一点并给出了如下的解释：

当我们谈论文化类型及其不可“通约”性时，我们似乎立即陷入某种自相矛盾之中：我们只能够比较地思考和谈论文化类型，但是所谓类型的差异却意味着某种不可比性。实际上，这两个方面都是真实的，但其意义并不相同。从类型学的立场出发，自然要反对任何以一种模式强加于历史上不同民族、文化或文明的做法。仅就这一点而言，不同类型的

① 梁治平：《法律的文化解释》，载梁治平编：《法律的文化解释》，生活·读书·新知三联书店1998年版，第37页。

文化是不可比的。然而，我们又确实能够通过比较来划分文化的类型，这时，可以作为依据的不是任何一种进化法则或图式，而是人类世界的一般性，是人类生活的共同性，以及在此一般性和共同性背景之下发生和发展起来的各个特殊形态。①

应当讲，这一解释对法律文化理论来说是比较成功的。通过将文化类型置于生活共同性（物质生存意义上的）之内，并强调二者各自不同的侧重点，进而调和了二者之间的矛盾关系。但笔者同时亦认为，这里的辩护似乎总有点“偷换概念”的嫌疑，因为在讨论文化的差异性与可比性之间，其通过引入一个新的题域——“生活共同性”——而将问题转移（不是完全解决）了。不过，这些都不是本文所要讨论的重点，让我们就此打住。目前，我们所要知道并承认的是，法律文化理论较为成功地处理了由于文化的差异性与可比性之间的张力阻碍其作为一种实践的方法论之效力。可就本文所要着重讨论的民间法来说，仅仅停留在法律文化理论的上述“解释水平”则显然有点不够了。因为在法律文化理论那里，它可以仅仅只是得出“差异”的合理性，但就民间法来说，它还必须在“差异”的基础上考虑如何走向“合作”与“秩序”——这是对作为任何一种“法（理论）”的直接要求。

然而，经验事实与理论研究都表明，“文化差异”并不一定意味着“文化合作”，相反，倒常常意味着“文化冲突”。譬如，亨廷顿在其《文明的冲突与世界秩序的重建》一书的开篇中就说道：“文化和文化认同（它在最广泛的层面上是文明认同）形成了冷战后世界上的结合、分裂和冲突模式。”② 因为从根本上说，文化差异既可以推导出“文化中心主义”，即认为自己所拥有的文化为最优之文化，进而有将自己文化模式予以推广的强力欲望与冲动；又可以推导出“文化相对主义”，即认为既然文化是相对的，那就没必要予以交流，实际上也就变成了以“文化相对”为伪装的孤立与隔绝的文化观。③ 映射到民间法领域，则可能推导出“民间法中心主义”和“民间法相对主义”。显然，如果放任法律文化理论这一内在构件推导下去，将得出两种均不可欲的结论，甚至会摧毁民间法研究本来的目标。毕竟一如本文开篇所述，民间法是以破除“西方（法）中心主义”与削弱“国家（法）中心主义”之迷思而作为自己存在的立论基础与研究目标，它绝不是也不想是仅仅的简单实践一次“城头变幻大王旗”——将自己树立为另一种“中心主义”。至于“民间法相对主义”似乎与下文要论述的作为地方性知识的民间法声气相投，但这显然是对地方性知识理论的印象式认知。因为下文将要详细论述这一理论智识下的民间法研究，此处暂且先按下不论。

---

① 梁治平编：《法律的文化解释》，生活·读书·新知三联书店1998年版，第36－37页。着重号为原文所有。

② ［美］塞缪尔·亨廷顿：《文明的冲突与世界秩序的重建》，周琪等译，新华出版社2010年版，第4页。

③ 对“文化中心主义”与“文化相对主义”的一个详细论述，可参见乐黛云：《文化转型与文化冲突》，载《民族艺术》1998年第2期。

总而言之，对于法律文化理论来讲，完成法律背后秩序观念的“辩异”基本就已经完成了其理论构建，但对民间法来说止步于此却不行。因为民间法借用哈耶克等相关理论一直强调自身是一种自生自发的扩展的秩序，事实上，相当一部分学者对民间法的理论期待与抱负也并不限于“民间”，而是强调“民间”与“国家”的互动。① 在这种秩序的扩展过程中，一定会遇到实在秩序碰撞的问题。并且因为，这里的民间法吸收了法律文化理论中的意义秩序安排理念，实际上也是一种意义秩序的碰撞。想要较为完满的解决这一难题，殊为不易。实际上，诚如费孝通所说：“当今世界上，还没有一种思想或意识形态能够明确地、圆满地、有说服力地回答我们所面临的，关于不同文明之间该如何相处的问题。”② 如果用费自己概括的“各美其美，美人之美，美美与共，天下大同”③ 这十六字来分别表征法律文化理论以及在其智识下的民间法，那么，我们可以粗略地说，法律文化理论基本解决了“各美其美，美人之美”的问题，而民间法则需要在此基础上，想想如何更好地解决“美美与共，天下大同”的问题。这是民间法（研究）应该着重有所发力的地方。

（二）地方性知识理论智识下的民间法研究

地方性知识是吉尔兹使用的一个核心概念，与其使用的另一个核心概念——深描——一道构成了其阐释（文化）人类学的骨架。当然，由于地方性知识与民间法的勾连性更大，毕竟，吉尔兹本人就直接说过“法学和民族志，一如航行术、园艺、政治和诗歌，都是具有地方性意义的技艺，因为它们的运作凭靠的乃是地方性知识。”④ 故而国内民间法学者往往更多地引用地方性知识理论来智识民间法研究。那么到底什么是地方性知识呢？对此，吉尔兹并没有下一个完整的定义，而更多的是将其与直接个案、直觉等关联。显然，国内学者对地方性知识的使用场域更为开放，但这同时也就意味着存在“望文生义”甚至“张冠李戴”的风险。为了更好地理解这一概念，我们首先需要对此一概念做些基本的解释。地方性知识由“地方”和“知识”所构成，那么问题就分解为如何理解“地方”与“知识”。对“地方”来讲，由于吉尔兹是在阐释（文化）人类学意义上使用这一概念，所以这里的地方不仅仅是指地理上的，更应该是指文化与族群意义上的。⑤ 至于“知

① 参见胡平仁、陈思：《民间法研究的使命》，载《湘潭大学学报（哲学社会科学版）》2012 年第 2 期；周俊光：《论法治进程中民间法与国家法的二元并立》，载《甘肃政法学院学报》2015 年第 5 期；等等。

② 费孝通：《“美美与共”和人类文明（上）》，载《群言》2005 年第 1 期。

③ 张冠生记录整理：《费孝通晚年谈话录（1981－2000）》，生活·读书·新知三联书店 2019 年版，第 595 页；费孝通：《“美美与共”和人类文明（上）》，载《群言》2005 年第 1 期。

④ ［美］克利福德·吉尔兹：《地方性知识：事实与法律的比较透视》，邓正来译，载梁治平编：《法律的文化解释》，生活·读书·新知三联书店 1998 年版，第 73 页。

⑤ 参见谢晖：《民间法的视野》，法律出版社 2016 年版，第 235－236 页。

识”，学者汪丁丁曾把生产性知识分为“技术知识”与“制度知识”两类，[①] 如果考虑到吉尔兹主要是在直接个案、直觉等意义上使用，那么我们就会发现，这里的“知识”实际上是上述两类知识的结合。现在，将二者整合并与民间法勾连，那么作为地方性知识的民间法之形象也就基本清晰了。

诚如有论者所说：“地方性知识的寻求是和后现代意识共生的。……现代意识的题旨在于统一，在于‘全球化’（globalize）。……后现代的特征之一就是‘地方性’（localize）——求异，不管它的结果是异中趋同，还是异中见异、异中求异。”[②] 换言之，地方性知识理论兴起的背景是后现代理论思潮对现代化理论的反动与背离。现代化理论追求建构一种相对统一的意义世界与现实世界，其本质上是一种“中心开花，波及其余”式理论模型。特别是当现代化理论的话语权由西方所掌控时，它又极容易异化为西方中心观的现代化理论。但不可否认的是，现代化理论是对先前蒙昧与迷信世界的“祛魅”，尽管这个过程本身就可能充满着强制与非自愿，以及理性的狂欢与自负。具体到本文的论域，也正是在这里，我们立即发现了地方性知识理论与民间法遭遇了某种紧张关系——地方性知识是后现代的，但我们研究民间法却需要寻求一种现代性，通俗地说，即将那种被传统观点视为“落后”“愚昧”的民间秩序予以重新阐发甚至创造性转化从而使其获得一种现代性。申言之，地方性知识的语用背景与国内民间法研究的语用背景并不一致（甚至还有冲突）。故而对希冀借用地方性知识理论的民间法来说，这里或多或少地存在着一个“跨语境实践”[③]（cross – context practice）的问题。

当然，首先必须说明，一种理论本身就应当是发展着的、流动着的。我们不可能一方面要求理论创新，另一方面却又画地为牢。换言之，如果承认理论创新是值得追求的“公共物品”的话，那么跨语境实践本身就包含着某种积极的可能，因为一种理论在新的“语

---

① 参见汪丁丁：《在经济学与哲学之间》，中国社会科学出版社 1996 年版，第 58 – 64 页。这里必须要回答的一个问题是，关于知识的分类有很多种（譬如亚里士多德和康德所进行的更广为人知的分类），为什么只选取汪的这一分类？主要原因首先乃是在于汪的分类本身具有一定的逻辑标准也因而是较为周延的；其次汪的分类非常契合本文所要论述的作为地方性知识的民间法之特质。譬如，按照汪的界定，技术知识中的某些本质上是不可交流的知识，因为它存放在人体器官里（第 58 页），技术知识往往由专家掌握等（第 59 页）；制度知识必须是一种公共知识，制度知识中最重要的部分，即可以交流的制度知识，是人们必须从他们所在社会的文化传统中才能学习到的（第 64 页）。显然，这里某些技术知识的不可交流性与地方性知识中的“直觉”、制度知识中的文化传统背景与地方性知识的文化族群性都很契合。与此相关联的则是最后，笔者惊讶于作为地方性知识的民间法竟能将上述两类互有一定冲突的知识较为“完美”地统合于一身，那么这是不是也说明了民间法具有某种特殊性，就其知识属性而言？而选取汪的分类无疑能更好将这一可能的“问题域”暴露出来，尽管本文并不打算细致地处理它。

② 王海龙：《导读一：对阐释人类学的阐释》，载［美］克利福德·吉尔兹：《地方性知识：阐释人类学论文集》，王海龙、张家瑄译，中央编译出版社 2004 年版，第 19 页。

③ 这个提法是受到刘禾《跨语际实践：文学，民族文化与被译介的现代性》（宋伟杰等译，生活·读书·新知三联书店 2002 年版）一书的启发。不过，在刘禾那里，“跨语际实践”更多的是考察语词在翻译中的谱系转换与意义添附/缩减，而“跨语境实践”则更强调一个理论概念穿越其初始所设定的语境而进入另一个语境中所面临的种种可能问题。

境”中完全有可能孕育出新的理论生命。但这些都必须建立在对理论本身的透彻理解与认识之上，而不是贸然地以理论创新为名，摧毁理论本身的“根基”，最后收获的也完全有可能是“橘生淮南则为橘，生于淮北则为枳”。回到地方性知识理论上来，因为其是在后现代语境中出场的，这就决定了其在一定程度上是“反中心化”（anti centralization）的。采用的也是一种从边缘到中心的叙述/论证①策略，结果往往追求的是一种“多中心结构”（这和前面的“反中心化”并不冲突），即认为在边缘处（大多就是指被西方现代化理论所忽略或者格式化的“地方”）也可以触及中心或者展示中心问题。这很容易令人联想到另一位研究法律和社会科学交叉学者的如下论断：“世界偏僻角落的事件可以说明有关社会生活组织的中心问题。”② 由此不难看出，他们都是意图通过重新界定“边缘－中心”之关系，来获致一种有别于中心辐射下的均等法律秩序（观）。总而言之，地方性知识理论与后现代解构思潮（一般认为，后现代理论偏向于解构）具有极强的亲缘关系，尽管解构的目的也是为了另一种意义上的建构。而民间法研究却是在中国（法治）现代化语境中出场的，它一开始就需要价值、需要建构。从这个意义上讲，的确如苏力在一篇有关后现代与中国法制的论文中所说——他们那一代（当前主流的民间法学者基本和苏力是同一代）学者其实都是现代主义者。③ 我们虽然不能将现代与后现代做完全的割裂理解，但正视两者之间的差异也仍是必需的。也就是说，部分民间法学者企图借助地方性知识理论来消解西方（法）中心主义对中国法治建设的宰制，但却在一定程度上忘记了自己的“出生”和地方性知识理论并不完全相同甚至还有冲突。如何更好地协调好二者之间的关系，而不至于给人些许“拉郎配”之感，的确是值得民间法学者深思的一个问题。

与此相关联的则是，因为强调地方性知识理论的解构之维，导致了部分民间法学者忽视了如下一点，那就是吉尔兹实质上在地方性知识理论中是相当强调法律的能动建设性作用。④ 而一旦我们经由相关学者的既有研究，清楚地看到地方性知识理论的这一很少被人关注的建构一面，实际上也就连带着帮助回答了本文上面遗留的一个问题，即地方性知识理论并不能很有说服力地推导出民间法相对主义。事实上，我们甚至可以认为，在吉尔兹那里，地方性知识理论也追求某种普遍性。因为如果不这么理解，我们就很难理解其如下

---

① 在一般意义上，“叙述”与“论证”是具有不同侧重点的，但在吉尔兹等阐释（文化）人类学那里，由于要展开“深描”，叙述与论证之间的差异被淡化了。

② ［美］罗伯特·C. 埃里克森：《无需法律的秩序：邻人如何解决纠纷》，苏力译，中国政法大学出版社2003年版，第1页。

③ 参见苏力：《后现代思潮与中国法学和法制——兼与季卫东先生商榷》，载《法学》1997年第3期。因此，读者也会更好地理解，为何本文在开篇对魏敦友《民间法话语的逻辑——对当代中国法学建构民间法的三种理论样式的初步探讨》一文的引用中，对其就民间法是“与中国现代化相伴而生”之判定予以了着重号凸出。

④ 参见黄金兰：《从吉尔兹“地方性知识”理论说起——关于民族国家法制本土化理论的几点再思考》，载《山东大学学报（哲学社会科学版）》2006年第1期。关于地方性知识理论的能动建构维度，该文已经作出了细致且有说服力的论述，本文就不再具体展开，以节约篇幅。另需特别说明的是，本文此处的论述思路、主要观点和某些表述均参考了该文并受到其启发。

之论断："最终，我们所需要的还远不止于地方性知识。我们需要一种将它的各种变异形式转换成其彼此的评注的方法，亦即以彼此的优长评释对方的短处的方法。"① 更进一步地，这种被部分民间法学者所忽视的普遍性实际上在另一层意义上也有助于我们更好地研究民间法。因为一旦我们承认作为地方性知识的民间法，紧接着而来的一个问题就是，当不同地方的民间法发生交流、碰撞时——在这个时空被高度压缩的全球化时代，这是必然会发生的——又该如何处理它们的关系呢？譬如说，作为地方性知识的民间法可能导致的"胳膊肘向里拐"现象，甚或有整体的排外倾向等。落入这个范畴内的问题，只能以一种相对普遍性、整体性的视角来予以观察并尝试提出解决方案。这也许是我们在强调借用地方性知识理论来证成民间法的主体合理性进而破除西方（法）中心主义时，大概率会忽略掉的其另一个具有相当理论潜力的角度。

三、"国家—社会"：民间法研究的纵向知识论资源

国家与社会的二分理论可谓源远流长，但对其较为集中且系统地学理提升与表达仍主要发生在近现代。而这其中，孟德斯鸠、托克维尔、马克思与恩格斯等更是做出了直接的贡献。首先需要说明的是，国家与社会二分理论并不否定国家的作用，而只是强调社会本身相对的独立性，国家不能统揽一切。事实上，在马克思恩格斯那里，社会具有更本原的地位。譬如恩格斯就说道，"国家是社会在一定发展阶段上的产物；国家是承认：这个社会陷入了不可解决的自我矛盾，分裂为不可调和的对立面而又无力摆脱这些对立面。"② 在本文中，笔者不拟深究国家与社会的辩证关系，而是通过上述背景性的知识阐释与引用，凸出国家与社会二分理论的一个核心主张：国家的归国家，社会的归社会。

可以说，民间法研究的纵向知识论资源正是植根于此。因为一旦我们承认，国家与社会并不具有完全的同一性，国家与社会具有各自相对独立的作用场域，那么"国家（法）中心主义"就未免太大包大揽甚至越界找存在感了。值得说明的是，相较于意在破除"西方（法）中心主义"，民间法研究并未直白地宣称破除"国家（法）中心主义"，而仅仅是想在其之下找到民间法研究的合理位置。③ 随着"法治国家、法治政府、法治社会一体建设"④ 进入国家官方意识形态话语，有理由相信这一类型的民间法研究将会得到更多学者的关注。而就当前已有的研究来说，法律多元理论以及人类学中的大、小传统理论是学

---

① ［美］克利福德·吉尔兹：《地方性知识：事实与法律的比较透视》，邓正来译，载梁治平编：《法律的文化解释》，生活·读书·新知三联书店1998年版，第147页。

② 中共中央马克思恩格斯列宁斯大林著作编译局编译：《家庭、私有制和国家的起源》，人民出版社2018年版，第189页。

③ 关于这一点，诸多民间法学者都有一定的"理论自觉"。譬如，梁治平就说道："在国家法所不及和不足的地方，生长出另一种秩序，另一种法律。这里可以先概括地称之为'民间法'。"梁治平：《清代习惯法：社会与国家》，中国政法大学出版社1996年版，第32页。着重号为引者所加。

④ 《中共中央关于全面推进依法治国若干重大问题的决定》（2014年10月23日中国共产党第十八届中央委员会第四次全体会议通过）。

者们用以推进此种类型民间法研究最为常用的理论武器。

（一）法律多元理论智识下的民间法研究

法律多元理论的兴起与对国家法定于一尊、独占使用“法”这一标签的认知松动有直接关联。诚如千叶正士所说：“当人们发现另外的法律体系与‘法’一起起作用，无论它们是相互和谐还是相互冲突（非西方社会就是这方面的典型，而且西方社会亦是如此），这时，法律多元的概念就出现了。……这样一种国家法与非国家法或习惯法的并存构成了‘法律多元’这一概念的基础。”① 当然，法律多元理论的兴起与民族国家本土法律观的觉醒也有关，即不再把西方法律观视为放之四海而皆准的真理。② 但就民间法研究来说，学者们对法律多元理论的使用往往是在一国法秩序之内。不论是国家法与民间法，官方法与非官方法，还是成文法（指官方制定）与习惯法等虽表述略有差异但并无太多实质区别的对立范畴无不体现了此一前提预设。

改革开放以后，中国的法治建设步入了快车道，但不可否认的是，这主要是一种自上而下的国家主导型法治。在此过程中，用邓小平的话来讲就是，立法“有比没有好，快搞比慢搞好”“修改补充法律，成熟一条就修改补充一条，不能等待‘成套设备’。”③ 如此，经由各级立法机构制定的法律如雨后春笋般涌现。国家法取得了“全面”的胜利，其触角更是伸到了诸多其原先并不存在的领域——“送法下乡”就是典型。传统上由民间法来予以维续的秩序被纳入国家法之中，甚至连民间法本身也成了需要被改造的对象。可一些早期的经验研究表明，国家法的“盲目扩张”既不可行也不可欲。因为一方面，国家法的运行需要昂贵的社会资源来予以支撑，如若超越必要的限度，将会导致如下的悖论：国家法推行的目的在于保障人民的美好生活，但却在结果上加重了人民的负担。另一方面，民间法作为“活”的秩序，武断地打破甚至打碎它，而一旦国家法由于诸多原因（社会资源上的、民众情感上的等）不能有效地介入，极容易形成秩序的真空，而这又往往为黑色或灰色势力的生成创造了条件。很显然，民间法借用法律多元理论首先是功能意义上的，④即强调民间法在功能上相对于国家法有自己的比较优势。如果我们认可法律是一种治理工具并且是为了达致某种治理效果的话，那么在功能上的确不应该存在国家法与民间法的优

① ［日］千叶正士：《法律多元：从日本法律文化迈向一般理论》，强世功等译，中国政法大学出版社1997年版，第2页。

② 实际上，法律多元理论是分阶段的。有论者曾较为细致地按其发展演进将其分成三种：古典法律多元、新法律多元和后现代法律多元（详可参见易军：《试论三种法律多元》，载《北方民族大学学报（哲学社会科学版）》2017年第6期）。从民间法对法律多元理论的借用来看，主要是集中在新法律多元。原因并不复杂，因为新法律多元更多涉及“国家—社会”这一维度。但从这里也可以看出，部分民间法学者对法律多元理论的理解可能是不全面的。

③ 《邓小平文选》（第二卷），人民出版社1994年版，第147页。

④ 这一点也可以从“国际人类学与民族学联合会第16届大会”收录的相关经验研究论文中清晰地看出。参见张冠梓主编：《文化多元与法律多元》，知识产权出版社2012年版。

劣之分甚至二者本身的划分意义也并不大。事实上，按照社会学上的“结构－功能”主义进路，也只有从制度对社会有机体的功能出发才能理解与认识它。

必须承认，在功能主义上借鉴法律多元理论来论证民间法的必要性的确具有说服力。从更为广泛的意义上说，功能实际上是我们认识法律（包括民间法）的现实依凭。可一旦如此，却又无形中和上文所论述的法律文化理论智识下的民间法研究构成了内在张力。因为在法律文化理论那里，主要是从一种“文化”（有特定含义）观上来理解民间法，其更侧重的是心灵精神上的，而此处却是物质功能上的。笔者当然不是要否定二者之间可能具有的联系，譬如从马克思与恩格斯的物质基础决定上层建筑论断出发就完全可以在二者之间建立关联，而仅仅是想说明在民间法的研究中，不能为了论证的方便，一味地追求理论的狂欢而不顾理论与理论之间的衔接与自洽，更不能由此采取一种各自为政的小圈子研究而不顾与其他研究对话甚或久而久之丧失了对话的意愿与能力——特别是在民间法研究走过大开大合、大进大出阶段之后。

其次，与地方性知识理论一样，法律多元理论最初是在人类学家、社会学家等那里得到重视，随后才被相关法学研究者所关注。因为法学和其他社会科学研究的侧重点有所不同，故而从一般性的研究上讲，的确如吉尔兹所说：“法律多元现象，因其是法律而吸引了法律家，因其是多元的而吸引了人类学家，所以法律多元现象似乎正是那种二者必须彼此照应的现象。”① 但相关学者将其引入到民间法研究之中时——在其他学科学者看来——却略带吊诡性地把关注点更多地放在了“多元”上。从引入法律多元理论的核心目的来看，这是能理解的。因为法律多元理论在此被用作了证明民间法存在之合理性与必要性，由此出发，目光停留在多元上就不仅是操作上的技术性选择甚至是必须了。笔者并不反对这种研究思路，实际上，即便同其他学科学者一样将目光放在多元上，由于法学学者戴的理论眼镜或者说拥有的理论储备与他们并不相同，看到的也必然是不同意义上的多元。可我们在借鉴法律多元理论中的多元证成了民间法存在的合理性与必要性之后，也许下一步对法律多元理论的关注应适当回归到“法律”上。毕竟民间法的研究立足了脚跟，提升其作为一种法学上的学术流派理论水平就是紧接着需要面对的问题。不知是偶然还是必然，这在某种程度上也响应了谢晖如下带有回顾性的总结论断：“如何把这种外部导向的民间法研究切换或至少观照到内部导向即规范自身导向的民间法研究层面，这是许多年来，我在尝试了不同进路的民间法理论提升的工作后所思考的重点。我越来越倾向于开发一种在不忽视外部导向的前提下，从民间法之规范内部寻求民间法哲学的进路。”②

事实上，由于法律多元理论首先是得到人类学与社会学等的关注，这使得其或多或少

---

① ［美］克利福德·吉尔兹：《地方性知识：事实与法律的比较透视》，邓正来译，载梁治平编：《法律的文化解释》，生活·读书·新知三联书店1998年版，第137页。

② 谢晖：《“场域公共秩序”导向的民间法哲学——姚选民著〈民间法哲学论〉序》，载姚选民：《民间法哲学论：一种中国特色法哲学建构论纲》，社会科学文献出版社2019年版，第7页。

地被用于白描的工具手段。即更多地是用法律多元理论来对一种既有现象的描述，而相对缺少立基于其上的规范分析。如果民间法研究希望通过法律多元理论获得某种启示的话，那么更多的也应该是发挥其自身的比较优势，尝试对多元之法律秩序予以规范上的提升与分析，甚或直接利用相关人类学与社会学的经验成果，对其进行规范意义上的深加工。换个角度来看，倘若能够在规范意义上实现对民间法的理论证成，实际上也就连带着解决了其“存在”的问题。因为我们不可能一方面说民间法是不存在的，另一方面却又自觉不自觉生活在其中。更为重要的是，只有真正在规范意义上将民间法予以展示出来，才不会给人一种“稻草人”式的学术演练之印象，甚至一种虚假的繁荣。

与此相关联的则是最后，因为对法律多元理论的借用主要是一种功能意义上的，那么这里显然就存在着一个功能竞争的问题，即国家法与民间法如何在规范功能上实现协调与并存。这其实是个老问题，在上文所述的法律文化理论智识下的民间法研究那里也多少存在。但在此处，它无疑更为凸出甚至尖锐化了。因为不论是社会/人类学上的描述功能主义，还是法学上的规范功能主义，都会在最终层面涉及由不同社会机制供给的功能位置与边界问题。实际上，鉴于人的交往属性（用亚里士多德的话来讲就是，人天生就是城邦动物），导致秩序与权力一样，总是具有先天的扩张性，倾向于将自己的边界扩大到无以复加的地步。也许有读者会立即反问，我们不是存在过“小国寡民”“鸡犬之声相闻，老死不相往来”的桃花源式的封闭型秩序吗？但这仅仅是一些理论家的构想而已，退一步说，即便我们承认其的确存在过，但它的消失不正说明了本文的论断吗？也就是说，当民间法引入了法律多元理论，论证了多元法律存在的事实与必要，不进一步解决民间法与国家法在功能上（而不是一般意义上）的关系问题，一定程度上就是不负责任的。必须立即予以说明的是，现有的一些民间法学者对此作出了诸多尝试，但要么是侧重于从司法渊源与适用等相对微观层面的论述，① 要么是侧重于从“社会”基设与理论偏向（往往又主要是从国家法与民间法之间的概念辨别出发）等相对宏观层面的论述，② 总体而言，相对缺少从功能角度出发的中观层面论述。即使在某些一鳞半爪的相关论述中，也大多是蜻蜓点水式地强调民间法与国家法呈现出功能互补，这是一种不会错但极其省心的论述，事实上，也已经很难满足读者对民间法的知识需求了。

当然，民间法与国家法的功能关系需要经验维度的实证研究。这不仅是因为民间法特别是国家法都需要在具体的实践中实现自身的最终成型。更是因为功能本身就内置实践之属性，它是特定时空中的特定主体反复博弈的后果，而不完全是理性的设计及其展开。用

---

① 参见于语和、刘顺峰：《民间法与国家法的关系探究——一种基于法律渊源视角的考察》，载《北京理工大学学报（社会科学版）》2013 年第 5 期；王勇：《国家法和民间法的现实互动与历史变迁——中国西部司法个案的透视》，载《西北师大学报（社会科学版）》2002 年第 4 期；等等。

② 参见李保平：《从习惯、习俗到习惯法——兼论习惯法与民间法、国家法的关系》，载《宁夏社会科学》2009 年第 2 期；刘旺洪：《论民间法及其与国家法的关系》，载《江海学刊》2007 年第 4 期；等等。

部分民间法学者喜爱引用的哈耶克的略带夸张的话来讲就是——人们乃是在并不真正理解这些行为规则的功能的情况下发展出这些规则的。在一般意义上讲，法律哲学家甚至都不再追问“什么是法律的‘目的’”（the purpose of law）这样的问题了。① 申言之，我们不可能在理论上为民间法与国家法的功能关系/边界找到一个准确的黄金分割点，它们更真实的关系也许犹如犬牙交错。但这绝不意味着要继续退守那种一般性的论述，事实上，我们也完全有可能迈向更精细的理论研究。譬如说，既然对法律多元的理解更多是功能主义的，并且也多少受到了社会学上“结构－功能”主义进路的影响，那么为何不试图引入一种系统论的思考模式。即将民间法与国家法都视为法律体系下的子系统，它们虽然耦合在一起，也时刻处于一种动态的平衡与再平衡之中，但作为母系统中有不可替代之作用的子系统，一定有其特别之处，即便国家法子系统呈现出强劲势头。其实民间法能够一直存续至今，也一定是承担着整个法律体系（母系统）得以顺利运行（保持稳定）的特定功能，而一旦我们能够以系统论的思维观照民间法，必然能够于整体中收获部分，于部分中透视整体。

（二）大、小传统理论智识下的民间法研究

与法律多元理论一样，大小传统理论也发轫于人类学领域。而一般又认为是罗伯特·芮德菲尔德在《农民社会与文化：人类学对文明的一种诠释》一书中首先提出的：

在某一种文明里面，总会存在着两个传统；其一是一个由为数很少的一些善于思考的人们创造出的一种大传统，其二是一个由为数很大的、但基本上是不会思考的人们创造出的一种小传统。大传统是在学堂或庙堂之内培育出来的，而小传统则是自发地萌发出来的，然后它就在它诞生的那些乡村社区的无知的群众的生活里摸爬滚打挣扎着持续下去。②

简单从字面上看，此处关于大、小传统的定义似乎是清晰的，但其实并非如此，因为这个问题背后悬设着大、小传统的划分标准。在芮德菲尔德那里，其一方面以受众人数的多少来划分大、小传统，可一旦如此，基于交流的方便与语词的常规用法，那些更多由普通民众践履的反而应当被冠以大传统之名；这就决定了另一方面其划分标准并非仅仅如此，实际上其内涵着以文化传统的创造主体来予以界分，即那些由上层精英创造乃是大传统，由“无知”的底层群众创造的则是小传统；与此相关联的则是再一方面，由精英创造的大传统更具有理性成分，而由底层民众实践产生的小传统具有更多自为自在的混沌成分，尽管其也承认大、小传统之间本就具有衍生与原生之关系，也即“一个大传统所包含

① ［英］冯·哈耶克：《知识的僭妄：哈耶克哲学、社会科学论文集》，邓正来译，首都经济贸易大学出版社2014年版，第39页。

② ［美］罗伯特·芮德菲尔德：《农民社会与文化：人类学对文明的一种诠释》，王莹译，中国社会科学出版社2013年版，第95页。

的全部知识性的内容都实际上是脱胎于小传统的”。[①] 但其多少还是流露出些许对二者“质量”的倾向性判断。申言之，大、小传统中的“大”“小”内涵至少具有受众人数、创造主体、内容理性成分等三重维度，在具体的论述中，我们也可以发现芮德菲尔德在这三者上的游移。

但对于部分民间法学者来说，上述略显纠结与麻烦的三重维度却反而具有“歪打正着”的效果。首先，对于受众人数来说，作为小传统的民间法一直强调自身的广泛性。因为在其看来，相较于国家法，民间法不存在“政令不出中南海”的问题，甚至不存在国家法意义上的法律实施问题——在民众的社会交往中，民间法就已然自动实施了。其次，如果说民间法也有立法者的话，那就是民众本身。“它生自民间，出于习惯，乃由乡民长时期生活、劳作、交往和利益冲突中显现，因而具有自发性和丰富性的地方色彩。”[②] 最后，需要稍微证立方能适用的乃是小传统的内容理性成分。因为小传统相对于大传统具有更多的非理性设计成分，这会不会削弱引用小传统理论来论证民间法的说服力？显然不会。因为在其看来人为立法可能本身就是一件理性不及的事儿，用卢梭的话来讲：“要为人类制定法律，简直是需要神明。”[③] 并辅之以哈耶克的相关有限理性论述，[④] 作为小传统的民间法反而成为一种更加务实的理性运用与实践。必须承认，正是由于小传统理论与民间法在诸多重要关节点上的互通，也因为大、小传统理论本身的理论魅力，使得借用其来深化对民间法的研究完全是可以理解的。一如有论者所说：“随着法社会学特别是法人类学研究的迅速崛起和深入，大、小传统划分的分析方法业已被法学界所接受。法学研究日益摆脱大传统——国家法作为唯一对象的情形，不少学者将目光投向了小传统——民间法”。[⑤] 可梳理现有的一些相关研究，却发现存在以下问题：

第一，不加反思地将民间法直接等同于小传统，将国家法等同于大传统。由上文的叙述可知，笔者并不反对实际上是欢迎引进其他学科的知识来刺激、丰富法学的研究。但这必须建立在带有主体性的反思基础上，而不是仅仅停留在表面的相似关联上。大、小传统的确与国家法、民间法具有极大的亲缘性，但必须注意到芮德菲尔德主要是在一种宽泛的文化意义上（和前述梁治平有特定内涵的法律“文化”不同）使用这一概念/理论（对大、小传统，仅在此部分出于论述的需要使用“概念”，其余部分均使用“理论”）。也正是因为这个原因，他在全书中还使用了“高文化”“低文化”“民俗文化”“古典文化”

① ［美］罗伯特·芮德菲尔德：《农民社会与文化：人类学对文明的一种诠释》，王莹译，中国社会科学出版社2013年版，第116页。

② 梁治平：《清代习惯法：社会与国家》，中国政法大学出版社1996年版，第127－128页。

③ ［法］卢梭：《社会契约论》，何兆武译，商务印书馆1963年版，第50页。

④ 譬如，“整体性行动秩序是受某些规则支配的许多个人的行动的共同产物，……因为个人并不拥有任何关于这种整体性秩序的知识。”［英］冯·哈耶克：《知识的僭妄：哈耶克哲学、社会科学论文集》，邓正来译，首都经济贸易大学出版社2014年版，第146页。

⑤ 谢晖：《大、小传统的沟通理性：民间法初论》，法律出版社2019年版，第1－2页。

“通俗文化”“上流社会传统”“等级制文化”“世俗文化”① 等类似概念。也许对芮德菲尔德的研究论域来说，这并不构成一个很大的问题，但如果直接将它平移到民间法研究中，则或多或少会出现“概念打架”“概念空转”等问题。更为麻烦的是，如果不对其加以必要的语境化与特定化，反而会稀释民间法研究的核心主张。与此相关的似乎更为严苛的要求是，也很少有人反思这一概念划分的本身问题以及能否适用于中国（及其民间法研究）。黄宗智基于档案研究提出的大传统（国家）、小传统（社会）之外存在的“第三领域”算是个很好的例外，② 尽管其也受到诸多（譬如梁治平）批评。但这种不把中国法律经验强行塞进大、小传统理论框架之中，而是在其乖张、背离之处提出新的地方性理论——其实大、小传统理论也是——无疑是值得部分民间法学者深思并学习的。

第二，因为要凸出民间法的小传统之维也就是社会之维，无形中弱化了大、小之间的联系与互动。事实上，即便以研究小传统为重心的芮德菲尔德也时刻强调大、小传统的勾连与转换。譬如，“我们可以把大传统和小传统看成是两条思想与行动之河流；它们俩虽各有各的河道，但彼此却常常相互溢进和溢出对方的河道。”“应该把小传统和大传统之间的双向的互动理解成为两个具有互补性影响的发生过程”。③ 笔者完全理解部分民间法学者意图通过小传统理论强化民间法的社会维度，并进而证成民间法相对于国家法独立性，但必须值得警惕的是，在“必须保卫社会”（借用福柯的一本书名）的同时，不能“忘掉国家”，进而派生出一种“没有国家的法律观”④。特别是在现代化建设（包括法治现代化）的过程当中，国家更是不能遗忘也不应该遗忘。退一步说，即便我们在研究民间法时，不能给予大传统（国家法）同等的关注，也至少应该做到不畸轻畸重。因为大、小传统本就是相对的概念，二者都必须依凭于对方来确立自身，忽视了对方实际上也就是忽视了自身——这是一个悖论，但却是一个实在的悖论。

第三，引用大、小传统理论的目的预设过强，忽视甚或有意过滤掉该理论中某些对民间法研究的“不利”因素，继而在一定程度上导致了对它的肢解化理解。如上所述，芮德菲尔德非常强调大、小传统之间的联系，但在部分民间法那里却必须强调二者之间的差异，因为这关涉着民间法的独立性问题。为此，他们不断强化其如下论述：“如果我们想去深刻地理解它，那么我们应该怎么做才能走出我们的第一步呢？如果我们想走出这第一

① ［美］罗伯特·芮德菲尔德：《农民社会与文化：人类学对文明的一种诠释》，王莹译，中国社会科学出版社2013年版，第95页。

② 参见［美］黄宗智：《清代以来民事法律的表达与实践：历史、理论与现实》（卷一），法律出版社2014年版。特别是该书的第五章。

③ ［美］罗伯特·芮德菲尔德：《农民社会与文化：人类学对文明的一种诠释》，王莹译，中国社会科学出版社2013年版，第97、123页。

④ 强世功：《迈向立法者的法理学——法律移植背景下对当代法理学的反思》，载《中国社会科学》2005年第1期。

步，那么我们必须先承认一个前提，即：在大传统和小传统之间确实存在着差异。"① 当然，谁也不能完全否认大、小传统之间的差异，否则这一理论本身就缺乏根基，同时也就失去了存在的意义。但必须注意到芮德菲尔德将其作为"前提"的一个前提，即这只是开展其研究的第一步。事实上，在全书中，作者多次展开了对大、小传统差异后的进一步研究。在其看来，研究小传统某种意义上也就是为了大传统。"为了把已经被培育出来的它的大传统传播到存在于它的内部的为数众多又各不相同的小型的地方性的社会里去，于是就有人类学学者们出来对这样的小型的地方性的社会进行研究。""一个大传统一旦发展成熟之后倒变成一个典范了；于是这么一个典范便被当局拿出来推广，让所有跟随着小传统走的人们都来向这么个典范学习。"② 从这些论述中我们甚至可以发现，芮德菲尔德赋予了大传统更为重要的地位，而这显然对部分引用大、小传统理论的民间法学者来说是不可接受的，究其根本原因仍在于对理论的使用采取了目的先行而不是进入到其语境之中。

与此相关联的则是第四，这必然或多或少导致部分民间法学者倾向于在共时性上讨论大、小传统理论，而相对忽视大、小传统理论所具有的历时性之维。因为一方面，借助共时性上的大、小传统，就已然可以很好地凸出民间法的独立性，另一方面，按照历时性的大、小传统论述逻辑，又必然会导致——如上所述——大传统对小传统的某种意义上的"统一"，这显然是需要极力避免的结果。可如此人为地隔断该理论所具有的纵向维度显然是不合适的，何况它还关乎着作者的其他追求。"如果这个人类学学者对于在有关的大传统和小传统发生互动的过程中产生的新的变化（也就是所谓的'历时的语言学的研究'）产生兴趣的话，那么他就可以对于大传统和小传统之间的相互交流和沟通的状态展开调研，还可以对于由于这两者的相互交流和沟通而已对或将要对它们自己产生的后果进行研究。"③ 也就是说，只有在对大、小传统历时性的研究中，才可以更好地理解二者的互动与转换。从这个意义上讲，这个一定程度上被忽视的维度反而可以给我们提供一个新的视角去观察民间法与国家法的关联与互动。

说了一些民间法学者引用大、小传统理论进行研究存在的问题，绝不是要否定该理论之于民间法的意义，而毋宁是说，当前部分民间法学者对其的使用具有极强的"理论前见"④，并且这种理论前见妨碍了他们以一种相对平和、客观的心态与姿态来对待它。经由上述分析，我们发现倘若以此种方式来对待大、小传统理论，不仅不会使自己的相关民

① ［美］罗伯特·芮德菲尔德：《农民社会与文化：人类学对文明的一种诠释》，王莹译，中国社会科学出版社 2013 年版，第 94 页。

② ［美］罗伯特·芮德菲尔德：《农民社会与文化：人类学对文明的一种诠释》，王莹译，中国社会科学出版社 2013 年版，第 134、116 页。

③ ［美］罗伯特·芮德菲尔德：《农民社会与文化：人类学对文明的一种诠释》，王莹译，中国社会科学出版社 2013 年版，第 119 页。

④ 请注意，笔者此处不是在哲学解释学的意义上使用"前见"这个词，而是在一般意义上，但因为实在找不到更合适的并且能避免这种歧义的表达，只好不得以使用这个有可能会给部分读者造成一定困扰的词。

间法论述更有说服力与穿透力，而且还会在此过程中丢掉那些极具理论潜力的视角。也许我们应该坦然地承认大、小传统理论与民间法本就不是如出一辙（也不应该如此），在差异中寻找共同而不是在假想的“共同”中寻找共同，虽然更难也更具有挑战性，但至少是更符合理论的逻辑与经验的事实。

四、结语

回顾与反思，既是为了复盘和检验已有的民间法研究历程，但更是为了服务于如何让未来的民间法研究走得更稳、更好。为此，本文将民间法研究的知识论资源划分为横向的（“国内－国外”）与纵向的（“国家－社会”）的两个层次，进而立基于其上又将其细化为四种着重分析的研究理论。应当讲，这四种典型的研究理论基本构成了已有的民间法研究所依凭的知识论资源之核心。换言之，尽管现实的民间法研究肯定是也应该是极其的复杂多面，尽管相类似的学者进行民间法研究所依凭的知识论资源虽然有所偏重但也往往不是单一的（不相类似的学者就更是这样了），可分析这四种典型理论，依旧可以帮助我们较为清晰地把握整体的民间法研究的知识论资源现状。

当然，即便是着重分析，笔者对它们也仍都采取了“攻其几点，不及其余”的论述策略，而这难免会给人留下一种对相关理论作切割性、片面化理解的嫌疑，并进而容易使人认为本文的论述会停留在浅尝辄止的层面上。笔者必须对此做一些必要的交待与提前的辩护。一方面，正如本文开篇所强调的一个前提性背景，即民间法研究已然走过大开大合、大进大出之阶段，这意味着民间法对相关理论的引介基本都已涉及，本文分析的四个理论更是如此。也就是说，笔者没必要事实上也不可能在一篇文章中对其做全面的考察。与此相关联的则是另一方面，文章具体讨论的“几点”，都是相应理论中与民间法直接相关的部分，但却是被现行研究所相对忽视的，对它们予以有针对性的剖析（这些也才是本文着重分析的“着重”之所在），实际上也就具有了某种“滚雪球”的效果。此外，笔者也意图展示部分理论之间所存在的某种紧张与微妙关系，这就内在地规定了必须要在一篇文章中给予其都上场的机会，因为唯有如此，才有可能将这种值得引起我们注意的关系洞现出来，并为把握它们建立基础。

A Reflective Review of the Epistemological Resources of Folk Law Research

Shen Mingmin

Abstract: The study of folk law is an important part of current legal research, and it plays a role in breaking the "western (law) centralism" and weakening the myth of "state (law) centralism" to a certain extent. Therefore, the study of folk law can be said to be the most vivid practice of using Western resources to study local issues. But after the study of folk law has gone through the stage of opening and closing, it is obviously necessary to review and reflect on the epistemological resources it relies on. Therefore, the article starts from the four core theories of legal culture theory; local knowledge theory; legal pluralism theory; great and small traditional theory, and demonstrates the deep – seated problems hidden in them: there are certain unsuitable applications of a single theory, and there is a certain tension and subtle relationship between some theories. This is undoubtedly worthy of deep consideration by folk law scholars and attempts to solve it in the next step of research.

KeyWords: folk law; legal culture theory; local knowledge theory; legal pluralism theory; great and small traditional theory; reflective review

（编辑：尤婷）

乡村建设行动中软法资源与硬法规范的互动机制研究*

江嘉浩** 廉 睿***

摘 要 “十四五”时期是乡村建设行动布局的关键阶段，加强法治乡村建设，夯实乡村治理根基，是乡村发展的重要战略方向。在目前农民的法律意识淡薄，农村地区法治基础相对薄弱情境下，通过“软法”功能的发挥，推动乡村规范治理的纵向深入更具意义。乡村建设的法治保障既包括“硬件”，即国家法律制度的建设完善；也包括“软件”，即农民法律素养的提高和乡村“软法”的弥补，二者同等重要。因此，乡村建设的治理新模式应当注重“软硬兼施”，契合“乡土中国”的实际。

关键词 乡村建设行动 软法 协同 契合

党的十九届五中全会首次提出“实施乡村建设行动”，把乡村建设摆在社会主义现代化建设的重要位置。中国特色社会主义发展进入新时代，我国乡村建设，特别是乡村法制建设也进入攻坚阶段，农村普法面临新的困境和挑战。受制于农民厌诉思想，部分地区仍然崇尚“私力救济”，并逐渐打破传统乡村“稳定结构”，乡村建设的法治赋能存在着内部与外部、民间法与国家法的二元张力的困境。2021 年司法部部长办公会议指出，要广泛开展“乡村振兴，法治同行”，着眼于促进乡村振兴战略，推动基层治理深入开展，发挥法治在乡村振兴中的独特作用。我国目前已经颁布了《农业法》《土地管理法》《农村土地承包法》《种子法》等 30 多部与农业农村相关的法律，在此体系下，以《农业法》为基础的多层次农业农村法律体系已初步形成。2021 年 6 月 1 日施行的《中华人民共和国乡

* 国家社会科学基金西部项目“乡村建设行动下西南民族村寨社会韧性联动提升机制研究”（21XZZ003）
** 江嘉浩，渤海大学法学院硕士研究生，渤海大学应用法学研究所兼职研究员。
*** 廉睿，法学博士、博士后，湘潭大学法学院副教授，硕士生导师。

村振兴促进法》(以下简称《乡村振兴促进法》)为实现脱贫攻坚与乡村建设法治保障进行有效衔接，但本法属于典型的促进法，更多的是围绕乡村振兴战略，对国家、各级政府的职责进行规范。从目前的发展来看，作为国家法，《乡村促进法》所回应的是公民基本权益保障的问题。此外，乡村建设所涉及的部门多，关联的人群广，主体具有多元性，村民应是乡村振兴中的主导力量。但是，在实际的乡村建设中，政府的主导作用非常明显，而农村与农民的参与不足，导致国家法在施行过程中会对乡土中国基层社会一脉相承的“民间法之治”产生了一定的阻碍，进而影响农民的获得感与幸福感。“硬法”自身的滞后性与模糊性的缺陷，使之在外部延伸的空间出现了空白。所以，用“软硬”互动共治回应乡村治理形势的变革就成了现实的需要。探讨乡村建设行动中“软法”资源的应用，同时对乡村建设中“软法”与“硬法”的协调治理，使之成为国家治理体系新常量的研究进一步深入剖析，能够使法治在乡村治理中发挥实效作用。加快完善相关扶持性、保障性法规，弥补农村法治化的短板，充分结合“三农”法治实践，为“十四五”良好开局贡献法治力量，必将使乡村建设迎来法律护航新阶段。

一、软法语境下的乡村样态与中国农村的法律信仰

在对目前法治的理论和治理效果的反思来看，如何实施法律以及实施什么样的法律从而获得法治的实效已经成为一个重要问题。广义的法律不仅作为一种规则，更包含着伦理意义，承载着道德关切与深厚的信仰。法治的目的是恒定的，而法制是随着时代与地域色彩进行恒变的。法制乡村的样态主要呈现为一种由“硬法”体系标准规范为主构的法律文本、法学语言等法治元素和以外在的现代民主因素，诸如村民利益维护、乡村秩序稳定、民主事务参与相结合的“软硬混合之治”为内容的法制结构动态。

(一)法治的真实与虚幻：规则型自治下“软法”的乡域之治

自1998年通过的《中华人民共和国村民委员会组织法》(以下简称《村民委员会组织法》)以来，中国村民自治经历了20多年的实践，村民自治的真实实现不仅需要一定的自治基础与自治形式，还需要有自治能力与自治程序。在现代乡村中民主能力的低下与宗族组织的强大，导致在乡村治理中虽然有一定的民主因子影响(《村民委员会组织法》等)，但从实施的效果的来看，自治的实效是不明显的。《村民委员会组织法》更多的是罗列一些义务性规范，没有将自治的条件真正落地，缺少违反法律需要承担责任的后果，使村民真正的自治得不到保障，如此“硬法”并没有达到的“硬法”规范应有的效果。2021年6月1实施的《乡村振兴促进法》，包括10章74条，在74条法律中，“建立”“鼓励”“坚持”“促进”等宣示激励性“软法性条款”占到了2/3，比如，建立乡村人才工作体制机制；健全重要生态系统保护制度和生态保护制度和生态保护补偿机制。“硬法性条款”比如，“应当”“严格”等强制义务性条款占到1/3。《乡村振兴促进法》虽然看似

"软法"，但强制性、底线性的规定较为增多，比如，"一严禁两严格"的村庄撤并的政策红线；通过采取清单制、目录制的方式加大政府的督查管理力度，其主要的目的是强化地方政府对村务监督的引导与创新，但是仍然缺少承担相应法律责任的后果。不履行义务的政府人员需要承担相应的法律责任的规定仅存在于第73条，对促进政府在乡村建设中的职能实现和村民的自治能力和参与感提高的作用微妙，没能达到从乡村"外生主体"到"内生主体"合作的有效配合。

对于根植于乡土社会的村规民约，有反对学者可能认为：严格规范性的法律都没能达到规制乡村的目的，没有执行力度的村规民约并不能改变什么，即使可以执行，这些村规民约也很少有高度具体或容易执行的基准。笔者认为，这也并不是毫无依据。"随着基层法治的进一步推进，由传统礼俗所规范的乡土社会秩序开始被国家正式的法律所影响，规制农村社会的法律规范也日趋丰富。"① 截至目前，标题中有关"三农"问题的法律规定（不包括已废止），据不完全统计已有363份（见表1）

表1　我国涉及"三农"问题的法律法规

类别	"农业"	"农民"	"农村"	合计
法律（司法解释）	3	1	5	9
地方性法规	114	37	194	345
行政法规	5	3	1	9
合计	122	41	200	363

注：表1中数据来自国家法律法规数据库（http：//www. npc. gov. cn/）

没有法律强制力保障的实施，村民是否会遵守村规民约，如果村民不认可任何正式与非正式的制度的制裁，他们就不会遵守任何规则，这就意味着只有"良法"，却还不足以推动"善治"。"软法"的实施机制是依靠于舆论压力与道德自律等传统因子的影响，所谓传统因子，是指构成"传统"的东西一定的是能够世代相传的，既然可以流传就必然会是社会中富有生机与活力并为大多数人认同、知悉并实践的客体。"软法"的作用是在一定的范围与特殊的条件下发挥的，"传统习惯"经过多年实践后，逐渐上升为人们默认的规范，经过"舆论压制——道德谴责"，并由内而外推动所实现的。"软法"因规范的主体多元，缺少国家强制力的背景，导致成为一种"柔性约束力"，但其并不是"柔而不刚"，有时候这种"柔"力，甚至更具有强制力。随着改革开放以来的政策片面倾向于经济发展的推进，导致"三农"问题日益严峻。国家对"三农"问题的政策支持重点没有放在占国家人口一半多的八亿农民身上，而只是关注与农村和农业（见表1，国家对于农

① 李长健，李曦：《乡村多元治理的规制困境与机制化弥合——基于软法治理方式》，载《西北农林科技大学学报（社会科学版）》2019第1期。

民问题的立法明显少于农业与农村问题），使得急于摆脱贫穷落后的乡村与正追求物质生活的城市的矛盾加剧。近年来，农产品价格的浮动并没有带动农民收益的增加，而随着城市扩张所产生的农村征地矛盾越来越多。“城市化”后的农村难以使农民产生共同的“归属感”与“认同感”。在此客观条件下代表国家权力的“硬法”会遭到自然的消解。对于中国法治的复杂进程而言，从意识到制度、从实体法到程序法似乎并没有根植于传统文化因素，而从宪法、民法、行政法等多种部门法的根源来说，这并不是我们的“传统”规范。这些部门法被设计出来规范社会生活的各个角落，当社会公众始终认为“硬法”是“外物”与“异己”时，它们将不愿意接受束缚。这时“硬法”的标志性特点就会出现，会强制与威慑公众被迫接受，之后公众就会人性使然地对有利自身的法律坚决贯彻，对不利于自身利益的法律坚决否定，进而会使其逐渐产生“依附性人格”，导致内心积极性的泯灭与“自治”参与度的降低。这也是导致“软法”出现的根本的原因：人们需要一种反映自身需求并可以填补“硬法”漏洞最后一公里式的“精确性”治理模式。

在新冠肺炎时期，单依靠政府力量已无法实现社会的有效治理。我们可以观察到，在乡村社区与基层政府复杂博弈的过程中，“软法”之治已表现出国家权力与软约束力之间的“治民”与“民治”的交锋与妥协。赋予乡村与社区内部主体自治权，对于不遵守“软法”的人，会达到一种“出圈”的惩治。这里的出圈，不仅是道德的遣责，还包括利益驱动机制等的内部化处理。尽管“软法”缺乏明确和统一的规则或正式的制裁，但它可能会通过话语传播、网络传媒等的方法对公众产生不良影响从而带来改变，发挥“软法”在特定条件比“硬法”更具有强制力的作用。诚如，“浙江温岭的‘民主恳谈会’的自治模式、山西晋中的‘乡村治理法治化’模式、浙江德清组成‘乡贤参事会’德治模式等有益探索都取得了一定的成效。”① 根据马克思韦伯的观点，被社会接受的合法性权利包括：第一种是“传统型权威（traditional authority）”，这一类型的核心在于习俗和传统的影响，包含了从过去传到现在价值信仰——反映了“一直就存在”的内心合理传统的连续性传承。第二种是“克里斯马型权威（charismatic authority）”，也就是人格魅力型权威，即人们所接受的信仰纯粹是某位英雄人物或圣人的影响。第三种是“合法 - 合理性权威（legal - rational authority）”，这是建立在对于正式制定的规则和法律认可之上的权威，表现为对规则形式合理性与内容合法性的信任。经过 20 多年村民自治的发展，乡村治理权威经历了从传统型到克里斯马型再到“双合”型的进阶，村民自治的所遇到的“空转”状态的主要原因在于第二阶段的异化发展，表现在治理模式“条件 - 价值”的两端不平衡性。

浙江宁海县“四结合”全面推进法治乡村建设，实现乡村治理的法治化。从 2014 年开始，宁海县在全国首创村级小微权力清单“36 条”，用清单做到“有法可依”。宁海县的清单“36 条”是在收集汇总上级法律法规和村级条约的基础上梳理而成的，是“良法”

---

① 钟海：《“三治融合”乡村治理体系的生成逻辑与路径选择》，载《山东工商学院学报》2021 年第 3 期。

与“良俗”的结合体，并致力于打通和深耕依法治国“最后一公里”。① 通过浙江宁海县的法治建设我们可以看出，村规民约是乡土中国法治的重要实践平台。“观察村规民约的发展行动轨迹，我们可以看出当代中国的村规民约是现代法治意识形态与传统乡村治理相互磨合的产物，它既代表了现代法治意识形态扩张的影子，又可以看到乡村权力成长与运行的痕迹，以及乡土社会在对待现代法治问题上所展现出来的复杂心态，也反映出当代中国法治建设的一个基本面相。② 根据法律社会学的观点，许多非正式的治理过程都是在正式法律外观的背后运作的，否则可能会产生修改甚至否定正式规则的影响：既有的制度文本因基层政府、村委会和村民等治理主体在多重利益博弈和多维政治关系考量下表现出“选择性政策执行”“软硬兼施”“共谋”“变通”“应付”“策略主义”“权宜性执行”等行为逻辑，③ 从而导致施行的失败。近年来，乡村发展所带来的变化，包括村民类型的改变与乡村权威的转移，达到该阶段乡村实现自我管理、自我教育、自我服务目标的有效自治，是需要文化相近、村民自愿、利益相关三个条件。村规民约在一定程度上是一个旨在改变国家法律的过程，之所以在许多符合村民自治条件的乡村，自治效果却不理想的原因在于村规民约与国家法在换位过程中有大量的延迟和滑动的空间。所以，只单纯地追求理想的“价值型自治”与满足一定基础条件才能实现自治实效的“条件型自治”都不可单独实现，需要两者在乡村自治中达到动态平衡，实现有效运行。

（二）巨变乡村的治理：村民自治与国家法治的冲突

中国农村自治传统的延续与现代国家政权的渗透，源自特定地方的正式法律和非正式法律之间的冲突，这也是农村地区“抗议”的一个根源。所谓农村“抗议”，指的是村民受本地区惯性治理思维的根本影响，对属于“外来产品”的法治思维和手段的排斥。以“硬法”为主导的治理轨道过于强势，将抑制治理手段沿着自下而上轨道的发展，也就是正式规范与非正式规范不相容的表现。如果公众被限制在有限的法律理解能力与法律思维盲区上，农村“抗议”似乎可以解释，这就需要从历史与现实相结合的角度对农村“抗议”的原因进行法与社会的分析。

1. 国家权力在乡村的迷失

从法律对村民自治的定位，我们可以从《乡村促进法》中发现，政府一级与村一级关系的法律用语是“指导、支持、帮助”，可见国家权力与乡村之间缺乏了连接的桥梁，失去直接有效的控制。对于《乡村促进法》这种以宣传性、价值引导性的法条所表达出的规

① 澎湃新闻网：《赞！浙江省宁海县法治乡村建设的探索与实践入选“全国普法依法治理创新案例”》，https：//www. thepaper. cn/searchResult. jsp/08/12/2019，访问日期 2021－08－09。

② 罗豪才：《软法的理论与实践》，北京大学出版社 2010 年版，第 181 页。

③ 参见钟海：《超常轨化运行：驻村工作队的角色塑造与运作逻辑——基于陕南 L 村的田野调查》，载《求实》2020 年第 3 期。

则失去了法律应有的规范性，导致其经常被束之高阁。但是，这并不是说明这部法律是无足轻重的。僵化的国家管理经常导致治理目标的落空，乡村中的本土居民提出他们所主张的期望是基于习惯对规范的接受。随着时间的推移，村民的期望使他们继续遵循对他们有利的规则，但这并不意味着他们认可正式法律以及国家权力，更具体地说，他们继续接近国家让与的公共资源并赋予他们权利的利益驱动，促使他们承认法律的合法存在。国家权力在乡村的运作经常会出现梗塞，例如，基层的执行力弱、执行不到位，从而导致国家管理的越位与缺位、村民的维权得不到保障，国家与村民关系的日益微妙。

国家权力对乡村习惯冲突的情况似乎是一个矛盾的问题，因为国家法通常被认为是一种执行手段，是通过一种专门的强制力来执行，而不是一种公众自愿遵守的日常行为规范的准则。已经习惯了熟人社会制度的村民，往往倾向于将自己的利益交于自己熟悉的人处理，对“外来”权力的干涉，会使他们产生不信任感，这也是中国乡村最具特点的一个方面。自 2013 年起，浙江省桐乡市在全国率先开展“自治、法治、德治”（三治合一）的基层社会治理探索实践，2017 年，该治理体系政策文本被写入党的十九大报告。“郡县治则天下安”，乡村治理是国家治理的基石，但政府权力一旦过多地介入村民矛盾，由于信息的传递与诠释与村民理解力方面的不对称，导致信息在传递过程中的完整性与准确性会遭到破坏，而权力不加解释的强制执行还会加剧矛盾的产生，这时争议的解决就转向会借助司法权力。信息获取成本的增加与现代“陌生人”模式的村庄治理使村民对问题的解决充满着不确定与不安全性。桐乡“三治”通过引导村民进行自我管理、自我服务、自我监督，组建“法治驿站”“李瑾法律服务岗”“板凳法庭”等组织，引导公众自觉把法律作为基本行为准则，依靠法律手段解决纷争，并培育发展社会组织重点推进协同治理，注重运用法治方式，更好发挥“彩虹家庭”“民生三伯伯”“和事佬”等社会力量在乡村治理中的作用。国家治理的下移是通过对乡村权力的渗透，来产生高效正式的社会控制来执行，这种控制未被贴上“法律”的标签，也影响村民运用“软法”方式的进行村域之治。国家权力对乡村控制效力是缺憾而有限的，直接反映出的是不同规范之间的“领域分离”，在复杂、碎片化的乡村背景下，旧的国家管理模式无法适应乡村变化的需要。“国家治理的‘授权赋能’就是要赋予基层更多的自主权，健全充满活力的基层群众自治制度，支持基层创造性开展工作，提升乡村社会对国家治理的合法性认同；社会治理的‘增权强能’就是‘要提升乡村社会应对自身结构变化的调适能力，激发乡村治理秩序的内生性和有序性’。”①

2. 乡村“软法”的空档与错位

中国的现代化进程一定是与国家构造与国家治理体系的协同，这种独特的现代化进路

---

① 张明皓：《新时代“三治融合”乡村治理体系的理论逻辑与实践机制》，载《西北农林科技大学学报（社会科学版）》2019 年第 5 期。

体现出基层治理与国家政治的结合的必要。这种结合在治理手段上体现为“软法”与“硬法”的衔接，所谓衔接，就是在理清“软法”在“硬法”的治理逻辑下发挥其治理功能的对等。在这一过程中“硬法”规制的不足与“软法”效力的“失范”问题相对突出。在我们过多地考虑立法的体系化与法典化的同时，忽视了“法律约束者”的需求与期待时，他们就产生了对用“软性法治”取代“硬性法治”的要求。从“软法”的实效结果方面的分析来看，乡村“软法”在衔接上因没有注重乡土性而导致了其现实效果低下。血缘与地缘是构成村庄的核心要素，在现代化进程中，农村人口流失，新晋人口进入，“熟人社会”逐渐解体，打破了村庄的封闭性尝试，使得乡村治理手段的背景从“血缘”走向“契约”，具有高度道德凝聚力的“家长制”逐渐解体为相对独立的个体。村民对“法律信仰”的本质理解差异化，需要用一种代表共同意愿来管理公共事务，以促进了“契约联合体”的出现。但人口的流动性使得“联合体”没有充分体现村民的意志性并随时存在崩溃的可能，“联合体”之困使得乡村“软法”不能注意到人口流动所带来的复杂性，这种预期的、理论意义上的功效并没有转化为村民切实感受和体验到的实际功效。

二、现代乡村建设中由“软法的不合需要”走向“软硬整合互动”

（一）“软法”在国家治理体系中所受的冲击

弗朗西斯·斯奈德在他对“软法”定义中，将“软法”描述为“原则上没有法律约束力的行为规则”，规则的合法化包括三个方面：义务、精确和授权，而“软法”作为一种“软规则”是一个非常普遍的术语，“软法”的概念经常被用来代替“空白硬法”的治理安排，这些新治理方法可能与硬法有一些相似性，但是，由于它们缺乏相对义务、统一性等特点，造成“软法”的认可度较低。虽然我们没有刻意发觉，但“软法”已被用来处理社会生活的各种过程，在这些过程中唯一共同的主线是，没有被正式认定，但产生了实际的效果。“软法”作为扩大国家“硬法”能力的秘密策略，它绕过了正常的究责制，破坏了社会的正常合规性，进行一定时期“靠法止争”引导，但并不能维持，以至于在应用的过程中会对国家法的处理过程产生分歧。学界对“软法”在多边治理中的作用给予了越来越多的关注，但软法律的正式应用却没有得到统一的支持，不仅因为软法律的适用需要权力者与守法者的素质取向一致化，还需要其在一定领域和相当程度与“硬法”进行磨合，达到“软法”硬化的地步。对于软法的含义，目前并没有真正的共识，主要是因为关于软法是否属于真正意义上“法律”的争论，以及定义“硬”和“软”参数变量的困难，这些概念似乎相对清晰，但实际上要复杂得多。

（二）乡村“软法”的比较适用分析——以理性主义与建构主义为基础

1. 村规民约的理性与治理

理性主义是17、18世纪发源于欧洲的哲学思想，一种经过人们推理，受制于客观规律，产生于确定也终于确定的思想。理性主义者总是试图用一些他们认为应当是普遍化的原则来把握和规范社会生活，并且力图使客观生活的变化脱离具体生动的实践情景，成为达到某些抽象目标。在理性主义者看来，“对问题的解决”是在生活中对理性的运用，理性主义有一种将实践的偶然性替换为具有确实性的新的必然。受理性主义影响的教条法学家们，既不懂妥协，也不思辨，更不善于根据具体的情景进行判断与选择，因为他们只会一味地追求纯粹与“理论霸权”。在这必须要阐明的一个问题是：法律纯粹化所追求的理性理想与客观现实社会所表现真实的矛盾。立法者制定法律的初衷是按照他们对于理想情境和话语手段的结构设置，这种理性主义的立法目的把注意力全部放到客观事实之外的世界，忽视了相关的现实。比如，“硬法实施不到位与回应性差，在某些方面显得僵化迟钝，并且惩治手段也只能是暂时的，达不到社会治理的目标效果，进而表现出国家法代表的一套乡土社会所不熟悉的知识和规则，与乡土社会的生活逻辑是不一致的现象。”① 周梅芳（2014）对湖南G村的调查发现，“许多基层的行政执法者在处理历史问题、权益结构模糊的纠纷案件时，往往将其看作‘烫手的山芋’，恨不得尽早抛开，调解不成就直接鼓励村民去法院，这样一级一级的上推过程中，矛盾累积越来越大。”② 事实上，并不是所有的纠纷都是适合用“对簿公堂”的“硬法”手段来化解的，在乡村中历史遗留与权益模糊等矛盾问题，用法律来解决往往会产生逆向消极作用。乡村振兴中村民应当是主体，是建设者，更是受益者，国家“硬法”的主要适用目标是城市的陌生社会，而乡村社会的地方性习惯会与现代国家法律体系之间产生模式化冲突，但乡村也并不是孤立的，乡村建设中也并不能以乡村论乡村。

2. 村规民约的建构与发展

建构主义强调的是主动建构性、社会互动性和情境性，建构主义更受社会学研究中社会变化的逻辑和方法的影响，强调社会背景的变化，以及“适当性的逻辑”。建构主义者试图找出给定情况的适当规则，将客观社会世界描述为主观与客观的交互。通过分析特定的时空条件，“软法”可能比硬律有着更好的一般解释。比如，在很大程度上强调法律应预先对适用情境的进行创设，并且应该和周围环境产生交互作用。建构主义并不认为“软法”不具有强制性是天生重大的不足，他们认为“软法”可以通过及时性与实时补充来实现与社会的互动，规范的扩展，“软法”可以确立弹性的横向制度安排，通过这一话语手段，与客观社会理想情境相关联，具有高度的灵活性，从而在未来法治方向中实现自身的价值。“既往‘国家法主导’式下的法治建构模式已经显现出其薄弱之处，而随着客观

① 段绪柱：《乡村社会治理中的国家法与民间法》，载《黑龙江社会科学》2012年第2期。

② 周梅芳：《乡村纠纷解决中的法律失灵——湖南柳村林权纠纷的个案研究》，载《社会学评论》2014年第4期。

现实的发展‘社会主导’式的法治建构模式基于其合理性已经得到学界的广泛认可。”① 村规民约通过自下而上和自上而下相结合的制定方式，结合不具约束力的文书的表现形式，具有更大灵活性，并且允许随着情况的变化而重新实现村民参与谈判或修改，可以更好地应对不确定性。村规民约中对已经过时抑或不能发挥作用的某些陈规陋习，需要运用现代民主法治的理念，对这部分村规民约进行与时俱进的完善，并及时增补符合社会发展规律的新内容，适时出台文明向上并与国家政策和社会变化相符的新型村规民约。

理性主义和建构主义的分析视角为思考法律的不同方面提供了一个有效的起点。然而，尽管运用理性主义和建构主义对“软法”的研究方法具有独特性，但它们似乎并不是相互排斥的，实际上可能是互补的。建构主义的理论表明，使用像村规民约这样的软法律措施可能是一种更好的方式来实现基层治理，并促进那些正在被限制于客观条件而推迟推出或施行的国家硬法实现选择和决定。由于现实可能反映了这两种影响的混合，所以很显然，我们需要一种综合的法律适用方法，来整合这两个观点的元素。

三、不必要的二分法：乡村建设中的良俗与法治

（一）综合的必要性和可能

“‘硬法’通常维护公民的消极自由有余，推动积极自由不足，而软法在拓展积极自由空间时，又经常在保障消极自由方面缺乏力量。”② “治理有效”是乡村振兴的基础，实现治理有效，应在保证乡村传统意识形态不动摇的基础上，实现现代乡村社会治理体制的构建，主要问题是针对当前乡村基层治理存在的一系列矛盾冲突。构建乡村治理体系确保自治是关键，就应充分利用“正式治理制度”和“非正式治理制度”之间的流通性，进而建立起“软法”与“硬法”之间的良性互动治理机制。正式治理制度与非正式治理制度并不是相对应的概念，通常认为正式的治理制度是以依靠国家强力支持且具有普遍约束力的一系列法律法规，而非正式的治理制度则是指，在人们基于一定共同的意识思维社会背景基础自发形成的，并在一定时空范围内为绝大多数社会成员普遍认可的，影响人们行为方式和行为规范。③ 农村成员在长期的社会发展进程中逐渐形成、确认并通过宗族世代相传的，以乡俗习惯、伦理道德、不锻文或无拘泥的形式存在的“内部规则”与现代国家管理所需强制成员遵守的“外部规则”的矛盾，是内生因素与外部条件的对冲。由于事务的复杂与多变和正式治理制度的执行成本和产生滞后等原因，在正式治理制度无法合理实行的地方，往往需要这类非正式治理制度在正式“管控”的基础下发挥作用。比如，余婷

① 廉睿，卫跃宁：《由“硬法之维”到“软硬混治”——中国法治进程中的软法资源及其运作路径》，载《学习论坛》2016年第4期。

② 罗豪才，宋功德：《认真对待软法——公域软法的一般理论及其中国实践》，载《中国法学》2006年第6期。

③ 权丽华：《非正式制度与乡村治理研究》，上海交通大学出版社2016年版，第118页。

（2019）在玉溪市红塔区调查时发现，“红塔区村规民约的修改完善过程中存在一些问题，基层社会管理者和村（居）民法制意识薄弱现象十分突出，基层管理者本身就缺乏合理有效的学习，对国家的法律法规不熟悉、理解不深入，就使得他们很难运用法治的思维和方法来进行基层自治。”①“对于软法所产生的‘非正式约束’，现代乡村法治化的政治和伦理意涵亟须重建，法治下乡是乡村社会理性建构中公民身份认同和国家认同的进程，不仅旨在弥合农村城镇化、农民市民化产生的撕裂和阵痛，更试图改善国家社会“切割论”带来的治理弊端。”② 在许多乡村社会所认可的行为规则，通常是符合集体理性所承认的某种社会目标或价值，因而具有一定的“熟人社会”调节性。“硬法”所追求的是法治秩序，而村规民约注重的是伦理道德的礼治秩序。在很多情况下，对行为主体来说，乡村的“软法”规则尽管不符合所有个体的理性考虑和价值偏好，但出于舆论道德的压制，行为个体仍然会遵守，但是会潜移默化地对没有经过长期博弈就进入乡村的国家“硬法”持一种“外来制度”的驳斥态度。村规民约功能作用的发挥，依赖于乡村民众对村规民约的自觉遵守，农村的社会结构的再分化使得村庄呈现出人际关系理性化、社会关联“非共同体”和村庄原始公共权威衰弱化的特征，造就了“软法”与“硬法”之间综合治理的可能性。

（二）“乡政——村治”治理模式的应用功效

1. 乡村治理的内在结构障碍

（1）乡土视野下的硬法盲区。乡土习惯是通过行为发展而成熟的，通过查阅资料，各地公开的村规民约的内容大多比较笼统，具有宣示性意义的条款居多，因其缺乏可操作性，作为村民矛盾核心之一的经济利益冲突主要还是依靠《农业法》《土地法》等国家制定法来进行规制的。因此，仅通过法院或任何其他单方面因素来衡量村规民约的合理性与合法性是片面的。绝大多数乡村习俗的特点是它们本质上没有诉讼，因此，在某种意义上，对强制力的过多关注，忽视或者回避“软法”手段，是掩盖了真正的问题。“硬法”所存在的结构性障碍，使其无法覆盖乡村发展中出现的全部问题，需要对其替代路线的可行性进行研究，实现“软法”柔性与“硬法”刚性的良性互动。关于“软硬”混合治理的动力，我们看到了法律制度对新环境和挑战的适应，学界目前还没有对这一趋势作出具体而统一解释，或者要制定关于“硬法”和“软法”相对能力的平衡理论。达到乡村治理“软硬”结合的关键在于村民合理的习惯期望被法定的权利或规则明确表达。也就是说，对一种规范是否有效的传统检验方法是证明它在解决争端时被“制度化”，这里所指

① 余婷，杨昌儒，周真刚：《乡村治理视角下民族地区村规民约的完善路径——以玉溪市红塔区为个案》，载《贵州民族研究》2019年第5期。

② 雷园园：《论民间法建设乡村“三治”的优势效能——由《林村的故事》引发的思考》，载《原生态民族文化学刊》2020年第2期。

的“制度化”并不是一种规范的成文规则，而是在特定的区域和特定的时代被特定的大多数公众所承认并流传的。比如，将一个村域的村规民约放在另一个村域，这显然不是一个适当的检验。但是，有时村民所表示的期望，不仅因为他们一直这样做，而且也是作为一个自身认为正确的问题，所以在这一过程也需要对强大而根深蒂固的道德理想进行甄别。在乡村领域，大部分“硬法”的实效并没有达到相应的标准。“由于政策制定和政策执行相分离使得上下级政府间信息不对称，以及上级政府的激励（惩罚）压力诱发下级政府目标替代现象的发生，导致政策设计的初衷或者目标的失败，其结果就是政府不能有效提供公共物品和公共服务。”①

（2）“硬法”无序下沉与乡村自治的“体系对冲”。在我国部分农村地区的村规民约虽然能够对国家法涉及不到的领域进行调整，实施村民自治，但是在一定程度上也存在超越国家权力的强度与刚性过度的现象。村规民约在制定和执行过程中会与国家权力产生一定的冲突，使得村规民约作用的发挥也存在一定的话语权障碍。这一问题的复杂性需要追溯到近代中国没有完成的“乡村文化—社会文化”转型中去，在此历史时段，以千年小农经济为主的“封建帝国”断层式的转向以资本工商为主的“法制国家”，“村民”转为“市民”，由遵循“自订律”到遵守“国家法”，在此情形下，“有法不依”成了普遍情形。这其实是一种“规则的私有化”或者说是一种缺乏对法律的信仰。“自订律”实施的理论基础是“自古以来”就一直存在的，至关重要的是，乡村缺乏正式立法能力的手段，这些基层管理者没有能力制定对第三方有约束力的正式规范，即使部分村民遵守了适当的程序，作出了硬法的选择，也会使他们陷入法律利益化的悖论选择逻辑中，即法律既然不能带来好处，也就摒弃了信仰义务。当下根据《村民委员会组织法》的明确规定，村规民约要在法治框架下运行，但其作用的发挥受制于内部性障碍，归根到底是结构性问题。基于“国家一社会”的分析框架，国家和社会是分属于两个层面，各有其行为模式与规则方法，乡村治理的发展过程的困难，实质上就是国家与社会的良性互动机制的调和的问题。单纯依靠硬法律的刚性约束，而忽略了乡村社会自发形成软规范的应用，就会使得制度政策由于缺乏文化根基而难以推行。这一分析框架通过研究国家与社会、法律与村规在基层治理中的生长和互动过程，进而来理解农村的治理变迁，其实质是国家法律制度规范在乡村基层“变通”与“通变”来实现质变为合理性的问题。

（3）乡土本原条件的局限。村民自治的发展在受政治体制制约的同时还受到自治组织的功能、经济体制、人才资源和传统文化等乡土基础和条件的局限。② 2019年6月《关于加强和改进乡村治理的指导意见》（以下简称《意见》）指出，到2035年乡村治理的总体目标是“乡村社会治理有效、充满活力和谐有序”，《意见》提出的“治理有效”指明了

---

① 钟海：《“三治融合”乡村治理体系的生成逻辑与路径选择》，载《山东工商学院学报》2021年第3期。

② 刘娅：《解体与重构：现代化进程中的“国家—乡村社会”》，中国社会科学出版社2004版，第68页。

在振兴乡村的努力方向与现实难点。

①乡村公域空间的自治资源占比。首先，我们可以看出进行乡村建设治理的基础条件是农村自治资源在乡村公共领域空间地位的提升。据国家统计局数据，[①] 在2014年到2020年间，中国农村的发展情况总体好于城市，但仍然存在差距，2014年到2020年，农村居民人均可支配收入从每年10489元增长到17131元，年平均增长6.7%；城镇居民人均可支配收入从28844元增长到43834元，年平均增长5.3%。由于经济基础决定上层建筑，在2014年到2020年间，中国农村的发展情况总体好于城市，但仍然存在差距。自治化的程度不仅需要经济的基础，而且还需要文化条件，村民的总体受教育程度低，对自治和权利表达的关心较少，而由于城市的政治、经济、文化等活动的现代化发展，使得社区居民委员会的经济条件要优于村委会。城市社区的自治化条件正是源于社区组织功能的发挥，是组织资源充分调动和利用的结果，正因为如此，城市公共属性领域的自治发挥空间比农村宽广得多。农村是缺乏经济组织条件的或者说经济组织条件的发展是不充分的，致使现有的自治组织是大杂烩式的混合一体制，使乡村在公域自治领域难以存立。同时，当前乡村组织的不良行为已成为村民群众不满的焦点，集中反映的是村组织代表的"人为性"缺陷，在村组织的贪腐与不公的极端情况下会来带"群体性事件"的发展。目前，国家对乡村的治理主要是采取"维稳"的思维主线，"维稳政治"在当下中国，在弱化个体强化集体之际，其并没有提高集体资源的动员能力。国家向农村渗透力量的一个领域是可以使用"硬法"来加强基本权利，这具有很强的外部性，如果像预期期盼的那样，使"乡村宪法"成为"国家宪法"的一部分并加入司法领域，就可为乡村"软法"设想了两个不同的角色：在与"硬法"重合的领域，它将是司法行动的补充；在"硬法"所涉及不到领域，它本质上将代替司法执行，将会产生村级组织能力的内卷积极性，提升乡村公域空间的自治资源占比。

②治村主体的地位缺失。其次，乡村治理的"行政化"现象突出，乡村社会的变迁并未能有效地调动村民自治，目前绝大多数农村自治组织主要是配合基层政府执行任务。乡村固有的传统资源与能力的发挥停摆，自治规定出现了真空地带，甚至是使其萎缩而局限成了政府权力的代表。乡村传统的发展模式是"家长制"权威，各个村庄的话语权并不是集中统一的，是以宗族血缘关系为纽带的族长教育制与道德感化制，而随着现代社会的发展以及法治的推广，以律令为核心、以强制手段为辅助的现代法律框架，形成了一个"箝制"体系。并且农民负担一直是一个沉重话题，中央为解决农民负担问题，制定了一系列的法律法规与政策倾斜，但效果却不明显。"当前中国所有村庄都曾获得大量自上而下各种惠农资金的支持，但优惠资金下乡必然带来两个后果：一是项目落地问题，即项目落地时的利益如何分配，包括占地补偿如何确定和落实；二是自上而下到村资金如何使用，以

① 国家统计局数据：http：//www. stats. gov. cn/，访问时间：2021－11－08。

及如何保证资金使用的安全性。"[①] 在这样的体系中，"村长"和"支书"获得了话语权，他们习惯按照"上级"的指导命令行事，即使大多数村民了解村民自治制度，但披上"行政化"的自治资源使自治制度在乡村是难以立足和生长的。农民的负担包括了从生产到生活以及政府负责人为升迁而要求乡村达标升级的多个方面，地方政府基于地方领导的变换与理解不同对乡村进行重复建设或做花样文章，以至于农民负担成为影响农村稳定的首先因素，构成农民负担过重的首要原因是上级的过度提取，尤其是乡镇的过度提取。[②]

在《乡村促进法》中，"国家"一词出现了52次，"政府"一词出现了77次，"各级人民政府"一词出现了35次，"部门"一词出现了13次。据此可以看出，这部法律的着力点为规范各级人民政府及有关部门的在实施乡村振兴战略中的行为职责，并没有充分体现农民的主体性。在乡村建设行动中，建设主体应是双位或独位的是学界普遍关注的问题。在《乡村促进法》全文中"政府应当"的表述出现了51次，其都是为政府设定的法定义务，对政府督促条款占相当大的一部分，然而对政府处罚条文较少。这部法律的实质应是在乡村建设行动中一定程度上实现以政府权力为核心与个人权利为外围的双轴驱动，再次促进国家权力与村民自治的结合。乡村振兴是一个不断变化的过程，但《乡村促进法》是一部框架性的法，对治村主体的地位不明，导致农民的参与度不高。在农村进步和农业转型升级的过程，以及对基层政策的有效约束和监督的有关细节还需要在随后的实践发展中进行填充细化。

③乡村传统观念的影响。法律的构成既含有"硬法"也含有"软法"，后者又包括国家软法和社会软法，严格的国家法是制度和实践相互作用的系统，应当创设制度和社会在结构上的"和谐对应"（harmonious fit）[③]。软法治理已不是新现象，古已有之。中国传统礼治发源于乡村，但某些部分在中国的今天和未来也同样发挥着重要作用。发端于春秋时期礼法文化孕育了中华法系，反过来，基于儒家文化的中华法系又固化了传统文化。农村人才缺失和教育薄弱使得固化村民的文化传统需要进行再研究，还应重新发掘其价值，尤其是乡土社会重新对礼治作用的定位。社会治理模式本应是强调参与、沟通、学习与变革，但传统单一的礼法之治难以达到乡村治理的理想状态。又因完全抛弃对礼治的认同，转向寻求国家法的统治，会导致村庄内部秩序不安。因此，在现代化乡村建设过程中，受制于"小农意识"影响，村民对乡村事务参关心程度较低，管理缺乏持续性。在经济文化迅速发展的时代，任何领域都是充满不确定性与不可预测性，控制和命令也不再是可行和有效的，"德治"和"礼治""法治"三者混合治理模式也在打破乡村内部子系统的机理，产生了一种规则体系的分裂（Lyotard），这就需要传统观念与国家法在与时俱进中实现转

① 贺雪峰：《行政还是自治：村级治理向何处去》，载《华中农业大学学报（社会科学版）》2019年第6期。

② 参见贺雪峰：《乡村治理与秩序》，华中师范大学出版社2003年版，第96页。

③ 参见罗豪才：《软法与公共治理》，北京大学出版社2006年版，第149页。

型与再造。

2. 阻碍与探寻：国家法主体下村规民约的生存空间

目前，乡村治理的组织特点仍然是村委与基层政府的“命令—服从”进路，多数村干部习惯于遵守“行政命令”和“强制推行”，使得村规民约与村民自治章程名存实亡。要想在乡村建立现代法治，核心问题是村民对法律的开化与理解。贺雪峰教授在学术研究上主张，在社会治理模式越来越规范，学术研究越来越依靠文明的背景下，对乡村建设用田野的灵感的指导来突破传统国家法的理论大厦，探寻村规民约的实施路径。法国的列维·施特劳斯早就指出，所谓“野性”思维，是一种打破陈规、大胆假设、积极探索的并不随着文明的发生而消失的思维。“软法”虽然代表了现代法治的发展方向，但是它也需要“硬法”在社会条件相对成熟的情况下，实现“软硬”法的转化，这是一个长远的发展过程，以至于“软法”的生存空间目前只可能存在于构建“新的规范金字塔”。法律是由人创立的，反映的是立法者的目的与意愿，但国家发展的文明程度使越来越多政治认知发生变化。集体理性与个人理性的冲突，内部表达与外部表达的矛盾，是当下乡村民间法与国家法对抗的突出表现形式。比如，根据《婚姻法》《继承法》的规定，子女都有赡养父母义务，但在某些乡村中的实际情况是，女儿或者出嫁女并没有赡养老人，再比如，按照《农村土地承包法》的规定，属于本村的居民可以获得集体土地承包权，但实际情况是许多乡村的“外来户”，即便是户口已迁至本村，但因是外来人口，因土地承包而发生的纠纷数不胜数，再比如，按《民法典》相邻权、地役权的规定，修建门前村路、宅基地只要不影响相关者，就可以自行修建，他人也需要提供便利，但是在实践中因宽窄高低的修建方式会产生世代的矛盾。在村规民约与国家间接对抗冲突方面，虽然在乡村建设的进程中逐渐淡化，但也不容忽视。“地方权威”与“国家在场”的权力与实际运行的逻辑并不一致。从目前乡村治理的效果来看，由于正式法律对乡村规则的不健全，基层司法力量仍然非常薄弱，国家力量对农村社会的干预和监管较弱，造成了乡村社会治理出现了一些不适应。即便有相对成熟的正式规范，由于正式法律制度的普适性和滞后性，其并不能对所有问题进行回应。健全乡村治理的法治体系，要加快完善农村基层立法，缓和法律需求与法律供给之间的矛盾，以避免在特定领域公权力运行的“失范”。

四、新时代村规民约的重构：乡村“软法”与国家法互动机制的塑造

“我国的乡村正从传统的‘权威’控制型乡村向现代化治理型转化，乡村治理不只是农村内部的自我管理和发展问题。”① 在进行现代法治建设过程中，村规民约的传承以及乡村习惯法的复兴占有重要地位。黄宗智教授（Philip C. C. Huang）从清代民事审判中分析发现出“官方与民间”的调和，“道德与律例”的治理与共治之间还存在之外的路

① 高其才：《通过村规民约的乡村治理——从地方法规规章角度的观察》，载《政法论丛》2016 第 2 期。

径，即在纠纷解决中结合“民事法律”和“民事调判”。村民自治的理想状态应是硬法与软法的调整与结合，从根本上说是国家规范与社会规则的良性互动。

十八大以来，中央一号文件提出不断加强和创新农村基层治理，探索本地区的村民“三治”形式。2021年2月21日《中共中央 国务院关于全面推进乡村振兴加快农业农村现代化的意见》（以下简称意见）正式发布。《意见》同过去四年“一号文件”相比，增加了乡村建设行动有关内容，明确提出“创建民主法治示范村，培育农村学法用法示范户”。这一行动与党的十九届五中全会审议通过的《中共中央关于制定国民经济和社会发展第十四个五年规划和二　三五年远景目标的建议》中提到的“实施乡村建设行动”一以贯之，前后延续。2017年—2021年的一号文件连续五年提出，健全和创新村民自治机制，这一方面是国家制度民主性体现，另一方面是对迫切需要完善创新乡村治理的需求的反映。从近五年的文件可以看出，国家从重视自治到强化法治的转变，即由村民自治走向合作治理，以实现“国家—社会”架构的重建。村规民约既属于基层群众自治规范，也承担着公域治理的责任，是构建自治、法治、德治相结合的乡村治理体系的有效抓手。村规民约源于乡土社会的特殊社会关系网络，依靠各种复杂力量的制约，实现“柔性约束力”（主要表现为舆情和道德的压力）。这一社会秩序取决于乡村“软法”与国家“硬法”之间的关系。在乡村基层社会治理中，村规民约起到了的重要作用，在新时代，村规民约需要符合乡土性与现代性并融合国家意志的因素，在乡村治理中实现整合的功能。所以，在乡村建设中村规民约具体需要回应两个问题：一是正式制度，即“硬法”的后盾作用与发挥的尺度；二是非正式制度，即“软法”的执行效果，以及二者结合力量的强弱与随地域和时间的不同来实现此消彼长的能力变化。

表2　近五年中国乡村基层治理文件梳理

年份	文件名称	主要内容
2017	《中共中央 国务院关于深入推进农业供给侧结构性改革加快培育农业农村发展新动能的若干意见》	完善村党组织领导的村民自治有效实现形式
2017	《决胜全面建成小康社会、夺取新时代中国特色社会主义伟大胜利》	健全自治、法治、德治相结合的乡村治理体系
2018	《中共中央 国务院关于实施乡村振兴战略的意见》	健全和创新村党组织领导的充满活力的村民自治机制
2019	《中共中央 国务院关于坚持农业农村优先发展做好“三农”工作的若干意见》	指导农村普遍制定或修订村规民约。推进农村基层依法治理
2020	《中共中央　国务院 关于抓好“三农”领域重点工作确保如期实现全面小康的意见》	完善村规民约，推进村民自治制度化、规范化、程序化
2021	《中共中央 国务院关于全面推进乡村振兴加快农业农村现代化的意见》	创建民主法治示范村，培育农村学法用法示范户

（一）比较研究：移植国际软法现象对乡村“软法”的创新与再造

“软法”的概念最初起源于国际公法，在世界格局多极化的当今，超国家、超地区的合作越来越多，错综复杂的关系也在束缚着全球的发展，面对一些“黑白”领域之间的灰色区域，早先的国际法体系已不能适应，国际“软法”在超越国家权力方面应运而生。典型的“软法”治理领域是欧盟的就业政策，在欧洲的就业问题严重的情况下，欧盟就业的领域进行监管依然较弱，欧盟必须协调各成员国降低失业率。为此，欧盟制定了欧洲就业战略（EES），这是一套不具备强制力的指导方针，旨在促进各国相关法律、政策和机构的改革与协调，被称为“开放的协调方法”。通过对EES的剖析来看，这是一套逐渐改变政府“独端”的管理模式。EES本身是一种“软法”，不具有约束力，也没有规定不遵守者要受到法院的制裁。然而，EES在某些领域与欧盟的“硬法”是存在部分重叠的，从而创造了“软硬”法互动可能性。

回归到国内乡村自治权力方面，村委会对于乡村自治的主导一直没能替代政府主导模式，村委会的职能不清，并且指导性的法律规定是比较原则的，按照其规定来行使权力又要受到国家的权力与乡村权力的“混同”，这种权力“交叉”与权力“隶属”使村委会在乡村自治中窘境愈发明显。“国家行政权力对乡村社会的过度干预在很大程度上是乡镇政府出于行政理性的价值考量，在近30年的乡村自治实践中，国家各级政府针对村民自治制定一系列的政策法规并形成庞大的制度体系。”① 可见，国家的过度干预实际上已经抑制了村民自治的自主性，并且由于政府不能及时评估和反思政策的实效使得理论研究滞后于乡村实践，并且用城市治理模式解决乡村问题，使得乡村治理失灵的发生。乡村事务的处理是复杂的，并且任何一种方案达到的预期结果具有高度的不确定性。从这个角度来看，“软法”的多变性与融合性可以更好地促进规范扩散与转变过程，与经典社会治理的“硬”方法相比，村规民约可以被视为一种“柔”定力。村规民约对村民的行为采用了一般目标和准则，这是不具有约束力和不可受理的，是通过内部行为的遵守来进行。当一些学者所追求的理想化的统一规范与现有现实实施条件之间的差距太大时，以至于严格的法律规定是毫无意义的。“软法”的制定和实施程序是乡村治理的合适选择，“软”机制是允许建立最低水平的遵守，并向更高的标准正式推进。所以政府应当积极引导、鼓励乡村自治在遵守程序规则的同时，由其扮演监督者与协助者而不是参与者，真正发挥“辅助政府”的作用。

（二）优化：乡村治理的模式转型

在“中心—边际”视角下分析的村规民约所具有的“特殊性”。由于文化结构、自然

① 胡卫卫、佘超：《乡村柔性治理的发生逻辑、运作机理与应用路径》，载《兰州学刊》2021年第5期。

结构等差异，使得其具有针对性、可操作性。村规民约与国家法具有相同的生成路径及本质目标，但本质上都是社会调控手段，并非两个不可相容极端。在新时代农村转型与乡村建设行动中，要增强乡村社会自身的力量，用好“软法”资源。制定新的村规民约，实现治理有效可以从三个方面入手，一是注重乡村民意运行过程的中的系统性，在制定过程中要严格按照程序性规范，发挥宣传与村民阶段性评价来实现长久治理的作用。二是要凝聚乡村共识，对村民行为进行规范。现代乡村的外来人口的逐渐增多，对基层乡村自治所带来的冲击与影响，使农村“内生型”权威的失效，进而使得“外嵌型”权威“乘虚而入”的实现。持续不断的“权威危机”仅凭道德舆论的压力是达不到良好治理效果，而“软法”在此领域的调控可以如鱼得水，实现村民参与，让最了解自己行为方式的人来制定规范，达到低标准、强适用的效果，使得在没有正式法律规则的区域仍然具有秩序。三是重复和变相的复制“硬法”。在当下中国乡村治理推进过程中，应该发挥硬法与软法优势互补的作用，一方面在硬法资源（比如《乡村振兴促进法》等）的规范下，基层政府实现职能转，防止权力的僭越，以正式制度保障乡村基层社会的制度化、规范化、程序化；另一方面要合理利用和发挥乡村社会中伦理道德，发挥新时期乡村家庭的家教家风等“小范围规范”的民间意识形态与具有“硬法”规则的国家意识形态相容的“混合型”权威在乡村治理中的重要作用。寻找硬法与软法相互博弈的契合点，在二者磨合的过程中达到最佳状态。

（三）地方性与合法性：“软法”资源与“硬法”规范的优势重组

关于“法律”作为一种地方性知识的认同与讨论，引发了法律一元论与多元论的争论，我们需要更仔细地观察不同运行模式之间的相对能力以及它们在混合治理中的组合。在我们对国家法与民间法的相对能力以及两种模式之间的互动性进行更现实的评估之前，需要从双重维度对乡村“软法”融入现代化国家治理体系的具体进路做出探析。一是权力上升，在现阶段农村处于转型时期，农民法治意识比较薄弱，“熟人社会”“人情社会”使得农民厌诉厌讼，遇到事情首先想到的并不是法律。在这种情况下，短时间进行过度法治宣传的实效性并不明显。“法治乡村”的提出，意味着法治中国建设的重点从城市转向了乡村。有学者提出乡村自治的实践中“多人参与”的困境是现阶段乡村治理的制约方面，但笔者认为不然。“在国家干预主义盛行的当代，单向推行国家制定法的‘公共属性’是难以回应‘治理有效’的要求。罗比特·达尔（Robert A. Dahl）和米歇尔·哈蒙（Michael Harmon）强调，政策的过程性互动是维持和获取公共利益的必要条件，”① 乡村“软法”虽然只是通过单一的村规民约和村民自治章程进行管理，但是在具体的实现过程是对村民团体的共享利益的表达，并持续反馈着乡村不同主体的利益诉求进行“实时供

---

① 吴新叶：《农村基层非政府公共组织研究》，北京大学出版社2006年版，第134页。

给”。国家需要在一定条件下将政府对乡村的权力相对收回，通过顶层设计授权乡村“软法”的创制与实施，发挥“半职能”政府在的乡村建设中的作用，使基层政府只对乡村与村民进行上层指导。在“国家—乡村—农民”治理模式下，明确“村民—乡村”的需求是其存在和发展的基础，划定乡村“软法”的实施疆域，进而赋予乡村“软法”正式的法律地位，促进乡村转型期的稳定发展。

（四）乡村建设的推进要实现正式治理制度与非正式治理制度的相容

非治理正式制度与正式治理制度的“合作”组合关系取决于所寻求的目标与特定环境的因素，采取适宜的治理方式使乡村社会正常运转是治理有效的核心因素。在正式治理制度与非正式治理制度之间找到一个契合点。一方面是“双制”主体间的认可与支持，是制度“合作”的前提。“双制”相容的重要性并不是只关注于在治理制度中嵌入特定规范的“硬度”或“柔度”的调节，而是在有效的合作性过程中发挥其弥合的作用。这需要作为非正式治理制度主体的村民，在自治过程中既要发挥主观能动性，又需要在国家意志的规范下进行治理。另一方面是乡村的开放性与由内而外的制度变迁。如果改变乡村内部主体行为方式的新观念，仅采取外部的压力与过度的宣传来打破乡村社会的封闭性是不现实的，在实践中也证明是失败的。个体意识与价值培养是进行由内而外改造的有效路径，在国家政策的影响下，乡村人才的回笼与务工人员的返乡，将会对乡村治理的价值动态产生影响，“内在改造”与“外来嵌入”使自治意识在日常生活中潜移默化，并逐渐内化为个体的价值观念。事实上，即便是在传统的乡村社会领域，仍有大量的治理区域存在着“规范空白”，也有大量的基础矛盾亟待解决。在乡村建设治理体系现代化进程中，这些空白地带必须要有所规范。总之，以“硬法”为主体的正式治理制度和与“软法”为核心的非正式治理制度的互动机制是价值取向与权力设置的问题，因此，在乡村建设行动中加大“硬法”的实施力度，嵌入“软法”的治理思维，实现适合中国本土资源的“软法”与现实“硬法”的再结合，调动“软法”对“硬法”的辅助补充机能，实现二者的协同契合，为推动乡村建设现代化奠定坚实的法律保障基础。

Interactive mechanism of soft law resources and hard law norms in rural construction

Jiang Jiahao　Lian Rui

Abstract: The “14th Five Year Plan” period is a key stage in the action layout of rural construction. Strengthening rural construction under the rule of law and consolidating the foundation of rural governance are important strategic directions for rural development. In the current situation of farmers' weak legal awareness and relatively weak legal foundation in rural areas, it is more meaningful to promote the vertical deepening of rural normative governance through the exertion of the function of "soft law". The legal guarantee of rural construction includes "hardware", that is, the construction and improvement of the national legal system; It also includes "software", that is, the improvement of farmers' legal literacy and the compensation of rural "soft law", which are equally important. Therefore, the new governance model of rural construction should pay attention to "both soft and hard", which is in line with the reality of "local China".

Key words: rural construction action, soft law, coordination, fit

（编辑：郑志泽）

论民间性视角下的《仲裁法》修改*

方　熠**

摘　要　当今时代，中国商事仲裁已经迈入了新的发展阶段。但保守的立法改革并未真正意义上实现仲裁的民间性，严重阻碍商事仲裁的自治发展。2021 年司法部发布的《中华人民共和国仲裁法（修订）（征求意见稿)》在内容修订上尤其重视商事仲裁的民间性完善，包括鼓励仲裁机构内部改革、突破机构主义以及细化当事人意思自治原则等多重角度出发。虽然此次《意见稿》的修订在实现民间性层面取得了实质性进展，但仍然在一裁终局、临时仲裁等议题上与仲裁的民间自治要求存在较大差距，需要在此方面加大改革力度。

关键词　民间性　商事仲裁　新发展

一、商事仲裁民间性的基本内涵

虽然理论界尚未对商事仲裁的民间性做具体的定义或形成统一的认定标准，但各国宪政体系都普遍认可了商事仲裁的民间性，并认为这是仲裁区分于诉讼司法性的根本特征，其基本要义在于揭示仲裁的本质是非司法机关通过行使非公权力来处理商事争议。① 实践中，仲裁协议的达成也意味着诉讼管辖的排除适用。因此，从理论与实践层面看，商事仲裁的民间性应当包括两个方面：第一，行使仲裁裁判权的机构或组织具有民间属性，而非国家权力机关；第二，仲裁的裁判权行使基于当事人的私人意思自治，以此排除公权力机关的干预。简言之，实现和保障商事仲裁的民间属性应当包括排除国家公权力的任意干涉以及尊重仲裁当事人意思自治两个维度。可以说，仲裁的民间性是基于意思自治、私人自

---

* 天津市教委人文社会科学科研计划项目（2021SK163）。

** 方熠，法学博士，天津师范大学法学院讲师。

① 参见王彦志、范冰仪：《意思自治原则在国际商事法庭中的运用》，载《东北师大学报（哲学社会科学版)》2022 年第 1 期。

治、民间自治等概念发展而来。

值得注意的是，仲裁的民间性与仲裁的独立性有所不同。仲裁的独立性在于独立于国家的行政权以及免受国家、社会团体和个人的任意干涉，一定程度上与仲裁民间性存在着部分交集。① 但仲裁独立性作为一个整体的概念还可以包括仲裁机构的独立性、仲裁协议的独立性以及仲裁员的独立性。其中，仲裁机构的独立性指免受国家行政机关的级别管辖和地域管辖；仲裁协议的独立性是仲裁协议的生效、变更、终止等独立于主合同；仲裁员的独立性则指仲裁员基于裁判职权而产生，并对其在仲裁程序中保持中立。因此，这些内容并不都当然包含在仲裁的民间性范畴之中，两者不存在包含与从属关系，但有一定程度上的理论交集。

商事仲裁民间性成因主要包括历史因素、制度设计以及仲裁协议的合同属性。首先，历史因素是指商事仲裁的民间性源于传统商人社会，并依据商人自发形成的纠纷解决习惯而产生的自治性规范。具体而言，法律意义上商事仲裁起源于古希腊时期用于解决城邦间的纠纷，随后的古罗马时代也建立了早期的仲裁规则并载于《十二铜表法》中。② 随着社会经济的发展步入商品经济时期，各城邦之间、港口之间跨境交易的增多也引发了商人们的商事和海事纠纷，并逐渐形成了以商人为主体和跨区域交易为主要活动的国际商人社会。为了高效、经济地解决商人之间的争议和保持友好的商业关系，纠纷双方通常会选择在自愿协商基础之上委托共同信赖、德高望重的第三人依据交易习惯、诚实信用等原则解决商人之间的纷争，以此排除国家法律的调整，形成了较为早期的仲裁制度雏形。由于早期仲裁制度是基于商人共同体中商人对自由贸易的彻底追求，并在反复交易与持续训练中所形成的对解决其自身经济活动的规律准则，所以早期仲裁制度几乎不受国内法的干预和调整。虽然随着国家法的不断发展有过短暂的对仲裁自治秩序进行干预与限制，但这种从商人社会就开始形成和发展的商事仲裁自治秩序在之后的立法改革中仍然得以承认与延续，并和国家法律秩序之间保持了最低限度的联系，使得这种商事自治得以可能。因此，商人社会形成的自治秩序滋生了仲裁制度的形成与发展，仲裁的民间属性也是基于历史成因发展的必然结果。

其次，商事仲裁的民间性也取决于仲裁制度的设计初衷，即尊重当事人的意思自治。随着商事仲裁不断制度化、法律化的发展和完善，仲裁基于契约制度之上的私意与现代国家和立法原则框架下的拟制公意之间产生冲突而难以协调。其中，以英美为首的国家法律制度更是将这种游离于国家司法之外、建立在当事人之间的私法自治视为非法的裁决制度。例如，1889年英国《仲裁法案》中规定当事人选择的仲裁制度因严重违背英国法律中的司法管辖而违反公共政策。这种强行以国家制定的法律作为调整社会规范的唯一权威

① 参见刘君之：《我国仲裁机构的独立性及其实现——基于互联网公开数据的实证分析》，载《人大法律评论》2022年第2期。

② 参见周枏：《罗马法原论》，商务印书馆出版社2014年版，第973页。

并将法院诉讼作为垄断争端机制解决的唯一途径，并没有改变仲裁制度的设计理念或将仲裁制度司法化。相反，伴随着民本意识发展并取代国本意识，这种以尊重当事人意思自治为前提的仲裁制度在商事需求的推动下蓬勃发展并挑战以公意优先的国家契约理论，它甚至推动了国家诉讼由职权主义向当事人主义的转变。作为私法自治的核心，当事人意思自治基本要义包括当事人依据自由意志支配自主实施的私法行为，免受他人干涉。具体到商事仲裁领域，当事人可以自由决定争议是否交由仲裁解决、可以选择仲裁地点、仲裁语言、仲裁机构以及选任仲裁员等。因此，外国学者普遍将仲裁程序称之为“量体裁衣的法律服务”（tailor – made services）。

商事仲裁的意思自治原则早在古希腊、古罗马时期就有所体现，法国大革命之后得以正式确立。除了实体法与冲突法外，程序法中当事人的自治也被视为私法自治的组成部分并被视为商事仲裁的基础制度。其法律依据在于宪法对行为自由权作为一项人权的承认，属于私人置身于市民社会中的基本人权，包括当事人在不侵犯他人权利和不违背基本伦理道德、公共秩序及社会公共利益原则之上，对争议的法益享有和解与处分权。当然，商事仲裁的私法自治权具有有限性并以国家的立法为边界，通常不得违反一国强行法并受到国家公权力的监督和必要的干预，但这并不意味着仲裁民间属性的丧失。相反，国家的干预和监督必须以有限和必要为前提，否则仲裁将沦为另一种诉讼模式,① 成为国家审判权的民间化产物而违背仲裁制度的设计初衷。因此，在商事仲裁领域，自治是原则，干涉是例外。这也是商事仲裁区别于诉讼制度的根本原则，并在各国的仲裁法体系中均得以承认和明确的精神所在。国际层面上，《承认和执行外国裁决公约》（以下简称“纽约公约”）中也同样规定：非协议仲裁构成不予承认和执行的生效要件之一。近代各国仲裁立法的现代化进程中也明显有防止私法自治规范缩小的趋势，为国际经济高效运行提供最大的权利保障。

再次，商事仲裁的民间性源于仲裁协议的合同属性。仲裁协议作为确立仲裁庭管辖权的依据和前提，其达成的前提要件是以当事人的合意为基础而被赋予具有合同本质的契约属性。换言之，合同法的契约自由是仲裁协议取得合法性的必要前提，这在各国仲裁法体系中均有所表明。

契约自由原则兴起于19世纪，是市场经济体制、民主代议制和人文主义伦理观兴起背景下催化发展的产物，强调私法主体平等、自由经济和社会契约论。契约自由在学理上主要包括缔约的自由、选择相对人的自由、决定合同内容和形式的自由、合同变更和解除的自由等。从法哲学角度看，契约自由的本性是免受国家强制意志和命令的干预。仲裁协议合同属性中蕴含的契约价值也决定了仲裁的民间特性。虽然契约自由本身并不是一项权

① 参见康宁：《契约性与司法化——国际商事仲裁的生成逻辑及对“一带一路”建设的启示》，载《政法论坛》2019年第4期。

利，但它体现了民事主体之间关系状态的实质是不受法律限制的，表现在仲裁领域就是当事人可以约定或选择适用仲裁规则。因此，有学者提出了“仲裁当事人可以造法”的理论观点，[①] 体现了契约自由赋予当事人不受公法干涉的本质，保障了商事仲裁的民间属性。虽然契约自由论经历过被限制或所谓的“衰败”时期，但契约自由依然是合同法的基本原则，核心支配着私法领域主体的权利与义务。我国学者在借鉴学习西方契约自由理论时，不仅掌握其精髓还赋予了契约自由内在的鼓励交易价值体系。因此，在商事仲裁领域，仲裁协议中所包含的契约自由也被赋予了鼓励当事人积极行使仲裁程序的决定权和处分权，促进当事人将商事纠纷交由约定的仲裁庭或仲裁机构进行管辖，并以此促进仲裁发展的新内涵。

因此，商事仲裁的本质具有民间属性，是由商人社会形成的自治规范代替国家司法管辖的纠纷救济方式发展而来，其前提条件是建立在当事人意思自治基础上排除民主国家对法律创制行为和司法行为的垄断，核心要义则是建立在合同法的契约自由之上的民间司法。

二、商事仲裁立法中民间性的发展历程

在商事仲裁发展初期，由于其活动范围和影响力仅限于“熟人社会”，此时国家对仲裁采取放任不干涉的态度。[②] 但随着商事仲裁跨境范围的不断扩大，仲裁的影响力大大削弱了国家法院的社会控制力，国家对仲裁的态度也从完全不干预过渡到通过国家立法将仲裁纳入法院司法体系予以多方面干预的阶段。[③]

然而，这种通过国家法限制仲裁自治的行为很大程度上阻碍了仲裁的发展，并最终以商人利益集团为主力军的仲裁支持者们通过与国家统治者的对抗和协调再次转变了国家法律对仲裁制度的干涉程度，确立仲裁制度中的有限干预原则。这项原则的确立也推动了20世纪60年代初以来、一些有先进仲裁经验的国家纷纷通过立法改革以减少国家司法干预，促进仲裁的自治性与民间性发展，实现仲裁制度中的私意自治。具体而言，国际上商事仲裁立法改革主要通过两个重要方面实现对国家公权力的排除干涉。

第一，修改法律扩大可仲裁范围，不再拘泥于传统国家立法中对可仲裁性的约束，包括主体与客体可仲裁范围的扩大。其中，主体可仲裁范围主要指法律主体缔结仲裁协议时的行为能力，通常情况下可依据当事人密切相关的国内法判断。为了尊重当事人意思自治，实现仲裁自由化、民间化发展，《纽约公约》第5条第1款和《示范法》第36条第1款均扩大了仲裁主体的范围。在国内商事仲裁的立法改革中，很多国家都放宽了国内法律对仲裁主体资格的严格控制。例如，1987年，《瑞士国际商事仲裁法》就取消了公共机构

---

① 参见刘笋：《论国际投资仲裁中的先例援引造法》，载《政法论坛》2020年第5期。

② 参见杨树明、陈芳华：《论商事仲裁的社会基础》，载《现代法学》2007年第4期。

③ 参见杜焕芳、段鑫睿：《论国际仲裁中国家放弃豁免条款的效力》，载《国际法研究》2022年第2期。

缔结仲裁协议权利的限制。客观可仲裁范围则包括仲裁庭法律适用、国家法院的管辖范围、仲裁协议的生效要件以及公共政策等方面。各国基于仲裁民间性本质通过仲裁立法改革对可仲裁事项的客体要件进行宽泛性规定，突破了传统国家法中对此项的限制。例如，1997 年德国仲裁法改革明确规定了任何财产权请求，包括私法上的财产请求以及其他指向金钱或可以用金钱计算的价值请求，无论其来源与目的，都具有客观可仲裁性。同时，也有国家通过立法来限制公共政策的范围以扩大客体可仲裁性。例如，澳大利亚《国际仲裁法》第 19 条通过采用国际礼让原则以及国际公共秩序等宽泛性标准，审查仲裁是否违反国内公共政策以扩大可以仲裁的范围。除此之外，在反垄断、破产、证券、专利以及商标等可能会影响到第三方权利或行政机关职权的重要经济领域，除了专属管辖的特例外，一些国家立法改革也普遍将其归为可仲裁性范畴。例如，美国联邦最高法院在 1985 年的三菱案中确认了反垄断纠纷在国际商事仲裁领域的可仲裁性；德国修订后的《仲裁法》对反垄断以及破产纠纷的可仲裁性也予以了肯定。

第二，突破国家法中对仲裁协议形式要件的限制以真正实现仲裁的意思自治，同样是各国仲裁立法改革中的重点。其中，仲裁协议生效的形式要件主要依赖于各国的国内立法，通常情况下各国往往参照《纽约公约》和《示范法》的规定。然而，无论是《纽约公约》还是《示范法》均对仲裁协议生效采取严格的形式要求，即仲裁协议必须以书面形式为生效前提。尽管《示范法》对《纽约公约》的书面形式做扩大解释，但二者均无法满足追求高效、便捷的商事需求。不仅如此，若只因当事人无法提供书面协议，但却具有共同仲裁的意思表示而否定其纠纷的可仲裁性，某种程度上也是对仲裁民间性的消耗。[①] 因此，在各国仲裁法的法律改革中均放宽了对仲裁协议的书面形式要求，极大尊重当事人的意思自治。如，1996 年新西兰《仲裁法》中明确承认了口头仲裁协议的有效性；1996 年英国《仲裁法》第 5 条规定，若可以证明存在仲裁协议，如口头订立仲裁协议的通话记录，则视为满足书面仲裁协议的形式要件。从国际层面看，无论是扩大可仲裁性范围还是宽松仲裁协议有效性，都是各国通过遵循仲裁协议有效原则进行立法改革的结果，并为申请人与被申请人法律关系自由化发展奠定基础。可以说，这个阶段的立法改革在商事仲裁的民间性发展中添上了浓墨重彩的一笔，开创了国家通过法律改革实现仲裁私意与国家法律代表公意间的对抗，为之后的商事仲裁民间性发展与变革提供了重要的法律依据和实践经验。

和西方发达国家相比，我国受到传统“重农抑商”政策和儒家文化的影响，直至晚清政府时期才将仲裁法律移植到中国，并赋予仲裁员以“裁判”“公断”等公权力性质的职

① 参见姚宇：《仲裁协议随债权转让的价值平衡方法——对债务人保护的再审视》，载《中国政法大学学报》2022 年第 3 期。

权。[①] 因此，我国早期仲裁制度完全不具备民间属性。1949 年新中国成立后，我国才开始建立近代意义上的仲裁制度。此时我国仲裁实行双轨制，主要包括国内经济合同仲裁、涉外仲裁以及劳动仲裁等。但受计划经济的影响，此阶段内我国国内仲裁制度仍然被行政机关管理和约束，主要体现在仲裁机构的管辖权也是通过行政法规来接受，而并非来自当事人的意思自治，并且国内仲裁机构分别隶属于不同行政机关的管辖之下以解决专属性的经济纠纷。[②] 因此，这一阶段中我国仲裁法体系也不具备真正意义上仲裁的民间性。在国际商事仲裁立法改革的影响与推动下，我国也对国内仲裁制度进行了革新，其中最大的成果是 1994 年 8 月 31 日第八届全国人民代表大会常务委员会第九次会议通过的《中华人民共和国仲裁法》。[③] 在该法的指引下，我国不再实行严格意义的双轨制并取消国内“行政仲裁”制度；国内仲裁机构重新组建并独立于行政机关的管辖；仲裁委员会也不再按区域划分设立而是成为具有独立性的民间组织；仲裁机构的管辖权也源于当事人的意思自治，即仲裁申请必须基于仲裁当事人通过合意达成的书面协议。由此，中国仲裁制度正式迈入现代意义上的仲裁法体系阶段，体现了仲裁民间性的核心本质。但由于我国刚刚经历了经济体制大转型，国内商事仲裁也处于发展的初级阶段，国家对仲裁的管控、监督和干预欲望仍然较为浓重。[④] 因此，从改革内容上看，此次仲裁法的民间性发展仅围绕着仲裁机构的去行政化，并未打破我国固有的以机构仲裁为核心的刻板框架，也未与西方发达国家一样，通过立法改革建立以尊重当事人意思自治为核心的仲裁法体系来彻底实现仲裁的私法自治。

三、《仲裁法》修改中凸显民间性的相关改革

《仲裁法》的制订对中国仲裁制度的建设和发展、理论和实践的创新都发挥了不可替代的关键作用，但其内容早已无法满足当今中国商事仲裁发展的核心需求。2014 年党的十八届四中全会中明确提出：“完善仲裁制度，提高仲裁公信力”；2018 年第十三届全国人大常委会将《仲裁法》修订纳入二类立法规划当中；2019 年中共中央办公厅和国务院办公厅印发《关于完善仲裁制度提高仲裁公信力的若干意见》，明确了改革的具体方向；2021 年 7 月 30 日司法部正式向社会公布《中华人民共和国仲裁法（修订）（征求意见稿）》（以下简称“意见稿”）。可见，这次仲裁制度改革的力度和内容都是空前的。其中，关于商事仲裁的民间性改革也是一大亮点。《意见稿》不再局限于仲裁机构的重新组建和法律层面笼统地确定仲裁机构的独立性与民间性，而是从仲裁机构的内部自治管理、外部

① 参见刘晓红、冯硕：《改革开放 40 年来中国涉外仲裁法制度发展的历程、理念与方向》，载《国际法研究》2019 年第 6 期。

② 参见孙金诚：《让“中国仲裁”成为一张亮丽名片》，载《人民政协报》2022 年版号 12。

③ 参见何晶晶：《仲裁法修改背景下我国引入临时仲裁制度的几点思考》，载《广西社会科学》2021 年第 12 期。

④ 参见廖鸣：《仲裁法中的强制性和任意性规则》，载《北京仲裁》2021 年第 3 期。

仲裁机构革新主义以及细化当事人意思自治原则的角度出发，更加全面、彻底地确保商事仲裁的民间属性。

首先，加强仲裁机构内部自治管理。《意见稿》通过对仲裁机构管理的自治改革进一步确立了仲裁机构的民间性，具体包括：(1) 赋予仲裁机构非营利性法人的身份，进一步明确其市场主体地位和民间属性，这在《意见稿》第 13 条中进行了明确。依据我国《民法典》规定，非营利性法人的"非营利性"主要体现于法人与其成员之间经济关系上，包括法人的设立目的具有公益属性、法人经营获得的收入禁止在内部人员之间分配（即"禁止分配"原则），以及法人的财产也不得通过任何方式归私人所有。① 正是因为我国法律通过"经济关系方式"界定非营利法人的主要特征，并未禁止其从事商事行为，因此极大促进了仲裁机构在保证其公益性与民间性的同时具有市场主体地位，积极参与市场竞争。同时，明确仲裁机构的非营利性法人属性意味着仲裁机构是依法成立、拥有自己独立财产的社会组织，其应依照法律和章程独立开展活动。因而仲裁机构在人员编制与级别、人员构成和流动以及管理方式等方面不得效仿政府机关，消除"官办"或"半官办"管理模式的存在，排除政府的任意介入与干涉，保障仲裁机构的独立性与民间性。《意见稿》第 16 条对仲裁机构应当采取非营利性法人治理模式进行了再次的肯定与强调。简言之，通过赋予仲裁机构非营利性法人属性，明确其在人事、财产、职能等方面不同于行政机关，在法律上具有市场主体地位以及民间属性，迈出仲裁机构内部自治改革的第一步；(2) 尊重仲裁庭的自主性，实现仲裁庭的自治管理。其中，尊重仲裁庭的自主性体现在《意见稿》第 28 条明确赋予仲裁庭的自裁管辖权上，即仲裁庭有权调查并决定仲裁协议的有效性和其自身的管辖权。② 仲裁自裁管辖权理论起始于 20 世纪 50 年代，由联邦德国高等法院在一项裁决中明确确立了仲裁员享有对仲裁协议范围作出决定的权力，取代过去国家法院具有决定仲裁协议有效性的司法实践。该原则实际上为当事人提供了预先了解仲裁案件是否得以继续的便利，并具有提升仲裁自治、弱化司法干预的特征，其一经提出就在之后的国家立法改革与国际仲裁公约中均予以接受和确立。例如，《欧洲国际商事仲裁公约》《欧洲统一仲裁法》《华盛顿公约》以及《示范法》中均有对仲裁自裁管辖原则的规定。但 1994 年颁布的《仲裁法》却未确立该原则，这在很大程度上限制了仲裁庭的自治权行使。此次《意见稿》的修订，通过纳入自裁管辖权条款改变了我国过去法律和实践中所确立的以仲裁机构主导、法院监督和确定的认定仲裁协议效力的模式，弱化司法干预以促进中国商事仲裁民间性发展。除此之外，《意见稿》第 28 条还参照了《示范法》内容，赋予了仲裁庭相对全面的临时措施决定权，在进一步保障当事人权利的同时，还尊重了仲裁庭的自治权，减少法院的介入与干涉。

---

① 参见金锦萍：《论作为商主体的非营利法人》，载《法治研究》2021 年第 3 期。

② 参见张玉卿：《试论商事仲裁自裁管辖权的现状与中国的改进》，载《国际经济法学刊》2018 年第 1 期。

其次，突破仲裁机构主义，引入仲裁地的概念。仲裁地是国际商事仲裁法体系中为了区别仲裁的实际发生地而创设的法律概念。1996 年《英国仲裁法》认为仲裁地是法律上的仲裁地点，① 这与诉讼法中法院地概念具有异曲同工之处。《日内瓦公约》与《纽约公约》也规定了仲裁地的确立意味着仲裁裁决国籍的确定，以避免实践中因仲裁庭在不同地点庭审与合议或通过电话、网络等虚拟空间进行审理而导致的裁决国籍不明的混乱，极大提高了仲裁的确定性与可预见性。不仅如此，依据《纽约公约》《示范法》和国际普遍实践，仲裁地是基于当事人的意思自治予以约定，本质是尊重当事人自由意志而赋予权利人决定其仲裁案件所适用的法律规定和监督程序的权利，是实现仲裁私法自治的必要前提。因此，仲裁地作为一项重要的法律制度，被各国予以普遍地承认与遵守。

但我国当下的《仲裁法》却对仲裁地只字未提，并建立起以仲裁机构为核心的仲裁法体系。② 虽然很大程度上仲裁机构对其所在地的法律环境、制度规范更为熟悉，将仲裁机构所在地视为仲裁地有一定的合理性，但这种单一的将机构仲裁地视为仲裁地方式的唯一客观标准，不仅和国际通行的做法相背离，也很大程度上排除了当事人对仲裁地法律的选择权与决定权。它本质上是国家公法对仲裁私意的过度限制，与仲裁的民间属性相违背，同时也产生仲裁裁决承认和执行的困境。由此，《意见稿》第 27 条首次将仲裁地概念引入中国仲裁法体系，允许仲裁当事人选择仲裁案件的仲裁地法律。该做法突破了传统固有的机构仲裁中心主义制度，在与国际仲裁市场接轨的同时保障了中国商事仲裁的民间属性，为临时仲裁裁决结果在我国承认与执行提供了可能。

最后，细化落实当事人意思自治原则。《意见稿》在民间性改革的重大亮点在于回归到仲裁的本源，即尊重当事人个体的私人自治，并试图通过细化原则的方式来建立以私人自治为核心的民间性仲裁制度。商事仲裁中的意思自治原则是基于法哲学对自然人权利的尊重而发展出来的一项基本制度，其核心是通过尊重当事人对裁判权威的跨国性自主选择与决定的理念，产生与固有的国家司法体系正向竞争关系以使社会法律体系的构成得以完整。③ 因此，商事仲裁中的意思自治原则理应包括积极赋权与消极干预两个层面。其中，积极赋权是指从法律层面明确肯定并赋予当事人对其仲裁案件选择与决定的权利，而消极干预则是指减少和弱化国家法对仲裁私意的干涉以达到尊重当事人自治的目的。由此，《意见稿》也从以下两个层面入手细化当事人意思自治原则：

第一，积极层面上，《意见稿》第 30 条明确肯定了当事人在不违背强行法的前提下，有选择仲裁程序和仲裁规则的权利，并增加仲裁程序的一般性规定，改变了过去法律对仲

---

① 参见毛晓飞：《法律实证研究视角下的仲裁法修订：共识与差异》，载《国际法研究》2021 年第 6 期。

② 参见屈茂辉、刘君之：《论仲裁机构外部治理法治化》，载《湘潭大学学报（哲学社会科学版）》2020 年第 5 期。

③ 参见李贤森：《国际商事仲裁意思自治的保障与限制问题——兼评〈仲裁法〉的修改》，载《法学》2022 年第 4 期。

裁程序繁琐的限制，为当事人选择与决定仲裁程序留下较大的私人空间。① 另一方面，《意见稿》第50条赋予了当事人选择和决定仲裁员的权利，仲裁机构不再实行强制名册，当事人可以选择推荐名册之外的仲裁员裁决其案件以尊重当事人个体的私人意志。可以说，积极赋权的合理性源于意思自治原则的正当性，这是基于权利人是捍卫和实现其利益的最佳人选，从而肯定仲裁当事人具有选择和决定其仲裁案件如何解决的主体性资格。因此，国家立法应当通过积极赋权，从国家法治层面对当事人的权利予以尊重与保护。

第二，消极层面上，《意见稿》通过宽松过去《仲裁法》对可仲裁范围以及仲裁协议有效性的限制，弱化法律对当事人意思自治的干预。商事仲裁的意思自治原则植根于传统的商人社会，是由商人通过"社会行动"与"理性建构"而确立的社会自治秩序原则，具有排除国家法管辖的深层含义。因此，商事仲裁中的意思自治原则还包括国家法的消极干预。《意见稿》第2条第2款将不能仲裁的行政争议范围由"依法"不能仲裁缩小至"法律规定"不能仲裁，以此扩大可仲裁范围，排除行政法规、地方性法规和行政规章的干涉，为之后开展投资仲裁以及体育仲裁等多种新兴仲裁形式提供了法律依据。②

此外，我国现行《仲裁法》第16条要求有效的仲裁协议必须包括明确提请仲裁的意思表示、仲裁事项以及选定的仲裁委员会。其中，明确选定的委员会是基于中国固有的机构仲裁中心主义而产生的特别规定，显然不符合国际多元化的仲裁市场，理应予以排除适用。同时，仲裁协议的形式要件很大程度上也是国家法对仲裁当事人意思自治的干预。具体而言，仲裁协议作为一种仲裁契约，本身就体现了当事人的意思自治，而仲裁协议成立的要件是基于契约精神由当事人之间通过合意来决定、分配其程序性与实体性权利和利益的过程。在商事仲裁领域中，当事人通过达成仲裁协议来决定仲裁员指定、仲裁庭组成、仲裁地点、仲裁规则以及法律适用等程序性与非程序性环节。因此，仲裁协议的自治性也决定了仲裁程序的自治，并在整个仲裁过程中扮演着重要角色，是仲裁制度的基石。③ 仲裁协议的达成意味着司法管辖的排除适用，各国统治者为了避免法院对法律案件管辖权被仲裁员剥夺而选择通过制定国家法来规制仲裁协议的效力，即通过法律规范对仲裁协议有效性设定限制以协调法院与仲裁庭对案件管辖权的利益平衡。但由于仲裁协议的合同属性，当事人请求仲裁的合意是仲裁协议成立的唯一要件，而国家法律对仲裁协议的限制只能存在于仲裁协议的效力问题上，即通过规定详细的形式要件束缚仲裁协议的有效性，致使仲裁协议虽基于合意而成立、但因不满足合乎法律的形式要求而不予承认其有效。仲裁协议不仅及于当事人，还约束着仲裁员、仲裁机构以及法院，具有实体性与程序性的双重

---

① 参见谷佳杰、张健祯：《仲裁案外人准入制度之质疑》，载《海南大学学报（人文社会科学版）》，2022年。

② 参见张敏：《破产程序中争议的可仲裁性问题研究》，载《广西大学学报（哲学社会科学版）》2021年第5期。

③ 参见黄进：《国际私法》，法律出版社1999年版，第820页。

效力。[①] 在仲裁裁决上，《纽约公约》规定有效的仲裁协议也是仲裁裁决得以承认和执行的依据。因此，随着国际贸易的增多以及商事仲裁的全球化发展，各国为了避免其裁决无法跨境承认与执行，通常采取制定简单的法律规定约束仲裁协议的效力，以此实现通过消极干预的手段弱化国家法律对仲裁国际化、民间化发展的束缚。基于此，《意见稿》第21条通过修改和删除过去法律对有效仲裁协议过于繁琐的规定，实现国家对仲裁的消极干预，尊重和促进我国仲裁制度的民间性发展。

四、《仲裁法》修改中的民间性遗留问题及解决途径

尽管此次《意见稿》在民间性改革上有了重大突破，尤其在仲裁机构的自治管理、机构仲裁中心主义以及当事人意思自治原则上都有了实质性的进展，但《意见稿》的修订内容与仲裁民间性的要求还具有一定的差距，仍然存在一些保守性和局限性的规定。

首先，仲裁机构的自治改革并不彻底。虽然《意见稿》修订将仲裁机构的性质界定为非营利性法人，明确其市场主体地位以摆脱对行政的依赖，肯定了仲裁机构的自治性与民间性，并通过赋予仲裁庭自裁管辖权与相对全面发布临时措施的权利承认行使仲裁裁判权的机构或组织并非国家公权力机关，符合商事仲裁民间性的首要特征。然而，《意见稿》中关于仲裁机构自治改革却存在一些保守性规定。例如，关于仲裁机构的仲裁费用仍然采用政府定价的传统方式，虽然一定程度上可以避免仲裁机构报价乱象的困境从而维持仲裁机构的秩序稳定，但这样僵化的规定却严重阻碍了仲裁机构的自主发展，[②] 削弱仲裁机构的市场竞争力并与仲裁机构的自治性和民间性相背离。因此，《意见稿》应将其改为由仲裁机构自主定价，尊重仲裁机构的自治权，并由仲裁机构将定好的价格报由主管部门备案以起到监督的作用。

其次，尚未完全引入临时仲裁制度。在突破机构仲裁中心主义上，《意见稿》引入仲裁地概念，彻底改变了传统以仲裁机构所在地作为判断仲裁法律发生地的唯一标准，并将确认仲裁地的选择权与决定权交由仲裁当事人以保障仲裁的私法自治。但仅引入仲裁地概念并不能完全消除机构仲裁中心主义，对临时仲裁的否定才是我国以机构仲裁作为唯一仲裁制度的根本缺憾。由于《仲裁法》通过法律规制形式限制仲裁协议的生效要件，严苛要求有效仲裁协议必须包含仲裁当事人约定明确的仲裁机构，因此从法律层面否定了临时仲裁在中国的合法性。《仲裁法》对临时仲裁制度否定的初衷在于，立法者结合中国仲裁制度处于发展初期的国情以及我国国民对机构信任远胜于个人的法律文化，试图通过国家立法建立将仲裁机构作为唯一仲裁形式的法律体系以维护仲裁秩序的稳定。[③] 但如此严苛的法律规定不仅与国际仲裁实践相违背，也否定了当事人选择和决定其仲裁案件解决形式的

① 参见秦男：《论选择境外仲裁机构仲裁协议效力的司法审查路径》，载《法律适用》2021年第10期。
② 参见李智：《修法背景下我国独立体育仲裁制度的设立》，载《法学》2022年第2期。
③ 参见李晓珊：《海南自由贸易港临时仲裁制度的建设研究》，载《河北法学》2022年第1期。

权利，导致法律对仲裁私意过度干预的不利后果，阻碍中国商事仲裁的民间性发展。其实，和机构仲裁相比，临时仲裁具备更为悠久的发展历史和更为完善的理论构建，是由早期商人社会形成的仲裁雏形直接发展而来，并不受仲裁机构的管理而程序上更加灵活便捷，也节约当事人时间与金钱成本，① 减少了仲裁机构的管理权行使与当事人意思自治的冲突。由此，临时仲裁制度在国际上被普遍承认与运用，仲裁实践中一些当事人也会选择临时仲裁的方式组建临时仲裁庭，并通过选取其他仲裁机构的仲裁规则以节省商讨规则程序的时间与精力，灵活将机构仲裁的优势借鉴于临时仲裁程序中。为了减轻否定临时仲裁制度的不利后果，《意见稿》在涉外仲裁领域中允许临时仲裁，迈出了探索临时仲裁制度在我国本土化发展的重要一步。但这样的修改仍然具有一定保守性，形成了涉外仲裁与国内仲裁双轨制的局面，这不仅和《意见稿》进行两种仲裁并轨的立法初衷相矛盾，而且会产生仲裁裁决因区别对待而引起不公正的裁判，导致裁决的不予承认与执行。因此，《意见稿》应当在涉外与国内仲裁中都承认临时仲裁的合法性，这是对当事人自由选择和决定其裁决形式权利的尊重，也是中国商事仲裁摆脱单一机构仲裁模式来建立和国际接轨的多样化仲裁制度的基本要求。至于临时仲裁制度在国内仲裁中可能引起的管理困难等，《意见稿》可以通过完善仲裁监督机制进行协调解决，在保障仲裁秩序稳定的同时维护商事仲裁的自治性与民间性。

第三，当事人意思自治原则有待进一步完善与落实。尽管和《仲裁法》相比，《意见稿》通过积极赋权与消极干预层面细化落实当事人意思自治原则，但无论是赋权还是弱化司法干预层面，和国际立法与实践相比仍具有一定的保守性与局限性。在积极赋权上，《意见稿》侧重于明确赋予当事人自由选择、决定仲裁程序和仲裁员的权利以细化落实当事人意思自治原则，但尊重当事人意思自治作为贯穿仲裁制度的核心原则，其覆盖的范围不应仅限于此。国际层面上，一些先进的仲裁机构与国家立法甚至允许当事人出于规避一裁终裁导致的裁决风险，允许当事人基于意思自治在仲裁机构内进行选择性复裁，②这是意思自治原则在裁决层面的体现。虽然复裁机制在中国仲裁领域中存在较大争议，但将意思自治原则贯穿于整个仲裁制度的做法符合商事仲裁民间性的理论要求。因此，《意见稿》在赋权层面还存在一定局限，应当在不违反公序良俗与公共政策的前提下继续扩大允许和尊重当事人对其仲裁案件选择权与决定权的范围。在消极干预层面，《意见稿》主要通过突破《仲裁法》中对可仲裁范围和仲裁协议有效性的限制以削弱司法过度干预，实现商事仲裁的民间自治。但在处理仲裁与法院关系上却存在较大问题，表现在将涉外仲裁裁决的审查机制实行与国内仲裁裁决相同的实体与程序双重审查制度。虽然这样的修订在裁决程

① 参见郑春贤：《临时仲裁的仲裁原则及法律效力——评〈中国临时仲裁实务指南〉》，载《社会科学家》2021 年第 3 期。

② 参见汪蓓：《论承认与执行国际投资仲裁裁决面临的挑战与出路——基于上诉机制改革的分析》，载《政法论丛》2021 年第 5 期。

序上实现了并轨的改革初衷，但却赋予了法院更多干预仲裁的可能，[①] 与国际缩小法院干涉仲裁范围的发展趋势背道而驰，也和各国推行的有限司法审查机制不符，导致实践中当事人因担心法院过度干预其仲裁案件而选择其他国家和地区作为仲裁地，影响我国仲裁的国际竞争力。此外，这样的做法也让法院沦为仲裁的上诉地，[②] 加大法院工作量的同时也和我国实行的一裁终裁裁决制度产生矛盾，本质上逆向扩大法院干涉仲裁的范围，严重阻碍了中国商事仲裁的自治发展。因此《意见稿》应当参考国际通行做法将国内仲裁与涉外仲裁的裁决审查机制改为仅限于仲裁程序上的有限审查机制，通过限制和弱化法院干预仲裁的职权范围，保障仲裁代表的私意被最大可能的允许与尊重。

五、结语

关于商事仲裁民间性的具体含义，各国立法中鲜有明确的法律释义，学界也尚未形成相对系统的理论构建。但作为区别于诉讼制度的根本属性，商事仲裁的民间性却在各国法律与国际公约中得以明确承认。本文通过比照诉讼司法性的角度出发，认为商事仲裁民间性理应包括行使仲裁裁判权的机构或组织具有民间属性、以及仲裁裁判权的行使应当尊重当事人的私意。相应地，实现和保障商事仲裁民间性也应当涵盖排除国家公权力干涉和尊重当事人意思自治两个维度。

商事仲裁民间性起源于商人社会建立起的排除国家管辖的自治纠纷解决机制，在制度设计上通过尊重当事人意思自治原则排除国家公意的过度束缚。早期国家出于仲裁对法院管辖权威胁的考量而制定严苛国家法以限制仲裁的适用，但这种公法对私意的限制却因商事发展的迫切需求而转变。20世纪开始有先进仲裁经验的国家先后通过仲裁立法改革试图建立起以尊重当事人意思自治为核心的仲裁法体系，削弱国家对仲裁的过度干预。我国在这样的国际背景下也进行了仲裁的立法改革，但1994年的《仲裁法》仅在仲裁机构重组上做出了变革，具有较大的局限性。相比之下，此次《意见稿》从加强仲裁机构的内部自治改革、突破机构仲裁中心主义以及通过积极赋权和消极干预两个层面细化当事人自治原则以实现仲裁的民间自治。但这样的改革仍存在一定的局限性，表现在修订后的仲裁机构并未实现完全自治，政府仍可以对机构仲裁的费用等问题起到决定性作用。同时，机构仲裁中心主义也并未彻底突破，和机构仲裁相对立的临时仲裁制度仍不能适用于国内仲裁。在尊重仲裁当事人自治层面，《意见稿》对当事人的赋权范围仅限于仲裁程序和对仲裁员的选任，并未完全贯穿于整个仲裁制度之中。在消极干预上，《意见稿》仍实行国家法院对仲裁案件的双重审查制度，严重阻碍商事仲裁的自治发展。

---

① 参见李红建：《仲裁司法审查的困境及其应对》，载《法律适用》2021年第8期。

② 参见古黛：《仲裁司法审查中“一事不再理”问题裁判思路评析》，载《北京仲裁》2020年第3期。

On the Amendment of Arbitration Law from the Perspective of Folk Nature

Fang Yi

Abstract: Since the promulgation of the Arbitration Law in 1994, China's commercial arbitration has entered a new stage of development. During this period, the law realized the reorganization of domestic arbitration institutions through legislative reform to ensure the autonomy and nongovernmental nature of arbitration institutions. However, such a conservative legislative reform has not really realized the nongovernmental nature of arbitration, seriously hindering the autonomous development of commercial arbitration in China. Based on this, the Arbitration Law of the People's Republic of China (Revised) (Draft for Comments) issued by the Ministry of Justice in 2021 attaches particular importance to the improvement of the civil nature of commercial arbitration in terms of content revision, including encouraging the internal reform of arbitration institutions, breaking through the institutionalism and refining the principle of party autonomy. Although the revision of the Draft has made substantial progress in realizing the nongovernmental level, there is still a big gap between it and the civil autonomy requirements of arbitration on issues such as final arbitration and interim arbitration, which is worth discussing.

Key Word: Party autonmy, Commercial arbitration, New Development

（编辑：彭娟）

经验解释

家庭权力结构变迁与农村失能老人赡养*

武中哲　刘　儒**

摘　要　失能老人赡养是农村养老的关键环节，历来以家庭赡养为主。传统民间法中的孝道习俗、“养儿防老”的因素作为长期以来乡村社会秉持的基本理念在当下的农村社会中屡屡遭受挑战。原因是现代社会进程中农村家庭权力结构以及实践机制发生深刻变化，家庭权力的凝聚条件发生改变，家长与子女的权力关系发生倾斜。尤其在多子女的家庭中，由于家庭赡养的责任在多子女中分配，容易导致责任分散。家庭协议作为一种“家庭法”虽然对赡养过程进行了必要的规制，但其弊端在于赡养一旦协议化也就同时淡漠了亲情，其后果是降低了养老质量，难以给老人带来精神慰藉，且容易形成意外的赡养事故。为此，应当在发展的过程中探索平衡家庭权力的各种方法和策略，积极发挥村委会等社会组织的作用。农村社会组织介入民间法实践也体现着当代民间法与国家法之间交融的新的渠道，发挥着既承接传统，又继往开来的新使命。

关键词　失能老人　家庭权力　民间法　责任分散

一、问题缘起

我国已经进入老龄化社会，农村老年人口比例逐年攀升，尤其是随着城镇化的推进，农村社会中老年化的趋势更为严重，养老问题是农村社会必须面对的一个现实问题。就农村社会的传统而言，养老的核心是失能老人的赡养，这是养老的基础层面，也是解决养老问题的“底线”和关键点。现实农村社会中养老的困局或“养老事故”大多发生于失能老人的赡养领域，但凡有自理能力的农村老人，即便缺少养老资源的供给，也不至于落得

* 山东省社科规划重点专项“新时代乡村治理现代化中的文明实践模式研究”（19BWMJ02）。

** 武中哲，法学博士，山东财经大学法学院教授；刘儒，法学硕士，山东财经大学法学院研究生。

凄惨结局。传统中国的乡村习俗、宗法体系以及传统的孝道以一种民间法的形式维系了农村家庭养老的基本秩序，民间法与国家法在统一的“家—国”框架体系中取得了较大程度的一致。改革开放以来，农村社会发生了深刻的变化，一方面是经济获得极大发展，农民生活水平得到较大幅度提升；另一方面农村社会结构也发生了深刻的变化，传统的民间法的作用条件也开始解构。近年来，在党的乡村振兴战略实践推动以及精准扶贫的政策助力下，大部分农村人口生活得到了实质性的改善，总体养老环境也得以优化，然而，社会生活中仍然多见养老环节发生的悲剧，且大都涉及农村失能老人。例如，中央电视台《今日说法：母亲的呼救》中曾经播放了重庆万州一起令人震惊的遗弃老人的案件：该老人的老伴已去世，有四个儿子和二个女儿，女儿嫁到邻村，四个儿子与老人居住在同一个村庄，轮流供养老人。但四个儿子对她并不好。大年初一，四儿子交班让老人去大儿子家，结果大儿子家两口早早出门晚上很晚才回来，没看见母亲也没有寻找就去睡觉了。老母亲返回并辗转到其他几个儿子家，一整天没有一个儿子肯出面收留，其间还是邻居给了老人一点吃的。入夜，老母亲在二儿子和三儿子的家门口喊了一夜儿子的名字，让他出来救救她，几个儿子一家却无动于衷。大年初二的早晨老人死在二儿子家门口。事后，四个儿子都一致认为不是自己的责任，不应自己管，甚至不知道母亲是怎么去世的，每个人都在为自己开脱责任，最终四兄弟被村民联合告上法庭，最终涉嫌遗弃罪被批捕①。此事件虽然已经过去了几年时间，但是并不等于类似事件在农村社会中已经消弭，与之类似的案例绝非是个别的“特殊情况”，而是具有普遍性和多发性的社会问题。我们虽然无法逐一去挖掘这些事件，但是单凭媒体的相关报道就会感知到这确实是个“问题”。例如，网曝陕西一名男子将79岁的瘫痪老母亲丢进废弃墓坑活埋，该消息很快就引起了社会大众的广泛关注；江苏南通如皋孤寡失能老人被遗弃小破屋，补助金却被侄子拿走……类似的事件在其他地区也多有发生，只是程度有所差别，情节有所不同。类似事件中闹出人命的当属少数，但没闹出人命的“潜在问题”不在少数，这是一个带有普遍性的发生在当下农村社会中亟待解决的问题。面对此类事件的疑问是在农村经济发展，农民物质生活水平得到较大改善的背景下为何还会发生这种事情？很多农村老人含辛茹苦拉扯子女成人，并且分别给他们盖房娶妻，后代日子过得都不错，老人自己最后却落得如此结局。这种事情在近代传统的农村社会都极为鲜见，显然不是经济的原因，也不是传统的产物，是另外一些因素的作用。

家庭养老目前仍然是农村养老的主要方式，对失能老人的赡养对家庭成员来说是一种无法推脱的无限责任，无论是在家庭内还是在家庭外，无论是独生子女家庭还是多子女家庭，都反映出老人与子女之间的权利义务关系。除非是对于鳏寡孤独等特殊情况，其赡养要由国家来介入。已有研究涉及农村养老问题的已经汗牛充栋，但大多数研究是“改善”

---

① 此为真实案件，具体案情请参见央视网《今日说法》栏目视频资料：http：//news. cntv. cn/2014/12/26/VIDE1419576960806169. shtml，在此不再详细叙述案件情节。

型的，从一般性的养老资源的提供方面展开，对于此类社会现象的理论阐述还有缺乏。鉴于此，结合重庆案例①，从当下农村家庭权力变迁以及家庭中代际权利义务关系的视角为此类社会现象提供一点理论解释或许对于认识这个问题并推进优化解决这个问题有所裨益。对于消除新时代农村社会中尚存的“阴暗角落”，推进实现全面乡村振兴也有一定的价值。

二、已有相关研究的回顾及分析视角

农村养老问题一直是理论界和政策界关注的热点问题。通常关于农村养老的界定是指60岁以上的老年人通过家庭子女供养的方式养老，根据2012年修订的《中华人民共和国老年人权益保障法》第二章第十四条对子女的义务有明确的规定：“赡养人应当履行对老年人经济上供养、生活上照料和精神上慰藉的义务，照顾老年人的特殊需要。”即经济赡养，生活照料和精神慰藉三个方面。如果老人能自理且有一定的经济能力或者夫妻二人都还健在，那么一般情况下是不需要子女来轮流赡养的，只需要给老人一定的经济支持，老人的生活就可以得到基本保障，日常更多的是需要来自子女的精神慰藉。

然而，这类关于农村养老的条款并非完全符合中国农村社会的实际，在农村的传统中，真正的也是最困难的养老是对失能老人的赡养，最基础的是生活照料。失能老人指的是丧失生活自理能力，因此必须要依靠外力来完成生存保障。已有的对老年人的调查研究也认为，老年人对子女不计回报地付出，在经济支持、生活照料和精神慰藉三个方面尽量自立，以减轻子女的负担②。在以家庭为基本养老单元的农村社会中，老人到了不能完全自理的时候，子女就需要承担起照料父母的义务和责任，很多农村家庭养老方面的养老纠纷也是在这个时候出现的。具体到哪个年龄段，则因人而异，难以统一做出界定，这主要与老年人的身体状况和自理能力相关。对于失能老人的赡养，已有研究多侧重于从经济资源、赡养机构等方面进行讨论。不过通过对农村地区的调查，普遍认为家庭供养是失能老人养老的主要方式，但家庭养老能力的低下也是一个不容回避的事实。轮流奉养是目前农村家庭赡养失能老人的主要模式，但是农村失能老人家庭养老服务面临诸多挑战，包括居住环境不稳定、经济供养压力大、照料资源供给有限、精神慰藉被忽视等③。在城市化进程不断加快的背景下，农村青壮年劳动力涌入城市，农村空心化现象突出，使得家庭式照

① 本文借用重庆案例但不局限于该案例，分析中旨在从家庭权力结构、权利义务关系角度而不谋求面面俱到。

② 杨善华、贺常梅：《责任伦理与城市居民的家庭养老——以“北京市老年人需求调查”为例》，载《北京大学学报（哲学社会科学版）》2004年第1期。

③ 韩笑笑、杜子明：《农村失能老人家庭养老困境与社会工作介入策略——以山东省潍坊市为例》，载《农村、农业、农民（B版）》2021年第9期。

护功能逐渐弱化，生活在农村的失能老人境遇严峻①。已有研究，大都涉及农村失能老人赡养的各种困难、对失能老人的赡养物质和精神条件的供给以及照护等方面的分析，解决这些困难的相关对策。然而，这些研究均无法有效解释案例中事件发生的机理。案例家庭中的老人年轻时尊奉的一定是“养儿防老”这样的古训，现实却事与愿违，显然对此不能用传统的视角来进行解释。案例中反映出的问题是与家庭成员关系相关的家庭结构问题，是家庭结构变迁过程中出现的“失范”。家庭结构是指家庭中成员的构成及其相互作用、相互影响的状态，以及由这种状态形成的相对稳定的联系模式，包括家庭人口要素和家庭模式要素。家庭的抚养功能在社会变迁的过程中也在不断发生变化，扶养制度的演变过程本身也是我国家庭形态变迁的缩影，侧面揭示了家庭承载的社会功能的变化过程②。传统社会中因为父代家庭掌握资源和伦理规则，建构了父母处于主导、子代处于依附的168家庭权力结构③，家庭关系上形成了以横向夫妻关系为辅、纵向代际关系为主的结构。在现代化进程中，农村家庭呈现出核心化特点，父权主导地位不断削弱，以父子轴为核心的家庭结构转向以夫妻轴为核心的家庭结构，传统的父系父权制在中国农村已失去了存在的基础④。在发展的过程中，一些农村地区也产生了一些新的家庭结构模式，例如嫁娶婚和招婿婚的并家婚姻模式，形塑出新的家庭关系和家庭权力结构。有研究从代际交换、孝道文化和结构制约三个维度考察中国城乡居民赡养行为的影响机制，子女赡养行为主要受到合作型或交换型动力、文化型导向力和结构型阻力等三股力量的共同作用⑤。

结合已有研究以及案例所呈现出的事件逻辑，可以得出的基本判断是发展过程中家庭内部结构问题是影响家庭失能老人赡养的关键因素，其中最为重要的是家庭权力结构，以及由此衍生的权利义务关系，将其作为一种新的分析视角对农村失能老人赡养问题会有更切实的解释力。在当前城镇化工业化过程中，农村家庭中“孝心”赖以存在的结构基础发生了改变，在失能老人赡养方面涉及老人家庭权力的变化和家庭内部赡养责任伦理的契约化关系的形成这两种形式，就整个农村社会而言具有一定的典型性和代表性。

家庭权是人的基本权利，隶属于社会权的大范畴。国内学术界对此的界定有多种，一种观点认为家庭权包括生育权、夫妇家庭地位平等权、互相扶养权、使用姓名权、继承权、收养权、财产共有权、损害赔偿权、参加生产工作学习和社会活动的自由等⑥。第二种观点认为家庭权主要指公民组建家庭和维持家庭生活，使家庭能正常发挥其各种功能的

---

① 储伟：《增能视域下农村失能老人康复服务模式研究》，载《河南财政税务高等专科学校学报》2019年第3期。

② 张燕玲：《家庭权的私法保障》，载《法学论坛》2012年第5期。

③ 费孝通：《乡土中国生育制度》，北京大学出版社2009年版，第182页。

④ 王跃生：《社会变革与婚姻家庭变动——20世纪30—90年代的冀南农村》，生活·读书·新知三联书店2006年版，第455页。

⑤ 韦宏耀、钟涨宝：《代际交换、孝道文化与结构制约：子女赡养行为的实证分析》，载《南京农业大学学报（社会科学版）》2016年第1期。

⑥ 林喆：《婚姻家庭权——伦理与法律的纽带》，载《学习时报》2004年3月25日。

自协议的约束力，同时也有因此而形成的来自他们所居住的村庄社会的压力。如果老人选择让自己较为称心的其中的一个儿子长期赡养，那么其他的会觉得“脸上无光”，并从此在村庄中的社会评价会显著降低，所以这种影响是必须要顾及的。也因此，四个儿子在划分赡养责任的时候一定会考虑均衡，即便是内心想让其他兄弟多承担，但碍于社会压力终究也不会那样去做。由此导致的结果是，老母亲要在兄弟四个家中轮换供养，实际上在这个轮换的过程中老人承受了很大的痛苦。最明显的是，刚刚在一个家庭中安顿下来，没过多长时间就要轮换，老人肯定有居无定所的感觉，每次搬家可能都是对心灵的一次撞击。由此可见，家庭老人赡养如果用“协议”来规范，其结果很可能难尽人意。

赡养协议是一个现代的产物，它使得赡养有了类似制度的依据和“法”的约束，主要产生在多子女即多主体参与赡养的家庭之中，其目的是分解赡养义务，规定赡养标准。但是，这个“法”是一个民间法范畴的“家庭法”而非“国家法”，是基于家庭成员共同同意基础上确立的，其适用范围是相关家庭成员，并不具有国家法的强制约束力。显然，在这个“同意”的过程中，该家庭中老人的“表决权”可能是被动的抑或说无奈的。有研究认为，在农村家庭养老中，多子女家庭中个体间利益、情感、责任的冲突碰撞表现得更为复杂，呈现出传统性与现代性并存的代际关系伦理与代际团结模式①。在某种意义上看，赡养协议会使得赡养有据可循，对于违反协议的人的追究提供了依据，本身存在着进步性。特别是在家庭赡养出现特别困难，不明确各自的权利义务会导致赡养无法持续下去的情况下，赡养协议会发挥切实的作用。但是，问题的另一面是，协议作为一种“合约”，最恰当地运用场所应是市场化的契约的双方，而非应用于以情感包裹的家庭关系之中。也就是说，赡养协议在家庭中的形成也必然会有其自身不可克服的弊端。

首先，“协议”是无奈之举。“协议”虽然可以用来约束子女的赡养行为，但其效用是有限的，类似于法律的“事后”功能。当某些子女不履行协议的时候，这个协议可以作为追究法律责任的依据，法院还可以参考协议内容并根据事实加以判决，并强制执行。由此看来，“协议”必然是一个不自觉的产物，也可以说是一个无奈之举。如果家庭中子女互相之间能够做到充分的“自觉”，都能够尽心扶养老人，互相之间不攀比、不猜忌，那么就没有必要签订养老协议。从另一个方面看，对于老人而言，如果子女之间签订了养老协议，虽然从形式上看养老有了“制度化”的保障，但是这种保障无疑是“心酸”和“无奈”的，最大的弊端就在于折损了亲情。结果必然是“协议签了，老人的心也凉了”，未来的养老之路纳入了契约化的范畴，形成了“情”与“养”分离的养老方式，使得老人在晚年很难获得有质量的精神慰藉，因而也不可能拥有较高的养老质量。在此案例中，老人的生活条件并没有因为协议而得到保障。从老人的居住条件上看，虽然每个儿子都住

① 陶涛、刘雯莉、李婷：《长幼有序，男女有别——个体化进程中的中国家庭养老支持分工》，载《社会学研究》2021 年第 5 期。

着楼房，但是老人居住的是两面通风的破旧平房。从老人的生活状况来看，老人吃饭就是自己的一个专用碗筷，不能够上饭桌吃饭。从老人的精神慰藉上看，老人似乎除了能和邻居说说话，大多时候都是自己一个人，从儿女身上基本得不到精神上的慰藉。

其次，“协议”容易导致责任分散。正是因为签订了养老协议，子女按照协议来养老，长期下去会把养老作为一项不得不执行的“任务”，而不是看成是一种天经地义的责任。如果所有的子女都严格按照协议来做，对协议负责而不是对父母负责，就很容易出现这样类似的悲剧。案例中，老母亲已经去世，这四个儿子还振振有词，每个人都各自以“协议”为理由来推卸自己的责任，他们显然只是在对“协议”负责，把自己的母亲是谁，曾经对自己所有的生育和养育恩情都抛到九霄云外去了。这个时候，他们的想法恐怕主要是老大老二老三老四该怎么做，我凭什么这么做。他们专注于弟兄们之间关系的计较，已经全然不顾自己母亲的死活。事实上，如果将这四个儿子分别独立出来，他们也可能不是那么坏。如果这个老妇只有一个儿子，即便他很穷，也不会看着自己母亲冻死在自己家门口。然而正是因为有了四个儿子，并出现了以赡养协议为借口的相互推诿，导致了这个悲剧。

至于是否要签署家庭赡养协议，这在不同的家庭有不同的选择。通常情况下，在赡养老人的责任分配上兄弟姐妹内部之间不能达成一致的情况下才会签订家庭赡养协议。对于签订家庭养老协议的多子女家庭而言，协议的签署除了分配养老的责任以外，更重要的是平衡子女之间的关系，以免引起纠纷。在以往许多大家庭中不乏这样的案例，子女之间因为养老的付出不均衡而发生矛盾，甚至大打出手。因此，签署赡养协议主要是一个家庭子女之间关系结构的产物，抑或说子女之间要“分清”自己责任的时候才需要签订正式的养老协议。因此，家庭养老协议的签署已经预设了一个前提，即家中子女之间在赡养老人方面已经无法靠个人来自觉维系。就像案例中老人的四个儿子都不想在赡养老人方面付出更多，内部无法达成一致，最终是在村干部的调解下签订了一份赡养协议。

对于没有签订家庭赡养协议的多子女家庭而言，如何进行赡养自己的父母可以进行自由协商。这与子女的孝顺程度、家庭关系和谐程度等有一定的关系，兄弟之间没有签订家庭赡养协议并非表现在养老方面没有明确的责任，而是他们将这种责任埋藏在心里，不必要也不宜于用正式协议的形式表现出来。这种情况的出现一般是基于内心的自觉。现实生活中的很多不签订家庭赡养协议的家庭是家庭关系和谐的家庭，一般是子女之间可以相互包容，并且还拥有“孝心第一”的意识，所以这种家庭的老人不但不会出现老无所养的现象，而且拥有更高的养老质量。另外，现实中是否签订家庭养老协议的往往也与子女的经济状况具有一定的联系，如果子女的经济状况良好，在养老方面无须计较，对协议的需求也就不那么迫切，甚至根本就不需要，而是将孝敬父母放在第一位。

五、结论与讨论

通过以上分析，可以看出失能老人照料中的关键因素是老人的家庭权力以及这种权力赖以保障和实践的家庭权力结构以及权利义务关系。其中家庭权力是基础，子女的经济能力、团结度和孝心是老有所养的基本条件。由于家庭是基于血缘和亲情的初级社会群体，因此成员之间的权力关系往往处于隐藏状态，但是在遇到特殊事件或其他家庭变故的时候这种权力结构就会发挥作用。对于家庭养老而言，在孝心有保障的前提下，家庭权力因素往往被遮蔽了起来，当这个条件松动之后，家庭权力结构则必然成为一个重要的决定变量。因此，平衡家庭权力，为失能老人赋权是解决问题的关键。案例中出现的并非是个别家庭的问题，而是一个社会性的问题，是内在的家庭权力结构变迁以及维护的问题，同时也是一个传统的消融以及现代性重建过程中存在的问题。

当代农村社会中存在着国家法律与传统习俗的交互作用，法律制度以及相关契约在面对“家务事”的时候经常显得无能为力。同时，变迁过程中的很多农村社会中，习俗的控制力量也在减弱，“孝心”“孝道”作为传统的约束性手段在现代社会中的作用已经衰减，这在一定程度上改变了很多农村家庭的权力结构以及家庭成员的权利义务关系。乡村社会的法治实践及其他国家的法治经验表明，法治社会的建构和具体运作，并不是要“独尊”国家法而“罢黜”民间法，也不可能将所有社会关系领域的调整和冲突解决都纳入国家法律的调控范围之内，而是充分利用各自不同的优势和有利条件，兼顾地方性知识，综合提供各种可供选择的法治资源。但问题的另一个面向是，在现代化进程中，单靠传统家庭伦理内生的老年人家庭权力及相关的民间法实践显然不能全面有效发挥作用，已经无力解决传统社会向现代社会转型中遇到的系列问题，需要从现代性的要素中挖掘并提炼新的法治元素以及保障性措施。

家庭财产权和土地使用权是传统农村家庭中老人的“权力”基础，在现代社会中往往被很多农村老人所忽视，这其中有老人自愿放弃的成分，也有家庭剥夺的成分。家庭财产和土地是老年人维持家庭权力的重要资源，而家庭财产中最重要的是宅基地。很多老人保持“一家人”共同拥有财产的传统理念，同时也搞不清宅基地的现时价值和未来价值，往往会无偿赠予后代使用，寄希望于子女未来的赡养。然而，这是一种基于情感和血缘的社会契约而非基于法律的经济契约。如果后代觉得理所当然并不懂得感恩，这种约束就会失效，必然使老年人晚年失去对子女的控制力。对于失能老人而言，单纯依赖子代的赡养是以增加他们家庭负担为代价。“久病床前无孝子”，在没有相应控制手段的情况下难以维续稳定的赡养，由此导致的子女之间的推诿也极易滋生家庭矛盾。

在这种基本前提下，财产和土地制度是保障失能老人家庭权力的重要载体。这种权力保障往往无法来自家庭内部，而需要家庭之外的主体参与。而且往往这种权力保障是在家庭内部赡养出现问题的时候才会提到议程。鉴于此，在农村社会中，针对老人权力保障的司法机构的建设和促进其作用发挥的相关机制建设是必要的，相关的法律服务应当穿透家庭的包裹，直接关注失能老人这个特殊群体。农村社会中在失能老人赡养方面还存在较多的法律空白，“清官难断家务事”仍然是困扰人们的一个难题，也是此类事件处理的棘手之处。法律的介入就是要给予解决纠纷的法制渠道，并且法律并不应当仅仅停留“事后处理”，而应当尽量使其功能发挥在预防和纠错的过程中。增强村民的法治意识，规范并约束自己的行为。

依法保障失能老人家庭权力必须要以独立于家庭之外的组织载体为基础，否则很难落到实处。这其中，乡村基层组织是第一责任主体，村委会应对家庭养老起到一定的监督作用，并且最好有专人负责。设立专职干部联系相关家庭，及时进行访问和督促，及时化解家庭赡养中的纠纷。在此基础上，以老年人为主体的社会组织建设能够强化村集体回应老年人需求的意愿和能力。老年人协会是老年人组织化的重要媒介，有助于强化乡村老年人群体内部的互动和关联，激活村庄社会资本，可避免老年人特别是失能老人禁锢于家庭范畴，由此获得相对独立自主的生活空间和价值体验①。如果说传统乡村社会中的民间法主要是以家庭或家族为单元的，那么当下农村社会中的民间法就要以乡村组织应该作为一个“替代”或“补充”以使其发挥持续性作用。村委会以及其他各类乡村组织能够突破家庭的框架，规避内卷于家庭内部的社会问题的发生，特别是对失能老人的赡养，社会组织力量的介入尤为重要。从这个意义上看，社会组织介入民间法实践也体现着当代民间法与国家法之间交融的新的渠道，发挥着既承接传统，又继往开来的新的使命。

The Change of Family Power Structure and The Support of Rural Disabled Elderly

Wu Zhonghe　Liu Ru

Abstract: The support of the disabled elderly is a key link of rural elderly care. Family support has always been the mainstay. The traditional folk law of filial piety custom, “raising children for old age” factors as the basic concept of rural society uphold for a long time in the current rural society has been repeatedly challenged. The reason is that the family power structure and practice mechanism in the process of modern society have undergone profound changes. In addition, the power relations between parents and children have tilted. The family rights of the elderly in modern rural families, especially the disabled elderly are lower than in traditional societies, triggering a decrease in their control over family members. Therefore, the support of relying solely on filial piety is limited. Especially in families with many children, the responsibility for family support is distributed among many children, which can easily lead to the dispersion of responsibil-

① 李永萍：《养老抑或“做老”：中国农村老龄化问题再认识》，载《学习与实践》2019年第11期。

ities. Although the family agreement has made necessary regulation to the maintenance process, its disadvantage lies in that once the maintenance is negotiated, it is also indifferent to affection. As a consequence, the quality of old – age pension is reduced, it is difficult to bring spiritual comfort to the elderly, and accidental maintenance accident is easy to form. For this reason, the support of disabled persons in rural society should be guaranteed by exploring factors and forces outside the family. Therefore, we should explore various methods and strategies to balance family power in the process of development. The intervention of rural social organizations in the practice of folk law reflects a new channel for the integration of contemporary folk law and national law, and plays a new mission of not only carrying on the tradition but also carrying on the past and opening up the future.

Key words: Disabled elderly; Family rights; civil law; Decentralized

（编辑：田炀秋）

驭民五术：公众诉求的幽暗幻象

王林敏*

摘　要　披着古装的驭民五术实际上是个当代现象，是公众诉求的历史折射。当下社会发展不均衡，公众期待与实现期待的能力之间存在差距，从而衍生出各种情绪。驭民五术作为一种知识产品，契合了社会公众的表达诉求，因此得到广泛传播。在方法论上，驭民五术是典型的借古喻今，借由批判商鞅思想而批判现实。但其炮制者采取望文生义手法“解读”《商君书》的术语，造成受众对商鞅思想的误解。因此，驭民五术对商鞅思想的“批判”实际上是当代公众诉求的一个虚假的幽暗幻象。

关键词　驭民五术　社会控制　商鞅思想　幽暗幻象

驭民五术是近年来非常流行的一个网络术语，学术大咖、贩夫走卒，谁都可以就着驭民五术说上两嘴、评论两句，其普及程度，可以与官方政法哲学的一些常用术语相媲美。网上一有涉及公权的热点事件，就有人搬出驭民五术，在事件中的政府行为与驭民五术之间画个等号。在批评政府行为的同时，有些人还夹枪带棒的穿越时空，骂一骂商鞅。甚至在疫情防控中，某些地方政府的过分之举，也被说成是“商君之法”的翻版。这个现象，已经成为当代中国互联网舆论中的一道非常独特的风景。那么，到底什么是驭民五术，其发生缘由、运作机制及其实质是什么？驭民五术与商鞅和《商君书》之间到底是什么关系？本文试图回答这些问题。通过回答上述问题，以及通过驭民五术这个术语本身，我们或许可以获得一个观察当代社会的学术棱镜。

一、驭民五术：一种网络现象

用哲学术语来说，驭民五术是个精神现象，也是一种客观存在。所谓驭民五术的“理

* 王林敏：山东青岛人，法学博士，曲阜师范大学副教授。

论”——之所以给此处的理论两个字打个引号，是因为制造驭民五术这个词的手法，在我看来是对理论的亵渎——即壹民、贫民、弱民、辱民、疲民之术。这套恐怖的君主驾驭臣民的帝王统治之术，据说出自战国时代的《商君书》，是商鞅留给后世封建集权统治的思想“遗产”。作为一个术语，驭民五术的表达方式具有高度概括所产生的抽象美，措辞简洁、工整，直指要害，因此能够迅速抓住受众的眼球。但事实上，这个术语在学术界、在思想史中，从未有学者使用过，它并不是学术界的知识创造。大约在2010年前后①，驭民五术突然在网上冒了出来，迅速成为一个网络热词。

在百度搜索驭民五术，可以得到80万多条结果②。从中我们可以找到所谓驭民五术的内容，如下：

> （1）壹民：统一思想。
>
> （2）弱民：国强民弱，治国之道，务在弱民。
>
> （3）疲民：为民寻事，疲于奔命，使民无暇顾及他事。
>
> （4）辱民：一是无自尊自信；二是教唆之相互检举揭发，终日生活于恐惧氛围中。
>
> （5）贫民：除了生活必须，剥夺余银余财（即通货膨胀或狂印钞票）；人穷志短。
>
> 五者若不灵，杀之。

这是驭民五术的简化版。网上还有很多传播驭民五术的文章和视频，对驭民五术这五个要点进一步解读。最后一句话“五者若不灵，杀之”，特别恐怖，杀气扑面而来，令人不寒而栗。有人解释说：这句话可以理解为“封杀。可以不让他发声，想办法控制住。实在不行就让他消失。”③ 这显然是结合当下社会现实所进行的解读。可以想象，读了这个驭民五术之后，人们对商鞅和《商君书》是何种观感！

爱屋及乌，恨屋也会及乌：驭民五术是邪恶的，所以，商鞅也是邪恶的；驭民五术是可恨的，所以，商鞅也是可恨的。但在《商君书》中，只有“壹民”“弱民”等字样，根本就找不到能与驭民五术相匹配的内容。我们在古籍中，找不到驭民五术的出处，在任何一本先秦思想史的学术著作中，都找不到驭民五术与《商君书》之间的关联。《商君书》中的“愚民”“贫民”“弱民”，与之相去甚远，根本就不是一码事。但是，这个驭民五术却被加在商鞅头上，成了污名化商鞅的证据。

在网络中，经常可以看到这样的说法，商鞅对待百姓的态度就像对待动物一样。这样

① 这是笔者的一个粗略判断。驭民五术到底是何时出现、由谁提出的，还需要进一步的考证。

② 最后检索日期：2022年7月25日。

③ “《商君书》中的‘驭民五术’，耐人寻味”，载https：//www.sohu.com/a/271860701_778350。

的评价都是凭借想象给商鞅扣帽子。比如，有个“智慧江西”的搜狐号作者，把商鞅称为“闯入人间的恶魔”，是这样解释“辱民”的：

> “商鞅要求，百姓在耕地时，眼睛不能乱看，耳朵不能乱听，嘴巴不能乱说。这不禁让人想起驴拉磨时，主人为了让驴专心拉磨，会把驴的眼睛蒙上。法家比驴的主人想得更加周全，不但要蒙上眼睛，还要塞上耳朵，堵住嘴巴。在法家心中，人不如驴。”①

这个“传播正能量、弘扬主旋律”的“智慧江西”，大概是看到《商君书》中“声服无通于百县”，就浮想联翩吧？哪怕是亲自看几眼《商君书》原文及其注解，就知道其原意不是那个意思②。但这样的东西就在网上流传，还打着一个“智慧”的旗号。商鞅的形象经过这样的不断加工、暗示、强化，在有些人心目中就成了一个邪恶的符号、邪恶的象征。

这就是说，驭民五术虽然披着一层古典的外衣，据称是《商君书》的产物；但《商君书》中根本就没有这种邪恶的东西。炮制者只是借用了《商君书》的术语作为外衣，包裹的是炮制者自己的认知；炮制者在其中增加了一个时空关系的折叠，通过这个时空关系的折叠，使驭民五术看上去像是个古代事物。所以，驭民五术就像是大街上那些汉服一样，从外形看唐风汉韵、长袖善舞，内里包裹的却是二十一世纪的现代东西。炮制者针对的是当代的社会现象。驭民五术被炮制出来不是为了探讨古代问题，它针对的是当下的问题，尤其是针对当下的政治、法律、社会问题。任何一个社会，都会有负面的现象，古代有、现代也有。驭民五术是把古代的一些负面的东西，以理论的形态提炼出来，贴上古典的标签，用来讨论当代的现象。

这是当代中国的一个具有时代特色的社会现象。解开它的社会现象的表层外衣，观察它的内部结构就会发现，它既是一个政治现象，也是一个文化现象。这个复杂的双重结构意味深长。

驭民五术的内核里其实是一种政治现象，因为它针对的主要是当下社会中的政民关系。其基本思维模式是以古典社会的政治统治的外衣，对标当代的政民关系。驭民五术炮制者背后的思维模式是“官民对抗”思维，借由想象的古代社会的统治，影射当代的政治统治。当代政治统治与古代政治统治的形式不同，但是结构和主题却是类似的，很多社会问题也有表面的相似性。一旦社会上出现某些热点问题，就有人用驭民五术对号入座，而且总是能够对标成功。其根本原因就在于，驭民五术原本就是炮制者以社会中既已存在的

① 搜狐网：商鞅，闯入人间的恶魔：驭民五术的罪恶，载 http://news.sohu.com/a/530895491_120232346。

② 高亨：《商君书注译》，清华大学出版社2011年版，第35页。

负面情绪为情境，运用驭民五术创造“代入感”，从而调动、传导、汇聚、放大既有情绪。所以说，驭民五术并不是什么“古代帝王术”，而是一种煽动情绪的当代“情绪调动术”。

说驭民五术是一种文化现象，是因为炮制者针对的是传统法律文化，特别是针对先秦法家中的商鞅和《商君书》。从事实上来看，中国古典传统法律文化，确实具有专制的成分。法家理论证成和建构了中央集权的君主制度，通过秦的统一，完成周秦之变，使华夏文明整体进入集权君主制时代。自西汉中期开始，儒家把法家排挤出去，自己独占王权时代的理论圣坛，一面延续集权式君主统治的合法化论证，一面毁谤商鞅两千年。集权式君主制是华夏法制文化的核心，法家申韩的“帝王之术”，又是核心中的核心。而驭民五术的炮制者正是借助人们熟知“帝王之术”这个概念，把商鞅和《商君书》中的只言片语提取出来，把驭民五术描绘成整个中国集权式君主时代的“帝王之术”，以文化的手段处理法律文化问题。这是典型的移花接木、偷梁换柱。驭民五术的炮制者不但污名化了商鞅和《商君书》，还污染了传统中国法律文化。

二、驭民五术：一种思维模式

在驭民五术对商鞅的污名化过程中，存着一个非常醒目的现象：为了否定而否定。为了否定和污名化商鞅，甚至可以捏造事实扣在商鞅头上，而做这个事情的人却不以为然，甚至觉得自己的所作所为是“正义之举”。针对《商君书》炮制的驭民五术，“明眼人”一看即知其中的端倪，但多数人抱着“看破不说破”的人生智慧，对其视若无睹、置若罔闻，任其对一位古人污名化。传播驭民五术的人，如果知识水平不足以识别学术假货，还可以理解；如果明知道驭民五术是学术假货，还放任乃至刻意的传播，那就另当别论了。因为，这代表着一种非常独特的现象，其背后是一种思维模式：“斗地主思维”。

“斗地主”是特定的历史环境中，解放区的一种发动群众的革命运动方式。在阶级斗争的理论指导下，在阶级对立的社会结构视野中，人民政府把当时农村社会处于优势地位的小部分人作为一个阶层识别出来，贴上一个标识，作为阶级敌人加以批斗，打击其声誉、瓦解其权威。① 斗地主作为一种群众运动，最大的特色是剧场效应。批斗和审判的区别在于：审判讲证据，批斗讲愤怒。为了追求剧场效应，各种手段都可以被正当化：戴高帽子、游街示众、批斗大会、诉苦算账。② 目的决定手段，在这种剧场效应中，事实变得不那么重要，甚至有些被捏造的事实也可以扣在地主的头上。③ 地主几乎没有任何申辩的机会，只能照单全收。

现在，没有地主可斗了，“斗地主”成了一种扑克牌游戏；但是，斗地主现象仍然存

① 何志明：《土改中的必修课：“斗地主”》，载《党史文苑》2012年第4期，第48页。

② 海国晶：《试述解放战争时期土改中“斗地主”步骤》，载《理论观察》2012年第2期。

③ 程娟娟：《革命名义下的合法性集体暴力——土改文学中“斗地主”的群体心理分析》，载《社会科学论坛》2011年第9期，第210－211页。

在，斗地主的场所转移到网络，斗地主的思维模式依稀可辨。这种“斗地主”现象，也出现在了针对商鞅的网络批斗中。商鞅穿越时空，在我们这个时代被一些人识别成为他们的对立面，成为他们的批斗对象。驭民五术就是为了批斗商鞅而罔顾事实捏造出来的，以“解读《商君书》”的漂亮形式引发了部分现代人对商鞅的愤怒，商鞅戴上高帽子，贴上“坏人”标签，成了被批斗对象。那些加入批斗行列的人直接过滤或者无视对商鞅的正面评价，甚至把针对商鞅的事实描述斥为“洗地”，依靠情绪污名化商鞅被视为正当行为。

这样的例子有很多，网上有很多实例可以提供证明。这种模式与旧时“斗地主”的场景非常相似。只要有人为“地主”说好话，哪怕是实话、陈述的是事实，也会被划到对立面上去，因为“地主”是坏的，所以，替他说好话的人也是坏的。最有意思的是旁观者，他们可能就是过去斗地主场景中的路人甲、路人乙。但是，他们却毫不掩饰表达自己的对商鞅不屑和愤怒。有个问题是：他们是如何确定自己的信念的呢？有人指出了一条路径：鲍老师说的；鲍老师有讲《商君书》①。进一步追问：他们怎么能够确信鲍老师说的就是真的？答案可能是：鲍老师就是这么说的。这种“知识”，根本就没有一个坚实的基础②。

当我们把网络上针对商鞅的“批斗”摆出来放在一起加以比较分析，下面的现象，以及现象背后的思维模式清晰可辨：

- 径直给商鞅下结论、定性；
- 进行道德评价，对商鞅贴标签、扣帽子；
- 捏造证据、缺乏论证；
- 敌视辩护意见，热衷于堵嘴，甚至给辩护者扣帽子；
- 情绪判断多于理性分析。

显然，这是一种独断论式的思维模式。通过驭民五术对商鞅进行的污名化，是借助网络这个现代媒介对商鞅进行的一场文化批斗会，其模式就像是既往的“斗地主”类似。批斗的一方通过身份识别，通过标签进行丑化：预判商鞅是个坏人，然后甩出“证据”、泼脏水坐实这个判断；通过驭民五术吐口水、泼脏水，进行“口水罚”“脏水罚”，而被吐口水、被泼脏水的一方则戴着一顶尖尖的帽子，被装扮成一副丑恶的模样，默默地承受着各种无中生有的指责。商鞅被当代一些人描述成了华夏文明的“魔鬼”，《商君书》被描述成一部邪恶的书。批斗方追求剧场效应，激发情绪；轻视证据程序，依靠愤怒。被批斗者无法申辩，辩护意见被各种堵嘴。对于有些人来说，驭民五术到底是真、是假不重要，批斗商鞅这个事才是重要的。

通过这种方式对商鞅进行污名化是不公平的。就连一些知识分子，也加入针对商鞅的

---

① 鲍鹏山评《商君书》，参见《鲍鹏山新读诸子百家》，复旦大学出版社2009年版，第214－249页。

② 从论证的角度而言，这是一种谬误，叫作“诉诸权威”。诉诸权威并不能证明自己正确，更何况，鲍鹏山根本就不是商鞅和《商君书》研究的权威。关于“诉诸权威”谬误，参见［美］格雷戈里·巴沙姆等：《批判性思维》，舒静译，外语教学与研究出版社2019年版，第129页。

批斗当中，这一点非常的醒目。在几十年前的一场运动中，在“评法批儒”① 的框架下，商鞅被一些人热情的肯定（讴歌赞美）；在近十几年来，在反思秦制的背景中，商鞅被另外一些人无情的否定（谩骂诋毁）。针对商鞅的这两个态度虽然不同，但是思维模式大体相同：为了歌颂而歌颂，为了否定而否定。商鞅本身是什么不重要，那“为了什么”才是重要的。在几十年前，为了什么而什么，多少是可以“同情的理解”的，因为那是个特殊的历史时期；而在今日，仍然为了什么而什么，则令人感觉有几分别扭。学者之中的“为了什么而什么”，尤其令人感觉别扭。这么多年的学术训练，难道没有点长进吗？学者如果跟风，和“群氓”有何区别？

知识分子加入针对商鞅的“斗地主”游戏，是个很滑稽的现象。“学术中立”“价值无涉”这种大词都被抛到一边，直接代入自己的价值立场，这是必然的结果。但是，知识分子如果有了斗地主思维，把这个价值带入到斗地主当中，结果会十分可笑：对方说啥都是错误的。在斗地主者眼中，这个世界是黑白两色的，说实话也是一种“敌对行为”。他们看不到，甚至不想看到硬币的另一面。这与学者的身份、学术的追求是不相容的。在真和善之间，学术的终极目标是求善，求真是为了求善，所以存在一个“以道统术”的问题；但是，求善的前提是求真，为了求善而抛弃求真，那就不是在追求“善”而是在歪曲“善”，是“以术歪道”。

三、驭民五术：一种控制手段

当代污名化商鞅有个特点：社会底层，或者说，普通老百姓参与了污名化商鞅。在民国之前，谩骂商鞅的都是儒家的士子、官僚。历史上，对商鞅的“差评”乃至“恶评”，自汉代以来便不绝于缕，到了宋代更是达到一个空前的高潮。每当有变法改制，商鞅就会被改革者捧、被保守派骂。汉代非鞅是因为桑弘羊借商鞅之名搞盐铁之政；宋代罪鞅则是因为王安石变法。在非鞅和罪鞅的过程中，商鞅变成了“商殃”。富国强兵的变法者商鞅，变成了祸国殃民的与民争利者“商殃”。请看下面这段话：

“自汉以来，学者耻言商鞅、桑弘羊，而世主独甘心焉，皆阳讳其名而阴用其实，甚者则名实皆宗之，庶几其成功，此则司马迁之罪也……二子之名在天下者，如蛆蝇粪秽也，言之则污口舌，书之则污简牍。”②

写这段话的人不是别人，正是唐宋八大家之一，赫赫有名的苏轼。文人的长处在于遣词造句。对于他青睐的，可以极尽华美赞誉之辞；对于其厌恶的，则能拿出世界上最肮脏的词汇来加以诋毁。他把商鞅比作粪蛆，是祖上和商鞅有仇吗？显然不是，他是和王安石变法有仇。所以，苏轼这样的古代官宦谩骂商鞅是利益所系。古代百姓可能没那个闲心也

---

① 对“评法批儒”的研究，参见陈闯《“评法批儒”时期的古典学术研究》，山东大学博士学位论文，2019年。

② ［北宋］苏东坡：《东坡志林》，中华书局1981年版，第108页。

没这个意识去骂商鞅。商鞅死后“秦人不怜”①，是因为商鞅明面上是被定了“叛国罪”。前功不抵后罪，秦国百姓即使心里觉得可惜，但嘴上不会去表达同情，因为秦国法律不允许。《盐铁论》中的文学贤良说商鞅身死“为天下笑”②，那是贤良文学借天下人之口说自己的话而已。自商鞅之死到盐铁会议，前后400年的时间，先秦以及西汉诸子，没人谩骂过商鞅；即便司马迁也只是说商鞅“天资刻薄”，那是针对所有法家人物而言的，也不单独针对商鞅一个人。士人学者尚且如此，普通老百姓有什么理由去“笑”商鞅？

现在不同了，普通人也参与到污名化商鞅这样的事件当中。是什么原动力促使他们这么愤恨商鞅？众所周知，自改革开放以来，商鞅一直是个正面形象③。作为战国变法运动的翘楚，商鞅的改革者形象既符合历史事实，也契合当下改革开放的国内形势。但在谩骂者的眼中，商鞅显然是另一幅负面的乃至邪恶的暴政者形象，他作为改革者的形象被淡化了。这就涉及当代商鞅污名化的深层问题：商鞅形象的转变。一般来说，民众只有对暴政者才会感到痛恨，而不可能去痛恨一个改革者。改革很少会伤害到民众利益，何况，民众也没有太多利益可以伤害。但是，驭民五术令部分民众产生一个幻觉：他们受到了商鞅的伤害。当代参与污名化商鞅的网民，显然是模糊了商鞅的改革者形象，而突出了商鞅暴政者形象④。

驭民五术栖居在网络上，可以说是无处不在。尽管不像实物那样能看得见、摸得着，但它仍然是一种客观存在，能够为人感知。作为一种“知识”，它真正的栖身之处是人的头脑。它让很多普通网民参与到污名化商鞅的队伍中来，这就引发了一个问题：驭民五术何以为真？为什么有那么多人相信它是商鞅的思想？答案是：对很多笃信者而言，是误以为真或信以为真。

驭民五术的网络传播，验证了西方传播学当中的一个著名判断：魔弹理论。“魔弹理论”虽然具有唯意志论的色彩⑤，但仍然揭示了大众传播中的一个事实：老百姓很好欺骗，宣传家、意见领袖说啥就是啥，能够左右民众意见。“魔弹理论”的基本原理是：欺骗十个人很难，欺骗十万人很容易。面对人群撒谎，人群越大，撒谎者就越容易得逞。这是个规律。从内容上看，驭民五术具有鲜明的指向性：它指向社会中的甚至是政治中的控制关系。而“魔弹理论”则恰好说明了驭民五术的另一幅面孔：作为精神现象，它本身就是一种控制手段、一种愚弄人的手段。笃信驭民五术的人可以自我检视一下，是不是中了驭民五术炮制者的魔弹？

---

① 缪文远等译注：《战国策·秦策一》，中华书局2012年版，第62页。

② 王贞珉：《盐铁论译注》，吉林文史出版社1991年版，第74页。

③ 1989年，上海话剧艺术中心曾经排过一部由姚远创作的大型历史话剧《商鞅》。相关评论参见杜荣华：《话剧〈商鞅〉的文化冲突》，载《上海戏剧》1996年第6期。

④ 学术界对商鞅暴政形象的论证，参见李禹阶：《论商鞅、韩非的国家思想及“法”理念》，载《暨南学报》2015年第1期，第95页。

⑤ 郭庆光：《传播学教程》，中国人民大学出版社2011年版，第177页。

所有的社会现象背后，都有一层控制关系。我说驭民五术是一种控制手段，看到这个判断，可能有人会笑：这是盲人都能看出来的事情，还用得着你说啊！是的，这确实是盲人都能看清楚的事情。但是，还有盲人看不到的，或者明眼人看不透的层面。有些事情，只不过是看上去如此这般而已。因为，我说驭民五术是一种控制手段，并不是说它是统治者的控制手段，而是说它是炮制者控制受众的手段。

网上传播驭民五术的人说，这是一种古代帝王操纵臣民的邪恶控制术。言下之意，驭民五术是一种存在于古代社会的社会现象。但这是一种托词，一种蒙人的把戏。驭民五术是现代人炮制出来的，加在商鞅头上而已。那些相信和传播驭民五术的人，并且大骂商鞅的人，受到了某种思想控制。这种控制并不是来自官方，而是来自民间的某个无名氏。驭民五术的受众成了牵线木偶：驭民五术作为受众思考当下社会现象的思维工具，表面上是受众在运用它，但事实上是受众被驾驭了。受众被驭民五术的炮制者给驾驭了。

从社会学上来看，作为现象的社会控制，大体上有三类：政治优势者控制权力、资本家控制经济、学者控制知识。这个世界上的有两种事很难，一是把别人的钱装到自己的口袋里，二是把自己的思想装进别人的脑袋。在这个意义上，驭民五术的炮制者是非常成功的人士，他把自己的思维模式装进了他人的头脑。思想一旦在头脑中扎根，就会成为思维定式。现在想证明驭民五术的虚伪性很简单，但把它从那些信徒头脑中剔除，难度非常大，会遭受各种各样的抵制乃至谩骂。有些读者不相信驭民五术是假的，有些是不愿意相信，有些是明明知道是假的但故作不知。或者说，真假并不重要，重要的是驭民五术解释了某些现象，并给他们提供了一个表达机制，一种情绪宣泄机制。

四、驭民五术：一种诉求表达

从结构语言学的角度来说，驭民五术这个“能指”的“所指”，应当是我们关注这个概念的焦点之一。每一个具体概念都涉及两个方面的关系：一方面是表示具体事物或抽象概念的语言符号；另一方面是语言符号所表示的具体事物或抽象概念。前者是“能指”，后者是“所指”①。每个现象都有它的实质，都有它的精神构成。驭民五术及其所蕴含的内容只是一个语词构织的外壳；外壳里面包含的炮制者的“思想”才是最真实的东西。也就是说，驭民五术作为一个“形式”其实并不重要，重要的是它的“精神”。

从历史纵向来看，当下中国在经济形势方面处于“百年三峡”的历史最高位，社会各个方面都呈现出经济繁荣所带来的变化。物质生活的丰裕、精神生活的拓展，幸福指数、平安指数，近20年的发展要好于以往。在这种条件下，出现了“厉害了，我的国！”的兴高采烈，也出现了驭民五术的幽暗反思。为什么会出现这种反差？对当下社会主要矛盾，执政党的判断是：人民日益增长的美好生活需要和不平衡不充分的发展之间的矛盾。在我

① 参见：［英］丹尼·卡瓦拉罗：《文化理论关键词》，张卫东等译，江苏人民出版社2006年版，第17页。

看来，“厉害了，我的国”与驭民五术之间的反差，其实就是社会主要矛盾的一个表征。炮制驭民五术的社会动力就在这个反差之中。

质言之，驭民五术的背后蕴含着一种情绪。对当下社会的某些怨气，被包装成对商鞅思想的“批判”，实际上是指桑骂槐、含沙射影、借古非今。

改革开放是四十多年来的主题。这四十多年的社会发展背景来看，很多改革措施在解决老问题的同时，就可能衍生出新问题。比如：住房体制改革，在解决“分房”不公的同时，造就了大量的“房奴”；高校扩招，在扩大教育公平、提高国民教育素质的同时，逐步形成了高校毕业生的就业压力；旧城改造在解决了居民的住房条件的同时，拉高了房价；国民收入水平总体提高的同时，产生了先富与后富之间的差距。当下，人民对美好生活的向往与实现这种向往的能力之间的差距，衍生了巨大的焦虑。驭民五术背后的情绪，就是社会发展不平衡所产生的裂缝中所散发出来的怨气，甚至是怒气。如果要从结构的角度分析其成分，这当然不是一种单一的情绪，而是由多重来源合成的复杂情绪。

一部分来自中产阶级的焦虑。中产者绝大多数都受过一定的教育，有不错的职业和稳定的收入，但他们中的很多人的另一层身份却是房奴、孩奴，可能为还贷款、为孩子的教育焦头烂额；他们很容易与“不让人有余财”的“贫民”对标。一部分来自社会底层的无奈。社会底层的打工人，忙于果腹、疲于奔命，如果遇到心术不正的管理者，他们很容易与“不让你有闲暇”的“疲民术”对标。还有来自知识分子的不满：一部分与西方理论有关，是自由主义者；一部分与传统思想有关，这部分人是新儒家或者儒家思想研究者。知识分子很容易与“不让人有思考”的“愚民术”对标。

社会上的很多情绪，都可能通过驭民五术折射出来。这些社会负面情绪，通过某种机制导向了历史深处的商鞅。更为深层的问题是，改革进入深水区，商鞅成了一面反光镜，当下人的诉求通过商鞅从历史深处反射了回来。无处发泄的怨气，就像一个幽灵到处游荡，找寻可以寄托的宿主。跨越千年，找到了商鞅。商鞅在华夏文明史上，再次成为冤大头。一个社会有怨气，这是正常现象，这不是因为怨气正常，而是任何一个社会当中都会有怨气，怨气的根源在于社会结构本身。只要存在着社会结构的不均衡，就会存在怨气。通过适当途径抒发、纾解怨气，是保持社会机体健康的必要条件。这就像是一个人，用中医术语来说，可能会遭到邪气入侵，只有排除体内这些邪气，才能保障身体健康。如果社会怨气不能通过正常途径宣泄，那就会通过非正常途径发泄出来，甚至发生极端的报复社会的行为。

我们从驭民五术的“所指”中解析出“情绪”二字，也就触摸到了驭民五术传播机制的根本点。共享的“情绪”，在驭民五术的炮制者、传播者和预期受众之间搭建起沟通的桥梁，从而成为驭民五术网络传播的内在驱动力。

驭民五术通过网络的传播，有视频、图片、文字等三种不同形式的载体。视频形式，通过网红或者主播以音像的形式呈现；图片中的驭民五术大多是配图加解说，采取语录体、以警句的方式出现；文字形式存在的驭民五术，包括文章、问答、讨论，在各种论坛、博客中广泛存在。所有这些网络载体的共同特点是：标题醒目、重点突出，刺激情绪、抓取人心。

从传播媒介来看，驭民五术主要是通过网络社交平台。在论坛和博客上，以文字形式传播；在播客平台上，以视频形式传播。无论是通过何种载体、何种传播方式，其最为突出的一点就是带着一种强烈的情绪：只要是驭民五术出现的地方，总是能够感受到一种强烈的情绪。始作俑者以污名化商鞅为手段，而中间传播者则以流量为目的；最终的受众则主要是宣泄情绪。所以说，驭民五术的网络传播，是一场未经串联的、看似没有共同意向的"共谋"。

驭民五术能够"深入人心"，其中必然有蹊跷。假如我们把驭民五术视为一种知识产品，它虽然是假货，却满足了社会上的某种需求——它满足了社会上部分人表达情绪的需求。表达情绪是一种无法遏制的社会需求；有的人能够自我控制、沉默是金，有的人则会感觉不吐不快、如鲠在喉。有话要说，无论所涉及的是何种议题，在宪法和法律的角度来看，都是属于表达自由的领域。但表达自由是有边界的，即便在网络上评论时事也是如此。而在当代的舆论环境中，涉及公共事务往往属于敏感话题，在这种话题上发泄情绪是不理智的表现，可能存在风险。驭民五术为这种情绪宣泄提供了一个窗口。

既然针对当下公共事务的自由表达存在风险，人们就把目光投向历史。鞭挞秦始皇暴政并不犯忌，并且还可以冠冕堂皇；诋毁商鞅也没问题，并且可以义正词严。从对历史的"恶政""暴政"的批判中可以得出一个结论：最差民主也比最好的专制要强得多。这个结论没人能够反驳，因为它是正确的，在法律上是正确的，在政治上也是正确的，这是文明社会的共识。在对秦始皇、秦政的批判中，人们悄悄地塞入了商鞅和《商君书》和"暴政""恶政"之间的关联，这就是对驭民五术的内容描述，即驭民五术的表达形式。所以，驭民五术的传播逻辑是，在一个正确的结论中，夹杂了一个错误的关联，即《商君书》和驭民五术之间的关联。

上述错误关联，从传播学的视角来看，就是驭民五术中的"议题设置"。所谓"议题设置"①，说得通俗一点，若把网络传播视为传播者和预期受众之间的一个关系结构，那么"议题设置"就是传播者试图给预期受众施加的影响。在驭民五术的炮制者心目中，是否具有这个"议题设置"意识，我们不得而知。但是，驭民五术的网络传播中，则是显明的隐含着议题设置的影子。即使传播者没有明说，这个议题也可以分析出来，即"反思秦制、批判当下"。"反思秦制、批判当下"，这两个要素是一体两面，其实是同一个事。在长达十几年的信息轰炸中，驭民五术完成了两个环节的网络传播：

第一个环节是驭民五术的炮制者向历史深处发问。其实，早就有网友指出一个问题，

① 参见［美］埃姆·格里芬：《初识传播学》，展江译，北京联合出版公司2016年版，第358–366页。

《商君书》当中可能没有成型的驭民五术理论，但是秦朝建立之后，汉唐宋明历朝历代中，肯定存在着可以与驭民五术相互印证的现象。把这些现象提取出来，与驭民五术中的各个术语“愚民”“弱民”“贫民”“辱民”等一一参照对读，很容易就能拼凑出驭民五术在古典社会中对劳动人民进行压制、压迫乃至压榨的图景，从而揭示出驭民五术给古代劳动人民造成的苦难。通过举例子，摆事实、讲道理，这个过程生动形象，富于感染力，易于刺激想象、引发联想。炮制者以及后来的传播者，对于驭民五术与商鞅之间的关联，采取了斩钉截铁式的事实描述的方式，令人看上去无可置疑。驭民五术的炮制过程，其实是一个典型的迷惑行为。在这个迷惑行为中，炮制者把一种针对古代暴政的“怒气/怨气”包装在驭民五术当中。这就意味着，当看到与驭民五术有关的网络内容时，其中的情绪也在向受众传递。

第二个环节是驭民五术的接受者向社会现实回归。当炮制者发出的声音，通过互联网被预期受众接收到的时候，语词的“能指”与“所指”之间的对标过程就会在受众那里发生飘移。炮制者用它来照亮历史，而接受者就会用它来扫描现实。因为在诠释学上，一个非常普遍的规律是：凡是有理解，理解就有不同。莎士比亚制造了一个哈姆雷特，但一万个观众眼中有一万个哈姆雷特。这个过程是非常真实的，普遍存在的。当驭民五术从历史深处返回，就成为一个关照现实的手电筒，可以用来聚焦和照射社会现实中很多现象，形成对公共事务的批判。这就是概念术语的“意指作用”的奇妙之处。驭民五术中本来蕴含的怨气，通过接受者又被释放出来，驭民五术实现了向社会现实的回归。

这个从发问历史到回归现实的过程，其实时刻都在发生。因为，“读史使人明智”的基本原理背后，所蕴含的也是同一个过程。但是，通过驭民五术所获得的明智，掺杂了炮制者制造的迷惑行为。

五、结语

驭民五术是游荡在互联网世界的一个幽灵。说它是客观现象，是因为驭民五术已经取得了独立的存在形态。不管你是否愿意、高不高兴，它都在那儿。尽管驭民五术是一种观念、一套理论，但是，这种观念、理论一经炮制，就脱离它的炮制者取得了自己的存在形态。相对于物质性的存在，观念性的存在更加牢固。因为，它的寄主是人，甚至是人心。不管这套理论是真实的，还是虚构的，只要它俘获了人心，在一定时期之内，就会有一个牢不可破的营垒。观念性的存在无形胜有形，只要人心不散，它就不会散。

驭民五术之所以能俘获人心，是因为确实解释了某些现象，这一点毋庸置疑。要是没有解释力，它也不会引发共鸣，不会获得那么多拥趸。但驭民五术所唤起的这种共鸣，其实是一种无理性的共情。共情者只是通过一个概念找到了情绪的宣泄途径。这就是说，驭民五术的重点不在于其解释力，而在于其效应。其炮制者通过这个概念，引导了两种情绪：一种是针对当下，一种是针对历史。炮制者通过驭民五术这个概念把某种情绪导向历史深处，导向传统文化中的法家、导向商鞅。对当下的情绪和对历史的情绪，在驭民五术的受众心里产生共鸣。对当下的情绪转移到商鞅头上，商鞅成了驭民五术受众发泄情绪的窗口。在这个意义上，驭民五术其实是对当下社会存在的一个反映。从认识论的角度来看，驭民五术作为一个当代的精神现象，是（某些）人类的思维对社会现实的直观能动，是客观社会的一个主观映像。它在知识论上的本质是经过大脑加工处理过的社会影像，它的"所指"是我们的生活本身乃至本真的一个层面。因此，驭民五术在实质上是对社会现实的隐喻。

不过，它还没上升到反思的层面，它只是一种幻象、一种幽暗幻象。至今为止，驭民五术都没有正式学术化。我们可以在互联网上找到它，发现其外形工整但内容略显粗糙的表达形式，以及以讹传讹的传播踪迹与线索。但驭民五术没有进入学术殿堂，未经严肃反思、接受学术检视。也许，经过反思和检视，驭民五术会是很好的理论分析工具，可以用来分析很多社会现象。但以目前这种与"商鞅"和《商君书》挂钩，污名化商鞅和《商君书》、污染传统法律文化的形式而存在，激发社会负面情绪，挑动官民对立，则是不恰当的。所以，必须对其凝视和反思，将其与商鞅和《商君书》脱钩，使其回归学术的本原。

TheFive Trickerys of the control of the people: an Dark Illusion of the Public Appeal

Wang Linmin

Abstract: TheFive Trickerys of the control of the people in an old fashion, is actually a modern thing, which reflects the public appeal from the history. The development of the society is in imbalance, and there is an distance between the demand and the ability of the people, so much resentment appears. The Five Trickerys, playing a role of the product of knowledge, fit the demand of the public, and spread widely. In methods, the maker of the Five Trickerys obviously steal beams for columns, incorrectly interpreting the terms of the Shangjun Collections, which leads to an misunderstanding of the readers. So The criticism of the Five Trickerys to the Shangyang' s thought is in fact a fake and dark illusion of the public appeal.

Key Words: The Five Trickerys of the control of the people; Social Control; Shangyang' s Thoughts; Dark Illusion

（编辑：田炀秋）

现代金融法中的习惯法实践
——评《担保论》

王伟臣*

摘　要　美国法律人类学家万安黎于2011年出版的《担保论：全球金融市场中的法律推理》是一本运用民族志方法研究金融体制和市场的法律著作。既然国际法可以成为民族志的研究对象，那么国际金融法同样也可以做人类学的解读。在这里，起主要作用的并非官方颁布的金融法典，而是市场自发形成的一套复杂的习惯规则。作为一种民间的私人法律技术，担保实际上就是一套法律拟制，可以用于诸多领域和场合。具有反思性的人类学提醒我们，法律在本质上是一种实践技术。

关键词　万安黎　国际金融法　担保　法律人类学　习惯法

认识在担保的旗号下所发生的一切，认识所有因之得以产生、经过辩论、满心期望却错失的东西，可以让我们对法律思想如何形成市场有新的理解。①

——万安黎

对中国法律人类学而言，康奈尔大学"杰克·G. 克拉克52（Jack G. Glarke' 52）远东法律研究讲座"教授、人类学系教授万安黎（Annelise Riles）于2011年出版的《担保论：全球金融市场中的法律推理》（以下简称"《担保论》"）② 是一部"匪夷所思"的作

* 王伟臣，法学博士，上海外国语大学法学院副教授。

① ［美］万安黎：《担保论：全球金融市场中的法律推理》，江照信等译，中国民主法制出版社2013年版，第2页。

② 参见 Annelise Riles, *Collatreal Knowledge: Legal Reasoning in the Global Financial Markets*, University of Chicago Press, 2011。

品。因为在当前以“法律人类学”为主题的中国研究中，除了少数学者关注城市拆迁或环境保护问题之外，绝大多数作品仍然集中于少数民族地区习惯法或乡村–国家法之间的互动关系。《担保论》的研究对象却是国际金融市场中掉期交易的担保问题，所以把此书同《原始社会的犯罪与习俗》① 一道归类为法律人类学的著作显得颇为突兀，而金融市场与习惯法看上去似乎也没有什么关联。但这的确“是一本运用民族志学的方法研究金融体制和市场的法律著作”②。

该书出版之后，获得了来自《哈佛法律评论》《法律与商业杂志》等刊物近十篇书评的优异成绩。2013 年中文译本完成之后，作为翻译的发起人、组织者、译稿的审校人以及万安黎的同事，於兴中教授专门撰写了一篇“译后记”对该书的主旨、篇章结构、主要内容、学术贡献做出了全面而深入的解读。不过，包括“译后记”在内的中外书评都没有论及该书的法律人类学的意义，在笔者看来，这一意义典型地体现在该书的标题，即，人类学家为什么要研究担保这种现代金融法的技术性规则？

一、迈向现代的“田野”

万安黎在导论部分反复强调了担保的重要性，认为其“已经成为一种具有巨大政治与经济正当性的平衡纽带”③，甚至可以作为“‘私人宪法’关系的蓝本”④。不过，研究对象的重要性并不能当然解释选择该研究对象的原因。为什么要研究担保，首先要从作者的学术背景以及其所归属的研究领域的发展状况来分析。1990 年，24 岁的万安黎从伦敦政治经济学院毕业，获得社会人类学硕士学位。3 年后又以优等成绩从哈佛大学法学院毕业，获得法律博士学位。随即又进入剑桥大学攻读社会人类学博士学位。20 世纪末，打破学科壁垒、多学科交叉融合的趋势已渐趋热烈，那么在此背景之下，有着交叉学术经验的青年学者理应有着较为光明的学术前景。但是万安黎当时所面对的却是一个暮气沉沉的研究领域，因为人类学的法律研究尚未实现智识上的独立。从某种程度上讲，法律人类学的发展过程就是人类学不断摆脱法学之阴影的过程。虽然 19 世纪末心理学、经济学、人类学等社会科学在大学体制内对法学的地位造成了冲击，但在对法律问题的学术研究上法学的垄断地位依然不可撼动。

首先困扰人类学的就是法律的定义。以罗马法为基础而构建的近代西方法律体系，被

---

① 参见［英］马林诺夫斯基：《原始社会的犯罪与习俗》，原江译，云南人民出版社 2002 年版。

② 於兴中：《译后记》，载［美］万安黎：《担保论：全球金融市场中的法律推理》，江照信等译，中国民主法制出版社 2013 年版，第 285 页。

③ ［美］万安黎：《担保论：全球金融市场中的法律推理》，江照信等译，中国民主法制出版社 2013 年版，第 4 页。

④ ［美］万安黎：《担保论：全球金融市场中的法律推理》，江照信等译，中国民主法制出版社 2013 年版，第 7 页。

德国社会学家韦伯称之为人类法律发展的最高阶段——“形式理性法”。[①] 与之相比，非洲等地无文字社会的“习惯法”则被认为是“形式非理性法”或“实质非理性法”，换言之，并非西方意义上的“法律”。而英国人类学家马林诺夫斯基（Malinowski）“以大规模的田野调查为基础的研究在当时可谓突破性创新，这种研究方法从此以后被视为任何有效的法律人类学研究的一个先决条件”。[②]在此基础上，马氏提出了一种关于法律的“最小定义”[③]，承认了“原始社会”也有其特殊的法律，从而“标志着现代法律人类学的诞生”。[④]十余年后，哥伦比亚大学博士研究生霍贝尔（E. Adamson Hoebel）在学科带头人弗朗兹·博厄斯（Franz Boas）的引荐下，结识了同校法学院贝茨法理学教授卡尔·卢埃林（Karl N. Llewellyn），开始了两人长达近30年的合作。[⑤] 在1941年出版的《夏延人的方式》[⑥] 中，他们将英美法教学中的案例研究法通过人类学的田野调查进一步发展成为案例分析方法，成为此后这一领域的标准方法。[⑦] 借由法学的方法论，人类学在法律研究上出现了一次高潮，比如马克斯·格卢克曼（Max Gluckman）、保罗·博安南（Paul Bohannan）、列奥波德·波斯比士尔（Leopold J. Pospisil）等第二代法律人类学家皆是法学福利的受益者。

但是，人类学借用法学研究方法之后，视野便局限于乡土社会的民事或刑事等部门法领域，因为传统上认为现代意义上的国家法或国际法律冲突显然不适合人类学研究。如此一来，人类学的法律研究对于专注国家法领域的法学研究者没有多少吸引力。这也就解释了为何法律人类学未能像法律经济学一样成为一门交叉学科。[⑧] 与此同时，作为人类学分支的法律人类学对于母学科也缺乏吸引力。早在1965年，加州大学伯克利分校的劳拉·纳德（Laura Nader）就敏锐地观察到，“法律的人类学研究至少在主要的方面，并没有对人类学学科的理论和方法产生影响，就像亲属制度和语言研究那样。在《今日人类学》《当前人类学》《人类学双年评论》中鲜见法律研究的作品。”[⑨] 到了1994年万安黎考虑博士论文选题之时，这种状况并没有发生明显的改变。她当年在《伊利诺斯大学法律评论》

---

① 参见林端：《韦伯法律社会学的两大面向》，载林端：《儒家伦理与法律文化：社会学观点的探索》，中国政法大学出版社2002年版，第48－50页。

② Francis G. Snyder, *Anthropology, Dispute Processes and Law: A Critical Introduction*, 8 British Journal of Law & Society, 142（1981）.

③ ［英］马林诺夫斯基：《原始社会的犯罪与习俗》，原江译，法律出版社2007年版，第45页。

④ Annelise Riles, *Representing In－Between: Law, Anthropology, and the Rhetoric of Interdisciplinarity*, 1994 University of Illinois Law Review, 603（1994）.

⑤ 参见 William Twining, *Law and Anthropology: A Case Study in Inter－Disciplinary Collaboration*, 7 Law & Society Review, 563（1973）。

⑥ 参见 Karl N. Llewellyn and E. Adamson Hoebel, *The Cheyenne Way*, University of Oklahoma Press, 1941。

⑦ 参见 Francis G. Snyder, *Anthropology, Dispute Processes and Law: A Critical Introduction*, 8 British Journal of Law & Society, 143（1981）。

⑧ 参见王伟臣：《法律人类学的身份困境——英美与荷兰两条路径的对比》，载《法学家》2013年第5期。

⑨ Laura Nader, *The Anthropological Study of Law*, 67 American Anthropologist, 3（1965）.

上发表了题为“介于两者之间的表达：法律、人类学以及跨学科的修辞学”的论文，开篇就指出：

> 法学和人类学之间的跨学科研究有着至少一个世纪的深厚传统，学科之间的这种互动——我们过去半个世纪所见证的这种互动模糊了法律和文化之间的区别——目前看来似乎正摩拳擦掌、跃跃欲试。然而吊诡的是，不论是人类学家对于法律的研究还是法学家对于文化问题的关注，最近都被学科边缘化了。这些研究缺乏创新，甚至颇为无聊。①

万安黎这篇论文的目的并不在于对法学与人类学的历史关系进行回顾与点评，而是解释为什么她不能再像前辈一样研究乡土社会的民、刑纠纷了。于是在接下来的田野调查中，尽管调查地点——斐济仍然是人类学意义上典型的“他者社会”，但是她所关注的重点并不是地方法或国内法，而是国际组织和非政府组织。在此基础上完成的博士论文的题目为《作为一种知识领域的国际法与国际组织：人类学的方法》②，显示了万安黎试图为人类学的法律研究寻找新方向的决心。博士毕业后，万安黎获得美国律师基金会博士后项目的资助，着手准备下一阶段的研究。之前她在斐济曾观察到，当地很多的非政府组织大都受到日本政府和企业的赞助，且万安黎的丈夫宫崎广和是一位著名的日裔人类学家③，所以她自然而然地把目光投向了日本。在她看来，既然国际法可以成为民族志的研究对象，那么国际金融法同样也可以做人类学的解读。就这样，万安黎于 1997 年夏进入了一个过去所有法律人类学家都未曾涉足的“现代田野”——日本的金融衍生品交易所。

二、没有纠纷的法律领域

金融衍生品交易可分为场内交易和场外文易。前者是指所有的供求方集中在交易所进行竞价交易的交易方式，期货交易和部分标准化的期权交易都属于这种交易方式；后者又称柜台交易，是指交易双方直接成为交易对手的交易方式，其典型代表是掉期交易和远期交易。与场内交易相比，场外交易由于市场监管较为薄弱，更容易产生金融创新。其中，掉期交易最为自由，交易双方可以自己制定规则，设计合约，各自承担对手不履行义务的

---

① Annelise Riles, *Representing In - Between: Law, Anthropology, and the Rhetoric of Interdisciplinarity*, 1994 University of Illinois Law Review, 598 - 599 (1994).

② 参见 Annelise Riles, *International Law and Institutions as a Field of Knowledge: an Anthropological Approach*, University of Cambridge, Dissertation Ph. D. Social Anthropology, 1996。

③ 万安黎在该书的“致谢”中写道：“……无法充分表达我的人生与知识伴侣宫崎广和对本书的影响，自一开始，我们即一起合作，尽管这促成了两本不同的专著出版，我们自始至终一起克服所有的问题。”[美] 万安黎：《担保论：全球金融市场中的法律推理》，江照信等译，中国民主法制出版社 2013 年版，第 3 页。宫崎广和也曾在斐济和日本的衍生品交易所做过田野调查。

全部风险。其中一个重要风险就是，在掉期交易日之前，交易定约方可能破产。为防范这一风险，掉期交易订约人会要求双方互相在交易期日到达前提供担保。[①] 既然担保是掉期交易的附属规则，而掉期交易在理论上存在着较高的风险，那么是否可以将掉期交易纳入传统法律人类学"纠纷冲突"的研究模型进而使用案例研究方法展开分析呢？万安黎最初的确有此打算。她曾提到，"作为一个法律人类学家，我倾向于对争端和争端文化产生兴趣，所以我很自然地对信息提供人接二连三地发问，交易对手之间关于掉期条款的争端如何解决。鉴于估计的数额，我想这些争端一定占用了大量的精力。"[②] 但是让她感到惊讶的是，受访者对这一问题丝毫没有兴趣，仅仅回答道："我们搞定了这些纠纷"[③]。万安黎猛然发现，附加了担保的掉期交易市场是一个几乎没有纠纷和冲突的世界。"担保性知识在掉期交易市场中发挥的并不是解决纠纷的作用，而是使得法律纠纷根本就不会出现"。[④] 这也使得万安黎第一次意识到担保对于规避纠纷的重要意义。不过，这样一来她所熟知的前辈们曾反复使用的以纠纷和冲突为核心的"案例研究法"已经派不上用场了。

既然没有争端可供研究，那么法律人类学的着眼点又在哪里呢？巧合的是，就在万安黎开展研究的100年前，同样在日本进行过调研的美国著名法学教授、美国比较法之父约翰·H. 威格摩尔（John H. Wigmore）在《哈佛法律评论》发表了题为《关于保证的思想：比较法律思想之研究》的论文，[⑤] 这也是威氏发表的第一篇比较法的论文。而之所以用"保证"作为比较法研究的首次尝试，是因为他发现了抵押、质押、留置这些担保制度在法律进化论中的秘密。于是威氏综合运用旅行日记、考古学、音韵学等资料，追溯了现代市场由"原始"物物交易到担保及法律确认相应债权人权利的进化过程。[⑥] 威氏从时间和空间两个维度构建了一幅关于担保的"全景图（Panorama）"，而后他的研究兴趣逐渐拓展到了法律的各个方面，几十年之后出版了代表作——《世界法系概览》（A Panorama of the World's Legal Systems）[⑦]。"Panorama" 是一种比较法学的"鸟瞰（bird's eye view）"视角，与之相比，人类学家却倾向于采用"蚁视（ants's view）"的田野调查。这种"蚁视"更能够揭示出研究对象真实的面貌以及日常状态。衍生品交易市场的监管与治理远远

---

① 参见［美］万安黎：《担保论：全球金融市场中的法律推理》，江照信等译，中国民主法制出版社2013年版，第2页。

② ［美］万安黎：《担保论：全球金融市场中的法律推理》，江照信等译，中国民主法制出版社2013年版，第52页。

③ ［美］万安黎：《担保论：全球金融市场中的法律推理》，江照信等译，中国民主法制出版社2013年版，第52页。

④ 於兴中：《译后记》，载［美］万安黎：《担保论：全球金融市场中的法律推理》，江照信等译，中国民主法制出版社2013年版，第285–286页。

⑤ 参见John H. Wigmore, *The Pledge – Idea: A Study in Comparative Legal Ideas*, 10 Harvard Law Review, 321–350（1897）。

⑥ 参见［美］万安黎：《担保论：全球金融市场中的法律推理》，江照信等译，中国民主法制出版社2013年版，第6页。

⑦ 参见John H. Wigmore, *A Panorama of the World's Legal Systems*, St. Paul, West Publishing Co. 1928。

不像法律研究与相关学科中对它所下的定义那样清晰，反而总是在最出人意料的情景里发生，比如秘书工作室、法学教授的教室、同学晚餐聚会或者互联网上进行的格式化电邮交流。① 在这里，起主要作用的并非官方颁布的金融法典，而是金融市场自发形成的一套复杂的习惯规则。所以万安黎决定从民族志学研究的视角考察市场中的日常实践。

掉期交易更像外汇市场，由专家当事人谈判和专门合同的清算与编制构成。② 前者主要由交易员来完成，他们是一群报酬丰厚使人敬畏的金融天才，对市场有着蜥蜴般敏锐的直觉，在光鲜亮丽的“前台办公室”中进行运筹帷幄式的谈判，享受着即时交易所带来的兴奋。专门合同的文件清算与编制则发生在“后台办公室”。这里的工作人员被称为“文件编制员”（documentation），他们虽然毕业于名牌法学院，但由于种种原因拒绝参加司法考试或者没有通过考试，没有出庭资格，只能委身于此。与富有诱惑力的前台办公室相比，后台办公室的工作较为繁重和枯燥，通过编制各种文件对交易员予以支持，不仅收入低，且晋升困难，因为他们在法律文件编制上的专长出了后台办公室便无用武之地了。但问题在于，虽然后台办公室处于掉期交易的边缘，但却位于担保的核心。③ 这些文件编制员正是万安黎首先重点观察的对象：

> 20 世纪 90 年代末参观日本的衍生品交易所时，我看到的是一个开放式的大房间，满眼都是金属桌和电脑屏幕，交易员们俯在电脑上或者冲着电话叫嚷着……但是，有一边的桌子上堆着高高的文件和大量的纸张，这些文件后面工作的职员定期收集交易员桌上纸篓里的表格。在交易员和衍生品经理的眼里，这些文件编制员“将交易纸面化”（papered the trades）。④

文件编制员所编制的“文件”遵循一个标准格式，那就是衍生品市场的重要参与者在“国际掉期及衍生工具协会（International Swaps and Derivatives Association）”主持下制定的“ISDA 主协议”。主协议规定了重要的惯例做法、权利以及义务，比如确认文件的用法，或当一方破产时终止履行义务的程度。尽管这是一份格式合同，但在掉期交易市场中，用户依然被允许按照过往的惯例以及现实处境进行一定的变通和调整。⑤ 交易方可以

---

① 参见［美］万安黎：《担保论：全球金融市场中的法律推理》，江照信等译，中国民主法制出版社 2013 年版，第 14 页。

② 参见［美］海尔·斯科特、安娜·葛蓬：《国际金融：法律与监管》（下），刘俊译，法律出版社 2015 年版，第 199 页。

③ 参见［美］万安黎：《担保论：全球金融市场中的法律推理》，江照信等译，中国民主法制出版社 2013 年版，第 34 页。

④ ［美］万安黎：《担保论：全球金融市场中的法律推理》，江照信等译，中国民主法制出版社 2013 年版，第 27 页。

⑤ 参见［美］万安黎：《担保论：全球金融市场中的法律推理》，江照信等译，中国民主法制出版社 2013 年版，第 28 页。

通过附于文件末的“附录”具体规定特定交易关系的某些细节，例如担保条款。因此文件编制员的任务就是填写表格中的空白栏来确定满足交易对手各自具体的需求。换言之，一项掉期交易的担保是通过甲银行的文件编制员和乙银行的文件编制员经过反复沟通合作完成的产物。① 可是位于担保制度核心的这些文件编制员由于日复一日重复式的劳动以及不尽如人意的工作状态根本没有意识到这项工作的重要意义。除了“文件编制员”之外，万安黎在对金融管理机构（日本大藏省）、精英律师事务所（三井律师事务所）以及法学专家（新堂幸司教授）等对象的研究中同样秉持了人类学的方法：长期的调研，与信息提供者保持密切而持续的关系，协调使用参与式观察和开放式访谈的形式。

三、民间的私人法律技术

众所周知，仲裁起源于私人主体联合制定的争端解决制度，而后不断修正他们自己的判决规则直至获得政府的批准和认可。所以仲裁类似于国家法，具有所有国家法的功能性因素：一套规范体系，一组审理程序以及一系列的争端问题。但是担保却采取完全不同的逻辑，它属于民间法的范畴，是商业活动中逐渐形成的一种契约性规则。其最低目标为，如果一项交易受到担保，其一开始就无须面临争端解决的问题。换言之，如果存在争端，那也已经被扼杀在萌芽阶段了。② 于是，担保便可以视为一种私人之间达成的确保市场稳定的监管方式。正是因为担保的存在，掉期交易才可以在波诡云谲的国际金融市场中得以存续。但无论是担保的实践者——文件编制员还是金融法律专家都没有对担保给予足够的重视。作为一种法律知识，担保“在金融市场中看起来似乎没有起到太大的作用，但是从近年的情况看，担保的作用远非表面上看到的，它已成为全球金融管理的技术与行政的核心领域。”③ 接着，万安黎又从国家监管的角度考察了担保的公共层面——美国的“安全交易法”与日本的“净额结算法”，分析了以哈耶克为代表的新自由主义思潮对国家监管的攻击及后果，而后又通过思考私人法律技术如何可以转化成新型的公共治理方法，完成了对公共治理的讨论。由此，万安黎打破了过去几十年关于国际法公私的二元分立。

二战结束后，国际政治经济形势发生重大变化，科学技术突飞猛进，全球化浪潮汹涌而至，国际贸易、国际投资、国际金融、国际竞争、国际税收等经济活动空前繁荣。这其中不仅有国家间的经济关系，也有民间主体之间的经济关系。所以公私划分成为国际法学界的一个热点且疑难的问题。1990 年代初期，希拉里·查尔斯沃斯（Hilary Charlesworth）、克里斯蒂安·钦肯（Christine Chinkin）等国际公法学家甚至表示，“国际法的范

---

① 参见［美］万安黎：《担保论：全球金融市场中的法律推理》，江照信等译，中国民主法制出版社 2013 年版，第 46 – 47 页。

② 参见［美］万安黎：《担保论：全球金融市场中的法律推理》，江照信等译，中国民主法制出版社 2013 年版，第 52 页。

③ 於兴中：《译后记》，载［美］万安黎：《担保论：全球金融市场中的法律推理》，江照信等译，中国民主法制出版社 2013 年版，第 9 页。

围是通过对公法和私法的相互区别来定义的。"① 但是，在万安黎看来，非公即私的二元对立有些过于简单。比如，"全球金融治理是一套日常化高度分工的知识实践，其中很多具有法律技术的特质。"② 所以，"国际私法也是一种常规化高度部门化的知识实践体系"。③ 从实证的角度来说，法律的技术特征是作为实践的法律核心。这个特征将法律和政治或哲学区分开来。法律技术是中立的，它仅仅是一个工具，可以被任何人在任何地方用于任何目的。④ 作为一种民间的私人法律技术，担保实际上就是一套法律拟制。哈耶克认为诸如此类的私人法律技术只能用于私人领域，然而事实上法律拟制或者其他类似的私法技巧，并不属于非公即私的范畴。⑤

万安黎并没有像其他国际法学家一样去描绘公私法的边界，而是对作为规则世界的国际私法进行重新思考。⑥ 在该书接下来的部分，她还对法律社会学经典的"文本中的法"与"行动中的法"的二元对立进行反思，认为这是一种想当然的关于法律的"局外人"的视角，并不适用于当下的研究。⑦ 当然，万安黎的学术目标并非仅仅限于理论上的突破，她试图表达的是一种不同的金融监管计划与进路，即"转移人们对全球金融系统监管的危机情绪，从简单的好坏判断的理解中走出来，对构成公私治理模式的技术做出更加细致的理解。"⑧

四、结论：回归实践特征的法律

万安黎是一位极具学术洞察力的学者。1994 年，作为剑桥大学社会人类学一年级博士研究生的万安黎就已经对她即将所从事的研究领域进行了历史性的回顾。正是基于对法学与人类学的历史关系有着清醒的认识和把握，她才可以做到运筹帷幄之中，决胜千里之外。由于受到传统法学的影响，早期人类学的法律研究被限定于民、刑纠纷，使用案例研究法，重复着法学关于法律的认识。万安黎则不然，她将研究视角投向了国际领域，颇为

---

① Hilary Charlesworth, Christine Chinkin, *The Boundaries of International Law: A Feminist Analysis*, Juris Publishing, Inc, 2000, p. 31.

② ［美］万安黎：《担保论：全球金融市场中的法律推理》，江照信等译，中国民主法制出版社 2013 年版，第 9 页。

③ ［美］万安黎：《担保论：全球金融市场中的法律推理》，江照信等译，中国民主法制出版社 2013 年版，第 31 页。

④ 参见［美］万安黎：《担保论：全球金融市场中的法律推理》，江照信等译，中国民主法制出版社 2013 年版，第 62 页。

⑤ 参见於兴中：《译后记》，载［美］万安黎：《担保论：全球金融市场中的法律推理》，江照信等译，中国民主法制出版社 2013 年版，第 289 页。

⑥ 参见 Fleur Johns, *Book reviews: Collateral Knowledge*, 23 European Journal of International law, 1195 (2012)。

⑦ 参见［美］万安黎：《担保论：全球金融市场中的法律推理》，江照信等译，中国民主法制出版社 2013 年版，第 14－17 页。

⑧ 参见於兴中：《译后记》，载［美］万安黎：《担保论：全球金融市场中的法律推理》，江照信等译，中国民主法制出版社 2013 年版，第 286－287 页。

意外地发现了没有争端和纠纷的担保制度，并以此重新审视了公私国际法的简单对立。有趣的是，万安黎并没有为本书打上法律人类学的标签，反而多次与法律社会学展开对话，这也是应景了已故的著名法律人类学家、曾经的法律多元研究会（The Commisson on Legal Pluralism）① 的主席弗朗兹·冯·本达－贝克曼（Franz von Benda－Beckmann）的观点，"时至今日，法律人类学与法律社会学实现了混同。"② 全书涉及了人类学、社会学、法学、经济学、政治哲学等个多学科，所以这也是打破学科壁垒的必然结果。该书也必然成为跨学科法律研究的经典之作。

尽管如此，万安黎实现最终目标的基础还是人类学典型的田野调查，她的首要身份仍然是人类学家。于是本文最后的问题是，为什么人类学家可以刷新对国际法公私分立的认识？答案可能并不复杂。作为以他者为专门研究对象而出现的一门社会科学，人类学的反思性几乎主宰了学科知识的进展。"很少有学科像人类学这样，因为接触到不同文化而产生对于自己文化的反省，乃至于对已有知识背后文化偏见的挑战，特别是对于一般性原则的理论知识背后所隐含的西欧文化的民俗模式或资本主义文化的假定。"③ 人类学家不仅有能力"遁地"（深入田野），更重要的是他们还可以"上天"——站在传统知识体系的外围冷静地进行观察。就法律的研究而言，从传统的乡土社会进入现代金融市场的人类学有能力带来不同的思考。比如万安黎，她让法律返璞归真，重新回归技术特征。她提醒社会批评家、政策制定者甚至是专业法律人注意，不管是国家法还是民间法，法律在本质上都是一种实践技术。

Customary Law Practice in Modern Financial Law —On Collateral Knowledge

Wang Weichen

Abstract: *Collateral Knowledge*: *Legal Reasoning in the Global Financial Markets*, which was published in 2011, is a legal work that uses the ethnographic method to study financial systems and markets. The author, American legal anthropologist Annelise Riles argues, since international law can conduct ethnographic research, international financial law can also be interpreted

① 虽然名为法律多元，但该协会是目前世界上影响力最大的法律人类学的国际学术研究团体。http：//commission－on－legal－pluralism. com/nl/home，访问日期：2022年2月1日。

② Franz von Benda－Beckmann, *Riding or Killing the Centaur? Reflections on the Identities of Legal Anthropology*, 4 International Journal of Law in Context, 101－102（2008）.

③ 黄应贵：《返景入深林：人类学的关照、理论与实践》，商务印书馆2010年版，第23页。

by anthropology. Here, the main function is not the official financial code, but a complex set of customary rules formed by the market. As a private private legal technology, the collateral is actually a set of legal drafts that can be used by anyone anywhere for any purpose. Reflective anthropology reminds us that law is essentially a practical technique.

Key Words: Annelise Riles; international financial law; collateral; legal anthropology; customary law

（编辑：彭娟）

嵌合型社会资本与乡村纠纷解决*

毛高杰**

摘　要　嵌合型社会资本理论具有连接纠纷解决行动者微观动力机制的理论能力。中国乡村社会的变迁带来不同阶段不同形态的嵌合型社会资本，也影响相应纠纷解决机制的运行，形成了不同阶段乡村纠纷解决在社会秩序生产和再造中的不同机制。纠纷产生及其解决都是处在具体的社会场景中，渗透着纠纷解决行动主体的社会互动行为，并在社会秩序的中观和宏观场景中展开。嵌合型社会资本某种程度上说是导致当事人采取具体的纠纷解决行为的内在动因，也间接的影响到了当事人采取纠纷解决方式的性质与强度。

关键词　嵌合型社会资本　纠纷解决　乡村社会秩序

一、引言

20世纪90年代初西方学者系统提出社会资本理论时，国内一些敏锐的学者就注意到了该理论的解释力及其在中国社会的适用性。① 在经济学、政治学、社会学、管理学、人类学、历史学等诸多学科中得到了广泛的应用，并且取得了相当丰富的研究成果。② 社会

* 本文系2020年国家社科基金后期资助暨优秀博士论文项目“乡村振兴语境下的乡村纠纷解决问题研究”（项目编号：20FFXB015）中期成果。

** 毛高杰，法学博士，河南牧业经济学院期刊编辑部副教授。

① 周红云：《社会资本与中国农村治理改革》，中央党校出版社2007年版，第7页。

② 主要的著作有：周红云：《社会资本与中国农村治理改革》，中央编译出版社2007年版；郑晓云：《社会资本与农村发展》，中国社会科学出版社2009年版；胡荣：《社会资本与地方治理》，社会科学文献出版社2009年版；奂平清：《社会资本与乡村社区发展》，中国社会出版社2008年版；徐勇：《现代国家：乡土社会与制度建构》，中国物资出版社2009年版；主要论文有：陈斌开、陈思宇：《流动的社会资本——传统宗族文化是否影响移民就业》，载《经济研究》2018年第3期；林聚任、刘翠霞：《山东农村社会资本状况调查》，载《开放时代》2005年第4期；马长山：《社会资本、民间社会组织与法治秩序》，载《环球法律评论》2004年第3期；程秀英、孙柏瑛：《社会资本视角下社区治理中的制度设计再思考》，载《中国行政管理》2017年第4期；何晓斌、李政毅、卢春天：《大数据技术下的基层社会治理：路径、问题和思考》，载《西安交通大学学报（社会科学版）》2020第1期。周艳玲：《社会资本与中国民营企业发展》，中央民族大学2010年博士学位论文；王文彬：《社会资本情景与个人行为选择》，吉林大学2006年博士学位论文；臧倩：《社会资本视野下的现代农村纠纷治理研究》，郑州大学2012年硕士学位论文。

资本研究和应用已经渗透到了社会科学研究的多个领域，同时在人力资本建设、经济发展、金融投资、行政管理、资源管理、政府制度创新、社区制度建设、乡村发展、民主政治建设等诸多领域得到了广泛应用。① 但相关研究在纠纷解决中并没有被重视，也较少有人用社会资本来解释乡村纠纷解决方式的运行机制及其变迁的基础。在社会资本理论中，既关注正式规范如法律，也关注非正式规范如各种社会规范的运行。社会资本理论具有连接纠纷解决行动者微观动力机制的理论能力，也有将社会结构进一步细分为中观和微观的分析对象的能力，可以多层次解释纠纷解决在乡村社会场景中的运行逻辑，尤其具有解释乡村纠纷解决在历史变迁中的内在动力机制的功能。

中国乡村社会的变迁带来不同阶段不同形态的社会资本，也影响相应纠纷解决机制的运行，形成了不同阶段乡村纠纷解决在社会秩序生产和再造中的不同机制。进入 21 世纪以来，中国乡村社会发展出现明显的内外部模式转换，形成了具有明显嵌合型特征的社会资本。通过乡村纠纷解决、乡村治理和国家治理现代化实践逐渐形成更加具有多元色彩的“三治融合”模式，乡村纠纷解决也从原来送法下乡、迎法下乡转变为在乡村治理活动中追求善治的实践理性模式。

二、嵌合型社会资本理论的演进

（一）经典社会资本理论的一般前提

在一个社会资本良好的国家、区域、群体中，因为规范和信任程度较高，社会互动的水平较高，从而具有更强的生产性，不至于花费更大的资本在基本社会秩序的维持上。从社会资本比较的角度来说，一旦某个国家、区域或者群体的社会资本降低，就需要花费大量的资本在维持较低水平的社会秩序上。可以说丛林状态就是一个社会资本接近零的状态，在维持低度的生存秩序之上，很难再形成更高水平的社会秩序。现代民主法治水平高的国家，以规范、信任、互惠等机制建立起来高水平的社会资本，从而具备更强的社会秩序再造能力，并且能够快速从一个社会资本水平向另一个水平跃迁。在缺乏或者低水平社会资本的国家、区域和群体中，因为需要花费大量资本在社会秩序的基本维护上，就会导致较少的资源用于发展更加高水平的社会经济、文化和政治形态，从而停留在较低水准的社会秩序上，并且在其他更强的竞争者影响下出现内卷化的社会资本生产方式，整个国家、区域和群体花费大量资源去维护低水平的社会秩序。②

从结构的角度来说，一个社会资本较好的社会对应存在一个较为稳定的权威和支配关系，需要几个稳定的假定前提。（1）一个稳定的社会秩序。在社会资本理论中都把社会资

① 郑晓云：《社会资本与农村发展》，中国社会科学出版社 2009 年版，第 1 页。

② 传统中国的治理方式和生产方式具有明显的内卷化特点，受到广泛关注的国内南北区域差距与治理方式的内卷化也有密切联系。

本看作衡量某一社会是否具有更强发展能力的一个内生变量，是一个良好社会秩序的重要指标。在宏观上，社会资本是衡量一个国家和地区是否具有更强信任的内在要素，是一个社会文明程度的一个可观测现象，社会信任由稳定而可以信赖的社会互动构成。在中观上，社会资本是描述一个社区、国家或群体是否能够在竞争中获得更强优势的重要依据，一个具有更强社会资本的社区、国家或群体能够在内部形成更强的创新性发展动力，在社区、国家或者群体之间可以形成更强的竞争优势。对于微观上的社会资本来说，社会资本是衡量个体在社会互动中的支配能力和社会位置的重要指标，拥有更强社会资本的个体一般也意味着占据重要的社会位置，能够支配和动员更多的社会力量，其象征性内涵更强，在其周边更容易形成多层代理结构。对于不同维度的社会资本来说，都依赖稳定的社会秩序提供未来预期的稳定。一个纠纷解决机制能够在社会秩序再造中产生作用，依赖社会结构的稳定带来的稳定社会秩序，个体的行动在未来的预期是稳定的，区域或者群体的黏合性也是稳定的，一个国家或者地区的信任是稳定的。对于不同社会状态，或者一个社会的历时性状态，社会资本的描述能力会严重削弱。(2) 一个明确的社会结构剖面。社会资本理论在抽象层面上建立在静态的社会剖面上，是第1个前提的自然延续。对于宏观的社会资本来说，包含了特定的社会结构，包括同质性的社会资本和异质性的社会资本。同质性社会资本中的个体和连接要素都具有共同的价值观和文化基础，异质性网络之间有相互的重叠，可以相互沟通。同时也包括了规范、信任和互惠等文化要素，文化要素和社会结构构成了宏观社会资本的结构性要素和附着性要素。对于中观的社会资本来说，群体或者区域在特定的宏观社会背景下呈现某种特性，具有某种共时的集体标识。微观的社会资本标识了个体与其他个体或者群体的社会连接，通过个体动员社会资本连带起来各种资源，直接传递文化标识和社会结构的驱动。

（二）乡村社会变迁对社会资本理论前提和社会基础的挑战

自晚清到新中国成立之前，乡村社会固有的社会关系和文化价值体系受到严重冲击，在各种战争派系斗争中形成带有“武化”色彩的乡村派系又构成了新的社会结构和文化价值的基础，是传统乡村社会资本溃败衰落的一个时期。① 在中国共产党的在带领下，经过抗日战争和解放战争，乡村社会在经济形式上得到了相对统一，文化上建立起来以共产党和毛泽东等权威领导形象团体为核心的体系，组织上形成以基层党组织嵌入的现代政党引领的理性化乡村治理机制，为乡村之后的发展奠定了思想、经济、文化和组织上的早期原点。以20世纪50年代的基本结构为主导，中国乡村社会出现了一系列与西方社会资本理论假设前提和社会基础不同的要素，对社会资本理论形成了一系列挑战。

第一，社会资本理论假定的成员自由选择结社权面临挑战。在经典的社会资本理论

① 张鸣：《乡村社会权力和文化结构的变迁》，陕西人民出版社2008年版，第63页。

中，普特南和科尔曼都以社会自发选择为基础，个体通过理性选择行为建立起来社会互动，进而形成更大范围的国家与社会的二元互动关系，形成具有现代色彩的社会资本，支撑起西方资本主义社会体系。尤其是其中的法治体系，构成了西方法学和社会学中国家社会二元结构的基础。

在20世纪初期，共产党以更强的对乡村的全面动员影响了中国乡村社会秩序的变迁。通过将马克思主义与乡村社会在革命战争、抗日战争和解放战争中的命运联系起来，形成了具有高度组织性的乡村社会。改革开放至农业税费取消之前，乡村社会受到城市拉力和乡村推力的双重影响，以自发方式成为城乡之间流动的农民工群体，并随着城镇化进程不断转变职业、生活和社会关系。乡村社会的治理模式也经历了传统的双轨制，新中国成立之后的政社合一、乡政村治、三治融合等多种形式，背后更是经历了国家的单方面汲取、悬浮、项目制进村、党建引领、三治融合等主导力量的变迁。

改革开放后，乡村社会的次级团体逐渐增加，既有被动改变了生活和工作环境的，也有主动选择改变生活和工作环境的。技术因素带来价值的快速变迁和多元化，团体之间的交错更加频繁，个体的价值逐渐凸显出来，原来由稳定的伦理符号代表的乡村权威被政治和经济上具有支配和选择能力的个体所取代。① 再加上党组织和基层行政力量，乡村社会成员的行为更多由组织性的团体意志和具有选择能力的个体共同塑造，沉默的大多数作为跟随力量进一步强化乡村网络结构，进而影响纠纷在乡村的运行。

第二，社会资本理论的理性选择基础面临挑战。社会资本理论依赖个体的理性选择行动，在西方的理论体系中，理性是人的本质，建立在从希腊哲学开启的基础之上，经由康德和黑格尔等人建立起来抽象的理性结构。将中国乡村社会成员的行动脱离社会基础与西方脱离社会基础的抽象理论进行比对，并以中国经验不能验证西方理论为依据，进一步批评中国乡村社会落后与愚昧，构成了西方理论对中国经验的闭环攻击。

作为一个文化建构的产物，理性至少具有两个不同维度。一个是作为人的本质与自然之间关系的理性，即人能够通过对世界的不断假设验证以调整与世界的关系，这种理性是古希腊哲学中确立人自身主体地位的核心，也是后世笛卡尔确立的“我思故我在”的认识论基础。尽管在后来的理性类型中细分出自然理性、逻辑理性、实践理性等类型，都未能脱离理性本身所具有的人与世界的关系这一维度。在简化的基础上，个体行动遵循信息不完备情况下的效用最大化或者至少是损失最小化的选择模式，可以看作基于成本收益的方案选择问题。

乡村社会成员获得多样化选择能力的同时，因为党政力量、市场和技术力量的影响形

① 这种情形在晚清到民国初期也出现过，新式教育消除了传统士绅的文化知识基础，市场化打破了乡村相互扶助为主要功能的宗族基础，乡村成为新旧精英争夺的一个场域，新式精英借助文化、政治和经济优势全面取代了传统士绅对乡村的支配。详细参见李怀印：李怀印：《华北村治：晚清和民国的时期的国家与乡村》，岁有生、王士皓译，中华书局2008年版。

成更加复杂的职业和派系上的分化。城乡二元结构又决定了大部分乡村社会成员的空间和伦理要素依然限制在乡村这一想象共同体中，形成了以初级共同体贯穿次级共同体的情形，初级共同体与次级共同体随着利益变化对乡村社会资本强弱也产生影响。总体上出现在更多初级共同体对未来收益进行选择的现象，导致更加具有妥协色彩的乡村社会互动模式出现，具有了与西方实践理性表面上相似的社会基础。但这种相似性背后存在本质的差异。一个是中国乡村社会的选择空间很大程度上由党和国家根据宏观的战略需求设定，通过政策和意识形态系统加以实施，因此具有宏观上的设计色彩和微观上的妥协色彩，共同构成了中国乡村社会资本的底色，这也是中国乡村社会行动的根本逻辑。另一个是以市场为基础的选择能力增强和选择空间扩大缺乏足够的道德培育过程，即中国乡村社会成员并未经历公民道德的养成过程，而是直接由市场或者党政力量推向更广阔的选择空间，这种选择理性的基础只留下简单粗暴的经济利益，与消费主义渗透乡村相对应，在所有领域都出现经济为基础的理性严重排挤了传统道德的适用。这种受多种因素影响的乡村社会个体和团体的选择行为变化，并不能用经典的理性选择理论加以解释。

第三，中国乡村社会资本具有由权力设置议程构建的现实。在西方经典社会资本理论中，更加关注基于社会成员自由选择形成的社会资本，天然具有与国家公权力相互分离的属性，并进而形成西方经典的社会—国家二元模型。

在改革开放后，乡村社会经历了几个关键性变革。从治理模式变化来说，第一个是从政社合一的高度理性设计转向部分放开的乡政村治模式，第二个是乡政村治向三治融合的转变。治理结构和治理要素形成了早期的党、政、社、经一体，甚至是党政包办乡村社会和经济生产，后来的有限政治力量和国家力量在乡村社会维持低度的社会公共秩序，一旦乡村社会成员有机会又有能力就会快速流出乡村社会。① “三治”融合背后则是更加多元的乡村社会动力结构，包括政治和意识形态驱动的党组织领导，以党建引领的具体方式构成乡村生活在更新近的时期展开社会秩序的理性建构基础。在具体是社会秩序建构上，通过一系列党和国家的政策设置各项资源进入乡村的模式，最终形成以党和国家权力支配乡村生产生活的新型支配模式。从影响乡村社会变迁的因素来说，技术、交通、通信等一系列因素构成了乡村社会成员价值转变、知识形成和群体认同的基础。

在此基础上，党和基层政府在政策和意识形态上构成了乡村社会资本中最为核心和稳定的部分，进而分离出来社会和经济领域的部分要素，在设置的基本结构空间中进行组合。这种意义上的乡村自治结构具有极强的权力属性，只具有较为稀薄的或者较弱的自我选择空间。在城乡二元结构基础上，以城市反哺乡村具有了更强的伦理正当性，快速推进了各项资源在乡村的重新分配，包括通过积极的城镇化改变乡村的空间结构、生活场景和

① 这方面最为具有代表性的是梁鸿：《中国在梁庄》，江苏人民出版社 2010 年版；以及熊培云：《一个乡村里的中国》，新星出版社 2011 年版。

社会关系，也包括以国家重大政治承诺推动的扶贫攻坚和乡村振兴。还有以各种项目建设为载体的乡村建设推进，辅之以乡村环境建设和产业发展，在经济社会资源主动供给的基础上，以积极的权力推动资源分配快速提升了乡村的现代化色彩。

第四，社会资本理论的单维面临中国乡村社会多元嵌合要素的挑战。在当前的中国乡村社会中，经过多年的城市拉力和乡村推力的筛选，多种力量进入乡村这一复杂的空间之后，在不同层面上营造出来一个多维度的乡村社会形象。在互联网等信息技术进入乡村社会之后，加上早期乡村资源向城市的流动，到目前城市资本向乡村的流动，乡村社会的形象具有更加多元的维度，连带着乡村社会秩序和纠纷解决方式也具有了合理性。

通过党和国家几次政策上的转换，乡村的价值在多个维度上得到重新确认。在向治理话语转向后，乡村社会秩序和纠纷解决都就有了得到权威认同的价值，从“枫桥经验”“龙山经验”等基层治理模式来说，对于乡村社会来说中国乡村场景作为能指的缺失，成为各种力量的展示舞台，情景化的乡村社会秩序具有符号、物质的多重交叠特点。一个经由社会结构变化带来的行动逻辑更加具有妥协色彩，更加具有实用道德主义表面特征，满足了关于陌生人社会的表面设定。纠纷就具有需要多重社会资本共同驱动的特色，传社会规范和纠纷解决模式也就有了正当性，各种地方性的纠纷解决方式也同时进入一个统一的乡村治理体系。

三、嵌合型社会资本的理论样态

基于上述分析，本文将中国乡村社会的多样化嵌合特点与社会资本的理性化特点相结合，提出嵌合型社会资本概念，以描述中国乡村社会秩序变迁带来社会资本特性，更好地解释在嵌合型社会资本下的乡村社会秩序，以及通过纠纷实现社会秩序再造的特点。

（1）微观层面上个体行动的社会资本有多个维度，取决于社会互动主体能够动员的社会力量具有何种属性即社会资本的嵌合形态，以及该种社会力量会支持哪一种社会信任，从而保证相应的社会规范可以有效运行，产生对相应社会成员的约束力。

对于个体来说，处于不同的社会互动关系中的时候，也会面对不同的社会资本，特定的社会规范也会以或现或隐的方式对行动模式产生影响。一个比较典型的场景是社会成员拥有完全均衡的社会动员能力，所形成的社会资本对于所有成员均无差别施加压力，这会导致两个完全相反的社会秩序类型。一个是因为没有差别就不会形成任何互动的动力机制，整个社会陷入一个高度独立自主的静止状态，与黄宗智描述的“内卷”化生产方式相对应。另一个极端社会状态是绝对冲突，因为具有无差别的能力，在社会互动中就会形成连续的双方互动行为，直到双方的动力全部消除。这两种极端状态在微观行动中都不会遇到，真正遇到的情景更多是随着互动对象和互动场景的变化而出现随机变化。可以说在微观层面上，没有人在具体社会互动中是完全目的性选择特定的行动方式，而是通过多重社会线索将自身行动嵌入在各种社会互动关系中。随着信息和社会流动的加剧，乡村社会中个体的社会关系不断发生变化，每个人都在不同的社会关系网络中变化，有更多新的社会关系产生，也有旧的社会关系消失，随之而来的是各种社会关系嵌入更高一层级的社会网络，形成了交叠的嵌合型社会资本。在一个乡村纠纷解决过程中，纠纷解决的参与方甚至作为背景的其他个体，都通过纠纷解决中的行动选择而实现个体社会关系的转化。某些个体间的关系借助特定的纠纷解决得以正向演化，形成更加紧密的认同关系，包括直接的利益相关者，也包括只是在形式上展示价值认同者。呈现在乡村纠纷解决中就是可以动员的纠纷解决方式愈加复杂化，因为一个纠纷背后牵连的社会资本愈加多样，既有现实的权利义务的冲突协调问题，也有象征性的社会文化和服从问题，带来任何一个乡村纠纷解决都具有嵌合型社会资本互动的色彩。

（2）在中观层面，受不同群体关系或者文化地理等条件区隔，会形成不同层面的社会结构和组织模式。在该社会结构中，具有相同属性的群体形成不同的相互依赖与约束的关系，有些是显性的或者正式的，如通过某种具有层级化组织结构而关联起来的群体，在任何一个历史时期都会存在的宗教团体、派系等，本身具有极为严格的层级化结构，并且通过对层级化社会规范的严格遵守，形成古今广泛存在的超法律或者法律外社会群体。

一旦某些群体处在统治阶级的层面的时候，就可以通过将自身意志法律化的方式而保护自身的社会规范和自身利益。即便不是在国家层面上，如果有一个具有较为明显的层级化组织结构的群体，也会在法律规范和内部的社会群体规范之间进行明显的选择排序。尽管从国家层面来说，法律或者法治具有绝对的优先性，但在宏观层面实行的时候，任何一个具有较为层级化的组织结构的群体都会首先选择穷尽群体内部规范之后才选择法律规范，只有不属于任何层级化组织的社会成员才会在行动时首先选择法律规范作为其行动理由，这就形成了一个观念上和实践上的镜像行动系统。在观念上人们受到国家对法律规范强制性宣传的影响，在公共话语系统中形成以法律规范为最高位阶的规范系统，其他规范从属于法律规范，并且其他社会规范由法律规范赋予道德上的正当性，即形成以法律构建的范围内的社会和私人规范系统。但在行动上，个体能够动员的社会支持永远是由个体、社会、国家渐次向外这一圈层系统，并且严格遵循由内至外的顺序。这种镜像系统决定了个体行动时规范选择的复杂性，尤其是镜像系统和个体的社会位置相互作用之后，会形成更加复杂的规范选择体系。

从嵌合型社会资本角度来说，乡村纠纷解决就是不同次级群体之间社会资本的相互竞争问题。在传统乡村社会中群体结构较为稳定，基本上不发生太大的群体结构变迁。在快速流动的乡村社会中，一方面传统群体观念变淡或者变得更加功利化，其中的情感和伦理因素减弱，共同的经济目标变强。随之而来的是新的次级群体不断生成又消灭，逐渐形成了新时代的乡村次级群体类型和结构，形成了乡村社会中以经济利益和政治利益为核心的群体竞争。随着群体利益竞争的理性化，乡村纠纷解决中新兴的乡村精英及其代表的嵌合型社会资本就具有了更加广泛而深入的影响力，纠纷解决也更加注重对新兴乡村精英的行动规范和价值体系的援引，如多地将新乡贤制度化纳入乡村调解体系，在政治和社会地位方面将新兴乡村精英看作乡村未来发展的一个方向，从而使得嵌合型社会资本通过纠纷解决产生对社会团结的粘合力量。

（3）在宏观层面，群体形成可识别的稳定行为模式，就可以将这一群体的行为模式标示为不同的概念标签。在群体内部，行为模式标签固化为社会关系的相互嵌合，成为群体行动框架的最大公约数，乃至进入所有社会成员行动的潜意识。这种标签在区分出自身和他人的同时，也将个体和群体联系在一起。尽管一个群体能够涌现出标志性的文化要素，构成一个群体社会秩序的根本框架，在群体之间往往构成更加强烈的嵌合型社会资本的竞争和冲突。

对任何一种社会秩序来说，都是由社会成员在现实的社会条件下做出选择之后的一个宏观显现，不受任何目的性塑造的强制。宏观上的社会资本构成了人类行动在不同维度上的统一空间，构成了社会秩序的根本约束结构，在纠纷解决场景中实现社会秩序的再造。宏观上群体的稳定行动模式由共同的组织性加以描述，包括行动上的习惯性、观念上的一致性、伦理上的统一性。行动上的习惯性即指在相同的社会情境下，人们的行动选择在外观上趋同，这是一个宏观群体能够组织在一起的根本基础。观念上的一致性指的是人们对于社会现象以及他人的行动处在相同或者相近的语境下，可以赋予其相同或者相近的意义，从而形成人们的稳定互动链条。

如果说在微观和中观层面上的嵌合型社会资本尚未成为区分不同群体的无意识基础，在宏观层面上的社会资本因微观和中观上的不同群体差异而形成社会资本的竞争，进而推动社会关系团结的纽带的竞争。无论是一个社会的历时性阶段的竞争还是同一时期的不同群体的竞争，都由其所嵌入的社会资本的实质性动员能力而决定。因此，关于一个社会的秩序就可以通过对其背后的社会资本的嵌合形态和动员能力而确定。一个宏观上的群体行动模式既可以归于文化资源，也可以归于地理环境等原因，能够在一个框架中融合所有资源和动力模式的必须考虑由行动者构成的社会网络之间的连接关系。稳定的行为模式包括规范、行动、解释系统和恢复系统，即在宏观上必须形成规范指引、行动实践、面对不确定的意义补全和秩序偏离的纠正等要素，这些要素的主导和组合方式就构成了宏观秩序的呈现形态，背后的嵌合型社会资本则提供了广泛的动力支持。

选择的自由和多样是造成乡村社会结构嵌合的重要原因，与全国城乡之间的多层次分化具有对应关系。这种选择上的多样化并不仅仅体现在职业选择和工作居住的暂时性选择，更包括非常具体的价值观念选择、审美、语言、身体形象等一系列从外到内、从有形到无形的选择。在此基础上，形成了远超原来有形空间限制的群体认同，也远超原来基于物理空间的群体认同，并且随着新要素的不断衍生，不再具有经典群体划分的绝对静态界限，这进一步带来了乡村社会群体对未来行动预期的妥协性。

21 世纪第二个 10 年以来，城乡流动、返乡农民工、乡村投资者、基层政府官员、各级组织派驻的干部等构成了乡村社会更加具有支配性的群体，这些群体身上融合了跨城乡、跨现代和传统等一系列要素，同时具有国家赋予的正式和非正式权威。互联网、智能手机等媒体进入乡村，信息技术已经成为新生代农民工日常生活中最重要的组成部分，信息技术已经再造了他们的生活方式，并对其意识和行动产生了一定影响。① 国家和资本更进一步推进互联网、大数据、人工智能等信息技术进入乡村，形成了覆盖农业、农村、农民的数字乡村基础建设网络，更进一步强化了乡村社会的多维度多层次社会结构，乡村社会成员也因此更加习惯原来群体关系破裂之后的新型社会关系的重建。

当原来建立在固化的乡村伦理、道德、风俗等基础上的规范系统和价值系统不再能够提供行动预期，原有的信任基础弱化甚至崩解之后，相应的社会规范缺乏足够的社会资本支持，但社会秩序依然要延续，就反过来要求乡村社会成员对更大的不确定性逐渐接受和妥协的认同，出现了更加具有现代色彩的道德实用主义理性。在乡村社会成员结构、技术基础、文化、制度等内外部要素的共同作用下，乡村社会成员的选择自由与嵌合型社会资本共同强化，不断再造出来新的乡村社会秩序，更进一步构成我国城镇化发展的未来社会形态演化基础。

四、嵌合型社会资本对乡村纠纷的影响

纠纷产生及其解决都是处在具体的社会场景中，并在社会秩序的中观和宏观场景中展开。一般的纠纷都停留在当事人的核心社会圈层构成的社会资本中，只有牵涉更多跨阶层的情况下，纠纷才会不断转换为更多社会资本间的对抗。② 对纠纷产生的原因理解上，李祖军认为，“由于个人情感恩怨、利益归属及价值取向等因素的存在，人类社会从其产生的那一天开始，便伴随着各种不同的纠纷和冲突。”③ 在纠纷解决研究中，范愉认为纠纷的原因包括主观的和客观的原因。④ 当事人对于自己能力的认识，对于对方能力和社会地位的认识，以及对于通过纠纷解决行为所要达到的目的等一系列问题的判断都是主观原因。当事人所处的社会位置以及相应的社会资本是纠纷的客观原因，主观原因和客观原因的来源与构成直接决定于社会资本，即一个社群或者国家能够对某种社会秩序提供的信任机制，当事人可以通过规范系统获得稳定的恢复预期。

社会资本理论的研究表明，在缺少社会资本的地方，个人生活、社会运作都将陷入困

① 汪建华：《作为主体的消费者和使用者——新生代农民工与信息技术》，载《清华社会学评论》2020 年第 1 期。

② “杨乃武与小白菜”的案件发展过程可以清晰地显露出来一个普通案件如何逐渐牵涉不同层级的社会资本对抗的过程。对于未被全程审视的案件来说，也可以通过案件动员的社会资本进行对比，当法院按照标的额大小为依据划分一审管辖权配置，或者按照需要动员的资源繁简程度划分出各种专业法院的时候，都潜意识地将社会资本的对抗作为内在的依据。

③ 李祖军：《民事诉讼目的论》，法律出版社 2000 年版，第 24 页。

④ 范愉：《纠纷解决的理论与实践》，清华大学出版社 2007 年版，第 75 页。

境。[①] 对于纠纷解决来说，既是当事人利益和人际关系的修复与重建的过程，也是当事人所处的社会秩序生产和再造的过程。对于纠纷参与人与作为背景的社会来说，也是不同社会资本相互交换的过程。通过不同社会资本的交换，群体内部和群体之间形成了更加多元嵌合的社会资本形态，群体内部和群体间的社会资本也得到更进一步的再造，最终使社会秩序向更加多元嵌合的模式转变，更加具有现代属性的社会秩序得以不断再造。

（一）嵌合型社会资本决定乡村纠纷的类型和性质

理解纠纷必须从一个先验的状态开始，即所有社会关系处于一个绝对秩序中，不会出现任何与主体认知和期望相错位的情形，也就意味着这是一个绝对无纠纷的社会状态。出现社会纠纷就意味着主体认知和期望与实际社会秩序运行之间出现错位，具体包括几种不同的类型。

第一，偶然因素导致的社会主体对资源和机会占有与支配能力的区别。从复杂性理论来说，任何一个初始条件的差别在运行到足够多代之后，都会出现涌现现象，产生非设计非预期的后果。[②] 作为社会秩序的一个特定形态，都具有涌现的特征。对于社会秩序来说，即便假定最为简单的二人社会，也会因为偶然因素的加入带来相对优势和弱势及其连续演化，并不存在完全确定的发展模式。即便二人社会不存在人为的社会规范，也会因为对自然的依赖程度的差别而产生支配关系，并进而在二人之间形成客观社会位置和主观社会认知的相互调适模式。二人社会状态不会产生任何足够可以被识别为社会位置偏离的问题，也就不存在纠纷产生的社会基础，但不等于二人社会中不存在社会偏离，只是缺乏作为背景的其他群体，也就无法形成独立的第三方驱动的社会偏离回复机制，就无法形成法治意义上乃至社会意义上的纠纷解决模式。通过扩展这种二人模式可以将任何具有国家结构的社会群体涵盖进来，即在国家和社会之间，事实上不存在可以识别的纠纷问题，而是通过知识体系尤其是意识形态系统将这种二人支配结构完全内化为一个当然的社会状态。还有诸如宗教/黑帮等具有严格二人对立模式的社会中，都不存在法治意义上的纠纷解决，而是进入更加依赖原始暴力的秩序再造方式。正是通过原始暴力方式和规范化暴力/强制卡里斯玛和自然卡里斯玛等方式的区分，法治意义上的纠纷解决就从社会中独立出来，形成与社会资本相互融合的形态。

第二，能够被识别为社会关系的偏离，但不会在认知上作为纠纷对待的社会关系。一旦特定模式形成，从一个稳定的不带任何目的性的原初状态开始涌现出来某种稳定的支配模式，处于不同位置的个体或者群体就会将相应的社会规范内化，无论这种社会规范是来

---

① 刘淑影、于芳：《论中国公民社会的成长与社会资本的培育》，载《北方论丛》2006 年第 2 期。

② ［美］米歇尔：《复杂》，唐璐译，湖南科学技术出版社 2011 年版，第 13－14 页。

源于无意识的自生自发秩序，[①] 还是来自一方目的性控制的结果，一个稳定模式与各方的期待就高度一致。[②] 这种稳定模式即是社会资本核心的要素，可以保证所有社会成员对未来社会秩序有稳定期望。这种期望包括一个社会中的所有正式分层和非正式分层，也包括各种目的性组织和临时性组织，构成了社会信任的核心要素。

第三，偏离能够被识别为一种文化现象，但无法通过目的性机制解决，从而被视为纠纷。对于个体和组织来说，一旦加入认知上的因素，会进一步形成各种认知间的不一致，进而将这种偏离识别为纠纷。

不同的纠纷蕴含着解决的可能性和解决的方式。纠纷解决的可能性是文化和心理上的认知问题，由一个社会的道德和价值观决定的，加上纠纷解决的具体情境，就会出现认知上必须加以解决的认知不协调问题。并不是任何主观上认为是纠纷的社会偏离都会呈现出来，只有极其有限的部分才会呈现出来，有些是纯粹主动呈现的，还有更多是在特定的情境下被动呈现出来。主观呈现出来的社会偏离与社会资本的评价如果一致的话，这类纠纷就会进入纠纷解决机制，并且会以比较明确的正式规范加以解决。对于被动的呈现来说，因为主观认知和对社会资本之间的认知不一致，只有当社会情境压力够大的时候，才会强制个体选择纠纷解决方式。

在一个具有良好社会资本的社会中，因为具有足够的信任、规范系统和参与网络，社会偏离虽然存在，但可以通过多元而分散的非正式机制之间的充分协调而得以解决，从而呈现出金字塔型的纠纷解决结构。即便出现冲突程度较大的纠纷，也可能因为社会资本的足够社会压力而通过激烈程度较小的方式得到解决，无须通过激烈程度更大的方式加以解决。对于极小的社会偏离和极大的社会偏离都会选择规避法律手段加以解决，这是因为对于前者来说法律手段对于群体社会资本是一个负面影响，是过度不合作的象征。对于后者来说，法律是一个无法处理的问题，可以说是法律无能的领域。这个领域包括极度封闭的组织，如政党、严重敌对的团体、宗教团体、犯罪团伙、国家朝代更替等，任何一个都远远超出了法律的传统规范体系范畴。[③]

如果纠纷无法通过多元而分散的方式得到解决，上升到法律系统的纠纷就会越多。[④] 乡村纠纷解决中，人们诉诸行政系统和法律系统来解决自己所遇到的纠纷，一个重要原因

---

① ［英］哈耶克：《法律、立法与自由（卷一）》，邓正来、张守东、李静冰译，中国大百科全书出版社2001年版。

② ［美］罗尔斯：《正义论》，何怀宏、何包刚、廖申白译，中国社会科学出版社2001年版。

③ 这正是马克思主义意义上法律作为统治者意志必然存在的相反社会结构，也是宗教团体具有超越世俗权力的重要原因。前者可以参见《韩非子》；后者可以通过对中世纪西方教皇和国王之间的关系加以理解，也可以通过神圣罗马帝国与君主国之间的关系加以理解，参见［美］曼彻斯特：《黎明破晓的世界：中世纪思潮与文艺复兴》，张晓璐、罗智强译，悦读名品出版公司、化学工业出版社2017年版；［美］伯尔曼：《法律与革命》，贺卫方译，中国大百科全书出版社1997年版。

④ Felstiner, W. , R. Abel, and A. Sarat. 1980 – 81. "The Emergence and Transformation of Disputes: Naming, Blaming, Claiming", *Law and Society Review*15: 631 – 54.

是因为他们可能认识这些系统中的人。① 梅丽在其对美国邻里纠纷化解的经验研究中，也提出了类似的理论观点，即认为混杂的社会组织结构是多族群混居区居民乐意到法庭上解决邻里纠纷的重要原因。② 这些研究都隐含着一个前提，即采取某一种纠纷解决方式，并不仅仅取决于制度的供给，而是受到社会资本的深刻影响。

从社会发展的历史进程来说，当社会分化足够复杂，利益交换的差异性足够大，标准化的博弈规则或者产权规则才变得更加需要。③ 从这个角度来说，除了最原初的生存和繁衍的规则，后续的任何社会规范都是一个替代性纠纷解决手段，法律至少是目前社会中最后出现的替代性纠纷解决机制。如果一个社会中的社会资本受到了严重的冲击，人们不再具有充分的信任、规范系统和参与网络，人们之间的冲突就会增多，会导致大量的纠纷无法得到及时有效的解决，从而将大量的纠纷推到有限的纠纷解决方式中。

在现代国家，可以通过各种次级群体的内部规范加以解决，也可以通过国家法律手段加以解决。不同的冲突解决方式都和相应的群体适应，在一个具有较强组织性的群体中，只有少量的冲突需要越过群体的边界而求助于更高一级的规范；而在一个组织性较弱的群体中，因为无法有效地动员起来群体的社会性压力，无法为其成员提供有效的纠纷解决手段，其成员只能依靠更高的规范加以解决。

但这并不意味着只能在各种群体内加以解决或者依靠法律加以解决，而是在国家法律的解决和依赖群体的内部规范的解决之间建立起来动态的相互衔接关系，这种衔接不仅仅是在制度层面上设置从下一级规范向上一级规范转移的机制，同时也要培育出高度支持内部规范的社会资本。只有这样，才能在群体内部建立起来稳定的冲突解决机制，同时不会对国家权威造成威胁，不会导致社会的解组。

（二）嵌合型社会资本影响乡村纠纷解决运行

纠纷解决参与者的行为既是个体行为，也是某一群体的关联性行为，并不存在完全孤立的个体间纠纷。因为个体所具有的社会资本大小强弱之别，导致不同个体所关联的社会阶层利益的大小不同，对社会的连带影响也并不相同。纠纷解决过程中的参与者所处的社会结构，所能够动员的资源，都会通过直接或间接的方式介入到纠纷解决的过程中。

在传统的法社会学和法经济学研究中，受到“低度社会化”假设影响，将纠纷解决的

---

① Michelson, E. 2007. “Climbingthe Dispute Pagoda: Grievance and Appeals to the Official Justice System in Rural China”, *American Sociological Review*72: 459 –485.

② Merry, S. 1979. “Goingto Court: Strategiesof Dispute Management in an American Urban Neighborhood”, *Law and Society Review*13: 891.

③ 参见威廉姆森、温特:《企业的性质》，姚海鑫、邢媛媛译，商务印书馆 2007 年版；张维迎:《信息、信任与法律》，生活·读书·新知三联书店 2003 年版。

当事人看作一个完全理性人，通过成本和收益的比较而做出自己的纠纷解决的选择。① 纠纷解决被完全抽象为一个脱离社会基础的独立系统，只受制于法律理性的制度性规定，是一个严格的系统对生活的支配领域。在法社会学的研究中，则更多采用“过度社会化”的假设，而认为当事人完全受制于所处的社会环境，不具有自己的能动性。② 格兰诺维特提出的镶嵌结构试图将这两种极端的假设连接起来，认为人不是脱离社会结构、社会关系原子式地进行决策和行动，而是“嵌入”具体的、当下的社会结构、社会关系中做出符合自己主观目的的行为选择。③ 这一分析思路可以为研究纠纷及其解决的运行提供一个更加具有现实性的视角。

纠纷参与者都嵌入相应的社会关系，拥有不同的社会资本，无论是否具有正式的制度身份，个体参与一个纠纷解决就是一个利用自己的社会资本动员各种力量进行交换的过程。在这一过程中，不同主体所付出和获得的也并不相同，但只有参与个体的行为获得相关社会资本的支持，才能够实现纠纷解决的预期效果。对于纠纷当事人来说，更加直接和纠纷所要解决的利益相关联，该项利益本身也嵌入在社会结构之中，既有理性化的经济利益，也有和相关群体连带而产生的社会地位，还存在着由该利益而表征的社会关系。纠纷既包含具体维度的利益和社会关系，也包含符号、象征、面子等抽象要素。在具体的纠纷解决运作中，各方参与者都是带有不同社会资本要素的互动。当事人通过纠纷解决期望获得的恢复并不仅仅指可计算的经济层利益，更重要的是要能够为当事人的未来人际关系提供一个积极的可以再造的起点。这一个起点包含明确的可计算利益恢复、社会关系的修复，也包括不可见的价值观认同、面子维护、人情交换，具体和抽象的双重要素最终维护了纠纷解决在整个社会秩序中的地位和效用。

对于纠纷解决中的第三方来说，通过纠纷解决所要获得的收益则相应更复杂一些，这和第三方的权威来源相关。对于民间权威来说，多因为第三方在社会生活的某一方面所具有的影响力或者支配力，这种影响力和支配力并不是通过国家的权威资源配置而取得，而是通过政治的、文化的、权力的、血缘的、经济的、知识的、人际关系的或者暴力的方式取得。如果得到官方认同，就会进入由官方构建的治理系统。如《法治乡村建设意见》提出“坚持和发展新时代‘枫桥经验’，加强诉源治理，畅通和规范群众诉求表达、利益协调、权益保障通道，完善社会矛盾多元预防调处化解综合机制，努力将矛盾化解在基层，做到‘小事不出村、大事不出乡’”。④ 为建立递进式的矛盾纠纷分层过滤体系拉起的第一层过滤网，是对于大量属地性强、涉民生的纠纷，依靠基层人民调解组织发挥矛盾化解的

---

① 参见［美］贝克尔：《人类行为的经济分析》，王业宇、陈琪译，生活·读书·新知三联书店2008年版；［美］波斯纳：《法律的经济分析》，蒋兆康、林毅夫译，中国百科全书出版社1997年版。

② 参见［法］涂尔干：《社会分工论》，渠东译，生活·读书·新知三联书店2009年版；［美］帕森斯：《社会行动的结构》，张明德等译，译林出版社2003年版。

③ 参见［美］格兰诺维特：《镶嵌》，罗家德译，社会科学文献出版社2007年版。

④ 《法治乡村建设意见》。

基础作用，将大量琐细矛盾解决在基层、消灭在萌芽阶段；第二层过滤网针对的是专业性、类型化纠纷，主要是发挥行业性、专业性调解组织的专业优势，进行纠纷化解；第三层过滤网面对的是重大敏感、群体性等矛盾纠纷，重在发挥基层党政机关的力量，通过协调和解、行政调解等方式进行化解；经过三层过滤之后，仍然无法化解的纠纷，则进入第四层，由法院进行诉讼调解或裁判化解。① 不能进入官方话语系统的第三方影响因素则会借用官方权威机制产生影响，形成基础复杂的纠纷解决操作形式。

尽管每一种民间权威的来源并不完全相同，但都可以在某一方面对相应的社会秩序产生影响和支配，进而更多地介入纠纷解决过程中。对于这些民间权威来说，通过对纠纷解决的影响甚至导向，可以加强民间权威的社会地位，从而建构起来更为广泛和强大的社会资本。纠纷当事人也可以通过对民间权威的接受和服从而获得和民间权威的社会关系强化，从而获得某些民间权威的庇护。接受民间权威的影响，可以说是给权威以“面子”，这种“面子”不仅仅包含传统所说的人情因素，其更加实质的是这一话语标签背后广泛的社会资本，给面子就不仅仅是一个个人行为，而是一个不同群体之间社会交换的行为，通过这一交换实现各方的需求。纠纷的解决方式往往与社会场域相适应，这种社会控制机制与社会结构基础相同质性的状态便是布莱克所说的“同构”。正是村庄社会关系的等级性、社会势力基于血缘的同质性、村庄舆论的批判性和地方性规范的有效性使得乡村纠纷的社会救济成为可能。②

对于法官和乡镇干部来说，介入纠纷解决并影响纠纷解决的进展，既有法律上的要求，也有政治上的要求。③ 法在具体的乡村纠纷解决中，法官和官员同时也嵌入当地的社会结构之中。法官和官员这类官方权威在纠纷解决中需要考虑的因素更为复杂，地方非正式权威影响也更加直接。对于不同的纠纷所采取的策略也不完全相同。④ 在乡村纠纷解决运行中，通过主动多元纠纷解决建设，从纠纷解决的源头甚至预兆着手，对纠纷解决进行了全流程的管控。⑤ 从全球视野来看，西方主要国家走的是“社会造国家，国家造政党”

① 张纵华：《从实际出发推进多元化纠纷解决机制建设》，载《人民法院报》2019 年 7 月 21 日第 2 版。

② 印子：《纠纷主体的能动性与纠纷解决的社会场域——一起乡土纠纷的田野考察》，载《民间法》2014 年第 1 期。

③ 在党和国家主导的乡村治理模式下，法官和乡镇、村干部都同时面临多重社会资本的约束，也需要在多个社会资本中获得交换。最重要的是要满足自上而下的治理设计的展开，将乡村社会秩序看作一个顶层设计模式的一个具体展开，因此，会出现中部某县开展的“六无”村创建，通过市、乡、村三级层层签订责任书，形成全市总动员、全民共参与的基层平安创建工作模式。其实质是将竞争机制引入乡村治理，将乡村纠纷解决当作实现纠纷解决满足上级要求的一个手段。

④ 这里需要考虑的是第三方介入纠纷解决并改变纠纷解决的行进方向，必然是在某些角度上和纠纷当事人以及社会公众进行了社会资本的交换，使得第三方的社会地位和社会资本得到了再造。参见［美］布劳：《社会生活中的交换与权力》，李国武译，商务印书馆 2008 年版。

⑤ 从这一调研资料来看，在乡村纠纷解决中提供的纠纷解决资源，尤其是形式多样的正式权威资源并不缺乏，如果从人均获得的纠纷解决资源供给量来计算的话，即便比着城市也存在某种程度上的过剩，才会出现纠纷预警和溯源的工作模式。这也正是乡村纠纷解决运行新出现的特殊现象，构成了乡村纠纷解决运行的刚性约束机制，如何解释被遮蔽的纠纷解决主体的行动逻辑就更加需要从社会资本的角度深入研究。

的资本主义道路，中国走的是一条“政党造国家，国家造社会”的社会主义道路。[①]

在纠纷解决过程中，能够实现三者的协调是第三方权威所期待的最理想状态，纠纷解决实践的复杂性往往会打破这一均衡，这种情况下当事人和官方权威就会通过纠纷解决的日常细节加以调和，每一种绝对的追求都会处在一个妥协的过程中，任何一种追求都可能被另外一些现实的需求所压制。[②] 因此官方权威参与纠纷解决，会出现政治上的某些违反，法律上的某些规避，或者官方权威的日常社会关系的削弱。当事人通过对于官方权威的服从，可以获得权威性的保护，并且可以通过这一过程在某种程度上建立和官方权威的日常人际关系。这种现象在某些话语中可能表现为更加单一的法律支配的局面，遮蔽隐藏在权威机制的阴影下的非正式权威。但在纠纷解决运作中，能够遮蔽的是非正式权威、非正式纠纷解决机制、非正式社会资本的话语表达，并非非正式纠纷解决运作本身。这里存在的是纠纷解决研究中将话语与实践、经验与价值等不同层面的问题混淆等同于纠纷解决实践的问题，导致纠纷解决研究在多重维度上存在话语和实践前提逻辑的混乱。

如果不同参与者所追求的目的并不相同，同时也无法在权威话语体系中通过社会资本获得支持，就会出现纠纷解决的参与者在名义上和实践上的偏差。梅丽注意到了在研究纠纷解决时，纠纷这一概念没有包含人们对冲突的不同理解。[③] 对纠纷解决的多元性正是渗透在社会资本中，嵌合型社会资本从根本上形塑了纠纷解决多元性的各种线索。新型城镇化和国家治理现代化战略目标提出和实施的背景下，“乡政村治”体制的发展方向应该是构建政府主导型的多元共治，即构建“政党领导、政府主导、农民主体、市场运作、全社会共同参与”型乡村治理体制。[④] 虽然纠纷作为法律上的分析必然会得到一个结果，但作为问题的纠纷并不一定，只不过在法学研究中更多倾向于将程序所不能解释的问题排除在外。这会导致两种结果，一种是如果纠纷解决的参与者高度依赖非正式的社会资本，比如各种初级关系或者在实践中具有高度依赖性的关系，这种情况下会通过非常系统的方式规避正式法律的适用。诸如苏力和强世功等人所选择的规避案例已经有相当程度的删减，[⑤] 在实践中所调查得到的系统化的规避法律适用的案例更加突出，不仅仅在民事纠纷等可以自由处分的权利范围内会规避法律的适用，在刑事、行政等领域内也会出现法律的规避。规避又可以进一步区分为自发性的规避与目的性的规避。自发性规避与纠纷性质和所处的社会环境密切相关，是一个自然秩序下各种规范竞争的结果，本身没有太强的道德性。目

① 储建国．《国家治理现代化的新意》，载《人民论坛》2013 年第 12 期。

② 赵晓力：《关系/事件、行动策略和法律的叙事》，载谢立中：《结构—制度分析，还是过程—事件分析?》，社会科学文献出版社 2010 年版，第 110 – 131 页。

③ [美] 梅丽：《诉讼的话语——生活在美国社会社会底层人的法律意识》，郭星华等译，北京大学出版社 2007 年版，第 127 – 148 页。

④ 朱余斌：《建国以来乡村治理体制的演变发展研究》，上海市社科院 2017 年博士学位论文。

⑤ 苏力：《送法下乡》，中国政法大学出版社 2000 年版；强世功：《乡村社会的司法实践：知识、技术与权力》，载《战略与管理》1997 年第 4 期。

的性规避则是通过对正式权威所依赖的社会资本构成要素进行操作，以形式上合法的方式实现对法律适用的排斥。这一种具有道德上的可谴责性，尤其是相对于正式权威，这种规避往往被描述为非法行为，在道德上是意识落后愚昧的一种表现。

纠纷通过理性化的形式程序得以解决，但作为问题的纠纷并不能够真正结束，而是转化为人际其他冲突形式，甚至是转化为严重的刑事犯罪。在乡村，因为民事纠纷没有得到及时有效解决而转化为严重刑事犯罪的占有很高的比重。这些起因大都是因为日常生活中熟人之间的微小摩擦引起，在没有能够得到有效的社会规范的解决的情况下，另一方采取激烈的暴力行为。不仅会导致具体的村民本身的人身和家庭损害，也会导致乡村社会秩序的暴力化。

通过社会资本理论的视角，将所有进入纠纷解决过程的主体全都看作动员自己的不同社会资本力量进行相互的合作和交换，最终实现一个社会秩序的再造的过程，只有所有的参与者都获得了相应的交换利益，并且和所嵌入的多重社会结构相适应，纠纷解决才能够在各个层次上实现协调，得到形式和实质意义上的双重解决。

（三）嵌合型社会资本保障乡村纠纷解决效果的实现

纠纷解决只有得到所有参与人所处的社会结构的支持，纠纷解决的实际效果才能够实现。乡村社会的发展是国家行政力与乡村内生成长力共同发挥作用的结果，否定前者或后者都是不可取的，乡村治理模式是在两者博弈的基础上完成的，形制于外而成乎于内。①任何一个纠纷得到解决，都既有纯粹形式意义上的结束，也有实质意义上的人际关系和社会秩序的再造，这些都建立在纠纷解决的效果得到各方认同的基础之上。布莱克认为，“每种冲突处理形式皆再造其社会环境，冲突处理可以诊断性地标示出社会空间中的不同位置。最终，它甚至可能揭示社会生活的基本形式”。② 在纠纷解决过程中，不仅社会秩序得到了再造，而且更重要的是纠纷解决过程中对社会场域资源和地方性规范的利用使得乡土社会中的社会规范得到了强化和再造，使得类似的纠纷解决保持了一种纠纷处理的惯例，也融通了民间法与国家法的适用衔接。在此基础上，与纠纷解决方式相适应的社会场域被再造出来。

纠纷解决效果由法律和社会施加在当事人身上的约束加以保证，可以用社会学意义上的惩罚加以描述，即社会秩序偏离的修复过程必须对当事人进行有效惩罚，纠纷解决效果才能得到保证。涂尔干描述过一个理想的惩罚场面：我们只要看看，尤其是小镇里发生的伤风败俗的事情就足够了。人们总是停下脚步，走家串户，或者在特定的场合来津津乐道这件事情，这样，一种共同的愤恨情绪就表现出来了。在所有交织在一起的共同感受里，

① 任吉东：《两种力呈推动近代乡村发展》，载《中国社会科学报》2016年8月1日第4版。

② ［美］布莱克：《正义的纯粹社会学》，徐昕、田璐译，浙江人民出版社2009年版，第93页。

在所有不同的愤慨中，一股愤怒的情绪发泄了出来，尽管在特定情况下这种愤怒还不太确定，但它毕竟是所有人的愤怒，这就是所谓的公愤。① 阿克塞尔罗德将这种协调行为和冲突解决机制归结为存在规范。并将规范定义为：在给定的社会环境中，个人总是按照一种特定的方式行动，并且看到不遵循这种方式行动的人被给予惩罚，规则就存在了。② 但关键是怎么去为惩罚者提供激励，尤其是存在“二级搭便车”问题时，实行惩罚措施不可避免地为实施者造成损失。③ 阿克塞尔罗德提出了“元规范”的方式，即惩罚那些不支持它的人。这等于要建立一种规范，使得一个人必须惩罚那些不惩罚背叛者的人。其他支持规范的机制也很重要。这些机制包括支配、内化、威慑、社会认同、成员身份、法律以及声誉。在某些情况下，规范的结果是等级制而非平均化，合作带有强迫而非完全自愿。④ 受阿克塞尔罗德和波斯纳的影响，⑤ 桑本谦认为，惩罚之所以能够促成合作，是因为惩罚改变恶劣相对人关于合作和背叛的预期报酬。不同群体的情况非常不同。在一个群体的“自控型秩序”在另一个群体完全可能成为“受控型秩序”，这就是为什么法治传统或相当一部分法律制度如合同法，在西方国家是一种“自控型”，而在中国是必须借助于公共权力来强制实施的“受控型”。惩罚强化了背叛的成本，使背叛得不偿失，也使合作变得有利可图。⑥ 对于惩罚来说，如果缺少社会性的支持，惩罚就无法实现。在经验意义上，惩罚更依赖于在一个微观互动情境中的有效结构。按照镶嵌的观点，只有具体的社会关系以及关系结构，才能决定是否会产生惩罚、产生什么样的惩罚，以及惩罚如何有效等问题。

无论从价值预设，还是从实践机理来看，合作治理都可以有效回应乡村社会主体日益多元化和乡村公共事务发展日益复杂化的现实态势。⑦ 因此，如果社会资本缺失，或者各个群体的和层级的社会资本之间无法有效协调，规范就无法得到人们的支持，对于规范的违反就变成了一种无社会压力的行为，纠纷解决的效果就无法得到实现。所谓法不责众，或者紧急状态无法律等说法，并不是因为法律本身效力消失，而是因为这种状态之下没有足够的社会资本支持，法律的惩罚无法获得正当性所导致。比如对于现在的乡村社会来说，因为社会结构的变迁，婚姻家庭纠纷逐渐弱化了其道德色彩，由传统社会压力所保证的道德和风俗对于婚姻家庭纠纷愈来愈缺少足够的约束力，导致了乡村婚姻家庭纠纷某种程度的去道德化。这在赡养纠纷中可以得到充分的体现，比如陈柏峰在李圩村调查时遇到

---

① ［法］涂尔干：《社会分工论》，渠东译，生活·读书·新知三联书店2000年版，第65页。

② ［美］罗伯特·阿克塞尔罗德：《合作的复杂性》，梁捷等译，上海世纪出版集团2008年版，第48－49页。

③ ［美］詹姆斯·S. 科尔曼：《社会理论的基础》（上），邓方译，社会科学文献出版社2008年版，第251页。

④ ［美］罗伯特·阿克塞尔罗德：《合作的复杂性》，梁捷等译，上海世纪出版集团2008年版，第68页。

⑤ 参见［美］罗伯特·阿克塞尔罗德：《合作的复杂性》，梁捷等译，上海世纪出版集团2008年版；［美］埃里克·波斯纳：《法律与社会规范》，沈明译，中国政法大学出版社2004年版。

⑥ 桑本谦：《私人之间的监控与惩罚——一个经济学的进路》，山东人民出版社2005年版。

⑦ 庞娟：《农村基层治理空间重构：一个三维框架》，载《领导科学》2014年第11期。

了子女不赡养老人的众多案例，因为农民价值世界的缺失，同时也为每一个农民提供了更多替代性选择的机会，尤其是子女相对于父母来说具有更强的能力摆脱父母，赡养老人就不再仅仅具有传统孝的含义，而变成了更为理性化的一种选择。传统的孝道文化要起到作用，需要这一规范能够对当事人产生压力，并且能够使得当事人的社会利益和经济利益受到严重的削弱，这些都依赖于村庄作为一个亲密的共同体，凭借其强而有力的舆论监督机制，足以规范人们对传统代际伦理这一共识的实践，村庄所提供的社会资本足以保证这一规范的实现。但社会变迁为农民尤其是年青一代的农民提供了更多的选择，原来的乡村社会规范已经不能很好地约束农民的行为。因此，乡村的赡养纠纷虽然可以在形式上得到解决，但背后的亲情和传统的孝道文化已经受到了严重的冲击。①

社会资本支持纠纷解决效果的逻辑有以下三方面。

（1）纠纷解决归根结底是当事人能否在未来的社会中获得更好的认同，这既包括获得具体的法律上的物质、资格或者机会救济，也包括所处的社会持有的规范认同和价值认同问题。法理上的救济某种程度上可以完全脱离社会群体的支持，只依赖国家强制力就可以实现。重要的是当事人在特定社会中能否得到认同，直接关系个人未来的收益。当法律支持的收益弱于群体支持的未来收益时候，法律救济的效果就难以实现，群体的社会规范也会破坏。当纠纷解决选取的方式和依据的规范与群体社会资本相一致时，群体的压力与国家的压力同频共振，形成一致的压力，保证纠纷解决效果的最优化。

（2）社会资本提供规范得以动员的基本力量。规范类型不同，在纠纷解决中被援引的方式不同，指引人们行动的方式也不同。规范可能是内生于社会群体，有可能是被强制给予。内生的规范与群体成员的利益、利害趋避天性等一致，呈现出互惠利他主义模式，行动、规范和群体期望之间具有高度一致性。强制给予的规范被动员、援引和指引的方式最为复杂。因为缺乏群体社会资本的支持，甚至群体对强制性规范及其代表的群体的排斥或者敌意，强制性规范在纠纷解决中效力既依赖强制的力度与可逃避性，也依赖强制性规范的压力持续性。缺乏足够的控制，或者群体能够选择离开特定群体，超出强制性规范的效力范围，通过强制性规范指引的纠纷解决就无法起到预期效果。强制性规范依赖更多的暴力机制支持，意味着强制性规范需要消耗更多的资源。对于暴力控制者群体来说，能否获得长时间的资源汲取以支持暴力持续，直接关系该种纠纷解决效果的预期。

（3）社会资本决定规范通过纠纷解决的一般性扩展效力。纠纷解决具有公共性，每一次纠纷解决都是一个公共品的生产消费过程，社会资本决定了该公共品的最终价值。从范围上说，纠纷解决的结果被越广泛的个体认同越好，能够形成跨文化跨种族的认同最好。纠纷解决做到当事人认可只具有最弱的效力，向外扩张时面临两个方面的影响。一个是规

① 在董磊明、贺雪峰的研究中都提到了这种问题，并且这一问题具有相当的广泛性。参加董磊明：《宋村的调解》，法律出版社 2008 年版；贺雪峰：《乡村社会关键词》，山东人民出版社 2010 年版。

范本身的一般性程度，这里的一般性既包括国家法律意愿上的理性化设置程度，也包括人类本性所具有的趋利避害等功利性行动模式。越具有一般性的规范，也越具有潜在的扩张潜力，同时也意味着越依赖具体社会资本的支持，之间同样存在如（2）所说的内在矛盾。另一个是社会资本的支持程度，对于稳定的社会秩序来说，无论是单一的社会资本还是嵌合型社会资本，都提供某种核心的规范支持，以换取更长时间上的预期收益。对处于衰败阶段的社会秩序来说，会回归更加暴力的小范围社会支持。在更加具有流动性和异质性的社会秩序来说，事实上存在一个规范竞争的过程，也是社会资本竞争的过程。这就形成国家强制规范体系和群体内生的规范体系之间的相互竞争问题，从而形成国家强制规范体系在不同部门法和不同规范之间的竞争，在执法和司法等领域的竞争，也形成群体内生规范通过选择性利用强制性规范的竞争，最终形成内生规范与强制规范既相互竞争又合作的局面，纠纷解决的效果也由此而确定。

Chimeric Social Capital and Rural Dispute Resolution

Mao Gaojie

Abstract: The chimeric social capital theory has the theoretical ability to connect the micro – dynamic mechanism of dispute resolution actors. The changes in China's rural society have brought different forms of chimeric social capital at different stages, and also affected the operation of the corresponding dispute resolution mechanism, forming different mechanisms for rural dispute resolution in the production and reconstruction of social order at different stages. Disputes are generated and resolved in specific social scenes, permeating the social interaction behaviors of dispute resolution actors, and unfolding in the middle and macro scene. To a certain extent, the chimeric social capital is the internal motivation for the parties to adopt specific dispute resolution behaviors, and also indirectly affects the nature and intensity of the dispute resolution methods adopted by the parties.

keyword: Chimeric social capital; Dispute Resolution; rural social order

（编辑：左泽东）

抗战时期地方自治中的“民主突破”：以四川省荣县临时参议会监察粮政为例*

杨　晖**

摘　要　国民政府迫于战争压力，在四川省普遍设立县市临时参议会，以示扩大政治参与，但临时参议会的实际运作已远远溢出政府预先设定的职权定位。临时参议会除照法律规定开会议事外，其参与最深、牵连最广的县级地方事务为监察粮政。在更深介入基层社会税收征收环节时，荣县临时参议会实现了从“表达民意”到“问责政府”的转变，并将监督的对象直指荣县最高行政长官。此种变化反映出在基层社会中已呈现有部分的“权力均势”，这种“均势”在荣县临时参议会的运作中得到自然地生发与成长，并形成对“治权”的钳制，从而使“治权”与“民权”的平衡成为可能。虽然县参议员并未通过选举产生，因而不具备广泛的代表性，并经常被评价为一场夭折了的“民主实验”，但其毕竟体现了一定程度的“民主突破”，其经验值得今日反思与借鉴。

关键词　临时参议会　地方自治　监察粮政　民主突破

一、引言

南京国民政府在抗日战争时期为推行地方自治，特设计了诸如国民参政会①、参议会等自治机构。钱端升先生曾在《中国战时政府》一文中对国民参政会有所评价，他说，

---

* 国家社科基金重大招标项目“民国荣县档案整理与研究”（13&ZD152）的阶段性成果。

** 杨晖，法学博士，四川师范大学全球治理与区域国别研究院助理研究员。

① 国民参政会设立之初，就有学者如范予遂等以专书讨论。1949年国民党退居台湾后，相关资料整理和学术研究在台湾获得持续推进。上世纪80年代后，国民参政会的研究重回中国大陆学者的视野，资料整理、研究论著和论文陆续涌现，研究范围和深度均不断拓展。参见曹必宏、杨斌：《国民参政会研究综述》，载《民国档案》2018年第4期。

“倘若民主议会的职责是发表人民的意见并使政府必须尊重人民的意见的话，那么不能把国民参政会当作无足轻重的机构。”[①] 近六十年后，冯兆基先生对此亦有类似的表述，他甚至认为，如果把“权力扩大到能对政府问责，国民参政会就标志着一项民主化工程的开端。”[②] 学界对国民参政会一直保持关注，主要因其作为“制度性的政治参与机构”为表达“民意”提供了机制，并试图打通“民意”上达政府的渠道，在一定程度上体现了“民主突破”（Democratic Breakthrough）[③] 这一主题。同一时期，南京国民政府在基层社会中力图普遍设立参议会，各地的运作实践是否也能体现相同主题，成为笔者撰此小文的一个重要关切。

据孔飞力观察，南京国民政府为“更加牢固地控制农村地区的税收资源，各省当局尽了最大的努力，试图将地方精英从税收体系中挤压出去。”[④] 而吊诡的是，迫于战时“财政汲取”的压力，国民政府不得不借助士绅在基层社会中的影响力，并寄望于新近成立的各地临时参议会，聘请“公正士绅”组成“监察网”，对各地粮政工作实施监察，以期更好地征收“军粮”“民食”。[⑤] 在四川省临时参议会第一届四次大会上，当论及战时采购公粮办法时，众多参议员认为采购粮食的先决条件是“县市参议会应立刻成立，以便协助政府，推行粮政。”[⑥] 从实际运作情况看，四川省各县市临时参议会除按照法律规定开会议事外，其参与最深、牵连最广的县级地方事务即为监察粮政。

根据《四川省各县临时参议会组织规程》规定，县临时参议会“在县地方自治未完成之前，为集思广益，促进县政兴革起见”而特设，其职权仅包括（1）议决权，（2）建议权，（3）听取报告及询问权三项。[⑦] 结合国民政府对临时参议会“协助政府”“促进县政兴革”的职权定位来看，县临时参议会显为备政府咨询的“民意机关”，而非现代民主政治意义上的“代议机构”。荣县临时参议会自 1942 年 8 月 18 日正式开幕议事后，通过参与监察本县粮政事务，其职能实现了从“表达民意”到“问责政府”的转变，并将监督的对象直指荣县最高行政长官。本文尝试重建临时参议会的监察粮政实践，进而讨论民

---

① 钱端升：《中国战时政府》，原载《美国政治学评论》第 36 卷第 5 期（1942 年 10 月），现载钱端升：《钱端升学术论著自选集》，北京师范学院出版社 1991 年版，第 646 页。该文英文版《WAR - TIME GOVERNMENT IN CHINA》现收录在刘猛编：《钱端升文集》，清华大学出版社 2019 年版，第 256 - 278 页。

② ［澳］冯兆基：《寻求中国民主》，刘悦斌、徐硙译，江苏人民出版社 2012 年版，第 184 页。

③ 雅思贝斯在阐释其“轴心期”理论时，采用了“历史突破”“文明突破”的表述，由此“突破”渐成西方学术语境中的常用词汇，本文使用的“民主突破”也化用于此。参见［德］卡尔·雅思贝斯：《历史的起源与目标》，魏楚雄、俞新天译，华夏出版社 1989 年版，第 62 - 65 页。

④ ［美］孔飞力：《中国现代国家的起源》，陈兼、刘昶译，生活·读书·新知三联书店 2013 年版，第 91 页。

⑤ 据国民政府内政部战后统计，四川省各县市临时参议会共提议案计 7058 件，所有议案中惟粮政案件比例最高，占议案总数的 12.2%，此亦为战时川省税负沉重的一个佐证。参见《县市临时参议会决议案初步统计分析（丁）》，载《内政统计月报》1946 年 7/8/9 月期。

⑥ “四川省临时参议会第四次会议记录”，民 049 - 01 - 1585，四川省档案馆藏。

⑦ 四川省政府民政厅编：《四川省县以下各级民意机关法规汇编（第一辑）》（1942 年 6 月），第 7 页。

间规范与法律规则、传统士绅与现代雇员及参议员群体的民主精神与法定职责之间的碰撞、冲突和融合等问题，并进而对"民主突破"这一主题予以考察。

二、监察田赋征实：民间规范与法律规则的碰撞

中国传统社会中，"土地为最大之财产，粮食为最大之富源"，田赋为中国历代国税正赋，民间素有"正供"之称谓。① 抗战以来，国家税源锐减，粮食问题日趋严重。国民政府迁都重庆后，后方人口激增，加之迭遭旱涝灾害，川省各地连年荒歉。从 1938 年至 1941 年，短短四年时间，四川粮食价格上涨近 38 倍。② 粮价的剧烈波动，导致出现严重的通货膨胀，从而引发其他生活物资价格的飞速上涨，并由此带来一系列的经济和社会问题。国防最高委员会于 1940 年 7 月颁发《本年秋收后军粮民食统筹办法》，该办法规定各省须采实谷折征田赋及现款征购以筹集粮食，即征购与征实并存，令四川省政府予以实施。③

县市临时参议会相继设立后，除依法定职权开会议事外，同时被四川省政府及田赋管理处命令接办监察征实事务。财政部四川田赋管理处于 1942 年 8 月 25 日印发《修正田赋征收实物暨随赋代购粮食宣传大纲》，对各地"监察会"的组织运作和权能有较为明晰的规定：

> 一、以征收处为单位，就其所辖区内，延聘公正士绅及乡镇长为监察人，组织监察会。
>
> 二、监察人应轮流到征收处负责监察之责。
>
> 三、遇有成色之争执及其他纠纷时，由监察人会同征收主任就地解决。
>
> 四、如有重大事体，得召集监察会解决。
>
> 五、已成立参议会之县市，监察会事务由参议会办理。④

荣县征购粮食监察委员会（主任赖君奇）于 9 月 21 日向荣县临时参议会去函，表示其已按照《四川省各县征购粮食监察委员会结束办法》办理结束事宜，并要求派员接收。⑤ 9 月 25 日，荣县临时参议会第一届驻会委员会开第三次会议，会议决定"由秘书室先参照去年监察干事名册拟具名单，交会议表决，并造具开支经费预算书。"⑥ 议长吴晦

---

① 侯坤宏：《抗日战争时期粮食供求问题研究》，团结出版社 2015 年版，第 56 页。

② 米庆云：《蒋政权下川粮九年征实》，载中国人民政治协商会议四川省委员会文史资料研究委员会编：《四川文史资料选辑》第 11 辑，第 126 页。

③ 民国荣县档案，002－01－008，四川省荣县档案馆藏。为简洁行文，以下脚注均略去馆藏说明。

④ 民国荣县档案，002－01－028。

⑤ 民国荣县档案，002－01－011。

⑥ 民国荣县档案，002－01－009。

西提议，“为慎重监察职务，可否召开临时大会案。”经讨论后同意召开临时驻会委员会，并“约请附城各参议员及县府有关首长、田管处长列席”，共同商议监察办法。① 荣县临时参议会由此正式介入基层社会的税收征收环节。

为使监察征购实物有充足的经费保障，荣县临时参议会特编订“开支经费预算书”一份。如表1所示：

表1 荣县临时参议会三十一年度监察征购实物开支经费预算书

项目	金额	备注
津贴费	32400	54乡每乡设置监察干事1人，每月每人津贴200元，以3月计（自10至12月），合支如上数
办公费	2550	征购办事处17处，每处由参议员1人负责宣达监察之责，每月支办公费50元，以3月计，合如上数
食宿费	5100	参议员17人，公出每人每日食宿费20元，一次以5日计，共出勤三次，第一次宣达征购政令，第二次督导征购监察工作，第三次考察征购监察成绩，合计如上数
舟车费	10710	参议员17人，每人出勤1次，平均150里，滑竿每里1元4角，照总数百分之五计算，合如上数
临时费	1728	
合计	52488	

资料来源：民国荣县档案，全宗号002，目录号01，案卷号011，四川省荣县档案馆藏

此表除罗列各项开支外，也可见县临时参议会参与此次监察征实的具体步骤：第一，荣县全县54个乡镇，每乡设置一名监察干事，监察以三月为期；第二，全县设17个征购办事处，每处由一名参议员负“宣达监察之责”；第三，参议员监察分三阶段，第一阶段为“宣达征购政令”，第二阶段为“督导征购监察工作”，第三阶段为“考察征购监察成绩”。

荣县临时参议会还拟有《工作须知》一份。内中规定，监察干事负责“监察当地田赋征购实物之收交、保管、转运及发放购谷价款与排解粮民与征购工作人员之纠纷等事宜，并经常与本会及配定之参议员切取联络。”开征期内，干事每日应赴当地征购办事处所执行监察职务，并将经过情形以《工作报告表》封寄临时参议会。该须知对干事监察要

① 民国荣县档案，002-01-011。

点规定特细，需注意的要点有二十余条。① 如严格照此要点提示进行，荣县临时参议会的粮政监察工作可谓全面细致。

粮政监察工作开始后，对未能“恪尽厥职”的监察干事，负责督导的参议员往往将其直接撤换。以荣县牛尾乡监察干事皮取之为例，因其“经营商业，常住（自贡）自井，未能到职，”被到该乡督导的参议员罗粲然当场罢黜职务，并另选李金尧充任。临时参议会对此举予以追认，以示支持。② 监察干事也陆续有所发现。永兴乡监察干事吴冕南察知该乡征实量器不合规定，“即嘱停收，并饬斗手携斗赴县检定完善再行使用。”副议长辜北沅批示：“速办，函县府及田管处，如果属实，应即检定纠正，俾利征实。”③ 荣县田管处对此回应颇速，立即指派科员邓惟初携新量器，会同当地乡长、保长、士绅、监察干事、稽征股长、收储股长、管理员等相关人员公开检验，又与携去检定的量器相互比较，结果“均相符合，并无差错。”田管处据此认为“该乡所用量器，既经公开检验合格，应无须再行调换，至监察干事吴冕南函称一节，全与事实不合。”④ 临时参议会与县政府、田管处对显见之事各执一词，彼此之间的矛盾开始浮现。

“浮收”一直为粮政的积年弊陋，改田赋征实后，镇紫乡代收员被控有此情节。据监察干事易超群呈复，“粮册系由田管处造具算定，交经收员照数收缴，只有石斗升，并无合勺之收入，惟据该员声称，零星尾数两不找补，是当面说明并未浮收，恐忙中有错，而又无人持据复算。”⑤ 此节揭出，县政府与田管处在征收布告中对征收数量准确至“丝”，而在实际征收环节中造具的粮册仅至“石斗升”，似为“浮收”开方便之门。参议员严章森在该乡监察时，还发现代收员有“分柱抬尾”的情况，“抬尾以元为单位，凡仙或角即抬成元，如邓泽人去完四柱粮即抬了三元多的尾。又购谷，购升不购合，该乡合勺均购，显系数愈零星，而抬尾愈多。”严章森请求临时参议会派员密查，副议长辜北沅指示其向该征收处监察参议员刘殿勘征求意见，并请易超群秘密调查。⑥

监察干事不定期制作《工作通讯》，以此为简要总结与上下沟通之用。刘笃周在《荣

---

① 《工作须知》中对“干事监察之要点”规定为：1. 征购工作人员是否足额；2. 征收工作人员是否按时办公；3. 征购工作人员及粮民是否依照次序办理；4. 抽查征购工作人员对于粮票之核算是否正确；5. 检查收交量器是否合法；6. 抽查仓斗手有无弊端；7. 抽查购谷价款之发给成数是否符合，购转粮谷价款有无浮收及其他舞弊情事；8. 抽查粮票票面是否照规定加盖各种数字戳记及征购价款数字是否大写；9. 抽查粮民缴纳谷粒是否合格；10. 抽查征购粮谷是否完全进仓；11. 抽查仓门上封条在启封前后有无破损脱落；12. 抽查谷仓内外有无孔隙漏湿情事；13. 抽查斗手有无要粮民量余谷物情事；14. 抽查征购工作人员有无故意留难粮民情事；15. 抽查征购工作人员有无需索粮民情事；16. 抽查征收工作人员有无恃势凌辱粮民情事；17. 抽查保甲人员是否合力催促粮民完纳；18. 抽查保甲有无从中渔利情事；19. 抽查征购工作人员、保甲人员与粮民间有无串通作弊情事；20. 抽查篾余黄谷谷壳是否由粮民运回；21. 其他漏列事项。民国荣县档案，002－01－011。

② 民国荣县档案，002－01－011。

③ 民国荣县档案，002－01－011。

④ 民国荣县档案，002－01－011。

⑤ 民国荣县档案，002－01－011。

⑥ 民国荣县档案，002－01－011。

县杨佳乡通讯（第一次）》中做如下记载：

> 本乡征购粮谷自（1942 年）本月（十月）五日开始，笃周七日接到贵会函聘及表式各件，八日天雨，无完纳者。九日按时到征购处检验量器，查阅仓廒，尚属完整，工作人员亦能克尽厥职，惟斗手量谷手力太轻，当嘱其平口硬剖，其他仓屋坐向右手出山盖瓦脱落颇多，木☑朽坏亦有数起。前面墙垣倒塌数处，急待整修，以备不虞。①

由于遭受旱涝灾害，荣县该年粮食出产成色较差，“如必须照规定成色征收，恕难办到此点。”刘笃周请求临时参议会与田管处商议，希望能允许变通征收。② 副议长辜北沅在批示中指出，“杨佳乡仓瓦脱落，墙垣倒塌，函田管处整修，以备不虞。”但对请示“变更征收”一节，并未语及。长山乡监察干事张照洲于 11 月 6 日在《长山乡通讯（第二次）》中记录，“惟是人民运来之谷每由染泥色者经收员自然不敢收纳，因仍纷纷运去，且不时发生争执，长山乡连旱三载，只有河边谷底低润处得以栽种。”县田管处对于因“天灾减色请宽格饬收”的请求，直接援引部颁《田赋征收实物验收暂行通则》，迳复“粮谷验收标准早经上峰明白规定，不得以任何理由变更成色。”③

荣县临时参议会还通过召开驻会委员会议，要求县政府粮政科负责人赴会报告工作进展。在 11 月 20 日召开的第七次驻会委员会上，粮政科长黄子言报告：

> 1. 三十年度粮谷再度集中旅费，俟仓余四百余石全数集中后，即可拨还。
> 2. 仓余用途尚未分拨。
> 3. 增设征收处，因限于预算，不能尽量办到，仍照上年办理。
> 4. 禁止杂粮煮酒，已严令申禁。
> 5. 三十一年征购实物，全县已达八成左右，最差为东佳、老龙、李堰、雷音、金华等乡，县长已手令饬催，务于初限完成，东南各乡较好，有达九成五以上者；本年再度集中原定开征后一月办理，本县已呈请缓办，尽三十二年一月完竣。
> 6. 贵会前向省方请赈，已奉电令，准扣拨二千石作赈，惟须俟征购工作结束时，始能照办。④

---

① 民国荣县档案，002－01－011。
② 民国荣县档案，002－01－011。
③ 民国荣县档案，002－01－011。
④ 民国荣县档案，002－01－011。

参议员邓纯如在巡回督导中发现荣边乡可能存在贪污挪用的问题，迅即向临时参议会汇报，并称无论是否属实，都应彻查。① 同时，县临时参议会也接到乡民具报，“我乡乡长简国修自接事以来，未及一月，遂奉命办理征购工作。开征之初，尚无异状，殊去年（1941 年）十月自贡市流氓王怀来乡招赌（开红宝），该乡长竟在二日之内负洋二万余元，乡中无论妇孺皆知。”王怀留乡不去，声言将以武力对付，简国修遂将第三保第八仓粮谷新粮暗中盗卖，用以清偿赌债。荣县临时参议会另查明，监察干事党维章与乡长简国修串通“挪卖粮谷”，将其监察职务撤销，另聘人员接充。②

田管处调查后认为，简、党二人“热心粮政”，只是手续稍有不合，不无原情之处。而参议员李忠恕查讯与曹祯祺所作口供，“是否果为叶润华蒙哄盖章，实难臆度”，并称二人如果舞弊，“保甲宁复不闻。”③ 临时参议会复函县政府，称已将舞弊经过“搜集证据，详加说明，与田管处函复所讯情词出入甚远，”要求将此案所涉人员“迅交军法审讯。”县政府的最终处理结果为，“荣边乡乡长简国修手续欠妥，予以记过，并继续澈查，处理尚无不合，准予备案。”④ 两相对比，临时参议会与县政府对此事的认定竟截然相反。

在各地征收办事处结束工作后，荣县开始办理该年度粮食再度集中，确定中城镇等七乡镇为再度集中地。当地监察干事临场监发，待运集实物到达集中地点后，临时参议会派员“一面监视交收，并一面监发各民伕应得口粮折价。”⑤ 根据计划，荣县各乡镇办理集中须在次年 1 月 15 日前运送完竣。至此，临时参议会该年度的监察事务暂告结束。据秘书室草拟的《一周年工作报告》记载，在监察粮政中，荣县临时参议会“检举舞弊案件五次。”⑥

作为一个新设机构，荣县临时参议会在监察粮政中虽主要以协助配合为主，但已显对抗的端倪。如弗朗索瓦·基佐所说，“议会的最根本的进步之一当然是言论自由，而议员的神圣不可侵犯是一个与言论自由同等重要的权力。”⑦ 参议员严章森、李忠恕、刘殿勘等地方精英以一种新的身份介入到税收征收环节，此身份允许他们正式表达异见，且有法律制度与组织保障作为凭籍，从而对县政府及其所属机构代表的国家“治权”形成挑战。惟需注意的是，临时参议会为这些距传统未远的地方精英提供了极佳的施展政治抱负的舞台，通过遴选而非民选方式产生的参议员虽为民众的一部分，但在身份认同或职业认同方面，与纯粹的民意机关或代议机构的“议员”自然有所区别。

---

① 民国荣县档案，002－01－060。

② 民国荣县档案，002－01－011。

③ 民国荣县档案，002－01－011。

④ 民国荣县档案，002－01－025。

⑤ 民国荣县档案，002－01－011。

⑥ 民国荣县档案，002－01－096。

⑦ ［法］弗朗索瓦·基佐：《欧洲代议制政府的历史起源》，张清津、袁淑娟译，复旦大学出版社 2016 年版，第 442 页。

与此同时，传统习惯和民间规范对基层社会发挥着持续的影响。在量具、验收、打斗、仓储、保管等征收环节，因惯习的潜移默化而存在许多与国民政府法律规则相颉颃之处。例如，国民政府曾于 1929 年颁行度量衡法，规定采用标准制和市用制两种，“然人民囿于习惯，农村仍沿用旧制，鲜有使用新式市用制者。”① 在田赋征实中，官方量器依然采用斗，可见民间习惯的影响依然很大。用斗也给征实舞弊开方便之门，监察干事反映的情况可让我们产生如此的合理怀疑，即斗手使用与规定不合的量具收粮，且未能“平口硬剖”，这些有损粮民利益的惯常做法显然未能消除。再如，川省历来就有杂粮煮酒的习惯，国民政府为尽可能在战时掌握大量粮食一再申禁，而又屡禁不绝，规则形同具文。至于“浮收”“抬尾”等陋规，虽与法律规则不符，但事实上仍然存在。民间规范与法律规则之间的碰撞，事实上促成并加剧了临时参议会与县政府之间的矛盾。

三、查勘公粮日记：传统士绅与现代雇员的交融

秘书室为荣县临时参议会唯一常设机构，除秘书刘光裕外，尚有干事二人，雇员四人（见表二）。在该会存续期内，秘书室职雇员未发生变化。其中，雇员辜太麟其名常被记录为“辜太林”，此前曾在荣县田赋管理处工作。从民国荣县档案中，据职雇员家属领取“平价米”的清册可知其妻为沈德芳，以“德芳”为名，并未被记录为传统的“辜沈氏”，其妻家似有一定的新式教育背景。同时，职雇员家属中六人皆取新式名字，仅辜其本之妻为“祁氏”，与此恰为对照。荣县于 1945 年 9 月正式设立参议会，辜北沅未能继任，参议员刘鸿岷任议长，秘书室人员被全部更换。② 以彼时人员任用的惯例来揣度，辜太麟与辜北沅似有亲属关系。

表 2　荣县临时参议会补报三十一年度七月份现有职雇员家属平价米增加补助款清册

职别	姓名	眷属姓名	增加金额	受款人盖章	备考
秘书	刘光裕	廖凤池	70		
干事	刘永昭	宋敬吾	70		
	萧垂璧	朱紫君	70		
雇员	饶贻斌	伍佐斌	70		
	辜太麟	沈德芳	70		
	辜其本	祁氏	70		
	张绍华	邱玉良	70		

资料来源：民国荣县档案，全宗号 002，目录号 01，案卷号 013，四川省荣县档案馆藏

① 郝银侠：《抗战时期国民政府田赋征实制度之研究》，华中师范大学 2008 年博士学位论文，第 93 页。
② 民国荣县档案，002 - 01 - 189。

辜太麟作为荣县临时参议会的派出代表，曾于1943年6月参加查勘整理三十年度（1941年）省级公粮，并在档案中留有一本《奉命参加查勘三十年度省级公粮日记》。①该日记用小楷写就，二千六百余字，文体半文半白，字数虽简，内容颇丰。此书既非官箴，亦非私人日记，而是一本工作记录。此行各人均作有日记，留存下来的仅此一份，尤显珍贵。

正式赴乡镇查勘前，各机关代表于6月1日在五宝镇集中茶社开“荣县三十年度霉变省级公粮查勘整理座谈会”。会议安排今后下乡仍应会同参加人到各仓实地考察仓储概况、霉变情形与原因，并对检定粮食霉变情况的具体方法做了较为细致的安排。6月29日，辜太麟与省政府粮政局、县政府粮政科、县田管处等机关代表一同下乡查勘公粮。当日记录为：

> 本日午前八时许，在南街荣州茶社会同省府粮政局技士李适如、县府粮政科科员程良、田管处代表吴仲良等，由城动身，经铁厂乡，小憩。至长山乡，午餐。与该乡副乡长王立刚接谈后，直赴竹园乡。距场三里之遥，突遭大风雨。是夕，寓德兴园。晚膳时，同刘乡长慎修座谈约二钟之久，该乡长乃去。是夜，臭虫集中，寝不安席，东方既白，始入睡乡。②

在日记中，辜太麟对行程的记录颇为细致，并将途中遭遇风雨侵袭和糟糕的住宿条件等情况作简单描述，文字简练清通。第二日，四位代表早餐后到达竹园乡公所，乡长召集监察干事、保管员等相关人员到场，由李技士说明查勘办法，当即在场上的广盛号仓内试簾一市石，并将所有霉变、鼠耗及成米率情形记录在表。午饭后，代表们赴距场六里之遥的二房湾仓址查勘，工作结束后又赶往穿心坳仓址试簾。从当日行程看，查勘公粮一事颇繁难辛苦。

此后多日，四人皆按行程到各仓查勘，辜太麟对检查情况多作流水账式的简要记载。以第三日记录为例：“同副乡长汤建生等赴余家冲仓址，距场八里之遥。工作毕，回场午饭。后至邱家沟仓址，离场四里许。”③ 日记虽较扼要，但内中仍然有较为重要的信息。如辜太麟所录行程大致无误，则当日四人往返约二十四华里，合十二公里。荣县当地山路多崎岖，以正常步速估算，四人步行时间应不少于两个半小时。第五日的行程则更远，当日四人到坐家沟、屋基坝等地查勘，行程计十三公里左右。

辜太麟除记录查勘公粮的日常行程外，在日记中还留有一些看似与此行工作并不密切相关的内容。第四日记录即可见：

---

① 民国荣县档案，002－01－097。

② 民国荣县档案，002－01－097。

③ 民国荣县档案，002－01－097。

> 午前八钟后，偕刘慎修乡长等赴抵匣坝仓址，距场十里之遥。工作毕，直达台观乡。是日，天候晴明，暑气微醺。午刻至乡公所，其时乡长暨保管员均未在场，该地又无茶社、旅店，乃与同人竟赴该乡中心学校校址，距场里许。校长钟咏夔为旧相识，接洽之余，即于该校膳宿。黄昏时，徐继庆乡长甫归，赓即派人与各保管员送信，约十钟后方寝。①

作为工作记录，任务完竣后势必上缴，但辜太麟将与旧识的小聚如实记录下来，此中似颇可留意。以笔者管见，一因尊师重教之传统犹在，二则教师、校长等教职人员常转而聘为政府工作人员，可较易实现不同职业之间的自由流动，辜太麟虽为查勘公粮的参议会代表，但其视钟咏夔为基层行政“共同体”中的当然一员，在该乡乡长与保管员均不在的情况下，寻访旧识似为公私得宜之举。

此行查勘公粮恰逢“七七纪念”，辜太麟等代表“行李甫卸，（双古乡）副乡长即邀请午餐，盖因纪念日招待各校教职员及各保长之故就便邀请也。”②“七七纪念”是国民政府为纪念卢沟桥事变所特设，当日双古乡在举行仪式以昭纪念之余，邀请各校教职员与各保长共同宴饮。如以今日眼光看，教职员与保长并不属同一体系，但当日基层社会除保甲长外，学校教师亦为不可忽视的地方力量。③ 此与笔者前述辜太麟在日记中特别记载与旧识钟咏夔相聚之事相互映照成趣。

在辜太麟的日记中，对此行所遇洪灾做了较为详细的记录。第八日，“是日，山雾迷空，时有小雨，”至当日“午后四时许，其时雨仍不止。”④ 第九日“大雨倾盆”。第十日“本日雨仍不止，据土人言，溪水淹没多处，而双古至观山之间，尤其不能通过。同人等离开复兴乡，迳到岔冲湾查籥方迄，又回场上，继而乘雨经观山乡，午膳后直赴长山乡。沿河一带，冲没禾苗甚广，诚为今年初次大水之害也。”⑤ 笔者将民国时期荣县所遭受的重大洪涝灾害稍作整理，1943年并未包含在内。⑥ 查辜之记录，此次降雨导致的洪涝灾害似不轻，且大雨对荣县储藏粮谷各仓，显为较大威胁。

在日记中也有指摘官员作风的内容。在连续工作十一日后，辜太麟等一行准备返城。度佳乡为招待粮食部四川储运局沱江办事处官员陈振东“以致稽延”，虽处战时，但此间迎来送往之风不绝。当天正逢长山乡赶集，作为大后方内陆川省的一个小乡场，集市当日

---

① 民国荣县档案，002-01-097。

② 民国荣县档案，002-01-097。

③ 《乡镇组织暂行条例》规定：乡镇长兼任乡镇中心学校校长及乡镇国民兵队队长，乡镇公所民政、经济、文化股主任由乡镇长、副乡镇长及中心学校教员分别兼任，保长兼任国民学校校长及保国民兵队队长。这些制度安排，使得基层社会的权力关系网络更显缠绕纠结。立法院秘书处编：《立法院公报》第115期，1941年9月，第68-74页。

④ 民国荣县档案，002-01-097。

⑤ 民国荣县档案，002-01-097。

⑥ 参见四川省荣县志编纂委员会：《荣县志》，四川大学出版社1993年版，第76页。

“乡人拥挤，颇为嘈杂”，市面依然繁华，又似宣示此间未受战争波及。

辜太麟的日记颇富文学色彩，以第七日的记录为例：“午膳后登程。此地山路崎岖，泥泞满道，林风飒飒，颇有难行之苦。”① 第十九日的记录则更显气韵生动，引人入胜：

> 彼时，赤日当空，行人汗流遍体。遥望梨林在迩，同人等奔就购食。绿树阴浓，谈笑风生，皆有流连之意。到仓工作完结，又至二里之文昌坪午餐小憩，约四时半，始返鼎新乡。途次将半，突遇暴风，沙飞树折，禾苗倒偃，顿觉凉生两腋。须臾抵场，茶社休息，已薄暮矣。夜膳后，沐浴方寝。是夕，大雨如注。②

日记中既有“山路崎岖，泥泞满道，林风飒飒”等语以摹写行路艰难，也有同行众人“遥望梨林在迩”“奔就购食”，且在“绿树浓荫”间“谈笑风生”等语以状行路之乐，更有返回鼎新乡途中“突遇暴风，沙飞树折，禾苗倒偃，顿觉凉生两腋”等细微感受。由此揣度，辜太麟此行实苦乐掺杂。

查勘省级公粮共历时21日，辜太麟用工作日记的形式对此予以全程记录。虽奉命而为，但今日读来，我们仍可从中获取丰富的信息，于理解彼时的基层社会颇有助益。抗战方殷，正值民族与国土偕亡的巨大战争压力，社会、民众似皆为战争的恐怖所笼罩方为合理，但在日记中除零星见有军队驻扎荣县的记载外，我们于此并不能直接感受到战争的影响。③ 查勘公粮的各级代表此行就如常时的一次下乡公务，氛围宁静恬淡，而所遇乡镇集市上乡民依然“拥挤嘈杂”，给今人一种错觉，仿佛此地为避世的桃源。日记从一个侧面提示我们，荣县在抗战时期所受战火波及较小，此也为川省部分地区的真实写照。辜太麟的个人信息并不丰赡，作为面目不免有些模糊的荣县临时参议会秘书室雇员，代表其服务的机构参与监察粮政事务，其言行所见甚“小”，但作为荣县临时参议会机构本身，通过具体事务逐渐进据基层社会权力网络，并开始不断地寻找、调试自己的位置，而可观者则甚“大”。

检视这本略显“单薄”的日记，在历史中被“隐去的人”开始逐渐凸显，也让我们隐约可见中国传统士人的某些精神特质。例如，冲淡平和的修养，秉笔直书的操守，悲天悯人的情怀。细心解读，这些均可从日记中得以体味。辜太麟毕竟是一个现代民意机构的雇员，其职业伦理要求他必须冷静客观，不容掺杂个人情感，并以完成工作职责为首要任务。在日记中，我们既可见其专业的态度，而对彼时官场的曲笔和对普通民众生活的同

---

① 民国荣县档案，002－01－097。

② 民国荣县档案，002－01－097。

③ 辜太麟在日记中对第十一日的行程记载：“楼阴□仓主曹胡氏，其宅有十八师周连长全连驻扎，一面寻保甲到来，开仓检阅霉变颇多，继而试籥，一面与周连长接谈，试籥结果成米率自然大差。”民国荣县档案，002－01－097。

情，又让我们看到一个传统士人“以天下为己任”的坚守。在辜太麟的身上，传统与现代似乎交融无碍，两者共同塑造了他的精神世界和所言所行。

四、检举粮政舞弊：民主精神与法定职责的竞胜

荣县临时参议会自1942年组织“监察网”开始监察征购实物以来，监察干事与负责“宣达监察之责”的参议员相继发现多起粮政舞弊案件，但多被县政府以各种方法弥缝搪塞，监察实效甚微。而此前所发现舞弊者层级较低，或为保长、乡镇长，或为当地粮商、籭商，荣县临时参议会在1944年所揭露的粮政舞弊案件，则将监察问责的对象直指荣县最高行政长官，也即荣县县长兼田赋管理处处长黄希濂。荣县临时参议会在行使监督权能时，监督方向发生了根本变化，即从纵向的监督转向了平行的监督。王人博说，“民主”一词是中国古典的“民心”“民意”之德性元素与西方传教士所诠释的Democracy所代表的西方现代性政治形态的一体化再现。[①] 县级民意机关对一县最高“治权”的挑战，是否为借用“西方性政治形态”，其超越法定职责的行为是否蕴含有中国传统的德性元素，从而生发出国民政府制度安排意旨之外的民主精神，则是我们需从档案中予以解读的内容。

1944年7月，荣县古文乡向临时参议会报告，认为该乡存在“提存省级公粮情形，烦请派员澈查。”[②] 县党部在7月10日“查明转报”临时参议会的公函中称：

> 案奉秘查本乡三十年度省级公粮交运数字有无舞弊，……是项粮谷，去春省府委派粮政局李技士适如来荣县视查时，事前即有前粮政科长黄子言往返本乡数次，暗中指使经收员钟世文朦报各仓储谷经年未运，因而虫蚀霉腐损失甚巨，以为短交渔利地步。嗣后李技士莅临本乡，该经收员即遵照指示，仅交出仓厫十四所，而其余打紫湾与豆地坳之两仓储谷则提存中饱。[③]

荣县古文乡本有仓厫16所，而黄子言以“虫蚀霉腐”为由，仅交出其中的14所，并有县政府标卖粮谷的布告和接收清册为证。函后还附有经收员钟世文做成的盗卖两仓数字、地址详细列表、仓厫所在地及容量表等证明材料，证据颇为明晰。该公函落款处有县党部书记长梁纯嘏（亦为县临时参议会副议长）用印，议长辜北沅批示，“函派古文乡监察干事调查取据呈复核夺”。[④]

为查明打紫湾和豆地坳两仓实情，临时参议会要求监察干事继续调查取据。监察干事

---

① 王人博：《中国民主话语考论》，载王人博等：《中国近代宪政史上的关键词》，法律出版社2009年版，第40页。

② 民国荣县档案，002-01-097。

③ 民国荣县档案，002-01-097。

④ 民国荣县档案，002-01-097。

谷武扬接函后迅速调查案情，并于1944年8月9日复函。函称：

> 遵查是项公粮，据前代理监察干事余其湘称确为十六仓，仓厫所在地及其容量均可查询。嗣后黄县长布告标卖上项粮谷时乃只列十四仓地点、容量，而竟将打紫湾之一仓由粮政科长李太林暗中售与乡长沈百知，以豆地坳之一仓售与商人毕国钊，此为事实具在，乡人耳目共睹，云云。①

函后附有毕国钊所书《证明书》，抄录如下：

> 具证明书人毕国钊，兹证明确于三十二年八月向古文乡乡公所承籴古文乡所属豆地坳仓厫储存粮谷九十八市石是实，此仓确未列入标卖仓厫数内，特此出具证明。
>
> 具证明书人籴商毕国钊（印）
>
> 中华民国三十三年八月　日②

从该《证明书》可见，毕国钊承籴该乡豆地坳仓厫粮谷并未被列入标卖仓厫数内，用今日语言表述，即他所承办之事未经过公开招标程序。既为省级公粮，依据规定则必须通过“标卖”程序确定籴商、价格和数量，古文乡未将全部仓厫列入标卖，程序显属违法，私下商定后将该仓厫粮谷承包给籴商的行为已涉嫌“盗卖公粮”“从中渔利”。

荣县临时参议会要求毕国钊到会详述案情，而毕以“突罹暴病，不能到案证明”为由拒绝到会，但仍将过去承包公粮情形据实呈报。除再次指控李太林出面“来场出包粮谷”外，毕国钊对诸多细节作了进一步揭示，如毕承认所包豆地坳仓粮谷98市石，并不在县府标包省级公粮14仓厫之内，而系与李太林直接交涉。③ 盗卖公粮一案发展至此说明，县政府前后两任粮政科长皆与此事有涉。

为摘除责任，县长黄希濂指示李太林给县临时参议会去函解释。李太林函称，打柴湾和豆地坳两仓存谷“原属军粮，自应提留”，只因新十八师来荣县分驻各乡后，需粮急切，把当地省粮强迫拨用，“本府乃以此项军粮移补足额一并标籴”，并以籴商承包合约及监发员报看单存卷作为证据。④ 笔者以为，古文乡“标卖”省级公粮时，并未将新十八军强迫拨用当地省粮等情事预为告知，也未提供两仓公粮抵扣并“移补足额”的相关政府文书清册，李太林的解释并无说服力。

---

① 民国荣县档案，002－01－097。

② 民国荣县档案，002－01－097。

③ 民国荣县档案，002－01－097。

④ 民国荣县档案，002－01－097。

与此事件密切相关的该乡乡长沈百知也屡遭乡民控诉。该乡十一保保民朱伯成等人检举沈百知无视“上峰叠令”，逾期运粮，与温绍涵二人合作，将粮谷“已私卖去大部分，并借出一部分，以十分之五加息收回。”呈后还附有《沈百知身为乡长所有不罚（法）行动列表》，表内载有其招赌、借卖粮谷、出卖乡仓谷、中心校赌博、宿娼及私吞猪脑花等恶行，参议会议长辜北沅要求县府核查。① 公民代表张尚宣、张应时、谷伯钧也呈请县临时参议会和县政府彻查乡长沈百知。呈称：

> 沈百知自任乡长以来，每日恣情赌博，藉作联络士绅之计，……如役政则庇护壮丁，优待则冒领食谷；市政则因己有店房，怠延不拆，影响进行；粮政则借与人，以图厚利；学校则因用人不慎，学风不振，学生裹足；防务则劫案数十，不理不报；至其开赌场，吃获壮丁检阅口食数千元、食米数石、罚款数万。②

此后，该乡公民代表余其湘、杨明煜、李银江三人再次向荣县临时参议会递呈，要求“查究而靖地方”，内容与前次所递之呈大致相同，但呈后附录有沈百知《罪由十条》。③ 但县政府并未按图索骥，一一查核，对乡民的请求并无正面回应。

荣县临时参议会此时面临监察的窘境，虽“案证皆在”，但县政府皆能自圆其说。在与县政府多次沟通无果后，临时参议会径向四川省政府和省临时参议会分别去函，请求上峰派员调查，并在函中详细报告县长黄希濂朦报经过，指责其有贪腐行为。④ 荣县临时参议会的诉求已非此前所要求的“澈查”，而是希望上级对县长黄希濂“撤职究办”，党、参矛盾再次升级。事件几经酝酿发酵，最终形成以临时参议会为主导，县党部、县政府部分职员及社会力量几方协力的“倒黄”“驱黄”风潮。荣县临时参议会向四川省政府与四川省第二行政区公署发电，称“本县县长黄希濂假推行新县制之名，遂其枉法贪污之实，种种罪恶，难胜枚举，县临时参议会为民请命，依法检举，凡属县人莫不拥戴。”⑤

黄希濂任荣县县长，其初意本为“大刀阔斧三二年，干出成绩，即以此作为资本，另谋飞黄腾达。”⑥ 在经历弹劾风波后，黄希濂被调任内江，其仕途在荣县遭遇挫折。⑦ 虽已调任，但临时参议会仍诉诸法律手段，要求四川高等法院第六分院追究其刑事责任。有学者认为，“新县制下地方自治的施行，一个特点是强调民意机构的作用，国民政府需要新

① 民国荣县档案，002－01－025。

② 民国荣县档案，002－01－025。

③ 民国荣县档案，002－01－025。

④ 民国荣县档案，002－01－025。

⑤ 民国荣县档案，002－01－096。

⑥ 丁希仲：《记黄希濂及其模范县》，载中国人民政治协商会议四川省荣县委员会文史资料研究委员会编：《荣县文史资料选辑》第3辑，第108页。

⑦ 民国荣县档案，002－01－096。

县制所设立的各级民意机构来使民众负担平均，发挥民众（尤其是士绅及地方其他有力者）的积极性来有效完成征粮、征丁以及摊筹派募等任务，同时抵制住地方各级官僚的贪污中饱行为。”① 荣县临时参议会参与粮政监察时，确在履行抵制各级官员的“贪污中饱行为”，从而也造成个人、机构之间的对立与冲突。

需进一步考察的是，临时参议会法定职责既明，国民政府并未赋予其弹劾县长的权力，但通过监察粮政事务，参议员发现盗卖省粮事件，且事涉县长，如果严格按照法律规则，荣县临时参议会并无实施上述行为的合法理据，而我们从档案中看到的却是另一番场景。荣县临时参议会突破法定职责的行为，既得到社会大众的支持，也得到四川省政府和省临时参议会的默许。王国斌说，“民主制与代议制的观念尽管起源于西方，这并不意味着中国人不能领会这些观念的含义和重要性，但把中国人（即使是受西方文化和思想影响较多的城市居民）心目中的政治概念想得过于美国化或欧洲化，将是十分危险的。”因为中国人对于两者的看法更多地表现为，“要使得领导者对自己的行动更加负责，以及在领导者不能代表人民时，把他们赶下台。”②

在传统观念中，对于公平和正义的诉求往往鼓励民众突破法律界限，也即合道德性更重于合法性的看法是一以贯之的。③ 检举荣县县长，正是以参议员为主体的部分地方精英借用临时参议会这一机构，实施其维护“民心”“民意”等道德诉求的一次稚拙的尝试，这样的民主精神和民族情感突破了现代法律所要求遵循的职责规定，此现象在今日亦值得我们思考和重视。

五、结语

梁漱溟先生曾说，“中国近百年史，也可以说是一部乡村破坏史。”④ 民国建国后，如何重构基层社会，以回应“延续千年的大挑战”，即秦汉已降，怎样在“广土众民的局面上延续以前诸侯国时代直达基层的治理模式”。⑤ 如何以“自治”取代“被治”，从而实现地方构建的“理想图景”，如萧公权先生言，孙中山“在肇造民国的时候，主张实现英法美等典型民主国家的政党政治，以为运用民权的方法。”⑥ 具体到地方，则以县为基本自治单位，由民众行使选举、创制、复决、罢免等直接民权，使治权得以保障的同时，构建

---

① 曹成建：《20世纪40年代四川省新县制下地方自治的施行》，载《西南交通大学学报（社会科学版）》，2002年第3期。

② ［美］王国斌：《转变的中国：历史变迁与欧洲经验的局限》，李伯重、连玲玲译，江苏人民出版社2010年版，第140页。

③ 中国传统社会中，受儒家“孝亲”观念的影响，子孙为尊亲属复仇的事件史不绝书，此种行为往往唤起民众的同情，其直接责任者也多能得到官方的宽宥，这样的逻辑亦可投射到现代政治领域。相关讨论参见［美］林郁沁：《施剑翘复仇案：民国时期公众同情的兴起与影响》，陈湘静译，江苏人民出版社2011年版。

④ 梁漱溟：《乡村建设理论（又名：中国民族之前途）》，上海人民出版社2011年版，第11页。

⑤ 罗志田：《风雨鸡鸣：变动时代的读书人》，生活·读书·新知三联书店2019年版，第279页。

⑥ 萧公权：《宪政与民主》，清华大学出版社2006年版，第174页。

起一个相对于独立于政府的基层社会，民权亦得以伸张，并在治权与民权之间达到均衡。

抗战爆发后，蒋介石所行之最主要政治纲领为“抗战与建国”并举。在这场事关政党权威和民族存亡的战争中，扩大政治参与成为发动普通民众的重要手段。四川省作为战时大后方，成为南京国民政府推行“新县制”的全国模范实验省区，各地陆续设立县级临时参议会。从荣县临时参议会的运作实践可见，甫自成立，而至设立正式参议会，除照法律规定开会议事，其参与县政最深广者为监察粮政。在中国传统社会，州县在行政事务中往往扮演的是“全权的父母官”，[①] 这样的治理观念仍在深刻地影响着民国时期的地方行政官僚。在主要由县党部、政府、参议会三方所构建的基层权力网络中，县长所代表的“治权”处于权力网络的中枢，当党、参两机构的权力被挤压，政府的权力得以极大伸展之时，往往预示着冲突将起。

在政府的推动下，荣县“新县制”建设颇显成效，但也不免留下许多被指摘、甚或被指控之处。在更深介入基层社会税收征收环节时，荣县临时参议会把握住打破这种不平衡状态的机会，其职能逐渐从“表达民意”转向“问责政府”，并最终将监督的对象直接指向荣县最高行政长官——县长黄希濂。荣县临时参议会在筹设过程中，与县党部有部分人事关系的重叠，两方易结成利益同盟，并形成“政府—党、参与其他社会力量”对垒的权力竞争局面，而此种变化反映出在某些基层社会呈现有部分的“权力均势”。孟德斯鸠所强调的权力分立与制衡的经典论说，在县级临时参议会的运作中得到自然的生发与成长，并形成对“治权”的钳制。荣县临时参议会不断溢出南京国民政府为其预先设定的职权定位，在历史重建的尝试中，也使其成为考察单纯的“民意机关”转向具有某种现代民主政治意味的“代议机构”的极佳基层范例。

更为重要的是，通过史料的钩沉，以往被“隐去的人”得以重新审视。藉由荣县临时参议这一新式机构，参议员和职雇员群体在监察粮政事务中与各方势力周旋，虽未取得压倒性的胜利，但体现了中国传统社会对读书人“经世济民”“以天下为己任”的角色期待。传统与现代、民间规范与现代法制、民主精神与法定职责等对极性的概念在荣县临时参议会这个舞台得到充分的展现。这样的社会环境必须被法律规则的制定者所重视，方能使法律在社会中真正起到调节和平衡各种利益的作用。从另一重意义上讲，县级临时参议会的参议员虽未通过选举产生，其代表性广受诟病，并经常被评价为是一场夭折了的“民主实验”，但在监察粮政中所体现的一定程度的“民主突破”，依然值得今日反思与借鉴。

---

① 里赞：《晚清州县诉讼中的审断问题：侧重四川南部县的实践》，法律出版社2010年版，第187页。

“Democracy Breakthrough” in Local Autonomy during the Anti – Japanese War: A Case Study of the Supervision of Grain Administration by the Provisional Council of Rong County, Sichuan Province

Yang Hui

Abstract: During the War of Resistance against Japanese Aggression, the Nanjing National government generally set up provisional council of counties and cities in Sichuan province to expand political participation, but the actual operation of the provisional council has far exceeded the goal set by the government. In addition to holding meetings in accordance with the law, the provisional council is involved in the deepest and broadest local affairs at the county level to supervise the collection of grain. In the deeper involvement of the grass – roots social tax collection, rong County provisional council has realized the transformation from “expressing public opinion” to “accountability government”, and the object of supervision is directed at the highest executive of Rong County. This kind of change reflects that there has been some “balance of power” in the grassroots society, which has naturally grown and grown in the operation of rong County provisional council, and formed a restraint on “governance”, so that the balance between “governance” and “civil rights” becomes possible. Although county senators are not elected, they do not have broad representativeness, and are often evaluated as a failed “democratic experiment”, but it reflects a certain degree of “democratic breakthrough”, and its experience is worth reflecting and drawing lessons from today.

Keywords: provisional council, local autonomy, the supervision of grain administration, breakthrough of democracy

（编辑：田炀秋）

藏族传统生态价值观及其环境治理价值的主体叙事*

杨继文　梁　静**

摘　要　藏族传统生态价值观对藏区基层环境治理具有重要价值和意义。在藏区的田野调查显示，藏族传统生态价值观与藏区基层环境治理中的文化传承，及其环保社会观念发生着持续性的相互作用与互动关系。以寺院影响、戒杀生、天葬习俗以及神山圣水信仰等为代表的藏族传统生态价值观，有着环保层面的特殊价值与意义。这些生态宗教习俗意义上的传统生态价值观，对藏区基层环境治理具有独特的贡献和影响，对当地藏民环保观念的树立和养成，以及日常生活与生产行为模式的形成与发展发挥着重要作用。因此，应当继承传统生态价值观和生态宗教习俗的优秀基因，形成藏区基层环境治理的文化传承模式，养成和发展生态环境保护的观念与行为，促进藏区基层环境治理与传统生态价值观的融合发展。

关键词　藏族　传统生态价值观　环境治理　文化传承模式

一、问题提出与价值缘由

（一）问题的提出

在推进国家治理体系和治理能力现代化战略进程中，基层社会治理是国家治理的重要组成部分之一，也是基层人民群众最为关心和关注的重要领域之一。在我国的社会治理领

* 国家社科基金重大项目“污染环境犯罪多元治理机制研究”（19ZDA161）；国家社科基金重点项目“面向生态文明建设的我国污染环境犯罪治理机制研究”（19AFX008）

** 杨继文，法学博士、经济学博士后，华东政法大学刑事法学院讲师、华东政法大学中国环境犯罪治理研究中心主任助理、研究员；梁静，重庆交通职业学院人事处副处长，讲师。

域，基层社会治理需要进行理论、制度和实践创新。例如，我们可以将新时代基层社会治理的最核心目标设定为构建和谐社会，通过优化基层社会治理格局，涵养社会治理核心价值，实现“四维治理”。① 在中国的基层治理中，政治体制的影响和社会生态的塑造，使得“治理空间”理论得以拓展。“治理空间”与治理地理，成为理解中国基层执法的新视角之一。乡村治理空间为基层执法提供具体场景，其“拥挤社会”背景和“权力分散”特性，严重制约着基层执法能力。② 因此，需要从治理规则的角度出发，尤其是民间法的角度来把握我国藏区基层环境治理的传统形态，“从主体到规则的转向”，即从注重“谁在治理”转向凸出“如何治理”。③ 从韦伯的“中国命题”入手，以藏族传统生态价值观为研究对象，在“稳藏必先安康”过程中对藏区基层环境治理的实现进行成效总结、问题分析与制度完善。进而，探索和总结我国藏区的环境治理体系，在政策协调与制度优化这两种我国环境治理模式之外④，梳理藏区基层环境治理的文化传承路径，为我国藏区基层环境治理的新局面提供智力支持。也就是说，本文的研究问题在于，藏族传统生态价值观是什么？这些藏族传统生态价值观的行为表现与行为模式是什么？进一步，这些传统生态价值观，如何作用于藏区基层社会治理，尤其是基层环境治理？它们的作用机理是怎样的？

（二）价值缘由：治理维度下的传统生态价值观

自人类进入工业文明后，世界生态环境开始发生剧变，在社会治理中逐步形成了征服自然的生态价值观。而文化作为精神文明，反映了一个种族、一个社会的内在价值与内在修养，生态价值观作为一种文化，反映人类对待自然、对待生态的思想与态度。现实的惨痛教训告诉我们必须转变观念，树立科学的生态价值观和基层社会治理理念。人类如何摆脱生态困境，重塑绿色家园，其首要任务即是要求思想的转变，树立良好的能够反映和指导人与自然关系的生态价值观。环保人士对待生态环境治理问题的诉求，唤起了人们强烈的环保意识，并对于前期生态恢复和保护工作提供了宝贵的建议。

“以依附型和征服型为主要类型的传统生态价值观，经历了顺应性平衡、利用性迁徙和商业性逐利生态价值观演化。随着生态问题的日益严重，生态价值观的重构日渐迫切。西方生态学马克思主义揭示出资本逻辑是造成生态危机的社会历史根源，新型生态价值观

---

① 张文显：《新时代中国社会治理的理论、制度和实践创新》，载《法商研究》2020 年第 2 期。

② 陈柏峰：《乡村基层执法的空间制约与机制再造》，载《法学研究》2020 年第 2 期。

③ 狄金华、钟涨宝：《从主体到规则的转向——中国传统农村的基层治理研究》，载《社会学研究》2014 年第 5 期。

④ 杨继文：《中国环境治理的两种模式：政策协调与制度优化》，载《重庆大学学报（社会科学版）》2018 年第 5 期。

要回归以人为本，并指出其得以实现的制度安排。”① 我国“以人文本”的生态文明建设，同中国历史悠久的文化传统紧密相连。传统的生态价值观中蕴含着先人对于人与自然关系的独特思考，善待自然、敬畏自然是传统生态价值观的主流，其丰富的生态保护理念为今日解决生态环境危机提供了宝贵的经验和借鉴。生态价值观的不同层次思考，阐述了人们自己对于生态价值观的理解，表述了自己对生态发展的观点，为我国环境保护工作的开展建言建策。

但是，不得不提的是，多数学者着眼于人类生态价值观的演变和发展，对于传统价值观进行研究。但是，对我国藏族传统生态价值观对基层环境治理的影响和贡献研究相对较少，少见的研究成果和藏族传统生态价值观中蕴含的丰富的生态保护内容极不相称。并且对于藏族传统生态价值观的研究仅仅零散见于个别文献中。对基层社会治理与生态价值观的发展历程，以及对环境的影响贡献等缺乏深入地探索与思考，这也使得不少文章出现理论不能联系实践，不能应用于实践发展的尴尬境地。因此，生态保护发展和基层环境治理，必须注重研究传统生态价值观。藏族以其特有的民族风俗展现着其传统生态价值观，这有利于扩展环境保护的实质内涵。我们对藏族传统生态价值观的研究，需要与藏族地区环境保护的实践结合起来，真实地反映出藏族传统生态价值观对我国环境治理的影响及贡献。

因此，本文通过对四川民族地区藏族传统生态价值观进行系统梳理，以及对其环境影响的深入调查研究，能够使人们充分了解藏族传统文化中所蕴含的宝贵的生态理念，并将这宝贵的生态理念融入现代环境治理与保护理念中，从而丰富和发展现代生态治理体系。此外，藏族传统生态价值观作为中国传统文化的一环，其悠久的历史感和独特的民族魅力不仅为民俗学、人类学、社会学、历史学及其他相关学科所继承与发展，更是以科学的生态理念为环境学以及现代环境民间法体系提供了新的思路。同时，本文的研究有利于提高全社会的环保意识和生态意识，从而激发民族地区大众对于基层环境治理和生态保护的积极探索和研究。进而，通过对藏族传统生态价值观及其对环境的影响和贡献的研究，深入系统地挖掘藏族的传统生态价值观，明确其在基层环境治理中的文化传承模式，发扬民族地区少数民族的环境保护和基层环境治理文化。

二、田野与样本：研究对象中的实证方案

（一）藏族传统生态价值观的界定

在我国藏区，生态价值观与生态环境的现代关系体现了从价值生态论到生态价值论的转变。例如，“使民族群体经济理性意识得以维持并不断增强，最终使得生态习惯法制度

① 胡梅叶：《生态价值观重构与我国生态文明建设》，载《安徽师范大学学报（人文社会科学版）》2013年第5期。

体系的经济理性成为少数民族地区生态环境资源保护共同追求的目标。”① “生态价值观是在彻底扬弃传统功利价值观及其思想基础、社会生活基础之上，强调人类的利益在自然系统中与所有生物的利益通过相互依存关系协调为一个有机整体，强调人与自然的和谐统一发展。”② “藏族传统生态价值观，一方面体现了我国藏区生态与宗教的相互作用和相互影响；另一方面更是体现了在以生态保护为核心的藏区生态秩序构建中，传统生态价值观的独特价值和特殊的功用。”③ 藏族传统生态价值观，在本质上是一种藏族民间法的现实体现，是一种藏族调整自己生态行为和生态观念，进而实现人与自然和谐发展的价值观念和思想体系。对藏族传统生态价值观的研究，有利于深化对民间法之治理功能和价值的研究。在传统生态价值观理论背景下，阐述并分析藏族的传统生态价值观，及其宗教习俗和环保观念。基于对藏族同胞的田野访谈与调查，从寺院影响、天葬习俗、神山神水信仰以及戒杀生习俗等生态宗教具体内容，论述这些佛教生态宗教文化怎样转变为生态习俗和生态价值观，进而影响藏族公民的环保观念，形成具有民族特性和显性的藏族心理生活样本，分析和总结在现实生活中基于这一传统生态价值观指导的藏族公众的环保行为模式。

（二）访谈对象与选择

本研究以藏族公众的传统生态价值观为主要研究对象，采用了随机抽取被访谈对象的方法④，共随机抽取藏族公民 43 名，男性 15 名。具体请参见下表 1。

表 1 访谈对象的具体情况

访谈对象	男	女	籍贯	总计（人数）
藏族群众	6	18	甘孜藏族自治州	24
	4	2	阿坝藏族羌族自治州	6
	4	5	玉树藏族自治州	9
	1	3	甘南藏族自治州	4
总计（人数）	15	28		43

① 余贵忠、徐燕飞：《少数民族生态习惯法的经济理性》，载《民族学刊》2020 年第 4 期。

② 卢巧玲：《生态价值观：从传统走向后现代》，载《社会科学家》2006 年第 4 期。

③ 杨继文：《环境、伦理与诉讼——从技术到制度的环境司法学》，中国政法大学出版社 2015 年版，第 177 页。

④ 本文的实证调研，主要采用实地和网络问卷的方式进行，自 2017 年 2 月 4 日开始至 2022 年 1 月 18 日，共对 295 人次进行了问卷收集和整理，并形成了相关实证内容与特征规律总结。需要说明的是，本研究主要是采用随机数字表法，即先把全样本从 1 到 N 进行编号，然后再根据 N 的位数在乱码表中选择数字的位数，采用连续或者间隔地抽样，直到满足预定样本容量为止。具体的方法操作，请参见白建军：《法律实证研究方法（第二版）》，北京大学出版社 2014 年版，第 62 页。

从访谈对象的宗教信仰状况来看，90.7%的受访藏族群众信仰藏传佛教。其中，20.4%的藏族群众信仰藏传佛教的噶举教；4.1%信仰萨迦教；40.8%信仰宁玛教；34.7%信仰格鲁教。具体请参见图1和图2。

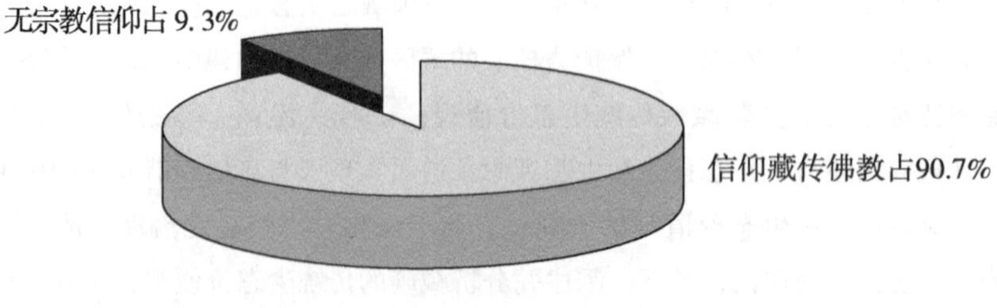

图1　90.7%受访藏族群众信仰藏传佛教

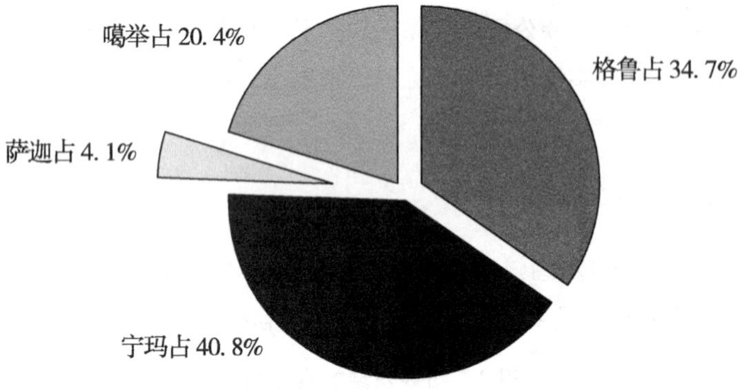

图2　受访藏族群众佛教各教派信仰情况

（三）访谈工具与程序

本课题采用访谈方法，对研究问题进行适当修正，以适应被访谈对象的表述要求与临时反应。

（四）访谈内容与编码

本课题对每一份访谈资料进行了编码，以利于研究的方便与观点的提炼。基于学术研究惯例与道德要求，对被访谈者进行了隐名处理。本研究访谈主要内容的提取，见表2。

表2　访谈的主要内容

宗教习俗	
1	寺院的影响
2	天葬习俗

续表

宗教习俗	
3	神山、神水信仰
4	戒杀生习俗
5	其他

三、内容与叙事：传统生态价值观与基层治理的相互作用及其问题

人类被称为是自然之子，人类也许存在一些天然的不足与缺陷，但自然界使得人类逐步养成后天的创造性以补偿这种缺陷。人类的这种后天创造性的文化社会价值，从本质意义上改变和完善了人与自然之间的关系。① 而且，在目前全球化背景下，社会通常与现代化存在本质关联，而且在人类环境与社会科技方面常常发生争论。② 这从根本上论证了人与自然之间的相互关系。在我国藏区，人与自然之间的关系也许更加繁复。在藏区涉及生态环境保护的民间法适用，体现了制定法无法穷尽一切社会生活的缺陷，处理环境纠纷仍需要习惯法与制定法的融合和互补。③ 在世俗化以及宗教扩张的相互关系中，藏族群众需要明确传统生态价值观的基本原理和内容，并通过其特殊身份和知识储备，找到宗教与公民关系网中的位置，从而选择合适的价值体系、法律制度与宗教策略来养成和更新环保理念与行为模式。

（一）藏区生态环境和基层治理的观念

理想中的环境与现在的生活环境差别不大，大多数藏族群众对当地环境治理进和环境保护管理规章制度比较熟悉。这是藏族群众传统生态价值观的背景和前提。一位受访的藏族女群众（GZ）对当地的自然环境还是比较满意的，认为："对政府出台的'退耕还林'等政策，我们是相当支持的。当有其他藏区居民破坏自然生态环境时，大部分当地居民都会干预其行为，制止他们的破坏，保护自己的生活家园。"进一步，对藏族群众了解的藏区环保政策，笔者进行了梳理与统计。排名在前四位的涉及环保的政策，分别占受访藏族群众的比重为81.1%、81.1%、75.8%和75.8%。具体请参见下图3。而涉及当地环保方面的不足之处，有的群众也提出了自己的观点。一位男性藏族群众（AB）认为："以前我们当地居民的环保意识很弱。因为我们家乡离森林很近，加上每家每户都很流行修二层棚空房，使得乱砍滥伐的行为很多。以前葱葱郁郁的森林，如今稀少不堪。如果下雨量很大的话，还会引起泥石流等自然灾害。现在因为宗教信仰的关系，活佛对环保方面讲了很多，现在不会乱砍滥伐了。"

---

① 王利华：《中国历史上的环境与社会》，生活·读书·知新三联书店2007年版，第62页。
② Alan Warde, Nick Crossley. *Sociology and Social Change*. California：Open University Press, 2007, p. 25.
③ 王立明：《民事习惯研究——兼评青海藏区习惯及其习惯法》，载《青海社会科学》2020年第3期。

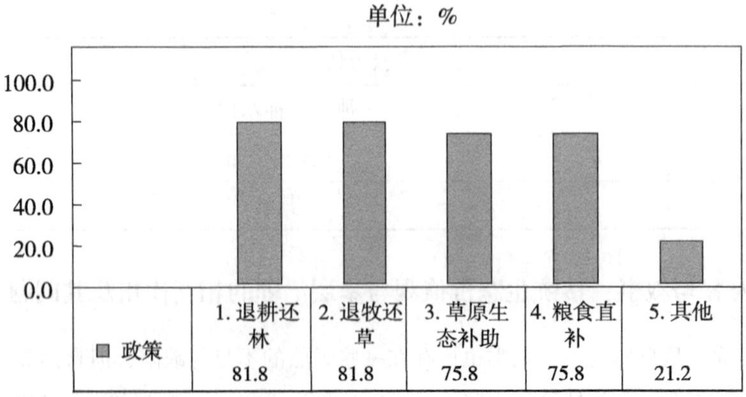

图3　藏族群众了解的藏区环保政策

同时，在我国藏区的乡村振兴以及基层社会环境治理，需要明确在法律保障和司法介入的基础上，强调藏族传统生态价值观对基层环境治理具有重要价值和意义。而藏族传统生态价值观的民间法精神，往往以谚语的形式体现出来，藏族法律谚语具有哲理深刻、规范性强、生动形象、易懂易记等特点，因而深扎于人们的心里，活跃在人们口头上，规范着人们的行为，谁违反了法律谚语所指示的内容。就会受到严厉的制裁。①

在本次调查走访过程中，我们发现在藏区基层环境治理过程中，除了前述所凸显的藏族传统生态价值观及其基本内容之外，还存在着一系列治理方面的具体问题，主要体现为以下几个方面。第一，现代社会治理理念较为缺乏。一方面，在理念思路上和体制机制上，我国藏区的基层环境治理资源没有形成合力，各部门“单打一”现象突出。另一方面，在治理的方法手段上，重视行政的“硬管控”，忽略了社会自我调节的“软约束”。第二，治理主体较为单一。一是当地群众主动参与基层环境治理动力不足，关注点主要集中在道路交通等基础设施落后方面，比例均在10%以上，参见下图。二是基层普法宣传的针对性和实效性有待提高。第三，基层环境治理人才缺乏和不稳定。由于我国藏区处于“边疆地区”，高寒缺氧、物资匮乏②，导致人才引进困难，引进的人才留不住、且不稳定，难以为四川藏区基层环境治理提供坚实的智力支持。此外，基础设施建设严重制约了四川藏区基层环境治理水平的提高。例如，在四川藏区，通信设备比较落后，在牧区虫草山几乎无手机网络信号，需要网格员骑马解决纠纷。基础设施差，网格跟不上，老龄化网格员较多，手机不会使用，网格程序的利用意识不强，利用率较低。

---

① 南杰·隆英强、徐晓光：《藏族谚语的习惯法文化价值》，载《原生态民族文化学刊》2018年第4期。

② 赖虹宇、杨继文：《异质的治理：四川藏区农村环境问题的法律应对》，载《贵州民族研究》2017年第2期。

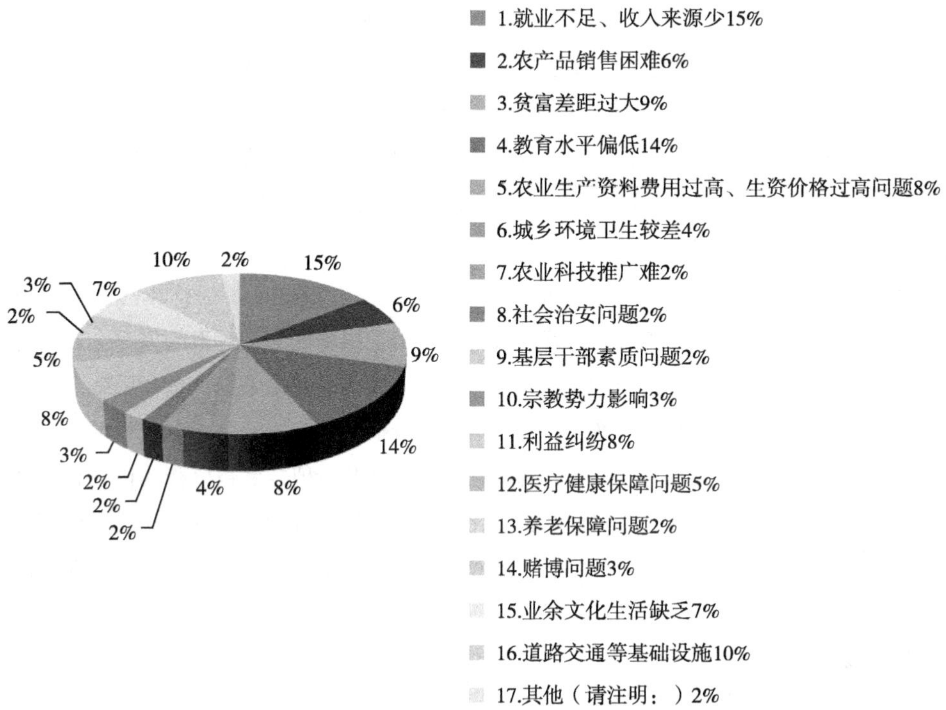

图 4　群众认为基层社会环境治理中存在的主要问题

（二）传统生态价值观的典型事例与主体叙事

藏区传统生态价值观的影响和作用，主要是基于佛教文化和生态宗教融合和交互这一技术路径展开的。因此，我们选取了涉及藏区生态宗教习俗的四个方面典型内容，来突出藏族佛教习俗怎样对四川民族地区尤其是四川藏区的基层治理产生作用和影响的。

表 3　藏族传统生态价值观的体系构建

序号	传统生态价值观的典型事例	价值意义
一	藏区生态环境的认识与态度	前提基础
二	寺院的形象和生态影响	中心主线
三	戒杀生习俗的生态价值	核心内容
四	天葬习俗的环境治理功用	行为模式与外在表现
五	神山、圣水信仰的生态文化继承	

1. 寺院的形象和生态影响

在藏区，宗教寺院在当地居民以及藏族群众心目中有着重要的位置，这是传统生态价值观的中心主线。

一位男性藏族群众（GN）讲述道："寺院不允许当地人砍树。修房子用的木材，必须要到寺院主管人员哪儿去签字。寺院主管人员看请求人是否是真的需要修房子，才决定是否签字。"他进一步补充："印有藏文的纸张、书籍、布料等都不能随便烧掉或者乱丢。被活佛和高僧大德钦定和感化的神山、圣水之上的动植物，都是不能猎杀或者砍伐的。"同时，藏区的宗教寺院，对藏族群众的生产和生活行为模式也有着重要影响。另一位男性藏族群众（AB）认为："挖冬虫夏草是藏族人的主要经济来源之一，但挖冬虫夏草对环境的破坏很大。为了保护环境，堪布①在讲经时反复强调挖冬虫夏草要把挖坏的泥土重新埋好，来保护环境，使得这几年有了良好的改善。每当挖虫草期间，村里的人都会去寺院煨桑。为的是在挖虫草期间不会伤害无辜的生命而念经，并且在山上挖了虫草后撒下种子。"可以发现，藏族群众对于藏传佛教以及寺院的生态价值和社会影响是十分看重的。这也进一步体现了在当代社会背景与条件下，佛教宗教体系及其价值虽然被盛行的市场化和全球化的势力所影响，而且也被日益强调的世俗化力量所渗透，逐步在这些文化价值交互融合的过程中，形成了前述所谓的传统生态价值观念论。"这鲜明地体现在它的功能和价值在藏区基层社会治理的转变。"②

2. 戒杀生习俗的生态价值

"'戒杀生'是藏传佛教的基本教义之一，是佛教慈悲精神和文化的体现。在当前我国藏区，'戒杀生'对藏区居民的生产、生活有着深刻的影响，具体表现为在当地'戒杀生'的全民性影响、综合性影响和政治化影响"③，从而构成为藏区的传统生态价值观的核心内容。

一位男性藏族群众（AB）认为："我们家乡因为都信仰佛教，因此每个人都很忌讳杀生。我们家乡的人不能随便去山上打猎，如果去山上打猎被别人发现，你将会遭到谩骂。而且，藏族人一般都不吃鱼类和海鲜类的食品。因为藏民觉得吃海鲜类食物罪过很大。每年初一、十五喇嘛或者善人都要去菜市场卖鱼放生，目的是积功德。在春天，刚开的花朵是不能采摘的。'大人们说一枝花朵就相当于杀了一个和尚。'所以，人们不敢乱采花。"另一位女性藏族群众（GN）论述道："我们那里人人都信教。因此，初十、初十五都不吃肉。在我们当地，由于信仰佛教，都很注重放生。放生行为是一种很常见的事情，并且很多人都会去放生。这些行为习惯也有利于保护生态环境。生命都同样可贵，所以很少杀生。如果有外地人或者其他民族的朋友去我们那里的河里钓鱼的话，当地的藏民都会来说你。"一位女性藏族群众（GZ）认为："藏区有个节日叫'放生节'，也就是每年的10月

---

① 堪布，原为藏传佛教中主持授戒者之称号，相当于汉传佛教寺院中的方丈。其后举凡深通经典之喇嘛，而为寺院或扎仓（藏僧学习经典之学校）之主持者，皆称堪布。担任堪布的僧人大都是获得拉然巴格西学位的高僧。参见李安宅：《藏族宗教史之实地研究》，上海人民出版社2005年版，第102页。

② 汪晖：《东西之间的"西藏问题"（外二篇）》，生活·读书·知新三联书店2011年版，第114页。

③ 杨继文：《"戒杀生"与藏区生态法律秩序》，载《贵州民族研究》2014年第2期。

25 日。那天凡是记得这个节日的藏民，不管有多忙，无论在哪里，都会去市场买些小动物去放生，比如说鱼、小鸟等。我们家乡的人们从不吃鸟类或者鱼类，不乱砍树木。因为在他们的潜意识里，万物皆有生命，所以他们会觉得任何生命都同样可贵，谁都没有权利侵害或者剥夺。好多人为了保护动物，都戒掉了吃牲畜的肉。”

3. 天葬习俗的环境治理功用

天葬，是一种古老而科学的丧葬形式。① 虽然其具体形式与其他民族有一些差异，但是藏族群众还是希望更多人能正确认识、了解和尊重这种古老的藏区丧葬形式，并一致认为这是藏族佛教文化与当代社会环境保护与环境治理相互结合的典型实例体现之一。这是藏族传统生态价值观的行为模式和外在表现之一。

一位女性藏族群众（YS）认为：“在藏区，不兴土葬。取而代之的是天葬和火葬，因为这样会节约土地资源或者森林资源。”她进一步认为：“与藏民族同生共存的天葬具有非凡、深远的环保意义。首先，天葬形成的原因是藏民族信仰佛教；其次，天葬的优点在于节约土地资源；被葬者的身体由藏地的鸟类食用，有利于该类动物的生存，从而维系了该地方的生态系统。故天葬是一种很有特色的环保行为。”另一位男性藏族群众（GZ）则认为：“在藏族习惯法中，天葬其实是一个很好、很科学的保护土地、植被的方式之一，没有影响世上生物同胞的生存与发展。”一位男性藏族群众（GN）认为：“由天葬师把尸体用专门的办法先下刀，等喂完肉后再敲骨头，用糌粑喂秃鹫，最后把死者的头骨码放在天葬台周围，这体现出人与动物的平衡。”

4. 神山、圣水信仰的生态文化继承

在我国藏区，对于神山、神水的信仰也在一定程度上体现了藏民的佛教文化与环保观念的交互作用，又形成了传统生态价值观的行为模式和外在表现之一。由这种古老灵魂观念的发展并继受的所谓自然崇拜，以及藏族群众对藏区神山和圣水的敬仰和尊敬，逐步形成了佛教宗教信仰背景下的生态环保价值观念。例如，这对于位于藏区的三江源的河流源头的环境保护和生态修复起到了非常重要的作用。

针对这一藏区传统生态价值观和宗教习俗，一位女性藏族群众（GZ）这样论述道：“藏区有很多神山。神山附近不能砍伐树木，这有利于保护当地的植被。一般的山神都有山庙，有些山神庙里女性是不能去的。在山神庙有专门作为燃料的木头，不是什么燃料都可以点燃。山神庙周围不能放不干净的东西，不能大声喧闹。除了过年过节拜山会，山神庙是一个神圣的地方，去那里做事的人都很小心、谨慎。山神庙周围的植被都被保护得很好，因为不能随意砍伐，周围的环境也很优美，没有污染的迹象。”另一位男性藏族群众（AB）认为：“在藏区，人们普遍禁止开采被认为是神山的地方，包括本地人和外地人。这种观念是由于信仰佛教而产生的，而且也与现代人提倡的‘节约资源’理念相适应。我

① 李安宅：《藏族宗教史之实地研究》，上海人民出版社 2005 年版，第 14－15 页。

们家乡的人们都很信仰山神。如果到山上去砍树，就觉得对山神不敬。在我们藏区，雪山是神圣的、纯洁的。所以，在雪山周围除了可以烧香外，其他的任何东西都不能烧。”

一位女性藏族群众（GN）对藏区圣水信仰有着自己的理解与行为方式，她论述道：“水对于我们这个民族来说很重要。水的源头是水神的居住的地方。所以在源头，禁止一切不干净的东西或事物。我认为这对于保护水源和水中的动植物具有重要的作用。如果当地牧民遇到水的源头时，不能往里面丢东西，不能污染水源。因为这是神圣的标志。像我们这种在藏区长大的孩子，父母或长辈从小就教导我们不能在泉水里撒尿、乱扔垃圾等。他们说：‘因为水里有水神，如果我们那样的话，水神就会发怒，然后就来伤害我们。’如果在水里撒尿或者乱丢垃圾的话，会污染水源，甚至水层会干涸，而且喝水的人也会生病，所以他们才会用这样的方式来教育我们。”另一位男性藏族群众（YS）认为：“藏民习惯中的‘神山圣湖’的宗教习俗，要求不能在泉水的源头处洗手、洗脸或者洗衣物，否则会生病，尤其是在神山、神湖附近。如果有这样的行为，会受到神的惩罚，带来灾难。”

四、渊源与阐释：藏族基层环境治理的文化传承与体系完善

（一）文化之维：基层环境治理与传统生态价值观的融合进路

一般认为，对于藏区环境保护方面的研究，多从文化论和习惯法的角度进行分析。青藏高原的自然环境、生存状态、佛教禁忌、传统习俗等内容形成了独具特色的藏族文化，这使得藏族群众的日常生产与生活方式明显不同于其他地方，突出体现在环境保护与生态观念的显著的特色与传统。① 而且，有学者认为，藏族的这种传统民族文化，对当地的自然环境与生态保护起着难以代替的积极作用。② 在这些藏族文化中，关于环境保护的习惯法文化与佛教文化占据着重要的位置。有学者进一步认为，藏族关于环境保护的生态习俗与习惯法，是一种藏民在生产和生活过程中逐步形成的特定的法律文化，而这种法律文化具有地方性知识的特点。继承和发展这种法律文化理论，对当地的自然环境和生态资源有着重要的保护作用。③

藏族群众的传统生态价值观，有着上述深厚的历史背景与思想资源。从历史发展的视角来看，上述理念可以追溯到藏族史前的灵魂观。佛教戒律思想和相关宗教理论，使得藏族群众所信仰的这种理念进一步继承和发展。④ 这种佛教习俗与民族信仰，在藏族群众环境保护传统生态价值观的形成过程中发挥着重要作用，形成了具有思想信仰一致性的生态

① 王作全、牛丽云：《高原藏族文化的生态环境价值探析——以青海玉树藏族自治州拉布寺“避杀生”为例》，载《西北民族研究》2007年第3期。

② 降边嘉措：《藏族传统文化对对青藏高原的生态环境保护——关于西部大开发一些问题的思考》，载《西北民族研究》2002年第3期。

③ 郭武、高伟：《藏族环境习惯法文化与环境保护》，载《甘肃政法学院学报》2005年第5期。

④ 甘措、彭毛卓玛：《论藏族民间环保习惯法之思想渊源》，载《青海民族研究》2008年第3期。

宗教观地方样本。正如著名学者罗素所言，“在文明的进一步发展中，一种新的理念和忠诚开始并逐渐形成和发展起来；这种理念和忠诚不是基于国家领土或者民族生活方式的相似，而是基于思想信仰的一致和统一。”①

藏族传统生态价值观的具体提出，是关于当地环境的意识、维度及其内容与环境的行为表现之间存在着正相关的关系。也就是说，环境保护的意识越高，环境行为表现越积极，而环境行为表现越积极，又可以进一步促进和强化原来的环境保护意识。而且，与其他人的联动关系，是通过特定的社会线索与动机来实现的。② 从实质意义上来讲，藏区曾经作为一个政教合一的社会，都有或曾经有过各种宗教神话和民族教义，以及关于本民族历史和道德话语的传统；对于藏族所有的社会成员，这种理念和信仰构成了一种传统生态价值观信仰一致性的行为表现。在藏族社会的所有时代里，都会找到一些与国家毫无关系的社会趋势与发展潮流，这在某种程度上具有普遍的特征。因此，藏族社会尽管宗教精神和社会生活都相对地分散，但是在国际与民族的机构中仍然有着一种不同于内地其他地方的基础与前提。在藏区，这种别样的精神生活和佛教宗教信仰得到了继承和发展，而且当它开始逐步地对社会生活中的其他部分产生作用和影响时，藏族群众的环保生活方式与基层环境治理行为模式会发生转变。③

同时，观察人类行为，我们常可以看到人类并不是为行为而行为、为活动而活动的，行为或是活动都是手段，是有所为而为的。④ 人类的行为与刺激可能会导致一定程度的牺牲。绿色革命的观点也许并不能带来新的物种、粮食增产以及更好的准备措施。⑤ 在类似藏族社会的传统社会里，风俗习惯与宗教习俗有着强大的作用和影响。即使在内地的城市中，人们的日常生活和行为模式也会受到与宗教信仰作用一致的道德性质的影响。同时，传统社会也存在着以宗教为基础的道德框架，它们提供了应对这些现象的既定模式，并以一种符合传统的方式消解它们。⑥ 藏族佛教文化和宗教习俗作为特别描述的社会机制，是社会行为与人类意识的结合，这在环保观念的形成与发展过程中体现得更为明显⑦，形成了藏区特有的传统生态价值观。

“这是因为一切政治、神学或社会信条，要想在群众中扎根，都必须采取宗教的形

---

① ［英］伯特兰·罗素：《权威与个人》，储智勇译，商务印书馆 2010 年版，第 17 页。

② Philip G. Zimbardo. *Social Psychology& Modern Life*. New York：Alfred A. Knopf，Inc，1980，p. 247.

③ ［法］爱弥儿·涂尔干：《职业伦理与公民道德》，付德根译，上海人民出版社 2006 年版，第 40 页。

④ 费孝通：《乡土中国》，人民出版社 2008 年版，第 103 页。

⑤ Tim Curry，Robert Jiobu，Kent Schwirian，*Sociology – For the Twenty – First Century*. New Jersey：Prentice – Hall Press，1999，p. 137.

⑥ ［英］安东尼·吉登斯：《批判的社会学导论》，郭忠华译，上海译文出版社 2007 年版，第 86 页。

⑦ Peter Hedstrom. *Dissecting the Social – On the principles of Analytical Sociology*. Cambrige：Cambrige University Press，2005，p. 11.

式——能够把危险的讨论排除在外的形式。"① 如果在藏区发生了违反传统生态价值观的"越轨行为"，或者发生了环境问题，藏族群众会通过一些途径和方式来应对或者对违规者进行惩戒。惩戒的类型主要为罚金、对越轨者进行道德谴责和宗教惩罚。如果违规行为涉及违法以及犯罪的，将会受到国家法律和刑事司法的惩处。

在我国藏区，传统生态价值观的影响形成了不同于汉族社会的文化、传统与观念。信仰藏传佛教的藏族群众，是传承民族优秀文化传统的主力军，也是保护藏区生态环境和进行基层环境治理的中坚力量。在当前社会改革和转型期，构建藏区生态法治，应当重视藏族民间法的治理价值，应当引导藏族生态伦理观以生态文明为导向进行调适，防止维系区域生态和谐的传统习惯法文化发生扭曲。同时，应当坚持生态优先的原则，将生态环境保护的目标纳入藏区经济、社会的发展决策之中，以缓冲市场经济对于以生态伦理观为重要内容的地方性知识的冲击和扰动。② 因此，综合本文对藏族群众的访谈与调查资料，我们可以得出以下三点认识与思考。

第一，我国藏族地区基层环境治理，需要深刻认识佛教文化的生态宗教价值。藏族宗教习俗在我国藏区有着广泛而深刻的影响，在环境保护方面形成了特殊的生态宗教理论。以寺院影响、戒杀生、天葬习俗以及神山圣水信仰为代表的藏族佛教文化和习俗，深刻地影响着当地的环境保护和生态保障，构成了传统生态价值观的中心主线、核心内容、行为模式与外在表现，这些都需要研究者认真挖掘与思考。这也许就是掌握与理解藏族社会及其结构与价值功用的关键环节之一。

第二，我国藏族地区基层环境治理，需要面对生态宗教与现代技术的融合趋势。这些佛教文化与生态习俗，对藏族群众环保观念的树立，以及日常的生活与生产行为模式的形成与发展，起着难以代替的影响与作用。在功能程度和作用价值方面，生态宗教的习俗在藏族群众的心中也许比现代环保观念会占据更多的空间和更高的位置。两者之间的交叉和融合在所难免。③ 因此，这种交叉与融合的二元现象之解决，根本的途径是佛教文化、生态宗教和现代先进技术适用的妥善调整与正确"归位"，在生态宗教现代化背景下构建和传承藏族群众特有的环保观念。

第三，我国藏族地区基层环境治理，需要"取其精华，去其糟粕"。藏族环保宗教习俗与现代环保技术在我国藏区基层环境治理中进行融合。藏族群众应当积极面对与充分发挥生态宗教习俗的"正能量"，继承优秀基因，并逐步养成和完善保护生态环境的观念与行为。在世俗化以及宗教扩张的冲突中，藏族群众的特殊身份和知识储备，需要迫使其找

---

① ［法］古斯塔夫·勒庞：《乌合之众——大众心理研究》，冯克利译，中央编译出版社 2005 年版，第 55 页。

② 常丽霞、袁峥嵘：《藏族生态伦理观的当代变迁——生态习惯法文化的视角》，载《西南民族大学学报（人文社科版）》2017 年第 6 期。

③ 陈娟：《藏区多元化纠纷解决机制调查研究——以青海省黄南藏族自治州泽库县为例》，载《民间法》2019 年第 2 期。

到合适的关系坐标，从而选择合适的价值体系与基层环境治理保障方式。

（二）文化模式主导下的藏区基层环境治理的体系完善

在前述继承和发展藏族传统生态价值观的过程中，需要进一步完善藏区基层环境治理和生态环境保护行为观念的融合体系。藏族是青藏高原古老的民族之一。藏民族在青藏高原上珍惜爱护高原生态环境，创造了与高原自然生态环境和谐相处的价值观念、生活方式与民族文化，创造了与青藏高原文化土壤相适应的藏族习惯法文化。这种法治文化的传承距今为止已有几千年的历史，具有鲜明的特质，而且对社会稳定、经济发展以及规范人们行为等都产生深刻的影响，尤其对青藏高原自然环境的保护和生态平衡以及尊崇世间一切生命物方面，发挥了重要的作用。①

1. 明确藏族基层环境系统治理根本要求

围绕藏区基层环境治理中的系统治理要求，充分发挥政府、第三方部门、社会组织和人民群众的作用。特别是对藏区基层环境治理人才进行科学职业规划，切实提高人才的待遇水平。还要系统整合藏区基层环境治理资源。本课题组调研发现，当地普通群众认为应当加大环境治理参与度，最强烈的建议是改善教育环境，参见下表。此外，重视藏区民间宗教力量的参与，使其成为藏区基层环境治理的有益补充。例如，在四川藏区，类似于“尧憏”制度的藏式调解②等民间宗教力量在乡村日常活动中扮演着非常重要的角色，应当对它们进行深入研究挖掘，并合理引导利用，为藏区基层环境治理的现代化服务。

表 4　藏族群众的建议表

改善教育环境，加大义务教育和学前教育力度	82	保障司法公正	57
改善道路交通等基础设施建设	79	进一步加强食品、药品监管力度	57
完善社会养老保险制度	78	加强干部作风建设，加大反腐倡廉力度	57
完善医疗保险制度	77	加强环境治理，优化居住环境	56
完善民族地区法律法规	73	丰富群众精神文化生活	55
增加最低生活保障金	73	加强法制宣传教育	51
抑制物价上涨，落实价格补贴政策	72	加强宗教事务管理	44
加大对违法犯罪行为的打击力度	67	优化发展环境	43
采取措施扩大就业，增加人民收入	64		

① 南杰·隆英强：《青藏高原文化土壤与藏族本土法治文化的关系——从文化土壤与法治文化的关系谈起》，载《青海社会科学》2017 年第 5 期。

② 王林敏、王亮：《论藏式调解的司法整合》，载《民间法》2021 年第 1 期，研究出版社 2021 年版。

2. 在藏族传统生态价值观的引领下，充分发挥法律保障体系在基层环境治理的作用

在藏区乡村振兴以及基层环境治理过程中，需要明确在法律保障和体系完善的基础上，强调藏族传统生态价值观对基层环境治理的重要价值和意义。藏区藏族公民应当继承传统生态价值观和生态宗教习俗的优秀基因，养成保护藏区基层环境治理的文化传承模式，在人与自然和谐发展的生态整体主义进路①中形成生态环境保护的观念与行为。

在我国藏区基层环境治理过程中，需要深化藏族传统生态价值观的“中国命题”研究，形成以生态保护和宗教习俗为核心的藏区基层社会环境治理秩序。藏区基层环境治理需要文化传承与融合的进路解析，促进环境治理与传统生态价值观的融合发展。藏族群众传统生态价值观的文化传承，需要深刻认识佛教文化的生态宗教价值，需要面对生态宗教与现代技术的融合趋势，需要“取其精华，去其糟粕”。在治理文化和理念方面，把握系统治理、依法治理、综合治理、源头治理等原则性要求，围绕系统治理，在继承和发扬藏族传统生态价值观的基础上充分发挥政府、社会、人民和市场的作用。在治理体制方面，完善藏区社会中的基层社会环境治理体系，充分调动当地藏族群众积极参加基层社会环境治理，改善教育环境和基础设施，重视藏区民间宗教力量的参与，使其成为藏区基层环境治理的有益补充之一。

Traditional Tibetan ecological values and subject narrative of its environmental governance value

Yang Jiwen, Liang Jing

Abstract: Traditional Tibetan ecological values are of great value and significance to environmental governance at the grassroots level. As the background of Tibetan religious practices, this paper Tibetan had explored the interaction between Tibetan religious about environmental protection and environmental consciousness of Tibetan. Tibetan religious practices had a special value and significance of environmental protection levels such as the temple influence, believing on No – Killing, burial customs and Kamiyama holy faith. These eco – friendly religious practices had made Tibetan to establish environmental consciousness. It had played an important role on development of daily life and production patterns of behavior. Tibetan should inherit good genes of Traditional Tibetan Ecological Values and religious practices, to develop and perfect the concept of protecting the environment and behavior, promoting the integration and development of social

① 杨继文：《基于生态整体主义的环境治理进路研究：理性化、社会化与司法化》，载《环境污染与防治》2015年第8期。

governance and traditional ecological values at the grass – roots level in Tibetan areas.

Keywords: Tibetan, Traditional Tibetan Ecological Values, Environmental governance, Model of Cultural heritage

(编辑：郑志泽)

交易习惯的司法适用*

金亚丽**

摘　要　《民法典》关于交易习惯的规定充分体现了民法的意思自治精神，但法律渊源现有分类理论将交易习惯归为非正式渊源，使交易习惯在作为司法裁判依据时缺乏法律效力。交易习惯的司法适用应当注重其规范基础，成为“适格的”裁判依据。新的法律渊源理论将交易习惯认定为认知渊源，并与《民法典》的具体规定结合产生法律效力。在司法适用中，将基于论证型式的法律论证方法应用于司法裁判过程。一方面，能够为交易习惯的司法适用提供涵摄模式，供法官直接适用；另一方面，具体论证型式与法律实践相结合，能够修正现有的法律论证型式，或者提炼新的论证型式，构成司法实践智慧抽象模式“数据库”，使法律论证型式与司法案例形成良性互动。

关键词　交易习惯　司法裁判　认知渊源　法律论证　论证型式

《民法典》通过法律授权的方式规定了法官在司法裁判中可以引用交易习惯。但是在具体司法适用过程中，交易习惯有时被认定为司法裁判的依据，有时被认定为事实。根据法律和司法解释对交易习惯司法适用的规定，交易习惯的司法适用被认为是事实认定问题。在具体的裁判实践中也被当作事实认定问题处理。交易习惯是人们从事交易活动过程中形成的事实，但却有其特殊性，即这种事实具有一定程度的规范性。尽管交易习惯在不同地域、不同时期的差异性很大，但也存在共有的稳定性。因此，交易习惯的司法适用既要探寻规范性和稳定性根基，也要为交易习惯司法适用的灵活性留出空间。

一、交易习惯的属性辨析：习惯还是习惯法?

《民法典》明确规定司法裁判可以适用习惯，并且规定了三种习惯，即交易习惯、当

* 国家社科基金一般项目“司法裁判文书的深度公开与摘要自动化研究”（20BFX077）阶段性成果。

** 金亚丽，中南大学法学院博士研究生。

地习惯和风俗习惯。“交易习惯”在《民法典》中出现了14次，其中总则出现了1次，物权编出现了1次，合同编出现了12次；“当地习惯”在物权编出现了1次（第289条）；“风俗习惯”在人格权编出现了1次（第1015条）。《民法典》对交易习惯的规定是一种抽象概括，只是规定在特定情况下可以适用交易习惯。那么，规定在《民法典》中的交易习惯是习惯还是习惯法？

“习惯是指人们的同一行为经多次重复而在实践中逐渐成为习性的行为方式。一个习惯的内容如果具有社会性，并为人们广泛接受，就会成为普遍公认的社会行为规则。”① 关于什么是习惯法，有以下几种观点：第一种观点认为，“习惯法是指国家认可和由国家强制力保证实施的习惯”；② 第二种观点认为，“习惯法是经国家认可并赋予国家强制力的完全意义的法”；③ 第三种观点认为，“习惯法是指在当代社会生活中所反复惯行之事项，经国家承认而具有法的效力之规范，英美法称 Common Law。”④

从习惯和习惯法的定义出发，二者的区别表现在两个方面：一方面，是否具有国家强制力保证实施。习惯没有国家强制力保证实施，是否遵守不会产生法律后果，而习惯法有国家强制力保证实施，因此，如果违反习惯法会承担相应的法律后果。这里存在两个例外情况，即，是习惯法但没有国家强制力保障实施。其一是商法上的习惯。商业习惯构成了商法最初的主要渊源。这种传统，至今还在一定程度上反映在国际贸易法中，如对外贸易价格条件，在当事人引用或认可时即生效。其二是国际法上的习惯。历史上，“国际习惯出现于国际条约之前。在当代国际法中，国际习惯仍占较大比重，如条约必须遵守就是一条重要的国际习惯。”⑤ 之所以称为例外，是因为这两种情况下，国家之间的地位是平等的，不存在高于主权国家的强制力保障实施，因此以当事人（国）承认即为生效，强制力的根本是契约精神。因此，除了国际贸易法中的商业习惯和国际法中的国际习惯，习惯法的显著特征是有国家强制力保障实施，而习惯不具备这个特征。

另一方面，习惯是构成习惯法的素材。从法的起源上看，习惯演进到一定程度就发展成为习惯法。习惯在原始社会就存在，习惯法最早可以追溯到奴隶社会，是对原始社会习惯的继承和发展，也为国家成文法奠定了规范基础。⑥ 可见，法的发展是从习惯到习惯法，再到国家成文法的过程。“习惯法在奴隶社会初期曾是法的唯一渊源，到奴隶社会后期仍占重要的地位。在西欧封建社会初期，特别是封建割据时期，习惯法起着相当大的作用。13～14世纪，法学家多把习惯法汇编成册，从而为习惯法的成文和法典化奠定了基

---

① 孙国华：《中华法学大辞典·法理学卷》，中国检察出版社1997年版，第452页。
② 《中国大百科全书〈法学〉》，中国人民大学出版社1987年版，第87页。
③ 孙国华：《法学基础理论》，中国人民大学出版社1987年版，第33页。
④ 林诚二：《民法总则讲义》，瑞星图书出版社有限公司1994年版，第20页。
⑤ 孙国华：《中华法学大辞典·法理学卷》，中国检察出版社1997年版，第452页。
⑥ 参见孙国华：《中华法学大辞典·法理学卷》，中国检察出版社1997年版，第452页。

础。到了资本主义社会，习惯法的作用日益减弱，成文法占据主导地位。”① 实际上，习惯法的作用之所以减弱，并不是因为对习惯法弃之不用，而是将习惯法大量转化为成为法。从这个角度讲，与其说习惯法的作用日益减弱，不如说习惯法升级换代为成文法，其有效实施多了一层国家强制力的保障，而成文法依然包含着习惯的成分，只是从习惯到成文法的演变中经历了习惯法的过渡。

从“习惯法”概念的演变来看，《民法典》中规定的交易习惯不属于习惯法范畴，而属于授权习惯作为裁判依据的情况。《民法典》第140条规定：“行为人可以明示或者默示作出意思表示。沉默只有在有法律规定、当事人约定或者符合当事人之间的交易习惯时，才可以视为意思表示。”就是说，双方当事人如果默认了某一交易习惯，意味着该交易习惯是双方真实的意思表示，对双方具有约束力。这意味着法官可以通过识别交易习惯来认定双方是否存在真实的意思表示。《民法典》第321条规定：“天然孳息，由所有权人取得；既有所有权人又有用益物权人的，由用益物权人取得。当事人另有约定的，按照其约定。法定孳息，当事人有约定的，按照约定取得；没有约定或者约定不明确的，按照交易习惯取得。”法定孳息，如房屋出租的租金、借贷产生的利息等，在没有约定或约定不明的时候按照交易习惯取得，即法官可以根据交易习惯来确定法定孳息的归属。

上述规定并没有明确说明什么是交易习惯，而是规定在约定不明的情况下，可以通过交易习惯确定民事活动的状态，从而明确交易双方的权利义务。可见，约定不明时，交易习惯是帮助法官认定事实高效快捷的方式。也即，在法律事实不明时，法律允许法官可以将交易习惯作为一条寻找事实的线索，这个线索并不是某种具体法律规范，而是交易活动中实际存在的某种通行做法，即习惯。这个习惯具体是什么，只有在个案中才能明确。即便《民法典》对交易习惯有所规定，但交易习惯经过司法适用后依然是交易习惯，不会受到法律规范性的制约，更不会因为司法适用而成为法律。一言蔽之，交易习惯归根结底是习惯，而非习惯法。那么，习惯能否成为司法裁判的依据？

二、交易习惯作为裁判依据的基础

法的渊源赋予裁判活动以“司法”的属性。在司法实践中，法官的首要任务就是“依法裁判”。“而‘法’的范围有多大，取决于法律规范‘适格的’来源包括哪些，即法官应该根据什么寻找司法裁判的依据，法的渊源理论为法官提供了寻找的途径。”② 法的渊源分类的主流观点是根据有无法律约束力，将法的渊源分为正式法的渊源与非正式法的渊源。正式渊源可以直接作为法官司法裁判的依据，具有法律约束力，如我国以宪法为核心的制定法体系。非正式渊源是具有法律价值或法律意义的来源，通常作为说理的根据，

① 张晋藩：《中华法学大辞典〈法律史学卷〉》，中国检察出版社1999年版，第479页。
② 雷磊：《重构“法的渊源”范畴》，载《中国社会科学》2021年第6期。

但不具有法律约束力，如判例、政策、习惯、法律学说等。[①] 从司法适用的角度看，上述传统观点略显粗糙，因为任何规范或观念都可能被认为是非正式的法的渊源，这就导致法的渊源无边无际，法官在寻找裁判依据时反而没有方向。因此，将交易习惯认定为非正式的法的渊源在实践中并无多大意义。

另有观点认为，法的渊源分为效力渊源和认知渊源。"裁判依据的来源"有两个层次的含义：一层意思是裁判依据的效力来源于哪里，也即使得裁判之所以成为"司法"裁判的根源；另一层意思是裁判依据的内容来源于哪里，也即具体案件的适用条件及法律后果的来源。由此，法的渊源就由两个部分组成：一个部分是鉴别裁判依据法律效力的事实或来源，另一个部分是鉴别裁判依据内容的事实或来源。前者称为"效力渊源"，后者称为"认知渊源"。效力渊源拥有独立的效力来源，而认知渊源只提供内容来源、但不具备独立的效力来源。认知渊源的构成需要具备两个条件：一方面，它必须获得制度性权威直接或间接的认可；另一方面，它必须与制度性权威相结合才能在司法裁判中扮演权威理由的角色。[②]

交易习惯具备认知渊源的构成条件。《民法典》授权法官在特殊情况下可以适用交易习惯，而是否适用、如何适用的决定权在于法官。如果没有《民法典》的授权，交易习惯便不能作为司法裁判的依据。可见，交易习惯获得了制度性权威的认可，并且与《民法典》的具体规定结合产生法律效力。交易习惯在司法实践中具体怎样产生效力，通过一个案例[③]进行分析。

原告查某从事焦炭生意多年，被告唐某等人经营铸件厂，原告向被告供应焦炭。从2004年起的两年内，原告持续向被告经营的铸件厂供应焦炭，焦炭货款共计281251元，铸件厂已支付货款251000元，剩余30251元货款尚未支付。原告多次向被告主张偿还剩余的3万余元货款，但多次索要未果，遂将被告起诉至法院。本案买卖合同法律关系清晰，双方有争议的问题是事实问题，即原告所主张的货款事实是否存在？若存在，该货款由谁来负责清偿？原告向法院提交了若干份证据，其中一份证据是"毛重数量、皮重数量、净重数量"字迹的码头电子秤过秤单，而这些过秤单并没有原被告双方的签字。原告认为这些过称单是证明交易事实的直接证据，被告认为过称单没有双方签字确认，交易事实不存在。

那么，没有双方签字确认的过称单是否具有证明力？能否作为支持交易事实的证据？法官根据原告提交的过称单信息以及其他证人证言，在交易地进行实地调查。调查发现，双方当事人在交易过程中遵守了一项焦炭交易习惯。该交易习惯在当地两个码头长期、稳定、公开地存在，人所皆知，交易双方为了提高交易效率也一直遵守。该交易习惯的内容

---

① 参见舒国滢：《法理学导论》，北京大学出版社2019年版，第71～85页。

② 参见雷磊：《重构"法的渊源"范畴》，载《中国社会科学》2021年第6期。

③ 江苏省苏州市吴江区人民法院（2006）吴民一初字第3181号民事判决书。

是：从事焦炭交易的双方当事人事先联系好，确定好买方需要焦炭的数量和价格，卖方负责联系运输。承运人负责在码头装运焦炭并过称，司磅员开具过称单，通常是买卖双方各持一份。到结算周期截止时，双方凭借过称单进行结算。在整个交易过程中，买卖双方通常不在过称单签字，但双方默认这种交易流程。因此，交易事实并不因为过称单上没有签字确认而被否认。这项交易习惯已经被当地人普遍适用，具有一定的规范性。

本案中，交易习惯是交易过程中真实存在且交易双方都知道且愿意遵守的交易规则。尽管双方当事人没有在电子秤过称单上签字确认，但过称单依然有效。法官通过查明该交易习惯，确定了原告所主张的30251元货款的事实是存在的。假设法官因为各种原因并没有查明或识别该交易习惯，原告30251元的货款主张或许得不到支持，因此将承担30251元的损失。那么，如果原告在交易过程中对每一份过称单都签字确认，相比之下，经过签字确认的过称单要保险一些，或许就不会出现纠纷，但这无疑增加了交易成本，降低了交易效率。而交易习惯的存在大多是出于交易便利的考虑，在交易程序上有所简化，这种简化通常隐藏着一定风险。因此，选择遵守交易习惯是有风险的，当事人在交易过程中是否遵守交易习惯在于自己的选择，而他们对交易习惯隐含的风险往往是心知肚明的。那么，一项交易习惯的存在是否意味着人们应当去遵守？

是否“应当”意味着需要探寻交易习惯的规范性。凯尔森认为，那些具有法律规范性质，使某些行为合法化或非法的规范，是法律科学的研究对象。作为这种认知对象的法律秩序是人类行为的规范性秩序——规范人类行为的规范体系。“规范”是指某事应当是或应当发生，特别是一个人应当以特定的方式行事。①

交易习惯作为一种事实，研究其规范性功能似乎是逾越了事实与规范的界线。事实与规范的分离最初来自“休谟问题”的提出。休谟认为，“在以往的道德学体系中，普遍存在着一种思想跃迁，即从‘是’或‘不是’为连系词的事实命题，向以‘应该’或‘不应该’为连系词的伦理命题（价值命题）的跃迁，而且这种思想跃迁是不知不觉发生的，既缺乏相应的说明，也缺乏逻辑上的根据和论证。”② 可见，事实与规范之间存在着一种无法跨越的鸿沟。相应地，事实问题研究“是”与“不是”，法律问题研究“应该”与“不应该”。交易习惯作为一种事实，却具有一种规范性力量。但是，“这种规范性力量实际上并不存在，当人们误以为从事实可以得出纯粹的规范时，其中所涉及的绝非只是纯粹的经验事实，而是一种已经与价值关联的事实：亦即是一种‘道德上的’力量，一种‘理性的’意志，一种‘充满价值’的志趣。”③

如前所述，当事人之所以不在过称单上签字认可，是出于节省交易成本，提高交易效

---

① See Hans Kelsen, *Pure Theory of Law*, University of California Press, Berkeley and Los Angeles: 1967. p. 4.

② 孙伟平：《休谟问题及其意义》，载《哲学研究》1997年第8期。

③ ［德］阿图尔·考夫曼：《类推与“事物本质”：兼论类型理论》，吴从周译，台北学林文化事业有限公司1999年版，第31页。

率的考虑，正因为如此，被双方当事人接受并认可。交易习惯的存在是因为当事人的需要，但交易习惯本身不具备强制约束力，这是交易习惯与法律规范最本质的区别。法律的规范性是一种国家意志的体现，而交易习惯的规范性是一种民间意志的体现。不在过称单上签字的交易习惯确实能够提高交易效率，但同时也会带来当事人否认事实的风险，从而产生纠纷。因此，交易习惯的规范性虽不具有强制力，但不能否认其规范性的存在。这个规范性来自它能够满足人们的某种需求或解决某些问题，这便是一种“充满价值的”志趣或一种“理性的”意志。可见，交易习惯的司法适用将事实问题与规范问题集于一身。

交易习惯的规范性是使其能够作为司法裁判依据的决定性因素。作为认知渊源的法只涉及裁判规范，不涉及行为规范。例如《民法典》第10条规定“习惯”可以在法律缺位时成为法官的裁判依据，而第8条却没有规定民事主体从事民事活动不得违反“习惯”。相反，“法律”（制定法）却同时出现在这两个条款中。这意味着，“制定法即是行为规范，又是裁判规范，因而是完整意义上的法；而习惯只是裁判规范，不是行为规范，因而是不完整意义上的法。”① “不完整意义的法”意味着交易习惯具有法的规范性，却不具备法的强制性，这样的裁判规范就是法的认知渊源。

“认知渊源具有两个独特属性：其一，认知渊源本身只是提供了裁判依据的内容而非效力；其二，认知渊源在司法裁判中无法独立适用，必须与效力渊源结合在一起发挥作用。”② 本案的法律依据是《合同法》第61条的规定：“合同生效后，当事人就质量、价款或者报酬、履行地点等内容没有约定或者约定不明的，可以协议补充；不能达成补充协议的，按照合同有关条款或者交易习惯确定。”法官通过查明交易习惯推定了一项交易事实的存在。一方面，这个事实构成了司法裁判依据的内容，但本身不具有裁判的效力。另一方面，本案交易习惯的适用是经过了《合同法》第61条的授权，如果没有法律的授权，交易习惯不能作为司法裁判的依据。

《合同法》代表国家意志，交易习惯代表民间意志，通过国家意志的认可，保障实现民间意志，这增加了司法裁判的可接受性。但法官在适用交易习惯时通常具有较大的自由裁量权，如何增加交易习惯司法适用的可接受性并且做到理据充分，这涉及交易习惯的司法适用方法。

三、交易习惯的法律论证方法

交易习惯是民事习惯的一种。民事习惯司法适用中的困境主要来源于两个方面：一方面，民事习惯具有不确定性。民事习惯根植于乡村社会长期以来形成的生活方式，是民间社会的行为规范。相比成文法律规范，民事习惯的表现形式更加多样，并且缺乏确定性和

① 雷磊：《重构“法的渊源”范畴》，载《中国社会科学》2021年第6期。
② 雷磊：《重构“法的渊源”范畴》，载《中国社会科学》2021年第6期。

严谨性。① 另一方面，民事习惯的评价标准难以确定。根据《民法典》第10条的规定，民事习惯在司法实践中的适用必须要符合公序良俗的要求。那么，如何认定一项交易习惯是否满足公序良俗的要求是一个颇具争议的问题。有学者曾根据民事习惯是否具有道德上的正当性，将民事习惯分为"良俗""中俗"和"恶俗"。② 但这种分类是一种程度上的判断，缺乏直观的参考标准，因此，在司法实践中的可操作性有待进一步研究。

面对上述困境，法官如何识别、认定以及适用交易习惯？在疑难复杂案件中，法律大前提常常出现语意模糊，需要对大前提进行解释和论证，这个解释和论证并不是演绎出来的，也不追求结果的绝对正确，而是在当时的情境下是相对合理的。再来看小前提的确定，在任何法律程序中，证明标准均不需要绝对确定（确信度100%），最高证明标准是"排除合理怀疑的有罪"即确信度95%。③ 由此可见，整个司法裁判充满着不确定性。因此，交易习惯的司法适用问题，与疑难复杂案件面临的情况相似，就是要解决在不确定情况下如何做出最优的判决。这些问题进一步可以上升至整个司法裁判应当如何进行的问题，只是本文将该问题通过交易习惯的司法适用具体化了。那么，交易习惯的司法适用问题，就转化成司法裁判需要什么样的方法的问题，而这本质上属于法律论证方法范畴。

从法律逻辑的视角看，法律论证需要形式逻辑和非形式逻辑共同效力。因为法律论证除了分析方面，辩证和修辞方面同样重要，二者属于非形式逻辑的研究范围。"形式逻辑与非形式逻辑各有其不同的功能：形式逻辑可以发现在何种条件下某种关系是具有强制力的，以及在何种条件下前提为真可以保证结论为真，而非形式逻辑则可以检验形式逻辑所无法分析的论点之'可靠性'。"④ 合理的司法裁判即不是形式逻辑演绎的结果，也不是基于非形式逻辑纯粹说服的结果，而是基于形式逻辑的基本规律，结合具体情况进行"提问辩难"⑤ 的结果。论证型式将形式逻辑与非形式逻辑结合起来，⑥ 是从前提到结论的推论形式，这种推论形式是在日常对话中使用的论证。⑦ 本文试图将论证型式应用于交易习惯的司法适过程，揭示交易习惯规范性和稳定性根基，从而探索交易习惯司法适用的理性模式。

论证型式能够揭示交易习惯作为司法裁判依据的规范性基础。人们在交往活动中，建立了一些正常或通常情况下的一些"常理"或假设。如果没有证据表明出现异常情况，这

---

① 参见庄晓华、张建文：《论民事习惯的司法运用》，载《西南政法大学学报》2021年第4期。

② 参见公丕祥：《民俗习惯司法运用的理论与实践》，法律出版社2011年版，第158页。

③ See Rolando V. Del Carmen, *Criminal Procedure: Law and Practice*, 8th ed., Belmont: Wadsworth, 2010, p. 83.

④ 舒国滢：《法学的知识谱系》，商务印书馆2020年版，第1224页。

⑤ 参见［德］菲韦格：《论题学与法学：论法学的基础研究》，舒国滢译，法律出版社2012年版，第13－18页。

⑥ See J. Anthony Blair, *Groundwork in the Theory of Argumentation*: Selected Papers of J. Anthony Blair, Springer Dordrecht Heidelberg London New York, p. 132.

⑦ 参见武宏志：《论证型式》，中国社会科学出版社2013年版，第51页。

些一般概括或常理都是成立的。论证型式的核心——推论规则或图尔敏所说的“担保”正是如此。不过，“基于这种担保，论证型式的前提仅为其结论提供了初步的支持，而不是无限制的、无条件的支持。这就是说，假如意外但可能的反驳条件出现的话，这种支持就将被解除。”① 在司法裁判中，只要法官认定一项交易习惯的存在，那么该交易习惯就被认为是可接受的，这里隐含着论证型式的规范性。“可接受的”意味着可以接受，也可以不接受，这体现了论证型式的可废止性。法官对交易习惯进行了认定，这意味着交易习惯就是可接受的，除非当事人提出新的证据证明交易习惯不存在，或者案件不适用于法官所认定的交易习惯等。这种对交易习惯规范性的反论证通过批判性问题（critical questions，以下简称 CQ）实现。论证型式的规范性和批判性问题形成了内在对抗和平衡，这种结构显示了论证型式在形式上的合理性。

论证型式能够显示论证结构和论证形式，它能使人们辨识和评估日常论证中的常见论证类型。但是，“论证型式是语用型式，而非真值形式，其核心是表征一种推理规则。”② 论证型式是一种基于语境的论证模式，如果论证的前提被相信或接受为真，那么论证的结论就是有说服力的。论证型式伴随着一系列批判性问题，这些批判性问题所构建的论证，可能会削弱或改变原来的论证。使用论证型式，可以构建支持和反对一个主张的多个论证，通过权衡，最终达成是否接受该主张的决定。论证型式可被认为类似于经典逻辑的推论规则。例如，逻辑推论规则中的分离规则：

P。

如果 P，那么 Q。

因此：Q。

但是，“像分离规则这样的逻辑推论规则是抽象的、严格的，并且常常被认为具有普遍有效性，而论证型式则是具体的、可废止的，并且依赖于语境。”③

以专家证人证言的论证型式为例，说明论证型式的三个部分（前提、结论和批判性问题）：

大前提：E 是一位 D 领域的专家提出命题 A。

小前提：E 主张命题 A 为真。

结论：A 有可能为真。

专家证人作证制度的批判性问题是：

专业问题：E 作为专家来源信息的可信度如何？

领域的问题：E 是 A 所在领域的专家吗？

意见的问题：E 断言 A 意味着什么？

---

① 武宏志：《论证型式》，中国社会科学出版社 2013 年版，第 92 - 93 页。

② 武宏志、周建武等：《非形式逻辑导论》，人民出版社 2009 年版，第 440 页。

③ ［荷］范爱默伦等：《论证理论手册》，熊明辉等译，中国社会科学出版社 2020 年版，第 764 页。

诚信问题：作为消息来源，个人是否可靠？

一致性问题：这与其他专家的断言一致吗？

证据支持问题：E的断言有证据支持吗？

对上述这些批判性问题进行合理的回答，就能够排除削弱或者反驳该论证型式的例外情况，满足了该型式得到合理结论的制约条件，使该论证型式得出可靠的结论。排除合理怀疑使得一个论证的结论可以作为合理假设来接受。如果我们把匹配的批判性问题转化成表述制约条件的前提，该型式也可写成：

E是D领域真正的专家。

E断定A。

A属于D。

A是可信赖的。

A与其他专家所说的一致。

A与有效的客观证据一致。

所以，可把A当作一个似真假设来接受。

批判性问题是论证型式在对话框架下的重要组成部分，也是评估论证型式的方法。一方面，批判性问题为论证的回应者提供了批判和反驳的途径；另一方面，为论证的主张者提供检视和反省自己主张的机会，通过对批判性问题的回答使自己的主张更有说服力。一个论证就是通过批判性问题在合理怀疑和排除合理怀疑的往返中提高论证质量。

交易习惯作为一个证据是否具有证明力的问题，涉及一个论证型式，即“根据通行做法的论证”。[①] 这是“依据信息源的论证型式”的一种，“在这种论证型式中，前提涉及某种信息来源的状况，比如主体的处境、知识、社会角色或承诺、影响、个人品性等。结论的可接受性是由信息来源的性质决定的。”[②] 该论证型式的论证过程如下：

前提$_1$：在熟知关于A什么是可接受的、什么是不可接受的那些人中间，A是一种通行的做法或实践。

前提$_2$：如果熟知关于A什么是可接受的、什么是不可接受的那些人中间，A是一种通行的做法或实践，那么就给予认为A是可接受的一个理由。

结论：在此情形中，A是可接受的。

CQ_1：有什么行为或其他指示表明绝大多数人接受A？

CQ_2：即使绝大多数人将A当作真的加以接受，但是，在这里有什么根据证明接受A

---

① 参见武宏志：《论证型式》，中国社会科学出版社2013年版，第509页。武宏志教授在其著作《论证型式》一书中对一些常见的论证型式进行了汇总。以沃尔顿等的著作《论证型式》（2008）为基础，参考佩雷尔曼（1969）、金泡因特纳（1992）、波洛克（1995）、格瑞安（1997）以及英国敦提大学计算学院的论证型式研究组（2006）等的论著，并将沃尔顿（2008）和廷德尔（2007）的批判性问题综合起来考虑。

② 武宏志：《论证型式》，中国社会科学出版社2013年版，第509页。

是正当合理的？

本案中，法官事实上适用了“根据通行做法”的论证型式。法官根据当地大多数人普遍认可的一种焦炭交易的通行做法确认了一项交易事实，即没有签字确认的过称单是有证明力的。将这个论证型式对应于本案交易习惯的司法适用，该交易习惯内容可以概括为“过称单上不签字”，其论证过程如下：

前提$_1$：关于“过称单上不签字”，是否熟知什么是可接受的、什么是不可接受的人中间，“过称单不签字”是一种通行的做法或实践。

前提$_2$：关于“过称单上不签字”，如果熟知什么是可接受的、什么是不可接受的人中间，“过称单上不签字”是一种通行的做法或实践，那么就给予认为“过称单上不签字”是可接受的一个理由。

结论：“过称单上不签字”是可接受的。

CQ_1：有什么行为或其他指示表明绝大多数人接受“过称单上不签字”？

CQ_2：即使绝大多数人将“过称单上不签字”当作真的加以接受，但是，在这里有什么根据证明接受“过称单上不签字”是正当合理的？

通过这个论证型式及其批判性问题，我们是否能够认定法官对交易习惯的司法适用是正当合理的？

可以将该论证型式简化为：如果A是通行做法或实践，那么A就是可接受的。需要进一步确定的批判性问题是，第一，如何证明绝大多数人接受A？接受A的正当性和合理性是什么？

关于本案交易习惯司法适用的合理性，主要论述如下：双方当事人在交易过程中遵守了一项焦炭交易习惯。该交易习惯多年来在当地两个码头长期、稳定、公开地存在，人所皆知，交易双方为了提高交易效率也一直遵守。该交易习惯的内容是：从事焦炭交易的双方当事人事先联系好，确定好买方需要焦炭的数量和价格，卖方负责联系运输。承运人负责在码头装运焦炭并过秤，司磅员开具过秤单，通常是买卖双方各持一份。到结算周期截止时，双方凭借过称单进行结算。在整个交易过程中，买卖双方通常不在过称单签字，但双方默认这种交易流程。因此，交易事实并不因为过称单上没有签字确认而被否认。

“该交易习惯在当地两个码头长期、稳定、公开地存在，人所皆知。”这些内容回答了第一个批判性问题。对于第二个批判性问题，即“过称单不签字”这个做法是否具有正当性和合理性并没有做出回答。《民法典》第10条规定：处理民事纠纷，应当依照法律；法律没有规定的，可以适用习惯，但是不得违背公序良俗。这一规定是适用习惯的的限定性规定，即法官在适用习惯时不得违背公序良俗原则。实际上这就是要论证交易习惯的适用是否具有正当性和合理性的问题。上述案例中法官的论证还强调了时间上的持续性，如“多年来”“稳定的”等措词，而这是论证型式所忽略的内容。一项交易习惯的形成一定是经历了一段时间的积累，因此时间上的持续性是法官识别交易习惯不可缺少的因素。

因此，“根据通行做法的论证型式”可以通过增加“时间上的持续性”这一批判性问题进一步优化如下：

前提$_1$：在熟知关于A什么是可接受的、什么是不可接受的那些人中间，A是一种通行的做法或实践。

前提$_2$：如果熟知关于A什么是可接受的、什么是不可接受的那些人中间，A是一种通行的做法或实践，那么就给予认为A是可接受的一个理由。

结论：在此情形中，A是可接受的。

CQ_1：有什么行为或其他指示表明绝大多数人接受A？

CQ_2：即使绝大多数人将A当作真的加以接受，但是，在这里有什么根据证明接受A是正当合理的？

CQ_3：有什么证据表明A在时间上具有持续性？

经过优化的“根据通行做法的论证型式”汲取了交易习惯司法实践中的时间性要素，即“交易习惯在时间上的持续性”这一要点进行补充的。将上述批判性问题的肯定回答转化为表述制约条件的前提，该论证型式也可表述为：

有某种行为或指示表明绝大多数人接受A。

有证据表明接受A是正当合理的。

有证明表明A在时间上具有持续性。

所以，A是可接受的。

这表明“根据通行做法的论证型式”具备三个前提条件：即“绝大多数人接受”“正当合理”“时间上的持续性”。其中“时间上的持续性”，是该论证型式司法适用过程中出现的新情况对该型式进行优化得到的。论证型式既能够将交易习惯的规范性传递下去，又能够通过审判经验进行适当更新。这种方法将逻辑与经验同时赋予司法实践，并结合案件所处的语境，得出合理性的裁判结果。与此同时，对司法裁判进行系统性梳理和研究，通过论证型式的方式提炼出来，便能够获得类型化的审判资源，进而指导司法实践。

四、结语

论证型式在司法实践中扮演重要角色，能够通过直接适用增加司法裁判的规范性和说服力，也能通过司法实践中遇到的新问题对现有的论证型式进行修正，使法律论证型式始终保持能够适应审判实践的稳定性。《民法典》通过授权方式规定了法官可以适用交易习惯，其实是最大程度保留了交易习惯的灵活性与多样性，但这也给法官的司法裁判带来了诸多不便。基于论证型式的法律论证方法能够充分保留交易习惯的灵活性和多样性，又能提炼交易习惯的规范性要素，使法官在司法适用中能够准确识别和应用交易习惯。通过论证型式的应用和具体法律实践的结合，能够获得交易习惯司法适用的理性模式。论证型式是对司法判例的规范性抽象，而司法判例能够通过实践资源进一步修正论证型式。因此，论证型式既是案例研究的有效工具，也是司法实践智慧的表现形式。法律论证型式应当保持从实践中来，到实践中去的开放性品格。提炼和总结我国司法实践中的法律论证型式，构建法律论证型式数据库，这是立足于我国司法裁判的智慧资源汇总，也是法律论证理论与司法实践结合的桥梁。

Judicial Application of Transaction Practices

Yali Jin

Abstract: The provisions of the Civil Code on transaction practices fully reflect the spirit of autonomy of will in civil law. However, the existing classification theory of source of law classifies transaction practices as informal sources, which makes transaction practices lack of legal effect when used as the basis for judicial decisions. The judicial application of transaction practices should pay attention to its normative basis and become a "proper" basis for judgment. The new theory of source of law identifies the transaction practices as the cognitive source of law, and combines it with the specific provisions of the Civil Code to produce legal effect. In judicial application, the method of legal argumentation based on argumentation scheme is applied to the judicial process. On the one hand, it can provide an adaptive model for the judicial application of transaction practices, which can be directly applied by judges. On the other hand, the combination of specific argumentation scheme and legal practice can modify the existing legal argumentation schemes, or refine new schemes, and form the abstract model "database" of judicial practice wisdom, so that the legal argumentation schemes and judicial cases form a benign interaction.

Key words: transaction practices; judicial judgment; cognitive source of law; legal argumentation; argumentation scheme

（编辑：尤婷）

法官判案援引民间习惯的正当性及限度

张娜瑞*

摘　要　我国《民法典》规定法官在处理民事纠纷时可以适用习惯，但法官援引民间习惯判案，并非是由于《民法典》的规定而具有了正当性，其正当性在于民间习惯本就属于"隐含"的正当行为规则意义上法律，且对民间习惯的援引有利于法官履行维续整体社会秩序的职责。并非所有的民间习惯都可以为法官所援引，只有在制定法有漏洞时，制定法规则不能防阻冲突或得出的判决结论与人们的一般正义感相违背而根据其他规则（如民间习惯）能够更好地界分当事人的行动范围，且该行为规则一经阐明即可得到人们的普遍认可时，才能够被法官所援引。判断民间习惯能否被法官援引的标准在于与法律规则系统的其他规则相容，即"相容性原则"。

关键词　法官　民间习惯　秩序　相容性原则

法官应当根据法律来解决纠纷，这既是我国诉讼法的明确规定——"以事实为根据，以法律为准绳",① 也是公众对法官的合理预期。在我国这样的成文法国家，人们一般认为"法律"即指的是有权机关制定的成文法律，而无论是原《民法总则》还是现行的《民法典》第十条，都无一例外地规定了法官在处理民事纠纷时可以适用习惯。也就是说，只要民间习惯成为法官裁判的依据，就意味着它可以被作为法律适用。事实上司法实践中民间习惯也确实被法官作为裁判依据所援引，但受限于司法观念、适用条件、适用标准等原因，这一做法也只存在于很少的案件中，而并非常态。已有法律的明文规定，实践中却"遇冷"，是何种原因所致？基于此种疑问，本文拟对下列问题进行探讨：民间习惯能否作

* 张娜瑞，厦门大学法学院博士研究生，宁夏回族自治区高级人民法院法官，主要研究方向为法学理论、司法制度。

① 在我国的三大诉讼法中，对此均有规定。

为法律适用，它的正当性是什么，是仅仅因为制定法的明确规定，还是有其他更深层的理由；同时，由于民间习惯未必都是正义的，法官援引的限度在哪里、标准又是什么。以期厘清一些错误的观念，对司法实践中法官判案恰当援引民间习惯能够有所裨益。

一、对“法律”及法官职责之认识

审判权本质上是一种判断权，是法官基于法律而对当下案件所作的一种判断。民间习惯能否作为法官判案的依据，首先要看对法律是如何定义的。法律是观念的产物，而观念与人们所接受的理论有关。我们只能借助理论的帮助来说明事实是什么，没有一种“理论”作为依凭，人无法谈论自己的行动，甚至无法行动。如，不借助法学理论法官就不可能设想案件事实，因为案件事实就是根据理论所建构出来的事实。① 事实不能自己说话，事实需要一个理论来帮它说话。法官受不同的理论指导，会有不同的认识，进而采取不同的行动，带来不同的后果。

（一）对法官判案之依据“法律”的认识

学界一般认为，对“法律”这一术语的界定，是仁者见仁智者见智的，谁也无法给出一个确切的答案。根据认识视角的不同，对法律的定义可以分为建构论（或称立法思维）和演化论（或称演化思维）两种。在立法思维下，论者认为法律是至高无上的立法者（如人、自然法中的上帝等）刻意制定、设计的。如自然法学说的先驱古罗马哲学家西塞罗提出，“法律乃是自然中固有的最高理性”，“真正的法律乃是正确的规则，它与自然相吻合，适用于所有的人，是稳定的、恒久的”，“一种永恒的、不变的法律将适用于所有的民族，适用于各个时代。”② 霍布斯认为，“真正定义法律的是掌控一个国家的强力者。”③ 在边沁看来，“被承认有权制定法律的个人或群体为法律而制定出来的任何东西，俱系法律。”④ 在庞德这里，法律是“一种制度，它是依照一批在司法和行政过程中使用的权威性法令来实施的高度专门形式的社会控制。”⑤马克思虽未专门且系统地讨论过法律的概念问题，但从他的著作中可以看出，法律是统治阶级意志的体现，是由国家制定和认可并通过强制力保障实施的行为规范。在演化思维下，论者主张法律是演化的结果，如斯宾塞认为，“文明和法律乃是生物的和有机的进化的结果，而生存竞争、自然选择，‘适者生存’

---

① 这里需要进一步解释的是，法官必然是依据法律理论来认定案件事实，而非是任意的事实。如法官是根据有关“故意伤害”的法律理论来认定案件事实，从而确认被告人的行为是否是故意伤害，没有“故意伤害”的法律理论，法官就无法认定“故意伤害”的案件事实。

② ［古罗马］西塞罗：《论共和国·论法律》，王焕生译，中国政法大学出版社 1997 年版，第 189、217－218 页。

③ Thomas Hobbes, *The Elements of Law*, edited by Ferdinand Tönnies, London: Simplein, Marshall, and Co., 1889, p. 14.

④ ［英］边沁：《道德与立法原理导论》，时殷弘译，商务印书馆 2000 年版，第 301 页。

⑤ ［美］庞德：《法律的任务·通过法律的社会控制》，沈宗灵等译，商务印书馆 1984 年版，第 28 页。

则是这一进化过程的主要决定因素。”① 又如，韦伯认为法律的演化是经过不同阶段前进，并逐渐朝法律理性化的发展。② 再如，卢曼认为法律演化的模式是“区隔（部门）的法律→阶层（上下统属）的法律→功能分歧的法律”，进化的动力是“社会上适当的复杂性之适应”。③ 在哈耶克看来，“法律本身却从来不是像立法那样被‘发明’出来”，④ 而是经由演化逐渐被人们遵循的。⑤ 在我国的法理学教材中，“法律”无一例外都有以下特征：由政治共同体（或国家）制定或认可、具有强制性。⑥ 亦有法理学教授提出，“法律是因人之理性有限而为有限理性之补救。”⑦ 这就意味着，虽然对法律可以有不同的定义，但在我国法律职业共同体（包括法官、检察官、律师等）所接受的法学教育中，“法律”毫无疑问指的是人为的制定法，是“人类有意识建构的社会主体交往行为和关系的规范体系”，⑧ 且“只有权威立法机关制定的规范才是法律。”⑨ 这些观点基本代表了目前法学界的主流观点。事实上，这是一种立法思维（或建构论），它主张法律是由人刻意建构、设计的，是立法者意志的体现。立法确实能够增强在特定问题上的法律确定性，但是，如果因此而导致人们认为惟有通过立法方式确立的东西才具有法律效力，才是法律，那就走入了误区。

正是因为预设了法律是立法机关人为建构的，人们理所当然地认为，法官裁判的过程即是将先在的法律条文适用到具体的案件事实的过程，因为“立法机关在立法的时候已经对社会、道德和政治的一些要求进行了取舍，法官没有权力也没有能力把法律外的社会、政治和道德要求都重新装进去。”⑩ 如果将这种逻辑推到极致，则意味着不在制定法范围内的一切规范都不是法律。从这个意义上讲，民间习惯当然不是严格制定法意义上的法律，自然不能成为法官判案的依据；但另一方面，《民法典》中又明确规定了法官判案可以适用民间习惯，于是民间习惯既不是法律（制定法）又是法律（法官判案的法律依

① ［美］E. 博登海默：《法理学：法律哲学与法律方法》，邓正来译，中国政法大学出版社2017年版，第106页。

② 参见［德］马克斯·韦伯：《经济与社会（下卷）》，林荣远译，商务印书馆1997年版，第1-216页。

③ （台）洪谦德：《法律社会学（第二版）》，扬智文化事业股份有限公司2004年版，第401页。

④ ［英］弗里德利希·冯·哈耶克：《法律、立法与自由（第一卷 规则与秩序）》，邓正来等译，中国大百科全书出版社2022年版，第182页。

⑤ 参见［英］弗里德利希·冯·哈耶克：《法律、立法与自由（第一卷 规则与秩序）》，邓正来等译，中国大百科全书出版社2022年版，第93页。

⑥ 可参见周赟：《法理学》，清华大学出版社2013年版，第36-40页；孙笑侠主编：《法理学》，中国政法大学出版社1996年版，第2页；葛洪义主编：《法理学》（第三版），中国政法大学出版社2017年版，第70页；张文显主编：《法理学》（第四版），高等教育出版社、北京大学出版社2011年版，第45-47页；张光杰主编，《法理学导论》，复旦大学出版社2006年版，第13-14页；等等。

⑦ 这是厦门大学法学院李琦教授2020年5月在其法理学课堂上提出的观点。

⑧ 谢晖：《论民间法对法律合法性缺陷的外部救济》，载《东方法学》2017年第4期。

⑨ 刘作翔：《“法源”的误用——关于法律渊源的理性思考》，载《法律科学》2019年第3期。

⑩ 陈金钊：《为什么法律的魅力挡不住社会效果的诱惑？——对法律效果与社会效果统一论的反思》，载《杭州师范大学学报（社会科学版）》2012年第2期。

据），这就构成了逻辑悖论。同时，如果法律仅指制定法，是人为设计的结果，则意味着它预设了立法者是全知全能的，能够对社会秩序进行全面控制从而有能力按照我们想要的任何方式对社会秩序的方方面面做出刻意安排，而这与人的必然无知状态也构成了逻辑矛盾。更重要的是，由于意志具有任意性和易变性，立法思维下对法律的认识，无法回答法律（立法者意志）何以具有正当性以及法律（立法者意志）的边界如何确定（即立法者意志应当受到何种约束）的问题。事实上，人们实际遵循的法律只能是人们在社会交往过程中自发产生的正当行为规则系统，是优胜劣汰文化选择的结果。

从经验中我们知道，法律是人们在交往过程中所遵循的规则，因此它必然是“涉他性”的，鲁宾逊一人的世界不需要任何规则。人天生具有趋利避害的本能，人之所以愿意接受规则的约束，是因为遵循规则的社会生活比自给自足的孤立生活更符合自身的利益。如米塞斯所敏锐指出，“人类之所以与其他动物不同，在于他能够洞见分工合作的利益。为了与别人合作，他会抑制他先天的侵略本能。他愈是想改善自己的物质福利，就愈要扩展分工制度。”① 分工合作的社会是人们在实现各自目的的手段上所达成的共识，它对每一个社会成员都是有利的。因此，为了能够在社会中追求更多的自我满足，人的行动要受规则的支配，由规则来确定并保护每个人自由行动的范围，以确保不同社会成员之间行动的协调。正如齐柏里乌斯所言，“人类社会的形成，不只是以自然规律，或纯粹的心理机制为基础，而是通过这样一种方式，即个人依照规范性行为准则使其行为得以相互协调的方式实现的。”② 规则支配着人的行动，但它并不是被人类并不完美的心智事先创造的，只能是在长期的实践中，经由试错演化、文化选择而来。最初可能是因为偶然的因素遵循了这样的规则，但遵循这些规则给人们带来了好处，给群体带来了优势力量，从而逐渐为人们所选择，立法只不过是将这样的规则确立下来。这也就决定了，由于人类语言的局限性，为人们所实际遵守的法律其实并没有完全得到立法的确认。换句话说，有很多法律属于隐含性知识，并未得到立法确认，要在具体的情形下才会使用才会有创新的可能，当法官在面对具体案件应用时，一些隐含的法律才会被调动出来使用。人非自动执行规则的机器，法官的行为不是服从给定的成文法规则，而是有一定自由发挥的空间，需要根据具体的案件情况来发现规范当事人行为的法律。民间习惯是经由人们选择而自发形成的规则，作为制定法的源头，具有补充制定法的作用，它成为法官的隐含知识，从而会在具体的案件中为法官所援引。演化思维下对法律的认识，才是逻辑自恰的。它能够回答立法思维下对法律的认识所回答不了的问题：法律的正当性在于它服务于每个个体的目的（分工合作的社会秩序），而法律的边界也在于它是否有利于维护分工合作的社会秩序。

---

① ［奥地利］路德维希·冯·米塞斯：《人的行动》，余晖译，世纪出版集团、上海人民出版社 2013 年版，第 57－58 页。

② ［德］莱因荷德·齐柏里乌斯：《法学导论（第 4 版）》，金振豹译，中国政法大学出版社 2007 年版，第 6－7 页。

（二）法官的职责

人们一般认为，法官（法院）的主要职责在于解决纠纷。[①] 艾森伯格认为，除了解决纠纷外，法官（法院）的第二项重要职能是充实法律规则（也即造法）。[②] 在夏皮罗这里，法官（法院）的主要职责在于争议解决、社会控制和造法。[③] 国内有学者认为法官的职责（原文表述为“司法的目的”）在于解决纠纷、适用法律和实施国家政策。[④] 从较为广义的层面来看，适用法律和实施国家政策也可归在“社会控制”之下。同时，对“社会控制”一词可以在不同意义层面上理解，既可以理解为对社会的强制性控制，也可理解为对社会秩序的一种维护，但由于这两种情况在现实中均存在，故而笼统地说法官履行社会控制的职能，也说得过去。如我们所知，在英美法系中，普通法在很大程度上是法官造法的结果，而在大陆法系，“人们普遍认为，法官判案的过程，即是将立法确立的、事先已经向社会公布的一般法律规范适用于个案中，创制一般性规范不是法官的任务而是立法者的任务。”[⑤] 但事实上，即便是在成文法国家，法官判案适用的法律也是法官造法的结果。[⑥] 的确，法官（法院）在很大程度上是在解决纠纷、社会控制和造法，但与其说这是法官（法院）的目的，不如说是法官（法院）履行职责的手段。法官（法院）是通过解决纠纷、社会控制和造法，来对妨碍社会分工合作的行为进行矫正，从而维护一种整体的社会秩序。恰如麦考密克所洞见的，“法律秩序是对正义观念的集中反映，法官就是为一个秩序效力的。”[⑦] 因此，如法官为维护整体的社会秩序需要而援引民间习惯的话，就具有了正当性。

法官之所以要维续这样一种整体的社会秩序，是基于以下事实：分工合作的社会秩序有利于增进每一个社会成员的福祉；由于人的必然无知，个人按照规则行事比不遵循规则更能达成目标，规则及因遵循规则而形成的社会秩序是人克服无知的手段。因此，要使无数个人的行动能够产生一种整体的秩序，需要行动之间不发生不必要的干涉，同时在个人行动的成功取决于其他人配合方面，至少要使行动之间能够有较大可能相互吻合与协调。换言之，在这样的秩序中个人的活动是以社会成员之间的合作为基础的。但并非对任何一

---

① 可参见［日］棚濑孝雄：《纠纷的解决与审判制度》，王亚新译，中国政法大学出版社2004年版，第26页；喻中：《乡土中国的司法图景》，法律出版社2013年版，第1页；等等。

② 参见［美］迈尔文·艾隆·艾森伯格（Melvin Aron Eisenberg）：《普通法的本质》，张曙光等译，法律出版社2004年版，第5页。

③ 可参见［美］马丁·夏皮罗：《法院：比较法上和政治学上的分析》，张生、李彤译，中国政法大学出版社2005年版，第25页。

④ 参见贾焕银：《“民间规范司法运用”辨析》，载《甘肃政法学院学报》2015年第2期。

⑤ 雷磊：《从“看得见的正义”到“说得出的正义”——基于最高人民法院〈于加强和规范裁判文书释法说理的指导意见〉的解读与反思》，载《法学》2019年第1期。

⑥ 参见周赟：《法官造法：作为大前提之审判规范的本质》，载《甘肃社会科学》2021年第4期。

⑦ ［英］尼尔·麦考密克：《法律推理与法律理论》，姜峰译，法律出版社2005年版，第106页。

种规则的遵循都会产生这样的一种整体的秩序，能够产生这种社会秩序的必然只能是正当行为规则意义上的法律，也即，法律应是有利于合作的。而这也正是康德所洞见的，“秩序就是彼此依法律所进行的合作”①。一如前述，法律通过协调不同人的行动，维续一种整体的分工合作的社会秩序，司法的目的就在于维护和发展这样一种秩序，对妨碍、侵扰社会整体秩序的行为进行矫正。因此，法官所关注的，应是个人的合法预期，是“涉他人行动”的规则，是当事人的行动是否妨碍了分工合作秩序的展开，而非适用法律（实现立法者的意志）。

由于一种整体的社会秩序有利于所有人的福祉，是每个人追求个人幸福的条件和基础，当行动人不遵守法律、人们对法律的理解不同或既有已确立的法律无法防阻冲突的时候，可能就需要法官的介入。法官通过发现并阐明“涉他人行动”的规则，来界定个人受保障的领域。法官发现这样的正当性规则，使当事人之间能够达成一种共识，促进双方行动的协调，从而解决纠纷。这个过程既是解决纠纷的过程，同时也是发掘或呈现正当行为规则的过程。法官的职责，就是阐释和确立这样的正当行为规则，从而恢复被破坏的整体秩序。因此，法官维续和改善社会秩序，一般是通过以下方式：第一，当行动人不遵守法律时，阐明并适用那些业已稳固的法律规则。第二，在人们对业已确立的规则理解不一致的情况下（如当事人发生纠纷的场合），阐明并适用那些已经确立的规则；当已经确立（或已为人们所接受）的规则系统确有漏洞的情况下，负有填补漏洞的责任，或既有规则的适用导致不正义时，法官应予以改善和修正，而改善、修正的方式必须有助于维护并改善既有规则旨在维护的那种社会秩序。在改善法律规则系统时，法官的行动目标并不是一个具体的目标，而是通过制定一项能够防止冲突再次发生的行为规则来改进某个特定的行动秩序。在此过程中，法官并不能随心所欲选择自己偏好的规则，而必须在既有给定的规则系统活动，并将该新的规则融入整个规则系统之中，且该新规则须一经阐明即能够得到人们普遍认可。也正是在此意义上，我们才能够理解何以“受保障之法和正义发生抵触的时候，后者试图导致受保障之法的变迁。”②

一如前述，法律所指涉的是不同行动之间的相容性和和谐性，它通过划定每个人受保障领域的边界来防阻不同个人行动间发生干涉，使得每个人在此领域范围内自由支配特定的财产、运用自己的知识去实现自己的目的。因此，法官不能追求特定的具体目标（比如结案率、调解率等，或追求某些制定法规则得到适用），他能够做的只是维护整体的分工合作的社会秩序，使个体追求各自的目标不受他人干扰。在这样的职责下，法官不能越界用自己的判断和选择来代替当事人的判断和选择（比如法官认为当事人之间的约定有失公平），而只能是界定当事人之间的行为规则，该规则是当事人在行为时已经存在的，比如

---

① Immanuel Kant，*Werke*（Akademie Ausgabe），*Nach-lass*，vol 6，p. 49. 转引自［英］弗里德利希·冯·哈耶克：《法律、立法与自由》（第一卷），邓正来等译，中国大百科全书出版社 2022 年版，第 149 页。

② ［德］莱因荷德·齐佩利乌斯：《法哲学》，金振豹译，北京大学出版社 2013 年版，第 46 页。

当事人的约定、成文法的规定、为人们所普遍遵守的习惯等等。原因在于：任何价值判断都是个人的、主观的，它是由行为人的观念决定的，取决于行为人的目的及行为人赋予该事物的意义，或者说该事物作为手段对行为人要实现的目的的重要性，因此同样的事物在不同的人眼里价值是不一样的，也正是基于此，交换才能够发生、契约才得以达成，才能够“合作共赢”。交易的每一方当然都希望合同条款更有利于自己；但交易是双方的，如果条款不是双方都自愿接受的，交易就不可能发生。如果法官以自己认为公正的判断（比如某个违约金数额）取代当事人的判断，就破坏了这种自愿的分工共合作的社会秩序。因为法官认为公正的某个违约金标准是一种事后判断、一种第三者视角，而非契约双方的事前判断和视角，公正与否应从当事人自己的视角来看，而非法官的视角，法官的干涉无异于否定了当事人契约的约束力，将极大减少合作的可能性。因此，如果当某些民间习惯能够更好地使不同行动之间达致相容和和谐时，且该习惯是当事人知道或应当知道的情况下，即可以成为法官援引的对象，成为判决具体案件的法律规则。

二、法官判案援引民间习惯的正当性

毫无疑问，作为已为国家立法机关颁布的制定法，应当成为法官判案的首选法律依据，但这并不意味着法官判案的法律依据只能是制定法，更不意味着判断一项规则能否成为法官判案法律依据的标准就是“国家制定”。如前所述，法律具有隐含性，实际为人们所遵守的法律不可能完全由制定法表述出来，制定法只是对已为人们所实际遵循的规则的确认而已，法律不等于立法，并非立法者意志的表达，它是一个处于不断演化过程之中的开放的正当行为规则系统。法官的职责在于维续一种分工合作的社会秩序。人们一般认为，是由于有制定法的明确规定（合法性），法官判案援引民间习惯才有了正当性，如“民间法的法定效力也取决于国家授权或者国家认可”，① “在诸如民法通则、合同法、物权法、婚姻法、继承法、民族区域自治法等法律中，都对作为民间规范的地方习惯给予了必要的规定。这在一定程度上也说明了司法中援用民间规范的合法性基础。”② 但事实毋宁是，因为法官判案援引民间习惯是正当的，所以才会有了从《民法总则》到《民法典》的相关规定。如果我们能够认识到民间习惯属于隐含的法律，且援引民间习惯能够维续并发展整体的社会秩序的话，那么法官判案援引民间习惯就具有正当性，反之则不具有正当性。

（一）民间习惯是“隐含的”法律

在很长的时间内，人们对法官判案适用的“法律”有着显而易见的误解，以为只有国

① 谢晖：《论民间法结构于正式秩序的方式》，载《政法论坛》2016年第1期。

② 谢晖：《论民间规范司法适用的前提和场域》，载《法学论坛》2011年第3期。

家制定的法律才能成为法官判案的法律依据，以为制定法是不可违背的，哪怕适用后会得出不义的结论。正是由于秉持这样的观念，法官往往会陷入“无法可用”的境地，从而人们开始呼吁“立法”“修法”。这是人们对法律的不当认识所带来的必然结果。如果认为法律是人为构建的产物，由于人类社会的变动不居，必然会出现现有制定法无法涵盖的特殊案件，从而法官无法可用。但如果我们认识到法律是人类社会自生自发演化产生的规则，制定法只是对这一结果进行的部分确认，仍有大量的法律规则人们并没有发现或并没有得到认识（即是隐含的）而形诸文字，那么，我们就会发现，并不存在法官无法可用的情形。

事实上，如果我们从不同的层面来认识法律，那么现实中时常困扰我们的“制定法不可违背”以及“法官有时无法可依”等问题，就不再成为问题。法律可以从原理层、制度层（或结构层）、应用层三个不同的层面来理解，前者处于理念层面，指涉分工合作的原理；中者处于抽象的经验层面，具有一般性和普遍适用性，指涉演化产生的法律制度，如制定法或民间习惯、行业规则等；后者处于更为具体的经验层面，是对处于制度层法律的具体运用，如法官的判决。处于原理层的法律是有关人类行为的底层逻辑，它指涉分工合作的原理（或法则），是不可违背的；处于制度层的法律不能违背原理，但制度层的法律本身并非不可改变不可违背的，制度层的法律只是法律在经验中的一种（而非唯一）表现形式而已，且随着人们观念的改变而改变，它需要接受原理的检验来判断是否正当；处于应用层的法律，在具体的应用中应当以原理层的法律为标准，以原理层的法律为原则来决定是如何适用制度层的法律。换句话说，在理论的一般形式层面，法律应当服务于每一个社会成员的福祉，但在经验的具体内容层面，什么样的法律是有利于个人福祉的，取决于人们的观念。社会上的主流观念不同，经验中演化形成的法律就会不同。比如，如果一个社会的主流观念认为对外开放交流有利于每个社会成员的福祉，可能法律就会尽可能支持跨地域、跨文化的合作交流；但如果一个社会的主流观念认为与他人的合作交流会损害每个社会成员的福祉，可能法律就会支持闭关锁国。因此，制度层面的法律能否增进每一个社会成员的福祉，从而维护分工合作的社会秩序，需要社会的主流观念认识到原理层面的法律，即分工合作的原理，从而正确认识并追求每个人的利益。

在一个社会中，一些规则会得到所有成员的共同遵守，是因为社会成员有着相同的生活环境，如生活在某一地区的族群会共同遵守某些与其他地区的族群不同的规则；还有一些规则因为是群体传统文化的一部分从而得到了成员的自发遵守。但什么样的规则能够成为法律而必须得到人们的遵守，取决于人们的认识（观念）。如前所述，人们经由遵循正当行为规则，从而形成了一种有利于每个人的整体社会秩序。但人类由于无可避免地无知性及语言的局限性，只能部分地发现并认识到这样的规则，而规则被发现、认识是一个动态的过程，且随着人类分工合作范围的扩大、人的认识及行动可选择范围的变化，正当性的标准也处于变化之中，因此法律始终处于开放和未完成状态之中。正如莱奥尼所早已洞见到的，“罗马人和英国都坚持同一个理念：法律是有待于发现的东西，而不是可以制定颁布的东西，社会中的任何人都不可能强大到可以将自己的意志等同于国家之法律。”①因此，制度层面的法律不应当被视为单纯立法者意志的表述，也不是立法者发明的，而应是对一个不断扩展的秩序所需求的原则进行的表述，制定法也往往是对自发产生的规则的一种确认而非代替。正是在这个意义上，我们才可以理解，何以莱奥尼会感叹：“法律仅仅是对某一社会所有民众已经采行的不成文规则的概括而已。”② 这就意味着，制度层面的法律包含三个部分：已经阐明的规则（如制定法）、未阐明但已为人们认识到并实际遵守的规则（如一些民间习惯）、尚未阐明且人们也没有认识到但实际上为人们所遵守的规则。正如有学者早已指出的，“国家法在任何社会里都不是唯一的和全部的法律，……它们只能是整个法律秩序的一部分”，③ “国家及其立法永远不可能完全满足社会的秩序化需求”。④ 时至今日，业已用文字方式阐明并得到传播的规则，只是支配着人的行动的整个规则系统中很少的一部分而已，仍存在着大量已被认识到但尚未用文字阐明、尚未被认识到也未被阐明但实际上在遵守的法律，也即隐含的法律，这些法律是法官有可能在司法的过程中去发现并挖掘出来的。所以，如果我们从原理层的法律来认识制度层面的法律，就会发现，法官适用民间习惯判案是逻辑自洽的。而这也正是康德对法律的一般性定义，在康德这里，法律是“一个人的任性能够在其下按照一个普遍的自由法则与另一方的任性保持一致的那些条件的总和。”⑤

在法官判案的过程中，如果依据已经阐明的规则（如成文法典）无法解决解决冲突，或者说无法明确界分行动双方的领域范围，不能就某些纠纷提供答案时，就需要补充某种新的规则（隐含的法律）来防阻冲突，而此时民间习惯就可能成为该“新的规则”，成为其他规则要达到维续社会秩序目的之支援。在某种程度上说，此一“新的规则”是隐含于当事人的行为之中的，有待于法官将其挖掘出来。哈特认为民间习惯“在法院把它们适用于特定案件之前，这种规则只是习惯，决不是法律。”⑥这种观点是经不起质疑的，某一民间习惯在法官援引之前，本就是作为隐含的法律而存在的，只待法官来发现，并非因为援引而成为法律。民间习惯作为一种为人们所遵循的行为规则，是该群体自生自发长期演化

---

① ［意］布鲁诺·莱奥尼：《自由与法律》，秋风译，吉林人民出版社2004年版，第16页。

② ［意］布鲁诺·莱奥尼：《自由与法律》，秋风译，吉林人民出版社2004年版，第141页。

③ 梁治平：《清代习惯法：社会与国家》，中国政法大学出版社1996年版，第35页。

④ 庞正：《法治秩序的社会之维》，载《法律科学（西北政法大学学报）》2016年第1期。

⑤ ［德］康德：《道德形而上学》（注释本），张荣、李秋零译注，中国人民大学出版社2013年版，第28页。

⑥ ［英］哈特：《法律的概念》，张文显等译，中国大百科全书出版社1996年版，第48页。

而得以传播继受下来的，为群体带来了好处。学界一般认为民间习惯属于“民间法”① 的范围，对于民间法的性质学界有争议，但无论是主张民间法“不是司法裁判的直接准据，只是法律的补充，在法律解释和漏洞填补中发挥作用”，② 还是认为民间法“是‘结构于’而不是‘适用于’司法过程”，③它事实上都在发挥着司法裁判法律依据的作用。法官在具体案件中把实际为人们所遵循的民间习惯明确表达为一项成文规则，其目的并不在于制定一项新的规则，而只在于征得人们对已经存在的规则适用的同意。虽然法律最初是自生自发的产物，但它的完善需要立法者和法官刻意审慎的努力，法官可以通过阐明新的规则来改进现有的规则系统。民间习惯在很大程度上是一种隐含的共识，法官对民间习惯的援引只是使这种共识凸显成为可能，从而产生秩序（解决问题）。一如前述，法律系统整体并非人为刻意建构的，而是一个进化的过程，在此过程中，惯例、习俗的自发演进与立法者、法官的刻意改善处于一种互动的状态中，二者的互动型构了一种整体的法律系统。如果已为人们普遍接受的规则，在该特定案件中产生的秩序与既有秩序相冲突、不相容，那这样的规则是不能够在具体案件中得到法官确认的。法官仅仅从数量有限的明确前提（即制定法）中做逻辑推演，而不论其结果是否会与现行规则系统所维续的秩序相一致，那么这始终意味着对法律的“字面意思”而不是“精神实质”的遵循。换言之，即使某一法律条文从逻辑上看与整个规则体系是一致的，但在具体案件中，也要看适用它之后所产生的结果是否与既有的社会秩序相一致，是否会破坏既有秩序，才能决定能否在个案中适用。也正是在这个意义上，我们才可以理解“凡善法，皆有例外”的意义。

一如我们所见，由某一社会群体所遵循的经演化产生的规则，可能只是众多有益于人类社会秩序的规则中的一小部分，而且很可能并不是最好的那种规则。这样的例子很常见，在不同的国家或地区、族群，人们遵循不同的规则，可能同样维持着一种分工合作的社会秩序。而这就意味着，一种整体的社会秩序所赖以存在的规则系统，只是该社会群体的传统，而传统是由观念决定的，它并非一成不变，而是一个优胜劣汰选择的过程。如果这个社会的成员希望这样的社会秩序能够长久维续下去从而更好地实现个人幸福的话，法律就必须始终保持一种开放的姿态，以接纳更好的规则。而真正的开放，必须对一切未知开放，突破任何标签的限制，法律的开放，意味着它不受制于“国家制定”这一标签，更不应受制于“成文法”或“判例法”的标签，意味着不断淘汰旧的，让新的规则得以出现，以更好地服务于所有个体福利。法官通过援引民间习惯推动新法律的产生，从而合宜

① 关于“民间法”的概念，学界有争议，有学者如刘作翔认为民间法不是严谨的学术表达，法只能从国家意义上去理解，可参见刘作翔：《“法源”的误用——关于法律渊源的理性思考》，载《法律科学》2019 年第 3 期；另有学者认为民间法是相对于国家法而言的，指称国家法以外用来进行社会控制和社会秩序构造的规范系统，可参见谢晖：《论民间法研究的学术范型》，载《政法论坛》2011 年第 4 期。

② 贾焕银：《“民间规范司法运用”辨析》，载《甘肃政法学院学报》2015 年第 2 期。

③ 高中意、王虹：《论民间法结构于司法过程的方式》，载《原生态民族文化学刊》2018 年第 1 期。类似观点另可参见谢晖：《论民间法结构于正式秩序的方式》，载《政法论坛》2016 年第 1 期。

地解决问题，使当事人双方都满意，而这样的解决办法其实就是法律的来源。

（二）法官援引民间习惯可有助于维续一种整体的社会秩序

法官的职责在于维续一种整体的社会秩序，因为该秩序有利于每个个体充分发挥个人自由，利用自己掌握的知识去追求各自的不同目标。法律是法官维续秩序的手段和工具，目的是为了每个个体的幸福，因为个体的利益正在于社会生活。当然，这里的有序并非是人为刻意构建的有计划的秩序，而是个人和政府在遵循法律（正当行为规则）下行动所产生的一种后果，是整个社会看似车水马龙人来人往毫无头绪，实际上每个人都有着不同的目的，这样的秩序是为所有人追求各自目的服务的。人之所以遵循规则，是因为人的无知性（每个人所拥有的知识只是人类知识中有限的一部分），人们要想在一个他所知甚少的世界获得成功，只能通过遵循正当行为规则来解决这个难题。因为无知，不知道什么是最优的，所以需要遵循法律（即正当行为规则），让个体尽可能自由发挥其才能，这样才产生了开放社会。在"目的－手段"的框架下，我们把法律作为"工具"来理解，不纠结于它是制定法还是民间习惯，而是看它能不能实现目标，即维护秩序、扩大个人的自由和行动范围等。没有绝对的正当或不正当，只有选择。正如白芝浩所宣称的，"就为解决实际问题而言，我从不相信所谓的不可改变的规则。"① 有学者发现，在实践中"国家法律所代表的正式规则并不必然高于当地社区的习惯规则……在一个特定的社区，风俗习惯就具有法律的性质。""法官的经验、社区的习惯在某些层面上取代了国家法律的地位，构成了处理案件的最主要的规则。"②实践中之所以如此，并非是法官不懂法，而是这些法官眼里看到的是人，恰恰是这些斟酌和取舍体现了司法的智慧。因此，我们或许可以这样说，评价法律的唯一标准便是，能否合宜地解决纠纷，从而有效保障人们希望保持的那种社会秩序，而非该规则究竟是人为制定（国家法）的还是自发形成的（民间习惯）。因为法律是死的，而人（法官与当事人）是活的，因此关键是要对纠纷解决满意或需求得到满足。换言之，重要的是规则的内容，而不是形式。

需要一再强调的是，法官所致力于维续的社会秩序，并不是特定意志决定下或追求某个具体目标的秩序，它只能是抽象意义上的，使无数个体可以在秩序中自由追求自己目标，它是无数人行动的结果，而非个人或组织意志的结果，它不服务于特定的具体目标，只服务于无数个体的不同目标。只有这样，才符合每个人的利益。论者一般将法官的职责界定为解决纠纷，而纠纷的解决既可以因权力的强制而解决，也可以因遵从正当行为规则明确界分了双方的行动范围而解决，两者的结果是截然不同的。前者，可以用强制力使服从，而无论结果是否具有正当性。后者，法官提供正当行为规则，通过规则界定个人自由

① ［英］白芝浩（Walter Bagehot）：《英国宪法》，夏彦才译，商务印书馆2010年版，第21页。

② 喻中：《乡土中国的司法图景》，法律出版社2013年版，第54－55、62页。

的范围，划定双方行为的边界，从而解决纠纷；因此法官不能只根据制定法来解决纠纷，因为那未必使当事人满意，或者说，法官是在正当行为规则的基础上，使双方满意。至于认为法官的职责还在于适用法律和实施国家政策，① 则是完全颠倒了目的和工具的关系，这样的主张意味着适用法律和实施政策是目的，当事人则成了法官实现目的的工具，这显然是不恰当的，因为唯有人才是目的，法律只是为了每个人更好生活的手段。如果这样的主张可以成成立，那岂不是意味着，当制定法中没有可以适用于具体个案的条文时（这样的情形屡见不鲜），法官就能够以原告主张缺乏法律依据为由而驳回其诉讼请求？

在司法实践中，法官判案援引民间习惯的案例并不特别少见。如，我国制定法中并未有关于骨灰安葬权或祭奠权的相关规定，但当双方因安葬或祭奠已故亲人发生纠纷时，如果只能依据制定法判案，法官无疑会陷入“无法可用”的境地，然而法官不得拒绝裁判，他必然需要寻找恰当的规则来界定双方行动许可的范围。实务中即有法官依据当地民间风俗习惯来确定双方当事人的权利义务范围，妥善调适双方的行为。② 又如另一“邻居共用一墙相邻权纠纷”案例，③ 当事人双方隔墙而居，共同使用被告建的墙，被告准备建新房而将墙拆除，原告要求被告赔偿损失。在审理该案过程中，法官也并未简单根据“墙的所有权归属”来裁判，而是结合当地实际，用当地通行的解决此类纠纷的民间习惯“先盖后压、拆烂补混”来确定双方的权利义务，既不影响被告建房也确保了原告生活不因拆墙而受影响，让双方握手言和。又如，在一起继子要求继母搬离居所的案件中，继子在其父亲去世后继承了房屋，遂要求继母搬离居所，二人发生冲突，此时如果法官严格按照法条办案判令继母搬离的话，表面上看很负责，是严格依法办案，但其实是不负责任的表现。该案法官综合考量婚姻家庭关系的具体事实、房屋实际使用沿革、房屋使用现状及各方居住现实需求等案件情况，根据案件所在地的民间风俗习惯，一方面确认继子继承取得房屋产权，另一方面对继母丧偶后的居住权益加以保护，即判决继子享有房屋所有权，但继母有权继续居住，从而恰当界定了双方受保护的领域范围。④ 以上案例中，法官正是通过援引民间习惯使得纠纷双方的行动得以协调。这就意味着，维护整体的社会秩序，已经阐明的法律规则（也即制定法）并不足以胜任这一使命，它必然需要源源不断的新规则的支持；规则要与具体的案件情况相结合，才能产生一种秩序，法律规则虽然致力于维护整体的社会秩序，但单纯的规则本身并不能决定某一特定的秩序，法官判案应当援引怎样的规则，并不取决于规则本身，而是要看规则与具体案件的结合是否维续了使每个人能够自由追求各自目标的整体的社会秩序。只要民间习惯能够清楚地界定人们的涉他人行为，且这种习

① 参见贾焕银：《“民间规范司法运用”辨析》，载《甘肃政法学院学报》2015年第2期。

② 如北京市西城区人民法院（2019）京0102民初31522号民事判决书，涉及骨灰安葬权；北京市第二中级人民法院（2019）京02民终5474号民事判决书，涉及骨灰及祭奠权；等等。

③ 可参见陕西省合阳县人民法院（2018）陕0524民初2448号民事判决书。

④ 可参见上海市浦东新区人民法院（2019）沪0115民初73754号民事判决书。

惯一经确认即能够得到人们的普遍认可，有利于维护一种整体的社会秩序，那它就可以并且应该成为法官判案的法律依据。也正是在此意义上，我们才能够领会到："经典案件之所以经典，不是因为它们的结果正确，而是因为案件确立的法律规则是明智的。"①

随着社会的发展，在各种新情况不断出现的情况下，制定法是不充分的，因此，通过确认规则恰当界分个人的行动范围以防阻冲突，从而增进人们行动之间的相容性，将是法官永无止境的责任。法官所关注的是规则系统和规则系统所致力于维护的行动秩序，只有人们遵守某些规则，行动秩序才能得以维续，而要维续行动秩序，必须要不断地有某种其他规则，来解决业已确立的规则所不能解决的问题。法官改善行动秩序的方式是发现并制定新的规则，但制定新规则并不意味着法官可以随心所欲，他必须在给定的规则系统内活动，而且将系统目标所要求的规则融入规则系统之中，从而维续整体的社会秩序。如果法律仅仅意味着制定法，由于它不可能考虑到所有因素也不可能预见到未来的所有情势，在变动不居的社会中，必然意味着封闭和滞后，也永远存有漏洞，从而也必然是静态的，永远跟不上社会的发展变化以维续整体的社会秩序。而正当行为规则意义上的法律是动态演化的，是开放的，对包括民间习惯在内的一切规则开放，有足够的自我调适的能力和空间，以及极强的同步性和可扩展性，能够及时把新事物纳入法律体系中，使新事物与既有规范一体化，法律随着社会的发展变化而同步演化进步，从而使有利于所有人的整体社会秩序得以维续。

三、法官判案援引民间习惯的限度

在一种分工合作的社会整体秩序中，个人的活动是以他与其他社会成员的合作为基础的。民间习惯属于隐含的法律规则，可能有利于维续整体的社会秩序，虽然哈特认为"法院在承认或拒绝一个习惯时，行使着全然不受控制的自由裁量权"，② 但正如并非对任何一种规则的遵循都会产生一种整体的社会秩序一样，并非所有的民间习惯都可以作为法律为法官所援引，对不恰当习惯的援引可能会成为失序的原因。重要的不是承认还是拒绝某一民间习惯，而是该民间习惯的内容。作为某一地区或某一群体成员行为规则的民间习惯，并不一定意味着都是"好"的。在群体生存发展的过程中，会发展出一些"好"的习惯，如尊师重教、尊老爱幼等；也会发展出一些不"好"的习惯，如历史上的缠足、溺婴、冥婚等社会陋俗，以及如今在部分地区仍较为盛行的高彩礼、女儿没有继承权、苏北买卖妇女等习惯。因此，哪些民间习惯可以援引，哪些不可以援引就显得尤为重要，这就涉及援引的限度问题。

---

① ［美］安东宁·斯卡利亚：《联邦法院如何解释法律》，蒋惠岭、黄斌译，中国法制出版社 2017 年版，第 7 页。

② ［英］哈特：《法律的概念》，张文显等译，中国大百科全书出版社 1996 年版，第 47 页。

（一）法官援引民间习惯的情形

虽然本文主张一切正当行为规则都应当归属于开放的法律规则系统之中，但毋庸置疑的是，在我国这样一个成文法国家，法官判案的首选法律依据当然是制定法，只有在制定法有漏洞、制定法规则不能防阻冲突或得出的判决结论与人们的一般正义感相违背、根据其他规则（如民间习惯）能够更好地界分当事人的行动范围，且该行为规则一经阐明即可得到人们的普遍认可时，法官才可以援引其他行为规则（包括民间习惯）。原因在于：首先，当业已得到阐明的规则能够恰当界分当事人双方的行动范围，且该界分已经得到社会成员普遍认可的情况下，法官无须再舍近求远寻求其规则。其次，随着分工合作范围的扩大和人们认识的进步及个人行动可选择范围的变化，正当行为规则意义上的法律始终处于一个动态、不断演化的过程之中，以应对变动不居的社会，它必然需要不断补充新的规则。再次，我们之所以能够不断维续这种复杂的整体社会秩序，依靠的并不是操纵或控制个体的方法，而是对那些有助于型构这种社会秩序的规则予以实施和改进的方式，而整体的秩序来自要素之间的平衡和协调，即秩序中的每一个要素对作用于它的所有要素所做的平衡，以及每一个要素对彼此间行动所做的协调。

法官判案当然可以援引民间习惯，但应当限于以下三种情形。其一，制定法对此没有明确规定，也即制定法存在漏洞，此时需要法官溢出制定法去发隐含在双方当事人行动之中但却并未被制定法所阐明的规则。如我国制定法中并未对祭奠权的问题做出明确规定，但现实中确实存在亲人离世后亲属之间因安葬、祭奠等发生冲突的情况，在当事人的行动中必然隐含着其应当遵守的规则，有待于法官去发现并揭示出来，而一些关于祭奠权问题的民间习惯可能恰当界分了纠纷双方的行动领域范围。其二，制定法有明确规定，但依据该规定无法防阻冲突或所得出的判决结论与人们的一般正义感相违背，或者说，制定法与具体案件情况的结合违背了原理层面的法律。在此情形下，法官应当通过发现包括民间习惯在内的不成文规则来修正它，前提是该不成文规则能够为修正提供正当的理由，并且一经阐明即够得到人们的普遍认可。如前述继子要求继母搬离居所的案件中，继子基于对房屋享有的产权要求继母搬离，看似符合制定法规定，但在继子另有房屋居住、案涉房屋系继承自其父亲的情况下，在父亲离世后即要求没有其他住处的继母搬离，则有违人们的一般正义感，也与分工合作的原理不符。而针对此类情形当地通行的民间习惯是，虽然配偶一方离世且房产根据遗嘱已归属他人，但在世配偶仍然可以居住，故而法院舍弃制定法规定而援引民间习惯处理纠纷，且援引该习惯的判决亦得到了双方当事人及其他社会成员的认可，维护了已为人们所普遍接受的社会秩序。其三，制定法有规定，但根据民间习惯能够更好地使当事人的行动相容。如前述邻居共用一墙的相邻权纠纷案例，双方共用一墙多年无纷争，但因一方的拆建行为破坏了另一方的房屋使用功能而发生纠纷。如果法官根据物权法的规定，认定被告作为墙的所有者的拆建方无须补偿对方损失，也尚可说得过去，另一方也只能自认倒霉。但法官并未依法条办案，而是结合当地实际情况有所斟酌有所取舍。因为在当地邻里之间共用一墙的情况非常普遍，而“建房时给邻居方便”也是当地长期以来的共识。法院最终根据当地民间习惯“先盖后压、拆烂补混”，即一方将原共用的墙拆除盖新房后要恢复原告对共用墙的使用，从而妥善界定双方的行动范围。对此一判决结果，双方均欣然接受。既没有使一方对自己房屋的拆建受阻，不影响另一方后续对墙的继续使用，也恢复了邻里关系，更使得当地民众长期遵守的行为规则、行为秩序得到了维护。

（二）法官援引民间习惯的标准

关于援引民间习惯的标准，有学者认为，“民间规范要能被司法援引，需要具备七个特点，即普遍规范性、稳定性、活动性、可接受性、可请求性、合理性，并最终落脚到权利义务的分配性。”① 在我国《民法典》中，法官援引民间习惯的标准是不违背“公序良俗”。这些标准为何种民间习惯可以被司法所援引提供了选择的依凭，在很大程度上为法官提供了方向性指引。然而，前述七个特点失于笼统而并不具有针对性，亦没有体现民间规范可以被法官援引的正当性基础，而“公序良俗”又是一个弹性标准，容易成为一个什么都可以装的筐，所以两者似乎均不足以作为法官援引民间习惯的标准。艾森伯格曾提出了普通法的一个标准，即“社会一致性和体系一致性的双重一致模式”，指构成法律的规则应当符合社会通行的标准，而且构成法律规则实体各部分之间应当保持连贯一致。② 这样的标准是符合法律的精神的。在涉及法官援引民间习惯的标准时，我们或可借用艾森伯格的标准，只是在本文看来，可以称之为“一致性原则”或“相容性原则”，这也是哈耶克所主张的改进特定规则时所应坚持的原则，③ 即在判断一项新规则能否被采纳时，需要在既有的规则系统内展开，根据该规则在服务于社会秩序的过程中与所有其他为人们所接受并在社会中盛行的规则是否一致或相容来判断。

在某些情况下，法官为之服务的现行社会秩序，只有在修正一项旧规则或补充一项新规则之时方能得以维护。在具体个案中，必须修正或补充规则，并不是因为在该案中适用既有规则会导致棘手问题，或者适用的后果是不可欲的，而是因为既有规则已被证明是不足以防阻冲突的，如前文所援引的涉祭奠权、相邻权等案例即是此种情形。如果在这样的情况下，要求法官只能按照既有规则进行逻辑推演出作出判决，那么他依此方式作出的判决一定是与整个规则系统所致力于服务的社会秩序是不相符的。因此，对于民间习惯而

① 谢晖：《论民间法对法律合法性缺陷的外部救济》，载《东方法学》2017年第4期。

② 可参见［美］迈尔文·艾隆·艾森伯格：《普通法的本质》，张曙光等译，法律出版社2004年版，第63－66页。

③ 可参见［英］弗里德利希·冯·哈耶克：《法律、立法与自由》（第二卷），邓正来等译，中国大百科全书出版社2022年版，第38、43页。

言，法官可以去努力发现民间习惯的功能，也可以去努力判断该习惯在具体案件中履行该功能的好坏，还可以去尝试对习惯进行改进，但前提是法官必须始终且只能以整个规则系统作为判断依据（该规则系统并非人为构建而是经由继承而为人们所普遍接受的）。法官并不能随心所欲承认或者拒绝一项新的规则（包括民间习惯），因为法官判案所面对的规则系统是给定的，法官新确立的规则也只有能够作为相互校正、相互依赖的整个规则系统的一部分时，才是有效的，从而通过社会成员的普遍适用才有可能达致确使抽象的整体社会秩序得以型构的结果。

法官应否援引某一特定民间习惯，或该民间习惯能否被融入现行规范体系中，主要不是纯粹逻辑的问题，而是在当下案件中，适用该民间习惯是否会产生一种使不同行动协调的秩序。所以，判断一个民间习惯是否能被融入现行系统的标准就可能是一种事实性标准。更进一步，尽管某一民间习惯在逻辑上可能与那些已得到公认的规则完全相符，但是，如果在特定案件中，该民间习惯所准许的是与现行规范所许可的其他行动相冲突的行动，那么它就仍可能被证明为与现行规则系统相冲突，从而不能被援引。我们不可能在抛开事实的情况下，仅根据逻辑，仅根据该习惯是否能够被融入其他规范这一点，来判断该习惯。因为规范所许可的行动是否相容，是由事实来决定的，逻辑与特定事实的结合，才能产生一种秩序。在具体案件中，要看适用该规范之后所产生的结果是否与既有的社会秩序相一致，是否会破坏既有秩序，才能决定它能否适用于该个案。当然，与霍姆斯的名言“法律的生命不是逻辑，而是经验”① 一样，这里并非说逻辑不重要，而只是说经验更重要，但说经验重要的前提是规则首先必须是符合逻辑的，在逻辑自洽的前提下才来谈经验。经验会验证在具体的情形下，规则能否会实现它旨在实现那种使不同行动和谐共存的秩序。

之所以新规则应当与既有规则相容，是因为一个社会的法律规则系统是一个整体，这一规则系统不是由法官或者立法者刻意设计出来的，而是自发规则的演化和立法者、法官对既有规则系统所做的改善在互动中进化的结果。法官的职责不是一个特定的具体目标，而是通过确定防阻冲突重演的规则来逐渐改进某个特定的行动秩序。而在此过程中，法官必须始终在既有给定的规则系统内行动，还必须把新的规则融入该规则系统中，也唯有不相冲突（也即相容）的规则，才能够共同发生作用，使规则系统所致力于的整体社会秩序得以维续。法官所服务的抽象秩序并不意在为特定利益服务，并不追求任何特定的共同目的，而只追求那些有助于社会成员追求各自目的的手段，为不确定的任何人增进机会。只要我们竭尽全力为不特定的任何人增进机会，那么我们就可以得到我们所能得到的最多的东西，从而符合所有大社会成员的共同利益。

---

① ［美］小奥利弗·温德尔·霍姆斯：《普通法》，冉昊、姚中秋译，中国政法大学出版社2006年版，第1页。

四、结语

从正当行为规则意义上的法律来看，民间习惯作为某一社会群体所共同遵循的规则，其中的一些“涉他性”规则有可能成为法律，从而为法官所援引以维续那个有利于所有人发挥个体才能、追求个人目标的整体社会秩序。当然，法官援引民间习惯判案也应当受到适用条件和评判标准的限制。学界对民间规范（或称“民间法”）多有研究，对法官判案援引包括民间习惯在内的民间规范抱持乐观的态度。然而，与学界的乐观相反，实践中法官对裁判援引民间习惯的态度并不积极，正如有论者所发现的，“在实务中大部分基层法官对此是非常谨慎和克制的，他们更多的是坚守一种实证法学的司法理念”，“之所以在一些案件中采纳民间习惯，不是从法源角度考虑的，而是基于司法效果和社会效果相统一的实用主义的后果考量”。① 而同样可以印证此观点的事实是：2017 年至 2019 年期间，全宁夏法院系统援引民间习惯作为裁判依据的案件仅 3 例，全国其他省份的此类案件数量也多为个位数，虽然可能因各种原因数据并不一定精确，但经验中法官对援引民间习惯的审慎态度却可见一斑。实践中法官的态度之所以如此，在笔者看来，可能主要取决于两个因素。其一，环境因素。一个能够使法官运用与生俱来的正义感及其他正当行为规则的环境非常重要，目前的问题是我们并没有这样的环境，大环境中不宽容的民意使法官不能如此，不敢贸然援引民间习惯。在目前的司法环境下，我们的法官并没有太多自由的空间，“法律即指制定法”以及“适用法律是法官的职责”等社会主流观念，以及“以事实为依据，以法律为准绳”的规定，无时无刻不在提醒着法官切勿越雷池半步。趋利避害是人类的本性，法官自然也不例外。在严格按照制定法条文判案的情况下，即便出现判决结果与公众的一般正义感不那么相符的判决，法官也有理由提出是法律规定如此而法官如此判决只是依法办案。然而，如果法官越过制定法选择民间习惯等其他规范作为裁判依据，即可能被他人（至少是败诉一方当事人）指责甚至举报没有依法办案。因此，在这样的环境下，法官越过制定法选择民间习惯等其他规范裁判案件，可能会面临较大的职业风险。

其二，法官的观念。法官判案，必定是带着一定的理论去裁判案件，绝大多数法官之所以对援引民间习惯判案抱持过于谨慎的态度，很大程度上是因为对法律和法官职责的认识不当所导致的，法律不等于制定法而应是人们的正当行为规则，法官的职责在于维续一种整体的社会秩序而不是用制定法解决纠纷，这样的观念远未为人们所接受也远未为法官所接受。只有认识到法律是人的行动所遵循的抽象的正当行为规则而非立法者的意志，无论个人还是政府都应当在正当行为规则下行动，受正当行为规则的约束，才是“法治”社会所应有的理念，正如麦考密克所说，“‘法治’或者‘法治国’的理念意味着，需要由

---

① 张斌：《法官如何思考民间法：基于泰安市基层法院实地调研的分析》，载《山东大学学报（哲学社会科学版）》2021 年第 5 期。

规则来实施统治和限制权力的行使，并妥善调整公民事务",① 我们才可以对国家制定法以外的民间规范保持一种开放、包容的态度，也才能够以服务于每个个体而非执行立法者意志的方式司法。

The Justification and Limitation of Judge's Invocation of Folk Custom

Zhang Narui

Abstract: China's Civil Code stipulates that judges can apply customs when dealing with civil disputes, but judges' invoking civil customs to adjudicate cases is not justified by the provisions of the civil code, its legitimacy lies in that civil customs belong to the "implied" rules of due conduct, which means law, and the invocation of civil customs is conducive to judges' performing the duty of maintaining the overall social order. Not all folk customs can be invoked by judges. Only when there are loopholes in the statute law, the statute rules can not prevent conflicts or the judgment conclusion is contrary to people's general sense of justice, and the scope of action of the parties can be better defined according to other rules (such as folk customs), and the rules of conduct can be generally recognized by people once clarified can they be invoked by judges. The criterion for judging whether folk customs can be invoked by judges is that they are compatible with other rules of the legal rule system, that is, the "principle of compatibility".

Key Words: judge; folk custom; order; compatibility principle

(编辑：陶文泰)

① [英] 尼尔·麦考密克：《法律推理与法律理论》，姜峰译，法律出版社 2005 年版，第 4 页。

制度分析

论《民法典》第10条中“习惯”的理解与适用*

丁国峰　王紫娇**

摘　要　《民法典》第10条中的“习惯”应当做广义上的理解，将其理解为“习惯法”理论上有矛盾、实践中操作难度大，另外“可以适用习惯”也表明了习惯的范围之广，需要法官筛选审查。习惯的效力自其产生时就已具备，但此时的效力只具有社会约束的属性，经过司法机关的认定和适用，才能最终进入司法程序，在民事纠纷中发挥习惯的约束力。通常法律的效力优先于习惯，但也存在特殊规定的情形，表现了法律在民商事行为中对意思自治的尊重。习惯在适用时缺少明确的具体标准、程序规则，不同法官作出的司法确认差异明显，对此需要进一步确定相关标准，通过基本条件、价值判断的限定对习惯进行识别筛选，完善适用的程序规则，提升法官的理解和适用能力，以更好地实现习惯的司法适用。

关键词　习惯　习惯法　法律效力　司法适用

2017年我国《民法总则》首次将习惯纳入民法规范的法律渊源中，规定“法律没有规定的，可以适用习惯”。我国《民法典》出台之后，其第10条一字未改地保留了《民法总则》中该条款的内容规定，这一规定引发了学界关于习惯与法律之间关系的诸多讨论。我国历来重视习惯在社会生活中的作用，早在《民法典》出台前，我国《合同法》

---

* 本文系2020年度安徽省哲学社会科学规划重点项目课题“长三角区域一体化安徽更高质量发展的法治研究”（批准号：AHSKZ2020D27）和2021年度安徽大学欧洲联盟研究中心招标课题一般项目“基层社会治理法治化的西方经验与启示”（立项编号：EUAHU202101）的部分研究成果。

** 丁国峰，法学博士，安徽大学法学院暨经济法制研究中心教授、博士生导师；王紫娇，法学硕士，安徽大学经济法制究中研心助理研究员。

《物权法》等法律法规中就规定了习惯的适用。《民法典》第10条的规定一方面肯定了习惯的重要法源地位，使司法机关将习惯运用到裁判中更有据可依；另一方面因规定较为笼统，引发了习惯的理解分歧、具体适用规则不明等理论争议和适用困境，亟待厘清和解决。

一、《民法典》第10条的释义

（一）"习惯"的厘清

习惯可谓是与日常生活和工作息息相关，传统民事领域有民俗习惯、商事领域有交易习惯、新兴产业有特殊的行业惯例，这些习惯在不同程度上约束、指引着人们之间的行为交往。一般来说，习惯是指在一定地域、行业范围内经过长期反复实践为一般人内心确信并普遍遵守的民间习惯或商业惯例。不同学者对习惯的定义可能存在些许差异，但基本离不开三个要素：地域性（或行业性）、长期性、公众知悉且普遍遵守，[①]因此对习惯的基本概念和内涵还是比较容易达成一致的。但对《民法典》第10条中的"习惯"一词，学者们形成了两派不同的认识，主要争议在于这里的"习惯"指的是"习惯法"还是"事实上的习惯"。作出这种区分的依据在于习惯的约束力强弱和进入司法适用的难易程度，前者更强调习惯中的规范品格，后者更注重存在的事实。事实与规范的二分原理是对习惯概念和范围的进一步明确而非割裂，实际上事实上的习惯也可能具有规范的意味，习惯法中亦包含着构成习惯的事实。

支持"习惯法"的理由是，理论上《民法典》第10条是法源条款，法源作为裁判的大前提要求习惯必须具有相应的规范力，能够作为裁判依据的习惯毫无疑问指的是习惯法。还有学者从比较法的角度，通过考察域外民法典中习惯作为法源的规定，以证明习惯应作习惯法来理解，如《瑞士民法典》在第1条规定中就直接使用了"习惯法"。我国台湾地区民法典关于渊源的规定借鉴了《瑞士民法典》，即使使用了"习惯"一词，通说认为该习惯也应解释为习惯法，因此学界认为我国《民法典》第10条规定的"习惯"也可借鉴此作"习惯法"解释。[②]这些理由看似合理，实则经不起逻辑的推敲。首先，习惯法具有的约束力势必强于普通习惯，其在我国认定模糊、标准不明，对于多大范围内多少人普遍认可的习惯才能称作习惯法，即使是法官也难以明确区分。同时在面对当事人提出某一习惯时，法官考虑的将不是习惯的存在和关联性，而是要先考虑该习惯是否构成习惯法，否则没有法律适用依据，这与我国《民法典》合同编、物权编中有关习惯的规定也不能较好地协调。其次，若在司法实践个案中将某一习惯作为裁判依据，这一习惯因被认定

① 陈建华：《困境与出路：习惯在民商事案件调解中适用的实证研究》，载《民间法》（第二十三卷）2019年第1期，第360页。

② 参见王聪、陈吉栋：《论习惯法与事实上习惯的区分》，载《上海政法学院学报（法治论丛）》2017年第6期。

为习惯法，对其他相似案例参考意义将存在争议。最后，我国地缘广阔、民族众多，民事习惯的形成和产生，具有其他国家不能比拟的数量和适用范围。即使在新中国成立后，我国逐步建立起完备的社会主义法律体系，习惯还是在我国民间及商事交易中发挥着重要的作用，因此我国《民法典》中“习惯”的内涵不必然要借鉴国外及我国台湾地区经验，而更应考察立法原意以及结合我国国情。

我们认为，《民法典》第10条中的“习惯”应作广义上的理解，但凡习惯，总会有涉及事实的部分，不存在脱离事实的习惯，即使是具有规范意义的习惯法，也包含事实的成分。将“习惯”理解为“事实上的习惯”不仅不是对习惯法作为法源的否定，还更大程度发挥了习惯的补充、解释法律作用。这一理解也符合我国的司法实践状况，实践中我国民事法律通常尊重当事人的意思自治，只有在发生纠纷时且没有法律规定时才考虑习惯的适用，适用的目的解决民事纠纷，并不会对是否符合习惯法的构成、是否能够上升为习惯法做太多的分析论证。另外综合《民法典》第10条整条规定来看，对“习惯”的理解更偏向于“事实习惯”，只有事实习惯才需要法官的审查、筛选，而习惯法只需要认定直接适用即可。将第10条中的“习惯”一词定义为“习惯法”，既限缩了习惯的适用范围，也与“不得违背公序良俗”相悖，因为凡成为“习惯法”之习惯，必然是符合社会秩序和公共利益的。在理论上学者们虽然对“事实习惯”和“习惯法”进行区分讨论，但在本质上对于第10条的认识是趋于一致的，即符合一定条件的习惯才可以进行司法适用，有些习惯即使符合适用的外观，也可能因价值判断等因素不能作为裁判的依据。因此，对于习惯本身定性及实际适用，并不拘泥于对事实习惯和习惯法作出区分，无论是事实习惯还是习惯法，本身内涵尚无权威的界定，在具体案件中的约束力亦有限，只是相对来说事实上习惯的范围和内涵更符合我国《民法典》第10条中“习惯”的规定。

（二）“可以适用”的分析

《民法典》第10条中规定的“可以适用习惯”，通常作为反对将习惯解释为习惯法的理论依据。“可以适用”有两种理解方式：在没有法律规定，当事人主张习惯存在的前提下，一种理解为法官可以根据该习惯的效力选择适用习惯或者不适用；另一种理解为法官认可了该习惯的效力但是根据与案件的关联程度确定适用或不适用。这两种情况都表明了法官对于习惯应当进行识别、筛选。如果此处的习惯指的是具有规范意义的习惯，即习惯法，那么法官直接根据案件的关联性适用习惯即可，无须进行筛选审查。我国并没有对习惯法明确定义和整理汇编，且一部分普遍适用的习惯已经通过立法程序上升成为成文法，因此法官在当事人主张习惯时，都不可避免对习惯进行考察，此后再进行进一步的认定。这进一步表明了将第10条中的“习惯”解释为“习惯法”，可操作性并未提高，反而可能增加法官审理案件的负担。

适用习惯的目的是为了处理民事纠纷，在民事裁判中，“习惯可作为案件直接事实，也可能是法律行为依据或解释基础；习惯既可弥补法律之缺失，也可用于法律论证和解释。”① “可以”一词则体现了我国法官在适用习惯时享有自由裁量权，法官作为裁判者既需要判断某一行为是否构成习惯，又需要判断在具体案件中能不能够以及应不应该适用。“适用”一词则表明习惯适用情形可以具有多样性，不局限于作为判决依据，为习惯的范围广提供了证明，例如一些范围小、规范弱的事实习惯，无法达到较高的约束程度，不能够作为法律行为依据，但却可以辅助认定案件事实，作为裁判说理理由，这类情形常见于民事继承、婚姻家庭类案件中。因此结合“可以适用”表述，将《民法典》第 10 条之“习惯”作广义上的理解更为自洽。

二、习惯的效力基础及与法律的关系

习惯在日常生活中发挥着不可或缺的作用，《民法典》将其写入总则，丰富了民法规则渊源、有利于克服民事制定法的局限，使判决结果更为当事人所接受，体现法的价值。②习惯可以适用于司法中，在于其自身特殊的效力，对当事人的行为产生了约束，能够为公众普遍遵守。应当认识到，并不是民法典第 10 条将习惯作为法源，才使得习惯可以作为裁判理由和依据，而是在长期的实践中，习惯一直都发挥着重要的作用，一部分习惯所具有的类似于法的约束效力，不是法律赋予的，而是习惯形成后与生俱来的。

（一）习惯的效力来源

对于习惯的效力来源，不同的学者提出了不同的观点，有学者认为“若习惯的法源地位无需国家认可，那么《民法典》第 10 条对习惯法源地位的规定实属多余”，③还有学者认为“习惯法是尚未被立法阐明的社会自发秩序，其效力基础来源于社会自发的力量，确切来说是来源于一个共同体的‘法之确信’”。④这两种观点代表了两种主要学说，即“国家认可说”和“自动生效说”。⑤前者认为习惯只有经过国家认可才具有法律效力，后者认为只要有一定公众的内心确信，就具有补充法律的功能。公众内心确信指的是，公众反复实施同一行为使之成为一种习惯，并自觉受到该习惯的约束，内心相信违反这种行为会造成不同于法律惩罚的不利后果，如道德上的谴责、个人诚信降低等。

---

① 郭少飞：《论习惯在民事裁判中的运用》，载《法律方法》（第 30 卷）2020 年第 1 期，研究出版社 2020 年版，第 285 页。

② 参见高其才：《论人民法院对民事习惯法的适用》，载《政法论丛》2018 年第 5 期。

③ 刘智慧：《〈民法典〉第 10 条中“习惯”的界定——以我国台湾地区为参照的比较分析》，载《海峡法学》2020 年第 4 期。

④ 许瀛彪：《〈民法典〉时代习惯法源司法适用探究》，载《法治论坛》2020 年第 3 期。因本篇论文作者认为《民法典》第 10 条的“习惯”指的就是“习惯法”，因此表述中使用的均为“习惯法”。

⑤ 还有学者认为习惯的效力基础有四种：一是“事实上习惯说”，二是“承认说”，三是“确信说”，四是“共同体意思说”，虽然表述不同，但本质上还是基于是否得到国家认可，具体来源并没有较大差异。参见吴从周著：《民事法学与法学方法（第五册）——法源理论与诉讼经济》，台湾元照出版社 2013 年版，第 28－30 页。

我们认为，习惯产生时的效力不是司法机关赋予的，但是需要经过司法机关确认后才可进入司法程序中进行适用，即使适用习惯是为了解释案件事实而不是作为裁判依据，也仍需要司法机关的认可。据此可以将习惯的效力可分为社会效力和法律效力，社会效力不用经国家认可，只要公众存在内心确信即可在民众生活中发挥着作用，而法律效力具体是指在司法审判中发挥的作用，则需要司法机关对习惯进行甄别、筛选。而要称之为“习惯法”，必须是同时具有法律效力和社会效力的。简言之，习惯自形成起就具有约束行为人的社会效力，但要进入司法程序中适用则需要得到国家的认可。这又带来一个新的问题，应当如何看待社会效力？对此可以参照我国《民法典》合同编，如第480条规定的承诺方式，以交易习惯和当事人约定优先，这充分体现了法律对当事人意思自治的尊重和保障以及对习惯社会效力的认可。现实中还有大量的事实习惯并未得到法律规定的直接认可，但如果该习惯并未违背法律规定和公序良俗，当事人又自愿遵守，国家应采取尊重的态度，除非因此产生民事纠纷，需要司法的介入，否则只需要尊重习惯的社会效力，在其进入司法的视线时，再考察其法律效力。总结而言，习惯的法律效力来源于国家认可，可以是明示规定也可以是默示适用认可；习惯的社会效力是习惯形成过程中自发产生的，效力来源于公众的内心确信。通常在提及习惯的司法适用时，讨论的是习惯的法律效力。

对于“国家认可说”，有学者提出了质疑，认为若习惯法都是由国家认可才具有效力，那么习惯法与制定法无异，习惯法的客观难以证明。[①]本文认为，习惯法正是未经过法典化而又被司法机关认可的具有规范意义的习惯，正如在判例法国家，判例的地位等同于大陆法系国家的制定法地位，但这仍不能代表二者无异。经国家的认可既可能是立法机关的认可也可能是司法机关的认可，既可能将习惯直接作为判决依据，也可能只起到补充作用，习惯或说习惯法存在的重要意义在于灵活性和补充性，而不在于起到与制定法相同的作用。如果只是认为经共同体的内心确信即可构成习惯法，也将面临诸多理不清的问题，如多大范围共同体的认可、内心确信的表现形式是否必须以外在即实践的方式表达出来，如果仅需内心的认可作为确信，这种形如意思表示的内在确信怎样获得能够被察觉的外观？这些问题的存在并不易于解答，甚至可能使习惯的法律效力发挥受到阻碍。此外，习惯即使凭借公众内心确信就具有法律效力，也还是需要法官对该习惯进行适用才能真正发挥其“法”的约束力，因此可否说经由国家有关机关确认的习惯其实也包含了共同体确信这一重要要素，内心确信实际是习惯重要的构成要件之一。其实未被法官援用的习惯也存在一定的约束力，但若在民事纠纷中法官没有肯定这一习惯，如农村地区的风水习惯，这一习惯就无法适用于司法过程，也表明了只被共同体确信的习惯并不当然有“法”的效力。可以说习惯的法律效力和社会效力是相互作用的，社会效力的存在为其获得法律效力提供了一定要素和基础，法律效力是对社会效力的加强，如同在案件的裁判过程中，裁判

---

① 参见许瀛彪：《〈民法典〉时代习惯法源司法适用探究》，载《法治论坛》2020年第3期。

依据主要带来法律效果，即法条适用的准确性、法律后果等；而裁判理由更关注社会效果，即让公众理解、信服。

（二）习惯、习惯法与法律之间的效力关系

1. 习惯与习惯法的异同

有的习惯与生活息息相关但在法律意义上并不重要，有的习惯涉及人们的具体义务和责任，十分重要。习惯法顾名思义，是具有规范意义的习惯，习惯法是习惯的子集，是人们经过长期反复实施、确信具有约束力的行为规范，符合如此条件的习惯才能构成司法适用，称之为习惯法。王利明教授提出“那些符合公序良俗原则、和国家整个法制精神相统一的习惯，可以被承认为习惯法。从原则上讲，习惯法应当符合现行法规定，包括符合法律的基本原则和价值。”①习惯与习惯法的相同之处在于，习惯法具备习惯的基本特征，如长期性、反复性、为公众熟知并普遍遵守。但要注意的是，这里的公众遵守并不等同于“法的确信”，当公众的遵守上升为“法的确信”时，事实上的习惯便构成了“习惯法”。

习惯与习惯法也存在着较大的不同，有学者指出，习惯法虽然来源于习惯，但却与其有着本质上的不同，习惯法的效力类似于法律的效力，更强调规范性，而习惯仅为一般的社会规范，更关注事实本身。②规范体现为一系列的应当关系，习惯正是在反复实践中具有了规范品格，上升成为习惯法。习惯与习惯法区别还在于，前者一般需当事人自己援用，更强调行为事实；后者可由当事人援用也可由法官进行适用，更强调“法”的约束力。从严格意义上说，习惯与习惯法的不同实则是未能成为习惯法的事实习惯与习惯法之间的不同，习惯成为习惯法的过程是一个筛选的过程，筛选出的习惯法与被排除的事实习惯才可能具有本质上的不同。习惯法对司法过程的参与我国早已有之，一方面，“习惯法的概念较于习惯严格，其应满足法律权威性、独立于其他法律类型、习惯特有规范等三个标准。”③这样严格的标准使其效力能够得到较为普遍的认可，其自身特征又使民众接纳度高。另一方面，在《民法典》出台前，我国法律、行政法规、地方性法规和规章中均有关于习惯的规定，尤其我国少数民族地区司法实践尤为重视习惯的功能，可以说习惯无论从日常生活中，还是从有关规定中，效力都已深入人心。如前文所述，本文对《民法典》第10条中的“习惯”持广义理解，但仍认为能够作为法律渊源的习惯一般是指习惯法。对于部分不违背公序良俗的事实习惯可以通过解释法律、认定案件事实等方式为司法过程中所用，但不能作为裁判的依据，也即不能严格意义上算作法律渊源。

学界对习惯与习惯法的关系讨论从未停止，区分二者有利于明确习惯的适用，使纠纷

① 王利明：《论习惯作为民法渊源》，载《法学杂志》2016年第11期。

② 高其才：《作为当代中国正式法律渊源的习惯法》，载《华东政法大学学报》2013年第2期。

③ 侯国跃、何鞠师：《我国〈民法典〉第10条中的“习惯”之识别》，载《甘肃政法学院学报》2021年第2期。

判定结果更合理有据。但大多数时候不必严格对二者进行划分，现实中对习惯进行了各式的分类，如交易习惯、生活习惯、行业习惯等，囿于传统和国家法律体系的特点，即便习惯具有相当的约束力，也很少以法称之。我国没有统一的习惯法汇编也很难在日后整理形成，在实践中应注重习惯在民事纠纷中的定位，审查其效力有无、能否适用，并不需要对是否构成习惯法进行论证。简言之习惯法的概念难以存在，无区分之实益，①对习惯法的认定缺乏相当的必要性和可行性，但这不等同于不对习惯的性质和内容加以识别、审查。

2. 习惯与法律的效力优先性

《民法典》第10条明确规定了习惯的补充性，“处理民事纠纷，应当依照法律，法律没有规定的，可以适用习惯”，在司法适用中，法律仍旧具有绝对的优先地位。本条中的“法律”指的是广义上的法律，包括行政法规、地方性法规、部门规章等，但不包括法律原则。有学者提出，习惯的补充作用不仅适用于法律没有明文规定的情形，还适用于法律滞后的情形。②我国传统习惯多集中于民商事领域，涉及民众的婚姻、家庭、相邻关系和交易关系等，随着市场经济的发展、新兴商业领域不断崛起，带来机遇的同时也存在巨大的风险，成文法在此时无法迅速作出回应，商事交易习惯的补充作用由此发挥，在北大法宝案例检索中发现涉及习惯的民事纠纷大多数是商事交易行为。

法律在制定过程中会吸收成熟的习惯，即常说的习惯法通过立法上升成为法律，法律亦会在具体规定中体现对习惯的认可，除《民法典》第10条的统括规定外，分则中多处提及了“按照习惯”。当习惯与法律具体规则没有冲突时，当事人遵守习惯也就等于遵守法律，此时若发生民事纠纷，直接按法律规定裁判；当法律没有规定，而又有符合公序良俗的习惯存在时，可参考适用习惯；当法律与习惯的内容发生冲突时，应当以法律规定为依据，这是法律效力优先的应有之义。③一些特别规定，如《民法典》第1015条，规定了少数民族自然人的姓氏可以遵从本民族的风俗习惯。这种通过法律规定习惯的效力优先性具有一定的特殊性，且这种特殊性只能由法律来赋予，若无法律的明确规定，仍是法律的效力优先。在此法律主要是指的是法律规则、具体可作为指引的规定，对于抽象的法律原则来说，其与习惯的效力优先性与法律规则有所不同。

一般情况下，法院的判决依据为具体的法律规则，抽象的法律原则可能会通过解释规则间接适用，直接作为裁判依据的情形很少，这一点与习惯的司法适用相似。法律原则作为法律体系的基本精神，无论是对法律具体规定还是对习惯均具有指导性，习惯应当遵循法律的基本原则，《民法典》第10条中“不得违背公序良俗”就要求习惯符合“公序良

---

① 参见李建伟：《法源意义上的习惯与习惯法合一论—以商事习惯与商事习惯法为视角的研究》，载《政治与法律》2021年第11期。

② 参见郭少飞：《论习惯在民事裁判中的运用》，载陈金钊、谢晖主编：《法律方法》（第30卷），研究出版社2020年版，第285－295页。

③ 如一些偏远地区将“只有儿子享有遗产继承权”作为民俗习惯，认为女儿不享有继承权，这与我国“继承权男女平等”的规定相冲突，应以法律规定为依据。

俗”这一基本原则。但即便如此在进行司法适用时，法律原则与习惯仍不能混为一谈，需要厘清二者关系。当法律未作规定或规定滞后时，习惯与法律原则的适用冲突凸显，能进入司法适用的习惯实际上本身已基本符合法律原则的精神，本文认为在适用时习惯应当优先于法律原则，理由在于《民法典》已经明确将习惯作为法律渊源，其效力优先性仅次于法律具体规则，且有的习惯内容还是相对具体明确的，在适用时更为简单方便，不需要进一步解释转化。不可否认裁判依据除了要合法合理自洽外，还有突出的一点即为规则明确，习惯的这一特征使得其适用较于法律原则更有优势。我国《民法典》全文共有 19 处提及“习惯”，大多数是侵权编和物权编的特别习惯规定，总结来说，除了特别规定优先指引适用习惯外，法律规则优先于习惯适用，对根据制定法衍生的司法解释等相关联的法内规范也应被放在习惯前，不得以习惯法来干预制定法自身的体系性。①并且习惯法要遵循基本原则的精神，尤其是法律明确规定的“公序良俗”，在司法适用时，习惯因其相较而言具体明确优先于法律基本原则以及任意性规则。

三、“习惯”理解与适用存在的困境

习惯的作用与地位已从上述论述中可见一斑，我国现行法律中并未规定习惯适用的具体程序和认定标准，识别机制缺失、程序规定不明等适用困境造成民事习惯应有的效力和作用在审判中难以充分发挥，立法的稳定性决定了动态的习惯适用必然存在争议，因此对习惯理解与适用过程中面临的困境进行分析研究十分必要。

（一）习惯适用的具体条件模糊

在探讨了习惯的内涵和效力后，其实不难发现虽然我国《民法典》中有不少提及“习惯”的条款，但基本上都是总括性条款，只表明“可以适用”，没有具体规定“如何适用”。实践中因缺少立法层面的具体规定，对习惯的具体适用在不同案件中差异较大，一些案件在适用习惯时，仅在表述完案件事实后说明该事实符合民事习惯，②对民事习惯的具体内容、适用条件不做详细描述，习惯的识别和适用条件一般由法官根据案件情况自行作出判断。我们将《民法典》第 10 条中的“习惯”作“事实上的习惯”的理解，因此习惯的范围十分广泛。习惯种类繁多，学界按不同标准对此有着各式分类，分类方式的不统一也正说明了习惯的内容多范围广难以简单归纳，并且对具有普遍性的习惯而言，适用范围可能遍及全国，而不局限于某一限定范围。如此习惯的适用必然需要有一定的基本条件，并非所有习惯都能不加选择地进入司法程序，具体适用条件模糊会导致在司法审判过程中法官适用难、差异大，没有可参照的标准。当然，无论是法律规定还是司法指导都不

---

① 参见刘亚东：《〈民法典〉法源类型的二元化思考——以“规则—原则”的区分为中心》，载《北方法学》2020 年第 6 期。

② 参见四川省绵阳市中级人民法院（2020）川 07 民终 359 号民事判决书。

可能对各式习惯适用的具体条件作出“万金油”式的回应，实践中民事习惯的复杂性决定了只能对习惯适用的基本条件加以完善，而无法面面俱到。对于学界区分的“习惯法”表述，现行法律规范中缺少证成方法，习惯在适用前还面临“何为习惯（法）”的发问。在前提证成时，习惯形成的约束力是基于人们反复实施同一行为产生的确信还是基于立法和司法使人们产生了确信也是需要厘清的关键，这关系着不同习惯适用的具体条件。

习惯适用的基本条件在明确时不可避免存在一定阻碍，首先不同主体对习惯的认知和接受力存在差异，其次不同习惯本身对当事人的约束程度不同，最后习惯本身特征也存在区别，在明确适用的基本条件时要结合这些具体情况综合考量。此外习惯在满足了基本条件后并不当然能够进入司法适用，基本条件仅可视为习惯的最初识别，识别后还需要进一步地判断认定，包括价值判断、关联性认定、司法确认等。以价值判断为例，我国《民法典》第10条粗略规定了“公序良俗”原则为其提供了判断方向，但习惯本身的社会价值、司法价值都未能形成指引性标准，对习惯的正负面价值也都交由法官自主判断，理论上与实践中缺乏习惯适用识别审查的指导性标准，且各个地方司法部门的规定不明、认定模糊，从而导致适用混乱而无统一标准。这些都是在识别和判断习惯是否能够进行司法适用时面临的困境问题，必须通过对习惯深入的理解，形成对习惯基本条件的统一认知，从而为实践中各地法院的司法适用提供思路指引。

（二）习惯的适用程序缺失

习惯进行司法适用时必须依照一定的程序规则，而不能像其在民间发挥作用时一样仅凭借民众自觉自发的行为。有的民事习惯可能只适用于某个区域，如一些少数民族风俗习惯，但司法审判虽然是在各地法院开展，其程序和依据却是全国性的问题。在对习惯进行司法适用时不仅要尊重区域的差异性，也要在整体上对习惯在国家层面的适用进行设计和筹划，其中程序规则不同于习惯适用的基本条件和价值判断，易于实现明确性，正是整体把握的重要一环。但我国并没有针对习惯司法适用作出程序上的说明，理由可能在于当习惯进入司法程序时已基本具有规范性特征，可以按照法律规则适用的程序进行，且《民法典》正式施行仅半年多时间，法律明确规定将习惯作为司法审判依据的时间也并不长，实践中判决数量较少，似乎无须为习惯的适用“另辟蹊径”。不过这也正说明了习惯在司法适用中的作用未得到重视，仅模糊地将其适用与一般法律规定的适用划为一致，实际上习惯与法律规则还是有较大的不同，不能完全按照同一程序规则。例如，适用习惯的启动，法院是否能够主动提出适用就存在争议，实践中几乎都是由当事人提出、法院进行审查，但法院依职权提出也有一定的合理性，程序规则上未对此作出规定难免会对习惯的适用造成不利的影响。

如前所述习惯主要产生于民间生活和交易过程中，而不是国家自上而下统一作出规定，因此习惯常常以不成文的形式存在，或者说存在于人们代代相传的意识和行为中。相较于具有强制力保障执行的法律规定而言，习惯的规范性程度低、违反可能性更高、司法适用难度更大，这主要表现在当事人举证难度大、法官认定和适用困难。当前我国习惯的司法适用基本遵循“谁主张谁举证”的原则，不可否认当事人对依照的习惯内容更为清楚，但当事人在举证时常常面临没有直接的文本依据、通常只能提供间接性的证据或者提供的文本材料不具有权威性等困境。①习惯本身就没有固定的文本支撑，而司法程序中要求的证据有着具体的特征条件，当事人对某一习惯的理解和熟悉难以转化为法官熟悉的证据形式，成为法官作为裁判的依据。因此习惯在适用的过程中，依照普通司法程序不仅在启动、举证等环节无法很好回应，也给后续法官对习惯的确认和适用带来了不便。

（三）习惯适用的司法确认差异明显

我国目前尚无关于各种习惯的汇编性资料可供查找，民间习惯种类多、适用范围参差，法官在对习惯进行理解与适用时拥有着较大的自由裁量权。习惯司法适用最关键的一步即为法官对习惯的司法确认，只有司法机关认可了这一习惯的内容、价值、关联性，将其融入审判中或作为裁判依据才是真正意义上的适用，而不同的法官基于地域、案件情况、自身经验等因素对习惯的适用差异较大。通过搜索比较能够发现，我国司法实践中对于习惯的运用主要集中于司法调解过程中，判决中以习惯为依据的少，这一方面是由习惯的地位和非正式、灵活性的特征决定的；另一方面也受法官们对习惯的了解程度、适用意愿和适用能力的影响。通常在法律论证活动中，如果论证者能够为他主张的命题找到一个诸如制定法条款作为依据，通常就无须再进一步去证明该命题的内容正确性，②但作为习惯，在具有法源依据的基础上，还需要识别习惯的内容、是否构成习惯、与本案的关联度以及能否适用。习惯司法确认差异是由主客观多方面原因造成的，客观条件的论证分析与主观的认知和接纳程度都需要在习惯的理解适用过程中加以考量。

我国是多民族国家，呈现出“大杂居、小聚居”的居住特征，习惯因产生于民间生活或交易过程中，自形成起就带有一些固有特点，如地域性、抽象性，这些特点一定程度上也构成了习惯适用的障碍。地域性导致习惯适用的范围有限，但界限可能并不明显，再加之近些年我国经济的发展带动人员异地就业、生活，当地习惯对外迁人员的影响、法官对习惯适用范围的确定都因此更加困难。各地法院判决也难以保证全国范围内对习惯适用标准的统一性，尤其在少数民族聚居地区习惯的适用具体广泛，但因习惯自身特征，这些适用经验很难为其他地区法律适用者采纳吸收。除此之外，法官在对习惯进行适用时，表述内容也存在较大差异，有学者通过检索研究包含“民族习惯”的裁判文书，发现大多判决在适用习惯时内容表述简单，法官在拒绝适用习惯时说理往往也并不具有说服力，有的直

---

① 参见杜健荣：《民族习惯法司法适用的困境与应对——以我国台湾地区的司法实践为参照》，载谢晖等主编：《民间法》（2019年上卷·总第二十三卷），厦门出版社2020年版，第247－258页。

② 参见雷磊：《重构“法的渊源”范畴》，载《中国社会科学》2021年第6期。

接表明“于法无据”。①从主观因素上来看，实践中部分法官并没有真正将习惯作为法律渊源，尤其是实践经验不足的年轻法官在面对无法律规定时，可能更倾向于选择解释法律来对案件进行认定，而将一些民俗习惯视为非正当理由甚至是“陈规陋习”，在这种立场和思想引导下，即使当事人能够证明习惯存在、与案件有关联，法官将其作为裁判依据的意愿也不强。从客观因素上来看，法院不适用习惯的情形还有，提供的证据不足以证明待证事实、习惯经过法官识别认定既不属于法律规定的适用情形也不符合适用的条件。②总结而言，在最后的司法确认中，由于习惯自身特征、法官对习惯的理解适用差异，使得现实中习惯的司法适用少、裁判内容简单、不同法官处理案件时结果差异明显。这些问题的存在看似对案件的判决没有太大影响，每个案件还是得以寻求到依据顺利结案，但却具有累积效应，阻碍了习惯在我国司法适用中作用的发挥。

四、“习惯”理解与适用的完善进路

习惯在民间适用的过程中可能内容模糊，且没有成文的依据加持，但民众在日常生活交易中仍能够凭借内心认知和自觉意识遵循习惯实施相应行为，因此不必要求行为人在实施行为时对其内涵有着精准理解和把握。但习惯一旦上升到司法层面的适用，则必须要明确具体规范，对习惯的理解与适用也需要进一步完善相关内容，包括对习惯认定标准、程序规则的明确以及司法适用者有关习惯适用知识和能力的提升。一项规定的出台落实，要以法律适用为根本导向，以解释论为基本立场，对《民法典》第10条中的具体规定进行解释分析、理解适用，同时由于争议解决对习俗和惯例的依赖性较强，适用既然是必要的，探讨的重点更应该关注司法适用的可行路径。

（一）明确习惯的适用条件和价值判断

1. 内部：习惯司法适用的基本条件

习惯的适用标准指的是习惯应具备何种条件才能被司法进行适用。因为习惯包括的内容极为广泛，除了统一的定义外，很难对所有习惯一言以蔽之，在此将习惯分为普通的民事习惯和相对特殊的商事习惯。对于普通民事习惯，能够适用于司法至少要具备两个要件：一个要件为普遍性，普遍性是指行为被一定范围内的民众所遵守或实施，民事纠纷产生的主体一个重要特征就是不特定性，故普通的民事习惯要能够针对普遍意义上的人群，若仅为一小部分人所知，那么在司法适用时将难以发挥出规则的作用。当然，普遍性不意

① 参见杜健荣：《民族习惯法司法适用的困境与应对——以我国台湾地区的司法实践为参照》，载谢晖等主编：《民间法》（2019年上卷·总第二十三卷），厦门大学出版社2020年版，第249页。

② 参见汪燕、刘洁：《民族习惯司法适用的实证考察——以427件案件为分析对象》，载《广西民族研究》2020年第3期。

味着人尽皆知，这也是不现实的，而只需要为一般公众所知悉。①另一要件为效力性。习惯本身只有具备类似法律规则的正当因素，才能作为一种行为规范在司法过程中予以运用。② 对公众知悉的普通民事习惯，必须要有自觉自愿的“内心确信”，即人们相信这一习惯的正当性、合理性，并认为违背会有不利于自己的结果，习惯已对民众形成了一种内生的约束。此时的内心确信既可以是实践活动中反复实施获得，也可以是通过司法确认赋予的，若能证明是后者则无须证明习惯的其他要件即可进入司法适用过程中。

对于特殊的商事习惯，虽仍是民事习惯的一种，但有所区别，其能够适用于司法也至少要具备两个要件：一是反复性。商事习惯一般被称为交易习惯，不要求民众的普遍知悉，因为商事交易对象通常是双方当事人，只要双方当事人知悉、遵守习惯的内容，交易就能正常进行。原先的《合同法》司法解释（二）第7条就曾对交易习惯进行过专门解释，认定交易习惯可形成于双方之间，该司法解释虽现已失效，但其中的规定仍可以为现行法律规定的运行提供指引。作为商事习惯，不仅要求当事人知悉内容，还需要当事人的反复实施，以此排除一次两次交易行为的偶然性。普通民事习惯因已为一般民众普遍知晓，实际上暗含了长期反复实施这一要件，理由在于一个偶然实施的行为从逻辑上看很难为一般民众知悉并形成确信。二是效力性。商事习惯的效力与普通民事习惯的效力并无差别，本质上都是一种内心确信的约束力，但根据《民法典》第10条及上述论证来看，习惯只是裁判规范而非行为规范，最终能够作为法律渊源的习惯是学术意义上的“习惯法”，在商事交易中即为商事习惯法，其效力因不同情形有所差异。第10条表述使用“习惯”而不是“习惯法”也可视为对法律渊源多元化的承认，学界将法律渊源分为效力渊源和认知渊源，前者指有独立的效力来源，后者只提供内容来源。只有效力渊源本身以及经效力渊源认可的规范才属于法的渊源，严格来说法的效力来源只有立法行为和制定法，其余在司法适用中只能作为裁判理由。习惯仅为一般的社会规范，③不当然具有法律效力，它仅是被立法认可的法的认知渊源，只有当符合第10条规定及案件具体情况时，才可能作为效力渊源。④学界还将法源做广义狭义之分，狭义法源即是指在裁判中可直接予以援用的规范性依据，虽然称呼上有所差异，实质包含的内容大同小异。基本可达成共识的是法律渊源作为多元化规范的集合，并不仅限于法律规则之中，具有规范性的习惯亦可纳入，因此习惯的效力在一般情形下仅为认知渊源，来自人们的内心确信，立法和司法适用情形下应作为法的渊源，既有国家认可又有民众确信。

---

① 参见林操场：《民事审判中习惯运用的程序规制》，载《人民司法》2019年第10期，第33－37（34）页。

② 参见徐清宇、周永军：《民俗习惯在司法中的运行条件及障碍消除》，载《中国法学》2008年第2期。

③ 高其才：《民法典中的习惯法：界定、内容和意义》，载《甘肃政法大学学报》2020年第5期。

④ 参见雷磊：《重构“法的渊源”范畴》，载《中国社会科学》2021年第6期。

2. 外部：习惯的价值判断

习惯的价值判断包括两方面的判断：一是习惯的“善恶”判断，有助于帮助民众摒弃恶俗；二是习惯的类型判断，主要便于分析与案件的关联性。对习惯进行正面价值与负面价值的区分判断既是“不得违背公序良俗”的法律要求，也是维护生活、交易秩序的必然要求。我国传统习惯来源悠久，部分生活中的民俗习惯已不再符合时代发展需求，甚至违背法律和公序良俗，但一些落后地区人们的文化程度相对低、认识水平有限，并未对这些习惯进行摒弃，反而根深蒂固认为违反习俗是对祖先的不敬。在有关风水习惯、婚姻习俗类案件中，这种观念体现最为突出，比如村民以公路修建破坏当地风水为由进行阻碍，对此不仅要有科学的认知能力，还要具体案件具体分析。按照第10条规定习惯只要违背了公共秩序和善良风俗，其在民间具有的约束力就无法进入司法程序，法律将不会采纳该习惯作为依据。学界还提出了中性习惯一说，认为“不违背并不等同于必须是善良风俗，当习俗权利没有根本妨害法律权利时，依然可以参照适用”。①有时“善恶”界限也并不是绝对清晰，法官作出的判断亦有主观因素加成，习惯在我国种类多、范围广、也有适用的历史和地区经验，应当合理利用习惯这一司法资源，对于中性习惯亦可进行适用。

习惯的存在使说理更具灵活性，增强民众的信服力和司法公信力，当习惯参与到司法审判过程中时，所发挥的作用不尽相同，对习惯进行类型化的区分判断，便于在具体类型项下进行规则细化，有利于司法适用的准确性。依据不同的标准和条件，对习惯有着各式各样的分类，如根据适用范围分为普通类习惯、特殊类习惯，②根据习惯内容分为行业习惯、民族习惯、婚姻家庭习惯等。若某一习惯属于纯粹的个人生活习惯，那么在司法适用的价值判断方面就会十分低，基本上不会成为法律的补充，相反一个习惯如果属于交易习惯，其可用作案件事实认定的可能性就较大，补充法律的价值也更大。行业习惯的专业性强，具有更高的规范效力和正面价值，更可能在司法中适用；民族习惯在适用时需要关注适用的范围以及裁判结果的可参照性；普通民事习惯中的事实要素可能是民事案件的重要组成，可以用来裁判说理。当然习惯类型化的区分判断只是粗略判断，具体适用时还要结合其他要件综合考量。我国对习惯的价值判断尚无一种统一的判断标准，一般由法院来进行认定、作出判断。我国法院适用民事习惯法对法官个人的司法经验和能力依赖性较强，法官们只有不断提升自身司法裁判的能力，才能更好地判断习惯的价值、发挥习惯的作用。国外也有对习惯的价值审查，如在美国纽约上诉法院认为合理性是惯例的有效要件之一，法院不能确立荒谬的习惯来影响当事人的权利义务，③合理性的判断实则就是对习惯进行价值审查。

① 姚澍：《民法典视野下民事习惯司法适用的困境与出路——以风水案件为中心》，载《华侨大学学报（哲学社会科学版）》2021年第3期。

② 参见林操场：《民事审判中习惯运用的程序规制》，载《人民司法》2019年第10期。

③ ［美］E. 博登海默：《法理学——法律哲学与法律方法》，邓正来译，中国政法大学出版社2004年版，第495页。转引自林操场：《民事审判中习惯运用的程序规制》，载《人民司法》2019年第10期。

（二）细化习惯司法适用的程序规则

基于前文对习惯自身理解、价值判断以及认定标准的讨论，习惯的大致情况已经较为明晰，最终在司法过程中适用还需要遵守程序规则。对习惯的援用本身就不是创造新规则的过程，而是找到检验标准来适用规则的过程，习惯适用的程序设定目标在于通过识别筛选使善良风俗习惯能够进入司法程序协助争议解决。我国司法审判在多年工作中早已积累了大量的工作经验，在法律没有具体规定习惯适用的程序时，可参照一般的民事审判程序。在适用程序启动阶段，应当由当事人提出实施行为的习惯存在。法官可否作为程序的启动主体，我们认为，可以《民法典》中本就有对当地习惯、交易习惯优先适用的特殊规定，习惯司法效力的发挥离不开法官的判断认可和适用。“交易习惯的界定和识别过程，不仅是一个事实认定的过程，而且伴随着法官对交易习惯的价值判断”，①法官主动适用习惯属于启动的特别情形，在具体法律规则对习惯有规定时法官才可积极适用，或用于证明案件事实，或用于裁判依据。

在举证阶段，当事人主张的习惯由当事人举证证明是毋庸置疑的，问题在于法院依职权主动适用的习惯，应该由谁举证。分两种情况来看，普通的民事习惯因为知悉范围广，相对容易证明其存在，法院可自行证明习惯的内容存在，必要时由当事人辅助证明；特殊的商业习惯由于当事人的特定性，当事人对交易内容最为熟悉，法院调查取证难度大于当事人举证，此时由同样主张习惯存在的当事人举证会更为便利，但法院不因此直接不承担举证责任。总的来说，习惯的提出和举证一般都由当事人来承担，法院在极少数情况下承担该部分责任。结合我国目前实践状况来看，由法院主动适用习惯、承担举证责任还是有难度的，原因在于没有明确的法律依据指引，且当事人为自身利益着想通常会主动提起。但不能因此否定法院的主动适用资格，除非有明确的法律规定只得由当事人提起。当事人面临的举证困难等问题，可以由法院通过查找资料或者咨询民俗习惯方面的专家来辅助解决，这也正说明了法院必要时承担一定的证明义务是具有合理性的，法院必要时依职权主动查明习惯内容与效力有利于缓解当事人举证难的现象，加深法院对具体习惯的认知，从而有助于习惯进入司法程序中进行适用。

当事人在举证证明习惯存在时，还需要证明该习惯与本案事实的关联性，若当事人欲证明长期遵循的习惯已发生了改变，同样要对该部分事实进行举证，最后才交由法院来认定和判断。②经过与民事审判类似的程序，法院根据案件证据，在没有法律规定或有法律特殊规定的前提下，对是否认可该习惯的效力并适用该习惯作出裁决，具体判断标准可参

---

① 王冠玺、卢志强：《我国民事交易习惯司法适用及司法解释的困境与重构》，载《社会科学战线》2019年第6期。

② 参见韩富营：《习惯司法适用的本体、主体和规则问题研究》，载谢晖等主编：《民间法》（2019年上卷·总第二十三卷），厦门大学出版社2020年版，第346页。

照前文关于习惯的价值判断、适用标准等要素。在认定时，法官需根据已有证据对习惯进行定性，对作为裁判依据的习惯应充分论证和说理，表明习惯的价值和适用必要性。当事人对法官适用习惯作出的判决不服，可以通过一般民事审判救济方式，向上级人民法院提出上诉。对于判决最终结果的救济方式似乎不难确立，但关键在于保障救济的有效性，这有待于我国法律法规对习惯的认定标准、具体适用规则作出进一步的规定，必要时甚至可以考虑设立相应的习惯法调查组，对习惯进行归纳总结和识别，以完善习惯在我国司法中的适用。

（三）提高司法确认主体相应审判能力

习惯的司法适用与一般的法律适用最大差别在于，法律可以直接适用，习惯的适用则需要法官的筛选、识别、判断。习惯的层层认定对法官的职业素养和审判经验提出了更高要求，法官只有不断提高自身能力才能用好手中关于习惯的自由裁量权。我国一直重视司法中主体的作用，理论界早有学者提出，主体因素是法律运行过程中重要的组成部分，主体的意识和能力影响着法律的运行效果。①在司法确认时产生的许多差异都与法官的识别审查有着密切的关系，提升法官适用习惯的知识水平和工作能力，有助于促进法官及民众对习惯的认知理解和适用，因为法官做出的判决结果对当事人甚至普通民众都具有价值导向的作用。习惯的司法适用虽缺少明确细致的具体规则，但还是有法律依据作为保障的，法官在适用时应以积极的态度面对习惯，在识别审查认定后，对于符合标准的应准予作为判决依据，从意识上和行动上接纳认可习惯的价值与地位。但需要注意的是，不可矫枉过正，不得降低习惯的适用标准来显示对习惯的重视。当习惯成为裁判依据时，法官应当对习惯的内容、适用过程的认定判断标准进行阐明，仅简单表述“案件事实符合习惯的规定”，在当前我国尚无习惯权威指导性意见的情形下，不利于民众对案件结果的接受和对习惯的了解。

习惯自身具有的非正式性、地域性特征可能影响法官的适用，并非所有法官都对辖区内民事习惯有着足够的了解，且外地人员与当地习惯也可能发生冲突。因此，有必要加强各地区法官对我国民事习惯的认识和了解，至少要对辖区内的民事习惯有所了解，并对习惯司法适用的条件、标准、适用程序等有着更深层次的把握。外地人员适用当地习惯产生的矛盾，只要在实施行为时外地人员明知或应知该习惯存在，并自愿按照习惯内容实施行为，就应当认定该习惯对外地人员同样适用。法官在查明当地习惯的相关内容时，应认识到习惯与法条的差异，习惯更多的是明确其内容、实施范围和时间、民众认可度和载体形式等，不同于法条的理解和解释，不可仅依照文献、专家学说以及自身道德观念去解释习惯尤其是民族习惯的含义。各地法院可以每年度对本院处理的民事习惯相关案件进行总结

① 徐清宇、周永军：《民俗习惯在司法中的运行条件及障碍消除》，载《中国法学》2008年第2期。

归纳，总结经验和不足，概括出指导性的意见以供后来参考，一些民族地区立法机关和法院在适用习惯时应采取主动的态度，还可成立习惯调查小组专司习惯的查明、归纳总结。不同地区之间虽然存在差异，但可以相互借鉴有益经验，例如泰州市姜堰区人民法院，早在2004年就曾经出台《婚约返还彩礼纠纷案件裁判规范意见》,①通过具体规则的细化既承认了婚约习惯的存在，也为解决纠纷提供了指引。这一意见自出台起，实际解决了多起婚约返还纠纷，具有相当的理论与实践意义。同时也应认识到在习惯的司法适用中，不同地区法官难免会有对习惯不同的接纳力和认知力，在大前提、大方向确定时，不必一味追求统一的具体标准，这样反倒忽略了习惯自身的灵活性。应当说这种微妙的分寸感是较难把握的，但一种制度或规则彻底为人们接受、稳定发挥作用必然要经过不断发现问题、不断加深认识、最终不断完善。

五、结语

习惯的适用在我国已有丰富的实践经验，但司法调解运用得多，判决运用得少，此外，在判决书中主要是转化运用，直接引用作为司法依据的很少。这些特点表明，我国对习惯的重视程度和适用效率均不高，习惯在民众中形成的普遍约束力功能发挥的有限。《民法典》第10条对“习惯”的规定具有重要意义，为法官进行司法适用提供了法律支撑，但习惯识别机制的缺失、程序规则的不明确以及司法确认的差异给习惯的适用造成了困境。针对此，有待国家和地方司法机关积极应对，通过明确习惯适用的基本条件、对习惯进行识别筛选、细化适用的程序，提升司法确认主体的能力，来完善我国对习惯的理解与适用，这是一个立法上授权、司法中选择的过程。理论研究的深入终究只有在落实到实践中，在执行时有所改进，才能真正发挥作用。加强《民法典》第10条中“习惯”的理解与适用有利于保障公民的权利，亦是健全中国特色社会主义法治体系的必然要求，也期待司法实践与理论延伸的联动，使民事纠纷有习惯可依，使习惯在法无明文规定时贯彻于司法适用，解决民事纠纷。

On the understanding and application of “custom” in Article 10 of Civil Code

Ding Guofeng，Wang Zijiao

Abstract：The “custom” in Article 10 of the Civil Code should be understood in a broad

① 海宁律师网：《姜堰区人民法院婚约返还彩礼纠纷案件裁判规范意见》，访问网站：http：//www. 0573lawyer. cn/articles/3081. html，最后访问日期：2021年8月26日。

sense, which means that "customary law" is contradictory in theory and difficult to operate in practice. In addition, "applicable custom" also indicates the wide scope of custom, which needs to be screened and examined by judges. The effectiveness of the habit since its produced has been reached, but the effectiveness of only has the property of social constraints, and through the judicial organs of acknowledgment and applicable, can enter the judicial process, finally in the civil dispute habits. Usually the effectiveness of the law takes precedence over habits, but there are also special rules, shows the respect for the autonomy in the act of civil and commercial law. Accustomed to the lack of clear in their application specific standards, procedures, rules, obvious differences between the judge's judicial confirmation, this needs to be further to determine the related standards, through the basic condition, the limit of value judgment to identify screening of habits, perfect the applicable rules of procedure, improve the judge's ability to understand and apply, in order to better realize the habits of the judicial application.

Key words: Custom; Customary law; Legal force; Judicial application

(编辑：张雪寒)

《民法典》中的交易习惯司法适用研究*

黄娅琴　张静静**

摘　要　民法典中的交易习惯本质为商事习惯，主要适用于合同中，贯穿于各类合同的各个阶段，且优先于任意性规范适用。《民法典》相关司法解释中的交易习惯规定主要是对法典中的内容起到解释、补充以及实践做法的规范作用。依据对相关司法案例的分析，交易习惯司法适用中主要存在交易习惯认定标准空白、当事人是否达成交易习惯合意的主观意愿判断困难等问题。在对不同交易习惯分类基础上，类型化交易习惯的认定，即行业交易习惯和一般交易习惯"三要件"、双方交易习惯"两要素"，可针对性解决不同交易习惯的认定问题；同时当事人适用交易习惯的意愿应达到"同意"程度，可从排除适用约定、明示约定、行为推定、综合判定四个方面判断。

关键词　民法典　交易习惯　司法适用

《民法典》第10条延续了之前《民法总则》的精神再次确认了"习惯"在我国民法上的法源地位，这意味着长期游离于制定法之外的人们自觉遵守的那些行为准则获得了国家的认可，意味着我国法律渊源从成文法中心主义逐步向多元主义和多中心主义迈进，它是我国民法典开放性的重要体现，也是我国民法尊重历史传统和文化底蕴的重要体现。《民法典》除了在第10条出现了"习惯"一词之外，在总则编第六章、物权编、合同编均含有"交易习惯"的规定，"交易习惯"在司法适用中的情况与问题在某种程度上可以折射出作为法源的习惯适用，本文试图通过交易习惯的相关司法裁判探析交易习惯在司法适用中所存在的问题并尝试提出相应的解决方案。

---

* 2021年江西省高校铸牢中华民族共同体意识研究中心课题（编号：JXZLZXZD03）。

** 黄娅琴（1979－）南昌大学法学院教授，江西省高校铸牢中华民族共同体意识研究中心研究员，主要研究方向：民法、民族法；张静静（1996－）南昌大学2020级法学院民商法专业研究生。

一、交易习惯的含义与内容

（一）《民法典》中交易习惯的概念

交易习惯通常指在交易过程中当事人的惯常性做法。从概念上看，习惯是交易习惯的属概念，交易习惯被包含于习惯之中，习惯除了交易习惯之外还有宗教、婚姻等其他类习惯的种概念。从体系上看，习惯的规定属于总括性条款，其他具体习惯应符合习惯的要求，比如必须在法律没有规定的情况下适用，不得违反公序良俗原则等。

《民法典》总则编司法解释第 2 条规定《民法典》第 10 条中的习惯是指在一定地域、行业范围内长期为一般人从事民事活动时普遍遵守的惯常做法。交易习惯作为具体习惯类型，并不完全等同于《民法典》第 10 条中习惯所指代的习惯法。有的交易习惯表现为上述司法解释所规定的一般人普遍遵守的惯常做法或者特定行业群体遵循并且实施的行业惯例，这类交易习惯具有习惯法的属性。有的交易习惯仅表现为当事人之间的一种常用方式，这类交易习惯是一种“事实上的习惯”,① 属于尚欠缺法的确信的惯行，并不具有规范性，并未达到习惯法的要求。② 比如《民法典》第 599 条规定的，出卖人应当按照约定或者交易习惯向买受人交付提取标的物单证以外的有关单证和资料，如果当事人之间惯行做法是出卖人先交单证再交货，那么买受人自然可以在出卖人交货之前就要求出卖人交付单证，这种惯行做法在当事人之间的效力应该得到确认和保护。但该做法并不是众多人所长时间遵守和沿用的，自然达不到习惯法的要求，可这并不妨碍法官根据当事人之前的约定或者惯常做法确认当事人的这种交易习惯，并支持上述买受人基于当事人之间的这种交易习惯让出卖人交付单证的请求。

（二）《民法典》与相关司法解释中交易习惯的内容

1. 《民法典》中交易习惯的内容

《民法典》有 14 个法条当中出现了“交易习惯”一词，其中 12 个位于《民法典》合同编，剩下的两个法条一个是总则编第六章民事法律行为里的第 140 条，另一个是《民法典》物权编的第 321 条。

---

① 王聪、陈吉栋：《论习惯法与事实上的习惯的区分》，载《上海政法学院学报》2017 年第 6 期。

② 一般认为习惯法要具备三项要件：该习惯在相当长的时间内持续适用、参与的法共同体成员对该习惯的适用具有法的确信，以及按照这一法的确信，在法共同体成员的观念中，该习惯是具有约束力的规则。参见王利明：《论习惯作为民法渊源》，载《法学杂志》2016 年第 11 期。对习惯与习惯法的区分，有不同学说，有的学者认为具有法源地位的是习惯法，其余习惯不具有法源地位。参见王泽鉴：《民法总则》，中国政法大学出版社 2003 年版，第 61 页。杨仁寿：《法学方法论》，中国政法大学出版社 1999 年版。高其才：《作为当代中国正式法律渊源的习惯法》，载《华东政法大学学报》2013 年第 2 期。也有的学者认为法律规定的法源都是“适法习惯”，不是习惯法。参见魏志勋：《民间法思维》，中国政法大学 2011 年版。还有的认为区分两者并无必要，参见王洪平、房绍坤：《民事习惯的动态法典化——民事习惯之司法导入机制研究》，载《法制与社会发展》2007 年第 1 期。

从上述法条的分布来看，交易习惯的使用主要集中在合同交易。总则编第 140 条中运用交易习惯判断沉默意思表示效力的规定主要影响的是沉默方式订立的合同效力，因为意思表示是民事法律行为的核心要素，而合同为最主要的民事法律行为。合同编中的交易习惯有 6 条属于总括性规定，分布在合同的订立（第 480、484 条）、合同的履行（第 509、510、515 条）、后合同义务（第 558 条），适用于各类合同。其余 6 条对应在买卖、民间借贷、运输、保管这些常见合同之中，这些合同交易在居民生活中发生频繁，且交易的达成与履行往往由民众根据当地情况自由协商形成习惯性做法或规则，可见交易习惯对民众行为有着较大的规范与指导作用。

基于上述《民法典》的规定，可大致归纳出民法中的交易习惯有如下特点：第一，交易习惯主要适用于合同交易，本质为商事习惯。习惯按适用的法属性可分为公法习惯和私法习惯，私法习惯根据具体的法域又可分民事习惯和商事习惯。民事习惯是民事主体之间的非商事生活或营利活动之外的社会生活领域的习惯，以婚姻家庭、继承丧葬等习惯居多。特别是在我国少数民族地区，许多民族自治地方的单行条例里都涉及通婚、早婚、婚姻成立、家庭关系等习惯。除此之外还有物权习惯，如用地、野外放牧习惯等。交易习惯顾名思义是以交易为中心的，交易行为又可看作是商事行为，因此交易习惯本质上为商事习惯。第二，交易习惯可贯穿于各类合同的各个阶段。虽然我国《民法典》合同编只规定了 19 种有名合同的类型，但真实生活中的合同种类不计其数。无论是在《民法典》总则编还是合同编中，都没有限制习惯适用或者排除适用何种合同，换言之，交易习惯可以适用于任何类型的合同之中。动态的合同过程包括合同的订立、履行与终止，从法律规定看交易习惯亦可存在于任何一个过程之中，如《民法典》第 480 条对承诺的认定、《民法典》第 515 条对选择之债中债务人履行选择的规定、《民法典》第 558 条对后合同义务的规定等。第三，交易习惯具有优先于任意性规则适用的特殊效力。前面谈到交易习惯本质为商事习惯而非民事习惯，两者的区别关键在于司法适用中作为裁判规范与成文法的关系——民事习惯作为裁判规范须以法律未规定为前提，而商事习惯可优先于成文法。[①] 按照系列交易理论，如果当事人之间多次或重复进行某类交易，由此所形成的习惯将会使当事人产生一种合理的信赖，即相信此次法律行为将会发生与以往相同的法律后果，那么系列交易所形成的习惯可以自动纳入合同之中，成为弥补合同漏洞的条款。[②] 显然，交易习惯的优先适用效力是商事交易的便捷、高效的要求与体现。《民法典》第 480、510、622、680、888、891 等条款都是交易习惯优先适用的规定。

---

① 郭少飞：《习惯的法律界定与类型化》，载谢晖、陈金钊、蒋传光主编：《民间法》（第 21 卷），厦门大学出版社 2019 年版，第 54 页。

② 王利明：《论习惯作为民法渊源》，载《法学杂志》2016 年第 11 期。

2. 相关司法解释中的交易习惯内容

《民法典》出台之后，与《民法典》各编相关的司法解释在陆续整理中，有的被废止，有的被部分修改，还有的从原来的司法解释规定上升为《民法典》之规定。现行有效的民法类司法解释规定中含有“交易习惯”的条款一共有5条，两条位于《最高人民法院关于审理买卖合同纠纷案件适用法律问题的解释》（以下简称《买卖合同解释》）之中，另三条则在《最高人民法院关于审理民间借贷案件适用法律若干问题的规定》（以下简称《借贷适用规定》）之中。从这些司法解释中的条款内容看，其与《民法典》中的交易习惯规定有着密切的关系，主要体现在如下三个方面：第一，解释法典中的规定，如《买卖合同解释》中的第12条就是对《民法典》第621条第2款中当事人没有约定检验期限时法律规定的合理期限的具体解释；第二，补充法典中的相关规定，如《借贷适用规定》的第3、24条，是对民间借贷在没有确定履行地时对履行地点的补充规定和对自然人借贷之外的民间借贷利息的规定。这两个条款的内容在法典中都没有相关规定，司法解释弥补了法典在此方面的内容缺失；第三，对法典未作规定情形的实务操作予以规范，如《买卖合同解释》第1条，法典对当事人只有送货单、收货单、结算单等类似合同的单据而未订立书面合同的常见实践情形没有明确是否可以确认买卖合同成立，但在司法解释中就明确了法官应如何确认双方当事人的合同关系。

二、交易习惯的类型

依据交易习惯在司法实践中的适用情况，可以将交易习惯进行两种分类：一是按照交易习惯的适用范围可以分为行业习惯、一般习惯和双方习惯；二是依据交易习惯在审判中的作用可以分为事实认定的习惯、法律关系认定的习惯和责任认定的习惯。

（一）不同适用范围的交易习惯分类

1. 行业习惯

行业习惯是指在某一特定行业领域内交易活动普遍适用的惯常性做法。从相关案例可以看出在司法实践中交易习惯存在于较多行业领域，包括且不限于民间借贷、商品房买卖、租赁、行纪、加工承揽、服务业、托管、彩票、托运、建设工程施工等行业。行业习惯有其特定行业的针对性，比如在民间借贷领域存在“口头约定”或“简易条据”习惯，这类借贷多以亲朋好友之间信誉良好而形成，要么债权人未要求借款人出具借条，要么碍于情面没有要求借款人出具借条，还款时有的债务人要求债权人书立收条有的未要求，还有的通过转款、中间人还款等形式履行还款义务。在司法判例中，法官有时候会依据民间借贷的行业习惯来确定个人借贷之间的利息问题，例如在“刘某某和李某某民间借贷纠纷”一案中，① 双

① 辽宁省阜新市中级人民法院（2021）辽09民终1230号民事判决书。

方当事人是朋友关系，对借贷利息约定不明，依法律规定自然人之间的借贷合同利息约定不明的视为没有约定利息，但是从双方之间的微信转账记录中法官发现被告有给付利息的行为，考虑到双方之间的熟人关系以及民间借贷的行业习惯，法院最终认定双方之间的借贷是有利息的。

2. 一般习惯

一般习惯又可以称为普遍性交易习惯，是指被人熟知的，在较大范围内被人们所接受遵守并且长期反复适用的习惯。一般习惯的适用范围最广，形成时间最长，也是最稳固的习惯。对于一般习惯，当事人或者法官在适用时无须进行过多的说明或者解释，因为这种习惯都是为大多数人所熟知或者成为共识的，过度阐述反而适得其反。例如在“宣城梁生置业有限公司与方某某商品房销售合同纠纷”一案中，[①] 双方对于被告是否应承担逾期交房责任存在分歧，而日常生活中通常以交钥匙作为交房的标志，这是被大多数人遵循的交易习惯，法院也以此认定被告的交房时间。还有在“杨某某诉南方航空公司、民惠公司客运合同纠纷”案中，[②] 原被告对是否履行合同通知的附随义务产生争议，被告航空公司在机票上标注的登记地点是上海 PVG，原告因为不知晓代号 PVG 的含义而走错机场导致航班延误，法院认为虽然上海人都知道上海有两个机场，但是并不意味着都知道两个机场的代码，这符合一般理性人的一般习惯，由此认定被告未履行合同通知中的附随义务，应当承担违约责任。

3. 双方习惯

双方习惯是当事人双方认可的且在多次同类的交易活动中形成的对双方当事人具有约束力的惯常做法。双方习惯相比于行业习惯和一般习惯是适用范围最小且最具有特殊性的习惯，但其能充分体现当事人自身的意愿，因此也具有一定的适用空间。例如在“曾某某与山东运盛生物科技有限公司买卖合同纠纷”一案中，[③] 双方当事人因没有签订书面合同，对是否成立买卖合同关系产生争议，法院依据双方当事人之前多次的事实买卖关系来认定双方之间的买卖合同关系，这里双方之间多次的事实买卖就可以看作是双方之间的交易习惯。在“江某某与李某某、张某某民间借贷纠纷”一案中，[④] 被告李某某对借条上双方之间利息的约定持否定态度，不承认是其亲笔所写，法院依据原被告双方曾发生多次借贷关系，双方对于发生的借款都计有利息，且原、被告双方并无亲故关系来认定双方之间此次借贷是有利息的。

（二）不同作用的交易习惯分类

1. 事实认定的交易习惯

交易习惯结合其他证据共同证明某个案件事实存在的情况在实务中较为多见，在这种

---

① 安徽省宣城市中级人民法院（2021）皖18民终1698号民事判决书。

② 《最高人民法院公报》2003年第5期公报案例。

③ 新疆维吾尔自治区乌鲁木齐市中级人民法院（2021）新01民终3918号民事判决书。

④ 湖北省武汉市新洲区人民法院（2021）鄂0117民初1227号民事判决书。

情况下交易习惯相当于民事诉讼中的间接证据，虽然不能直接根据交易习惯来认定事实但是交易习惯作为间接证据可以形成完整的证据链，使法官的论证更加完善。例如在“阚某某与孙某某、李某某等民间借贷纠纷”一案中，[①] 一审法院认为阚某某证明双方之间存在借款事实的证据仅是一张欠条，在无其他参照材料进行比对、鉴定的情况下是一个孤证，证人李某的两次证言又有相互矛盾之处，因此以证据不足驳回了阚某某的起诉。二审法院认为阚某某作为出借人，为证明其实际交付了出借款项的事实，提供了借款人李某某出具的借条及证人李某的证言。虽然李某的证言对于交付款项与出具借条的先后顺序存在陈述不一致的情形，但证人对于整个款项交付事实的陈述是基本一致的。结合本案借款金额、当事人的经济能力、当时及当地当事人之间的交易方式、交易习惯等事实和因素，认定涉案 2 万元出借款项已实际交付。在本案中，交易习惯并非证明已经交付出借款项的直接证据，而是与其他证据相结合，成为证据链中的一环。交易习惯在本案中实质上成了推定其他事实的辅助手段。

2. 法律关系认定的交易习惯

民事法律关系的存在与否往往需要相关的基础事实予以确认，在基础事实并不能直接证明法律关系存在与否的情况下，法官则往往通过相关事实结合交易习惯的做法来最后认定民事法律关系。例如在“赖某某、刘某某等房屋买卖合同纠纷”一案中，[②] 主要的争议点就是赖某某与第三人签订的房屋买卖合同是否因恶意串通无效，如果房屋买卖合同无效当事人之间也就不存在房屋买卖关系。法院依据赖某某和刘某某是夫妻关系，结合合同签订前后，赖某某及其父母均未就购买事宜实地查看案涉房屋及室内设施设备，亦未与刘某某核实房屋产权，由于房屋买卖属于重大交易事项，赖某某购买房产的时机、目的、价格等与一般人购房的交易习惯不符，故法院推定赖某某与第三人签订的合同存在恶意串通，刘某某可以据此主张合同无效。

3. 责任认定的交易习惯

责任的认定涉及权利的享有和义务的承担，对当事人来说是最重要的部分，也是大多数案件要论证的最重要的部分，因此依据交易习惯来认定责任的承担是需要最为谨慎的，在实践中用交易习惯来进行责任认定的比较少，毕竟交易习惯相比于明确的法律法规在适用上难度更大，风险也更高。例如在“原告覃某某与被告中国建设银行股份有限公司深圳益民支行借记卡纠纷”一案中，[③] 关于原告未订付费短信通知服务对涉案损失应否承担部分责任的问题，法院分为三个方面来进行论述，其中在第一部分银行的短信通知是否具有免责效力的分析中有对交易习惯的运用，即依据法律规定和交易习惯银行有义务通过技术、信息手段为原告提供全面的安全保障，并主动通知原告其银行卡内交易变动情况，被

① 江苏省徐州市中级人民法院（2021）苏 03 民终 4926 号民事判决书。
② 四川省成都市中级人民法院（2021）川 01 民终 12542 号民事判决书。
③ 广东省深圳市中级人民法院（2019）粤 03 民终 15810 号民事判决书。

告的履约义务不应当因为原告未购买其提供的有偿服务就有所减免。在这里交易习惯和法律规定一起来补充论证被告应该履行的责任不因原告没有购买短信通知业务而减免。

三、交易习惯案件的实证数据分析

为了了解交易习惯在民事案件中的适用情况，笔者利用数据库检索出相关案例进行分析。检索的目的有两个，一是了解案件适用宏观状况的整体检索，二是考察具体适用状况的典型案例。

（一）交易习惯案件整体检索分析

在北大法宝 V6 数据库中，如果以“交易习惯”为关键词进行全文检索，可以搜索到审结年份在 2017 年－2021 年的民事案件共 1417562 件。为了更精准地体现交易习惯在案件裁判中的适用，笔者将检索范围进一步限制在“法院认为”和“法院查明”两个部分，结果显示审结年份在 2017－2021 年的民事案件共 2512 件，其中案由为合同纠纷的案件数量最多，有 2259 件，占总数的 89.9%。这个结果与民法典合同编中的交易习惯规范频率最高相吻合。由于前述分析我们主要研究的是合同交易习惯，后面的整体检索分析也将主要针对合同交易习惯进行。

1. 案件时间

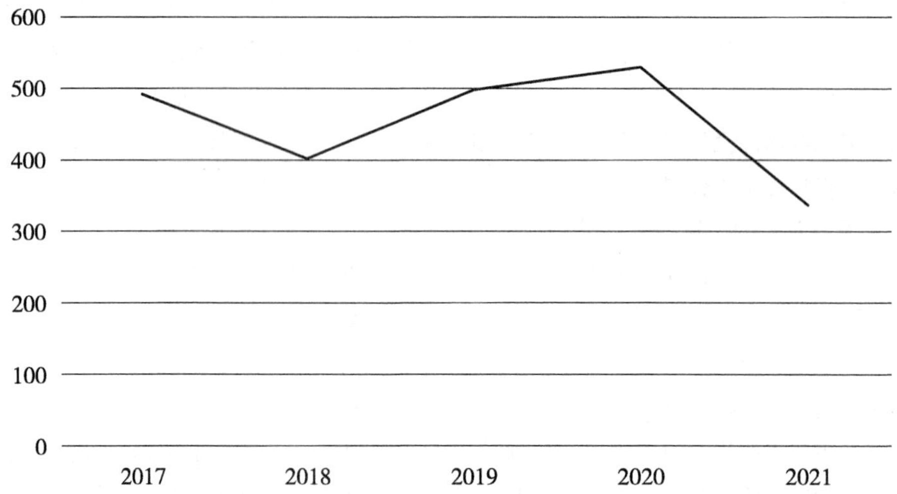

由于 2017 年实施的《中华人民共和国民法总则》就确立了习惯的法源地位，之后《民法典》的规定只是延续了上述条文，因此我们的统计年份是从 2017 年开始至 2021 年。从近五年的案例数据来看，交易习惯案件的适用整体呈略微上升趋势，虽然 2018 年略有减少，但是随后的 2019、2020 两个年度又逐渐的回升并超过了 2017 年的案件数量，这说明在习惯被作为民法法源后交易习惯在审判中的作用越来越受到重视，适用频率也越来也

高。2021 年因受新冠疫情影响法院审判案件的整体数量减少，因此交易习惯案例也相应下降。

2. 审理程序

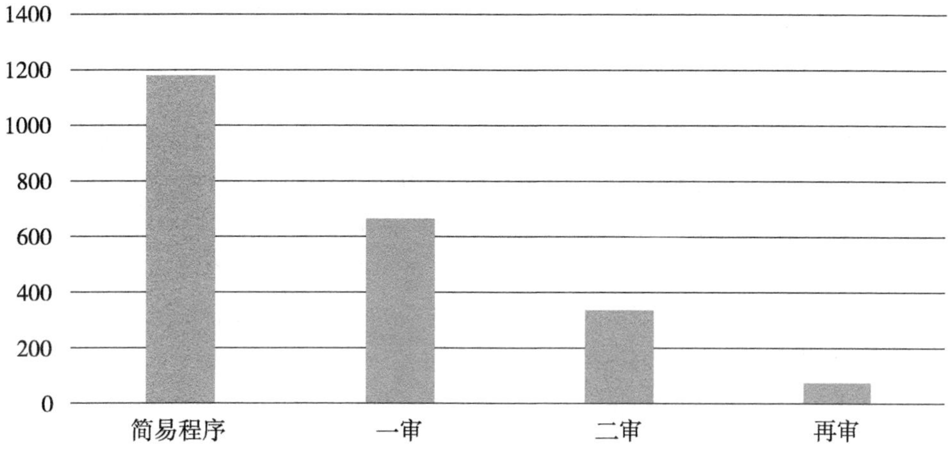

在所检索到的 2259 件案件中，简易程序审理的案件数量最多，为 1181 件，占到总数的 52. 3%，一审程序审理的案件其次，为 666 件，占比 29. 5%，二审程序审理案件数量较少，有 337 件，而再审程序审理的案件只有 75 件。从二审、再审比率可以看出，大部分当事人的争议在简易程序和一审审理中都能得到解决，说明交易习惯案件法律关系和法律适用相对比较简单。

3. 适用领域

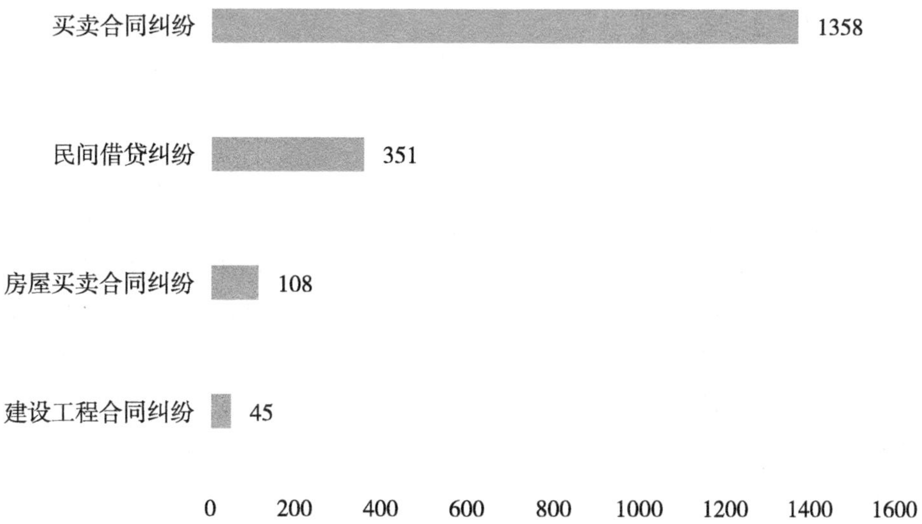

检索发现，在合同纠纷中涉及交易习惯案件数量最多的四个领域分别是买卖合同纠纷、民间借贷纠纷、房屋买卖合同纠纷和建设工程合同纠纷，其中买卖合同纠纷数量最

多，占了 72.9%，其次是民间借贷纠纷，占到 18.9%，最后是房屋买卖合同纠纷和建设工程合同纠纷。买卖合同和民间借贷合同本身就是较为常见合同类型，当事人约定内容较多且交易较为频繁，容易形成双方之间的交易习惯。而房屋买卖领域与建设工程领域存在比较多的被记载或者认可的行业习惯，这些都是法官判决适用较多的习惯依据。

（二）交易习惯典型案例的具体考察

为了进一步聚焦交易习惯在个案中的适用情况，考虑到在案件审理过程中争论焦点最能反映当事人之间的矛盾和法院审理查明的重点，所以在上述检索条件的基础上，笔者又将“交易习惯”关键词出现的范围限定在案件“争论焦点”中，得到的结果是：截止到 2022 年 4 月 26 日共检索到相关合同纠纷案件 205 篇，其中法宝推荐案例 64 篇，普通案例 141 篇。由于法宝推荐案例是北大法宝数据库中筛选出来的更具代表性案例，所以将 64 篇法宝推荐案例作为进一步案例分析的具体考察对象。

1. 交易习惯的不同类型分布

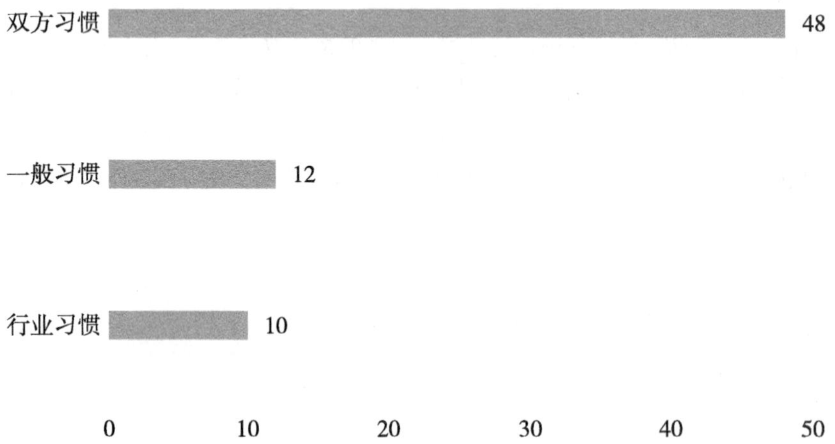

如上所述，交易习惯依据适用范围可分为行业习惯、一般习惯和双方习惯三种。通过对样本典型案例的统计发现，双方习惯在实践中应用更多，原因在于合同纠纷大多发生在交易双方之间，双方之间在交易过程中产生惯常做法较多，约定适用交易习惯的情形也更多。实务中，一个案例并非只能适用一种交易习惯，可能存在适用两种或以上交易习惯的情形。例如在“常德市天亿钢结构有限公司、中建国能（湖南）建设有限公司等建设工程施工合同纠纷”一案中就同时涉及一般习惯和行业习惯。① 同样的在“贾某某与天津市捷康化学品有限公司、赵某某买卖合同纠纷”一案中当事人同时主张适用双方习惯和行业习惯。②

① 湖南省常德市中级人民法院（2021）湘 07 民终 1105 号民事判决书。
② 新疆维吾尔自治区喀什地区中级人民法院（2021）新 31 民终 214 号民事判决书。

2. 交易习惯的不同作用分布

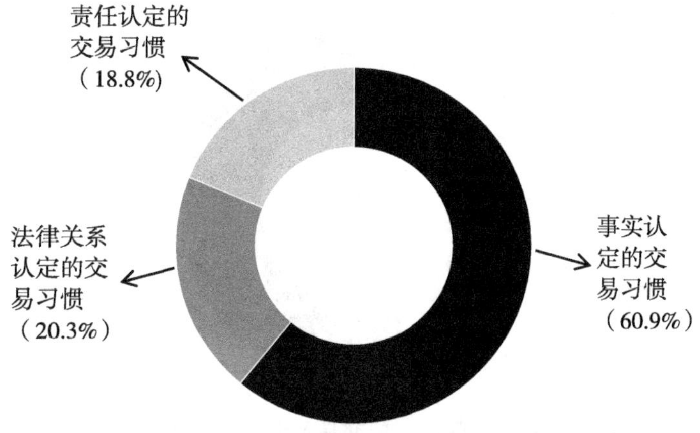

交易习惯在审判中的作用主要有认定案件事实、明确法律关系和认定法律责任。相对于法律责任和法律关系的认定，案件事实的认定更容易，而且当事人之间法律关系以及法律责任的认定也要依靠查明的案件事实来支撑，所以交易习惯在审判中用来认定案件事实的案件所占比例最大，实践中作为事实认定的交易习惯的司法适用主要有两种情形：一种是作为辅助事实认定的手段直接适用，用以增加证据的证明力，如上述提到的"阚某某与孙某某、李某某等民间借贷纠纷"一案；① 另一种情形是将交易习惯证明的事实与其他证据证明的事实相互结合形成完整的证据链共同证明某一重要事实。例如在"金华市致厚服装有限公司与义乌市晟佳织造有限公司加工合同纠纷"一案中，② 关于致厚服装公司是否尚欠晟佳织造公司加工费这一事实双方之间存在争议，法院在审理过程中查明双方的交易习惯是先开发票再付款，而双方均确认晟佳织造公司尚有部分发票未开具，根据交易习惯致厚服装公司应仍有加工费未付清。同时，晟佳织造公司提供的双方对账单中记载的加工费总额与致厚服装公司会计胡某某提供的票据结算单中记载的致厚服装公司实际付款不一致，两者的差额与晟佳织造公司主张尚欠加工费的金额相近。以上形成的证据链可以共同证明致厚服装公司尚欠晟佳织造公司加工款的事实。

3. 交易习惯的提出主体分布

在具体案件中，交易习惯的适用方式既有法官主动适用也有当事人提出适用，两者在实践中所占比例相当。在当事人提出适用交易习惯时会有法院认可和不认可两种情形，当事人提出适用交易习惯未被法院采纳主要有两方面原因，一方面原因是当事人主张的习惯做法可能本身不符合交易习惯的认定标准，例如在"永兴县红鹰铋业有限公司与戴某买卖合同纠纷"一案中，③ 戴某主张其与红鹰公司之间的四次交易都是按照先付款再提货然后

① 江苏省徐州市中级人民法院（2021）苏03民终4926号民事判决书。

② 浙江省金华市中级人民法院（2020）浙07民终284号民事判决书。

③ 湖南省郴州市中级人民法院（2015）郴民三终字第37号民事判决书。

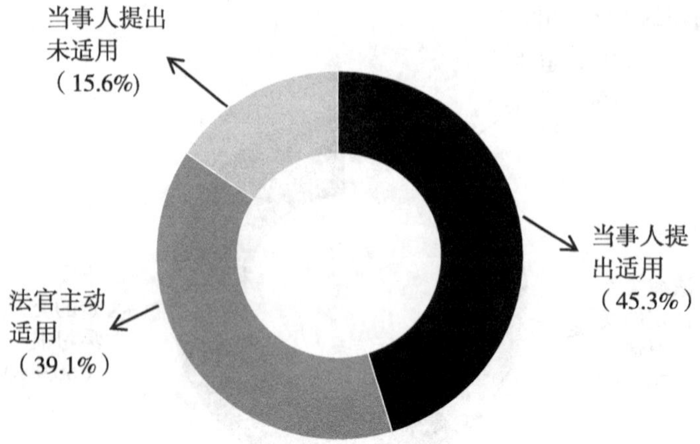

再退款的方式交易和结算，双方之间已形成交易习惯，但是法院在审查中发现实际交易中有时是先款后货，有时是先货后款，双方之间并没有形成交易习惯。另一方面原因在于当事人对交易习惯未举证证明或者证明不充分。例如在“宋某某、曲某买卖合同纠纷”一案中，① 法院认为宋某某主张双方之间存在一铺鸡一结算的交易习惯，但未能提供充分有效证据证明应承担举证不能的不利后果，因此对其主张适用交易习惯不予认定。

四、交易习惯司法适用存在的问题

由于《民法典》对交易习惯的内涵、性质、认定规定的缺失加之交易习惯自身的复杂性、模糊性和不确定性导致交易习惯司法适用存在不少问题。对所检索案例的查阅分析后发现，法官将交易习惯适用于个案当中必经两个步骤，首先是对具体交易习惯认定，其次是判断所认定的交易习惯是否能适用于个案。而第一个步骤中的交易习惯的认定标准与第二步骤中的当事人主观意愿的判断正是交易习惯司法适用中两大难点问题。

（一）交易习惯认定标准空白

交易习惯适用的逻辑前提是对交易习惯的认定，但是交易习惯的认定标准法律上没有明确的规定，实践中法官对于交易习惯的认定也没有统一的做法。有的法官选择简化交易习惯的认定过程，直接适用交易习惯，以此规避交易习惯认定的论证与说明；有的法官在裁判文书中会对交易习惯的认定进行说明，但是由于自由裁量的空间过大，说明的理由和标准也是不一而同。

理论上关于交易习惯的认定标准存在争议，大致有三种学说：两要件说、四要件说和五要件说。以王利明教授为代表的两要件说认为，交易习惯必须包含某一地域或者行业中

① 山东省潍坊市中级人民法院（2020）鲁07民终5505号民事判决书。

被人们普遍采纳的习惯做法和不能违背公序良俗这两个要件。① 主张四要件说的学者代表有崔建远教授，他认为交易习惯的认定包含四个方面，第一，交易习惯必须是通行的做法；第二，交易习惯不能违反法律的规定；第三，交易习惯必须是被人们所接受的；第四，交易习惯须是当事人没有约定排除适用的。② 五要件说代表人物是罗筱琦教授，所谓的五要素为“事、时、人、力、法”，“事”是指就同一事项反复为同一行为，“时”是指必须经过一段相当长的时间，“人”是指在一定范围内人们的普遍接受，“力”是指具有法的确信力，“法”是指合法，不违背法律规定和公序良俗。③

三种学说都肯定了交易习惯必须是反复、通常适用的惯性做法，且都要排除违法情形，这也是一般习惯所应具备的要素。然而，结合之前对案例中不同交易习惯的分类可以发现，不同学说对交易习惯标准的认定都存在一定缺陷。两要件说适合于行业习惯和一般习惯的认定，而对于双方习惯恐难以涵盖。四要件说更多地考虑到了交易主体对交易习惯的选择，但是对双方交易习惯与一般或行业交易习惯的认定差异仍然没有体现。五要件说与两要件说比较类似，只是把习惯做法的时间、主体对习惯的认可表达得更为具体，其也不适合于仅双方当事人之间短时间内适用的较为灵活的习惯做法。

（二）当事人主观认知程度不明

交易习惯的认定标准从客观方面明确了什么样的惯性做法可以在司法裁判中适用，但是在个案适用交易习惯的过程中还要考虑交易习惯对当事人的约束力，因为交易习惯不同于法律的强制性规定，所以满足构成要件的交易习惯并不当然对当事人具有约束力。对于双方交易习惯而言，该行为习惯就是当事人在交易时采用的惯性做法，当事人对行为的认可不言而喻，所以无须再单独考察当事人的主观意思。但是对于一般习惯和行业习惯，两者是在某一地域或者某一行业通用的交易习惯，其形成过程没有当事人的选择，交易习惯本身不能体现当事人的主观意思，所以在司法适用过程中法官需要单独判断当事人的主观意思。

关于当事人对交易习惯的主观认知要达到什么样的标准理论界持有两种观点，一种观点认为当事人对于交易习惯达到“知道或应当知道”的程度即可，主张该观点的学者主要从国内外立法和举证责任两方面阐述其理由。一是从国内外立法方面，有观点认为我国原《合同法司法解释（二）》第7条规定“交易习惯是交易对方在订立合同时所知道或者应当知道的做法。”如果仅对“知道或者应当知道”作文义解释是不能将其扩大解释为“同

① 参见王利明：《合同法研究（第一卷）》（修订版），中国人民大学出版社2011年版，第459页。
② 参见崔建远：《民法总论（第二版）》2015年版，清华大学出版社，第156页。
③ 罗筱琦：《“交易习惯”研究》，《现代法学》，2002年第24卷第2期。

意的”。[①] 类似的《美国法律整编契约法（第二版）》第220条规定，“当事人一方所赋予之意义与相关习惯一致，且他方当事人知悉或有理由知悉该习惯时，该他方当事人视为已知或有理由知悉该当事人所赋予之意义。”由此可以看出对交易习惯的适用只需要当事人知悉即可，不需要达到同意的程度。[②] 二是从举证责任方面，有观点认为如果交易习惯的适用必须是当事人“同意或者认可”将增加主张适用交易习惯一方的举证责任，确定主观心理为“知道”而非“同意”也是为了防止一方当事人为自己私利以不同意交易习惯的适用为由排除交易习惯的适用。[③]

另一观点认为当事人对于交易习惯的认知必须达到同意或者认可的程度。主张该观点的学者则从交易习惯的产生规则和意思自治两方面进行说理。从产生规则来看，法律是由立法机关制定和认可的，具有自上而下的特征，法律规范对当事人具有默示的强制约束力。不同的是交易习惯是在一定范围内由一定群体或者行业的成员自发形成的，具有自下而上的特征，所以交易习惯对当事人并没有默示的法律约束力。[④] 从意思自治的角度来看，意思自治是指当事人在处理合同纠纷时可以自主选择适用法律的司法原则，也即当事人可以根据双方合意自由安排自己的行为不受他人的干涉。[⑤] 但是意思自治原则不能当然解释为当事人要默示的接受合同约定的法律规定以外的交易习惯的约束，交易习惯对当事人产生约束力的前提是当事人要对该交易习惯产生“法律确信”，即当事人必须在内心认可交易习惯。[⑥]

五、交易习惯司法适用问题的解决

（一）类型化交易习惯的认定标准

在探讨交易习惯的认定标准时需要明确一个问题，即是否所有的交易习惯都必须要有认定的过程，法官简化某些交易习惯的认定过程是否合理。从裁判文书的说理规范性来看，法官对于案件的论证说理应当是主次分明、重点突出的，如果对所有交易习惯的适用都要有完整的论证会模糊案件的焦点和法官说理的重点。通过检索案例可以看到，不同案件中的交易习惯发挥的作用存在差异，对于辅助事实认定的交易习惯在适用过程中应当简化认定的过程，甚至可以直接适用。因为这类交易习惯只是对待证明的事实起补充其证明力或者增强说理的作用，过多论证说明不仅多余累赘而且稀释对其他重要事实论证的关

① 最高人民法院研究室编著：《最高人民法院关于合同法司法解释（二）理解与适用》，人民法院出版社2009年版，第68页。

② 转引自许伟森：《交易习惯在我国司法适用中的难点问题研究》，厦门大学硕士学位论文，2019年，第29页。

③ 刘佳：《论民间借贷中交易习惯的适用》，黑龙江大学硕士学位论文，2017年，第11页。

④ 参见宋阳：《论交易习惯的司法适用及其限制》，载《比较法研究》2017年第6期。

⑤ 参见侯佳儒：《民法基本原则解释意思自治原理及其展开》，载《环球法律评论》2013年第4期。

⑥ 参见彭诚信：《论民法总则中习惯的司法适用》，载《法学论坛》2017年第4期。

注。相反，对认定重要事实的交易习惯当然不能直接适用，需要首先对其进行详尽论证。涉及法律关系和责任的交易习惯由于其自身比较复杂而且对判决结果的影响重大因此在司法适用时也必须细致论证说理。

关于交易习惯的认定标准，借鉴学者们的观点和交易习惯的特点，可以从积极和消极两个方面确立交易习惯的认定标准。积极方面，即从正面确定交易习惯的构成标准。构成要件是交易习惯产生法律效果的前提条件，只有符合交易习惯构成要件的习惯做法才能被认定为具有法律效力的交易习惯。消极方面即为交易习惯确立禁止性标准，现行法律并没有关于交易习惯的禁止性规范，但是这并不意味着所有符合交易习惯构成要件的习惯做法都是正当合法的。积极标准与消极标准是交易习惯认定标准的基本构成，在积极标准中，不同类型的交易习惯的适用范围、适用对象不尽相同，因而必须对其进行进一步的类型化分析。

1. 积极标准

如前所述，交易习惯分为一般习惯、行业习惯和双方习惯，双方习惯是仅在双方当事人之间适用的交易习惯，相比于双方习惯，一般习惯和行业习惯属于适用范围更普遍的交易习惯，因此具有共通性的一般习惯和行业习惯可采用相同标准认定，而双方习惯则与其不同。

（1）一般习惯和行业习惯的“三要件”。

一般习惯和行业习惯是在交易活动所在地的某一领域或者某一行业通常所采用的做法，这种做法是否能被认定为交易习惯，原则上必须符合时间性、地域性、惯性做法三个基本要件。

第一，时间性。一种交易规则只有被多数人反复适用才有可能成为交易活动中的惯常做法，如果只是某个时间段内短时间的被多数人适用只能说明这种交易规则具有适用上的普遍性，并不能表明这种行为具有反复性和普遍约束力。只有在相当长一段时间内人们在某一领域从事某一交易行为时都采用同样的交易规则，才能说明该交易规则在平衡当事人双方的权利义务等方面起到很好的规范作用且被人们接受并自愿受其约束，这种交易规则才具备成为交易习惯的条件。

第二，地域性。不同地域的习惯做法会因风土人情而有所差异，即使是一般习惯也会因为地域的不同而有不同的表现形式。而行业习惯的地域性特征更为明显，不同行业都会有自己特有的习惯做法，行业内部的习惯做法对于非本行业的人来说是很难知晓的，正所谓隔行如隔山。交易习惯的地域性差异会影响交易习惯对当事人的约束力，从而影响当事人之间法律关系和责任的认定。例如在“王某、吕某某等民间借贷纠纷”一案中，[①] 一审法院查明在 2009 年至 2011 年期间东平县民间借贷盛行，其中有一些大额借贷是以现金方

① 山东省泰安市中级人民法院（2022）鲁 09 民终 419 号民事判决书。

式交易的，这种交易方式是东平县民间借贷的交易习惯，原被告双方当事人都是东平县人，法院认为原告主张以现金方式交付被告借贷资金是符合东平县当时的交易方式和交易习惯的。

第三，惯性做法。惯常做法是相同领域、相同行业中的当事人对于同一事项反复实践所形成的交易做法，当某种做法成为一种惯常行为之后，人们在为同样的交易行为时就会自觉的选择这种交易做法，而这种交易做法所形成的的交易规则又可以规范人们的行为，人们就会更加遵循这种"惯性"做法。认定某一交易做法是否是一种惯性做法，可以从三个方面来判断，首先该交易做法针对的是交易行为中的一个确定的事项，其次针对同一事项的同一个行为，最后，这种做法是人们在这一事项中自觉主动去选择适用的。

（2）双方习惯的"两要素"。

双方之间的交易习惯大多是特定的当事人在短时间之内进行多次交易反复使用的惯常做法，要求双方习惯也必须经过长时间的验证没有太大必要，因此在认定双方习惯时不需要考虑时间性的因素。由于双方习惯的适用范围只在双方当事人之间，地域性的因素自然也无须考虑。从案例样本来看，认定双方习惯应该关注的两个因素是其适用对象和行为次数。

第一，适用对象。双方习惯的适用对象能否包含第三人是实践中认定能否适用双方交易习惯的突出问题。例如在"黄石市爱乐商贸有限责任公司与吴某某房屋买卖合同纠纷"一案中，① 吴某某主张860平方米房屋以160万元的低价格出售，远远低于爱乐商贸公司在其他案件中将自有200平方米门面房以5000元/平方米抵偿给他人，这完全不符合房屋买卖的正常交易习惯。但是法官查明该交易习惯是爱乐商贸公司与其他案件当事人之间的交易习惯，对吴某某并没有当然的约束力。同样的在"李某与周某买卖合同纠纷"一案中，② 李某一审期间的证人王某明确说其与李某的交易习惯是先写"付"字，然后钱就到手了，证明李某在与卖粮方交易时确实存在先写"付"字后给钱的情形，但是法院认为李某与王某的交易习惯并不能约束其与周某之间的买卖关系。可见，双方习惯应当将适用的对象限定在交易双方的当事人之间，因为双方习惯是在特定当事人、特定交易背景下形成的，其他案外人对该交易习惯的发生并没有参与，即使案外人在交易过程中知晓了该交易习惯，也不能就此认定案外人对某一方的交易应适用他人之间的交易习惯。

第二，行为次数。大多数学者对双方习惯进行描述时，都认为双方习惯是经常使用的做法，但是对多少次才属于经常并没有明确的界定，实践中也没有明确的标准，有的法院用多次来模糊具体的次数，例如在"梁某某、陈某某等民间借贷纠纷"一案中，③ 法院认为陈某某此前曾多次向梁某某借款，且陈某某指定将款项汇入他人名下账户，对此双方之

---

① 湖北省黄石市中级人民法院（2017）鄂02民终415号民事判决书。

② 江苏省连云港市中级人民法院（2015）连民终字第00995号民事判决书。

③ 广东省广州市中级人民法院（2021）粤01民终26742号民事判决书。

间形成交易习惯。同样的在“彭某某、朱某某民间借贷纠纷”一案中,[①] 法院认为彭某某在出具《借据》之前，多次通过微信、支付宝向朱某某转账，两人之前的款项往来已形成交易习惯。有的法院认为三次交易中都使用同样的交易做法就可以形成交易习惯，例如在“马某某、梁某某、陈某某与梁某某民间借贷纠纷”一案中,[②] 双方此前三份《网上银行电子回单》均为转账当天生成并予签名并写明“已收到金额”的情形，双方的这种交易做法已形成双方习惯。结合实践中的做法，应当以三次作为认定双方交易习惯的最低标准，因为一次做法显然不能认为是经常，两次使用同样的做法也具有偶然性，三次使用同样的做法说明在交易中已经形成稳定性，所以可以将三次作为认定是否经常使用的起点次数。当然，这里所说的交易次数是双方当事人按照交易习惯所进行的交易，而不是所有的交易。因为可能当事人之间存在很多次交易，但不是每一次交易都是严格按照交易习惯进行的。例如在“莫某、门某买卖合同纠纷”一案中,[③] 莫某主张在交易记录上打钩为双方结清货款的交易习惯，但是法院审查过程中发现从 2018 年 3 月 27 日到 2018 年 5 月 26 日双方进行了四次交易，但是这四次交易中有打钩进行标识的情况也有没有打钩标识的情况，打钩标识的位置、数量在记录上没有一致性，因此法官对莫某主张的交易习惯不予认定。

2. 消极标准

《民法典》第 10 条明确表明了习惯适用的前提是法律没有规定，这就意味着习惯不可能是违法的，作为习惯之一的交易习惯，不违法自然也是规定的应有之义。同时，该条还明确了交易习惯的适用也不能违背公序良俗。公序良俗是公共秩序和善良风俗的简称，公序是指国家社会的一般利益,[④] 良俗是指社会的一般道德观念。[⑤] 法律是社会生活的底线，如果只规定不违反法律那就只有底线，这不足以维护社会秩序。公序良俗作为道德层面最基本的价值评判标准，可以弥补法律规定的漏洞，共同维护社会秩序的稳定。《民法典》中虽提及公序良俗原则，但是并未规定具体的范围，而社会主义核心价值观中平等、公正、诚信、友善的价值理念正是对公序良俗原则的高度概括，也成为人们日常生活的行动指南。[⑥] 因此《民法典》总则编司法解释第 2 条规定习惯的适用不得违背社会主义核心价值观，不得违背公序良俗。由于交易习惯是人们在交易过程中自发形成的，受文化水平和认知能力的影响，现实生活中有些交易习惯是消极和落后的，如果在司法裁判中适用这些交易习惯会影响法律的公信力和社会的稳定，因此适用交易习惯要不违反法律和公序良俗，同时也要把社会主义核心价值观融入司法裁判的过程。

---

① 广东省广州市中级人民法院（2021）粤 01 民终 23190 号民事判决书。

② 广东省佛山市中级人民法院（2019）粤 06 民终 4774 号民事判决书。

③ 广西壮族自治区桂林市中级人民法院（2019）桂 03 民终 3202 号民事判决书。

④ 参见我妻荣：《新订民法总则》，中国法制出版社 2008 年版，第 254 页。

⑤ 参见郑玉波：《民法总则》，中国政法大学出版社 2004 年版，第 467 页。

⑥ 宋才发：《〈民法典〉与习惯法的契合研究》，载《武汉科技大学学报（社会科学版）》2022 年第 4 期。

（二）当事人的主观“同意”与考察路径

对于当事人的主观意愿，前面已经谈到理论和实务上存在“知道”和“同意”两种不同主张。“知道和同意”在语言意义和法律意义上是有本质区别的，“知道”仅要求当事人知晓交易习惯的存在即可，甚至不要求知道交易习惯的具体内容，而“同意”则要求当事人不仅要知晓交易习惯的存在和内容，还意味着当事人主观上同意受交易习惯的约束。如果仅以当事人知道交易习惯的存在就要求当事人受其约束必然会有损当事人的利益。只有在当事人主观上同意或者认可交易习惯后，当事人才会在内心自觉遵守交易习惯，交易习惯才会对当事人产生约束力。当事人是否认可交易习惯需要法官在个案适用中予以判断，但是目前在理论和实践方面都没有一个明确的判断标准，通过分析交易习惯司法适用的案例笔者总结出四种在个案中判断当事人认可交易习惯的路径。

1. 当事人没有排除适用交易习惯的规定

合同领域的纠纷强调当事人之间的意思自治，当事人可以选择适用交易习惯，也可以选择不适用交易习惯，如果当事人合意达成约定排除交易习惯的适用，那么交易习惯当然不能适用。当事人排除适用交易习惯的原因可能是因为交易习惯本身的不确定性，选择交易习惯不利于保障当事人的利益，也可能是双方当事人所处的地域或者行业不同，对彼此领域内的交易习惯不熟知，适用交易习惯会对一方当事人不公平。无论当事人选择排除适用交易习惯的原因为何，都代表当事人对交易习惯的不认可，此时交易习惯就不再对当事人有约束力。实践中当事人直接在合同条款中约定发生纠纷时不适用交易习惯的情形较少，如果当事人在合同条款中约定了与交易习惯不一致的内容，也应当认定为是排除交易习惯的适用。例如在“广州市宇之尚纺织品有限公司、北京君同力科技股份有限公司等买卖合同纠纷”一案中，① 人们的日常交易习惯是默认买受人向出卖人支付的货款中是包含了发票税金的，除非买卖双方对发票税金存在特别的约定。在本案中，北京君同力公司在2021年1月31日的对账单中盖章确认尚欠款项2537814.3元，其中包含尚欠货款2391104元、已开票税金146710.3元，应当视为双方就相应部分税金的负担作出特别约定，双方当事人通过特别约定排除了交易习惯的适用。同样的，在“衡阳润峰劳务有限公司等与中铁二十五局集团第二工程有限公司建设工程施工合同纠纷”一案中，② 中铁二十五局主张根据建筑行业交易习惯保证金未有计算利息的说法，但是本案双方当事人的《会议纪要》中明确约定了保证金应当支付利息，当事人约定的内容与行业习惯内容不一致，应当认定当事人排除了交易习惯的适用。

---

① 广东省广州市中级人民法院（2021）粤01民终31495号民事判决书。

② 湖南省高级人民法院（2018）湘民终118号民事判决书。

2. 当事人明确约定适用交易习惯

即使当事人没有排除适用交易习惯也不能就此认定当事人认可交易习惯的适用，但是如果当事人在合同中约定的内容与交易习惯内容是一致的，说明当事人对交易习惯是认可的，可以认为是当事人明确约定适用交易习惯。例如在“郝某某、张某等买卖合同纠纷”一案中，① 案件涉及的是钢材买卖，钢材买卖属于大宗买卖，根据行业习惯，一般均会在合同中约定由销售方进行一段时间的垫资，这将造成销售方占用资金成本较高，故合同双方一般会约定较高的垫资报酬。本案中双方当事人就约定按照较高的5.5元/天/吨计算垫资报酬，这与行业习惯是相符的，说明当事人对该行业习惯是认可的。同样的在“深圳市正白科技有限公司、阮某某等买卖合同纠纷”一案中，② 镭泰五金经营部主张目前行业的交易习惯是由销售方直接委托生产商发货，并非是由销售方直接发货，在本案中双方合同约定由镭泰五金经营部委托其上游生产商必虎嘉骁光电技术（重庆）有限公司发货，正白公司通过邮件下单时也是知悉和同意的，正白公司签收《销售出库单》时也没有否认，就此可以说明正白公司对这一行业习惯也是认可的。

3. 双方行为推定认可交易习惯

当事人明确排除交易习惯的适用或者明确约定交易习惯的适用是相对比较容易判断的情形，实践中当事人往往没有明确约定，法官则可以通过当事人在交易中的行为来推定当事人是否认可交易习惯，如通过当事人合同条款的其他内容推定当事人之间有做出约定的意思表示。在“湖北天丰科技股份有限公司诉黄冈市金财融资担保有限公司等追偿权纠纷”一案中，③ 按照当地交易习惯担保公司为获取经济利益在提供担保时必然要收取委托人一定的担保费，而天丰公司与金财公司签订的《委托担保合同》有关担保费率和担保费总额的约定均为空白栏，所以不能直接通过当事人的约定来判断当事人是否认可交易习惯。但是在《委托担保合同》第2.4条约定了天丰公司在签订合同时一次性支付担保费或分次支付担保费的在金财公司向债权人出具保证合同或保函前一次性支付剩余的担保费，天丰公司也是于同日向金财公司支付了112500元，金财公司在次日与债权人中国农业发展银行黄梅县支行签订了《保证合同》。天丰公司除支付上述费用外未支付其他费用，可以认定上述费用即为担保费。法官亦据此推定当事人之间签订的《委托担保合同》是有约定担保费的。

4. 没有明确约定也不能推定时的综合判定

实践中还有一种难以判断的情形就是当事人对交易习惯的适用既没有明示同意也没有明示拒绝，同时也不能通过行为推定当事人是否同意，这种情形就需要对当事人的主观意思做综合判定。第一，对于一般交易习惯，可以从生活常识、一般人的认知等方面综合判

① 安徽省马鞍山市中级人民法院（2022）皖05民终29号民事判决书。

② 广东省广州市中级人民法院（2021）粤01民终28105号民事判决书。

③ 湖北省黄冈市中级人民法院（2017）鄂11民终2527号民事判决书。

断，如果当事人的行为是一般人根据生活常识在从事相同交易行为时都会选择的交易习惯中包含的惯常做法，那么可以推断当事人对该交易习惯也是认可的。例如“王某、窦某某民间借贷纠纷”一案中，① 根据一般习惯，借据一般是在债权人交付借款时，由债务人书写出具，并交由债权人持有，债务人清偿借款后，债权人将借据退还债务人。本案中，被告窦某某认可原告持有的三份借据均系其本人书写出具，法官认为窦某某作为完全民事行为能力人，应当知晓向他人出具借据的后果，可以推断他对借贷的一般交易习惯是认可的。第二，对于行业习惯，可以从当事人的身份、从业时间、从业资质等方面综合判断。例如在“浙江乔兴建设集团有限公司、湖州达昌家纺有限公司建设工程施工合同纠纷”一案中，② 依照建筑行业普遍的交易习惯，竣工验收备案需建设单位、施工单位互相配合才能完成。在本案审理过程中，双方当事人均向本院申请庭外和解，在庭外和解期间，本院要求双方代理人共同向住建部门咨询核实工程资料进档备案具体事宜，达昌公司作为施工单位无故拖延不在《工程质量限期整改通知书回复单》上签字，使乔兴公司不能及时将建设单位就工程质量的相关意见提交质监部门确认。本案中双方代理人作为专业人员应当知晓该行业习惯，而且双方在和解中对于该行业习惯也没有排除适用，应当认为双方当事人认可该行业习惯，因达昌公司不遵守行业习惯应当承担相应责任。

当考量综合因素后仍然难以判定当事人主观意思时，则只能从证明责任分配的角度由负有举证证明责任的当事人承担不利的后果。例如在“杨某某、广东长实通信科技有限公司等建设工程施工合同纠纷”一案中，③ 长实公司是项目的发包方，湘隆公司是项目的承包方，杨某某是项目的实际承包人。长实公司依据行业习惯向湘隆公司收取了10%的管理费，湘隆公司也主张按照行业习惯向杨某某收取10%的管理费，由于双方对收取管理费的比例没有约定，一审法院依据行业习惯认定应当收取10%的管理费，但是杨某某对该行业习惯没有表示是否接受。二审法院认为主张适用该行业习惯的一方是湘隆公司，因为其不能提交证据证明双方均受该行业习惯约束，所以应该承担举证不能的不利后果。

六、结语

交易习惯是在经济交往过程中形成的行为规则，对人们的交易活动起着指导作用。交易习惯类型繁多，在民法典时代，作为法源使用的交易习惯要警惕在适用中被法官当成代替或规避法律作出判决的依据。由此，进一步规范交易习惯的适用标准与程序可能是未来交易习惯司法适用努力的方向。

---

① 河南省安阳市龙安区人民法院（2019）豫0506民再6号民事判决书。

② 浙江省湖州市中级人民法院（2021）浙05民终793号民事判决书。

③ 广东省东莞市中级人民法院（2021）粤19民终2231号民事判决书。

A Study on the Judicial Application of Trading Custom in the Civil Code

Huang Yaqin, Zhang Jingjing

Abstract: The trading habits in the Civil Code are essentially commercial habits, which are mainly applicable to contracts, run through all stages of various contracts, and take precedence over arbitrary norms. Trading habits in judicial interpretation mainly play a normative role in interpreting, supplementing and practicing the content of the code. According to the analysis of relevant judicial cases, in the judicial application of trading habits, there are mainly problems such as gaps in the standard for determining transaction habits, and whether the parties have reached the subjective will of the transaction habit. On the basis of the classification of different trading habits, the identification of typed trading habits, that is, the "three elements" of industry trading habits and general trading habits, and the "two elements" of the trading habits of both parties, can effectively solve the identification of trading habits. At the same time, the willingness of the parties to apply trading habits should reach the level of "consent" . It can be judged from four aspects: exclusion of applicable agreement, express agreement, presumption of conduct, and comprehensive judgment.

Keywords: Civil code Trading habits Application of justice

（编辑：田炀秋）

司法裁判视角下《民法典》第10条的习惯法意义探析*

郭少飞　李　彤**

摘　要　《民法典》第10条与其他民法习惯条文建构起我国民事习惯基本法律体系，第10条的法律意涵不仅应立足于现有体系展开规范分析，而且尚需根植司法裁判实践。通过梳理习惯民事司法裁判文书用语可见，习惯涵摄习俗、风俗、惯例等。基于第10条的规范结构与内容，该条“习惯”应指习惯规范，既包括仅在特定当事人之间具有相对拘束力的习惯个别规范，也包含在不特定主体或社会主体中具有普遍约束力的习惯社会规范。在整体规范意义方面，第10条确立了习惯法的补充性法源地位。在民事司法裁判中，习惯规范优先于任意性规范、管理性强制规范适用，而作为特别法的商事习惯法优先于一般私法适用。

关键词　民法典　习惯　习惯规范　习惯法　法律渊源

导　言

我国《民法典》第10条规定，“处理民事纠纷，应当依照法律；法律没有规定的，可以适用习惯，但是不得违背公序良俗。”各分编亦有诸多习惯条文。《民法典》以一般规定与特别规定相结合的方式构造出民事习惯法典体系，奠立习惯的民法地位。学界对此展开深入研究，但歧见丛生，尤其第10条“习惯”是指习惯事实抑或习惯法，是否承认习惯或习惯法的民法法源地位，争议颇大。习惯早已为民事单行法所规定，此次《民法典》第10条以一般条款明定习惯可以作为处理民事纠纷的依据，宣告了习惯法律意义的广域

---

* 本文系河南省哲学社会科学规划项目（2021BFX027）的阶段性成果。

** 郭少飞，河南师范大学法学院副教授，法学博士、博士后；李彤，河南师范大学法学院私法研究中心助理研究员。

性、普遍性及重要性。正确理解《民法典》第10条在习惯视野下的规范涵义，明晰其规范地位，关乎习惯理论研究趋向及民事司法裁判实践路向。为此，不仅应把第10条置于整个民法典习惯规范体系中，置于民法典与民事特别法共同构造的私法习惯规范体系中，而且必须同步关照习惯民事司法现状，深刻省思国家法与民间法、习惯法的关系。循此思路，本文立足司法实践，融合习惯民事法律体系，深入梳理探析习惯，尝试厘定《民法典》第10条的规范意义与地位。

一、基于民事司法裁判文书的习惯界定

在既有研究与司法实践中，习惯和习俗、风俗、惯例等相似概念常常约等混用，有必要梳理司法裁判文书中各类概念的使用情况，明晰习惯和相近概念的关系，厘清习惯的基本范畴。

（一）习惯及相近概念的民事司法适用情况

登录"中国裁判文书网"，分别以"习惯、习俗、风俗、惯例"为关键词，从《民法总则》生效之日起算①，截至2022年2月，搜索相关民事判决文书。习惯是各地在时代演变过程中结合当地文化而生，融合当地特色。在我国，东、中、西部社会发展水平不一，市场发达程度存异，历史传统因素影响程度不同，习惯司法裁判适用各具特点，以三大区域为准，既可探索一般共性问题，亦可观察习惯司法适用的区域差异，揭示与社会变革之间的关系。根据适用情形，本文共选取15个典型案例，每个区域5个案例。

（1）"习惯"适用情形。

经整理发现，"习惯"适用的提出方式包括当事人主动提出、法院依职权适用。当事人通常把习惯作为事实或者确认事实、说理的依据而提出适用。有时，当事人未主张适用习惯，但法院会在裁判文书中提及习惯，多用于认定事实或者作为说理依据，也有直接作为裁判根据。

情形一：习惯作为裁判依据

地区	案名	案号	含"当地习惯、交易习惯"的裁判文书表述
西部	乐山市堰板电厂有限责任公司、四川夹江千佛岩水力发电有限责任公司相邻关系纠纷二审民事判决书	四川省高级人民法院《（2017）川民终395号民事判决书》	法院认为千佛岩水电公司在正当、合理的范围内行使自己的权利。最终依照《物权法》第八十五条及其他涉及水法的规定作出判决

① 《民法典》第10条完全承袭自《民法总则》第10条，故起始时间点以《民法总则》生效日为准。

续表

地区	案名	案号	含“当地习惯、交易习惯”的裁判文书表述
中部	张建、张长明相邻通行纠纷二审民事判决书	湖北省随州市中级人民法院《（2018）鄂13民终165号民事判决书》	法院从相邻关系出发认为张长明应允许张建楼梯通道的便利通行。最终依照《物权法》第八十五条等作出判决
东部	南昌手信文化传媒有限责任公司、重庆广播电视集团广播电视播放合同纠纷二审民事判决书	江西省高级人民法院《（2020）赣民终933号民事判决书》	法院认为重庆广电集团提出磋商应得到南昌手信公司以通知的方式作出的承诺后方能生效。最终依照《合同法》第二十二条及其他涉及著作权、合同违约责任的规定作出判决

情形二：习惯用于认定事实或说理依据。

地区	案名	案号	含“当地习惯、交易习惯”的裁判文书表述
西部	陕西华夏粉末冶金有限责任公司、鲁松杰承揽合同纠纷民事再审民事判决书	陕西省高级人民法院《（2021）陕民再145号民事判决书》	本院以交易习惯作为不予认定上诉人与被上诉人间进行的款项交易事实的说理依据
中部	沁阳市康源食品厂、河南中沃实业有限公司侵害外观设计专利权纠纷民事二审民事判决书	河南省高级人民法院《（2021）豫知民终594号民事判决书》	法院认为对于合法来源，使用者、许诺销售者或者销售者应当提供符合交易习惯的相关证据
东部	王佶与何琴芝等房屋买卖合同纠纷民事二审案件民事判决书	上海市高级人民法院《（2021）沪民终255号民事判决书》	法院认为根据合同目的和交易习惯确认被上诉人尽到了合理注意义务

（2）“习俗”适用情形。

习俗主要用于认定案件事实、作为衡量事实的依据。

地区	案名	案号	含“习俗及习惯法条”的裁判文书表述
西部	文某与徐某、唐某婚约财产纠纷一审民事判决书	四川省大英县人民法院《（2021）川0923民初376号民事判决书》	法院综合考量地方习俗等，及其他支出和付出的实际情况，依照《民法典》第十条、《婚姻家庭编的解释（一）》第五条作出判决

续表

地区	案名	案号	含“习俗及习惯法条”的裁判文书表述
中部	鄢某与刘某婚约财产纠纷一审民事判决书	河南省固始县人民法院《（2021）豫1525民初1691号民事判决书》	法院认为，原、被告虽未办理结婚登记手续，但已按习俗举行了结婚仪式并同居生活，依法律规定和习俗可适当返还。最终，依据《民法典》第十条、《婚姻家庭编的解释（一）》第五条作出判决
东部	高夫君、高夫合等与高建排除妨害纠纷二审民事判决书	江苏省徐州市中级人民法院《（2019）苏03民终7639号民事判决书》	法院认为，被上诉人在上诉人亲属坟墓周围开挖水坑距离坟墓较近，不符合当地殡葬习俗。法院依照《民法总则》第十条作出判决

（3）“风俗”适用情形。

风俗主要作为认定案件事实、说理依据。

地区	案名	案号	含“风俗及习惯法条”的裁判文书表述
西部	宋宗安、张银菊等与宋宗贵排除妨害纠纷二审民事判决书	重庆市第四中级人民法院《（2021）渝04民终871号民事判决书》	一审法院认为，风水并非法律所承认的民间风俗，认为立碑对房屋风水影响不好没有科学依据。法院依照《民法典》第十条及其他涉及民事权利、侵权责任的规定作出判决
中部	魏景林、魏芳龙等婚约财产纠纷民事二审民事判决书	湖南省永州市中级人民法院《（2021）湘11民终3104号民事判决书》	法院认为，对于未办理结婚登记而同居生活，一方要求对方返还给付的彩礼款的，是否返还及返还数额，应根据当地风俗等因素予以确定。最终，依照《民法典》第十条、《婚姻家庭编的解释（一）》第五条作出判决
东部	梅州市福利院、黄某等服务合同纠纷民事二审民事判决书	广东省梅州市中级人民法院《（2021）粤14民终1649号民事判决书》	一审法院认为，被告不履行抚养、教育和保护其小孩的法定义务行为有悖社会道德秩序和善良风俗。综上，一审法院依照《民法典》第十条及其他涉及民事法律行为的效力、家庭关系的规定作出判决

（4）“惯例”适用情形。

惯例常用于认定事实、作为说理依据。

地区	案名	案号	含“惯例及习惯法条”的裁判文书表述
西部	原告蔡家坡某某小区业主委员会诉被告李某物业服务合同纠纷一审民事判决书	陕西省岐山县人民法院《（2021）陕0323民初141号民事判决书》	法院认定原告及被告之间对供暖存在惯例，最终依照《民法典》第十条、第五百零九条第一款及其他有关物业服务合同条款的规定作出判决

续表

地区	案名	案号	含“惯例及习惯法条”的裁判文书表述
中部	胡成卫等承包地征收补偿费用分配纠纷二审民事判决书	河南省郑州市中级人民法院《（2020）豫01民终10018号民事判决书》	一审法院认定有关土地补偿费按照长期形成的惯例进行分配，最终依照《民法总则》第十条作出判决
东部	白山市合诚物业服务有限公司、王勇物业服务合同纠纷民事判决书	吉林省白山市浑江区人民法院《（2021）吉0602民初2846号民事判决书》	法院根据双方履行合同的惯例认定白山华山热力有限公司收缴取暖费包括被告的房屋面积。最终依照《民法典》第十条、第九百四十四条作出判决

综上可见，其一，习惯在我国各地均有适用，在东中西部各类习惯的适用频次和广度不同，展现出当代中国社会现代化变迁进程中的地方差异。其二，习俗、风俗、惯例等语词虽然皆被司法文书采用，但裁判时往往引用《民法典》或《民法总则》第10条或其他习惯民法法条或司法解释作为依据，表明裁判者将它们纳入习惯范畴。这也表现在最新的司法解释中。2022年3月1日施行的《最高人民法院关于适用〈中华人民共和国民法典〉总则编若干问题的解释》（以下简称“总则编解释”）第2条就把习俗、惯常做法置于习惯之下。那么，司法实践及司法解释映照出何种规范意义呢？此需辨析习惯及相近概念，基于当下司法实践厘清其关系，确定习惯范畴。

（二）习惯的基本范畴

习惯指人们经长期实践形成的并被反复践行的行为模式。《辞海》把习惯界定为由于重复或多次练习而巩固下来并变成需要的行为方式。① 社会学者强调习惯内含的社会因素及社会动力机制对习惯的生成作用。如布迪厄认为，惯习是深刻地存在在性情倾向系统中的，作为一种技艺存在的生成性能力。② 杜威认为，习惯包括一系列由某种内在或外在的线索所引起的行为。③ 韦伯则将一种调节社会行为规律性的实际存在的机会称为习惯，并认为这种机会仅由于事实上的实践而在一定范围内的人当中存在。④

相较而言，法学界偏重从社会规范层面理解习惯，强调习惯获得人们认可，对相关主体具有拘束力。《中国大百科全书（法学卷）》认为，习惯是人们经过长期实践共同遵守

① 舒新城主编：《辞海》，上海辞书出版社2009年版，第2296页。

② 参见［法］皮埃尔·布迪厄、［美］华康德：《实践与反思》，李猛等译，中央编译局出版社2004年版，第165页。

③ 参见［美］约翰·杜威：《人性与行为》，罗跃军译，华东师范大学出版社2012年版，第2页。

④ 参见［德］马克斯·韦伯：《经济与社会（上卷）》，林荣远译，商务印书馆1997年版，第60页。

的一种行为规则。[①] 概言之，习惯定义与相近概念关系紧密，但亦有区别。

其一，习惯与习俗。习俗主要指不限于主体、时间、空间，具有流行性的行为规则，更倾向于长久积累的传统，与习惯内涵相比，两者并无本质差异。胡长清把习惯等同于习俗，认为在一段时间内就同一事项反复践行的习俗就是习惯。[②] 韦伯把建立在长期约定俗成的基础上，并在一定范围内的人当中存在的习惯视为习俗。[③] 严格来说，习俗是源于俗之习惯，或者具有社会普遍性、为一般社会主体遵循的习惯，俗是具有社会普遍意义的行为方式。司法裁判并未细分二者。其二，习惯与风俗。《民法典》第10条规定适用习惯不得违反良俗，道明习惯与风俗之异。习惯可仅存于双方当事人之间，或随时间消逝。风俗偏重强调行为模式与区域自然环境、社会历史文化的内在紧密联系，极具历史性、社会普遍色彩。习惯与风俗虽本质有别，但联系紧密，相互交叠，风俗乃习惯的来源之一，融合生成习俗。其三，习惯与惯例。二者含义并无实质差异，可相互等同。高其才教授认为，惯例是习惯在日常生活中的具体表现形式，二者更多是在称谓上有所不同；[④] 韩忠谟认为习惯是特定社会中生活关系的惯例。[⑤] 若严格区分，惯例偏向行为连续固定，习惯侧重行为模式拘束。

习俗、风俗等与“俗”相关的词语往往指涉婚姻家庭、民族事务、特定地域生活方式等社会领域，它们是中国历史文化传统的表征，是中华民族经年累积所成的行为模式或规则，以当下视角即经岁月淬炼、源于传统的习惯。正如杜威所言，习惯范畴之广，包含普通的行为现象、行为模式以及群体成员的各种感知、分类和思维方式等，并跟随环境的变化而改变。[⑥] 习惯应涵摄习俗、风俗、惯例等语词，虽然用语、司法功用多样，却无实质差异，习俗、风俗、惯例等均可融括于习惯范畴，此由司法裁判文书、民事习惯司法解释可证。首先，在上述司法裁判文书中，习惯、习俗、风俗、惯例的适用大体一致，常用于认定事实或作为说理依据，并一统由习惯法条作为裁判依据。司法裁判机关已承认其同质。其次，“总则编解释”第2条规定，“在一定地域、行业范围内长期为一般人从事民事活动时普遍遵守的民间习俗、惯常做法等，可以认定为民法典第十条规定的习惯”。这直接肯认民间习俗、惯常做法属于习惯。

总之，无论是在司法实践层面，还是在法律规范层面，习惯、习俗、风俗、惯例等不必严格区分，均可由习惯涵摄，适用习惯法律规范，从而一体导入习惯司法适用活动中。

---

① 中国大百科全书总编辑委员会编：《中国大百科全书（法学卷）（第2版）》，中国大百科全书出版社2009年版，第87页。

② 胡长清：《中国民法总论》，中国政法大学出版社2007年版，第30页。

③ 参见［德］马克斯·韦伯：《经济与社会（上卷）》，林荣远译，商务印书馆1997年版，第60页。

④ 高其才：《民法典编纂与民事习惯研究》，中国政法大学出版社2017年版，第6页。

⑤ 韩忠谟：《法学绪论》，中国政法大学出版社2002年版，第111页。

⑥ 参见［美］约翰·杜威：《人性与行为》，罗跃军译，华东师范大学出版社2012年版，第2页。

二、《民法典》第10条“习惯”的体系定位

（一）《民法典》第10条“习惯”的定性之争

厘定《民法典》第10条在现行民事习惯规范体系中的意义及地位，离不开对条文中“习惯”性质的科学认知，就此理论界主要有两种学说。

第一，事实习惯说，该说认为习惯乃事实。梁慧星教授认为，《民法典》第10条“习惯”，指民事习惯，① 即单纯事实上的习惯。该说可细分为个体事实习惯说与群体事实习惯说。依前说，习惯主体限于个人，习惯主要指个体反复践行的行为模式；群体事实习惯说则把习惯主体界定为群体。我国台湾民法第1条规定，“民事，法律所未规定者，依习惯；无习惯者，依法理。”对此，王泽鉴教授认为，此处习惯应指事实上的习惯。第2条“民事所适用之习惯，以不背于公共秩序或善良风俗者为限。”此处习惯可兼指习惯法及事实上的习惯。② 黄茂荣教授也主张把台湾民法第1条习惯认定为事实上的习惯，理解为习惯法则无法表现习惯法对制定法的补充性地位。③

第二，习惯法说，该说主张《民法典》第10条“习惯”为习惯法，获诸多学者支持。如高其才教授认为，《民法典》第10条所规定的习惯应理解为国家司法机关解决纠纷时所适用的习惯法，而非仅具有参照意义的一般社会规范。④ 实际上，不论《日本民法典》或《瑞士民法典》均以习惯法为法律渊源。《德国民法典》与《法国民法典》虽未明文规定习惯法的法源地位，但司法实践已然把习惯法列为法源之一，且被学界广泛认同。至于何谓习惯法，有两种学说，一是“国家认可说”，主张只有经国家认可并由国家强制力保障实施的习惯才具备法律效力；一是“自动生效说”，即习惯经人们自觉遵守确认，具有一定的强制性，便可自动产生法律效力。⑤ 二者本质差异在于习惯法是否需要国家认可。

从现有规定看，《民法典》第10条“习惯”不等于习惯法，毕竟存在违背公序良俗的习惯，然而习惯法是国家法意义的习惯法，还是民间法意义的习惯法，仍不清晰。就第10条“习惯”而言，尚需深入分析习惯的规范性频谱，为定位奠立基础。

（二）习惯的规范性之别

习惯的规范性与习惯所涉主体范围密切相关。根据主体范围不同，习惯可分为个体习

---

① 梁慧星：《〈民法总则〉重要条文的理解与适用》，载《四川大学学报（哲学社会科学版）》2017年第4期，第51页。

② 王泽鉴：《民法总则》，北京大学出版社2009年版，第47－48页。

③ 黄茂荣：《法学方法与现代民法》，中国政法大学出版社2001年版，第371－375页。

④ 高其才：《民法典中的习惯法：界定、内容和意义》，载《甘肃政法大学学报》2020年第5期，第22页。

⑤ 刘智慧：《习惯作为民法法源的类型化分析——以〈民法总则〉第10条的适用为中心》，载《新疆社会科学》2017年第4期，第110页。

惯、群体习惯及社会习惯。[1] 其中，个体习惯指仅对个人发生拘束力的习惯。群体习惯介于个人习惯与社会习惯之间，主体乃特定群体，拘束力限于特定人群，是指为特定群体共同认可并反复践行的行为模式。社会习惯相较于个人习惯、群体习惯，主体范围最宽，拘束力最广泛，指被社会主体普遍认可并反复践行的行为模式。

三类习惯的拘束力不同，规范性存在差异。根据习惯规范性是否指向不特定主体，可区分普遍规范性和特定规范性。前者指习惯的拘束力指涉不特定主体，后者则指习惯仅对特定主体具有拘束力。习惯因遵循的主体范围差异，产生各异的规范性。规范性判断不完全依赖习惯类型，尚需视受拘束主体范围、习惯稳定性等综合确定。以交易习惯为例，若仅存在于当事人之间，为双方当事人践行且受拘束，则其规范性限于双方，系特定规范性；若源自行业习惯、地域习惯，广为不特定主体遵守，则有普遍约束力。

由此，在规范性层面，排除个体习惯，可划分习惯个别规范与习惯社会规范。习惯个别规范，即在特定主体间具有约束力的习惯。它没有普遍约束力，仅对双方当事人有拘束力，发生纠纷时可作为事实认定或说理依据，即使作为裁判依据，亦无法令其上升为习惯法。与习惯个别规范相比，习惯社会规范的拘束力涉及复数主体，包括群体习惯、行业习惯、民族习惯等。在司法裁判中，习惯社会规范能够作为厘定当事人法律关系的基础；因具有普遍拘束力、一般效力，乃社会规范之一种，法律缺失时可以作为司法裁判的规范依据。

（三）《民法典》第10条“习惯”的体系意义

1. 我国现行民事习惯规范体系

在我国，习惯用语多样，主要有习惯、习俗、交易习惯、传统习惯、当地习惯、国际惯例等。习惯条文最多的法律部门是民商法，习惯民法规范涉及物权、合同、婚姻家庭、继承等诸多领域。《民法典》共有18个法律条文涉及习惯，其中总则编3条，合同编12条，物权编2条，人格权编1条，即第1015条。在概念用语方面，2条使用的是“习惯”，分别是第10条及第142条，第140、321、480、484、509、510、515、558、599、622、680、814、888、891条是“交易习惯”，第289条是“当地习惯”，第1015条是“风俗习惯”。公司法、合伙企业法、保险法、破产法均无习惯条文，海商法第49条规定，习惯是确定货物运输航线的依据之一。

在司法解释方面，“总则编解释”第2条规定民间习俗及惯常做法属于习惯。《最高人民法院关于适用〈中华人民共和国民法典〉物权编的解释（一）》第16条及第18条规定“交易习惯”，用于判断受让人重大过失或交易价格合理性。《最高人民法院关于审理买卖合同纠纷案件适用法律问题的解释》第1条、第16条、第17条规定了“交易习惯”，

① 郭少飞：《习惯的法律界定与类型化》，载《民间法》2018年第1卷，第51－52页。

用于认定双方当事人买卖合同关系及内容。《最高人民法院关于适用〈中华人民共和国民法典〉婚姻家庭编的解释（一）》第5条规定“习俗”，用于裁判彩礼返还纠纷。

总体而言，经由抽象的一般规定，结合各分编具体规定，我国已经构造出民事习惯基本法律规范体系。习惯规范集中于交易法，“交易习惯”出现频次最高，“当地习惯”“风俗习惯”等分布较少。

2.《民法典》第10条“习惯”的法律意涵

在现行法律体系中，《民法典》第10条作为一般条款统摄整个私法，涉及各分编和司法解释中的习惯规定。依内涵，习俗、惯例等尽可纳入习惯范畴，但在性质、规范性等方面《民法典》第10条“习惯”有待深入分析。

首先，《民法典》第10条“习惯”指习惯规范。立法者意识到国家法存在不足，允许法律未规定时依习惯处理民事纠纷。此时，习惯至少对双方当事人有拘束力，而纯粹的个体习惯无法归入《民法典》第10条“习惯”。在社会主体层面，从双方当事人习惯，到属于特定群体、地域甚至全社会共同认可的习惯，规范性由小到大、由个别到一般。此类习惯规范拘束至少两个及以上主体，属于《民法典》第10条“习惯”。

其次，《民法典》第10条“习惯”有善恶之分。从第10条规范内容看，习惯适用存在条件限制，即“不得违背公序良俗”。习惯规范面临合法性正当性疑问，并非全部适用于司法，只有符合公共秩序、善良风俗的习惯方可。第10条“习惯”包含恶习与良习，善恶之分本质上系道德评价结果，终须在法律层面开展合法律性判断。

最后，《民法典》第10条“习惯”不当然指习惯国家法。单就“习惯”一词而言，在条文规范意义中并不构成习惯法。从普遍规范性角度观察，民间法意义的习惯法是独立于国家制定法，依据某种社会权威确立的、具有强制性和反复性的行为规范总和。此种习惯法实乃习惯社会规范，依法仅当不违背公序良俗、作为裁判依据时，才能擢升为习惯国家法。

总之，《民法典》第10条“习惯”意指习惯规范，既包括仅在特定当事人之间具有相对拘束力的习惯个别规范，也包含在一定群体、地域内的不特定主体或社会主体中具有普遍约束力的习惯社会规范。此等习惯规范至多是民间法意义而非国家法意义的习惯法。

三、《民法典》第10条的习惯法规范意义

《民法典》第10条旨在明晰处理民事纠纷依据，承认了习惯补充法律适用的功用地位，但到底是构建起我国民法“法律—习惯”二位阶法源体系①，抑或具有其他意义，认识不一。为此，须立足习惯民事规范体系，根植条文规范结构，依循规范内容，探索《民法典》第10条的规范意义。

---

① 于飞：《民法总则法源条款的缺失与补充》，载《法学研究》2018年第1期，第37页。

（一）“法律”的范畴厘定

关于“法律”范畴主要有两种观点：实质法律观与形式法律观。大多数学者支持实质法律观，认为此法律不仅包括全国人大及常委会制订的狭义法律，还包括行政法规、地方性法规、自治条例与单行条例、司法解释等。相较于形式法律观，实质法律范围更广，符合社会规范需求，但是实质法律观下的广义法律过于泛化，容易影响三段论大前提“法律规范”的认定，引发法律冲突，导致同案不同判。我国倾向承认实质法律观，最高人民法院明确规定，在民事司法文书中可依据法律解释、司法解释裁判。形式法律观则认为，应当将法律限定于全国人大及常委会的立法文件。这有利于维护法律体系的整体性，提升寻找三段论大前提的效率，确保法律裁判适用的统一性。但狭义法律外延过于狭窄，无法满足司法需求。固守形式法律观，极易导致裁判无法可依，甚至法官拒绝裁判。

鉴于两种法律观各有利弊，有学者提出，应综合考量人民主体原则、尊重法律传统与外在特征原则、可预期性限制原则等，缩窄实质法律观；法律包括狭义法律、法律解释、行政法规、地方性法规、自治条例与单行条例，但不含宪法、行政规章、指导性案例。① 对此，笔者认为，宪法在我国仅具间接效力，不能直接司法化，故不宜作为第10条“法律”。但是，指导性案例不应摒弃。在我国司法实践中，指导性案例可弥补法律空白，满足司法裁判需求；有助于司法机关统一法律适用标准，促进司法良性运转。②

按照《民法典》第10条所涉领域、功能，“法律”是处理民事纠纷的依据，显然应系民事法律规范，即调整平等主体之间人身及财产关系的法律规范总和。民法规范主要分布于私法，但公法亦蕴藏少量民法规范。根据立法法，民事基本制度只能制定狭义法律，由此反推，非基本民事制度可采用地方性法规、自治条例或单行条例等立法。概言之，在法律形式方面，第10条“法律”主要是私法中的狭义法律，少数是公法中的狭义法律规范，但不排除其他低位阶立法。

（二）“可以适用习惯”之“可以”界定

无论在日常生活中，还是在法律层面，“可以”常用且内涵丰富。“可以适用习惯”之“可以”代表法律授权，但指涉主体未明确，按第10条规定应系民事纠纷处理主体。在我国，民事纠纷处理包括诉讼、仲裁、调解等多元方式，分别涉及司法机关、仲裁机构、调解委员会等。无论何者，按第10条均有权依法处理民事纠纷。但从规范对象及事务领域看，《民法典》第10条是裁判规则③，主要指向法院等司法机关，在获得法律授权

---

① 苏志猛：《民法总则第10条私法渊源之“法律”教义论》，载《河南科技学院学报》2019年第1期，第43页。

② 刘作翔：《司法中弥补法律漏洞的途径及其方法》，载《法学》2017年第4期，第55页。

③ 谢晖：《论“可以适用习惯”“不得违背公序良俗”》，载《浙江社会科学》2019年第7期，第31页。

的同时，司法机关亦承担职责义务。换言之，纠纷处理者享有公权，而非可自愿选择放弃的私权。故当第10条规定情形发生，必须适用习惯，即无法律且有不违背公序良俗的习惯，必须适用习惯。否则，纠纷处理者任意决定习惯适用与否，就否定了《民法典》第10条的存在意义及必要性。总之，依据第10条，纠纷处理者适用习惯既是权力，亦属法定义务。

此外，“可以”不能解释为“可以不”。没有法律规定时，仅当符合第10条，违背公序良俗时，不适用习惯；否则，有良好习惯规范，必须予以适用，作为纠纷处理依据。再者，“可以”反对“应当（该）”，将“可以”与法律中其他常见的助动词比较，能够清晰说明“可以”的规范指向。① 不论在道德层面或法律层面，“应当”均与义务相联。“应当”之下，必须实施一定行为，行为强制的规范特性凸显。“应当”约束人们的选择，相较于“可以”缺乏弹性及兼容性。适用习惯时，若按“应当”行事，处理者缺少自我选择空间。显然，“可以”赋予相关主体自主性，不能解释为“应当”。

（三）“可以适用习惯”之“适用”界定

1. “适用”主体

依《民法典》第10条，适用主体乃“处理民事纠纷”者，在我国包括司法机关、仲裁机构、调解机构等。《民法典》第10条仅指向法院，还是全体纠纷解决者，尚未明确。在世界范围内，各国民法典规定有三种情形。第一，习惯适用主体及场域清晰。《瑞士民法典》第1条规定，“本法有规定的法律问题，适用本法；无规定者，以习惯法裁判；无习惯法，依法官提出的规则；同时应遵循既定学说和传统。”第二，习惯适用主体及场域模糊。《日本民法典》第92条规定，“有与法令中无关公共秩序的规定相异的习惯，如果可以认定法律行为当事人有依该习惯的意思时，则从其习惯。”第三，习惯适用主体模糊，但适用场域清晰，我国《民法典》第10条即如此。

我国习惯适用主体应当如何认定呢？谢晖教授指出，多元纠纷机处理制中，代替性纠纷解决机制由三种要素构成：一是主体层面，替代法院的其他解纷主体；二是主观层面，强调当事人的自主合意和选择；三是功能层面，即解决纠纷。可依此判定代替性纠纷解决机制中的适用主体与《民法典》第10条习惯的适用主体可否等同。② 对此，笔者深表赞同。

《民法典》第10条确立了习惯法的补充性法源地位，属于裁判规范。代替性纠纷解决机制中的适用主体不能等同于习惯适用主体，而这并不意味着其他民事纠纷解决主体无须遵行第10条规定。从纠纷解决效力看，司法判决、仲裁裁决、调解的自治性依次趋弱，

① 谢晖：《“可以适用习惯”的法教义学解释》，载《现代法学》2018年第2期，第7页。

② 谢晖：《“可以适用习惯”的法教义学解释》，载《现代法学》2018年第2期，第11页。

所受法律约束逐渐减少，当事人意思自治空间增大，第10条适用的必然性及必要性逐步下降。甚至调解时，可在一定限度内不以第10条为准，习惯规范可优先于任意规定，甚至管理性强制规定。

2. “适用”条件

《民法典》第10条习惯适用条件可分为积极条件和消极条件。积极条件有三。其一，习惯应具长期性、反复性及内心确信。习惯的时间持续性，指习惯是人们在长期的社会实践过程中产生的行为模式。若时间的连续性断裂，有关行为方式不应视为习惯。所谓反复性和内心确信，即习惯是自发形成的经人们反复践行并予以内心确信的一种行为规则。其二，习惯具有规范属性。为维护正常的社会秩序，习惯需发挥规范作用，指引人们的行为。其三，习惯具有普遍约束力。习惯对各类主体生发出拘束力，若违背则会受到一定谴责或惩罚。①

消极条件主要是“不得违背公序良俗”。公序良俗原则为各国民法典公认，作为约束性原则，主要涉及两类行为：一是交往行为，属于行为规范范畴；二是裁判行为，作为处理民事纠纷适用法律的标准。公序良俗指涉社会公共秩序，以及根植道德规范、为社会全体成员普遍认可的传统行为模式。若习惯与善良风俗相冲突，则会影响正常的社会活动，破坏法的秩序。② 是故，习惯违背公序良俗，即使存在法律漏洞，也不得适用。公序良俗原则对上述两类行为的规制，体现了该原则行为规范与裁判规范的混合属性。

所以，“不得违背公序良俗”可从两方面解释，即行为规范意义和裁判规范意义。前者指民事主体开展民事活动，符合公序良俗；后者指司法机关在适用习惯时不得违背公序良俗。《民法典》第10条作为裁判规范，主要用于解决民事纠纷，但间接发挥着行为规范作用。在适用层面，法院等纠纷处理者不得依据违反公序良俗的习惯处理纠纷，或曰适用习惯的结果不得有悖于公序良俗。易言之，习惯适用的前提在于，习惯本身不违反公序良俗，必须是符合公序良俗的习惯。可能被纳入习惯法的习惯应受公序良俗的考量，一切违反公序良俗的习惯，均不得纳入习惯法范畴。③

3. “适用”顺位

《民法典》第10条总体上肯定了民事习惯在司法中的法源地位④，同时表明我国承认成文法与不成文法的法律形态。习惯作为反复践行的行为模式与规则，未经国家认可，没有国家强制力。法律则由国家制定或认可，具有国家强制力，范畴并不限于民法典，而是民法体系中所有的民事法律。⑤《民法典》第10条作为一般条款指引法院适用习惯，法院

① 王利明：《论习惯作为民法渊源》，载《法学杂志》2016年第11期，第5-8页。
② 彭诚信：《论〈民法总则〉中习惯的司法适用》，载《法学论坛》2017年第4期，第31-32页。
③ 杨德群：《论公序良俗原则对习惯及习惯法的权衡》，载《时代法学》2013年第6期，第24页。
④ 谢晖：《“可以适用习惯”的法教义学解释》，载《现代法学》2018年第2期，第3页。
⑤ 邸莹：《民法体系中“习惯”适用的历史经验与现实转化》，载《法律适用》2021年第12期，第84页。

处理民事纠纷时应遵循该条规定。就法律地位而言，法律是我国民法的主要渊源，习惯法是民法的补充性次要渊源，旨在弥补民事法律的缺失。在效力方面，法律通常高于习惯规范。最终，在适用顺位方面，法律原则上优于习惯法。

但是，民法乃自治法，当事人意思可排除或变更任意性规范的适用。故当事人依据习惯规范开展民事活动，裁判时应首先适用习惯规范，而非相应的任意性规范。当然，此时需要审查习惯规范的合法性，确定其不违反公序良俗，不违反其他民法基本原则。至于可否违反民法强制性规范，需要区分强制规范类型。依照《民法典》第153条的规定，仅效力性强制规定对民事活动产生私法意义，管理性强制规定不影响民事法律行为效力，民事活动不遵循管理性强制规定不会产生不利的民法后果。基于此，习惯规范可不符合民法管理性强制规范。习惯规范可先于任意性规范、管理性强制规范适用。

此外，尚需区分一般法与特别法。如果习惯法相对于民法典属于特别法，那么按照特别法优于一般法的原则，习惯法可先于一般私法适用，比如商事习惯法。《日本商法典》第1条规定，“凡为商法所备载之事，用商法，商法所未载者，用商习惯法，无习惯法，用民法。”此乃特殊情形。①

（四）《民法典》第10条确认习惯法的法源地位

《民法典》第10条承认良好习惯在处理民事纠纷中的补充性功用，从而确立了习惯法在我国的正式法源、直接渊源地位②。在此，习惯法是指为人们内心确信，符合公序良俗，受国家承认具有法律拘束力并由国家强制力保障实施的行为规范。习惯法作为国家认可的习惯规范，本质上是国家将习惯融入具体法律制度中。③ 因此，作为民法法源的习惯法应从国家法层面理解，凡在生效司法文书中作为裁判依据，即属习惯法，对于同类案件裁判具有法律约束力。

习惯法在本质上是法官运用习惯规范进行“法官造法”或“法律续造”的过程，其目的既可以是新判例的创造，也可以为判例指导提供范型。④ 故《民法典》第10条应属造法规范。法官造法实际上是针对特定案件，法官以自身能动性结合案件情况构造裁判规范，涉及案件特点、法官个人判断及办案经验等因素。按照我国法治传统，习惯规范应由立法机关认可为习惯法。但因习惯规范的多样性、变动性以及纠纷解决的司法能动性所需，法官造法确有必要。《民法典》第10条一改过往的立法权力体系与立法传统，授权法官创制习惯法律规范。

---

① 彭诚信：《论〈民法总则〉中习惯的司法适用》，载《法学论坛》2017年第4期，第33页。

② 高其才：《认可、吸纳与空漏：〈民法总则〉对习惯的规范及完善》，载《江海学刊》2017年第5期，第126页。

③ 艾围利：《论民事习惯的法律地位及其立法思考》，载《南京师范大学学报（社会科学版）》2008年第3期，第39－40页。

④ 参见谢晖：《民间法与裁判规范》，载《法学研究》2011年第2期，第177－179页。

虽然在整体规范意义上，《民法典》第10条确立了习惯法的补充适用地位，但不排除习惯在司法裁判中发挥事实认定或说理依据的法律功能，此时无须“法律没有规定”，依然可以适用习惯，而该习惯并非习惯法，没有普遍法律效力。

四、《民法典》第10条规范意义的实证检视

《民法典》第10条广泛运用于司法实践，其规范意义可基于司法裁判文书检视。笔者按照前述统计方法，针对三大区域，每个区域3个，共选取9个典型案例，以“《民法总则》第10条”或“《民法典》第10条”为关键词，经检索发现，习惯适用方式主要有两种：一是，多数作为裁判依据，按是否系单一裁判依据可细分；二是，作为说理依据。

（一）《民法典》第10条司法适用的实证考察

1. 作为裁判依据

法院仅《民法典》第10条为判决依据，通常符合无法律可适用习惯的规定。

情形一：第10条作为单一裁判依据。

地区	案名	案号	仅有第10条的裁判文书表述
西部	罗小冰、西安四德置业有限公司普通破产债权确认纠纷民事二审民事判决书	陕西省西安市中级人民法院《（2021）陕01民终14880号民事判决书》	法院认为罗小冰并非消费性购房人，无优先权不符合法律规定，因此要求将其债权确定为购房债权人的诉讼请求并无法律依据。法院依照《民法典》第十条作出判决
中部	王洪喜、王细华侵害集体经济组织成员权益纠纷二审民事判决书	湖南省岳阳市中级人民法院《（2020）湘06民终1905号民事判决书》	一审法院以土地分配的行事习惯认定新屋组未侵犯王洪喜等人的权益。法院依照《民法总则》第十条作出判决
东部	周建明与徐兰等排除妨害纠纷民事一审案件民事判决书	上海市宝山区人民法院《（2021）沪0113民初14578号民事判决书》	法院认定周建军、徐兰向周建明提供补贴且其廉租屋可继续居住的情况下，周建明排除妨害的请求不予支持。因无法律依据，法院依照《民法典》第十条作出判决

情形二：《民法典》第10条作为裁判依据之一，发挥“补缺”作用。习惯作为行为规范，支持民事裁判结论，衡量当事人行为，提供某种行为指引，可查明案件事实，作为解释依据。①

① 陈洪磊：《〈民法典〉视野下我国民族民事习惯的司法运用——基于235份裁判文书的分析》，载《华中科技大学学报（社会科学版）》2021年第5期，第117页。

地区	案名	案号	含有第 10 条及其他法条的裁判文书表述
西部	克拉玛依市佰昌油田技术服务有限责任公司等租赁合同纠纷民事二审民事判决书	新疆克拉玛依市中级人民法院《（2021）新 02 民终 650 号民事判决书》	法院根据行业标准和市场交易习惯确定赔偿标准，最终依照《民法总则》第十条及其他涉及道路交通法的规定作出判决
中部	代长新、戴金明等合同纠纷民事一审民事判决书	安徽省定远县人民法院《（2021）皖 1125 民初 2877 号民事判决书》	法院根据风俗习惯不予认定原告代长新要求被告恢复水沟原状的诉讼请求，最终依照《民法典》第十条及涉及民事法律行为的法律规定作出判决
东部	赵某、薛某排除妨害纠纷民事二审民事判决书	江苏省苏州市中级人民法院《（2021）苏 05 民终 9511 号民事判决书》	法院根据车位租赁习惯认定薛某的车位使用在合理范围，最终依照《民法典》第十条及涉及质权、适用时间效力的规定作出判决

2.《民法典》第 10 条作为说理依据

此种情形非常多见。

地区	案名	案号	第 10 条作为说理依据的裁判文书表述
西部	赵增伟、从达兵农村建房施工合同纠纷案	云南省楚雄彝族自治州中级人民法院《（2021）云 23 民终 1321 号民事判决书》	此案中当事人从达兵将《民法典》第十条作为主张驳回赵增伟诉讼请求的说理依据
中部	刘某 1、刘某 2 等遗嘱继承纠纷民事二审民事判决书	湖南省永州市中级人民法院《（2021）湘 11 民终 2282 号民事判决书》	法院以《民法总则》第十条作为判决被上诉人刘某 3 分得土地补偿款问题的说理依据
东部	杨某 1、杨某 2 继承纠纷二审民事判决书	浙江省宁波市中级人民法院《（2021）浙 02 民终 2848 号民事判决书》	法院将《民法典》第十条作为划分杨某 1、杨某 2 继承财产事实的说理依据

（二）《民法典》第 10 条实证检视概论

综上，本文有关《民法典》第 10 条规范意义的论述与其司法实践相契合，具体而言如下：

第一，在司法裁判中，法院把《民法典》第 10 条作为裁判依据，实际上已经肯认习惯法的补充性法源地位。经整理习惯民事司法裁判文书可见，《民法典》第 10 条作为裁判依据的司法适用前提均为“法律没有规定”。这意味着，习惯法在司法实践中发挥弥补法律缺失的功用，展现出补充性法源的法律地位。

第二，《民法典》第10条打破了裁判依据唯有法律的格局。裁判依据主要指法官用以解决民事纠纷的根本规范依据①，经历古代的超自然力量、道德规范、正义原则、自然法、上帝意志等多元化、现代早期的一元化以及现代的多元化阶段。当下强调裁判依据的多样性，多国民法典均规定无法律适用习惯。我国亦采相同进路，朝向裁判依据现代多元化迈进。

第三，《民法典》第10条在我国东中西部司法实践中广泛运用。尽管我国地域辽阔，自然环境和社会经济发展程度差异显著，但是解决民事纠纷时，各地法院未因上述因素在《民法典》第10条的司法适用方面表现出本质不同。习惯的事实认定、说理根据及裁判依据功用深入司法裁判，习惯法的法源地位深植我国社会土壤及司法实践。

（三）基于既有实践的习惯司法适用核心命题

习惯司法适用实践，既验证了《民法典》第10条及习惯的规范意义及司法功用，同时令我们注意到习惯司法良好效果的实现有赖于在明晰规范意义、地位及作用基础上，深入探索多个核心命题。

其一，基于对《民法典》第10条规范意义的统一认知，依法勇于在司法裁判中运用习惯。习惯有习惯事实与习惯规范之分，习惯事实需满足一定条件才可转换为习惯规范。因习惯事实具有浓厚的地域色彩，受自然地理环境及经济发展的影响，缺乏普适性及规范性②，部分法官因不识“地方习惯”无法有效识别为习惯规范，进而适用《民法典》第10条。而在习惯规范层面，在无明确的识别标准及司法适用程序前提下，法官在运用习惯规范时极可能过于保守或存在误区。为有效发挥习惯的法治作用，可尝试收集整理习惯，并按一定标准分类，构造习惯规范体系，尽量统一适用尺度，有效解决民事纠纷。未来在规范法官自由裁量权的基础上，应着力提高司法人员的习惯认知水平，增强习惯识别、运用、说理等综合能力，令其依法勇于在司法裁判中运用习惯。

其二，明确习惯识别标准。从实证检视可见，习惯在裁判中可作为事实依据及裁判规范，司法适用识别基准不明。如何识别习惯，《民法典》未做规定。对此，有必要在遵循识别原则的前提下，明确习惯识别标准。结合《民法典》及程序法有关规定，识别习惯事实需遵守全面、依法、客观的原则。即当事人提交证据、法院依职权收集证据要全面，并予以综合考量；形式内容要依法，具备合法性；法官须客观审理案件，不能带有过度的个人主观色彩。据此，可考虑从四个方面设置识别标准。第一，客观真实，主张习惯适用的

---

① 参见彭中礼：《习惯在民事司法中运用的调查报告——基于裁判文书的整理与分析》，载《甘肃政法学院学报》2014年第6期，第29-30页。

② 李可、韩秋杰：《〈民法典〉施行前后习惯司法适用机制疑难问题研究》，载《湖北民族大学学报（哲学社会科学版）》2022年第3期，第76页。

一方当事人须证明习惯为一定时间内反复践行的行为，审判机关综合考量证据进而确认习惯真实存在；第二，双方当事人均受习惯约束力限制，具有规范性；第三，不得违反法律强制性规定，满足公序良俗、核心价值观要求，具有合法性；第四，务必与案件有关，具有关联性。基准确立后，尚需深入探析基准判定的标准体系或多元因素，提供翔实的指引框架。

其三，构造习惯司法适用程序。为保证法院正确把握习惯适用尺度，明确习惯裁判规范的约束力，必须针对习惯特性构造一套独特的司法适用程序。在启动方面，应主要围绕启动主体、时间两方面展开。当事人作为程序启动主体，由其提出解决民事纠纷的习惯规范适用问题，同时可作出适当证明以维护自身的合法权益。而后法院需进一步区分习惯事实及习惯裁判规范。当事人提出习惯规范的适用时间限于法庭辩论终结前，提出方式包括口头、书面等形式。但需注意，提出适用习惯的主体不限于当事人，法院也可以主动适用。在查明阶段，重点在于查明内容、标准等。根植法律条款，查明内容的判断要素与前述识别标准保持一致。在查明标准上，除基础要件客观性、规范性、关联性外，关键在于当事人提出习惯的合法性和正当性判断。①综上所述，习惯司法适用程序需要深入开展体系化探究，构造习惯司法适用的独特程序，加强习惯规范的适用。

其四，注重裁判文书制作，强化习惯适用的说理论证。制作司法文书是案件裁判的关键一环，全面彰显了适用习惯规范的过程及理由，重要性无可比拟。我国《民事诉讼法》第155条规定，判决书应当写明判决结果和作出判决理由。内容主要包括四项，其中第二项指判决认定的事实和理由、适用的法律和理由。法院法官是裁判文书的撰写主体，必须针对无法律规定适用习惯，履行论证义务。习惯事实不具备法的规范性，是否可以将其作为习惯规范适用，须结合主体一一论证。一方面，法院应查明当事人自主提出习惯规范适用而提交的证据，说明习惯规范适用的理由，严格把握查明过程，按照统一标准，阐释习惯规范的适用性及规范性。另一方面，针对法院依职权收集的证据，需阐明适用理由，强化说理内容，特别注意详细说明标准、方法、内容等。基于此，习惯司法适用最终落脚于司法裁判文书，必须重视裁判文书制作，强化习惯适用的说理论证。

结　语

习惯发挥着塑造人类社会生活秩序的重要功能，在民事法律体系和国家治理中举足轻重。习惯意指人们经长期实践形成并被反复践行的行为模式，其范畴争论不一，通过梳理民事习惯司法裁判文书可见，习惯涵摄习俗、风俗、惯例等相近概念。习惯有事实习惯与习惯法之分，具体指向众说纷纭。从司法裁判视角，《民法典》第10条“习惯”应指习惯规范，不包含个人习惯。该条在整体规范意义上承认习惯法的民法补充性法源地位。当

① 参见王林敏：《民间习惯的司法识别》，中国政法大学出版社2011年版，第4页。

习惯法与法律并存时，按照第10条规定，法律原则上优先于习惯法。但在司法裁判中，习惯规范可先于任意性规范、管理性强制规范适用，特殊情形下作为特别法的习惯法可优先于一般私法适用。将来习惯导入司法研究尚需就识别标准、适用程序、文书制作等，展开深入研究。

On the Significance of Article 10 of the Civil Code in the Customary Laws from the Perspective of Judicial Judgment

Guo Shaofei, Li Tong

Abstract: Article 10 of the Civil Code and other customary provisions of the civil laws constitute the basic legal system of civil customs in China. The legal meaning of Article 10 should not only be based on the existing systems for normative analysis, but also be rooted in judicial practice. It can be concluded by sorting out the terms of the judicial judgment documents on civil customs that customs include customary rules, conventions, usages, etc. Based on the normative structure and content of Article 10, the "customs" of this article should refer to the customary norms, which include not only the customary individual norms with relative binding force between specific parties, but also the customary social norms with general binding force among non – specific subjects or social subjects. In terms of the overall normative significance, Article 10 establishes the complementary legal source status of customary law. In civil judicial adjudication, customary norms prevail over arbitrary norms and administrative mandatory norms, while commercial customary law, as a special law, prevails over general private law.

Key words: Civil Code; Custom; Customary Norms; Customary Laws; Legal Sources.

（编辑：陶文泰）

尽己尽人与和睦乡里：论朱子学对明清徽州民间规约的形塑*

郭敬东**

摘　要　明清时期，朱熹理学思想在徽州地区得到了广泛的传播和认同。徽州宗族在制定规范宗族成员日常行为的各类规约时也都以朱熹的治理思想作为指南。在人性维度，他们秉承朱熹的德教理念，注重构建礼俗传统来规范个体成员的日常行为；在制度维度，他们以朱熹的乡治主张为指引，结合宗族自身情况建立了义仓、乡约与义学等。在实践维度，为了保障宗族制定的规约能够切实得到落实，在朱熹治家思想的影响下，他们设计了祠祭、墓祭等祭祀仪式，藉此强化宗族成员对规约的认同，并对违约行为做了明确的处罚规定。在朱熹思想的形塑下，明清徽州地区形成了建立在礼俗秩序上的基层治理模式。

关键词　朱熹　徽州　民间规约　形塑

民间规约主要是指"某一特定地域、组织或人群，依据当地风土民情、习惯与社会生产生活需要，共同商议制定，并由某一共同地域、组织或人群在一定时间和空间范围内共同遵守的自我管理、自我服务、自我约束的规则或约定。"① 就内涵而言，民间规约主要包括了由基层社会约定而成的家法家礼、村规民约、行业约定等。作为国法的一种补充和延伸，民间规约在基层社会发挥着约束个体行为、调节社会关系、规范社会交往、稳定社会秩序的功能。明清时期，徽州地区的宗族围绕本地区的社会政治状况制定并实施了对社

＊ 本文系安徽省哲学社会科学规划青年项目"明清徽州民间法的社会治理路径及其当代价值研究"（项目批准号：AHSKQ2021D199）

＊＊ 郭敬东（1983－），安徽淮北人，法学博士，副教授，硕士生导师，主要研究方向为政治哲学、中国法律思想史。

① 卞利编著：《徽州民间规约文献精编·宗族规约卷》，安徽教育出版社2020年版，第1页。

会成员具有约束力的民间规约，有力地化解了社会成员之间的矛盾纠纷，这对于徽州地区乡村治理秩序的稳定以及良序美俗的生成起到了积极的促进作用。从大量传世的徽州民间规约的内容来看，维系并调节社会成员之间关系的家法族规、村规民约以及行业约定等都深受朱熹理学思想的影响。无论是在建规立约的理念方面，还是在具体的操作实施方面，徽州士人都承继了朱熹的治理理念。可以说，相较于同时期其他区域的民间规约来说，明清徽州地区民间规约带有非常浓厚的朱子学色彩。徽州地区所形成的独特的社会治理结构以及治理实践与当地士人信奉朱熹理学思想并践行其修身、治家理念是分不开的。

一、服朱子之教：徽州士人群体对朱熹理学认同和践履

明清时期，徽州士人信奉朱子之学，在民间规约的制定和实施方面，多以朱熹理学思想作为指南，并自觉地将朱熹的理学思想贯彻到民间规约的实践当中。如清代光绪年间绩溪县南关许氏宗族家规载："冠婚丧祭所以纪纲，人道之始终者也。今后有事，一一遵用《文公家训》以行。"① 在徽州士人的观念中，个人伦理的有序性是社会伦理稳定性的基础，为了宗族的稳定和发展，必须构建一套建立在伦理秩序基础上的可以规范宗族成员行为的规范，防止宗族成员出现社会越轨行为。这也是明清徽州民间规约大量出现的重要原因。从徽州宗族制定的各类规约的内容来看，他们对朱熹理学思想有着高度的认同，并将其基层治理思想融入了规约的制定和实施当中。

（一）明清朱子学在徽州的传播与接受

朱熹理学思想中的修身、治家主张被徽州士人广泛地应用到了家规、宗规等规约中。之所以出现这种情况，原因主要有三方面：一是徽州之婺源为朱子祖籍所在地，朱熹亦曾于绍兴二十年、淳熙三年、庆元二年三次回乡省墓。省墓期间，朱熹讲学收徒，阐发性理之学。如程洵、程先、程永奇、汪莘等皆为朱门高第，他们在徽州地区也广泛地传播朱熹理学思想，故徽州士人服膺于朱子学，以朱学正脉自期。如程曈言："此朱子告我乡人子弟之愿学者，使之求道之不已而尽心焉，以善其身、齐其家，及于乡、达天下、传后世者也。若夫诸先哲之为学，与其道之明且行，达天下、传后世、则岂有负朱子之所教所期也哉！"② 由此可见作为"文公阙里"的徽州受朱子之学影响之深。二是自元代以来，统治者将朱熹理学思想定为官方意识形态，士人在科举考试中皆以朱子之说作为阐发己意的基础。而徽州地区尤为重视科举，多数士人在童蒙时期就开始阅读朱子之书，对朱熹理学具有高度的认同感，在制定各类规约时自然以朱熹理学作为思想指导。三是理学经过朱熹的发展之后，形成了庞大的体用兼备的理论体系，其中既包括形而上层面的性理之学，也包

① 卞利编著：《明清徽州族规家法选编》，黄山书社 2014 年版，第 154 页。
② （明）程曈：《新安学系录》，黄山书社 2006 年版，第 3 页。

括形而下层面的经世之学。特别是朱熹对家礼、社仓、乡约、社学等方面的细致阐述与规划，可以为徽州士人制定规约提供直接的理论依据。受此三方面的影响，徽州民间规约中的朱子学色彩非常浓厚，特别是朱熹关于修养方面的理念和主张，被徽州宗族广泛吸收进家规、宗规中作为宗族成员平日学习和行为活动的指向。如明万历年间婺源江湾萧江氏宗族的省事躬训载："读书贵明理，我亦无师承。但喜读《书录》，《近思》为章程。每至几案间，朝夕勤猛省。有过必自书，有善即景行。所以路不差，渐次亦少明。诸书今具在，儿辈为箴铭。"① 明理即通过工夫使性与理通，这是朱熹所一贯主张的身心修养之法。《近思录》亦为朱熹和吕祖谦所撰，为学习理学的必读书目，里面记述了格物穷理，性理相贯的方法，由这段论述可以看出徽州士人对朱熹思想的体认感，他们已经将朱熹的为学修己工夫纳入到了自我的身心修养过程之中。

（二）徽州士人对朱子学的体认与践行

在日常生活中，徽州士人也自觉地通过多种方式在宗族内部使宗族成员学习、体认与践行朱熹理学思想。

其一，在幼儿知识启蒙阶段，徽州士人将朱熹的蒙学著作特别是《小学》作为族中子弟的必读之书。他们认为，《小学》等书涵盖了儒家礼乐教化方面的核心内容，族中子弟在幼年如能深明《小学》之义，则长而就会践行父慈子孝、兄友弟恭之道，不会做出有违礼法道德的事情。如清代雍正年间歙县潭渡黄氏家训规定族中子弟在阅读儒家经典的同时，尤要研习、体悟朱熹的《小学》，倡导"须时时玩绎，事事遵循，更当深求其中义理而出之以至诚。"② 清代光绪年间歙县新州叶氏家规亦载："文公《小学》书，凡人伦日用之常，立身行己之道，备载于此，为父兄者，当教子弟熟读。通晓义理，斯能有所感悟，不为非礼之事。"③ 对于徽州宗族而言，朱熹的《小学》既是族中子弟启蒙学习的读物，也是培养他们待人接物的规范。

其二，在日常为学的过程中，徽州士人将朱熹的理学著作作为平时研习的重点读物，且践履朱熹所倡导的格物穷理方法。在他们的观念中，朱熹集宋代理学之大成，"宗程、朱即所以宗孔、孟，宗孔、孟即所以宗尧、舜、禹、汤、文、武、周公也。"④ 古代先贤的修己治人之道经由朱熹而传递下来，人们如果能够践履朱熹所主张的修养方法，则能在体悟其理的基础上把握修身、齐家以及治国平天下的神髓。故此，对于朱熹理学，徽州士人有着强烈的认同感，言："而朱夫子又集诸儒之大成，同人又幸生朱子桑梓之邦，则熟

---

① 卞利编著：《明清徽州族规家法选编》，黄山书社2014年版，第101页。
② 卞利编著：《徽州民间规约文献精编·宗族规约卷》，安徽教育出版社2020年版，第26页。
③ 卞利编著：《徽州民间规约文献精编·宗族规约卷》，安徽教育出版社2020年版，第218页。
④ 卞利编著：《徽州民间规约文献精编·会馆、善堂、公所暨行业规约卷》，安徽教育出版社2020年版，第279页。

读朱子之书，熟讲朱子之学，自是同人本分内事。”① 在朱熹的理学体系中，持敬是修养身心的重要方法，也是格物穷理和反躬践履的基础。如果缺少持敬的工夫，则会导致心被外物所蔽，难以体悟天理的内涵。故朱熹非常看重持敬的修养工夫，言：“持敬是穷理之本；穷得理明，又是养心之助。”② 徽州士人也接受了朱熹的这套工夫修养路径，强调在日常读书为学时践行持敬的方法，并在此基础上格物穷理，使己性与天理相通。他们认为：“而敬为一心之主宰，万事之根本，涵养省察，格物致知，种种工夫皆从此出，方有依据，则持敬工夫又学者用功之最紧要者也。”③ 倘若穷理而不持敬，则必难以体悟性理之一贯之处。故他们也将持敬的主张编入了涉及宗族成员日常生活方面的家训、族训等规约中，以作为族中子弟的立身处事之方。

其三，在冠、昏、丧、祭等礼仪的采用方面，徽州士人亦参照沿用朱熹所提出的礼制主张，将其所撰的《家礼》一书视为制定各种生活礼仪的文本基础。南宋时期，在修身治家方面，朱熹鉴于古礼难以施用于今，故在损益前代礼制的基础上参照当时的基层社会状况创制了较为系统的涉及人们日常生活各个方面的家礼制度。朱熹本人亦非常重视家礼在基层社会治理中所起的移风易俗方面的作用，言：“非讲之素明、习之素熟，则其临事之际，亦无以合宜而应节，是亦不可以一日而不讲且习焉者也。”④ 由于贴近生活且容易施行，在徽州士人的提倡下，朱熹制定的家礼制度获得了徽州宗族的认同和支持，被应用到成年、婚姻、丧葬与祭祀等诸多方面。如清代道光年间婺源龙池王氏宗族家法规定：“养生送死，自有一定礼制，智者过，愚者不及，皆非也。且如祭葬之类，宜遵《文公家礼》，不丰不俭，乃为合中。”⑤ 清代光绪暨民国年间的黟县鹤山李氏家典亦规定：“新安为朱子桑梓之邦，民多读朱子之书，服朱子之教。其所著《家礼》一书，凡冠、昏、丧、祭诸大典，炳如日星，允宜遵而行之久矣。”⑥ 从实践角度来看，朱熹制定家礼的出发点是通过强化一系列涉及人们日常生活行为的仪式来贯彻儒家的礼治主张，使社会成员能够遵守建立在伦理基础上的社会政治秩序。而徽州宗族的维持和发展正是建立在伦理秩序基础上的，故朱熹的家礼制度正契合了徽州宗族治理的需要，得到了大规模的推广。

可以说，在明清时期，朱熹理学在徽州地区得到了广泛的传播，徽州士人也对朱熹思想有着高度的认同。朱熹关于修身、治家的思想也被徽州士人吸收到了规约之中，成为指导宗族成员日常行为的规范性指南。

---

① 卞利编著：《徽州民间规约文献精编 · 会馆、善堂、公所暨行业规约卷》，安徽教育出版社 2020 年版，第 279 页。

② （宋）黎靖德：《朱子语类》（第一册），中华书局 2020 年版，第 163 页。

③ 卞利编著：《徽州民间规约文献精编 · 会馆、善堂、公所暨行业规约卷》，安徽教育出版社 2020 年版，第 279 页。

④ ［日］吾妻重二：《朱子家礼宋本汇校》，上海古籍出版社 2020 年版，第 1 页。

⑤ 卞利编著：《明清徽州族规家法选编》，黄山书社 2014 年版，第 225 页。

⑥ 卞利编著：《徽州民间规约文献精编 · 宗族规约卷》，安徽教育出版社 2020 年版，第 314 页。

二、人性维度：德教传统与礼俗秩序的生成

任何制度性的规则和约束都是建立在某种人性认知基础上的，对人性的看法直接影响到制度设计的目的以及运行所采用的手段。当群体的组织者及其成员倾向于人性善的观念时，他们就会以道德教育为主的规制体系来规范群体成员的日常行为，藉此防止群体中的成员出现社会越轨的行为。反之，如果人性恶的观念被群体的组织者及其成员认可时，那么这一群体的行为规制体系就会建立在以强制性惩罚为主的基础之上。从内容来看，明清时期徽州民间规约在规制社会成员方面呈现出浓厚的以教化为主的特点。除了重大刑事案件需要禀官处理外，一般性的民事纠纷都是纠纷双方根据当地的礼俗传统来解决。一方面，在群体纠纷未形成之前，各个宗族会通过教化的方式来约束宗族内部成员的日常行为。如明代万历年间婺源县沱川余氏乡约中载："教以何道？曰：'父子有亲，君臣有义，夫妇有别，长幼有序，朋友有信。'能尽此道，则为人；不能尽此道，则非人。日以五伦之理提撕儆觉，俾其脉脉感动而已。"① 其内容中就规定宗族必须要对族内成员自幼开展道德礼仪方面的教育，使其习知成德立人之学。另一方面，在宗族内部或宗族之间形成民事纠纷之后，宗族管理者会在遵循礼法的基础上采用调解的方式来解决争端，以防止纠纷问题的扩大。如清代咸丰年间黟县湾里裴氏家规载："屈膝公庭，俯首悍役，不惟丧家，且复坏品，是大愚也。宜以公道悉心劝释，不得袖手坐视。当局者亦宜降心以从，勿复负气不悛，大伤和气，非怯也，畏公议也。"② 在徽州社会成员的思维观念中，宗族内部成员之间与宗族之间的关系是建立礼俗相交的基础上的，维护好这种社会关系不仅有助于宗族的稳定，也有助于当地公序良俗的发展。这种对纠纷问题的解决方式是建立在对人性的看法基础上的，而朱熹的人性论及其教化主张则为徽州士人思考和处理纠纷问题提供了思想基础。

（一）变化气质与规约德教精神的确立

明代嘉靖绩溪积庆坊葛氏宗族在阐发治家之道与和睦之法时曾言道："人须变化气质，气质禀之阴阳，难有不偏胜者。苟不各自其胜处而矫之，则任其气质以处事，如洚流漫衍，何所不至？盖人之气质与国家气脉、造物气化恒相流通，如人任其气质之柔弱而不知变，则居乡为愿人，在朝为胡广、冯道；任其气质之刚方而不知变，则居乡为汝南、南阳，互相诋诮，在朝为朔党、蜀党、挟术倾挤，不惟自家做不得好人，而家国气脉、造物气化所损多矣。"③ 这段论述较为典型体现了徽州宗族成员的人性观念。在他们看来，宗族治理是建立在人性教化基础上的，惟有通过德主刑辅的道德教育方式，逐渐改变人的气

① 卞利编著：《徽州民间规约文献精编·村规民约卷》，安徽教育出版社2020年版，第22－23页。
② 卞利编著：《明清徽州族规家法选编》，黄山书社2014年版，第153页。
③ 卞利编著：《明清徽州族规家法选编》，黄山书社2014年版，第1页。

质，培养其善性，遏制其欲情，才能使人的行为符合治理所期望的目标，个人气质的变化是家族得到良善治理与国家实现和谐稳定的基础。只有变化气质，修己之德，才能推己及人，家齐国治。徽州地区的这种人性观深受朱熹理学的影响，从内容表述到思考逻辑来看都是对朱熹人性论的一种扩充性表达。

朱熹认为，人与物的区别在于人得“气之正”，而物得“气之偏”。因此，人皆有清明之性，此性与天理相通。天理纯善无恶，故人性亦纯善无恶。朱熹对此曾言：“性是实理，仁义礼智皆具。”① 在他看来，人们所具有的仁、义、礼、智等道德法则并非是由外物所赋予，而是内在于人们的本性之中。之所以人会出现恶行，主要是后天由于所禀之气不同造成的。就个体而言，人所禀之气，虽然是天地正气，但此气“衮来衮去，便有昏明厚薄之异，”② 所以每个人所禀之气又有所不同，有人得清明之气，故为圣贤君子；有人得昏浊之气，故为鄙夫小人。朱熹对此曾言：“人之所以有善有不善者，只缘气质之禀各有清浊。”③ 故此，在朱熹看来，个人必须时刻省察自己的不足，通过工夫涵养，克制私欲，才能“变化气质”，然后落实齐家治国之道。明清时期，徽州士人由于尊崇和践履朱熹的理学思想，在思考人性问题上自然沿着朱熹的致思进路而展开分析和讨论，并在此基础制定和实施有助于宗族治理和基层治理的各种规约，以规范社会关系。如清康熙黟县横岗胡氏宗族家规载：“人生天地，气以成形，理以成性，而后始有此身。”④ 这段论述可以说较为清晰地展现了徽州士人的人性观。在他们看来，人之所以为人，主要包含形与性二重维度。形是人之所以为人的物质载体，由气生成变化所成；性是人之所以为人的内在本质，由理赋予而得。既然性是人的内在本质，且性与理相通，理是至善，故性也是至善，而建立在性善基础上的道德教化也就藉此有了必要性和可能性。正是由于人之性本善，故道德教化所导向的价值才能与人内在的善性产生共鸣，使其在不断感通的作用下得到彰显；也正是由于人之性本善，通过这种共鸣感通，才抑制和消除了人心由于外物所蔽而产生的欲念，使性与天理相通。

（二）礼俗传统与规约德教路径的实施

秉承人性本善的理念，徽州士人在处理宗族内部问题和宗族间社会矛盾纠纷时多倾向于采用一种建立在德教基础上的处理路径，以维持宗族内部以及宗族间的和睦状况。这种处理路径有三方面的意涵：

一是事先预防，德化为先。徽州民间规约对于宗族内部以及宗族之间经常出现的问题都作了细致的规定，主张以德教为主、惩罚为辅的方式来处理宗族成员的社会越轨行为。

---

① （宋）黎靖德：《朱子语类》（第1册），中华书局2020年版，第91页。
② （宋）黎靖德：《朱子语类》（第1册），中华书局2020年版，第74页。
③ （宋）黎靖德：《朱子语类》（第1册），中华书局2020年版，第74页。
④ 卞利编著：《明清徽州族规家法选编》，黄山书社2014年版，第133页。

如清代雍正年间休宁茗洲吴氏宗族家规定："子孙赌博、无赖及一应违于礼法之事，其家长训诲之；诲之不悛，则痛箠之；又不悛，则陈于官而放绝之。仍告于祠堂，于祭祀除其胙，于宗谱削其名。"① 礼法的作用在于通过内在规训与外在规训相结合的方式来保证宗族成员的行为符合宗族的整体利益。当宗族成员做出违背礼法之事时，自然对宗族的整体利益产生危害。为了能够矫正宗族成员的违法悖礼行为，吴氏宗族家规主张首先由宗族内部德高望重的长者对其进行训诫教育，使其及时改正。如果训诫教育不起作用，则采用一定程度的体罚来对其进行规训，使其能够意识到自身行为的不当之处。如果这些方法还不能让违法悖礼之人反省自新，则将其交由地方政府处理，并在族谱内将其除名，以警他人。

二是端己正人，发挥族长、房长等宗族管理者的引导示范作用。清代嘉庆年间祁门中井冯氏宗族家规载："为家长，必正己以正家，故须谨守礼法，以御群子弟。凡非礼法之事，一毫不得杂于其心，则己正而家正，子弟必有从化者，而家世之传可期以不替也。非特家长，凡有子而为父，有弟而为兄，有妇而为夫，皆当正己以正人。"② 作为建立在血缘关系基础上的群体，宗族中管理者自身德行的完善对于宗族管理而言至关重要。只有先做正己的工夫，才能落实正人的实践。正己是正人的前提基础；正人是正己的实践延伸。如果宗族管理者的德行不足以起到对宗族成员的道德示范与引领作用，则很难维持宗族系统的良性运转。徽州士人亦深明此点，在涉及家政管理的规约中都载明了正己而后正人的治家主张。

三是贵德重礼，在处理纠纷过程中主张矛盾双方自省礼让，采用符合当地礼俗传统的方法来解决争端。如清代道光年间休宁孙氏宗族家规载："凡族人事有不平者，须劝之以和睦，切勿听其自然，以致成讼。家长当察其事情真寔，从公分剖，勿轻扰官司，但以曲直论是非。"③ 无论是宗族内部出现了利益纠纷，还是宗族之间出现了族际矛盾，徽州士人多主张双方克制忍让，秉承公心而协商解决，"视理曲直以为举止，毋分外生事相凌。"④ 当然，如果责任在己方，特别是所在宗族出现了倚强凌弱、违背道义的行为，则由宗族管理者以家法族规论处，即"或以富欺贫，以众凌寡，以强侵弱，以刁鑚无藉罔害良善者，家长当以家法治责。"⑤ 在徽州宗族成员的观念中，宗族是由个体成员组成的，个体成员完善德性、遵守礼俗是宗族兴盛发展的前提，而宗族又是基层社会治理的单位，宗族内部的稳定以及各个宗族之间关系的融洽是实现善治的基础。故他们在面对族内以及族际纠纷时，倾向于采用道德感召和遵从礼俗的方法来化解矛盾，以维持当地的公序

① 卞利编著：《徽州民间规约文献精编·宗族规约卷》，安徽教育出版社 2020 年版，第 193 页。
② 卞利编著：《徽州民间规约文献精编·宗族规约卷》，安徽教育出版社 2020 年版，第 205 页。
③ 卞利编著：《徽州民间规约文献精编·宗族规约卷》，安徽教育出版社 2020 年版，第 211 页。
④ （明）程昌：《窦山公家议校注》，周绍泉，赵亚光校注，黄山书社 2014 年版，第 14 页。
⑤ 卞利编著：《徽州民间规约文献精编·宗族规约卷》，安徽教育出版社 2020 年版，第 212 页。

良俗。

就约束效力的角度来看，明清徽州民间规约已经具有民间法的主要意涵，对于基层社会成员的行为具有相当强的规制性。这种规制的价值基础是建立在当地礼俗秩序基础上的，且在实施过程中又进一步强化了这种礼俗秩序。在实施过程中，当时地方官员也认可和支持民间规约，将其作为国家法律的有效补充，并积极号召徽州宗族根据自身情况制定相应的规约。可以说，在明清时期的徽州地区，作为“小传统”的民间规约与作为“大传统”的国家法律实现了一定程度上的相融，而这种相融正是建立在同一的人性论即朱熹对人性教化的可能性与必要性论述思想基础上的。明清两朝都将朱熹理学奉为治国之圭臬，将其对人性的看法及其所主张的德主刑辅的治理精神注入法律规范的制定与实施当中；而徽州士人也将朱熹理学视为安顿身心、治己治家之学，并将其所强调的“变化气质”的人性论思想作为基础而构建了规范个体成员行为的规约。从这个角度而言，作为“小传统”的民间规约与作为“大传统”的国家法律以朱熹的人性论及其德教思想为共享性思想资源而实现了治理理念、治理方式上的同调。当然，这种同调并不代表两者之间没有冲突，而是指在理学治理观的影响下，提倡朱子学的国家权力主体与信奉朱子学的基层士人群体在社会政治秩序的构建方面形成了共识，即一个以教化为主、惩罚为辅的礼俗社会不仅可以促进基层的社会治理，也可以稳固政治统治的秩序。这也是明清两朝允许和鼓励徽州民间规约实施的重要原因。

三、制度维度：义仓、乡约、义学与宗族的患难相恤

在乡治方面，朱熹曾有过较为系统的制度规划，涉及基层社会的经济、政治与教育等诸多维度。在朱熹看来，治始于乡，如果没有稳定的基层社会政治秩序，那么建立在其基础上的国家治理与社会治理也会相应地出现问题。一方面，朱熹主张统治者在施政过程中贯彻民本原则，轻徭薄赋，与民休息，实施善政、落实善治；另一方面，朱熹也提倡士人积极地引领和推动乡村治理活动，构建与民生相关的治理体制，以保证基层社会能实现良性的维持与运转。明清时期，徽州士人在接受朱熹身心修养思想的同时，也吸收了其在乡治方面的诸多建议，制定了相关的规约，建构了较为完善的宗族治理制度。

（一）义仓与民间社会救济的实施

就经济方面而言，在传统社会，小农经济较为薄弱，一旦遇到水旱等自然灾害，由于缺少抵御风险的经济储备，其生活就会陷入困顿之中。虽然统治集团也会实施一定的赈济措施，但在落实层面却存在两方面的困境：第一，为了减轻水旱之灾所导致的农业减产问题，朝廷建立了官方的仓储制度，在丰收之年大量收购储备粮食，在荒歉之年则低于市场价格卖与农民。但由于管理的不善，再加上有些官吏借助于制度漏洞而中饱私囊，在灾荒出现时，官方的仓储经常出现少量或者无粮的情况，难以发挥其功效。第二，对于区域性

的灾荒，朝廷通常会委派官员或责成当地官员实施赈济工作。但由于行政协调问题，赈济所需之物资常常匮乏，难以及时地解决灾区的民生问题。这两方面的情况在宋朝表现得非常明显。立国之初，为了缓解自然灾害所带来的治理危机，统治者设置了常平仓制度，以发挥其籴粜之用。但在实施过程中，一方面由于常平仓设置在城邑中，泽惠群体主要是城邑居民，乡村贫寒之家则难以享受其好处；另一方面则由于管理不善，常平仓的运作也逐渐僵化，地方政府无钱购粮或官吏枉法贪腐的状况时有发生。司马光曾对此言："曏者有因州县阙常平籴本钱，虽遇丰岁，无钱收籴。又有官吏怠慢，厌籴粜之烦，虽遇丰岁，不肯收籴。又有官吏不能察知在市斛斗实价，只信凭行人，与蓄积之家通同作弊。"① 此外，在地方发挥灾荒时，宋朝也常常出现转运物资困难、赈济不及时的问题。苏轼曾指出："常见州郡每有凶荒，朝廷未尝不发仓廪之粟，赐内帑之钱，以为赈恤之出。然往往行之后时，缓不及事，朝廷有巨万之费，而饥民无分毫之益。其故何哉？迟而已矣！所以迟者，其故何在？盖以有司官吏，惟以薄书为急，不以生灵为念。"②

针对这些问题，朱熹提出了社仓之法。乾道四年（1168 年），福建建宁一带发生饥荒，在朱熹的推动下，崇安县开耀乡开始实施社仓制度，以解决官方赈济困难的问题。其做法是：在乡村设立社仓，通过向地方常平仓借贷粮食作为谷本，向乡村民众进行贷放，每石收取息米二斗，当息米数量逐渐增多，且超过谷本的十倍之量后，即将所借常平仓之米归还地方政府，以所聚之息米作为谷本以做贷放之用，每石收取息米三升。淳熙八年（1181 年），在朱熹的奏请下，社仓制度得到了朝廷的认可并被推行。与常平仓制度相比，社仓制度有两方面的特点：一是仓储设立于乡村，可以惠及远离通都大邑的乡村民众；二是管理主体以乡村士绅为主，可以因地施策，根据本地情况灵活地设置贷放规则。

明清时期，徽州宗族也借鉴了朱熹所倡导的社仓之法而设置了义仓制度以备灾荒。如清代光绪年间绩溪南关许氏宗族在义仓规约就明言："义仓仿朱子社仓法，苟诚心乐善，虽寒士亦能为之。"③ 在徽州宗族的观念中，朱熹秉至诚之心，设立社仓制度，其目的在周民之急，纾民之困。从制度实践的角度来看，社仓制度不仅较为有效地缓解了灾荒给人们所带来的危害，而且增强了基层乡村的凝聚力和组织力。故徽州士人在家规、宗规中多倡导宗族内部仿照朱熹的社仓制度而构建义仓制度，并号召人们能够以朱熹为榜样，以至公之心而推动义仓制度的落实。他们言道："夫朱子一贫士，借官粟数百石，以时收放而取其息，以济贫民之急，数年归其本；馀粟数百石，复以时收放而取其息，以赈贫民。此社仓所由昉。"④ 倘若本宗族能够践行朱熹创制社仓的内在理念，落实其实施路径，则一方面能够解决宗族内部的生计问题，另一方面也会通过示范来影响周围的群体，推动民间

① （宋）司马光：《司马光集》（第二册），四川大学出版社 2010 年版，第 1121 页。
② 邓云特：《中国救荒史》，商务印书馆 2017 年版，第 247 页。
③ 卞利编著：《徽州民间规约文献精编·村规民约卷》，安徽教育出版社 2020 年版，第 129 页。
④ 卞利编著：《徽州民间规约文献精编·村规民约卷》，安徽教育出版社 2020 年版，第 129 页。

社会救助活动的进一步展开。正所谓："本族既赡，而有馀力则以推恩于族之乡邻亲戚，使本族之义仓子母相生，而延恩泽于无穷，且使他族慕而仿之，愈以行良法于靡尽。"①故此，徽州宗族在家规、宗规中一般都会明确义仓的实施机制，以解决族中成员的基本生计问题。

（二）乡约与基层社会秩序的构建

就政治方面而言，古代王朝的国家权力大多延伸到县一级，县级以下的基层社会则处于一种自治的状态。对于政治统治而言，运转稳定且有效的基层组织制度是实现良政与善治的基石。南宋时期，朱熹在思考地方治理问题时，注意到了北宋时期吕大临制定的乡约文本，并对其内容进行了增损，意在使其成为维持乡村公序良俗，推动治理活动展开的基层制度。吕氏所撰的乡约包括乡约与乡仪两部分，前者主要是从德业相劝、过失相规、礼俗相交、患难相恤四个维度对人们的社会交往行为进行了规范，意在稳定建立在儒家礼治基层上的乡村秩序。后者则是对人们的日常礼节行为作了具体的设计，意在强化人们对礼治秩序的认同和支持。吕大临曾自述撰写乡约的目的，言："至于孝悌忠信，动作由礼，皆人所愿，虽力有不勉，莫不爱慕。今就其好恶，使之相劝相规而已。"② 朱熹在见到《吕氏乡约》之后，对其内容较为推崇。他曾对张栻言："乡约之书，偶家有藏本，且欲流行，其实恐亦难行，如所喻也。然使读者见之，因前辈所以教人善俗者而知自修之目，亦庶乎其小补耳。"③ 为了能够增强《吕氏乡约》的可操作性，朱熹对其结构和内容做了修改：一是整合原有的乡约与乡仪两部分内容，使其更具有逻辑性；二是突出了乡约的基层自治性，主张由年高德显之人担任都约正，学问渊博之人担任都约幅，以发挥他们的道德示范作用，藉此移风易俗，构建以德教为主的治理模式；三是增强了乡约了礼制色彩，如将原约中的"聚会"修改为"月旦聚会读约之礼"，意在通过礼仪的内在规制而使人们能够在认同的基础上践行乡约制度。杨开道对此曾指出："吕氏乡约事属草创，缺憾颇多，礼俗相交既不清楚，集会读约亦无定章。吕氏乡仪虽然和吕氏乡约各有心得，可以互相补救，然而究竟是两个东西，有打成一片的必要。所以朱子编成吕氏乡约乡仪以后，还以为不足，又'取其他书，及附己意，稍增损之，以通于今，而又为月旦集会读约之礼'。"④经过朱熹修改之后，《吕氏乡约》逐渐被人们所熟知，朱熹的弟子也积极在各自家乡尝试推行吕氏乡约。

在徽州地区，朱熹弟子程永奇也将《吕氏乡约》的精神和做法融到了当地的宗族规约中，成效颇著。明清时期，徽州地区在宗族规约的制定和实施方面大量地吸收了朱熹所增

① 卞利编著：《徽州民间规约文献精编·村规民约卷》，安徽教育出版社2020年版，第130页。
② 陈俊民：《蓝田吕氏遗著辑校》，中华书局1993年版，第570页。
③ （宋）朱熹：《朱子全书》（第21册），上海古籍出版社、安徽教育出版社2002年版，第1350页。
④ 杨开道：《中国乡约制度》，商务印书馆2017年版，第93页。

损《吕氏乡约》的内容，其目的主要有两方面：一是对内构建稳定的宗族秩序，使宗族成员的行为符合宗族的伦理规范；二是对外构建良好的宗族间交往关系，推动宗族所在区域治理活动的展开。如明代嘉靖五年，歙县江村建立的社坛示碑就记载了当时的乡约内容，规定："仍与本里内推选年高矜式者一人为约正，有德行兼优者二人副之，照依《乡约事宜》，置立簿二扇，或善或恶者，各书一籍。每月一会，务在劝善惩恶，兴礼恤患，以厚风俗。"① 明代隆庆六年祁门文堂乡约家法就对乡约与乡仪的内容作了细致的规定，并强调："立约本欲人人同归与善，趋利避害。"② 由此可以看出，徽州士人制定和实施乡约时出发点与朱熹相同，即非常注重宗族的伦理秩序，将宗族伦理秩序视为社会政治秩序的基础。

（三）义学与宗族教育制度的推行

就教育方面而言，朱熹非常重视社会成员早年教育在基层社会治理中的作用，认为其对于构建良善的社会风俗而言具有积极的促进作用。明清时期，徽州士人在宗族教育方面也都深受朱熹教育思想的影响，主要表现为以下三个方面：

其一，就教育目的而言，朱熹认为，为学的目的在于通过学习而识得道理，使已性不被外物所蔽，在习得闻见之知的同时也要不断提升自身的德性之知，并在此基础上践行儒家的修己治人的工夫。朱熹对此曾言："为学，须思所以超凡入圣。"③ 超凡即通过学而使已心不受外物所役，进而使性与天理相通；入圣即在超凡的基础上通过工夫体悟和把握天理流行发用之规律，使自身之行为符合天理运行的内在法则。徽州宗族在宗族教育中也都贯彻了朱熹的这种教育理念，将明理成德作为宗族成员读书为学的价值指向。如明代万历年间休宁林塘范氏统宗祠规规定族中子弟"七岁便入乡塾，学字、学书，随其资质。渐长，有知觉，便择端悫师友，将养蒙诗、孝顺故事，日加训迪，使其德性和顺，他日不必定要做秀才、做官，就是为农、为工、为商、亦不失为醇谨君子。"④ 宗族教育重在培养其成员的德性，使他们能够以君子自期，敦厚正直。

其二，就教育方式而言，朱熹将社会成员早年教育分为两个阶段，分别是小学与大学。小学教育重在于明"事"，而大学教育重在于明"理"。朱熹言："古者初年入小学，只是教之以事，如礼乐射御书数及孝弟忠信之事。自十六七入大学，然后教之以理，如致知、格物及所以为忠信孝弟者。"⑤ 小学教育是大学教育的基础，大学教育是小学教育的延伸，正所谓"小学者，学其事；大学者，学其小学所学之事之所以。"⑥ 受朱熹这种教

---

① 卞利编著：《徽州民间规约文献精编·村规民约卷》，安徽教育出版社2020年版，第3页。
② 卞利编著：《徽州民间规约文献精编·村规民约卷》，安徽教育出版社2020年版，第10页。
③ （宋）黎靖德：《朱子语类》（第一册），中华书局2020年版，第147页。
④ 卞利编著：《徽州民间规约文献精编·社会生活规约卷》，安徽教育出版社2020年版，第230页。
⑤ （宋）黎靖德：《朱子语类》（第一册），中华书局2020年版，第135页。
⑥ （宋）黎靖德：《朱子语类》（第一册），中华书局2020年版，第136页。

育思想的影响，徽州宗族在家族内部也设立了普惠性的义学机构，以解决宗族内部贫寒子弟无力就学的问题，且在此基础上将宗族内部教育分为小学与大学两个阶段，以适应族中不同年龄段的子弟读书为学。小学阶段的教育主要是从儒家所倡导的洒扫、应对等入手，使被教育者在事上明理；大学阶段的教育则是在小学教育的基础上，使被教育者学习具体的文化知识与道德礼义。如清代宣统年间祁门汪氏宗族就设立了家塾和族塾两个教育机构，家塾“即小学堂，以育体德，养蒙也。师必择于诸母之哲达、堪保傅者，合教族内男、女，八岁以至十岁，期三年，满各入大学族塾。”① 作为启蒙开智的家塾，主要是在教授族中八到十岁的子弟基础知识文化的同时，涵养其德性。族塾“即正学，以育材智，升造也。族男、女，年十一岁则分教，别内外，男曰‘力行’，女曰‘实求’，各五年期。”② 与家塾的教育相衔应，族塾主要是对十一岁以上的族中子弟进行进一步的教育，为其以后成才成德奠定基础。徽州宗族非常推崇朱熹的小学、大学教育理念，认为“父兄又有小学之教、大学之教，是以子弟易于成材。”③ 在徽州士人的观念中，德才必须要从早年培养，而小学教育与大学教育正适应了族中不同年龄段子弟的需求，故收效明显，且易于施行。

由上述内容可以看出，明清徽州士人在朱熹乡治思想的基础上针对基层治理问题制定了涉及宗族社会救济、礼俗秩序构建以及宗族成员教育等方面的规约，而这些规约的实施则引导了基层社会成员的日常行为，保障了他们的基本生活，这也使得民间规约获得了当时徽州民众的认可。正如谢晖所指出的，“作为非正式制度的规则体系，特别是那些具有超常稳定性的民间规则，本身是人们日常生活中最重要的构成要素。”④ 正是由于明清徽州民间规约的内容要素来源于当地社会成员的日常生活，且对其形成了较为全面的覆盖，能够有效地为人们提供宗族救济保障、生活秩序供给以及基础知识教育等，所以在明清两代，民间规约融入了徽州宗族成员的日常生活中，并成为当地民间法中不可或缺的组成部分。从这一角度也可以看出，作为民间法重要组成部分的民间规约如果想要获得个体成员的认同且能够稳定运行就必须满足两个前提条件：一是有实施的社会基础，即规约的主要内容要符合当地的礼俗传统，如此才能与国家法律、法规形成有效的衔接。由此，则民间规约就具备了实施的可行性；二是能够简易且有效地解决乡村基层在治理方面所涉及的主要问题，不能空洞无物，大而无当。由此，民间规约就具备了实施的必要性，这两方面条件的满足可以提升个体成员对民间规约的认同感，有助于增强民间规约在基层社会的权威性。

四、实践维度：规约的仪式强化与惩戒规制

就制度运作的角度来看，行为主体的主观态度与客观行为对于制度能否有效且良性运

---

① 卞利编著：《徽州民间规约文献精编 · 宗族规约卷》，安徽教育出版社 2020 年版，第 288 页。
② 卞利编著：《徽州民间规约文献精编 · 宗族规约卷》，安徽教育出版社 2020 年版，第 288 页。
③ 卞利编著：《徽州民间规约文献精编 · 宗族规约卷》，安徽教育出版社 2020 年版，第 281 页。
④ 谢晖：《大、小传统的沟通理性：民间法初论》，法律出版社 2019 年版，第 159 页。

转有着密切的关系。如果行为主体认同制度且在实践中落实制度运转的内在要求，则制度就会在行为主体的推动下步入正轨，持续地发挥制度绩效。反之，如果行为主体将制度视为一种可有可无的设置且推诿其承担的制度责任，则制度的运转就会逐渐僵化甚至停顿。作为一软性制度，徽州民间规约的维持和运作也是建立在徽州宗族成员的认同和支持基础上的。如果缺少徽州士人的提倡与徽州宗族成员的践履，则徽州民间规约必然难以正常维系。为了能够使宗族成员遵守规约的各项内容，藉此实现宗族的良善治理，徽州士人在实践层面通过两种方式来不断强化宗族成员对规约的认同：一是在各类祭祀中通过仪式将规约精神内化于宗族成员心中，使其自觉地将规约内容作为自己日常行为的规范性指南；二是对于违反规约的宗族成员实施一定的惩罚，通过身体规训来使宗族成员遵守规约内容。前者主要是发挥正面引导的作用；后者则是起到惩戒警示的作用，两者都是为了保证宗族成员在实践上能够落实规约中的各项要求。

（一）规约意识的价值内化

徽州在各类祭祀的价值认知方面深受朱熹礼学思想的影响。作为一种礼仪，祭祀主要是通过各种象征性作用来激发人们对仪式内在精神与理念的认可。朱熹在编著《家礼》时，在首篇特别点出了作为祭祀重要构成内容的祠祭的重要作用，言："此章本合在《祭礼》篇。今以报本反始之心，尊祖敬宗之意，实有家名分之守，所以开业传世之本也。故特著此，冠于篇端，使览者知所以先立乎其大者。"① 在朱熹的观念中，包括祠祭在内的各种祭祀活动的目的主要是为了能够通过仪式的影响，使参与祭祀人员的内心能够与祭祀活动本身的价值形成感通，并进而在此基础上使宗族成员能够对规约内容形成高度认同。祭祀本身不是目的，而是一种仪式，祭祀过程之所以要有一套固定的礼仪活动，主要是通过身体的规训而使参与祭祀的人员能够体认祭祀活动所指向的价值内容。徽州士人对此亦有深刻的认识，他们认同朱熹的祭祀理念，对于祭祀活动特别是祠祭、墓祭等非常重视，将其看作是敬宗收族，体现孝睦，维系宗族发展的重要保障。如明代万历年间休宁宣仁王氏宗规载："祠祭、墓祭，皆属展亲大礼，必加敬谨。"② 清代嘉庆年间黟县南屏叶氏宗族载："每岁元旦，阖族诣宗祠谒祖。毕，序齿团拜。清明上冢，自始祖而下五代，俱设墓祭，照齿值年，备仪物，洁祭器，必诚必敬。"③ 在徽州宗族的观念中，祠祭、墓祭等祭祀活动是宗族中的大事，宗族成员必须要在诚心尊礼的前提下参加祭祀活动。在明清时期，徽州宗族持续性地进行祭祀活动。清末，时任徽州知府的刘汝骥曾对徽州民俗进行过详细的调查，指出当地"祀事之举行于地方者，典籍载有定礼，官绅以时从事。民间则五

① ［日］吾妻重二汇校：《朱子家礼宋本汇校》，上海古籍出版社2020年版，第1－2页。

② 卞利编著：《徽州民间规约文献精编·宗族规约卷》，安徽教育出版社2020年版，第279页。

③ 卞利编著：《徽州民间规约文献精编·宗族规约卷》，安徽教育出版社2020年版，第102页。

祀之外加以扫墓。”① 由此可以看出徽州宗族对祭祀的重视。

就祠祭而言，宗祠是维系宗族成员的精神纽带，通过祠祭，既可以使宗族成员了解宗族发展延续的历史，也可以促进宗族成员对宗族规约的遵守。正所谓：“世族不可以无祠，祠祭仪节不可无规。族无祠，则无以敦水木本源之念，不足以言仁；祠无规，则无以立光前范后之谋，不足以言礼。”② 在祠祭过程中，徽州宗族一般会朗读家训、族规等，以强化族内成员对宗族内部规约的认同。如《窦山公家议》就规定：“中元、冬至之祭，五房十八岁以上者毕集，因以受训受事。”③ 就墓祭而言，宗族在固定的时间段祭祀先祖，一方面可以通过仪式来谨名分，明尊卑，进一步稳固宗族的伦理秩序；另一方面也可以使宗族成员认识到自身在家族中的责任感，提升他们在宗族治理中的积极性与主动性。如明代嘉靖年间休宁吴氏宗族的清明祭扫规约就规定：“每年清明標扫墓祭，必先三日偕族之长少，自始祖而下，凡相共业者，一皆率由旧章，以次標祭，俾后之子弟目染耳濡，期传悠久而无忘焉。礼毕燕饮，长少咸集，酬酌交欢，尊卑之礼、昭穆之分又秩秩然雍肃。”④ 对于不参加祭祀或违反祭祀礼仪的行为，徽州宗族都作了严格的处理规定，轻者教育，重者处罚。如明万历年间休宁茗州吴氏宗族家典就规定：“祭之日，首事者呼旦趣办，促行礼，不可过亭午，其品物亦须精洁如式。诸族子孙，俱青服鞋袜以临祭。违者，罚，罚银壹分；故不出与祭者，罚，罚银贰分。”⑤ 通过不断地祠祭、墓祭等祭祀活动，宗族成员对宗族组织以及宗族规约的认同感得到了进一步强化，他们在日常行为活动中也自觉地维护规约本身的权威性。

（二）规约实施的禁忌约束

为了确保制定的规约能够得到落实贯彻，徽州士人在宗族规约中也载明了违反规约的后果。他们认为宗族治理必须要有惩戒性的规定即治家之纲纪，如果缺少纲纪，则必然会导致规约的约束性绩效不断降低，难以发挥整顿宗族风气、维持宗族秩序的作用。清代同治年间祁门武溪陈氏宗族家法就载：“治家不可不立纲纪。所谓纲纪者，犹网之有纲也；所谓纪者，犹裘之有挈领也。治家无纲纪，则泛而无统，岂为门户之福？”⑥ 就纲纪所涉及的内容而言，徽州宗族参考了朱熹在增损《吕氏乡约》中对过失内容的规定，并结合各自宗族的情况作了细致的诠释。朱熹认为，乡约等民间规约既要从正面引导人们遵从礼俗，患难与共；也要就群体中出现的社会越轨行为进行规制，保障规约的稳定运行。为此，他对《吕氏乡约》中的过失行为进行了分类性解释，探讨了犯义之过、犯规之过以及

① （清）刘汝骥：《陶甓公牍》，安徽师范大学出版社 2018 年版，第 232 页。
② 卞利编著：《徽州民间规约文献精编 · 社会生活规约卷》，安徽教育出版社 2020 年版，第 209 页。
③ （明）程昌：《窦山公家议校注》，周绍泉，赵亚光校注，黄山书社 2014 年版，第 21 页。
④ 卞利编著：《徽州民间规约文献精编 · 社会生活规约卷》，安徽教育出版社 2020 年版，第 143 页。
⑤ 卞利编著：《徽州民间规约文献精编 · 宗族规约卷》，安徽教育出版社 2020 年版，第 307 页。
⑥ 卞利编著：《徽州民间规约文献精编 · 宗族规约卷》，安徽教育出版社 2020 年版，第 320 页。

不修之过的具体内涵，并就此提出了规制性的路径，即“右件过失，同约之人，各自省察，互相规戒。小则密规之，大则众戒之。不听则会集之日，直月以告于约正，约正以义理教诲之。谢过请改，则书于籍以俟。其争辩不服，与终不能改者，皆听其出约。”① 徽州宗族在家法、族规、宗训等规约中，对违反宗族伦理秩序的行为及其惩戒措施也都在朱熹思想的基础上做了规定。如清代光绪年间绩溪东关冯氏家法载：“一、子得罪父母，初须从宽杖责，仍令长跪服罪；再犯，逐革。妇得罪舅姑者同。一、奸淫乱伦，确凿有据者，男女并逐革，所生子女同。一、盗卖家谱，盗卖祀产，以及砍卖祖坟荫木者，逐革。一、殴打有服尊长者，逐革。”② 清代光绪年间绩溪梁安高氏宗族家法亦载：“一、在族内奸淫形迹未著，将男子逐革。一、在族外行窃者，逐革。一、素性凶暴，殴斗伤人者，逐革。一、行止诡异、交结邪匪者，逐革。”③ 惩戒执行的主体多是族长或房长，他们肩负着维持规约运行，规戒违约成员行为的角色。

当然，对于超出规约管辖范畴的宗族成员的违法行为，徽州宗族一般是将其送官处理。在他们看来，民间规约是对国法的一种补充性规定，当宗族成员的行为上升到违反国法的层面时，则必须由地方政府依据国法处理。清代光绪年间绩溪南关许氏宗族家法明确记载：“《家法》治轻不治重，《家法》所以济国法之所不及，极重，至革出祠堂、永不归宗而止。若罪不止此，即当鸣官究办。”④ 国法属于上位法，民间规约则是对国法在基层社会治理维度的补充，也可以说是一种礼俗化的具现。从实施角度来看，约束性的惩戒不仅有助于规制宗族成员的行为，也有助于民间规约的落实和推行，为宗族秩序的稳定提供了礼法上的绳制。

总的说来，从实施效力来看，民间规约属于一种“软法”，其运行基础并不是建立在国家政治强制力的基础上的，而是以自身权威及其个体成员的认同为支撑的。如果想要使其能够在群体组织内部持续发挥功效，那么就必须奠定其运行的正当性基础，而通过仪式的象征作用与禁忌的约束作用则可以使民间规约内化于个体成员的心中，使民间规约变成礼俗秩序的重要组成部分。仪式的象征方式有多种，如举办祭祀和大型纪念活动等。这些行为举措都有一个共同点，即通过唤起或塑造共同的社会记忆来建构过去，强化个体成员对组织中规则的认同。明清徽州的祠祭和墓祭等正体现了这一点，徽州宗族在朱熹《家礼》的指导下，实施了常态性的祭祀活动，“尊祖敬宗”的活动一方面是为了纪念先人，另一方面也是藉此而强化族人的“报本反始之心”，⑤ 使其遵守宗族内部通行的行为规则。此外，作为宗族内部的禁忌性约束对于民间规约的落实也是不可或缺的，在大多数情况

① （宋）朱熹：《朱子全书》（第 24 册），上海古籍出版社、安徽教育出版社 2002 年版，第 3596 页。
② 卞利编著：《徽州民间规约文献精编 · 宗族规约卷》，安徽教育出版社 2020 年版，第 323 页。
③ 卞利编著：《徽州民间规约文献精编 · 宗族规约卷》，安徽教育出版社 2020 年版，第 325 页。
④ 卞利编著：《徽州民间规约文献精编 · 宗族规约卷》，安徽教育出版社 2020 年版，第 325 页。
⑤ ［日］吾妻重二汇校：《朱子家礼宋本汇校》，上海古籍出版社 2020 年版，第 1 页。

下，禁忌性约束本身就是民间规约中的一个重要构成部分，也是民间规约能够实施的重要保障。缺少禁忌性约束容易使民间规约变成一种道德教条，只有道德感召力而缺乏规则实施力。禁忌性约束中包含着惩罚性的措施，以外在规训的形式使群体成员能够按照群体的通行规则行动。在朱熹礼法观念的影响下，徽州宗族都明确规定了违反规约行为的惩罚性措施，并通常将祠堂作为惩罚的空间场域。这种做法其实也是通过贯彻禁忌性约束来确保宗族成员对规约的敬畏和遵守。仪式的象征与禁忌的约束恰如一体之两面，共同维系着民间规约的有效运行。

五、余论

就儒家政治思想的发展而言，南宋时期，朱熹在承接先儒治道思想的基础上，对基层社会治理问题进行思考，并在乡约、社学、社仓等方面进行了相应的制度构建，意在将儒家所主张的礼俗制度藉此而落实到基层社会，为国家治理的稳固奠定伦理政治基础。明清时期，朱熹思想在徽州地区获得了广泛的传播和认同，徽州士人也主动地将其基层社会治理主张贯彻到宗族治理中，特别是朱熹的《家礼》等书，更是成为徽州宗族在日常生活方面的行动指南。朱熹的思想影响到了徽州宗族治理的各个方面，形塑了徽州宗族的治理模式与治理实践。可以说，徽州乡村超稳定结构的形成与受朱熹思想形塑的徽州宗族治理制度之间有着密切的关联。自明代开始，徽州地区的地方官也主动地推动这种宗族治理制度的发展，并主动地践行朱熹的基层社会治理思想，如嘉靖五年四月，歙县知县孟镇等就倡导朱熹所设计的乡约制度，于社坛立碑广为宣传，并规定“祭毕，就行会饮，并读抑强扶弱之词，成礼而退，仍于本里内推选年高矜式者一人为约正，有德行兼优者二人副之，照依乡约事宜，置立簿二扇，或善或恶者，各书一籍，每月一会，务在劝善惩恶，兴礼恤患，以厚风俗。”① 地方官员的这种做法也进一步强化了徽州宗族对朱熹思想的认同，推动他们将朱熹的基层治理思想有机地融到了各种规约中，从而形成了以礼俗秩序为主导的基层治理模式。

Research on the Influence of Zhu Xi's Thought on the Folk Regulations in Huizhou during the Ming and Qing Dynasties

GUO Jingdong

Abstract: During the Ming and Qing Dynasties, Zhu Xi's philosophical thought was widely disseminated and recognized in the Huizhou area. The Huizhou clan also used Zhu Xi's govern-

① （清）江登云辑，江绍莲续编：《橙阳散志》，安徽师范大学出版社 2018 年版，第 162 页。

ance thought as a guide when formulating various statutes to regulate the daily behavior of clan members. In the dimension of human nature, they adhered to Zhu Xi's philosophy of morality, and focused on constructing ritual and custom traditions to regulate the daily behavior of individual members; in the dimension of system, they followed Zhu Xi's ideas of village governance as a guide, and established the righteous warehouse, village covenant, and righteous study in light of the clan's own conditions. In terms of practice, in order to ensure that the statutes formulated by the clan can be effectively implemented, under the influence of Zhu Xi's family thinking, they designed sacrificial ceremonies such as ancestral sacrifices and tomb sacrifices. This practice is mainly to strengthen the clan members' identification with the regulations, and they have also formulated punishments. Under the formation of Zhu Xi's thought, the Huizhou area has formed a grass – roots governance model based on the order of etiquette and customs.

Key words: Zhu Xi; Huizhou; folk statute; shaping

（编辑：陶文泰）

清水江流域林业契约习惯法的经济理性*

李巧玲**

摘　要　清水江流域“契约型社会”的形成常被认为是受道德自律、诚信文化和民族品质的影响，实际上“自生自发的秩序”的形成必然受到理性因素的推动，只有那些符合经济效率要求的意识才最终沉淀为群体公共的行为利益选择。经济学视域下探讨清水江流域林业契约行为的逻辑，发现契约的机制设计都是理性的交易主体根据成本收益原则做出的最优经济选择：通过明晰产权，稳定行为结构、减少交易的不确定性，通过减少各类交易成本使个人的成本收益与社会成本收益达到一致，通过激励相容的风险分担与激励机制设计对行为形成有效约束，降低机会主义行为倾向等等。体现经济理性的契约习惯法律制度促使交易主体自觉自发的按照契约的规定行事，最终也实现社会整体均衡，林业交易秩序得以维护，交易效率得以提升，实现了清水江流域人工营林业持续数百年的兴盛和繁荣。

关键词　清水江文书　契约习惯法　经济理性　法经济学

清水江流域人工营林业数百年兴盛和繁荣依赖的是民间社会大量契约实践和契约观念，该地域先民们在长期的林业生产过程中不断探索积累林业管理经验，在拆分山林、山场买卖、幼林转让、佃山造林、成材林分成、山林纠纷调解等林业生产经营的各个环节无不签订契约文书。在林业契约大量缔结与交易的过程中，民众长期认可遵循的带有地方特色的契约习惯法律制度得以产生，保障交易可以顺利进行，从而形成了以契约文化为基础

* 2021 年国家社会科学基金项目《脱贫地区“绿水青山”转化为“金山银山”路径研究》（项目编号：21BKS042）。

** 李巧玲，天津财经大学法律经济学专业博士研究生，中共天津市委党校助理研究员。

的社会秩序。①

清水江流域契约秩序的自觉有效维护常被认为是受道德自律、诚信文化和民族品质的影响，实际上，人类一切似乎是现成的、自然的东西其实都是理性塑造的结果，“自生自发的秩序”也必然是受到理性的推动才能得以形成。集体契约意识养成了人们对契约的尊重与遵守，但集体契约意识乃是一个不断被经济条件选择和过滤的过程，只有那些符合经济效率要求的意识才能留存下来，最终沉淀为群体公共的行为利益选择。②

在经济学领域，人被视为理性经济人，他们以效用最大化原则为目标追求、选择最利于自己的方式进行活动，在采取行动之前，总会对于各种可能的行动方案进行成本收益比较，以利用有限的资源争取最大的效用，经济理性为行为人带来利益最大化的同时，也给社会带来最大福祉。清水江流域林业契约习惯法律制度作为不具备国家强制力的非正式制度能够为人们所接受，成为彼此约束的规则，乃是因为林业契约文书对契约要素的要求、对双方权利义务的约定、对契约效力的维护等制度安排背后都体现出交易主体利益最大化原理，促使理性经济人自觉自愿自发的按照契约的规定行事。正如埃里克森用重复博弈模型证实得到的结论那样：“关系紧密之群体内的成员们开发了并保持了一些规范，其内容在于使成员们在相互之间的日常事务中获取的总体福利得以最大化”。③

清水江流域契约文书一经发现就引发学界强烈关注，不同学科从不同视角对清水江林业契约文书进行解读，法学学科研究民族地域契约关系下的法律秩序，探讨习惯法在民间的作用，而经济学研究多从区域经济角度入手，从清水江流域木材生产和贸易的历史中窥视当时人工营林业经济的发展状况，但是从法律和经济学的交叉视角对林业契约习惯法律制度进行解释和说明的研究较少。法律经济学可以用来分析制度的形成和发展的过程，④揭示法律制度的经济逻辑，能够使法律制度原则更清晰的显现出来。⑤ 本文尝试以法律经济学为视角，运用经济学一般原理对清水江林业契约习惯法进行梳理剖析，以探索契约习惯法律制度在经济理性作用下的演变发展规律，从而拓宽和创新清水江流域契约文书的研究视域和方法。

一、明晰产权

制度经济学家德姆塞茨指出，产权作为一种社会工具的重要性就在于它能够帮助一个

① 参见徐晓光：《“清水江文书”对生态文明制度建设的启示》，载《贵州大学学报（社会科学版）》2016年第2期。

② 参见夏扬：《中国法律传统的经济理性》，载《法学研究》2016年第5期。

③ ［美］罗伯特·C. 埃里克森：《无需法律的秩序——邻人如何解决纠纷》，苏力译，中国政法大学出版社2003年版，第204页。

④ See Warren J. Samuels, The Legal – Economic Nexus, 57 *George Washington Law Review*, 1556 (1989).

⑤ 参见李树：《法律背后的经济逻辑——法律的经济分析及其理论表现》，载《学术界》2011年第8期。

人形成他与其他人进行交易时的合理预期。① 产权界定了权利的边界，产权关系一经确立，产权主体就拥有了不受其他主体随意干扰的财产，在收益最大化动机支配下，产权主体行使产权时努力使资源配置达到最优。产权界定越明确，对产权主体的激励就越大，资源配置效率就越充分，社会总效用就越增加。产权的排他性具有强有力的约束功能，既约束非产权主体的侵占行为，又约束产权主体的权利和责任界区。相反，产权不明晰情况下，收益的外部化不能使产权人利益有所增进，缺乏激励条件下交换的规模不会扩大，导致交易对象的无效率。同时，界定不清的产权增加了交易中的摩擦，导致缔约和执行成本巨大，使交易无法顺利进行，进而降低经济效率。

"有效的产权法律来自实践和惯例，而不是相反。"② 清水江流域契约习惯法在产权界定、产权保护、产权流转等方面的非正式制度规范较大程度地将外部性以内在化的方式予以消除，确定了每个人面对物时必须遵守的与其他人的相互关系，促使经济主体在交易时形成合理的预期，形成林业交易的稳定秩序，维系林业生产贸易的繁荣。

（一）林地边界清晰避免交易秩序混乱

产权明晰是交易的先决条件，只有排他的、边界清晰并可计量的产权才具有可交易性。林业生产经营中，明晰边界是权利人行使权利的前提，也是约束人的经济行为、避免林业纠纷、保证生产的必要条件。林业契约中，无论是买卖林地契约、买卖青山契约、分山场契约还是租佃契约都对林地的名称、坐落及上、下、左、右"四抵"的行文十分详尽具体，没有出现同时期徽州契约中对"四至"省略的情形，③ 虽然清朝以来中央王权逐步加大对于清水江流域的扩张与渗透，但是，清水江流域并没有徽州地区发达的土地登记管理制度，官府没有组织界定山界的统一地名，土地也没有编号，④ 因此，为了顺利行使占有权、使用权、收益权和处分权，林业契约必须写明林地山场的名称、坐落和范围。林地山场的小地名、地貌特征是一种"地方性知识"，为当地民众所熟知，根据其描述可以定位标的物的具体位置，契约习惯以水、岭、坡、冲、梁、砍等自然地形为界确定林地四至，在无法确定自然界限的情况下，契约习惯通过"埋岩"方式明确边界，如在一份"分山场合同"中写道："埋岩为界，各管各业"，⑤ 产权界定的标志性、稳定性、互证性和公认性特征有效区分契约中交易产权与其他产权的界限，林农们便可据此确定各自的行为和利益边界，避免意思表示不清导致的交易秩序混乱。

---

① See Harold Demsetz, Toward a Theory of Property Rights, 57 *American Economic Review*, 347 (1967).

② ［日］青木昌彦：《比较制度分析》，周黎安译，上海远东出版社2001年版，第36页。

③ 参见栾成显：《清水江土地文书考述——与徽州文书之比较》，载《中国史研究》2015年第3期。

④ 参见［日］岸本美绪、张微：《贵州山林契约文书与徽州山林契约文书比较研究》，载《原生态民族文化学刊》2014年第2期。

⑤ 张新民：《天柱文书（第一辑）》第7册，江苏人民出版社2014年版，第122页。

（二）权利瑕疵担保义务稳定权利预期

为了保证交易顺利进行，维护交易安全，清水江地区的大部分林业契约文书中卖家都需要承担权利瑕疵担保义务，保证卖主对所交易标的享有完全权利，确保交易的安全性。卖家的权利瑕疵担保义务主要体现在以下四个方面。其一，契约中表明卖主对标的物具有合法权利来源，山林的产权源于祖上传下，或是先前自己购买。例如“自愿将到祖业一处，土名坐落番故得山，出卖与姜映飞、姜映祥等承买为业”表明卖主出卖的山场乃是祖业，① 而“立断卖山场杉木字人文斗下寨姜万年，先年得买本寨姜映发山场杉木壹块，地名干榜”② 表明该山场为卖主先前从本寨人姜映发手中购得。其二，契约通过“其木自卖之后，任凭买主修理管业，兄弟不得异言”③ “自卖之后任凭买主子孙管业，卖主兄弟及外人不得异言番悔”④ 等话语表明卖主已履行了“先问亲邻”的程序，防止买方担心因“亲邻先买权”而可能引发的纠纷。其三，侧重权属关系发生争议后的处理，卖主要担保所交易的标的物无权利瑕疵，无纠葛，如卖主所言不实，要承担担保责任。例如“如有异言，俱在卖理落，不关买主之事”⑤ 充分保障买家权利。其四，清水江文书买卖契约的开头通常是“立断卖”，俗规称“一买一断二卖休”，相当于汉族地区的“绝卖”，卖方完全脱离所有权关系，绝少发生中原地区因经济条件好转而回赎和因“卖价不敷”而要求找价的习惯，⑥ 保证买主获得全部的、完整的、不再会受到侵扰的所有权，避免了“卖而不绝”的现象，“恐后无凭，立此卖断约，子孙远永存照”。⑦ “找价”行为是对业已完成交易的冲击和否定，只有禁止这种行为，才有利于维护交易的效力。

为了交易的达成，需要将某种义务分配给交易的一方，义务的分配影响经济运行的效率。关于权利状态的信息在买方与卖方之间的分布是不均衡的，买方对权利的归属状态进行调查核实并采取防范措施必然支付大量的成本，而卖方对于自己所出售标的物的权利状态最为清楚，其审查权利状态的成本远远小于买方，根据法律经济学“最小防范成本原则”由付出成本较小的卖方履行权利瑕疵担保义务是有效率的制度安排。卖方的权利瑕疵担保义务保护买主的信赖利益，使其不必有权利被随时剥夺之顾虑而对是否进行交易犹豫不决，对买主的保护有助于激发交易的活力，对从事交易形成正向激励，促进林木交易的繁荣。

---

① 张应强、王宗勋：《清水江文书（第一辑）》第12册，广西师范大学出版社2007年版，第10页。

② 陈金全、杜万华：《贵州文斗寨苗族契约法律文书汇编——姜元泽家藏契约文书》，人民出版社2008年版，第318页。

③ 陈金全、杜万华：《贵州文斗寨苗族契约法律文书汇编——姜元泽家藏契约文书》，人民出版社2008年版，第183页。

④ 张应强、王宗勋：《清水江文书（第一辑）》第12册，广西师范大学出版社2007年版，第37页。

⑤ 张应强、王宗勋：《清水江文书（第一辑）》第4册，广西师范大学出版社2007年版，第134页。

⑥ 参见罗洪洋：《清代黔东南锦屏苗族林业契约之卖契研究》，载《民族研究》2007年第4期。

⑦ 张应强、王宗勋：《清水江文书（第一辑）》第4册，广西师范大学出版社2007年版，第135页。

（三）“分股”促进产权流通转让

资源的有效配置是通过产权的自由转让、重组实现的，产权的可流通性使资源从效率较低的地方流向效率更高的地方直至流向最有效的使用者手中，产权的自由转让实现了资源价值的最大化。正如波斯纳所言，如果所有权转让给出价最高的人，那社会的收益就将趋于最大化。①

林木的养护、管理、采伐、运输等特点要求林业生产的连片经营，但是规模庞大的山场，因购买成本高、整体流通性差而无法实现资源的有效配置。而清水江流域的苗侗民众巧妙的采用“分股”的方式，以“股份”形式确立保障个人对林地和林木的所有权以及衍生的使用权、收益权和处置权，既明晰产权，又增加产权的流通性。因分家对家庭山场的分割、共同出工出力开发荒山、栽手因租佃而与山主的分成等原因对林地林木以一种抽象化“股份”分配是林地山场股份来源的最初形式，频繁的山林土地交易产生的利益复杂转换和分配关系对“股份”进一步拆分，大股化为小股，少股化为多股，又形成了“股中股”“多层股”现象，股数细分甚至还出现了三层拆分的情况。② 自乾隆初年起，清水江流域的天柱、锦屏、黎平等地大量买卖山场、卖青山、卖栽手林业契约中频繁地出现带有“股”的林业契约，体现出清水江林业经营的“多元股份结构”，③ 契约交易的山场林地产权只是卖主所拥有的那一部分股份，有时契约中所涉及的股份转让仅仅只是林地或立木的十分之一股，甚至更小的比例。例如，姜显高等人将持有加池寨皆洋报之山场的 2 大股中 1 股，而转让给姜凤德的是其持有的 1 大股份成的 24 小股中的一股，即出卖的股份为四十八分之一股。④ 为避免多次拆分的错乱，林业契约文书还会将股分持有人股数、股份的来源、股份结构清晰地展现出来。

林业生产的规模特性，其交易方式往往是多人参与，导致林地山场产权越分越细，迫切需要对林地产权进行度量边界。清水江流域契约习惯对山场林地产权的虚拟分割而非物理分割避免了山林的破碎化经营，“股”无须地理方位、实际面积和实物边界，只要有“股”的数目就可以进行交易，既促进规模经济，又通过结构调整获得复合的经济效益，提升了产权流动性，林地林木可以等到采伐时分成，也可以看准市场行情出售进行新的投资。产权的抽象分割和转移为林地自由流转和林地市场的运行提供了有利条件，也使需要众多人合力才能完成的大块山地育林成为可能产权安排。

二、减少交易成本

交易是经济主体根据收益预期和互利原则选择成本最低和收益最大的权利转让的过

① 参见［美］理查德·波斯纳：《法律的经济分析》，蒋兆康译，法律出版社 2012 年版，第 44 页。
② 参见林芊：《清水江林业契约文书中“股”之形式及其特征》，载《贵州文史丛刊》2018 年第 3 期。
③ 瞿见：《同股同权？清水江林业契约中的多元股份结构》，载《原生态民族文化学刊》2022 年第 2 期。
④ 参见张应强、王宗勋：《清水江文书（第一辑）》第 10 册，广西师范大学出版社 2007 年版，第 323 页。

程，新古典经济学为分析单个经济人如何在追求最大化的经济目标过程中通过价格机制实现均衡提供了基本方法，但建立在完全信息、零交易成本的假设基础上的分析框架偏离了社会现实。科斯创造性地提出了交易成本的概念，指出无成本之交易仅在虚幻的纯理论建构之中，现实世界中制度的运行本身也是有成本的，① 威廉姆森进一步把交易成本细化为搜寻成本、信息成本、议价成本、决策成本、监督成本和违约成本等。交易成本理论要求人们在进行制度选择时，应当选择能使交易成本降至最低的制度安排，以尽可能减少交易成本，节约资源的损耗及提高市场机制的运行效率。

交易成本越高，交易主体的预期收益就越低，交易主体必须考虑交易成本因素，任何交易主体都会选择对自己最为有利的制度，以求实现经济利益的最大化。在一定自然条件和社会文化条件之下，清水江流域林业契约习惯法的形成和发展，如白契盛行、中人参与、民间调处为主的纠纷解决方式的制度设计都体现了节约交易费用的内在机理。

（一）白契盛行

清代政府制定了红契制度，要求买卖双方将书面契约交官府登记、缴纳税银，加盖官印红章。但在已发现的清水江林业契约中，绝大部分都使用白契，既不使用官版契纸，也不向官府投印税契，官方盖印的红契很少见。根据学者统计，清代徽州契约文书中，田地产买卖文契中90%以上的均为红契，② 而张应强、王宗勋《清水江文书》收录的6378件契约文书中，红契占比仅不到7%，③ 可见白契在清水江流域民间的认可度和流行度之高。

红契是经官府核验的契约，得到国家法律的明确承认和保护，但是使用红契不仅需要买卖双方耗费时间往返于官府与村庄之间，而且还要缴纳一定税款，增加了交易主体的经济成本和时间成本，加重了缔约双方的负担。对居住在清水江流域两岸山地的乡民而言，选择白契免去长途跋涉去官府的路途之苦，可以节省不少费用和时间。此外，白契也能够发挥保证交易的安全性的作用。在依靠伦理道德信用体系维系的清水江流域，国家公权力并不是维持乡村契约秩序的主力，社会基层内生的力量才是维持社会秩序的力量，熟人社会的道德维系下，互信是经济行为能够进行的前提，违约被视为破坏社会习俗的行为，而被团体格局中的其他人所轻视和谴责。白契因为有中人、代笔人的参与和见证，对于缔约双方而言，与红契一样具有权利保障的功能，能够作为有效的权利凭证，在多数情况向下，足以保证交易的有效和履行。清代官府虽然鼓励民间交易适用红契，打击和压制白契现象，但清水江流域地处边陲，清政府对当地实行"因俗而治"的灵活务实管理政策，对

① R. H. Coase, The Nature of The Firm, 16 *Economica New Series*, 386 (1937).

② 参见汪崇筼：《硬租与实租：晚清民国撤州地租研究——以〈金长千公会租簿〉数据为中心》，载《安徽大学学报（社会科学版）》，2011年第4期。

③ 参见［韩］Kim Hanbark：《因何前去官衙：清水江文书中的红契分析》，载《原生态民族文化学刊》2015年第4期。

当地契约习惯法保持着默许的态度，对于使用白契的乡民，也没有做出惩罚，这意味着官府对当白契作为官府民政的工具时，官府对于白契的效力是认可的，白契可以作为解纷的规则依据和证据，① 在林权纠纷官府断案的判词中也经常见到“而呈老契”“验明契约”的表述。

虽然官府针对民间契约广泛使用白契的行为制定告示、规约加以劝告、规范和督促，但效果并不明显，白契在清水江流域的盛行，根本上是法律规避收益高于守法收益的条件下，交易双方理性选择的结果。白契具备双方合意这一契约根本要素，又手续简便，节约交易的时间成本和经济成本，迎合了交易主体利益最大化的需求，同时熟人社会违约可能要承担的声誉成本足以威慑当事人保证合约的履行，能够正常实现林地产权转移和对价支付的交易目的。在国家权力和个人权利的不断博弈中，清水江流域民众趋利避害，做出了符合自己利益的理性抉择。

（二）中人参与

第三方的参与是中国古代民事契约的一个特征，② 清水江文书中无论是卖山场契约、卖青山契约、卖栽手契、租佃契约还是分成契约中，中人都发挥着十分重要的作用，“立契有中”的观念和习惯深入人心。试举几例加以说明，一卖山场契约有“一并凭中出卖與姜映辉名下承买为业”“卖主并中证出头理落”③ 的表述；一卖栽手契有“当日凭中断价三百五十文”④ 的内容；一租佃契约有“今凭中登门佃到下寨姜钟碧名下山场一块”⑤ 的语句。虽然因契约的类型不同而需要中人介入契约的程度与范围有所差别，但是几乎所有的契约关系都要由中人加以安排。

作为参与契约的第三人，中人了解市场行情并在村落具有一定社会威望，清水江流域林业契约充当中人的主要是交易方亲族及乡村社会的权威人物，如寨老、宗族领袖、地方绅耆、团甲首人等，通过说合交易、议定价格、见证交易过程、调解未来可能出现的契约纠纷等，中人参与搜寻交易对象、谈判和签约及合约监督和执行等交易全过程，发挥降低信息成本、契约协调成本和执行成本的作用。

首先，中人作为缔约双方的中介，参与缔约双方的介绍与引见，降低了交易双方为获取信息支付的费用。清水江林业契约文书常见“凭中登门”“情愿央中”“凭中出卖”“托

① 参见吴声军：《清水江流域人工营林纠纷及其解决机制——以明清以来的契约文书为中心的考察》，载《中央民族大学学报（哲学社会科学版）》2020年第1期。

② 参见田涛：《千年契约》，法律出版社2012年版，第140页。

③ 张应强：《清代契约文书中的家族及村落社会生活》，载《广西民族学院学报（哲学社会科学版）》2005年第9期。

④ 张应强、王宗勋：《清水江文书（第一辑）》第1册，广西师范大学出版社2007年版，第180页。

⑤ 陈金全、杜万华：《贵州文斗寨苗族契约法律文书汇编———姜元泽家藏契约文书》，人民出版社2008年版，第459页。

中问到”“请中上门问到”“请中招到”等字样，说明交易双方信息不通，中人凭借其广泛的“人脉关系”为当事人提供交易信息和媒介，减少交易双方订立契约的信息搜寻费用。由于邀约的信息是中人负责对外发布的，所以对于潜在的缔约人来说，中人起到保证信息真实性的作用，减少了信息核实成本。

其次，中人衡平双方当事人的利益，议定价格，减低契约协调成本。在乡村社会的“差序信任格局”下，缔约双方可能彼此不熟悉，体现为弱关联关系，具有较高社会地位的中人为缔约提供人格化力量，减少交易双方的陌生和不信任，中人凭借其权威身份传达诉求，协调利益冲突，减少信息不对称程度，简化谈判环节，使缔约双方最终达成合意。而在交易双方彼此熟识的情形下，当事人可能会因“面子”影响而羞于直接言利，无法明晰表达自己的利益诉求，意思表示仅仅通过当事人自己来表达极其困难，中人代为向对方提出，并往来于双方之间，调和其主张，[①] 中人的介入调和能够提升谈判效率和效果，促进交易达成。林业契约中大量出现的“凭中三面言定价钱”“凭中三面议定”“请中面议”“依中处定断”“三面议作卖价”等语说明中人在降低谈判费用方面发挥了重要作用。

最后，中人一般是乡村地方精英和亲族中德高望重之人，他们的参与能够督促当事人履约，避免缔约双方基于求利本能的无故违约或者敲诈勒索的机会主义行为，减少监督执行成本。契约得以发生有两个重要前提条件“当事人要么对对方拥有很高程度的信任，知道对方执行契约的可能性很高；要么拥有一个强大的外在力量，可以确保契约得到执行。”[②] 中人具有各界广泛联系的关系网，凭借其特殊的身份、地位和影响力，可以让契约相对方对彼此有所了解，消除不安和顾虑，确信对方履约的确定性。中人在契约文书末尾签名画押，见证契约的成立，又表明当事人亲族及村寨权威对此项交易的认可，使契约明显具有公开性的色彩，排除了亲族日后再起争执的可能。因此，中人的参加保证了合约的确定性和可靠性，预防纠纷发生的可能性，督促契约的履行和实现，降低了合约的监督执行成本。

（三）民间调处为主的纠纷解决机制

在长周期的林木抚育和经营过程中，乡民为将短期生产投入“变现”，地权林权交易变动频繁，乡民之间的民事权利关系日渐复杂，尽管契约规定较为周详严密，但是随木材经营利益日渐丰厚，利益驱使下林权纠纷在所难免。清代改土归流后，国家对清水江流域的控制逐渐加强，管辖清水江流域社会秩序已无法律障碍，但民间纠纷解决机制在清水江流域并没有随着国家律法的深入而消亡，长期存在的民间纠纷解决方式并未被统一法度下的纠纷解决机制所代替，对于如买卖林地林木纠纷、混争地界纠纷、林木股权纠纷、租佃

---

① 参见梁治平：《清代习惯法：社会与国家》，中国政法大学出版社1996年版，第162页。

② 丁晓东：《身份、道德与自由契约儒家学说的制度性解读》，载《法学家》2014年第3期。

纠纷等林权争议的民间细故，乡民仍习惯于民间调处和理清，① 忌入官府或迫不得已才控于官府。

在清水江流域，林权争议发生后，通常是纠纷双方协商和解解决，商谈不拢时，很少有直接控告至官府的，大都宁愿依靠宗族或村落等地方领袖式人物的力量调解，因此林业契约中经常可以见到“中等劝解”“中等查实”“经请地方父老从中排解”等语。族长、寨老、中人甚至由他们组成的团体根据事由、纠纷大小和涉及范围有序参与纠纷解决，极力促成一个双方可以接受的相对合理的结果，当事人在调解人的监督下订立纠纷调处契约，如清白字、甘福字、和息字、认错字、戒约字等，就彼此权利义务签订协议。

以往研究通常从文化背景、价值观念和秩序偏好等方面寻找民间调处解决纠纷的原因，普遍认为中国具有人治传统而法治化发端较晚，在“情理法三位一体，先情后理再法”的传统法观念影响下产生的纠纷解决机制一定程度上反映了传统的“关系本位”或作“秩序本位”的社会伦理观。特别是清水江流域的苗侗先民们一直生活在相对封闭的乡土社会，地理环境的制约限制了乡民的迁移和流动，乡土熟人社会特色表现更为突出，各种社会关系勾连紧密，纠纷产生后人们为避免老死不相往来，但又不得不常常相见的尴尬局面的出现，往往习惯于利用私人的社会控制系统中解决纠纷。

其实，民间调处为主的纠纷解决机制具有经济合理性。理性经济人在进行纠纷解决方式的选择时作始终以成本最小化为目标，通过对不同纠纷解决方式投入与产出的权衡，选择成本尽可能低的纠纷解决方式。清水江流域林权纠纷当事人出于实用理性，根据自己的财力和诉求，选择适合自己的策略和行动。

禀官耗时费力，成本高昂。自给自足的自然经济时代，林农们守着土地营生，林业契约涉及的金额有的仅仅几钱，发生纠纷若选择诉诸官府，需要面对名目繁多的诉讼费用（如状纸费、代书费）以及官府差役的勒索和盘剥，② 诉讼费用可能与契约涉及的成本大致相近，③ 若遇上复杂纠纷，甚至需要变卖家中山林田土甚至房屋以筹措经费，即使官司打赢了，也可能倾家荡产。嘉庆、道光年间的大地主山客“姚百万”家就是因为长年累于讼诉、多耗钱财，最终破产。④ 民间调处的经济成本较低，依照传统，民间“请中理讲”解决纠纷之后，当事人需出资摆酒席宴请调解人，以公示的方式宣告纠纷的解决。“定纷止争”被“理老”“寨老”等乡村领袖视为共同体成员对其“社会权威地位”的尊重和肯定，而非生财之道。因此，当事人支付的费用也是象征性的，可以根据自己的经济状况选择能够承受的范围内为之。

---

① 参见唐钊：《清至民国清水江流域林权纠纷解决机制变迁研究》，载《湘潭大学学报（哲学社会科学版）》2020 年第 5 期。

② 参见邓建鹏：《清代诉讼费用研究》，载《清华大学学报（哲学社会科学版）》2007 年第 3 期。

③ 参见罗康隆：《从清水江林地契约看林地利用与生态维护的关系》，载《林业经济》2011 年第 2 期。

④ 参见徐晓光：《“清水江文书”对生态文明制度建设的启示》，载《贵州大学学报（社会科学版）》2016 年第 2 期。

从稀缺性角度出发，时间也属于一种重要的经济资源，当事人可以支配的时间是一定的，解决纠纷占用的时间过多就必然压缩投入到其他活动上的时间，因此无不希望纠纷能够迅速得到解决。林业种植买卖，细事诸多，官府接受词状后并不积极解决，学者研究发现大部分林权纠纷在双方几次禀复之后也官府也未出具最终判词，[①]“堂断”耗费的时间短则数月，长则数年，譬如文斗下寨姜氏家族内部一起私砍偷卖杉木纠纷，从发案到结案历时三年四个月，原告姜恩慈到文斗寨 200 余公里的镇远府城鸣官上诉，最后还客死他乡。[②] 相比之下，“请中理讲”等民间调处机制使纠纷在乡村内部得到解决，耗费的时间较少，程序灵活，纠纷出现后，理老、族长、寨老等甚至会主动介入，迅速解决纠纷，没有“鸣官”后繁琐的程序限制和漫长等待，节省的时间成本当事人可以配置到更有价值的方向中去。

理性的当事人具有自利性，其成本函数集不仅包含货币成本、时间成本还包括关系维系、良好声誉等社会关系成本。社会资本理论认为，社会关系不仅是社会结构的组成部分，社会成员之间的信任、网络、规范等也是一种可利用社会资源。重复博弈下，理性人进行策略选择的时候，不仅要考虑本阶段的收益，而且还必须考虑本阶段的策略对长期收益的影响。在乡村社会狭窄的交往空间下，乡民少不了要经常打交道，人们的行为模式符合长期反复合作下的重复博弈，行为人当前的行为选择会影响到对方将来的战略和路径选择，对簿公堂结果造成的零和博弈导致社会关系断裂、丧失交往对象和社会生存空间的高昂成本，根据信号传递理论，卷入诉讼的结果是乡邻将好讼之人看成好争贪利的小人而不愿与之交往，从而在一定程度上降低其将来获得其他社会资源的可能性，因此纠纷当事人会主动放弃诉讼权利的争取，而采取民间纠纷解决机制。“在当事人可以相互谈判通过合作解决他们的分歧时，则不管相关的法律规则如何，他们的行为都是有效率的。”[③] 民间调处的纠纷解决机制以较小的成本和投入解决林权纠纷，尽力维护乡村内外的整体秩序。

三、构建风险分担与激励机制

杉木的生长周期大约为二三十年，因此人工营林的经济收益的实现要经历一个较为长期的过程。同时，人工林业生产必须经受火灾和盗伐两大隐患的考验，因此通过山林的佃种和买卖而获得预期收益的活动是一种长期的高风险的经济活动。清水江流域林业契约通过构建和优化分成租佃合同的制度设计，构建激励相容机制，对行为形成有效约束。

---

① 参见陈金全、侯晓娟：《论清代黔东南苗寨的纠纷解决——以文斗苗寨词状为对象的研究》，载《湘潭大学学报（哲学社会科学版）》2010 年第 1 期。

② 参见吴声军：《清水江流域人工营林纠纷及其解决机制——以明清以来的契约文书为中心的考察》，载《中央民族大学学报（哲学社会科学版）》2020 年第 1 期。

③ Robert D. Cooter , Thomas S. Ulen, *Law and Economics*, Scott, Foreman and Company, 1988, p. 105.

租金合约主要有三种形式：定额地租合约、分成地租合约和工资合约，在产权归私人所有的前提下，合约当事人可以自由选择合约形式。① 由于土地租佃合约的非永久性，分成合约中每一产量都有一部分作为地租交给地主，佃农没有动机在承佃的土地上进行更多投资导致分成租佃制对资源配置的低效率和全社会产出的净损失，地主要监督佃农劳动防止其过度适用生产资料，分成合约被不少经济史学家认为是一种与落后生产力相连的合约形式，② 张五常则认为分成制下土地利用是有效率的，他指出合约的选择涉及在各种不同报酬结构下净收益的比较，只要较高的交易成本可由分散风险所带来的收益予以补偿，人们就选择分成合约，由于佃农的努力程度难以观测，因此最优合约是风险分担与激励之间达成的某一平衡，③ 分成合约是风险分担与激励权衡的结果。

山主将山场出佃给栽手栽种，林业契约设计通过产权的部分或全部转让，实现拥有土地资源的山主与拥有劳动力资源的栽手的联合生产。山主与栽手订立的租佃契约之中，租金是双方租佃关系的核心。清水江流域林业租佃契约反映出一个典型特征，即分成地租处于绝对主导地位。租佃关系的建立分为两步进行，第一步是订立佃契，明确双方权利义务，栽手取得林地使用权，“种粟栽杉”，第二步是待三至五年幼林郁闭后，山主与栽手订立分成合同，确认或再确认租佃合同约定分成比例，最后待林木出卖后订立分银清单进行利益分配。分成租佃关系与林业生产的特点高度契合，和农业生产相比，林业产品生产周期性更长且必须通过市场交换才能兑换钱粮，外生于生产函数的变量包括气候条件、火灾、病虫害等风险会严重影响林木经济价值的实现。定额地租下，山主获得既定利益，栽手要被迫承担大部分林业生产风险，而工资地租下则反之。分成合约在栽手和土主之间建立起了分散风险的机制，与山主相比栽手更加厌恶风险时，则风险越高，分成租佃制就越重要。④ 山主和栽手都是追求自身经济利益最大化主体，分成地租构造主佃双方利益——风险共担机制达成双方利益关系的均衡，林木质量越高，分成份额的价值就越大，使双方都有动力全力调配自己的资源投入生产活动。在分成地租下，栽手可以最大限度地规避风险，并以最小成本获得生产资料，山主可以获取大部分分成收益（有学者对主佃分成统计研究发现山主与栽手分成大致经历了主三佃二至主五佃五，最后主六佃四的过程⑤），并通过赋予栽手一部分剩余索取权而减少对栽手的监督成本。分成合约充分利用栽手的劳动和技术、山主的资本和土地实现有效率的资源

① 张五常：《佃农理论——应用于亚洲的农业和台湾的土地改革》，商务印书馆 2000 年版，第 96 页。

② 高彦彦、杨德才：《交易成本、合约弹性与明清徽州的定额地租》，载《制度经济学研究》2008 年第 1 期。

③ See Joseph E. Stiglitz, Incentives and Risk Sharing in Sharecropping, 41 *Review of Economic Studies*, 219 (1974).

④ 参见［冰］思拉恩·埃格特森：《经济行为与制度》，吴经邦等译，商务印书馆 2004 年版，第 199 页。

⑤ 参见吴述松：《林业结构调整及其内生经济增长——基于 1466－1949 年清水江林粮兼作文书的证据》，载《中国社会经济史研究》2014 年第 3 期。

配置。

人的有限理性决定交易主体不可能精准预测未来所有可能发生的情况，因此签订的契约只能是不完全契约，在此情况下，违约等个体机会主义行为很可能发生，为保障交易的顺利实施，必须借助治理结构或者一种私人秩序，① 因此建立契约的自我实施机制约束交易主体就非常重要。租佃契约作为的"继续性债务关系"，给付与对待给付不能同时进行，契约的履行需要山主先给付租地，栽手后给付地租，山主作为义务先履行方，将土地使用权交给栽手后，为化解栽手不履行给付义务的道德风险，必须利用租佃契约条款提供内部化激励，激励栽手的合作自律行为，抑制投机行为，鼓励栽手自觉履行契约。清水江流域林业租佃契约一般约定，山场育林前三年实行"林粮间作"所得的玉米、红薯、粟等粮食收成全部归栽手所有，并且杉木成林后还可获得分成，"以短养长"缓解林业生产长周期性与栽手日常生活需要口粮之间的矛盾，这对没有任何可供投入物质和资本的林农，尤其是衣食无依的外来移民来说有很大吸引力，激励栽手签订租佃契约。在经济学机会主义假设下，人追求自身利益的动机是强烈而复杂的，往往具有投机取巧以谋取个借人利益的行为倾向，投机行为给契约效率带来损失。在契约中加入引导缔约人行为的激励机制可以减少效率损失，为了限制栽手只顾种粮而疏于林木管护的机会主义行为，租佃契约中严格规定栽手必须保证三至五年使其杉木成林，所佃山林经山主验收成林后，栽手才可以按比例分成，例如"务要努力修理，此木不得荒废，如有荒废，栽手是否栽有，日后并无系分"② "限三年内杉木成林。若有不成，任地主另佃与别"，③ 还有栽手的出当田、山杉等赔偿担保条款，例如"如不成林，自愿将補先松架景秧田大坵作抵"④ "自愿将先年佃栽姜光前乌救略之山栽手（股）作抵"，⑤ 到期不成林，栽手则倒赔抵押物，有效抑制了栽手的不合作行为，委托代理问题也得到控制。租佃分成契约精细恰当的激励相容制度设计，以山主和栽手各自投入的生产要素份额分配山主与栽手的利益，优化了人工造林生产的人、地生产要素结构与资源配置，提高劳动效率，提升单位土地产出，进而增加林业生产活动的总产出。

四、结语

作为特定历史时期和特定区域社会自发形成的契约规范体系，清水江林业契约习惯法是人们对以往生活经验积累的实践用经济理性进行"筛选"之后的产物。经济学认为，经济人在理性自利基础上以实现个体收益最大化为目标而选择行为，矫正资源的不合理配

---

① See Oliver E. Williamson, Transaction – Cost Economics: The Governance of Contractural Relations, 22 *Journal of Law and Economics*, 233 (1979).

② 张应强、王宗勋：《清水江文书（第一辑）》第1册，广西师范大学出版社2007年版，第64页。

③ 张应强、王宗勋：《清水江文书（第一辑）》第12册，广西师范大学出版社2007年版，第74页。

④ 张应强、王宗勋：《清水江文书（第一辑）》第1册，广西师范大学出版社2007年版，第373页。

⑤ 贵州省编辑组：《侗族社会历史调查》，贵州民族出版社1988年版，第18页。

置，最终也达到社会整体均衡。林业契约习惯法律制度通过明晰产权，稳定行为结构、减少交易的不确定性，通过减少各类交易成本使个人的成本收益与社会成本收益达到一致，通过激励相容的风险分担与激励机制设计对行为形成有效约束，降低机会主义行为倾向，对规范交易行为、维护交易秩序、提升交易效率有积极的影响及意义。但是，也应该注意到，清水江流域林业契约制度虽然发达成熟，但人们始终无法摆脱“身份”的羁绊，并没有完全发展和演化出完全的契约关系和彻底的自由平等的契约精神，因而经济理性意识有时不能完全冲破社会、经济、政治和文化等各个方面的限制，少数如“亲邻先买权”和“单契”的交易习惯有时并不完全符合成本收益选择。

亲邻优先权强调以同宗血缘关系和同地区地缘关系为纽带的乡族共同体的统一性和有序性，要求田产房屋等最重要的生产生活资料的出售必须履行先问亲属和近邻的程序，如亲邻不愿意买，方可径卖他姓和他人，否则达成的交易无效。亲邻优先权是房族内部维护财产不外流的强烈意识折射，其存在固然给家族利益交往提供了便利，但却忽视了契约主体的个人利益和意志。“先内后外”的交易习惯将交易限定在一个相对确定的狭小地域内，限制了契约主体选择契约相对人的自由，使契约主体丧失最佳交易机会，只有经“先问亲族，再问四邻”后，亲邻无人承买，卖主才能向外发布交易信息。信息的准确性与及时性是行为人交易决策的基础，而交易相对人迟延获取交易信息不仅造成先前谈判磋商、时间等交易成本的浪费，也会因为影响当事人交易决策而影响资源配置的效率。经济学认为，经济主体按照自己的利益需求而自主选择交易相对人才能形成强有力的竞争市场，在充分竞争条件下形成的交易才能实现资源的正常流转，进而增进社会福利。排除了潜在的契约参与者的交易无法因缺乏有效竞争而无法实现资源的优化配置，毕竟只有在充分的可供选择的契约安排下才能使产权落在最有效率的用途上。

在契约形式上，清水江流域林业契约中的合同契极为少见，绝大部分为单契形式。合同契一般是一式两份或多份，缔约双方人各执一份，而单契则只有一份，由立契人署名后，把契纸交给对方收执，立契方往往是经济实力较弱的一方，如买卖契约中的卖方、租佃契约中的栽手。单契记载的信息具有片面性，一般只记录权利先得的立契方的具体义务，并由立契方签字画押，不记录义务先行的收契方的具体义务，收契方也无须签字画押。单契的广泛使用是受民间长期形成的立契习惯的影响，体现出路径依赖的因素作用。以买卖契约为例，契约文书一般是由出卖人出具，由买方收执，契约文书的签订在卖方、买方“凭中议定价银”，卖方“其钱亲手领足”“入手收足”的情形之下，即买卖双方契约签订时间是买方已经完成交付价金的义务之后，故契约只记载了卖方的义务，卖方将契约直接交给买方，买方凭借此契约享有权利，以保证卖方履行应尽的义务，而卖方则不占有内容相同的契约。与一式多份、双方互换保存的合同契相比，单契节约了抄写、校对契约的时间和劳动成本，却增加了契约被篡改调换的交易风险。立契方并不占有可以相互勘核对照的契约副本，因此奸猾的持契方有可能在契后加字、揩改文字甚至伪造新契，而立契方因往往缺乏制衡手段。"交易有争，官司定夺，止凭契约"，契约既是当下权利义务关系的书面凭证，也是纠纷发生后支撑主张的凭据，当发生纠纷时，单契无法对比验证的缺陷给认定交易事实带来了一定的困惑，增加解纷的调查成本。

总体来看，清水江流域社会中的契约习惯法保障了林业生产经营与交易的稳定、安全和秩序。经济学视域下探讨清水江流域林业契约行为动力机制形成的逻辑基础，可以发现其背后深厚的经济理性意识支撑，契约机制的严密设计是理性的交易主体根据收益最大化原理做出的最优经济选择。当今时代，体现经济理性基因的契约习惯法因被国家法吸收而得以延续，而"亲邻优先权""单契"等习惯法因无法实现收益最大化，逐渐被交易主体抛弃而淡出历史。清水江流域林业契约文书是我国重要的法律本土资源，在提倡尊重契约精神法治观念的今天，对清水江流域林业契约习惯法律制度进行深刻的挖掘、梳理、借鉴和反思，探寻契约习惯法在经济理性作用下的发展运行规律，使其中具有理性选择的规范和要素凸显出来，可以为"法治中国"的建设提供坚实的历史土壤和社会基因。

Economic rationality of customary law of forestry contract in Qingshui River Basin

LI Qiaoling

Abstract: The formation of "contractual society" in Qingshui River Basin is often considered to be influenced by moral self – discipline, honest culture and national quality. In fact, the formation of "self – generated and spontaneous order" is inevitably promoted by rational factors. Only those consciousness that meet the requirements of economic efficiency can finally precipitated into the choice of group public behavior interests.

From the perspective of economics, this paper discusses the logic of forestry contract behavior in Qingshui River Basin, and finds that the mechanism design of contract is the optimal economic choice made by rational transaction subjects according to the principle of cost and benefit: By clarifying property rights, structure of behavior is stabilized and the uncertainty of transactions is reduced . By reducing all kinds of transaction costs, the cost benefit of individuals is consistent with he cost benefit of society. Through the incentive compatible risk sharing and incentive mechanism design to form effective constraints on behavior, reduce the tendency of opportunistic behavior and so on. The contract habit reflecting the economic rationality urges the trading subjects to act voluntarily in accordance with the provisions of the contract, and finally realizes the overall balance of the society. The forestry trading order is maintained, the trading efficiency is improved, and the man - made forestry in Qingshui River Basin is prosperous for hundreds of years.

Key words: Qingshui River Basin document; contractual customary law; economic rationality; law and economics

（编辑：曹瀚哲）

中国基层纠纷调解的制度变迁与模式转变*

杨　晔**

摘　要　中国基层纠纷调解在历史变迁过程中呈现不同的模式，以不同视角考察不同时期模式特点，展现历史变迁的整体样貌、演变情况与反思启示。传统中国纠纷调解与政治上治理体制相混合，随着纠纷解决层级上移而上移，为民间非正式调解形式留出空间，构成官方与民间互动机制，在经济上获得纠纷解决最佳效率配置，属于“官民互动”模式；近代中国的法制转型中，调解手段被法律化与制度化，弱化民间自主纠纷解决的社会基础，转化为“法制侧重”的调解模式；从革命战争时期开始，调解制度建构有其历史惯性，文化因素延续民间非正式的多元纠纷调解的转化发展，是“文化延续”模式。可见，从政治、经济、法律、社会、历史与文化多维视角，展现调解变迁的样貌、演变与延续原因等特质，并给予现代制度与适用的反思、借鉴与启示。

关键词　纠纷调解　制度化　传统文化　制度变迁

调解制度是现代中国诉讼与司法制度的重要内容之一，甚至也是民法典中纠纷处理的方式之一。对于中国纠纷调解制度与实践的研究逐渐展开，以调解制度为中心的多元纠纷解决机制，呈现出更为深入与多样的研究。而对于中国传统的纠纷调解的研究，多关注在传统纠纷调解的形式类型、理念价值、程序过程、社会文化与借鉴意义五个部分，甚至形

* 基金项目：国家社会科学基金重大项目（17ZDA189）。

** 杨晔，海南大学法学院理论法学专业博士研究生。

成一定类型研究的普遍内容与结构特点。① 当然也存在其他更为细致与独特的视角，传统纠纷调解不同时期的制度与实践情况，以及有效性、多元纠纷解决机制、长时间跨度梳理，以及当代调解为中心的传统联系等。②

可见，对传统纠纷调解历史变迁的研究，还存在相应问题与值得研究之处。其一，对传统纠纷调解的类型划分不明，在调解变迁中应区分不同调解方式的变化历程，以及其相互关系，更可以展现纠纷调解方式之间的变迁逻辑；其二，对于纠纷调解的历史变迁原因并未全面地分析，在调解变迁的梳理也应关注其历史演变原因，从古代中国到近代转型，乃至现代诉讼制度都依旧延续与发展的原因，并以多角度与层次进行解读；其三，对于相关研究多关注借鉴意义之处，在纠纷调解历史变迁中也应看到反思之处，从经验与教训中更好运用纠纷调解的手段，完善调解制度与实践。

因而，传统纠纷调解的历史变迁梳理，不应仅仅是一种历史变迁的时间逻辑，在考察古代中国的同时，还要涉及近代中国与现代中国时期，对纠纷调解手段的规定、延续与使用。进而，具体以从普遍适用到中国特殊，从宏观到具体的逻辑，相对应地针对纠纷调解制度不同时期，以不同视角与维度进行研究：最为宏观的在于政治领域的“制度”，以及经济视角的分析，展现传统纠纷调解宏观运作机制与逻辑；而具体表现在近代中国转型时期，则是纠纷调解的法律制度与社会层面的分析；最具特色与特殊性的是，以中国历史与文化视角，对现代中国对纠纷调解手段与制度，其延续与发展情况进行分析。传统纠纷调解历史变迁梳理，为现代调解制度建构与适用提供反思、借鉴与启示，也有利于纠纷调解与纠纷解决、社会治理、文化背景等不同制度与因素之间关联的理清。

---

① 参见曾宪义：《关于中国传统调解制度的若干问题研究》，载《中国法学》2009 年第 4 期；靖小琴，陈会林：《中国传统纠纷解决机制的特征与启示》，载《湖北大学学报（哲学社会科学版）》2006 年第 5 期；张梅姿，贺志明：《无讼的价值取向与调解制度的法律传统》，载《湖南社会科学》2012 年第 3 期；陈弘毅：《调解、诉讼、公正——对现代自由社会中儒家思想的思考》，载《法制现代化研究》2001 年期；柯联民：《“分”与中国传统调解法律文化》，载《法治研究》2013 年第 6 期；张晋藩：《调解息讼的司法传统与崇尚和谐的中华民族精神》，载《人民法治》2018 年第 3 期；春杨：《我国传统纠纷调解机制的功能与现代价值》，载《政法论丛》2007 年第 6 期。

② 参见谢冬慧：《民国时期民事纠纷解决机制论略》，载《西部法学评论》2014 年第 1 期；刘昕杰：《以和为贵：民国时期基层民事纠纷中的调解》，载《山东大学学报（哲学社会科学版）》2011 年第 4 期；窦竹君，霍建云：《民间调解有效性因素刍议——历史传统与现实存在》，载《河北法学》2017 年第 6 期；武乾：《中国古代多元化纠纷解决机制与美国 ADR》，载《河南省政法管理干部学院学报》2005 年第 3 期；马晨光：《中国古代多元纠纷解决机制及现代价值》，载《国家行政学院学报》2010 年第 2 期；张德美：《官府调解与民间裁决：近代选择性记忆下的传统》，载《政法论坛》2020 年第 3 期；郑英豪：《我国调解制度变迁中国家权力的角色承担与未来向度——基于法社会学的观察》，载《法学评论》2015 年第 1 期；张熙娴，龙家兰：《调解的过去与现在》，载《云南大学学报（法学版）》2010 年第 2 期；王斌通：《乡贤调解：创新“枫桥经验”的传统文化资源》，载《山东科技大学学报（社会科学版）》2018 年第 2 期；狄小华：《中国传统调解制度的现代转型》，载《东南大学学报（哲学社会科学版）》2008 年第 6 期；李骆：《中国调解制度从传统模式到现代模式的延伸及其对策》，载《西南农业大学学报（社会科学版）》2009 年第 4 期；赵万一，张卫平，郭明忠：《人民调解制度与中国传统文化》，载《法学》1987 年第 5 期。

一、古代中国纠纷调解的制度间互动机制

传统中国存在的各类纠纷调解手段，其不同类型手段并非都属于官方法律制度，整体上经过长时间段的调整与演化才得以形成。各类纠纷调解所构成的机制，展现的是官方制度与民间非正式制度之间互动联系，还能在纠纷调解与解决上，获得更多的效益与经济意义，为现代调解制度提供传统模式的样本。

（一）调解处理的上移与成本

传统纠纷调解在古代中国，虽然被认为普遍存在，实际上更多表现是调解的实践与处理，法律意义上的制度与规定较晚。① 纠纷调解的制度形式有一种模糊性，与传统时期的基层社会治理、纠纷解决机制之间紧密关联。尤其是宋代之前实践中，基层的纠纷调解与行政管理制度相结合。秦汉时期基层的行政长官，统揽管理地方各项事务，其中包括司法管辖权，甚至包括死刑。② 秦汉基层治理中，乡级设置三老、有秩、啬夫、游徼，其中啬夫是专门负责“听讼”且具有重要地位；“亭长”负责处理“盗贼”，也反映出具备一定的司法管理与纠纷处理的权限。秦汉时县以下的基层纠纷解决与行政管理、治理体制之间，在权责上相融合与混同，纠纷解决机制之下的调处手段，更是依靠于治理体制的施行。县以下的乡里组织，也被赋予一定的纠纷裁断权。如魏晋时期的邻长、里长、党长还具有“义兴讼息”的功能，乡官有理讼的职责；③ 隋代也曾短暂地赋予乡正，署理辞讼之权；④ 具体调解手段的应用，在汉代与魏晋南北朝等时期在一定层级上有明确的应用，在唐代的“乡里讼事”，需要先由里正、村正、坊正调解，但是并非初审性质的程序。⑤

换言之，纠纷解决与调解手段此时依旧是基层社会治理的一部分。而宋代开始，官方对基层纠纷解决的权力，开始明确上移至县一级，即受理诉讼与解决纠纷的最低级机关是县一级。⑥ 此时，宋代官府对纠纷解决采用的调解手段，开始与民间内部纠纷的调解开始区分开来。并且，纠纷解决机关层次的上移，实际上也是调解手段应用更进一步的上移，官方层面使用调解的增加，为民间调解手段运用的兴起留出了空间。宋代的调解以官方调解为主，在《名公书判清明集》（下文称之为《清明集》）中记载诸多典型案例。⑦ 其中涉及纠纷调解而和解的“和对”，如“况是亲戚兄弟，自宜从公和对”；⑧“故未免令两家

① 参见曾宪义：《关于中国传统调解制度的若干问题研究》，载《中国法学》2009年第4期。

② 参见张德美：《皇权下县秦汉以来基层管理制度研究》，清华大学出版社2017年版，第146页。

③ 张德美：《皇权下县秦汉以来基层管理制度研究》，清华大学出版社2017年版，第170－171页。

④ 参见万昌华，赵兴彬：《秦汉以来基层行政研究》，齐鲁书社2008年版，第108－109页。

⑤ 参见谢冬慧：《中国古代民事纠纷解决机制的法文化解读》，载《西部法学评论》2012年第5期。

⑥ 参见夫马进、范愉：《中国诉讼社会史概论》，载《中国古代法律文献研究》2013年期。

⑦ 参见张晋藩：《中国法律的传统与近代转型第3版》，法律出版社2009年版，第330页。

⑧ 中国社会科学院历史研究所宋辽金元史研究室点校：《名公书判清明集》，中华书局1987年版，第102页。

在外和对”。[①] 宋代纠纷调解的方式，从《清明集》中可见普遍两种方式，一是地方主官也是司法官进行“劝谕”，如“窃详上件事先经县断，再经丞厅看定，皆行劝谕择日还亲，亦可谓曲尽人情”。[②] 还有如：

> 每遇听讼，于父子之间，则劝以孝慈，于兄弟之间，则劝以爱友，于亲戚、族党、邻里之间，则劝以睦婣任恤。[③]

此种“劝谕”极多，在是地方主官的施政职责之一，是纠纷调解的一种表现形式。甚至此种“劝谕”也与民间调解相联动，主要由主官要求民间权威，进行“劝和”或者“和劝”。典型如“两家既是亲戚，岂宜为小失大，押下本厢，唤邻里从公劝和，务要两平，不得偏党”；[④] “本厢押李三归家，拜谢外婆与母及李三十二夫妇，仍仰邻里相与劝和”；[⑤] “且押下厢，就本人家决十五，令拜谢阿李，仍令四邻和劝”，即由主官以“唤”“仰”“令”的方式，促使民间调解的“邻里”“四邻”进行纠纷的调解。[⑥] 由此可见，地方主官在处理纠纷之时，除了有官方进行“劝谕”之外，也开始强调引导民间自行对纠纷进行调解处理。

宋代纠纷解决层级的上移，导致官方调解为主的实践，并引导民间调解发展的思路，是制度的变迁转化，也有其经济意义与原因。当时诉讼风气向“健讼”“好讼”的诉讼形态转变，如“江西州县百姓好讼”等描述。[⑦] 并且，基层纠纷处理的“理讼”能力，由于财政方面的简约化限制，逐渐形成传统中国在纠纷解决方面的紧张关系。[⑧] 因而，各类纠纷与争讼逐渐增多的直接结果，即是将官方“理讼”能力成为一种“稀缺资源”，由此而来“好讼”的“竞争”，导致纠纷调解处理在官方与民间的侧重转变。可以说，宋代纠纷处理看到社会结构的变化，形成基层组织过渡的空白期，导致的民间诉讼增加与治理空

① 中国社会科学院历史研究所宋辽金元史研究室点校：《名公书判清明集》，中华书局1987年版，第161页。

② 中国社会科学院历史研究所宋辽金元史研究室点校：《名公书判清明集》，中华书局1987年版，第349页。

③ 中国社会科学院历史研究所宋辽金元史研究室点校：《名公书判清明集》，中华书局1987年版，第363页。

④ 中国社会科学院历史研究所宋辽金元史研究室点校：《名公书判清明集》，中华书局1987年版，第335页。

⑤ 中国社会科学院历史研究所宋辽金元史研究室点校：《名公书判清明集》，中华书局1987年版，第362页。

⑥ 中国社会科学院历史研究所宋辽金元史研究室点校：《名公书判清明集》，中华书局1987年版，第386页。

⑦ 《中华大典法律典/诉讼法分典》，西南师范大学出版社2014年版，第610页。

⑧ 参见尤陈俊：《清代简约型司法体制下的“健讼”问题研究——从财政制约的角度切入》，载《法商研究》2012年第2期。

层;[①] 一方面希望通过上移纠纷诉讼处理的层次，避免直面乡村社会纠纷；另一方面，也引导民间调解各类方式形成，不仅可以共同降低纠纷解决的成本，促进民间调解的发展，在乡土社会内部解决纠纷更为“值当”，促使基层纠纷解决的效率提升。[②]

（二）调解机制的互动与效率

传统纠纷调解处理向上转移至县级，更大意义在于促成民间社会，形成多元化与体系化的纠纷调解机制。在宋代之后，各类纠纷调解形式则逐渐发展与繁盛，清代之时形成民间调处为主的非正式制度，其中各类惯例与实践极多。纠纷调解处理的重点，从宋代至清代的过程中，也逐渐从官府调解向民间调解进行转移。

作为传统中国基层最广泛的势力，基层宗族的发展与壮大，为纠纷调解提供基础与保障。族田、义庄的发展，为宗族发展奠定经济基础;[③] “族学”与“义学”则是对宗族的凝聚力与弥合性有所增强，促进宗族共同体的形成；甚至祠堂祭祖、新式族谱与宗族乡约化，则在促进了宗族组织化与制度化趋势。[④] 在此基础上的乡规民约、宗法族规，以宗族为主导的调解形式，成为民间纠纷调解的基础与主要部分。[⑤] 此外的乡约、乡绅群体、乡里与保甲制度等，都是纠纷调解的重要基础依托。从宋代至清代期间，民间乡约从单纯的民间自行设立，增加了地方官府影响的因素，甚至形成了官方主导的形式。[⑥] 以《吕氏乡约》来看，乡约内容包括了“德业相劝”“过失相规”“礼俗相交”“患难相恤”等道德教化等守则，为民间纠纷调解提供了规范意义与适用前提。[⑦]

进而，乡绅群体的形成与权威地位，促进基层纠纷调解的运行。明清乡绅群体开始形成与壮大，其地位介于官与民之间，更是官方与民间之间的沟通与代表;[⑧] 并且乡绅也参与地方与基层纠纷解决、组织乡约等作用，尤其在调解乡里纠纷与诉讼案件方面发挥重要作用。[⑨] 乡约与乡里、保甲等相互协调，兼具官民两种势力与背景，保证基层纠纷调解的实现。如明清乡约增加了官方的介入与背景之后，其组织建构也逐渐完善与主动，开始具备一定的司法职能，并且乡约与保甲的结合，进一步协助基层纠纷调解的进行。[⑩] 明清乡约组织还具备调处民间纠纷，调查取证，勾摄人犯等功能，是官方明确期望该组织，能够

---

① 参见杜路，马治国：《宋代民间好讼之风的成因研究》，载《人文杂志》2014年第5期。

② 参见［美］道格拉斯·C. 诺思：《制度、制度变迁与经济绩效》，杭行译，格致出版社2014年版，第67页。

③ 参见李文治、江太新：《中国宗法宗族制和族田义庄》，社会科学文献出版社2000年版，第22页。

④ 参见冯尔康：《中国宗族史》，上海人民出版社2009年版，第272页。

⑤ 参见张晋藩：《中国法律的传统与近代转型第3版》，法律出版社2009年版，第336页。

⑥ 参见谢长法：《乡约及其社会教化》，载《史学集刊》1996年第3期。

⑦ 董建辉：《明清乡约理论演进与实践发展》，厦门大学出版社2008年版，第57－63页。

⑧ 参见赵秀玲：《中国乡里制度第2版》，社会科学文献出版社2002年版，第253页。

⑨ 参见杨银权：《清朝陕西地方社会治理视野下的士绅研究》，中国社会科学出版社2016年版，第211页。

⑩ 参见董建辉：《明清乡约理论演进与实践发展》，厦门大学出版社2008年版，第283页。

对基层纠纷进行解决与调处的重要手段。① 乡里调解即依靠里正、乡老等地方具备权威的人士，依据各地的民间习惯与风俗人情对乡里基层纠纷进行调解。②

可见，从宋代至清代，逐渐形成多元化多层次的基层纠纷调解模式。在宗族、乡约、乡里、乡绅与保甲等不同形式上的纠纷调解形式，都属于非正式的调解形式，其本身即是官方与民间，对纠纷调解互动关系的一种典型表现。其形成也是多方面原因，首先，宋代至清代的诉讼风气的“健讼”与“好讼”更为明显与广泛。宋代、元代、明清等时期，在不同区域都有喜好诉讼的描绘。实际上此种“好讼”的刻画，也可以将现实司法压力，转为对民众好讼之风的批判。③ 并且，传统地方官府在进行治理的过程中，其组织设置有明显的矛盾之处，实际上无法处理纠纷日益增加的“健讼”基层现实。换言之，健讼风气导致的基层纠纷调解任务加剧，为地方官转推向民间组织提供必要与前提。

实际上，官府乐于营造“健讼”风气，进而将诉讼与纠纷解决推向民间。由宋代开始，在清代形成以保甲长、乡约、坊厢长、宗族长、会首、亲友、地邻、中人、局绅等主持的“官批民调”，是官方与民间相互动机制形成与运行的主要表现。④ 此种正式制度与非正式制度，相互联动所形成的互动机制，也是传统中国纠纷调解方面，可以达成效率配置的最优机制。由官方创建一系列规则，来使各种非正式制度与约束得以发挥作用。首先，民间此种非正式调解的形式，是官方正式调解方式的延伸与补充；其次，依靠着民间自身存在的“社会制裁”的约束手段，如宗族内部、乡村社会中宗族长、乡绅、乡里长的权威，以乡土与家庭秩序的排斥与隐性惩罚进行“制裁”；最后，其中乡规民约等内部实施的规范与标准，成为调解与裁断的内部行动标准。⑤ 更进一步而言，民间非正式的调解形式的产生，可以在民间社会内部采用“公认”的低成本的“认定”“衡量”方式，以及特定的制裁机制，更有利于纠纷调解完成与解决达成。基层纠纷所牵扯的利益种类越多，越需要采用更为复杂与系统的纠纷处理与调解的机制。⑥ 简言之，官府正式调解手段，与非正式调解形式与约束之间的有效互动，形成最有利于调解纠纷的资源效率配置机制。

传统中国的纠纷调解处理与手段，从与基层治理体制的混合、分化，调解处理方式的上移与引导，为民间非正式调解形式留出空间，最终形成正式制度与非正式调解手段形式的互动机制，达成纠纷调解的最优效率与配置，属于传统时期“官民互动”的调解模式。简约型的司法与治理机制，以及对非正式民间纠纷调解方式的放权，对现代基层纠纷调解

---

① 参见段自成：《明清乡约的司法职能及其产生原因》，载《史学集刊》1999 年第 2 期。

② 参见江国华、张浩：《中国传统多元纠纷解决机制及其现代价值》，载《广东行政学院学报》2014 年第 5 期。

③ 参见郑鹏：《文本、话语与现实——元代江南“好讼”考论》，载《中国史研究》2018 年第 1 期。

④ 参见田平安、王阁：《论清代官批民调及其对现行委托调解的启示》，载《现代法学》2012 年第 4 期。

⑤ 参见［美］道格拉斯·C. 诺思：《制度、制度变迁与经济绩效》，杭行译，格致出版社 2014 年版，第 41、48 页。

⑥ 参见［美］道格拉斯·C. 诺思：《制度、制度变迁与经济绩效》，杭行译，格致出版社 2014 年版，第 50、56 页。

的广泛推进与持续运行有一定程度上积极的借鉴意义。

二、近代中国纠纷调解的法制化转型实践

传统纠纷调解形成官民互动机制特点，至近代中国开始了一种全方位的社会转型，纠纷调解手段也随着法制转型而变革。法制化的转型更看重将纠纷调解的法律化与制度化，官方与民间形式在民国时期的实践，也存在不同的待遇与转变，从而导致传统互动机制中调解实践与非正式形式产生变化。此种变化与模式，直接影响从近代延续至现代的，纠纷调解制度的制度模式与基础运作。

（一）调解手段的法律制度化

传统纠纷调解手段在近代的不同时期，依旧被官方与民间所延续利用。尤其在官方层面，调解手段有明显的法律化、制度化的转变。在清末变法修律之时，在诉讼法规中出现"和解"的概念与条款。《刑事民事诉讼法》在民事规则一章中，专门设置"和解"一节，可以算是清末变法中，对传统纠纷调解手段最先进行法制化与制度化的规定。在条文中提倡承审官"宜尽力劝谕"，并且"务使两造和解"；在程序上如果诉讼双方愿意和解，应当"出具切结"，并声明"愿遵守公正人决词"。① 此种规定有浓厚的传统纠纷调解的程序与表达特点，其中条文还对"公正人""中人"的人数、产生和"决词"作用等进行规定。值得关注的是在刑事案件中也存在"和解"的可能，但必须是有关"处轻罪行"，并"宣告刑名以前呈请和解"。②

但是"和解"程序却主要体现在《大清民事诉讼律草案》中，规定三个内容：一是，"不问诉讼程度如何得于是言词辩论时试行和解"的问题。条文指出"和解者乃当事人之合意"，对和解的启动的认定较为宽松，"不问诉讼程度如何，苟其尚未脱离，即得于言词辩论为和解"，并且要本人到场。③ 二是，和解程序的成立有形式要求，"审判衙门应将事由记明辩论笔录"。三是，和解的人员规定，即"受命推事或受托推事得以受诉审判衙门之命令或嘱托或因职权试行和解"。制定者认为纠纷能够因和解而终结，不仅是"为两造之利益"，也是"国家之利益也"。甚至受命推事或受托推事，虽然没有"受诉审判衙门之命令或嘱托"，但是依靠其职权可以进行和解。④ 除了在制度条文中开始规定了民事纠纷的"和解"，更多还是沿用传统的"调处"。在光绪三十三年的一则公牍《又移知地方审判厅调处民事情形文》中，记录：

---

① 怀效锋：《清末法制变革文献史料上卷》，中国政法大学出版社2010年版，第447页。
② 怀效锋：《清末法制变革文献史料上卷》，中国政法大学出版社2010年版，第448页。
③ 怀效锋：《清末法制变革文献史料上卷》，中国政法大学出版社2010年版，第629页。
④ 怀效锋：《清末法制变革文献史料上卷》，中国政法大学出版社2010年版，第629－630页。

现据两造皆来敝会，请开议公决，敝会谨照地方自治章程第三十五条所载，调处民事上之争议，应照准开议，并由两造各具愿书，据此应请。①

可以说，从清末纠纷的调解制度与实践来看，逐渐开始将纠纷调解的手段制度化与法定化，作为基层纠纷解决的重要手段。并且，民国时期纠纷调解，依旧存在于官方的法律体系规定中。如1930年通过专门针对调解的《民事调解法》，其制定意图“为杜息争端，减少讼累”，以及组织设置、受理层级、法官来源、调解效力、主体资格、程序时限、声请格式等一系列内容。② 此外，还制定了《民事调解法施行守则》。③ 从时人对民事调解法的评论来看，转引胡汉民的观点：

讼则终凶，古有明训，而国人之好讼，已成习性，尤以上海一地为尤甚……实则一经涉讼后，往往有延长数年而未能解决者。……故恒有一案发生后，自审理以至执行止，非数年不办，而当事人之耗财费时，不言不知。④

并指出当时法律程序繁杂，为了借鉴欧美“杜绝争端”，“减少诉讼”的仲裁制度，而“拟仿照欧美各国办法，订定民事调解条例”。⑤ 可见，民事调解制度的形成与确立，有传统纠纷调解手段的特点，但其与传统调解模式还是有所不同，将传统调解联系相割裂，其理论建构也是“仿照欧美各国办法”，并非来自传统。对于当时贯彻《民事调解法》的重要组织，即是民事调解处，被称之为：

因体念人民讼累之苦，前经议定通令全国法院设立民事调解处，凡遇初级民事诉讼，概须先行经过调解程序，待调解无效后，始准提起控诉。⑥

该组织设置与运行的进程来看，“地方法院会于本年元旦，遵照中央规定，成立民事调解处”，其组织设置并通过调解处理案件的效果在一定程度上有积极作用：

昨据调查，该处自成立后，一般民众因鉴于手续简便，又无费用，除必须诉讼之民事案件，已什九呈由该处调解外，即往者无力诉讼之民事案件，目下亦纷

① 《公牍录要：又移知地方审判厅调处民事情形文》，载《北洋官报》1907年第1579期。
② 《立法院通过民事调解法》，载《中央日报》1930年1月12日。
③ 参见《行政院修正民事调解法施行守则》，载《广东西北区绥靖月刊》1934年第25期。
④ 游漫：《大可注意之民事调解办法》，载《福尔摩斯》1929年12月14日。
⑤ 游漫：《大可注意之民事调解办法》，载《福尔摩斯》1929年12月14日。
⑥ 霞公：《民事调解处》，载《社会日报》1931年2月26日。

纷请求调解，一月之中，调解案件达四五百件之多。①

随着《民事调解法》的出台，存在对该法实践的一些问题的解释规定。如《处理民事调解应行注意事项》，涉及了民事调解的机构设置、调解人员、服装、声请调解书、笔录和费用等规定。② 还有司法院颁布的《民事调解法施行守则》；③ 1931 年司法院颁布的《司法院解释民事调解各疑义》；④ 1933 年颁布的《修正民事调解法施行守则》；⑤ 1935 年颁布《民事诉讼法》而将调解程序吸收进入了诉讼程序中。⑥ 可见，近代法制转型时期对纠纷调解手段依旧重视，并将其法律化与制度化，纳入官方法律体系的一部分，直至现代中国的调解，也依旧还是法律制度体系重要构成之一。

（二）调解实践的基础虚弱化

传统调解手段逐渐法制化，对其自身反而是一种挑战，因为其社会与实践的基础条件，都面临不同程度变化。如官方诉讼调解的结案率低下，并没有起到应有对纠纷解决的作用，如 1936 年的调解结案率降低到了百分之十五。⑦ 同年福建省民事第一、第二以及第三审案件中，“和解”结案的数量比例仅在百分之三至百分之一之间。⑧ 深层次原因在于官方与民间在纠纷调解事务上没有充分连接，脱离了传统官批民调的形式，并未充分利用基层民间的调解资源。并且，具体对近代中国民间各类调解形式，及其所依托社会条件分析。宗族的形象在当时有矛盾的评价，一方面宗族观念浓厚，被称为“中国人的血统观念到现在仍旧像一个牢不可破的堡垒”；⑨ “在我们的故乡，每个人的思想，都带着浓厚的宗族观念”等。⑩ 因而宗族又饱受非议，“甲寨和乙寨为了一件很微小的事件”，“械斗起来，互相残杀”，“这种械斗的风气还是循环不息地发生着”；⑪ 也有认为“中国人最崇拜的是家族主义和宗族主义，没有国族主义……中国人是一盘散沙”。⑫ 实践中近代宗族有其转型特点，以宗族为代表参与社会活动与制度建设，如江西省在 1940 年曾出台《江西省利

① 《民事调解处》，载《益世报（天津版）》1931 年 2 月 9 日。

② 参见《司法：处理民事调解应行注意事项》，载《贵州省政府公报》1931 年第 66 期。

③ 参见《法规：司法院公布者：民事调解法施行规则（十九年六月三日）》，载《司法公报》1930 年第 75 期。

④ 参见《司法院解释民事调解各疑义》，载《司法杂志》1931 年第 48 期。

⑤ 参见《中央通行法规：修正民事调解法施行守则（行政，司法院公布）》，载《南京市政府公报》1933 年第 136 期。

⑥ 参见郑英豪：《我国调解制度变迁中国家权力的角色承担与未来向度——基于法社会学的观察》，载《法学评论》2015 年第 1 期。

⑦ 参见司法行政部统计室：《中华民国二十三年度司法统计》，司法行政部统计室 1936 年版，第 98 页。

⑧ 参见《福建省司法统计（二十三年度）（附表）》，载《福建省统计时报》1936 年第 3 卷第 11 期。

⑨ 弟显：《顽强的宗族观念》，载《大路周刊（金华）》1939 年第 1516 期。

⑩ 郑谋：《改革乡人的宗族观念》，载《旅外岭东周报》1933 年第 1 卷第 10 期。

⑪ 郑谋：《改革乡人的宗族观念》，载《旅外岭东周报》1933 年第 1 卷第 10 期。

⑫ 《生活（上海 1925A）》1929 年第 4 卷第 43 期。

用宗族团体举行国民月会办法》：

> 各该族族长，应领导当地同族男女，于每月一日或十五日，利用宗祠奉行国民月会一次，由族长主席……奉行国民公约。并请当地士绅，及知识分子讲解。①

还有1931年广东省刘氏宗族自治尊亲会成立，可见宗族组织与团体延续至民国时期，其作用与地位更进一步强化。② 但也有对宗族限制的规定，在1946年江西省政府发布训令要求："宗族组织不能视为人民团体"，因为"宗族结合基于自然的伦理关系，依民法规定及社会习惯，不得视为人民团体"。③ 近代法律的革新也影响到宗族观念与实践，时文报道中以"亲女可继承遗产，宗族等休想染指"为题，反映法律继承原则与传统宗族秩序之间的紧张关系。④ 传统的宗族调解形式，其以宗族为基础，在近现代转型过程中受到明显冲击，其运作的基础与前提已经虚弱或者转变。

相似的是乡绅群体的形象，清末民国时期对乡绅的痛恨、仇视与丑化见诸报端，如"满清时代三考出身士大夫暨一般铜臭"，"衣冠功名傀儡早归淘汰，绝无丝毫价值可言"，"只不过一介齐民已耳，作威作福胡为者"；⑤ 有文章分析《论川省乡绅风气之陋》，"自古乡绅之卑鄙龌蹉，未有如吾川省之乡绅者也"；⑥ 还有具体事例如《淫恶乡绅奸媳囚侄记》的报道。⑦ 以及时文也有认为某地乡绅卖国，"私自将全省路矿权卖与意大利国，风传已久"；⑧ 甚至出现对乡绅的直接定性批判，题为《臭乡绅之臭》。⑨ 但是，清末民国时期的乡绅依旧充分地参与基层社会的治理，如乡绅与民众共同对治安问题进行管理，在以现实治安问题中"各乡绅民刻已积极严查"；⑩ 还有乡绅势力进入基层的教育体系之中；⑪ 甚至当时县长要求"严禁烟赌"，都需要"召集全区乡长绅士副训话"。⑫ 在纠纷解决方面，形成乡绅调处的惯例，如天津一起有关妇人与寺庙之间的占地纠纷，"妇人胡陈氏投县呈控告"，最终的结果则是"谕饬北城绅董秉公调处"；⑬ 而在福建的械斗问题之中，报道指出

① 《江西省利用宗族团体举行国民月会办法》，载《国民精神总动员特刊》1940年1月期。

② 参见《国内：广东刘氏宗族自治尊亲会成立》，载《穆民》1931年第1卷第6期。

③ 王陵基薛秋泉：《公牍：社会：江西省政府训令：社二字第〇四七〇九号（中华民国三十五年十一月四日）：令各区专员公署、南昌市政府、各县县政府（不另行文）：社会处案呈奉部电为宗族组织不能视为人民团体一案令仰知照》，载《江西省政府公报》1946年第1456期。

④ 《亲女可继承遗产宗族等休想染指》，载《中央日报》1948年3月23日。

⑤ 恨：《小扣小鸣：万恶乡绅》，载《小铎》1917年第126期。

⑥ 《论川省乡绅风气之陋》，载《新闻报》1898年11月3日。

⑦ 参见耳食：《淫恶乡绅奸媳囚侄记》，载《金钢钻》1936年7月14日。

⑧ 《经济志：乡绅卖国》，载《选报》1903年第54期。

⑨ 参见丹冰：《臭乡绅之臭》，载《轰报（1923~1925）》1923年8月29日。

⑩ 《各乡绅民之严查宵小》，载《益世报（天津版）》1926年1月25日。

⑪ 参见杨光动：《教员生杀大权，操于保长乡绅》，载《中央日报》1946年10月29日。

⑫ 尔：《严禁烟赌》，载《益世报（天津版）》1933年8月25日。

⑬ 《谕绅调处占地》，载《新闻报》1907年2月18日。

“乡下人对于这等乡绅，是极其尊敬，真有惟命是听之概”，因而乡绅作为调解人，甚至被称为“三言两语便可解息事”。① 不可避免的是，此种矛盾乡绅群体形象也影响乡绅调解的基础与根基。

传统乡约与保甲制度，在近代中国也发生明显变化。如乡约同时有兴办与裁撤的现象，更是展现其剧烈的变革。有明显支持与建议兴办乡约的观点；② 有福建与广西都有开办乡约的实践，而相反在四川则有裁撤乡约的情况；③ 同样是福建泉州，同年却还有封禁乡约局的新闻。④ 乡约制度在近代与地方自治等其他制度相结合，如改为自治会的形式，以及1906年浙江地方“禀办乡约试行自治”。⑤ 保甲调解的形式在清末依旧延续，“地保张炳带同两造出外帮同调处明白”，“地保张炳遵谕带同两造而退”，反映了地保在调解过程中重要作用；⑥ 还有如福州发生一起民事侵权纠纷，则“当由局员贾恭军即饬地甲调处”。⑦ 甚至在南京国民政府时期，还有一文纠纷报道中，最终结果则是“该地保甲长，再度邀集双方作二次调解”；⑧“保甲长”虽然有纠纷调解的权力，但在实践中也有对其限制的规定，“前区乡镇公所均附设调解委员会，处理民事调解及依法得撤回之刑事调解事项”，但因担心：

> 区保长不得其人适，予以擅理民刑诉讼之机会，若不举办以鼠牙雀角之争，动辄对簿公庭又增人民讼累……改编保甲该项委员会，因之停顿。⑨

可见，此种保甲长进行调解方式，在近代也有明显的变化，其社会基础与调解实践都相应弱化。在调解手段的法制化的背景下，近代中国民间多种调解类型及其社会基础却相应虚弱。由此可以发现，在近代法制转型变革中，强化法律与制度的形式，实质是变相地将裁断与纠纷处理的权威向上转移，弱化了基层民间自主纠纷解决的社会基础。由传统而来的“官民互动”机制被打破，影响民间纠纷调解的实效，转化展现为“法制侧重”的

---

① 振安：《解铃还是系铃人，福清县的械斗如此乡绅》，载《社会日报》1936年10月27日。

② 参见《论广设乡约之有益》，载《字林沪报》1897年3月22日。

③ 参见《开办乡约》，载《时报》1907年3月18日；《乡村运动消息广西恢复乡约制度》，载《村治》1933年第3卷第2、3期；《裁撤乡约》，载《时报》1905年4月19日。

④ 参见《封禁乡约局之原因》，载《时报》1907年12月31日。

⑤ 参见《各省近事：禀办乡约试行自治》，载《北洋官报》1906年第1242期；《乡约改为自治会》，载《新闻报》1909年4月25日。

⑥ 《地保调处》，载《字林沪报》1883年10月6日。

⑦ 《饬甲调处》，载《同文沪报》1903年2月3日。

⑧ 《湖北佬索屋未成举刀自砍受伤保甲长将作二次调解》，载《锡报》1947年6月22日。

⑨ 余复、周戈安、李培文：《问题讨论第一次议题前区乡镇公所均附设调解委员会处理民事调解及依法得撤回之刑事调解事项奉令改编保甲该项委员会因之停顿现拟继续举办诚恐区保长不得其人适予以擅理民刑诉讼之机会若不举办以鼠牙雀角之争动辄对簿公庭又增人民讼累》，载《湖北地方政务研究周刊》1933年第1卷第13期。

调解模式。法制塑造与上移而改变基础的权威，也是难以避免的，制度化的创新转型方式与实践基础的削弱，同时也延续至现代中国，值得当代借鉴与反思。

三、现代中国纠纷调解的本土性路径原因

在革命时期与新中国建立后，纠纷调解的制度与手段，仍得到延续与适用，有其制度延续“惯性”。而近代以来社会基础情况的变化，现代调解方式依旧呈现多样化的特点，此种发展的“路径”特点，具备本土的历史文化原因。梳理现代中国纠纷调解模式的演变形成过程，更能从本土文化视角理解纠纷调解的模式特点。

（一）调解制度的历史惯性

在革命时期，也出现相关法规与实践，将传统基层纠纷调解的手段吸纳进入法规制度当中。国内战争时期和抗日战争时期，人民政权对有关人民调解颁布了一系列条例、规程。[①] 第一次国内革命战争中的《衙前农民协会章程》，海丰的农会、公断处等组织和形式，到《苏维埃地方政府暂行组织条例》中纠纷解决，但主要形式是一种政府主导的调解，有特殊的政治与社会背景。[②] 人民调解制度确立的相关法规，主要在于抗日战争时期，其中《陕甘宁边区民刑事调解条例》《山东省调解委员会暂行组织条例》《晋察冀边区行政村调解工作条例》等一系列条例与制度，在解放战争时期有关调解的各项条例在解放区各大城市也陆续出台。[③] 以晋察冀革命根据地的相关法规分析，1942 年的《晋察冀边区行政村调解工作条例》，条例的立法目的与组织设置是：

> 第一条　巩固农村统一战线减免人民讼案特制定本条例。第三条 调解工作由各村公所之民政委员会负责进行，但对外名义是村公所。[④]

共有二十三条，包含调解的性质定义、负责组织、纠纷类型、有效情形、程序时效、成立条件、无效与撤销情形、禁止情形与附则等。可见，即使在革命战争时期，相关调解法规所规定的内容也相当完备。在新中国成立后，曾草拟《中华人民共和国诉讼程序通则（草案）》，形成以调解为主处理民事纠纷的原则，其中调解的范围类型与《晋察冀边区行政村调解工作条例》相似，可以对所列的“轻微刑事事件”，“得应涉讼者之请求，予以

---

① 参见郝洪斌，闫宝龙：《民间调解由传统到现代的历史演进及其借鉴意义》，载《东岳论丛》2012 年第 3 期。

② 参见侯元贞，廖永安：《论我国人民调解制度的变迁——纠纷解决观、调解组织和调解功能》，载《石河子大学学报（哲学社会科学版）》2016 年第 2 期。

③ 参见张希坡：《马锡五与马锡五审判方式》，法律出版社 2013 年版，第 146－149、170 页。

④ 河北省社会科学院历史研究所编：《晋察冀抗日根据地史料选编》，河北人民出版社 1983 年版，第 172－173 页。

调解”;[①] 而该草案对“民事或轻微刑事案件”进行“先行调解”，二者有明显的延续性。[②] 之后真正切实得以施行的是《人民调解委员会暂行组织通则》，作为改革开放之前，全国各地进行人民调解的组织与工作的依据。[③] 并且，在1963年出台的《关于民事审判工作若干问题的意见（修正稿）》，以及“依靠群众，调查研究，就地解决，调解为主”的十六字方针，确定建国之后长时期的调解制度与实践。[④] 在改革开放后，有关调解制度依旧得以延续，包括1979年的《人民法院审判民事案件程序制度的规定（试行）》，1980年的《人民调解委员会暂行组织通则》，1982年的《中华人民共和国民事诉讼法》，1989年的《人民调解委员会组织条例》，2010年的《中华人民共和国人民调解法》各项法规与制度。[⑤]

可见，从革命根据地时期到改革开放后，对纠纷调解的相关法律与制度都保持延续，并且基本分为法院的诉讼调解，以及人民调解两个主要方面。自近代中国的法制转型开始，清末民国时期将“官民互动”机制转变为“法制侧重”模式，形成以法院的诉讼调解与民间各类调解形式之间的区分。例如，南京国民政府在基层乡镇，普遍设立调解委员会，以福建省为例，该章程规定：

> 调解人民纠纷，以减少人民诉讼负累起见，特订定福建省各县乡调解委员会暂行章程。[⑥]

其中第三条规定其组织设置，即“调解委员会附设于乡（镇）公所”“受乡政府区署之监督，处理调解事务”，其他地区如陕西地区也有建立调解委员会。[⑦] 相比之下，“人民调解委员会”的在立法意图与组织建构上，都与之相似。换言之，“官民互动”机制到“法制侧重”模式，再到现代中国基本保持了诉讼调解与人民调解两种类型的制度发展。

然而，现代中国对调解的制度规定进行延续与发展，也有其历史原因。新中国成立后，依旧强调在基层对纠纷调解手段的运用，一方面是对社会纠纷解决的需求，作为现实动机。革命根据地时期以及新中国建立之后，对基层纠纷处理的观念，都保留着传统法律

---

① 河北省社会科学院历史研究所编：《晋察冀抗日根据地史料选编》，河北人民出版社1983年版，第171页。

② 洪冬英：《当代中国调解制度变迁研究》，上海人民出版社2011年版，第60页。

③ 参见王秋兰：《我国调解的立法、理论与实践问题研究》，中国政法大学出版社2014年版，第31－32页。

④ 参见邱星美：《调解的回顾与展望》，中国政法大学出版社2013年版，第170页。

⑤ 参见王秋兰：《我国调解的立法、理论与实践问题研究》，中国政法大学出版社2014年版，第32－37页。

⑥ 子敬：《省政史料：一月来省政要闻：三、民政：（一）自治与保甲：乡镇普设调解委员会》，载《闽政月刊》1940年第6卷第3期。

⑦ 《大会决议录民政类（乙）自治保甲部分十三、关于组设乡镇调解委员会事项》，载《陕政》1943年第5卷第2、3期。

理念与共产主义理想相结合的产物，即追求和谐价值，解决人民的纠纷与冲突。① 对基层社会存在的纠纷与矛盾，以调解方式解决成为当时，诉讼司法工作主要现实需求。另一方面，在此种基层纠纷解决的需求之下，从古代至近代中国依旧使用的主要手段即是调解，作为环境与手段的认知理念。对纠纷进行调解而达成“无讼”或者“纠纷解决”，在当时制度设计与建构之中最可能实现的方式。换言之，在当时纠纷解决的方式，除了诉讼解决，制度与方式的选择建立在现实主观理念基础上，是决定着制度选择与建构的重要因素。②

可见，基层纠纷的调解制度，不仅对纠纷解决的现实动因，也是观念认知中最可能选择的制度方式，从革命时期到新中国建立后，都保持制度上的延续，反映纠纷调解制度的历史惯性发展；与此同时，历史性的惯性促进制度的延续，也对制度发展存在制约因素。

（二）多元调解的文化原因

传统中国到近代转型，纠纷调解的手段与方式在民间形成，自发生成多样化形式与机制，如宗族调解、乡绅调解、乡里保甲调解、乡约调解等形式。在近代民间非正式将调解形式的社会基础也发生转变。如基层宗族随着新中国成立后，乡村土地改革等各类运动，宗族受到严重冲击，二十世纪20年代至80年代基本销声匿迹，宗族功能难以体现；③ 革命进程对传统乡绅权势的打击与地位动摇的影响是极大的，尤其是抗战后在基层农村施行的土地革命、“村选政治”等新式乡村权威，对乡绅势力所基于的社会结构与权力架构都彻底改变；④ 而乡约、保甲制度与现代村规民约、村民自治组织的性质也有根本不同。然而在此种情况下，缘何以纠纷调解手段形式，在现代中国基层依旧持续保存与发展，甚至有多元化的纠纷调解的机制与实践形成。

对于诉讼与法院有关的调解形式，早在1943年各边区政府即积极与大力推行民事纠纷调解的手段。以《陕甘宁边区民刑事件调解条例》为代表，不仅“本条例为使民间调解纷争、减少诉讼制定之”的减少纠纷立法意图，更是强调调解的强行落实，即“凡民事一切纠纷均应厉行调解，凡刑事除下列各罪……不许调解外，其他各罪均得调解”，此种案件表述方式，是“厉行调解”的激进代表。⑤ 并且，从调解方式还可以看到许多传统时期纠纷调解方式与机制的延续，如调解的程序要求：

---

① 洪冬英：《当代中国调解制度变迁研究》，上海人民出版社2011年版，第58页。

② ［美］道格拉斯·C. 诺思：《制度、制度变迁与经济绩效》，杭行译，格致出版社2014年版，第23－27页。

③ 冯尔康：《中国宗族史》，上海人民出版社2009年版，第326－327页。

④ 王先明：《变动时代的乡绅：乡绅与乡村社会结构变迁1901－1945》，人民出版社2009年版，第485－486页。

⑤ 甘肃省社会科学历史研究室编：《陕甘宁革命根据地史料选辑第1辑》，甘肃人民出版社1981年版，第317页。

第四条　前条调解之进行，得由双方当事人各自邀请地邻、亲友，或民众团体，从场评议曲直，就事件情节之轻重利害提出调解方案，劝导双方息争。第五条……必要时，得邀请当地各机关人员及民众团体公正士绅，从场协助调解。①

“地邻”“亲友”“公正士绅”的参与，反映传统调解或者社会基础的进一步延伸。1949年2月，华北人民政府颁布《关于调解民间纠纷的决定》介绍调解的“重要”、组织与范围。在重要性部分曾提出：

历年来，我华北解放区对于民事案件及轻微刑事案件，倡导调解，民事纠纷因调解而解决的，有的县占全部案件百分之七十以上，有的村区甚至更多。②

相比南京国民政府时期的“和解”案件比例，符合社会需求也更具实际效果。从相关文件的规定指出，“首先应依靠公正的双方当事者的亲友邻居及村干部”，其次是“政府调解”，“村政府设调解委员会”，并且第三是“已起诉到县司法机关的案子，如认为必要，也可以调解”；此种“司法调解”的形式也灵活多样，不仅可以“法庭调解”，还可以“指定双方所信任的人在庭外调解”，甚至可以“审判员到有关地点，召集当地群众，大家评理，借以找出双方都能接受的和解办法”，其提出“是调解也是审判”。③ 换言之，传统官民互动机制，官府调解与民间多形式调解的方式，在此文件的规定中也有其影响与保留。

但是，相比之下1954年的《人民调解委员会暂行组织通则》中所依靠的组织、群体与方式都有明显变化。组织建构是“城市一般以派出所辖区或街道为单位，农村以乡为单位”，调解方式是“深入调查研究，弄清案情，以和蔼耐心的态度，说理的方式”进行调解，必要时需发“调解书”，而依靠的“权威”群体则是：

凡人民中政治面貌清楚、为人公正、联系群众、热心调解工作者，均得当选为调解委员会委员。④

此时可见，中华人民共和国成立以后对于诉讼调解与人民调解进行更多的区分，传统

---

① 甘肃省社会科学历史研究室编：《陕甘宁革命根据地史料选辑第1辑》，甘肃人民出版社1981年版，第317页。

② 《华北人民政府关于调解民间纠纷的决定（中华民国三十八年二月二十五日）》，载《华北政报》1949年第4期。

③ 《华北人民政府关于调解民间纠纷的决定（中华民国三十八年二月二十五日）》，载《华北政报》1949年第4期。

④ 关保英：《行政组织法史料汇编与点评1950－1960》，中国政法大学出版社2012年版，第79页。

纠纷调解的方式与特色开始弱化，或者说此时纠纷调解手段所基于社会情况有了明显的转变。人民调解委员会制度的规定，并不是基层纠纷调解方式发展变革的终点，从“枫桥经验”开始兴起，传统基层社会治理与纠纷的调解解决，都可以看到有进一步延续并多元化发展的特点；如调解所依靠的乡土精英有深入化与多元化的新特质，调解方式所依赖的组织网络、人民调解、行政调解和司法调解相结合的调解机制，即使在保留纠纷调解传统特色的基础上而有所创新。① 从“枫桥经验”对基层纠纷调解的各方面创新，也反映在新中国建立后，传统诉讼调解与人民调解的两个主要类型之外，纠纷调解的手段、机制更为多元化的发展，包含人民调解、劳动仲裁、行政调解、行业调解、商事调解、商事仲裁等多元的纠纷调解与解决机制。②

重新审视传统“官民互动”机制，传统民间社会的多元化非正式纠纷调解方式，到近代转型时“法制侧重”模式时，法制化并且社会基础虚弱化，甚至到现代中国传统宗族、乡绅、乡里、保甲等制度都不复存在。由“枫桥经验”为典型，发展与展现的民间非正式的多元调解形式，则是来源于传统文化带来的连续性。首先，文化传承依靠教育与模仿，得以延续与流传，有关基层纠纷解决的价值、理念与方式手段；其次，传统纠纷调解文化，更是提供一个以语言为基础的相关概念体系与框架，在乡土社会交往中得以感受与传递；再次，文化而来的惯例限定个体与民众观察、处理与解决相关问题的方式，塑造与影响对民间非正式纠纷解决方式的理解；并且，“枫桥经验”中传统乡土秩序与理念，依旧得到保留与传承，经过新时期的转化，反而构建出维持秩序的持续力量；最后，可以反映出传统乡土秩序塑造的文化特质，影响相关信息与观念的形成，在制度的演化发展发挥着重要作用，甚至形成了路径依赖的原因。③

总言之，纠纷调解的制度建构，从革命时期到新中国建立后都保持着制度惯性，而传统“官民互动”机制到近代“法制侧重”模式中，制度内容与社会基础发生变化，文化原因依旧促使民间的非正式的，多元调解形式得以转化与发展，可称之为“文化延续”模式。此种模式在历史惯性与文化价值追求的共同作用，有助于理解现代中国纠纷调解演变的进程，调解制度与实践也更能贴合国情民情与文化传统。

结　语

传统纠纷调解从古代到近代，以及现代中国，即使“调解”实质方式与模式相类似，但其性质与特点都在历史变迁过程中，在不同时期有不同的变化。传统中国纠纷调解的

---

① 参见郭星华，任建通：《基层纠纷社会治理的探索——从“枫桥经验”引发的思考》，载《山东社会科学》2015 年第 1 期。

② 参见龙飞：《论国家治理视角下我国多元化纠纷解决机制建设》，载《法律适用》2015 年第 7 期。

③ 参见［美］道格拉斯·C. 诺思：《制度、制度变迁与经济绩效》，杭行译，格致出版社 2014 年版，第 44－53 页。

“官民互动”模式，调解手段从与政治上社会治理制度相混同，到官方与民间调解的初步区分，再到二者互动构成纠纷解决，形成经济上最佳效率机制；近代中国纠纷调解的“法制侧重”模式，调解手段法律化与制度化，而原本民间多样调解实践，所基于的社会基础则是虚弱化；现代中国纠纷调解“文化延续”模式，即是从革命战争时期开始，调解制度具备历史惯性而持续建构，民间非正式纠纷调解形式，由于文化因素在新时期多元发展。换言之，不同时期的不同模式，以政治、经济、法律、社会、历史与文化不同视角考察分析。最为宏观的政治制度与经济考虑，是纠纷调解的整体样貌；其次的法律规范与社会实践，是纠纷调解的纵向演变；历史惯性与文化原因，展现的是纠纷调解的延续原因，共同构成多重维度视角下的变迁特质。

在此基础上，可以发现纠纷调解手段，从传统到现代之间变迁的不同模式，都可以展现相应的反思与启示：一是，制度方面。传统中国官民互动的调解机制，在符合传统司法体制与文化背景，而获得效率的同时，也兼具了时代性的限制。当代的多元调解机制，可以参考建构相似的机制体系，但是简约的司法体制明显限制司法活动的运行，影响司法效率与权威性。制度层面更需要为民间力量留出空间，而非简单进行“简约”与“集约”。

二是，治理层面。传统纠纷调解与社会治理制度密切关联，现代多元纠纷解决机制的建立与完善，需要基层社会治理体系的完善与支持，以其为运行的基础与动力；但是，从其演变历程来看，纠纷调解的方式与社会治理之间需要相互配合与协调，不仅不能简单地模仿传统时期，将纠纷化解的需要推向民间，更需要避免司法、纠纷解决与社会治理之间的混杂与“越界”。简言之，从“官民互动”的模式来看，对现代的纠纷调解，古代中国的特色经验是当代借鉴的重要参考，同时更需要符合当代的实际情况与现代特征。

三是，法律方面。近代中国形成的“法制侧重”的模式，在将传统纠纷调解方式进行制度化转化的创新，同时简单的制度化，容易因为离开原有的运作环境与条件，而失去其原本的实际效用与功能。因而，不可以迷信于法律规范的功能作用，各项民间的“制度”“习惯”“惯例”的法律制度化，反而容易影响民间本土的权威性，违背法制化的初衷与效果。

四是，社会层面。近代时期传统民间调解手段，其社会基础与调解实践的弱化，不仅是官方忽视的结果，也是社会转型变迁的必然趋势。如何在新时代能够挖掘与转化，传统法律文化中调解的民间力量，是从近代至新时代都需要考虑的重要问题。并且，新时代纠纷调解手段，从中可以从变迁模式中，侧重民间“非正式”的方式与约束，依靠民间与群众力量，可以获得更多制度创新与发展源泉。简言之，从“法制侧重”的模式来看，对现代的纠纷调解，需要平衡制度建构与社会民间基础之间关系，制度实践需要社会根基的生命力与源泉，实现真正的制度转型与持续有效运作。

五是，历史层面。近代中国对调解进行制度化的转型，也延续至现代中国时期，其存在的社会基础性缺陷，也依旧有着历史惯性得以延续。可见，纠纷调解制度与实践的完善，对新时代而言，不仅需要注重历史经验，挖掘基层民间与人民群众中延续而来的“非正式”因素，更需要合理对待不同影响的历史延续因素。

六是，文化层面。调解所代表的“和谐”“无讼”等价值，是中国传统法律文化的精华，在价值与理念追求的过程中，如何在现实得以落实与完善，是调解文化延续的现实难点。纠纷调解的制度与实践，更需要合理看待此种价值观念的影响，完善制度设计与实践运作，贴合中国特色的国情与实践。简言之，从“文化延续”模式来看，对现代的纠纷调解，历史惯性与价值追求更应作为调解制度与实践的文化助力，而非“宣传口号”与“历史包袱”。

更进一步而言，从传统的“官民互动”到近代“法制侧重”，再到“文化延续”模式，实际上是从具体司法体制与治理模式，到近代的法律制度与社会基础，再到更为宏观的历史惯性与文化价值，反映着从传统到现代，纠纷调解制度与模式的延续与影响，在逐渐抽象化。一方面纠纷调解的传统影响至现代逐渐削弱与模糊，传统对现代的纠纷调解，其直接的影响在不断削弱；另一方面反而体现出纠纷调解制度与模式，也逐渐内化形成中国特色的法律文化与价值追求的重要构成内容，依旧存在间接的文化传统影响，依旧需要从历史传统中理清与梳理。

The institutional change and mode change of Chinese grassroots dispute mediation

Yang Ye

Abstract: China's grass – roots dispute mediation has presented different modes in the process of historical changes. It examines the characteristics of the modes in different periods from different perspectives, showing the overall appearance, evolution and reflection of historical changes. The traditional Chinese dispute mediation and the political governance system are mixed, and move up with the dispute resolution level, leaving room for the informal mediation form of the people, forming an interactive mechanism between the government and the people, and obtaining the best efficiency allocation of dispute resolution economically. It belongs to the “official people interaction” mode; In the legal system transformation of modern China, the mediation means were legalized and institutionalized, weakening the social foundation of civil independent dispute resolution and transforming into a mediation mode of “focusing on the legal system”; Since the revolutionary war period, the construction of mediation system has its historical inertia. Cultural factors continue the transformation and development of folk informal multi dispute mediation, which is a “cultural continuation” mode. It can be seen that from the multi – dimensional perspective of politics, economy, law, society, history and culture, it shows the appearance of mediation changes, the reasons for evolution and continuation, and gives reflection, reference and Enlightenment to modern systems and applications.

Key words: dispute mediation; Institutionalization; Traditional culture; Institutional change

（编辑：尤婷）

实证分析

新时代村规民约中的生态环境治理规范：基于187份样本的分析[*]

李奇伟[**]

摘　要　在新时期，生态环境治理规范已经成为村规民约的重要组成部分。从规范形式上看，“三字语”“顺口溜”“山歌民歌”等多样形式获得推广；从规范内容上看，垃圾分类、门前“三包”、卫生收费、检查评比等制度初见雏形。从功能价值上看，新时代村规民约承载了社会主义核心价值观引领、促进法治社会建设与全民守法秩序形成等法治价值。未来，村规民约应朝着“价值引领、合法合规、群众认可、管用有效”的方向发展，逐步构建形式灵活、内容规范的规则体系，健全政府指导、基层自治的形成机制，完善内外结合、充分动员的效力机制，以构筑现代基层社会治理的制度屏障。

关键词　新时代　村规民约　生态环境治理规范

一、问题的提出

在多元主义法律视野中，社会治理既离不开强制力保障施行的国家法律法规，也离不开适应基层自治需要、共信共行的民间法规范。正如谢晖先生所言：“大、小传统是既互相对立、又互相倚靠的关系，没有小传统的存在，大传统便失去了基础，而没有大传统的作用，小传统亦难以被提升。”① 因此，民间法的作用并不是可有可无，而是与国家法律一道起着秩序构建作用，是依托特殊的教化、伦理以及惩罚机制运行的“活”的社会治理

* 国家社会科学基金一般项目《土壤污染责任人认定制度研究》（项目编号：20BFX172）

** 李奇伟，法学博士，湖南师范大学法学院副教授；硕士生导师。

① 谢晖：《大、小传统的沟通理性》，中国政法大学出版社2011年版，第1页。

规则[①]。具体到乡村环境治理领域亦如此。作为民间法秩序形式之一的村规民约不仅意味着连接本土治理资源的“地方性知识”，更意味着推进基层生态环境善治的社会资源。因此，即使在大力强调国家生态文明法制建设、推进环境法典化的今天，村规民约在生态环境治理中的作用仍然不可或缺，是社会生态环境治理规则体系中的重要组成部分。

然而，既有研究对此领域的关注却相对较少。零星的一些研究分析了环境习惯法作为制定法渊源的价值，论述了环境习惯法进入现代环境立法的现实可能性和基本路径[②]，却在一定程度上忽略了村规民约等民间规范所具有的“自为”价值和规范作用，呈现出单向度的“国家法”对“民间法”的吸纳发展，却没有涉及两者可能存在的双向融合维度。而事实上，党的十八大以来，作为基层社会治理规范的村规民约获得了空前重视。2014 年 2 月，习近平总书记在主持中共中央政治局第十三次集体学习时强调，要按照社会主义核心价值观的基本要求，健全各行各业规章制度，完善市民公约、乡规民约、学生守则等行为准则，使社会主义核心价值观成为人们日常工作生活的基本遵循。党的十八届四中全会提出，发挥市民公约、乡规民约、行业规章、团体章程等社会规范在社会治理中的积极作用。[③] 在中央政策推动下，到 2014 年底，98% 的村制定或修订了村规民约和村民自治章程[④]；到 2020 年，31 个省（区、市）全部出台贯彻落实的政策性文件，村规民约已经实现全覆盖，城市社区普遍制定居民公约。[⑤] 可以说，村规民约等社会基层治理规范在新时期取得了积极进展。在这样的背景下，对民间法的研究自然需要将目光聚焦到这一崭新变化上来，通过梳理分析新形势下村规民约的规范形式、主要内容和发展特征，对其发展经验进行阶段性总结。为此，本文选取村规民约制度建设中的一个小切口——生态环境治理规范为论题，运用文本实证研究方法对搜集的 187 份村规民约样本[⑥]进行了细致爬梳，以期通过以点带面呈现新时代村规民约所具有的特质。

二、新时代村规民约中生态环境治理规范的形式特征

从文本层面看，新时代村规民约所反映的是党组织领导下自治、法治、德治相结合的社会治理机制的书面形式。与之有紧密关联的要素，例如时间分布、规范形式、表述样态等，尽管从过程看都是村规民约制定演进的结果，但这些要素的变化趋势在一定程度上可以勾勒出村规民约中生态环境规范的发展轮廓，从而有助于具象地把握其基本特征。

---

① 参见卞辉：《农村社会治理中的现代乡规民约》，社会科学文献出版社 2019 年版，第 3 页。

② 参见 郭武：《论环境习惯法的法源价值》，载《民间法》2016 年第 1 期。

③ 《中共中央关于全面推进依法治国若干重大问题的决定》。

④ 《国务院关于推进新农村建设工作情况的报告》。

⑤ 《民政部关于 2020 年贯彻落实〈法治政府建设实施纲要（2015—2020 年）〉有关情况的报告》。

⑥ 为了保证样本的真实性，样本材料主要来源于省级民政主管部门、政府官网村务公开栏以及学术专论附录部分。为了便于比照研究，收集了 1980 年到党的十八大召开以前文件数量为 60 份，党的十八大召开以后文件数量为 127 份。

（一）时间分布

有研究指出，1980年2月，广西宜州市果作村制定了我国第一份有正式记录的现代乡规民约①。以此为起点，文本研究将1980年以后的时间大体上分为四个阶段：1980－1989年，1990－1999年，2000－2009年，2010－2022年②。主要从两个方面进行分析：一是计算生态环境规范数量与文件数量的比值，一是分析生态环境规范数量与所有条款数量的比值，以观察生态环境规范出现在文本中的频次。见表1：

表1　村规民约中生态环境治理规范的时间分布

时间（年）/比值	1980－1989	1990－1999	2000－2009	2010－2022
数量/件	1.71	2.09	3.48	3.72
数量/总量	0.14	0.13	0.24	0.35

从表1可知，生态环境治理规范在村规民约中出现的频次在上升，已经成为村规民约文件的重要组成部分。从数量/件的比值看，1980－1989年，每一部村规民约中平均包含有1.71条生态环境治理规范；1990－1999年，这一数值上升到2.09条；2000－2009年，上升到3.48条；2010－2022年，上升到3.73条，呈现不断上升的趋势。从数量/总量的比值看，1980－1989年，7部村规民约文件中包含有12条生态环境治理规范，占总数量（85条）的14%；1990－1999年，23部村规民约文件中包含有48条生态环境治理规范，占总数量（383条）的13%；2000－2009年，21部村规民约文件中包含有73条生态环境治理规范，占总数量（304条）的24%；2010－2022年，136部村规民约文件中包含有506条生态环境治理规范，占总数量（1466条）的35%。其中，最后一个阶段增速较快，占比突破了30%，说明新时期生态文明建设对村规民约的制定发展产生了积极影响。

（二）规范形式

在村规民约文件中，生态环境治理规范的呈现形式也发生了一些变化。一方面，一部分村规民约文件以专章或者专编的形式对生态环境治理内容进行规定。例如，贵州省黔东南州麻江县贤昌镇《营山村村规民约》分为土地管理、计划生育、公共卫生、森林和消防、社会治安、交通安全、纠纷调解、婚姻家庭、义务教育和兵役、附则等十章。其中，单列了公共卫生一章；湖南省益阳市安化县冷市镇《大苍村村规民约》分为总则、产业兴旺篇、生态宜居篇、乡

① 参见卞辉：《农村社会治理中的现代乡规民约》，社会科学文献出版社2019年版，第8页。

② 时间段的划分主要以十年为一个区间。其中，最后一个阶段2010年—2022年为13年。由于2010年到2012年党的十八大召开以前收集的文本数量只有6本，其对数据统计结果的影响不大，因此，对这一阶段的数据统计大体能够反映新时代村规民约的特征。

风文明篇、治理有效篇、生活富裕篇等六篇。其中，单列了生态宜居篇。统计亦发现，在127份新时期村规民约文件中，有15份以生态环境专章或者专编的形式进行规定，占比达到12%。另一方面，还出现了一些专门的生态环境类村规民约。例如，河南省濮阳市范县龙王庄镇龙王庄村制定了《龙王庄村环境卫生村规民约》，湖南省长沙县北山镇福高村制定了《福高村环境保护公约》等。上述变化说明，人们越来越重视农村污染防治和自然资源保护。随着文本规范内容不断增多，需要用章、篇或者独立文件的形式进行专门论述。

（三）表述样式

为了便于记忆、易于推广，新时期村规民约在正文的表述形式上呈现出多样化。以样本包含的42篇选自于《湖南省第一届优秀村规民约（居民公约）文本集萃》的村规民约为例，统计发现，三字语、顺口溜、山歌民歌等形式的文件数量达到29件，占比为69%；而常规的结构式、条款式表述形式为13件，占比仅为31%。当然，这只能反映出有关部门在选择优秀村规民约范本时的评价导向，并不能据此说明这些灵活形式在全国691510个行政村的村规民约中已经占据主导地位。但即便如此，基层社会治理需要简洁明了、贴近群众生产生活，易于被掌握和遵守的规则，这一大方向仍然是正确的，所以，这些形式才会被有关部门接受并提倡。例如，《长沙县北山镇福高村环境保护公约》就是以快板的形式进行呈现的：

长沙县北山镇福高村环境保护公约

——保护环境我先行（快板）

福高村民气象新，垃圾分类弄分明，
五零建设齐参与，保护环境我先行；
剩饭剩菜瓜果皮，树叶茶叶鸡蛋壳，
自行处理沤作肥，种花种菜高效能；
金属纸盒塑料瓶，废旧衣物玻璃品，
打包装袋放蓝桶，统一回收会上门；
电池灯管农药瓶，过期药品油漆桶，
有害垃圾装袋中，切记回收不乱扔；
烟蒂餐盒废纸屑，宝宝尿布污染物，
其他垃圾放灰桶，三天一次清运送；
减少污染乡村美，变废为宝效益增，
绿水青山同呵护，金山银山共圆梦。①

① 资料来源于《湖南省第一届优秀村规民约（居民公约）文本集萃》。

此外，还应注意的是，由于三字语、顺口溜、山歌民歌等灵活形式缺乏基本的规范结构，因此，单独适用这些村规民约的激励约束效果可能会打折扣。为此，一些地方推出了“1+1”（条文版+传唱版）的形式。例如，湖南省株洲醴陵市孙家湾镇孙家湾村既制定了《孙家湾村村规民约》（条文版），又制定了包含“讲卫生、护环境、村容洁”的传唱版。还有一些地方推出了“1+1+1”（村规民约、村训、实施细则）的综合方案，例如，常德市鼎城区草坪镇兴隆街村既制定了《兴隆街村村规民约（十要十不要）》，又制定了“树文明新风，建美好家园；守村规民约，当时代先锋”十六字村训，还制定了包含民风、村貌、社会治安、安全、执行修订共计五条27款的实施细则。通过采取上述措施，可以有效地发挥三字语、顺口溜、山歌民歌等灵活形式的长处，也能较好地克服其缺点，从而产生互补效果。

综上分析，从时间分布、规范形式、表述样态等方面可以大致对新时代村规民约中生态环境治理规范发展状况进行观察分析。在这一阶段，有关生态环境治理的规范数量在增多，在村规民约文件中的占比超过了30%。在一些地方，村规民约文件以生态环境专章或者专编的形式进行了规定，还出现了专门的生态环境保护类村规民约。同时，以三字语、顺口溜、山歌民歌为形式的村规民约获得推广，丰富了村规民约的表现形式。之所以会出现上述变化，一方面反映出国家大的生态文明战略举措对基层自治规范的积极影响，另一方面也说明基层民众自主环境意识得到强化和提升，生态环境保护开始列入中心议题，实现了国家和社会的双向互动。

三、新时代村规民约中生态环境治理规范的内容特征

从内容上看，村规民约是适应村民自治需要，用以规范村民活动，调节村民间利益关系的规则体系。与内容密切相关的要素，例如规范目的、调整对象、主要制度、奖惩规定等是村规民约规范的核心要素。通过对它们的分析，将有助于了解村规民约中生态环境治理规范的实质内容，探究其规范结构、内在因素，从而有助于深层次地把握其实质特征。

（一）规范目的

一般而言，全国人大及其常委会制定的法律会在总则部分的第一条规定立法目的。同样，在很多村规民约文件的序言或者第一条当中也可以看到类似的表述。例如，福建省泉州市安溪县城厢镇《经岭村村规民约》在序言部分规定：

> 为贯彻落实经岭村民委员会组织法，发扬社会主义民主、健全社会主义法制，教育村民遵纪守法，维护社会治安和社会秩序，实行村民自治，创建和谐宜居宜业宜游环境，把我村建设成为“科学规划布局美、村容村貌环境美、创业增

收生活美，乡风文明身心美”花园式“四美”乡村，特制订本村规民约。①

从上述表述可以发现，生态环境治理已经成为村规民约的规范目的之一。那么，它是不是常态呢？为此，研究对127份党的十八大以后的村规民约文本进行了统计，发现有81部村规民约包含了序言，占比为64%。其中，包含有生态环境治理目标的为47部，占81部文件的58%，占全部127份样本文件的37%。由此说明，在国家的大力推动下，生态环境治理目标已经逐渐地被写入地方村规民约文件当中，成为整个村规民约的重要规范目的之一。

同时，研究也发现，不同的村规民约文件在具体表述规范目的时既有差异性也有共性。例如，有的表述为“清洁家园、美丽乡村”；有的表述为“有效改善村容村貌，提高村民的生活质量，优化人居环境”；有的表述为“创建和谐宜居环境”；有的表述为“规范村民清洁乡村卫生行为，改善村容村貌推进‘美丽乡村’建设”；还有的表述为“推进环境综合整治，提高村民文明素质，创造清洁、优美、文明和谐的生产生活环境”。此外，也存在一些一致性的表述。例如，“建设文明卫生新农村”在47部文件中出现了10次；“产业兴旺、生态宜居、乡风文明、治理有效、生活富裕”出现了5次。其中，“产业兴旺、生态宜居、乡风文明、治理有效、生活富裕”是2018年1月2日《中共中央、国务院关于实施乡村振兴战略的意见》中提出的总要求，也为2021年《乡村振兴促进法》所吸纳。由此可见，各地在制定村规民约时会参考中央政策和国家法律的表述，将农村生态文明建设要求自觉地与“社会主义新农村建设”“乡村振兴”等国家重大战略紧密联系在一起。

（二）调整对象

村规民约的调整对象是指村规民约所调整的各种社会关系，具体到生态环境治理领域，则主要表现为农村人居环境整治关系、农业面源污染防治关系和自然资源保护关系。新时期村规民约文件在这方面显现出三项特征：

首先，传统的以森林防火、防止林木滥砍滥伐为目的的林业资源保护规范仍然被大量保留。研究对127份新时期村规民约文本进行了统计，对林地保护的规定在127部文件中出现了65次，出现频率达到51%，体现了村规民约文件内容的相对稳定性和延续性。

其次，调整农村人居环境整治关系的规范成为这方面最重要的内容。调整农村人居环境整治关系的规范在127部文件中出现了111次，出现频率高达87%。一些文件对这部分内容作出了较为细致的规定，例如，湘潭市雨湖区《长城红旗村村规民约》在第十一条“倡导精神文明，建设美丽人居环境”中规定了11款内容，包括禁止在特定区域乱堆、乱

① 安溪县城厢镇《经岭村村规民约》。

放、使用残破覆盖物，搭建临时建筑；农业生产设施应规范，外观不得有碍村容村貌；自觉爱护环境卫生，保持自家房屋、院落和厕所卫生整洁；生产和生活污水不能露天排放；人、畜化粪水排放必须达到国家规定标准；不许存在露天粪坑；公共绿化用地严禁种菜或作其他用途；严禁焚烧垃圾、秸秆；自觉遵守垃圾池（箱）的管理规定；严禁随地倾倒建筑废料或生产垃圾，乱抛废旧家具或其他废弃物品；严格落实环境卫生“门前三包”责任制；遵照规定缴纳卫生费等。① 这充分说明农村人居环境整治工作是农村生态环境保护的重要内容，它事关“农民群众最关心、最现实、最急需解决”② 的问题。

再者，在其他一些方面加强或者新增了有关内容。例如，在调整自然资源保护关系方面，强化了对耕地、野生动植物、水生生物保护等关系的调整。对耕地保护的规定在127部文件中出现了25次，出现频率为20%；对水生生物保护的规定出现了12次，为9%；对野生动植物保护的规定出现了6次，为5%。又如，在调整农业面源污染防治关系方面，增加了对畜禽养殖业污染防治、秸秆禁烧和综合利用管理、农药污染防治等关系的调整。其中，对畜禽养殖业污染防治的规定在127部文件中出现了29次，出现频率为23%；对秸秆禁烧和综合利用管理的规定出现16次，出现频率为13%；对农药污染防治的规定出现了5次，出现频率为4%。如此一来，村规民约文件的调整对象逐渐扩大，涵盖了农村生态环境治理的主要领域。

（三）主要制度

从零散的规范到相对稳定的制度是村规民约发展成熟的表征之一。对127份新时期村规民约文本进行统计可以发现，在一些领域已经出现了类似的制度雏形。例如，在村镇建设方面，出现了村庄建设规划制度。贵州省六盘水市六枝特区银壶街道《杨丰村村规民约》第二条第8款规定：“建房应服从村庄建设规划，经村委会和上级有关部门批准，统一安排，不得擅自动工，不乱搭乱建，不得违反规划或损害四邻利益。”③ 在森林资源保护方面，出现了“伐一造一”制度。湖南省怀化市溆浦县北斗溪镇《坪溪村村规民约》第四条规定：“树立‘绿水青山就是金山银山’的生态理念，严禁滥砍滥伐，严格执行‘伐一造一’政策。”④值得一提的是，在农村环境卫生管理方面还出现了制度集合。例如，垃圾分类制度、门前“三包”制度、卫生收费制度、检查评比制度、公众检举制度等。其中，出现频次最高的是门前“三包”制度⑤，在127部文件中出现了30次，出现频率达到24%，说明一些相对成熟的制度已经获得基层认可，在农村生态环境治理中发挥作用。

---

① 湘潭市雨湖区《长城红旗村村规民约》。

② 《农村人居环境整治三年行动方案》。

③ 《杨丰村村规民约》。

④ 《坪溪村村规民约》。

⑤ 门前“三包”制度有的地方表述为包卫生、绿化、整洁。参见湖南省娄底市娄星区万宝镇《石塘村村规民约》。

此外，还有一个特征是在进行表述时使用通俗化、易于识记的政策语言。例如，对污染环境的行为，一些村规民约将其归纳为“六乱”现象——“柴草乱垛、粪土乱堆、垃圾乱倒、污水乱流、禽畜乱跑、乱搭乱建”①，一些村规民约将其表述为“四治”——治脏、乱、差、污。对禁止性行为，一些村规民约将其表述为“六禁”②，一些规定为“二十五不”③。还有一些地方对管理工作也使用了类似的表述，例如“四边三化”“三清六改四普及”“三新一清洁”“七改三清”“五改”等。令人印象深刻的是甘肃省武威市天祝藏族自治县《大红沟乡村规民约》，它在表述时几乎整段都使用了这种语言：

甘肃省武威市天祝藏族自治县《大红沟乡村规民约》

生态环保：

牢固树立“绿水青山就是金山银山”生态环保意识，积极配合参与五水共治（治污水、防洪水、排涝水、保供水、抓节水）、五边三化（道路边、河道边、村庄边、沿山边、农田边，洁化、绿化、美化）、三改一拆（改造危旧房，改造卫生厕所、改造庭院，拆除影响村容村貌和家庭环境的破旧建筑）、实施“五清”（清扫垃圾、清除柴垛、清除粪堆、清除杂草、清除路障）、整治“六乱”（乱堆乱放、乱修乱建、乱停乱行、乱涂乱画、乱扔乱倒、乱拉乱挂）等专项行动，自觉落实“门前三包”制和河长制，共建美丽家园、共创美好生活。④

（四）奖惩规定

经过这些年的发展，村规民约中规定的责任形式已经基本固定下来。这些形式主要包括“批评教育”“出具检讨书”“公开通报”“处以违约金”“恢复原状”等。例如，湖南省长沙市长沙县《福高村村规民约》第三条规定：“违反规约，应承担相应责任。承担责任的方式：一、批评教育；二、赔礼道歉；三、写出悔过书；四、违约行为公示或通报；五、恢复原状或赔偿损失。”⑤ 同时，还出现了一些变化。例如，“罚款”变为“违约金”。以样本包含的42篇选自于《湖南省第一届优秀村规民约（居民公约）文本集萃》的村规民约为例，统计发现，“违约”这一关键词在其中出现了5次，而罚款1次都没有出现。这说明，新时期村规民约文件在制定时已经考虑到合法合规的要求，避免与《行政处罚

① 重庆市奉节县康乐镇《南天村村规民约》。

② 福建省泉州市安溪县城厢镇《经岭村村规民约》规定：“严禁焚烧垃圾和作物秸秆，特别是工厂的生产垃圾；严禁在村主道两侧擅自乱搭、乱建、乱挖、乱违围；严禁在村干道两侧堆放建筑物及杂物；严禁在村主干道和公共场所晒稻草、谷物、烧粪等物品；严禁在村主干道两侧堆放柴草和圈养家禽家畜及宠物；严禁在村主干道两侧开荒种植和围篱笆。”

③ 贵州省六盘水市六枝特区《补雨村村规民约》。

④ 甘肃省武威市天祝藏族自治县《大红沟乡村规民约》。

⑤ 湖南省长沙市长沙县《福高村村规民约》。

法》的相关规定冲突。

此外，除了惩罚机制以外，一些村规民约文件中还新增了奖励机制。例如，湖南省常德市鼎城区草坪镇《兴隆街村村规民约》规定："村保洁员做好责任段内的保洁工作，并宣传、督导好农户的保洁工作，村爱卫协会每季度对全村农户的卫生情况进行检查评比，评选出最清洁户、清洁户、清洁组、优秀保洁员，并对其在全村公示7天后进行奖励。"① 湖南省衡阳市衡东县大浦镇《青鸦村村规民约》规定："全年12个月均考评为'最清洁'户，奖励现金500元。颁发'卫生文明户'奖牌。"② 奖励机制的建立有助于在规范约束基础上增加激励因素，形成双向驱动机制，从而正面鼓励村民积极履约、遵守村规民约的各项规定。

综上分析，可以从规范目的、调整对象、主要制度、奖惩规定等方面梳理分析新时代村规民约中生态环境治理规范的内容特征。从规范目的看，约有四成的村规民约文件将生态环境治理目标纳入其中；从调整对象看，文件涉及调整农村人居环境整治、农业面源污染防治、自然资源保护等社会关系，其中，调整农村人居环境整治关系的规范出现频次最高；从主要制度看，垃圾分类、门前"三包"、卫生收费、检查评比、公众检举等制度已经初见雏形。同时，村规民约的责任形式也逐渐固定下来，并在惩罚机制以外出现了奖励机制，形成了双向驱动。上述积极变化反映出新时代村规民约正朝着制度化、规范化的方向发展，有助于农村基层社会治理水平和文明程度的提升。

四、新时代村规民约中生态环境治理规范的功能价值

党的十八以来，村规民约、乡规民约、市民公约等基层社会规范在诸多方面获得了长足发展，成为基层社会有效治理的制度支撑。从功能价值看，新时代村规民约不仅具备非正式制度的导向、激励、约束、评价、凝聚等规范功能③，同时也由于其时代属性而承载了社会主义核心价值观引领、促进法治社会建设和全民守法秩序形成等新时代法治价值。在其中，生态环境治理规范作为新时代村规民约文件的重要组成部分，对于规范基层生态环境治理行为、化解生态环境问题具有重要意义，同时也将对"产业兴旺、生态宜居、乡风文明、治理有效、生活富裕"④ 等乡村振兴目标的实现产生积极影响。

（一）坚持社会主义核心价值观的价值引领功能

"人类社会发展的历史表明，对一个民族、一个国家来说，最持久、最深层的力量是

① 湖南省常德市鼎城区草坪镇《兴隆街村村规民约》。
② 湖南省衡阳市衡东县大浦镇《青鸦村村规民约》。
③ 参见卞辉：《农村社会治理中的现代乡规民约》，社会科学文献出版社2019年版，第51页。
④ 《乡村振兴促进法》。

全社会共同认可的核心价值观。”① 培育和弘扬社会主义核心价值观，不仅要依靠宣传教育、实践养成，也需要用制度规范予以保障。因此，健全完善的村规民约对于践行社会主义核心价值观具有重要价值。

一方面，通过多方位融入促进两者的有机融合，包括融入目的、融入规范、融入说理等，以形成良好的政策导向。除了前文述及的融入目的、融入规范以外，一些村规民约还在文件当中直接叙事说理。例如，湖南省衡阳市衡阳县西渡镇《梅花村村规民约》第十一条规定：“树立绿水青山就是金山银山共识，自觉保护生态环境。”② 湖南省长沙市长沙县《福高村村规民约》第二十条规定：“倡导‘两型’生活方式，构建文明和谐村庄。”③ 这样的表述虽然都是倡导性、原则化的，不具备严格的规范结构，但其价值宣导作用却不容忽视，可以在潜移默化中发挥非正式制度的文化认同功能。

另一方面，通过创新实施机制激励崇德向善。例如，福建省建瓯市房道镇《际村新万木林森林公园村民公约》对绿化植树进行了规定，要求村民在娶妻、出嫁、升学、入伍、生小孩时在森林公园义务植树，以养护森林资源。④ 又如，甘肃省武威市天祝藏族自治县哈溪镇《尖山村村规民约》规定了颇具特色的道德积分制：“实行道德积分管理制，以道德储蓄所及道德储蓄折采取积分管理方式，管理日常行为和活动。规定加分和扣分标准，同时以红黑榜公示方法进行积分管理，从而规范我们的法律之外的行为和活动。积分标准在自己的道德储蓄折子上标注清楚，村民对照入座，以此进行自我管理。”⑤ 这一规定适应了积分制管理的要求⑥，增强了村规民约的实用性、操作性，也有助于弘扬善行美德。

（二）推进法治社会建设的规范促进功能

“法治社会是构筑法治国家的基础。”⑦ 在法治社会建设领域，也需要充分发挥村规民约在规范约束社会行为、协调社会利益关系、提升现代基层社会治理水平等方面的积极作用，加快实现社会治理法治化，提升依法治理、综合治理水平。

一方面，通过制定、修订村规民约健全社会领域制度规范，推动实现自我约束、规范和管理。在国家政策鼓励下，到2014年底，全国98%的村制定或修订了村规民约和村民自治章程⑧；到2020年，31个省（区、市）全部出台贯彻落实的政策性文件，村规民约已经实现全覆盖，城市社区普遍制定居民公约。⑨ 不仅如此，从2018年开始，各地还根据

---

① 习近平：《习近平谈治国理政 第1卷》，外文出版社2018年版，第168页。
② 湖南省衡阳市衡阳县西渡镇《梅花村村规民约》。
③ 湖南省长沙市长沙县《福高村村规民约》。
④ 福建省建瓯市房道镇《际村新万木林森林公园村民公约》。
⑤ 甘肃省武威市天祝藏族自治县哈溪镇《尖山村村规民约》。
⑥ 《中央农村工作领导小组办公室 农业农村部关于在乡村治理中推广运用积分制有关工作的通知》。
⑦ 习近平：《论坚持全面依法治国》，中央文献出版社2020年版，第113页。
⑧ 《国务院关于推进新农村建设工作情况的报告》。
⑨ 《民政部关于2020年贯彻落实〈法治政府建设实施纲要（2015—2020年）〉有关情况的报告》。

民政部、中央组织部、中央政法委等机构制定的《关于做好村规民约和居民公约工作的指导意见》，对已经制定出台的村规民约进行了全面修订。以湖南省郴州市为例，到2019年12月，郴州市村规民约覆盖率达100%，修订率达91%；到2021年，郴州市全市2367个村（社区）村规民约覆盖率达100%，修订率达100%。① 此外，在2020年，湖南省又在全国率先开展村规民约和居民公约法制审核工作，当年审核了村（居）规民约14224个。② 通过制定、修订和法制审核工作，不仅使村规民约的合法合规性得到加强，而且在价值引领、内容创新、程序规范等方面都不同程度得到提升，推动村规民约朝着群众认可、管用有效的方向迈进。

另一方面，通过综合运用国家法与民间法规范，实现政府治理与基层自治良性互动。以垃圾分类政策的实施为例。从正式制度层面看，2020年4月，《固体废物污染环境防治法》在时隔十六年后进行了第二次修订，在总则部分确立了生活垃圾分类制度，明确了政府推动、全民参与、城乡统筹、因地制宜、简便易行的原则，并将“生活垃圾”单列为一章对其进行重点规制。从非正式制度层面看，生活垃圾分类制度开始写入村规民约文件中，成为农村人居环境整治规范的重要内容。例如，湖南省长沙市长沙县北山镇《福高村村规民约》规定：“自觉践行垃圾分类减量，按可回收物和其他垃圾分类投放入桶，有害垃圾单独装袋，交给环保员统一分类处理，主动缴纳垃圾分类处置费。”实践中，该村通过广泛宣传，组织党员志愿者开展“一人带动一户，一户带动一个小组，一个小组带动一个村”等活动使村民垃圾分类意识大幅增强，分类水平日渐提高。与2018年第四季度相比，2019年第一季度通过分类使生活垃圾减少了10吨，可回收垃圾增加了5吨，垃圾减量化、资源化、无害化处理效果显著③。由此可见，在国家政策法规支持下，辅之以村规民约等基层社会非正式制度，再加上其他行之有效的基层动员机制，如广泛的宣传发动、地方政府支持、奖惩机制的设置④等将有助于产生行动合力，推动实现政府治理与村民自治、社会调解的良性互动。

（三）提升全民守法意识的内化培育功能

“法治的根基在人民。只有全体人民信仰法治、厉行法治，国家和社会生活才能真正实现在法治轨道上运行。”⑤ 在推进全民守法过程中，作为基层治理规范的村规民约不仅有助于化解农村环境问题、维护乡村社会秩序，也有助于在实施过程中培养村民守法意识和习惯，增强全民守法观念，夯实依法治国社会基础。

---

① 《郴州市2021年1-12月乡村振兴工作情况报告》。

② 《湖南省人民政府关于2020年度法治政府建设情况的报告》。

③ 参见华声在线：《湖南省首届“十佳”村规民约（居民公约）评选》，http://zh.voc.com.cn/wx/index.php?topic=42，访问日期：2022.4.18。

④ 参见高其才：《通过村规民约的乡村社会治理》，湘潭大学出版社2018年版，第184-214页。

⑤ 习近平：《论坚持全面依法治国》，中央文献出版社2020年版，第275页。

一方面，通过村规民约的宣传实施提升村民遵规守约意识。例如，一些地方开展了形式多样的村规民约教育宣传活动。湖南省常德市澧县大堰垱镇九旺村将村规民约编成歌谣，每逢重大节日在广场上诵读，日常则通过百姓大舞台录制视频进行传播。同时，为了让村民"学村规民约、懂村规民约、守村规民约"，村委会在人群聚集场所制作宣传栏、发放宣传手册（约1200份）、制定村规民约图文解读"蓝皮书"，并通过会议、广播等形式广泛宣传，由村民议事会进行说明，使村规民约深入人心。① 又如，一些地方通过实施奖惩措施发挥村规民约规范约束作用。湖南省怀化市辰溪县柿溪乡溪口村针对环境卫生、村民纠纷展开治理，设立"红黑榜"。每月公布结果并提出整改意见。同时，由村志愿者领导小队带领志愿者们每周进行一次大扫除评比，每个小组前3名的村民，奖励10元到30元的生活用品。② 通过这些措施，使"文本化"的村规民约变成了"活"的行为规范，让村民在生产生活实践中培育内化遵规守约意识，增强了人们的规范意识。

另一方面，通过构筑运行良好的公众参与机制，在积极守法层面促进、提升村民法治意识。这一点在一些村规民约文件中已经得到体现。例如，对于村规民约的制定、调整，山东省济南市章丘市刁镇《前刘村村规民约》第三十四条规定："三分之一以上村民代表或十分之一以上村民联名可提议修订《村规民约》的具体条款。修订《村规民约》应遵循'四议两公开'程序"③ 对于村规民约监督实施，湖南省永州市零陵区朝阳街道《石烟塘村村规民约》规定："推行村务公平、民主协商，村里定期召开一次村务民主协商监督月例会，讨论村里具体事务协调解决村民烦心事、麻烦事。"④ 对于违约处理方面，湖南省永州市零陵区朝阳街道《石烟塘村村规民约》规定："凡违反本村规民约要进行处理的，必须在调查核实后，经村民委员会（或村民代表会）集体讨论决定，不得擅自处理。"⑤ 应当说，创造条件让村民通过基层民主的方式围绕村规民约文件的制定、执行、奖惩等发表看法，有助于动员群众参与环境保护，引导和推动更多的社会基层力量自觉爱护环境、守卫环境，投身参与乡村的绿色发展。

总之，新时代赋予了村规民约新的时代内涵和价值追求。在价值引领方面，通过融入目的、融入规范、融入说理等形式促进了有机融合，并通过有效实施激励崇德向善。在促进法治社会建设方面，通过制定、修订村规民约，综合运用国家法与民间法规范，推动了政府治理与基层自治的良性互动。在提升全民守法意识方面，通过村规民约的宣传实施和公众参与机制的构建，促进、提升了村民法治意识。所以，村规民约、乡规民约等基层社

---

① 参见王峥：《湖南澧县九旺村：四"好"齐施力 乡村治理见实效》，https：//baijiahao. baidu. com/s? id = 1727785214056596756&wfr = spider&for = pc，访问日期：2022. 4. 18。

② 参见华声在线：《湖南省首届"十佳"村规民约（居民公约）评选》，http：//zh. voc. com. cn/wx/index. php? topic = 42，访问日期：2022. 4. 18。

③ 山东省济南市章丘市刁镇《前刘村村规民约》。

④ 湖南省永州市零陵区朝阳街道《石烟塘村村规民约》。

⑤ 湖南省永州市零陵区朝阳街道《石烟塘村村规民约》。

会规范其实同国家层面政策法制一样都是推进全面依法治国的制度路径，是实现有效社会治理的制度保证。

五、新时代村规民约中生态环境治理规范的构建完善

通过对样本从形式内容到功能价值的分析可以发现，新时代村规民约呈现出新的积极变化，正朝着形式多样、内容规范、价值引领的方向不断迈进。在这一阶段，对村规民约的认识应该突破“地方性知识”的局限，从宏观的现代国家治理能力和体系层面入手，把握其在社会治理法治化、全面依法治国建设中的独特价值，呈现正式制度与非正式制度融合的综合法治效果。未来，村规民约应在形成机制、规则体系、运行体制等方面不断加强，逐步构建“价值引领、合法合规、群众认可、管用有效”① 的村规民约体系。

（一）构建形式灵活、内容规范的规则体系

对于村规民约而言，要真正发挥其激励约束功能需要从形式和内容两方面着手不断健全规则体系。就形式而言，村规民约的形式应尽量灵活、多样。形式越贴近老百姓的生活，越通俗易懂、清晰明了，其普及性就越高。因此，应该允许各种表述形式存在。既包括常规的结构式、条款式表述，也可以变化为谱词配曲的歌谣，朗朗上口的三字经、七字歌，方便传唱的快板、顺口溜等，并可以通过网络、电视、广播等多种形式进行传播。当然，形式要为内容和效果服务。除了方便掌握和遵守以外，村规民约本身应具备一定的规范结构、实施措施和奖惩制度，以利于规范的实施。所以，在允许形式多样的情况下，还需要辅之以传统的规范表述形式，如前述的“1+1”（条文版+传唱版）或者“1+1+1”（村规民约、村训、实施细则）的综合方案，以取长补短。

就内容而言，村规民约的内容应该进一步规范化。一方面，相应规范应该合法合规。从现有文本看，部分村规民约还存在表述不当、超越权限、侵权等问题。例如，一些文件在设置惩处措施时，规定了“责令经济赔偿”“责令其恢复原状或作价赔偿”等措施，“责令”一词的表述用在村规民约中并不规范。又如，一些文件规定：“爱护瓜果、树木等农产品、不乱摘乱折，禁止乱洒农药。”其中，“乱撒”一词的表述欠严谨。还如，一些文件对故意妨碍公共卫生的村民“视情节轻重予以罚款200元至500元/次”。其中，“罚款”的表述类似于行政处罚，但主体却并不适格。基于此，后续应参照湖南的做法积极推进村规民约法制审核工作，使村规民约文本与国家政策法律保持一致。另一方面，相应规范应该实质化，避免空乏笼统。应该进一步对村规民约规定的重点内容进行聚焦，着

① 湖南省《关于进一步做好村规民约和居民公约工作的实施意见》。

重调整村民房前屋后卫生、家禽圈养、生活垃圾倒放、落实门前“三包”等活动[①]。此外，实质化还要求将主要管理措施进一步制度化，例如，规定垃圾分类制度、门前“三包”制度、卫生收费制度、检查评比制度等，同时将奖惩措施明确化，从正反两方面激励村民遵规守约。

（二）健全政府指导、基层自治的形成机制

村规民约是健全和创新党组织领导下自治、法治、德治相结合的现代基层社会治理机制的重要形式。[②] 村规民约的进一步健全完善离不开党组织领导和各级政府的指导。应该健全政府及其部门指导工作机制，明确指导的主体、对象、内容、程序等，使村规民约指导工作有规可循；应该加强法制审核工作，确保制（修）定主体合法、程序合法、内容合法；应该落实村规民约备案制度，按照《村民委员会组织法》要求，向乡镇政府进行备案，出现违法情形时及时由乡镇政府责令改正；应该加强示范引导工作，广泛征集优秀村规民约，树立一批优秀村规民约、居民公约范本，以发挥示范带动作用。当然，政府及其部门的指导并不是对村民会议制定、修改村规民约的干扰和替代，反而是为村规民约进一步健康发展创造条件，使其方向正确、合法合规。

同时，村规民约是村民进行自我管理、自我服务、自我教育、自我监督的行为规范。[③] 基层组织应当借助国家政策的扶助，积极推进村规民约的制定和完善工作，将其视为改善自身治理能力和水平的一次契机，为新时代乡村振兴提供制度保障。在制定实施村规民约过程中，应该注重价值引导，通过融入目的、融入规范、融入说理等方式将社会主义核心价值观有机融入村规民约规范当中，并通过有效实施激励崇德向善。应该总结吸收历史文化因素，适时将村民长期生活与劳作过程中演化形成的公序良俗、习惯法的合理内容纳入成文规范当中，并将源远流长的“天人合一”的生态环保理念融入其中。应该充分考虑地域特征，基于因地制宜原则根据不同地区自然资源禀赋情况制定差异化措施，使村规民约符合本地实际，发挥更大效应。同时，应该坚持问题导向，以解决“农民群众最关心、最现实、最急需解决”[④] 问题为突破口，形成符合实际、具备操作性的明确规则，展现村规民约实施效能。

（三）构筑内外结合、充分动员的效力机制

从应然层面看，村规民约应当是乡村社会人们实际遵守的“活的法律”，而不只是静态的文本。换言之，村规民约不能仅仅停留在制定层面，更需要在现实社会治理中发挥实

---

① 湖南省民政厅《关于进一步做好村规民约和居民公约工作的实施意见》。

② 民政部、中央组织部、中央政法委等《关于做好村规民约和居民公约工作的指导意见》。

③ 民政部、中央组织部、中央政法委等《关于做好村规民约和居民公约工作的指导意见》。

④ 《农村人居环境整治三年行动方案》。

际效果。这取决于内在和外在两方面因素。从内在因素看，规范的合理性是首要的。“非正制度能够在长期发展过程中得以传承下来，主要得益于其自身的存在具有一定合理性。”① 村规民约效力的发挥需要强化这种合理性，通过规范立治、价值引领、融入习俗等途径使基层民众发自内心认可规则，这是发挥实效的前提。此外，村规民约效力的实现还取决于制定过程中充分的公众参与和人们接受其约束的心理态度②。前者为村规民约的实施准备了民众基础，在公众参与中赋予村规民约程序合法性，使村规民约成为一种“在场”的约定。后者则为村规民约的实施提供了心理基础，以一种接纳的姿态内化为自己的行为态度，及至形成共同体内心的信仰和追求。

正如埃利希所言，“不论什么时候，法律发展的重心既不在立法和法学，也不在司法判决，而在社会本身。”③ 因此，从外在机理看，村规民约要真正发挥效力离不开其所嵌入的外在社会环境。有学者曾经以贵州省黔东南州锦屏县启蒙镇边沙村为对象进行观察，发现村规民约对于改善乡村人居环境具有正面效应。而取得效果的原因是多方面的，既包括内在的规范因素和公众参与，也包括外在的“宣教助治”“协同共治”和“重‘脸’促治”等因素。形式多样的宣传教育启蒙了村民的生态环境观念，乡村社会的人情观、面子观、重礼风俗使奖惩机制得以有效施行。更为重要的是，地方政府的指导、协助、扶持以及周边村庄的协同共治和村庄一起形成了生态环境保护合力。在这些因素共同作用下，乡村的生态环境治理才取得了一定成效。④ 所以，在这一意义上，内因和外因对于村规民约效力的发挥都起着非常重要的作用。未来，进一步加强外部支持，如组织保障、政策支持、文化传播、宣传教育等将有力地推动村规民约基层治理效果的提升。

总之，基于文本对新时代村规民约的发展变化进行诠释和解读具有重要意义。它不仅有助于从形式上勾勒村规民约的发展轮廓，也有助于从内容上把握规范的实质特征，还有助于理解村规民约所承载的时代法治价值。应当说，新时代村规民约建设取得了有目共睹的成绩，使其有机融合于推进国家治理体系和治理能力现代化进程中，焕发出新的光彩。未来，我国村规民约建设还需要走规范化、制度化、实效化之路，在价值引领、内容创新、程序规范等方面扎实推进，构筑现代基层社会治理的制度屏障。

---

① 卞辉：《农村社会治理中的现代乡规民约》，社会科学文献出版社2019年版，第56页。
② 参见张文显：《二十世纪西方法哲学思想研究》，法律出版社1996年版，第433－434页。
③ Ehrlich E, Ziegert K A. *Fundamental principles of the sociology of law*. Routledge, 1936, p. 1.
④ 参见高其才：《通过村规民约的乡村社会治理》，湘潭大学出版社2018年版，第184－214页。

Ecological Environment Governance Normsin Village Rules and Regulations in the New Era: an Analysis Based on 187 Samples

Li Qiwei

Abstract: In the new era, ecological environmental management norms have gradually become an important part of village rules and regulations. In terms of the form of norms, various forms such as "three - character words", "jingle" and "folk songs" have been promoted; in terms of the content of norms, the garbage classification system, the "three bags" system in front of the door, the sanitation fee system, the inspection and evaluation system, etc. have taken shape. In terms of functional value, the village rules and regulations in the new era carry the value of the rule of law, such as leading the core socialist values and promoting the construction of a law - abiding society and the formation of a law - abiding order for all people. In the future, village rules and regulations should be developed in the direction of "value - led, legal and compliant, recognized by the public and effective", gradually building a rule system with flexible forms and standardized contents, improving the formation mechanism of government guidance and grassroots autonomy, and perfecting the effectiveness mechanism of internal and external integration and full mobilization, so as to construct the institutional barrier of modern grassroots social governance.

Key words: New era; Village rules and regulations; Norms for ecological environment management

（编辑：尤婷）

《民法典》实施背景下民事习惯的司法适用研究

——基于592份司法裁判文书的实证分析*

张 健 田 歌**

摘 要 民事习惯作为制定法的重要补充法源，在实践中发挥了重要作用。通过研究《民法典》实施后中国法院适用民事习惯的592份司法裁判文书发现，相关案件呈现出地域分布不均、基层法院占比较大、婚姻家庭及继承纠纷多发等特点。司法实践中，民事习惯发挥了查明、适用和解释的功能。目前，民事习惯的司法适用仍存在内容不清、标准模糊、适用位阶有分歧及程序欠缺等问题。对于民事习惯的司法适用，未来应当进一步阐明民事习惯的内容及适用条件，由此推动统一民事习惯的检验标准，厘清民事习惯的适用位阶，完善民事习惯司法适用的程序规则，增强裁判的可接受性。

关键词 民事习惯 民法典 司法适用

一、问题背景

民事习惯的司法适用是学界持久弥新的话题。此前，学界对于民事习惯的研究主要集中在民事习惯的法理、概念、识别、适用条件及其功能等方面。① 对于民事习惯在司法实

* 国家社科基金项目“基于龙泉司法档案的基层民事纠纷解决机制研究”（编号：20CFX029）。

** 张健，法学博士、博士后，江苏大学法学院副教授；田歌，江苏大学法学院硕士研究生。

① 参见高其才：《民法典中的习惯法：界定、内容和意义》，载《甘肃政法大学学报》2020年第5期；陈景辉：《“习惯法”是法律吗?》，载《法学》2018年第1期；张琼文：《习惯法的严格概念与类型——兼与陈景辉教授商榷》，载《法学》2019年第11期；王保同：《少数民族地区民族习惯法的民事司法适用探析》，载《贵州民族研究》2014年第7期；谢晖：《论民间法结构于正式秩序的方式》，载《政法论坛》2016年第1期；贾焕银：《民间规范司法运用方法研究》，载《民间法》2016年第1期；周世中等：《西南少数民族民间法的变迁与现实作用：以黔桂瑶族、侗族、苗族民间法为例》，法律出版社2010年版，第35—87页；陈文华：《社会转型期民间规则的民事司法价值研究——以广东地区为例》，中国政法大学出版社2015年版，第148—186页等。

践中的实际适用，特别是《中华人民共和国民法典》（以下简称为《民法典》）实施背景下，民事习惯适用的实证研究仍显空白。《民法典》第10条规定："处理民事纠纷，应当依照法律；法律没有规定的，可以适用习惯，但是不得违背公序良俗。"这表明，我国各级法院可以根据《民法典》第10条，适用民事习惯，充分发挥民事习惯便捷灵活的优势，应对司法实践中的问题。鉴于民事习惯的司法适用对于建构民事法律秩序与推进《民法典》实施等方面的重要价值，中国各级法院与案件当事人"如何理解并适用民事习惯"这一实然层面的问题的研究显得尤为迫切。因此，本文在对裁判文书展开实证分析的基础上，分析《民法典》施行两年来，我国法院在司法裁判中援引民事习惯的基本图景与特点，讨论民事习惯进入司法场域的"法理逻辑"，并进一步提出相应对策。本文利用"北大法宝"和"中国裁判文书网"两个数据库，以"2021年1月1日至2021年12月31日"为审结时限，经过比对、剔除重复或者与主题无关的案件，最终得出592份司法裁判文书，由此构成了本文的研究样本。

二、民事习惯在司法裁判中的适用现状

（一）案件地域分布情况

从样本案件的地域分布上看，案件审结数量在全国分布不均，除互联网法院审理的案件外，最多的五个省分别是福建省（117起）、河南省（55起）、贵州省（48起）、山东省（47起）、安徽省（30起），同时，海南省、西藏自治区、新疆维吾尔自治区的案件数量均在2起以下。样本案件整体分布特征大致为：东部（274起，占比46.28%）较多，西部（168起，占比28.38%）、中部（150起，占比25.34%）较少。案件的分布与经济社会发展、人口流动的频繁程度有一定关系，地方经济、社会发展程度越高，对民事习惯的适用情形越多。东部地区总体案件数量多且案情相异，这也侧面反映出民事习惯在解决民事纠纷与调整人们生活中发挥了重要作用。此外，西部地区的案件大多涉及少数民族民事习惯，这些少数民族习惯大多解决同一民族内部的纠纷。

（二）法院层级分布情况

从审理法院的层级上看，民事习惯的适用主要集中在基层人民法院与中级人民法院，其中，基层人民法院（339起）和中级人民法院（248起）受理数量最多，高级人民法院仅受理5起。这表明，民事习惯的主要适用者是基层法院，这是由于基层法院作为基层治理的主力，其受理案件的基数本来就大，且其位于基层治理的最前沿，对当地风土民情、民事习惯了解度更高，法院审理案件时可以直接接触纠纷主体，对纠纷本身的回应更多。从审理程序上看，适用简易程序的案件多达281起，因为案件标的额较小且争议不大，当事人大多希望尽快解决这类民事纠纷，故适用简易程序的案件占比较大。对于终审结果，二审维持原判的案件占二审案件总数的62.57%，略大于二审改判比率（37.43%），表明

二审对一审中的裁判结果认可度更高，但改判案件仍在二审案件总数的1/3以上，存在一定比例的二审法院对一审判决持有不同看法；同时，大多当事人再审申请因不符合法定再审条件被驳回，再审案件中仅1起案件维持原判、3起改判，可见，在适用民事习惯时，当事人与法官对于具体司法适用问题可能仍有争议点。

（三）案件类型分析

从案由类型上看，涉案纠纷主要是集中在民事领域内，共583起，其余9起纠纷均在刑事、行政和执行方面，且在这9起案件中，民事习惯大多适用于法院对相关民事法律关系的认定。民事领域内的583起样本案件中，案件类型主要是婚姻家庭及继承纠纷、合同与准合同纠纷。婚姻家庭、继承纠纷数量最多，为308起，占比52.03%，主要涉及婚约财产纠纷、析产纠纷及其他婚姻家庭、继承纠纷等。合同与准合同纠纷次之，共226起，占比38.18%，主要集中在买卖合同纠纷、借款合同纠纷、保证合同纠纷、确认合同给付义务等方面。同时，还存在物权、侵权责任及人格权纠纷，分别有25起、12起、5起，使用特殊诉讼程序案件共4起，与公司、证券、保险、票据等有关的民事纠纷也有3起。由此可见，适用民事习惯的案件几乎涵盖各个领域。下文将针对较为典型的民事纠纷类型展开进一步的分析：

1. 婚姻家庭、继承纠纷

（1）婚约财产纠纷。

民事习惯在因婚约、彩礼产生的财产关系纠纷案件中得到了最为广泛的适用，共205起。该类案件主要发生在农村乡镇地区，争议焦点是双方解除婚约后是否需要返还彩礼等。彩礼具有聘定为信的功能，它的存在及人们赋予它的特殊意义，使其不同于其他普通财物，所以法官审理婚约、彩礼等民事纠纷不同于一般民事财产纠纷，其审理依据大致可以总结为：法官应当依照《民法典》中婚姻家庭编的规定处理案件，法律没有具体规定的，适用民事习惯解决纠纷。根据我国传统婚俗，给付彩礼属于一项道德义务，目前《民法典》对于彩礼制度并未作出明确规定，现阶段法院适用民事习惯认定婚约效力，这一方式可操作性和实用性较强。① 在这一基础上考察民事习惯是否符合法理与民情，再决定是否适用，在这一条件约束下，符合我国公序良俗的传统婚俗习惯可以运用于司法裁判。司法实践中，法院形成了针对彩礼属性、范围和具体返还数额的裁判规则。在认定彩礼属性时，法官一般结合了当地有关彩礼的民事习惯，例如是否应当给付、给付的范围、时间与地点等因素，综合考量财物的性质。在具体返还数额上，法官也考虑到了民事习惯提及的

---

① 金眉：《论彩礼返还的请求权基础重建》，载《政法论坛》2019年第5期；陈会林：《回避婚约：新中国婚姻立法的历史选择及其因由》，载《政法论坛》2021年第2期；李姗萍：《论婚约及其解除之损害赔偿》，载《法律科学》2021年第5期。

相关因素，如给付金额、同居时间、子女抚养金额和当地经济水平等。[①]

（2）析产纠纷。

析产纠纷大多是因离婚、同居关系解除和继承而产生的财产分配纠纷，民间也称为因“分家”引起的民事纠纷，大多数纠纷涉及分割共有不动产或动产，在样本案件中共有11起。这种情况分为三类，第一类涉及在离婚纠纷中，财产分配问题及监护人行使子女探望权的问题。第二类涉及因双方未办理结婚登记而以夫妻名义同居产生的财产分配问题。在样本案件中，男女双方达成口头结婚合意后，未履行法定结婚登记程序就开始以夫妻名义共同居住，同居生活一段时间后，决定解除同居关系，由此产生了分割共有财产的法律纠纷，法院通常依据当事人双方给付同居期间的日常生活费用，特别是租房费用是否符合客观事实与民事习惯来做出判断。第三，在继承类分家析产案件中，法院主要依据民事习惯认定遗产所有权。比如，于某1、于某2等继承纠纷案中，一审法院认为本案系分家析产纠纷，考虑到当时农村社会的习惯，认定涉案房屋属于被继承人的遗产。二审法院认为一审法院充分考虑到农村风俗与生活习惯，相关证据的证明力已经达到了高度盖然性的标准，合法合理地认定涉案房屋的所有权归属于被继承人。[②] 通过析产纠纷可以看出，我国目前的婚姻家庭、继承法律制度存在一定空白。在此情况下，合理适用民事习惯有利于解决司法实践中复杂的法律问题。

（3）其他婚姻家庭、继承纠纷。

其他婚姻家庭、继承纠纷主要有继承纠纷、收养纠纷及扶养纠纷等。其中，继承法律关系中高度重视民事习惯。第一，我国高度尊重死者个人遗愿，遵循遗嘱优先原则，保护被继承人意思自治；第二，影响继承财产分配的关键因素之一是法院可以依据当地习惯，判定近亲属是否尽了主要赡养或者扶养义务；第三，司法实践中法律强调互谅互让、和睦团结的精神，法院尽量采取协商或调解的方式处理家庭财产问题。在收养纠纷中适用民事习惯主要因为：其一，亲友群众公认或有关组织证明，双方以养父母与养子女名义长期共同生活且欠缺合法收养的法定程序要件；[③] 其二，《中华人民共和国收养法》颁布时间晚于案件中收养行为的发生，因法律规定不完善导致收养手续不齐全。此时，法院常常运用民事习惯及社会常识，认定当时的收养事实是否存在。在扶养纠纷中，针对无亲属扶养、无劳动能力又无生活来源的老人，在没有签订书面供养协议的情况下，法院通常按照当地民事习惯，判定由村集体组织为老人提供物质供给，老人自己生活。

2. 合同与准合同纠纷

（1）买卖合同纠纷。

样本案件中适用民事习惯进行裁判的买卖合同案件数量多达108起，远多于其他类型

---

① 肖峰、田源主编：《婚姻家庭纠纷裁判思路与裁判规则》，法律出版社2017年版，第2页。

② 山东省青岛市中级人民法院（2021）鲁02民终7322号民事判决书。

③ 冉克平：《论意思自治在亲属身份行为中的表达及其维度》，载《比较法研究》2020年第6期。

的合同纠纷。此类纠纷中，民事习惯大多用于确定合同内容。当买卖合同纠纷中出现合同约定内容不明确或法院无法查明的情况时，法院可以援引《民法典》第 142 条，发挥民事习惯的解释功能，对双方的意思表示予以确定。① 例如，赵某与李某民间借贷纠纷案中，被告李某作为原告债务人的弟弟，承诺为其弟弟偿还 30 万元并出具了一份欠条，其中明确显示“欠到赵某现金叁拾万元整”。案件争议焦点在于该行为构成债务加入行为还是保证行为，法院根据《民法典》第 142 条、相关担保制度解释和民事习惯确定被告李某具有以自己的财产承担该 30 万元欠款的真实意思，构成债务加入，应当依法清偿债务。②

在 108 起买卖合同纠纷中，民事习惯被批量适用于审理房屋买卖合同案件，共有 97 起。现阶段房屋纠纷日益增多，司法裁判中适用民事习惯，有利于房屋买卖合同纠纷顺利解决。民事习惯在房屋买卖合同中的适用主要针对合同所引起的债权合意部分，不涉及因合同产生的物权变动效力。主要用于解决以下两个方面的问题。

第一，认定具体买卖行为是否构成违约。笔者发现，样本中存在法院审理同一房地产开发商与多个房屋购买人之间基于相同案情的系列案件。在张某等多人与福建某公司的商品房预售合同纠纷案中，卖方主张因疫情等不可抗力的发生而适用情势变更原则及减免违约金，论证其迟延履行交房义务不违反民法基本原则与民事习惯。法院根据《民法典》合同编中关于迟延履行的规定和“不可抗力发生在卖方违约之后，不能成为卖方不履行义务或减免违约金的理由”的民事习惯，认定卖方对多个买方迟延交房的行为违约。③

第二，认定卖方不告知房屋是“凶宅”的行为，能否构成合同撤销事由。此类案件主要是法院在裁判中运用民事习惯说理，确认合同效力，继而根据法律规定撤销当事人之间签署的房屋买卖合同。在王某与史某房屋买卖合同纠纷案中，法院查明了案涉房屋发生过非正常死亡的事实，虽然该事实不会改变房屋的物理属性，但是根据中国人买卖房屋的民事习惯和传统文化，“凶宅”会在一定程度上使买方产生一定的忌讳心理，继而影响后续买卖交易。根据诚实信用与公序良俗的原则，卖方未告知合同标的系凶宅，致使买方在违背真实意思的情况下订立合同，基于该事实，法院裁判撤销双方的买卖合同。④

（2）借款合同纠纷。

样本中，借款合同纠纷共有 67 起，案件数量仅次于买卖合同。借款合同纠纷中适用民事习惯主要是以下几种情形：

第一，判定行为人的借款行为是否存在。涉及的习惯内容为“借款关系中出借人通常

---

① 《中华人民共和国民法典》第 142 条：“有相对人的意思表示的解释，应当按照所使用的词句，结合相关条款、行为的性质和目的、习惯以及诚信原则，确定意思表示的含义。无相对人的意思表示的解释，不能完全拘泥于所使用的词句，而应当结合相关条款、行为的性质和目的、习惯以及诚信原则，确定行为人的真实意思。”

② 辽宁省沈阳市于洪区人民法院（2021）辽 0114 民初 416 号民事判决书。

③ 福建省泉州市中级人民法院（2021）闽 05 民终 28 号民事判决书。

④ 大连市甘井子区人民法院（2021）辽 0211 民初 1171 号民事判决书。

会要求借款人出具借据作为债权凭证。”① 出借人可以向法院提交借据证明借贷法律关系存在。案件中原告不能提交借据凭证时，法院根据证据类规则推定双方借贷关系不存在。

第二，在当事人对债权或金钱交易的性质有争议时，法院可以运用“审查借据是否明确约定产生借贷关系、双方对转款是否达成借贷合意”的民事习惯，判定交易是否属于清偿行为。② 例如，当事人提交的证据中无任何借贷凭证，仅有微信转账交易记录，而双方未明确指出所给付的金钱是何种性质时，法官认为无法形成双方仅存在合法的借贷法律关系而排除其他可能的内心确信，不会直接认定双方存在民间借贷的合意。③

第三，确定借款合同中约定的利息计算方式。如李某与毛某民间借贷纠纷案中，借条中约定“利息2分”或“利息2%”，法官根据民事习惯和双方当事人所约定的借款期限不满三个月的情形，认定该表述为双方按照月利率2%计算未付利息。④

（3）其他合同与准合同纠纷。

其他合同主要涉及建设工程合同、租赁合同等方面，准合同纠纷主要是无因管理、不当得利纠纷等，在样本案件中，共38起。在建设工程合同纠纷中，法院依据合同“先签订后履行”的民事习惯认定当事人对合同的履行是否存在问题，或者适用民事习惯判定使用技术专用章的行为是否属于日常交易行为、能否代表当事人真实意思表示。在租赁合同纠纷中，法院主要适用民事习惯确认涉案协议效力，即合同的签订是否违背当事人真实意思表示或者违背公序良俗，继而根据法律规定对合同确认有效、无效或予以撤销。在无因管理、不当得利纠纷中，法院依据民事习惯，对根据民事习惯订立婚约或举行婚礼的双方当事人的以下方面予以认定：是否产生财产关系及该关系是否具有法律上的依据，是否构成无因管理或不当得利。如在王某与商某不当得利纠纷案中，原告基于希望双方缔结婚姻关系的想法，在短期内赠与被告较大数额的钱款及首饰，法院依据民事习惯认定双方存在准婚姻关系。现双方解除关系，无法实现赠与目的，原告有权要求被告返还赠与，而被告拒绝返还，该行为构成不当得利。⑤

3. 物权纠纷

物权纠纷在样本案件中共有24起，其中所有权纠纷案件8起，涉及物权保护的案件16起。有关物权的民事习惯包括两种，一种是在非法定物权中用于确认相关主体财产归属及流转关系的习惯，此类习惯为“习惯物权”⑥；另一种是在遵循物权法定原则的前提

---

① 河南省南阳市中级人民法院（2021）豫13民终1824号民事判决书。

② 安徽省蚌埠市中级人民法院（2021）皖03民终3307号民事判决书。

③ 江苏省常州市中级人民法院（2021）苏04民终3681号民事判决书。

④ 福建省三明市中级人民法院（2021）闽04民初88号民事判决书。

⑤ 山东省淄博市博山区人民法院（2021）鲁0304民初181号民事判决书、山东省淄博市中级人民法院（2021）鲁03民终2001号民事判决书。

⑥ 黄泷一：《“物权法定”原则的理论反思与制度完善》，载《交大法学》2020年第1期。

下，以约定俗成的方式解决物权纠纷的规则，此类习惯为“物权习惯”①。“习惯物权”适用于司法实践中必须经过长期发展、获得社会大众普遍认同，此类习惯能真正上升到司法运用层面的情况较少；“物权习惯”主要是涉及相邻关系、土地所有权及使用权、孳息归属的习惯，在符合民事原则的前提下，识别标准应具备时间、地域、公众知悉度的要求。相较于第一种，这类习惯的运用更为广泛。②

具体而言，法院在物权纠纷中适用民事习惯最多的情形是对相邻关系的处理，在适用民事习惯的所有权纠纷案件（共8起）中有5起属于相邻关系纠纷。我国《民法典》第289条明确规定，没有法律法规的规定时，可以适用“当地习惯”处理相邻关系纠纷，该条款类似于《民法典》第10条，是对适用位阶的规定。③ 只是第10条更侧重于宏观性规定，第289条再次强调可以适用当地习惯。相邻关系往往涉及市民生活的基本问题，法院需要当地知悉度较高的习惯作为裁判依据。审理相邻关系案件时，法官直接接触当事人和相关证据，适用习惯能够适时调整对当事人需求的回应。

统计发现，除了审理所有权纠纷（8起）外，民事习惯在物权保护（16起）中的适用比例也较大。物权保护方式涉及物权确认、返还原物、排除妨害、恢复原状和损害赔偿。其中，物权确认主要是因继承、赠与等行为发生时，对房屋所有权的确认。其余则主要体现为因侵害所有权范围中的私人所有权、相邻关系、建筑物区分所有权、共有关系等，权利人请求对物权进行保护的途径。

如姜某与郑某恢复原状纠纷案件，涉及的主要是因相邻关系产生的物权保护问题。法院在判决中强调，相邻关系一方权利人使用不动产时，不应当妨碍相邻不动产的通风、采光。经查明，被告装修房屋外的公用部分，处于原告所有的不动产正门处，故法院从我国民事习惯角度出发，认定“徽派建筑风格的门头及立柱及悬挂灯笼，会引发业主心理上的不适”，判决被告应当在30日内拆除障碍物、恢复原状。④

4. 人格权纠纷

样本中的人格权纠纷共5起，其中，民事习惯主要适用于认定一般人格权的属性和侵权责任。一般人格权具有兜底性，根据风俗习惯、社会认知等因素，除《民法典》规定的具体人格权，一些与人身自由、人格尊严紧密关联的其他人格利益，可以纳入一般人格权得到保护，且只要是在人格尊严权益受到侵害后，均可纳入一般人格权的保护范围。⑤ 法

① 李星：《物权法定原则的立法论——兼评〈民法典〉的抉择》，载《辽宁大学学报（哲学社会版）》2021年第2期。

② 侯国跃、何鞠师：《我国〈民法典〉第10条中的“习惯”之识别》，载《甘肃政法大学学报》2021年第2期。

③ 《中华人民共和国民法典》第289条：“法律、法规对处理相邻关系有规定的，依照其规定；法律、法规没有规定的，可以按照当地习惯。”

④ 江苏省江阴市人民法院（2020）苏0281民初7917号民事判决书，于2021年1月29日审结。

⑤ 王利明：《人格尊严：民法典人格权编的首要价值》，载《当代法学》2021年第1期。

院主要判断基于婚姻、丧葬等习俗所取得的人格利益是否具有一般人格权的属性，认定后才可纳入人格权调整范畴之内，例如，在我国丧葬文化背景下，基于死者和亲属的人格尊严产生的骨灰安葬权和祭奠权。在司法实践中，法院根据法律及有关骨灰安葬事宜的民事习惯，在尊重死者遗愿的前提下，确定骨灰管理顺位和管理人；在管理人管理不当时，其他顺位近亲属有权指出并责令纠正。这样的骨灰安置和管理方式，符合民法与公序良俗的规定。祭奠权基于近亲属身份产生，保护近亲属的精神利益。任一亲属擅自移动骨灰而不告知其他亲属，影响了其他近亲属进行悼念行为的，一定程度上属于对祭奠权侵犯，由此对近亲属造成精神伤害的，近亲属可以根据侵权程度主张赔偿，法院审理时可以酌情调整赔偿数额。此类案件对法官的素质及经验要求较高，法官需要足够了解法律规定与当地习惯，综合把握案情，做出合理判决。

三、民事习惯司法适用发挥的功能

对样本案件进行研究，发现民事习惯具有查明、适用和解释的三方面功能。

（一）查明功能

查明功能主要指在民事案件审理工作中，法院查明案件事实的功能。法院依据法律规定，对相关证据予以定性，最大程度还原案件事实。在司法实践中该功能的运用最为广泛，在总体样本案件中占比58.19%。例如，邹某与陈某民间借贷纠纷案中，法院根据“年前是指我国农历春节前”的民事习惯确定借款期限，认定双方约定借款应当于2019年农历春节（2019年2月5日）前清偿完毕。① 再如，郑某1、郑某2等与商河县某公司机动车交通事故责任纠纷案中，法院结合法定赔偿标准与当地民事习惯，按照每人每天116元的误工费用标准，认定死者亲属4人3天处理丧葬事宜的误工费为1392元。②

（二）适用功能

适用功能指的是法院适用相关民事法律或习惯规则，通过法律论证推理得出裁判结论。样本中此类案件占比不大，约占13.63%。③ 例如，陆某与赵某等医疗损害责任纠纷案中，因被告医疗机构及其医务人员的诊疗行为存在过错，导致原告自娩出胎儿时，胎儿已经死亡。法院认为，根据我国法律规定，死胎虽不具有民事权利主体资格，但包含了一定的人格利益和伦理道德因素，应当对胎儿进行安葬。法院依据“孕育新生儿的父母享有对死胎处理丧葬事务的权利”的民事习惯和善良风俗，支持了原告提出的不高于安徽省上

① 广东省韶关市武江区人民法院（2021）粤0203民初187号民事判决书。

② 山东省商河县人民法院（2020）鲁0126民初4208号民事判决书，于2021年5月17日审结。

③ 郭栋：《法理概念的义项、构造与功能：基于120108份裁判文书的分析》，载《中国法学》2021年第5期。

一年度6个月职工平均工资标准的丧葬费用的诉讼请求。①

（三）解释功能

解释功能体现为民事习惯补充解释制定法与填补法律漏洞的功能，相关案件在总样本中占比28.18%，例如，现阶段立法者主要是用司法解释将民间习惯处理彩礼的方式予以明确，②《最高人民法院关于适用〈中华人民共和国民法典〉婚姻家庭编的解释（一）》第5条第1款的规定，双方未办理结婚登记手续时，一方请求返还按照习俗给付的彩礼，另一方应当返还。实践中，法院依据民事习惯认定婚约与彩礼存在的事实，填补现行婚姻法有关婚约财产纠纷的空白，再依据司法解释进行财产分配的法理论证。例如，在邢某与单某婚约财产纠纷案中，二审法院认为，基于双方将来会缔结婚姻关系的合意，单某给付邢某的财物可视为彩礼，所以当双方因故不能结婚、赠与目的不能实现时，单某可依法主张返还。③ 这类民事习惯能够阐明当事人的权利内容及界限，体现法院根据当地实情做出裁判，不仅有利于填补现有法律空白，而且能够对公众起到一定的指引作用。

四、民事习惯司法适用的现存问题

上文描述了民事习惯的司法运用状况和法理功能，下文将讨论现阶段民事习惯的司法适用困境。目前，《民法典》为司法裁判中适用民事习惯提供了正当性，但通过实证研究我们发现，法院对民事习惯的适用具有一定的自发性与随意性，法官在裁判案件时也会遇到无所适从的情形，主要存在以下几方面问题：

（一）具体内容及适用条件方面

其一是对民事习惯具体内容的理解较为模糊。首先，根据《民法典》第10条可知，在缺乏必要的法律规定时，法官可以根据当地价值观和风俗习惯进行案件推理，但在样本案件中几乎没有一个案件能具体阐明所用到的民事习惯的具体内容，文书中只有“依据民事习惯”等简单表述，缺乏具体完整的推理证成过程，民事习惯的具体内容成为一种不可言明的存在。其次，法官对民事习惯具体内容了解甚少，根据一定的民事习惯进行推理，需要综合权衡解决不同民事习惯之间的价值冲突，在这个过程中法官难以避免地会涉及主观情感因素和自身经验的限制等问题，也无法独自完成论证其正确性的过程。④

其二主要是民事习惯作为《民法典》的补充性法律渊源，⑤ 适用至今日仍存在两方面

① 安徽省定远县人民法院（2021）皖1125民初3651号民事判决书。
② 武静：《习惯的司法适用及其方法》，载《法律方法》2019年第3期。
③ 安徽省合肥市中级人民法院（2021）皖01民终274号民事判决书。
④ 张文显主编：《法理学》（第五版），高等教育出版社2018年版，第300页。
⑤ 高其才：《民法典中的习惯法：界定、内容和意义》，载《甘肃政法大学学报》2020年第5期。

问题。一方面是民事主体主张适用时，法院认可和审查民事习惯的比例较低或法院在援引民事习惯时理由较为牵强；另一方面法官在什么情况下可以依职权适用、如何适用的问题仍未解决。例如，在赵某与刘某房屋买卖合同纠纷案中，涉案房屋发生过非自然死亡。一审法院仅依据民事习惯认定房屋价值减少，未说明房屋归属，二审法院也没有论述归属原因。据此，当事人申请再审是具备一定合理性的。再审裁定中，法院认为由于该案双方签订合同过程中存在重大误解，故对买卖合同应予撤销，但对于一审法院的判决仍有两大问题没有阐明：一是适用民事习惯是否正确，二是审理本案时是否任意扩大了民事习惯的标准。[①] 由此可见，对于该类没有法律规定但在民事习惯中存在的规则，法院在司法适用中尽量处于一种避而不谈的状态。

（二）认定标准方面

鉴于民事习惯缺少明确具体的条文规定、法院论证义务较低，由此导致民事习惯的认定标准模糊，法官自由裁量权较大等问题。针对同一问题，有些法院审理时仅援引法律，有些法院综合运用"民事习惯+法律"的分析模式，同案不同判的现象时有发生，最终样本案件呈现出个案独特性大于类案共同性的特征。例如，针对运输合同中的压车费用问题，一些地域的法院要求当事人提供压车费属于交易中的民事习惯及其认定标准的证据，一些地域则直接将压车费用纳入损害赔偿的一部分。[②] 在这个问题上，就其是否属于民事习惯、运用到民事裁判文书中是否合适等问题，仍然缺乏定论。

同时，基于能力与审理时间限制，司法工作人员在裁判过程中更倾向于依据现有法律和证据事实审查，[③] 对于民事习惯本身的合法性和合理性问题关注甚少，在裁判文书中体现为直接点明某一证据事实不符合民事习惯规则，然后得出结论。一定程度上说，这种做法不符合现代司法的要求和准则。例如，在长沙某公司与宁乡县某建材经营部等买卖合同纠纷案中，法院认为，合同内涉及的名称以及甲方主体处都是华某公司，但合同中华某公司的名称被人为划去，改为长沙某公司这一行为，显然不符合民事习惯规则。[④] 可见民事习惯仅构成了司法案件适用依据的内容来源，这样的情形将造成民事习惯在司法实践中更难统一认定标准的局面。[⑤]

（三）适用位阶方面

现阶段，在协调《民法典》与民事习惯的规定时，理论界主要提出国家在立法时应当

---

① 河北省高级人民法院（2021）冀民申3902号民事裁定书。

② 江苏省睢宁县人民法院（2021）苏0324民初7059号民事判决书。

③ 彭海波、黄晨：《商事交易习惯司法适用困境透析与完善进路——以315份生效判决书为分析样本》，载胡云腾主编：《法院改革与民商事审判问题研究（下）——全国法院第29届学术讨论会获奖论文集》，人民法院出版社2018年版，第803页。

④ 湖南省长沙市中级人民法院（2021）湘01民终1296号民事判决书。

⑤ 雷磊：《习惯作为法源？——以〈民法总则〉第10条为出发点》，载《环球法律评论》2019年第4期。

充分考虑民事习惯的因素，借鉴融合优良的民事习惯，大多文献主要是指明两者之间的冲突，以及倡导法官在适用法律时应当根据具体情况充分考虑民事习惯。① 但司法实践中，法官并没有得到具体操作上的指引，《民法典》的具体规定与民事习惯的适用位阶问题仍较为空缺。

根据民法基本原则和目前《民法典》的规定可知：在解决民事纠纷时，第一，根据民法原则，应当依照当事人双方约定。双方当事人可以根据同区域内或者跨区域间的民事习惯协商确定合意，此时依据“法无禁止即自由”原则，处于合意之中的民事习惯优先于《民法典》。第二，根据法律规定，在双方约定不明确或无约定时，适用《民法典》的明文规定，此时民事法律优先于民事习惯。第三，在法律规定不明确或无规定时，再选择适用民事习惯。第四，在少数情况下，由于法律的主动让位情形，民事习惯法定优先于《民法典》。

综上可知，现行规定并未明确说明在《民法典》和民事习惯冲突时如何协调两者的关系及在两者均暂无规定时法院应当如何适用的问题，在这种情况下，法院在审理具体案件中极可能无法直接选择适用规则，而是需要辩证推理。在面对具体案件时，工作人员经验不足，特别是不了解当地民事习惯这一问题为司法实践造成了较大的困难。

（四）适用程序方面

在适用民事习惯的案件中，当事人败诉的原因之一是没有履行举证责任。依据法律规定，主张适用民事习惯的当事人负有证明责任。此时，对于未接受过系统法律教育的当事人来说，法律推理与证成过程过于复杂，加上多数民事习惯并没有专门的记载，当事人常常因为不知道如何正确履行举证责任，使法官无法利用相关证据。如在婚姻家庭纠纷上诉案中，法院强调依当事人主张认定证据，实则当事人在庭审中无法对财物去向提供证据证明，大多依靠自认制度，这都不可避免地造成了当事人的举证困难。在调查取证方面，大多案件仅仅依靠当事人自行举证，加之一些法院可能存在怠于依职权调查取证的现象，可能导致案件证据不足、无法得出定论。司法适用程序的不完善，也是一些民事习惯较难上升成为法官裁判规范与人们行为准则的原因之一，从而阻碍了民间规范在提升基层司法纠纷解决能力和整体社会效应方面的发展进程。

五、完善民事习惯司法适用的对策

民事习惯为维护群众社会生活秩序作出了巨大贡献，也为司法纠纷的解决提供了现实路径，本文针对以上问题与不足，大致提出以下几点建议：

---

① 高其才：《民法典中的习惯法：界定、内容和意义》，载《甘肃政法大学学报》2020 年第 5 期；贾德荣：《对民族习惯法与国家法冲突与调适的思考》，载《西北民族大学学报（哲学社会科学版）》2012 年第 2 期。

（一）阐明民事习惯的内容及适用条件

针对民事习惯司法适用可能存在具体内涵模糊、适用条件模糊等问题，笔者提出以下两点建议：一是通过法律解释方法明确民事习惯的具体内容，二是根据民事习惯司法功能的不同，由法官承担不同程度的说理义务。

（1）民事习惯的具体内容可以通过法律解释方法予以明确，主要包括以下三种方法：一是通过文义解释确认民事习惯的具体内涵。根据《民法典》第10条的规定可知，法院处理民事纠纷，在法律没有规定时，可以适用不违背公序良俗的习惯。法官在适用这一条款时，应当明确民事习惯的真正内涵既包括客观上其在特定区域和环境中经长期实践而形成，也包括主观上获得了人们普遍认可。民事习惯成为民众之间的行为规范，被人们直接或间接遵守和援引，而后被适用于司法领域，成为裁判依据。

二是通过目的解释加强阐述民事习惯的适用。《民法典》规定可以适用民事习惯处理纠纷，其立法目的在于更为全面地保障人们的合法权益，构建完善的民事法律秩序。《民法典》对适用民事习惯的确认，显示出了立法者对多元解决民事纠纷的重视，以及对全面保障个人权利价值导向的偏重。因此，法官在适用民事习惯处理纠纷时，应当贯彻《民法典》第10条立法目的，准确做出裁判。

三是通过体系解释创新对民事习惯的理解。体系解释将法律规范置于与其他规范的联系中进行理解，这些相关联的规范共同在某特定法律领域发挥作用，共同形成一个“体系”。① 体系解释需要法官将民事习惯置于整体民事法律体系中理解，这利于《民法典》与民事习惯的灵活适用，完成民事习惯司法适用实效性的表达。

（2）基于民事习惯发挥的司法功能的不同，法官的说理义务可以分为三级：严格说理义务、中级说理义务、低级说理义务。首先，民事习惯在发挥补充立法空白功能时，法官需要承担严格说理义务。当无相关民法规范能够适用于具体案件时，法官需要援引民事习惯进行说理，此时，法官需要承担严格的说理义务，阐明民事习惯的真正意涵，说明裁判依据的正当性和合理性。其次，在实现价值宣示功能时，法官承担中级说理义务。价值宣示功能与弥补法律漏洞的功能不同。它主要是法官通过宣示民事习惯的价值，达到教育说理的目的。法官在适用民事习惯时，不仅要发挥《民法典》第10条的灵活性和便捷性优势，更要考虑其背后所隐含的司法正义的价值。因此，法官在适用民法典实现价值宣示功能时，应当以司法正义为目标，最大化发挥民事习惯适用的效率和利益。这时候法官需承担中级说理义务。最后，民事习惯发挥补充说明功能时，法官承担低级说理义务。此时，法官主要依据其他规范作出判决，适用民事习惯的目的在于增强裁判的说服力，法官需要阐述适用民事习惯，以补强说理，所以法官仅需简要说明适用内容和理由，确保说理完整

---

① 孔祥俊：《法律解释与适用方法》，中国法制出版社2017版，第311页。

性即可。

（二）统一民事习惯的检验标准

民事习惯能否直接适用于司法裁判的识别标准，应当坚持习惯的形式外观标准与内在合理性标准。首先，应当认定民事习惯的形式外观，具体包括以下三要素，其一，民间性。民事习惯集中体现了市民社会中人们在某一地域或某种群体的日常生活中的交易观念、社会价值观念和纠纷解决意识，逐渐生成具有民间性的民事习惯。其二，时空性。我国民事习惯是在特定区域和环境中，经人们长期实践形成，获得人们普遍认可的规范性行为准则。一项行为准则能够上升为民事习惯，需要在某一区域内经人们遵守并反复利用。同时，处于不同地域的人们相互交流、交往也产生了我国民间共同的民事习惯，故民间性特征也不仅仅局限于某一地域内。其三，知悉性。这种行为准则在这一区域或群体中被多数主体普遍接受后，法官只能在具有相同民事习惯的群体之间适用该习惯，而不能约束不知晓该习惯的人。①

其次，民事习惯具有以上的形式外观后，还要符合民事习惯的合理性标准才能适用于司法裁判中，即依据该习惯处理具体案件时，当事人和公众能够普遍接受适用该条款及判决结果。在其符合法律、公序良俗与社会主义核心价值观时才能运用到解决民事司法纠纷的情形中。具体来说，第一，符合法律与公序良俗原则。这是《民法典》第 10 条的明确规定，民事习惯需要符合公共秩序与善良风俗，注重对于公共利益的维护。公序良俗原则体现了对社会基本秩序的维护，这一规则本身超越了私法的范畴。私法保障当事人意思自治，但意思自治也应受限，如不得违反法律、行政法规的强制规定，不违背公序良俗等。民事行为复杂多样，需要法官结合案件事实，遵循民事习惯的规律，综合考虑民事法律体系的发展需求，动态地理解运用公序良俗原则，第二，注重贯彻落实社会主义核心价值观，强化释法说理。法官在适用民事习惯审理案件时，应当以社会主义核心价值观为向导，秉着定纷止争的正当目的，在符合客观规律与社会情况的条件下，平衡社会利益与个人利益，再运用合法程序进行判决。在法官释法说理的过程中，应当注重将社会主义核心价值观引入司法裁判中，尤其在双方争议较大且具有社会影响力的案件中，更应强化深入社会主义核心价值观与民事习惯的融合。社会主义核心价值观的指引，更利于法官阐明公序良俗的真正意涵，避免裁判的任意性、主观性和单一性。

目前，在婚姻财产纠纷，尤其是彩礼纠纷中，法院基本已经形成了统一的民事习惯说理模式，其他民事领域也可以参考这种模式，即法官综合考虑法律与民事习惯的规定，完成对具体民事习惯的司法识别后，再综合研究与考量案件，形成专门针对某一疑难纠纷的统一认定和适用标准，并且不断通过司法判决将其确定和明晰，达到同一类案件审理结果

① 徐清宇、周永军：《民俗习惯在司法中的运行条件及障碍消除》，载《中国法学》2008 年第 2 期。

标准化、论证过程严谨化的标准。

（三）厘清民事习惯的适用位阶

在民事习惯的适用位阶问题上，民事习惯的适用位阶应当是弱于《民法典》中的强制性规定，并在一定条件下优先于《民法典》中的任意性规范。首先，《民法典》中的强制性规定大于民事约定，因为强制性规定的出发点在于，维护社会公共利益与社会平等正义的秩序，常被看作为对意思自治的限制。从宏观角度看，国家将公权力介入私法领域，能够保护最基础的社会秩序和公民合法权益。需要注意的是，利用国家权威干涉，不允许当事人任意改变其规定，同时要保证公法对于私法领域内的民事生活保持较为严苛的谦抑性。①

其次，任意性规范是指当事人根据双方意思自治可以排除其适用的规定，主要发挥补充适用的效力。法官在适用民事习惯时，应当在符合强制性规定的基础上，尽可能遵循意思自治优先原则。当事人的意思自治符合公序良俗原则、诚信原则、公平原则等民事基本原则时，可以以自由的意思表示排除《民法典》中任意性规定的适用，任意性规定只是起到补充当事人约定或解释当事人意思的适用效力。② 此时，民事习惯优先于《民法典》的任意性规定。法官应当在民事审判中最大限度地保护当事人意思自治，一方面，在审理过程中，法官充分考察当事人之间的约定，依职权审查当事人主张的民事习惯，告知当事人适用民事习惯可能产生的法律效果；另一方面，在日常生活中，法官可以广泛听取公众对于民事习惯内容的意见及相关案件的看法。因为民事习惯往往是针对某一特定领域内公众较为认可的规则，相对固定且具有较强的约束性，能够起到补强《民法典》任意性规定的作用。③ 法官优先适用这一类民事习惯，能够适时补足当事人约定的内容和效力，更贴合具体民事纠纷的特殊性，有利于减少普遍意义上的任意性规定与现实中的隔阂，也有利于具体案件具体分析，使得判决结果易被接受。

（四）完善民事习惯司法适用的程序规则

对于具体诉讼程序的规范可以从以下几方面入手：第一，法院应当依职权援引与案件相关的民事习惯。根据“谁主张，谁举证”的举证原则，当事人一方主张适用某民事习惯时，应当一并提交其主张的民事习惯证明和其他证据材料，并在起诉书或答辩状中说明。法院无论是否知悉该民事习惯，均应当在程序上给予回应，识别并审查是否可以适用。若该民事习惯符合审查标准且与案件事实相关，法官可以直接适用，为民事习惯的适用提供

① 董淳锷：《民商事审判中“常理”的运用——法理阐释、案例考察与规则设定》，载《政治与法律》2022年第2期。

② 韩世远：《合同法总论》（第三版），法律出版社2017年版，第176页。

③ 许中缘：《论任意性规范——一种比较法的视角》，载《政治与法律》2008年第11期。

司法通道。同时在庭审过程中，原被告均可以质疑该民事习惯的正当性，提出民事习惯不存在或与案件事实无关的主张，若审查后，该主张及理由成立，可以排除适用。第二，将公众与民事习惯共同融入司法程序中，让公众和法官都能参与司法。例如，法院积极利用人民陪审员制度，利用人民陪审员与公众联系更为密切的优势，鼓励陪审员参与庭审，在案件调查、事实认定的过程中，人民陪审员能够提供更符合公众认知的意见，将公众智慧引入司法裁判，提高司法公开性与透明度；再如，充分利用巡回审理①，根据案件需要，就地办案，最大程度贴近公众生活，切实了解及审视具体的民事习惯，感受民事习惯在公众生活中的作用，落实诉讼便民的同时，加强法律与民事习惯融合的宣传，提高案件处理结果的社会接受度。第三，普及举证规则，法院可以针对物业服务合同、民间借贷合同、房屋买卖合同纠纷以及难以举证的婚姻家庭纠纷，出台常见民事纠纷的举证指南。同时，法官可以通过书面引导与口头引导相结合等方式，向公众普及举证技巧与注意事项，引导相关民事主体积极举证。

A study on the judicial application of civil custom under the background of the implementation of the Civil Code An empirical analysis based on 592 judicial documents

Zhang Jian, Tian Ge

Abstract: As an important supplementary source of statutory law, civil custom plays an important role in practice. After the implementation of the Civil Code, 592 judicial documents on the application of civil customs by Chinese courts have been studied. The results show that the relevant cases are unevenly distributed, the grass – roots courts account for a larger proportion, and there are many disputes about marriage, family and inheritance. In judicial practice, civil custom plays the function of identification, application and interpretation. At present, there are still some problems in the judicial application of civil customs, such as unclear contents, vague standards, different application levels and lack of procedures. As to the judicial application of civil custom, the content and application conditions of civil custom should be further clarified in the future, so as to promote the unification of the test standard of civil custom and clarify the application level of civil custom, to perfect the procedure rules of civil customary judicial application and enhance

① 《中华人民共和国民事诉讼法》第 138 条：“人民法院审理民事案件，根据需要进行巡回审理，就地办案。”

the acceptability of the judgment.

Key words：Civil Custom，Civil dispute，Civil Code，Judicial application，Judicial function

（编辑：郑志泽）

政策执行理论视角下村规民约运作与效果

——基于Z市的调查研究*

王世强**

摘　要　推进村规民约工作是我国改进农村社会治理方式的一项重要政策。为调查村规民约在农村基层社会治理中的运作与效果，本研究对Z市村规民约政策执行情况开展访谈调查，基于政策执行理论的视角对调查结果进行分析。调查发现，在农村基层社会，Z市村规民约政策执行可以分为民间推动型、行政推动型和市场推动型三种不同模式，分别具有自治驱动、权力驱动和利益驱动的特征。为使Z市村规民约政策执行更富有成效，需要通过执行机构规范化、执行手段合理化、执行过程互动化、执行机制长效化四种路径予以完善和提升。

关键词　村规民约　政策执行　基层自治　运作

一、问题的提出与文献回顾

作为一种乡村历史传统的代际传承，村规民约的雏形可以追溯到春秋战国时期，最早的成文村规民约则产生于北宋时期。改革开放以后，村民的民主权利空间不断扩大，农村社会的内生活力得到极大的激发。1980年7月，广西宜山县三岔公社合寨大队果作屯村民自发制定了新中国第一个村规民约。此后，村规民约伴随着村民自治的蓬勃发展而在广大农村重新兴起。村规民约是依照法治精神，由共居同一村的村民在生产生活中根据习俗和现实共同制定、共信共行的自我约束规范的总和①。在微观上，村规民约是农村民间社会

* 北京学研究基地2021年度开放课题“北京村规民约资源挖掘的文化传承与乡村社会治理研究”（编号：BJXJD－KT 2021－YB01）；2020年北京市社会科学基金规划项目“北京市党建引领社区自治的机制创新和实践路径研究”（编号：20KDB006）。

** 王世强，博士，首都经济贸易大学城市经济与公共管理学院讲师，硕士生导师。

① 张广修：《村规民约论》，武汉大学出版社2002年版，第30页。

成员的一种共同守则；在宏观上，推进村规民约建设则是国家的一项公共政策。村规民约政策的实施与农村社会关系的重新调整密切相关。以信念、风俗习惯、社会舆论为基础兼具有契约法理性质的村规民约可以与国家法律互为补充、相互作用①。从机制设计上来看，村规民约是在农村基层践行社会主义民主制度的重要载体之一。

在经过了几十年探索之后，村规民约的建设与实施却开始面临着诸多困境：部分村规民约的作用未能充分发挥，村规民约制定程序和内容存在违法违规问题，前期制定的政策不能全面贯彻执行，存在着村规民约制度虚置的问题，部分地区的政策形式化问题严重。为给村规民约的建设提供工作指引，民政部等七部门在2018年12月联合出台《关于做好村规民约和居民公约工作的指导意见》，规范了村规民约的制定程序、制定内容、监督落实和组织保障，体现了国家对村规民约、居民公约等自治规范在基层自治中作用的高度重视。在这一政策的指导下，全国各地的村规民约工作得到进一步规范。新的村规民约运作机制的出现，为村规民约研究提供了重要的研究主题。

国内对村规民约的研究兴起于20世纪90年代，早期关注的重点主要是村规民约的合法性研究。姜彦君分析了村规民制定程序、内容、执行中的违法表现，认为违法的村规民约给村民造成损害，成了村干部违法行政的保护伞，影响国家法律、法规在农村的贯彻落实②。孟刚、阮啸认为农村自治与国家统治存在二元对立，有必要通过司法审查方式监督村规民约的合法性，司法审查可通过行政诉讼和民事诉讼方式③。高其才通过对法律、行政法规、部门规章等关于村规民约规范的文本梳理，认为法律、行政法规、部门规章重视村规民约在乡村社会治理中的作用④。陈寒非从村民会议与村民代表大会、合法与违法、执约小组与村民委员会、乡镇政府与人民法院四个维度分析了村规民约推进乡村治理法治化中存在的问题⑤。牟军、徐超从公权力与民族村寨、国家法与传统民族法律文化之间的互动关系出发，认为国家强势介入乡村社会后，本应体现民族法律文化特色的村规民约发生了“异化”⑥。因此，村规民约虽然具有较强的灵活性、适应性，但其制定程序、内容和惩罚措施必须符合国家法律、法规和政策的要求。

功能与作用研究是村规民约研究的重点。周家明、刘祖云将村规民约看成是乡村的非

---

① 谢秋红：《乡村治理视阈下村规民约的完善路径》，载《探索》2014年第5期。

② 参见姜彦君：《关于保障“村规民约”合法性的思索》，载《中国特色社会主义研究》2003年第5期。

③ 参见孟刚、阮啸：《村规民约的司法审查研究》，载《国家行政学院学报》2011年第3期。

④ 参见高其才：《村规民约在乡村治理中的作用——从法律行政法规部门规章等中央规范性文件角度的考察》，载《暨南学报（哲学社会科学版）》2017年第9期。

⑤ 参见陈寒非：《乡村治理法治化的村规民约之路：历史、问题与方案》，载《原生态民族文化学刊》2018年第1期。

⑥ 参见牟军、徐超：《民族村寨村规民约“异化”及与国家法调适——基于元阳梯田核心区村规民约的分析》，载《思想战线》2018年第4期。

正式制度，发挥着规范村民行为、调节乡村社会矛盾、稳定乡村社会秩序的作用①。赖先进将村规民约在农村社会治理中的耦合协同作用机理分为多元主体之间、多种治理机制之间及多种制度工具之间的耦合协同②。马敬将村规民约概括为：规范村民行为、维护村庄秩序的社会规范，在西北民族地区可以起到维护村内民族团结的作用③。舒松以贵州黔东南苗族和侗族的实例说明，村规民约作为生态环保机制的组成部分，起到了提高生态环保效率和延续传统生态文化的作用④。唐家斌将村规民约的作用理解为“实现乡村良治中文化价值重塑、秩序稳定的重要突破点”⑤。任新民认为村规民约在社会治理中的作用体现在形式、内容、执行、程序、监督与法律的衔接等多个方面⑥。学术界普遍认为村规民约的作用是多方面的，可以为乡村社会基层治理提供一种新的治理工具。

综上所述，学术界一方面是从法学视角对村规民约实践中的合法性问题进行研究，对村规民约为何需要与国家法律进行衔接以及如何构建规范化、法治化的村规民约体系进行了深入研究；另一方面十分重视村规民约在农村基层社会治理中的作用研究，在价值功能和实践路径方面的研究比较丰富。从中也可以发现，学术界对民族地区村规民约的研究较为系统，兼顾了民族地区法治建设和社会治理的多元视角。但是，现有研究聚焦的是国家与基层社会、法律与民间规则的关系，对于村规民约作为一种公共政策的执行以及由此产生的政策执行过程及其纠偏、完善，则缺乏深入系统的研究和分析。为了加强对政策执行理论视角下的村规民约研究，本文将聚焦于研究如下问题：在农村基层社会，村规民约政策执行都有哪些推动模式？村规民约政策实施过程中，影响其执行效果的因素主要有哪些？在政策环境、执行机构和目标群体的层面，村规民约在基层社会治理中是如何运行的？在不同的外部环境下，村规民约政策的执行取得哪些效果？本文通过对Z市村规民约的深入调查，试图在政策执行理论的框架下回应上述问题。

二、分析框架：政策执行理论视角

（一）政策执行理论的内涵及其在中国背景下的应用

“政策执行”最早是由美国学者普雷斯曼（J. Pressman）和韦达夫斯基（A. Wildavsky）于1973年引入学术研究。他们认为政策执行是政策转化为现实的政策目标之前的重要阶段，

① 参见周家明、刘祖云：《村规民约的内在作用机制研究——基于要素—作用机制的分析框架》，载《农业经济问题》2014年第4期。

② 参见赖先进：《发挥村规民约在社会治理中的耦合协同效应和作用》，载《科学社会主义》2017年第2期。

③ 参见马敬：《村规民约在西北民族地区社会治理中的积极作用》，载《学术交流》2017年第5期。

④ 参见舒松：《民族地区生态环保村规民约的作用机理及其实证分析》，载《贵州民族研究》年第11期。

⑤ 参见唐家斌、熊梅、何瓦特：《论村规民约对基层治理的作用》，载《原生态民族文化学刊》2020年第6期。

⑥ 参见任新民、刘园园、施静春：《共构谐变：民族地区乡村治理格局嬗变中村规民约的价值再现》，载《云南师范大学学报（哲学社会科学版）》2021年第1期。

在一阶段可能会出现政策实施效果与政策目标之间的偏差①。国外政策执行研究在经历了第一代、第二代政策研究之后，已经发展到第三代政策研究，建立了自上而下、自下而上、整合研究三种研究途径，形成了组织视角、网络视角、制度分析视角、阐释性视角等研究视角②。新西兰学者史密斯（T. B. Smith）对政策执行因素进行了分析并提出“生态—执行”理论模型（也被称为“史密斯政策执行过程模型”），认为政策执行涉及理想化政策、执行机构、目标群体、政策环境四个主要变量③，该模型是一种综合分析政策执行多个影响变量所施加影响的理论模型，其分析方法已经成为公共政策分析领域中的一种重要理论框架。

中国需要在吸收借鉴西方政策执行理论的基础上，对其适用于中国的理论思想进行深入研究，在中国道路与中国经验的基础上进行本土化创新。首先，由于从政策制定到政策执行中涉及从中央到地方的多个层级、部门，政策在多个层级间的传递容易导致政策碎片化，这就要通过建立协作配合机制，避免或减少政策执行中“政策失真”“政策偏差”问题。其次，政策制定主体和政策执行主体之间的价值偏好或利益取向具有不一致性，引发了政策主体间进行合作的必要性。第三，政策目标群体的积极性在很大程度上决定了政策能否达到预期目标。

国内对政策执行理论的应用研究主要集中于腐败治理、治党等领域。刘兆鑫发现执行性腐败治理困境体现在决策与执行的复杂性、执行程序化与回应性的冲突④。邹东升基于“史密斯政策执行模型”提出党纪执行效果是党纪党规、执行主体、执行客体、执行环境共同作用的结果⑤。李钊则认为政策模糊执行造成政策阻滞，政策执行中精英俘获现象明显⑥。总体来看，政策执行理论分析框架下的文献虽然众多，但是尚未有对广大农村基层广泛存在的村规民约开展研究的论文。因此，本文在政策执行理论视角下分析村规民约具有重要的理论价值。

（二）政策执行理论视角下的村规民约政策执行分析

村规民约作为深化乡村治理、推进基层民主的重要政策，其政策的有效实施是政策的根本目的。而村规民约政策的效果差异，则主要由政策执行的情况决定。政策执行随着政策环境、政策内容、执行机构、目标群体的不同而变动。乡镇政府作为基层地方政府，是

① 参见 Jeffrey L. Pressman & Aaron B. Wildavsky, *Implementation: How Great Expectations in Washington Are Dashed in Oakland*, University of California Press, 1973, p. XX－XX1。

② 参见丁煌、定明捷：《国外政策执行理论前沿评述》，《公共行政评论》2010 年第 1 期。

③ 参见 Thomas B. Smith, The Policy Process Implementation, *Policy Sciences*, 179－209（1973）。

④ 参见刘兆鑫：《政策执行理论视域下的执行性腐败及其治理》，载《中国行政管理》2010 年第 11 期。

⑤ 参见邹东升、姚靖：《十八大以来党规党纪执行力影响因素分析——基于史密斯政策执行理论模型》，载《重庆行政》2017 年第 5 期。

⑥ 参见李钊、谭刚：《教育扶贫视阈下乡村教师支持政策执行效果研究——基于史密斯政策执行理论模型》，载《湖北农业科学》2019 年第 17 期。

村规民约政策执行的关键；村级组织作为社会治理的基本单元，是村规民约政策的基层执行机构。在农村基层社会，影响村规民约政策执行的有多种变量，其中的主要变量包括：政策内容、基层政府与村级组织关系、村级组织权威性、村民接受程度、乡村社会环境。这些变量作为村规民约政策的影响性因素，共同对村规民约政策的执行产生影响。

应当指出的是，在村规民约政策执行的过程中，并非所有变量都发挥均等化作用。在不同背景下的村规民约政策执行中，各变量发挥着直接的或间接的不同影响作用，对村规民约政策的实施起到促进或阻碍作用。实际上，各个变量之间也是相互影响、相互作用的，一个变量的反应情况将影响其他变量的推进进程和效果。正是这样的多元因素共同作用下，才使村规民约政策的执行呈现出不同结果。

本文通过经验研究来进行村规民约政策执行的分析。在我国农村基层政权体系中，乡镇政府和村民委员会是基层治理最主要的推动者，因此本文的研究对象也聚焦于这两个层级的工作人员。本文的经验材料来源于两类：第一类是笔者于2020年对Z市D区B镇、K区L镇和N区O镇组织科干部的深度访谈；第二类是笔者于2021年1月－7月对Z市B镇A村等三个村、L镇S村等四个村、O镇W村等三个村干部和群众的访谈。在本文的分析中，访谈引用内容以第二类材料为主；在论述过程中的某些政策措施和实践模式则以第一类材料为主，作为背景和进行研究的支撑材料。

三、村规民约政策执行的模式选择

在农村基层治理中，村规民约作为一种治理工具在1988年《村民委员会组织法》颁布后走上规范化发展轨道，逐步实现村规民约对村落的全覆盖。基层政府和农村自治组织在执行村规民约政策时往往与本地实际相结合，形成具有乡土特色的政策执行模式。在乡村治理体系中，治理动力机制在不同时期和不同乡村是不一样的。在不同推动力的作用下，村规民约不仅在内容和形式上存在差异，而且在执行主体认知、目标群体接受度和执行方式上都存在一定不同，导致村规民约在农村社会治理中发挥不同的作用。在这种“多元模式”状态下要推进农村基层治理，基层政府就要采取更具适应性的方法和策略来应对。

为了更好地分析村规民约政策执行模式，本文选取了Z市A村、S村、W村三个典型案例来探讨，并从案例调研中概括出村规民约政策执行的三种模式，即民间推动型、行政推动型、市场推动型。这些执行模式基本上代表了村规民约在基层的生成土壤。为此，我们将在政策体制与有效执行张力、行政力量与自治动力共同施力的情况下，探讨村规民约在基层治理中的运作与效果，在不同驱动情境下对村规民约政策执行的特点进行讨论，分析这些执行措施对村规民约政策执行效果的影响及作用。具体而言，本文将上述三种模式的效果概括为三个方面，即提高社会治理满意度、促进规范化和法治化、维护市场秩序及促进村民增收，并在不同的执行模式下分别进行政策执行效果的讨论。

（一）民间推动型村规民约的运作与效果

在乡村社会的发展历程中，习俗传承、共同信仰和历史积淀的共同作用催生了村规民约的产生，因而村规民约具有内生性、自主性和民间性的特征。中国乡村社会是典型的“熟人社会”，乡村体系一直有民主化和伦理化的治理基因，具有产生村规民约的土壤，并且随着时代的变迁而演绎出不同的表现形式。自北宋《吕氏乡约》千百年延续下来的村规民约，初期是由乡村的宗族首领、乡绅以及长者共同商讨制定，其中某些核心规定如“孝敬父母、睦邻乡里”一直沿用到现在，这种非正式制度成为解决我国农村社会治理问题的一大“法宝”。尤其是在基层自治工作开展较好、群众自我管理意识较强的乡村，村规民约在群众自治事务中的作用明显，并得到了基层政府的肯定与支持。一位村主任说：

> “因为当时村民们红白事大操大办、铺张浪费的风气严重，给村里的影响很不好，在村支书主持下，村两委代表、党员代表、村民代表一共19人参加会议，大家讨论了村里存在的实际问题，商议要制定一份村规民约。”（2021－05－11，对Z市B镇A村村主任的访谈）

由民间自主推动的村规民约积极回应乡村社会发展中遇到的问题。在乡村之内，村民需要通过相互沟通协作来达成共识和解决问题，以集体协商的形式明确村民的权利和义务，决定乡村公共资源的使用和分配方式。例如B镇A村针对村民关切的“红白喜事”大操大办、邻里关系不和睦、建房损害四邻利益等问题，在村规民约中设置村风民俗、邻里关系、婚姻家庭、环境卫生、社会治安等板块，内容以农民生活化语言的形式呈现，比如规定“不大操大办、不搭建大棚、不请吹请唱、不燃放鞭炮，不抛撒纸钱、不在公共场所焚烧纸扎冥币”，以非正式制度的形式维护村民及村民组织的利益。

运作方面，村委会组织村民对本村所面临共性问题进行集体讨论，共同分析解决问题的措施和方案，向每户征求意见，然后再经党员会、村民代表会和户主会表决通过，再提交镇政府备案，形成“自下而上”的村规民约制度建构机制。村民自治组织作为村民利益的集中代表，其权威来自自身的威望、魅力和地位，在乡村自治制度建设中扮演着推动者的角色，以有效维护乡村秩序和谐稳定。乡村治理体系中非正式组织自主力的成长壮大，从而助于扩大基层社会的自主空间及自主性的强化，激发基层社会的生机活力。例如，随着城市化进程的加快，B镇A村中租房的外来人口增多所导致的治理问题突出，村委会带领村民修订村规民约，通过规定“凡是有房屋出租的家庭，租房人不分本地、外地户口，一律到村委会登记”，有效维护了乡村的社会治安秩序稳定。

民间推动的村规民约由所有村民共同制定，村民的知情权、参与权和表达权得到了充分保障。村规民约具有较强的村民“合意性”，广大村民对村规民约的各项内容较为熟悉，在日常生活中愿意主动地遵守村规民约，自觉维护乡村治理的制度权威，进而提高了自治制度的运作效率和效能。自我监督有助于防止自治制度失灵，对于维护村规民约的权威性具有重要意义。例如，B 镇 A 村村民自发成立村规民约志愿监督小组，针对村规民约的不同板块设置相应的监督小分队，定期在村内进行巡逻检查，对不遵守村规民约的现象或个人进行记录，比如发现在房前屋后乱扔垃圾的、机动车乱停放的、散养家禽等问题，由监督小组先进行核实、劝导，劝导不了的再上报村委会。

效果方面，由于乡村的民风淳朴、文化底蕴深厚，村规民约中的传统“德治”思想对乡村治理仍然有较大影响。村委会带领广大村民维护村规民约的当代价值，有效传承原有的非正式权力网络，善于将传统文化元素融入乡村治理之中，实现了乡村治理从传统到现代的创造性演化。A 村把对村委会工作的约束性规定也写进了村规民约，村委会干部在执行村规民约中以身作则、带头自律，村民积极响应村委会的号召，村规民约得到了村民的广泛拥护和支持。实践表明，村规民约的实施对于增强村民的自我保护能力、秩序调节能力和组织动员能力起到不可或缺的作用，不仅促进了社会治安案件数量下降，而且提升了村民对邻里关系、婚姻家庭和环境卫生等方面的满意度。

总体来看，民间推动型村规民约以“民主化”为价值追求，在制定之初就有明确的目标、方向和执行方式，内容制定和实际运行均由村民协商后确定，在政策执行过程中由民间自主推动，政府不直接介入。村民自治组织重视村民参与和民主协商是村规民约制定后能发挥作用的前提。村规民约运作体现了村民自治的逻辑，村级组织和村干部凭借其威望对村民产生影响力，同时重视村民教育和文化宣教的作用，发挥非正式组织在村民自律中的弥合作用，在执行中注重维护村规民约的权威性，从而提高了村规民约的执行效果。

本文所调查的 B 镇 F 村、I 村的村规民约也属于民间推动型。民间推动型村规民约有三种形态：一是“自觉执行”，如 A 村由村干部及村民自发制定和执行；二是“民间组织运作”，如 F 村将村规民约的宣传、运作和监督工作交给民间组织；三是“文化熏陶”，如 I 村的村规民约完全依靠村民自觉遵守，村委会主要从精神层面提升村民的意识，对村规民约的具体实施过程不予监督。

（二）行政推动型村规民约的运作与效果

国家政权对乡村治理的深入程度和形式影响了基层治理的格局，由此展现出行政权力对基层社会的调控与影响能力。2018 年，民政部等七部门联合出台的《关于做好村规民约和居民公约工作的指导意见》对规范村规民约工作起到了重要的指引作用。一些地方政府确立了推动村规民约的组织机构、发展规划和政策文件，规定了村规民约的制定流程、执行机制和保障措施，以强有力的国家力量建构着村规民约的规则体系。村规民约并非是普遍存在和显性存在的，一些乡村此前并没有制定过村规民约，地方政府基于对乡村治理规范化和法治化的重视，以行政力量推动乡村制定和实施村规民约。基于此，一方面实现村民自治制定与国家路线方针政策的动态衔接，另一方面纠正村规民约中的违法违规内容，确保村民自治基本手段的合法性。一些乡村由于没有制定村规民约的经验，需要政府给予支持和指导。

> “当时是政府要求的，要在规定的时间内完成村规民约的制定，我们大家都没有什么经验，感谢镇政府对我们进行了培训指导，还给予了很多其他支持，让我们对村规民约政策更加了解。”（2021－05－13，对Z市L镇S村村主任的访谈）

行政力量在村规民约制定过程中起到主导性作用，村规民约是依据乡镇政府向各村发放的村规民约模板而制定的，部分内容是政府要求必须写入的。例如，L镇要求列入关于计划生育、维护公共秩序、矿产水利资源等管理规定。乡镇政府对村民代表大会表决通过的村规民约内容进行审查，具体分为三个方面：一是合法性审查。村规民约的内容不能损害国家法律的统一性和基本效力，不能与党的路线、方针、政策和国家法律法规相抵触。二是形式规范。村规民约在内容结构、语言表述上符合统一要求，比如要求不能采用顺口溜式语言，而应采用比较正式的书面语言。三是动态更新。根据政府政策的阶段性变化对村规民约的条款进行增删。例如，近年来L镇S村在村规民约中增加了“美丽乡村建设”“新农村建设”“垃圾分类”“疫情防控”的相关规定。行政力量推动是一把“双刃剑”，一方面促进了村规民约规范性的提升，强化了国家政权对乡村社会治理的调控能力，确保民间法与国家法的协调发展；另一方面在一定程度上也消减了村民自我创造的积极性，难以造就村规民约的本土化特色，形成了同质化的村规民约治理体系。

运作方面，基层政府为了提升治理绩效，将村规民约工作作为“政治任务”下达给基层，要求乡村按照规定的程序规则制定村规民约，以确保村规民约制定程序的规范性、合法性。行政力量所带来的资源影响着乡村对村规民约工作的接受度，进一步强化了公权力对乡村社会治理的领导。一方面，提供平台资源。例如，L镇政府委托专业机构开发了本地区统一的村民文明行为信息系统，将村规民约各项条款细化为评价指标，对村民行为进行实时的积分式管理。村民积累一定积分之后可以在平台兑换书画、写作等兴趣活动参与资格，反过来又促进了村民文明素养的提升。平台发挥了对爱心商家、志愿者和服务对象的供需对接功能，通过链接社会资源满足村民的社会服务需求，促使其愿意主动配合村规民约的落实。另一方面，提供专业资源。政府通过整合法律和治理方面的专家，向乡村派出律师志愿者、垃圾分类指导员、网格化管理专员，为本地区村规民约工作的推进提供专业支持。

效果方面，“自上而下”的行政推动能够迅速普及村规民约，把乡村内部约定俗成的不成文规范转化为文本，村规民约中存在的违法性、越权性和滥设罚则等问题得以整治，保障法律规定村民的人身自由权利不受民间法的侵害。在社会治理现代化的背景下，政府对村规民约工作的推动解决了乡村自治缺乏抓手的问题，在国家与社会的动态博弈中实现国家法与民间法的协调及互动。国家政权依托村民自治组织，通过宣传倡导、组织贯彻和资源配置等多种方式，提高村民的配合程度。例如，L 镇 S 村的村级组织和村民对村规民约的支持和配合，是村规民约得以有效实施的重要原因。

总体来看，行政推动型村规民约以“规范化”为价值追求，是由国家权力主导制定和推行，公权力机构对村规民约是否合法及其实施情况进行监督。政府的强力推进、专业指导和资源投入发挥了重要作用，但需要指出的是，村规民约工作不能只靠政府单方面推动，如果村级组织对村规民约政策精神缺乏领会，采取敷衍和消极态度，政策将会面临失效的问题。村民是村规民约的目标群体，如果村民对村规民约缺乏配合和遵从，村规民约的各项规定只能流于形式。

本文调查的 L 镇 E、H、M 村的村规民约也属于行政推动型。行政推动型村规民约有三种形态：一是“社会吸纳”，如 S 村有效激发社会活力，村民积极性得以充分调动；二是“党建引领”，如 E 村将村规民约的落实与基层党建相结合，以党组织和党员引领村规民约的实施；三是“专业指导”，如 H 村和 M 村的上级政府主管科室业务水平较高，在专业指导的实施上较为有效。

（三）市场推动型村规民约的运作与效果

在乡村振兴的背景下，提升农村经济建设质量成为确保农村社会稳定发展的重要基础保障，而建立有序的农村经济管理体制有赖于治理规则的完善。一些地区以发展农村市场经济为目标，充分发挥村规民约在壮大集体经济、规范农产品市场和整合农村旅游资源方面的作用，不断创新推动农业经济管理的发展路径。随着农村市场经济的发展，人际关系中的理性化、契约化因素不断增强，对经济利益的考量代替伦理因素成为村民首要的着眼点。现代化经济体系是乡村振兴的重要组成，要求建立与社会主义市场经济相适应的村规民约。农村市场体系中存在着管理不到位、服务不规范的问题，对市场经济的可持续发展造成不利影响，进而导致广大村民经济收入的减少。对此，一些乡村以村规民约的形式进行规范。

> “当时制定村规民约是为了规范经营，把农家院、宾馆都规范起来，提高村民的服务品质和服务意识，打造旅游接待服务的一张名片，从而吸引更多游客来我们村，为村民们增加收入，镇政府对我们的想法也比较认可。”（2021－06－26，对 Z 市 O 镇 W 村村主任的访谈）

市场机制是村规民约制定过程中的推动力量，村规民约内容的重心是市场秩序、依法经营、统一标准和服务意识等方面，要求农村市场主体和经济组织依法经营、公平竞争，严禁假冒伪劣。例如，O镇W村地处风景名胜区，旅游接待是乡村主要收入来源，村规民约要求村民按照统一规格建设民居，保持好公共卫生和村容村貌。实践表明，村两委对村民发家致富的引领效能影响了村规民约的推行，在乡村生态保护和经济协调发展的态势下，整个乡村日益成为经济利益上的共同体。村民的切身利益受乡村整体经济发展态势的影响很大，广大村民愿意支持村民自治组织关于村规民约的决策，通过约束自身行为来提升乡村的整体形象。

运作方面，村民自治组织以推动乡村经济可持续发展为目标，通过制定村规民约促进农村经济与社会治理的融合、协调发展。由于市场规则的完善程度关系到所有市场主体的利益，因此全村上下较容易形成一致观念，即村规民约的执行情况状况关系到经济前景和村民生计。村民自治组织主要通过两种形式推动村规民约实施：一是使用经济奖惩措施来推动执行。例如，O镇W村的村规民约对按照统一风格建设民居的、开办农家院或农家宾馆的、年终依法经营评分优秀者的给予奖励或补助，对乱扔乱倒垃圾者进行罚款，进而完善对旅游资源和设施的管理，提高乡村旅游的服务质量；二是动员服务对象监督。将村规民约面向市场经营者的所有服务对象公示张贴，公布监督方式随时接受客户投诉。

效果方面，市场规则完善和服务意识提升带来了服务对象满意度的提升，促进了更多的市场交易，从而增进了村民的经济利益。村规民约的实施对广大村民的长远利益是有益的，村民维护自身利益要依赖村规民约的共同遵守。市场经济条件下的经营环境日益复杂，驱动着行业内的经营主体不断提高服务品质，乡村经济发展之后，乡村治理又能获得很好的治理资源和基础，从而形成乡村振兴与乡村治理互相促进的良性循环。例如，O镇W村的村规民约实施以来，年均游客人数增长达5%以上，村民的年均收入增长达8%以上。

总体而言，市场推动型村规民约以“市场化”为价值追求，主要是为了促进乡村经济发展，以经济利益的诱导带动村规民约的实施。一些乡村之所以能通过经济奖惩方式推动村规民约实施，与乡村雄厚的经济实力是分不开的。这些乡村的集体企业众多，村级组织掌控了较多经济资源，能利用所掌控的经济资源对村民施加影响，如果村民违反村规民约则会被剥夺获得奖励的资格，从而通过经济利益上的影响对村民形成较强约束力。

本文所调查的O镇G村、J村两个村的村规民约也属于市场推动型。市场推动型村规民约有三种形态：一是“经营规范”，如W村以村规民约规定农家旅游企业的市场经营；二是“利益分配”，如G村的村规民约规定了土地征用实施办法，以货币化安置的分配机制形成对村民的约束激励；三是“集体经济”，如J村的村规民约涉及发展村集体经济的相关规定，包括资金筹集和奖励方式。这三种形态都是在市场经济机制下，通过经济利益的驱动使村规民约得以有效实施。

综上所述，在当前的社会管理体制下，基层政府负责村规民约政策的推动、指导和监督，村民自治组织负责具体制定和实施村规民约。民间力量、行政力量和市场力量都是村规民约的重要推动力，在不同背景的乡村，他们呈现出的力量大小不一样，在有的乡村是由这种力量推动，在其他乡村则是由另一种力量推动。民间推动型村规民约所在乡村的村民自主性强、村级组织凝聚力强，有提高社会治理满意度的效果，但面临着村规民约不规范、监管机制不健全的问题；行政推动型村规民约所在乡村政府强力推动、政府调配资源，有促进规范化和法治化的效果，但面临着村级组织敷衍消极和村民配合度低的问题；市场推动型村规民约所在乡村的市场竞争意识强、激励机制明确，有维护市场秩序及促进村民增收的效果，但也面临着分配及奖惩不公、受市场波动影响大的问题（见表1）。

表1　村规民约政策执行的模式比较

特征 模式	驱动力	目标	背景	内容	形态
民间推动型	村民自治	民主化	村民自主性强	民生事务规范	1. 自觉执行 2. 民间组织运作 3. 文化熏陶
行政推动型	行政权力	规范化	政府强力推动	政府政策要求	1. 社会吸纳 2. 党建引领 3. 专业指导
市场推动型	经济利益	市场化	市场竞争意识强	经营服务规范	1. 市场规范 2. 利益分配 3. 集体经济

四、村规民约政策执行的完善路径

在政策执行的分析框架之下，本文基于对Z市村规民约的实证调查，分析了不同推动力量的村规民约在政策执行中的运作情况和取得成效。在民间推动型村规民约中，村委会和村民自发制定和执行村规民约，村规民约的实施具有较强的内在动力，但这种模式对村级组织权威性和村民凝聚力要求较高，使之不容易直接推广复制；在行政推动型村规民约中，政府对村规民约工作进行了专业指导和规范建设，并为村规民约的执行提供多种资源，使村规民约工作得以迅速推进，但部分村级组织在政策执行中也存在敷衍的问题；在市场推动型村规民约中，市场竞争成为村规民约工作的推动因素，以村规民约的方式保障和提升村民的经济利益，但部分村级组织在政策执行中存在奖惩不公和腐败的问题。

上述村规民约政策执行模式的不同，体现了Z市村规民约政策执行中的不同机制，即在不同的政策环境和政策资源下，不同的乡村选择了适合自己的执行方法。在本次调研的10个乡村中，村规民约政策的执行或多或少都遇到一些困难。不过，这些乡村的村规民约政策执行仍是相对成功的，它们呈现出某些共性特点：高度重视村规民约的“执行”环节；选择与自身能力与资源相匹配的执行方式；树立村级组织权威，积极听取村民意见。

为了进一步推进村规民约政策的执行，使村规民约的政策执行更加有效，需要充分借鉴执行机构规范化、执行手段合理化、执行主体互动化、执行机制长效化四条路径。

执行机构规范化是对政策执行机构进行规范，提高政策执行机构的公信力和权威性，以提高政策目标群体对政策执行机构的信任度。乡镇政府和村民自治组织作为具体负责执行村规民约政策的机构，应当正确认识和理解村规民约政策，按照规范、健全的民主议事程序，公平、公正地执行村规民约政策。政策执行机构应提高自身公信力和权威性，将村规民约政策执行透明化，接受村民和社会的监督。实践中，可以把规范村干部权力行使的内容纳入村规民约。

执行手段合理化是政策执行机构为达到政策目标，在政策执行中选取与政策环境和政策资源相适应的政策执行手段。村规民约政策执行受一定的外部环境影响，其执行手段的选择应考虑到执行结构形成的历史背景以及组织所处的权力地位。村规民约作为建立在合意基础上的农村基层共同守则，本身具有民主、参与、协商的基本属性，乡镇政府在推进这项工作时应考虑选择适当的执行手段。政府应积极培育民间力量，以民间自发手段推动村规民约实施，由乡村自主进行社会关系调试；在缺乏规范和指导的情况下，政府可适度介入村规民约工作，以行政力量推动和保障村规民约实施；在市场经济充分发展的情况下，应鼓励发挥市场机制对村民自治的调节作用。

执行过程互动化，则是对政策制定者与政策执行机构、政策执行机构与目标群体之间进行积极互动的要求，为村规民约的有效执行奠定基础。政策执行理论的“自下而上”模型认为，政策执行活动参与者之间互动形成的执行结构对政策执行有效性产生重要影响。在村规民约实践中，执行过程互动化既包括政府与村民自治组织之间的互动，也包括村级组织与村民之间的互动。无论是哪种主体作为推动力量的政策执行模式，都必须在互动的基础上来制定和运作村规民约，使政策执行各主体的意志和利益得到兼顾。村民自治组织可通过座谈调研、上门走访等多种形式倾听村民意见，提高村规民约与居民需求的契合度，促使村规民约的内容规定更贴近实情。不过，在互动化的同时，也要注意维护政策制定者的权威，避免因为过于追求自由裁量空间而偏离村规民约政策的初衷。

执行机制长效化，其本质是促进村规民约在农村社会治理中持续发挥作用，实现治理效能的最大化。根据雷恩（M. Rein）和拉比诺维茨（F. F. Rabinovitz）提出的政策执行循环模型，村规民约应强化制定政策、配置资源和监督管理三个阶段的循环流通，一方面基层政府要加强村规民约政策的贯彻落实，尊重村民自治组织在政策执行过程中的主体地位，对农村基层的村规民约工作进行引领和指导，调动和整合必要的资源给予支持；另一方面要分析村规民约政策具体执行中存在的问题，针对村规民约制定程序和内容中的违法违规问题，及时进行督导纠偏。

Operation and effect of village rules and regulations from the perspective of policy implementation theory
——Investigation and research based on Z City

Wang Shiqiang

Abstract: It is an important policy to promote the work of village rules and regulations to improve the way of rural social governance in China. In order to investigate the operation and effect of village rules and regulations in rural grassroots social governance, this study conducted an interview survey on the implementation of village rules and regulations in Z City, and analyzed the survey results from the perspective of policy implementation theory. The survey found that in the rural grassroots society, the implementation of village rules and regulations in Z city can be divided into three different modes: Folk driven, administrative driven and market driven, with the characteristics of autonomy driven, power driven and interest driven respectively. In order to make the implementation of village rules and regulations in Z city more effective, we need to improve and enhance it through four paths: standardization of executive agencies, rationalization of executive means, interaction of executive process and long – term implementation mechanism.

Key words: Village rules and regulations; Policy implementation; Grass roots autonomy; Operation

（编辑：左泽东）

民法典视野下我国彩礼返还风俗习惯的司法适用

——基于访谈和判决文书的扎根范式研究*

张 海 陈爱武**

摘 要 为回应对现行无过错彩礼返还规则的有关批评，本文运用中国管理扎根研究范式，对两名基层法官访谈的语料以及四名法官的审判观念、判决文书等二手资料进行编码发现，实务判决不但没有损害女性利益，反而受女性“反叛之法”法律意识之影响，迫使法官过度追求案件办理的社会效果和后续反应以至于在彩礼事实的认定和判决结果的作出两方面出现“不合法律性”的风险。此外，风俗习惯在司法适用中实体法功能的作用发挥相较于程序法功能逊色不少。加强风俗习惯在裁判文书中司法适用的论证说理以及统一认知标准有助于同案同判目标的实现，进而提高当事人对判决结果的接受力。

关键词 彩礼返还 扎根范式 风俗习惯 司法适用

一、问题的提出

《中华人民共和国民法典》（以下简称《民法典》）第10条完整吸收了原《民法总则》关于习惯的有关规定，继续从法律层面对习惯作为劣后于法律的补充法源地位进行确认。

* 国家社会科学基金项目“我国西南民族地区民事习惯与乡村治理的经验与模式研究”（编号：18BFX015）；江苏省研究生科研创新计划“愈疗型司法理念在家事审判中的适用”（编号：KYCX21_ 1224）。本文初稿曾提交首届法律人类学博士论坛暨“法律人类学的多元面向”学术研讨会，云南大学张剑源教授、中南大学彭中礼教授提出宝贵修改意见和建议，特此致谢。

** 张海，南京师范大学法学院博士研究生，中国法治现代化研究院研究员助理；陈爱武，法学博士，南京师范大学法学院教授、博士生导师。

"习惯入典"不仅指示了民事法官在无法可依时，可以将习惯作为裁判依据,① 更体现了我国民法典的本土性与开放包容性，彰显了鲜明的时代特色，是我国民法典编纂进程中的巨大进步。②

然而由于法源条款规定得过于简单抽象和适用规则的缺位，一线法官运用习惯进行司法裁决普遍遭遇司法成本加大的难题，进而导致习惯正在陷入适用"空置化"的窘境。③关于民事习惯立法问题的讨论暂告一段落，相关司法问题成为重点。④ 据统计，婚姻家庭继承纠纷是适用民事习惯裁判的第一大案件来源类型，而其中又属婚约中彩礼的返还等乡俗被最广泛地运用,⑤ 论证和解释婚约财产⑥习惯的实际运用情况相当于找到解开家事纠纷甚至是民事纠纷习惯司法适用的因果机制的钥匙。

我国关于彩礼的规定自古有之，早在西周时期就以"六礼"中的"纳吉""纳征"形式出现，古代律令和民国法律对彩礼规定得较为细致，新中国成立前的革命根据地时期也给予一定程度的保护，但在新中国成立后的多次婚姻立法中均将其视为糟粕加以剔除，因此，彩礼在我国没有任何法律上的约束力。然而，彩礼制度作为规范婚姻缔结的重要风俗习惯，贯穿于中华民族千百年来婚姻文化的始终，深入人心，即使未能入法入典也丝毫不影响它在民间社会的兴盛流行，继而由悔婚引发的婚约财产纠纷也是屡见不鲜甚至呈现愈演愈烈之趋势。⑦ 正因如此，沿袭于《婚姻法司法解释（二)》第10条的《民法典婚姻家庭编司法解释（一)》第5条继续规定了按照习俗返还给付彩礼的三种情形以满足广大民众的现实司法需求。

虽然彩礼以司法解释的形式从民间习惯重新返回国家正式制度，但不管官方或民间社会对它的认识和评价依然存在诸多争议。因此，通过研究婚约财产习惯不仅可以在直面相关案件频发现实的基础上回应司法关切，还可以拓宽民事习惯研究的深度和广度。此外，尽管学界对《民法典》法源条款的民事习惯实证研究如雨后春笋般涌现，但大都局限于对收集的裁判文书进行浅尝辄止的描述性统计分析，实证研究的方法运用较为简单一，暂时未有以质性研究方法为基础的理论构建性研究尝试。鉴于此，笔者采用扎根理论的研究方法，拟就法官在判决婚约财产纠纷案件时运用彩礼习惯的相关问题展开研究，试图发现习

---

① 于飞：《民法总则法源条款的缺失与补充》，载《法学研究》2018年第1期。

② 王利明：《民法总则彰显时代精神》，载《中国司法》2017年第4期。

③ 赵忠奎：《"可以适用习惯"的司法应对：以逾期加价条款为样本》，载《社会科学》2021年第2期。

④ 姚澍：《民法典视野下民事习惯司法适用的困境与出路——以风水案件为中心》，载《华侨大学学报（哲学社会科学版)》2021年第3期。

⑤ 陈洪磊：《民法典视野下我国商事习惯的司法适用》，载《政治与法律》2021年第4期。

⑥ "彩礼"并非是一个规范的法律用语，《民事案件案由规定》中二级案由"婚姻家庭纠纷"下的三级案由"婚约财产纠纷"指向法院审理的彩礼纠纷案件，且无更进一步分类的四级案由。

⑦ 民政部继2021年4月7日同意将河北省河间市等15个单位确认为全国婚俗改革实验区后，又于2021年9月15日同意将河北省邯郸市肥乡区等17个单位确认为第二批全国婚俗改革实验区，这些实验区将通过创新婚育文化载体，对婚嫁陋习、天价彩礼等不良社会风气进行治理，助力婚姻家庭幸福稳定。

惯在司法适用过程中存在的问题，以期在现行法律的框架内探寻适用习惯解决矛盾纠纷之对策。

二、研究方法与研究设计

扎根理论是格拉斯和斯特劳斯于1967年在质的研究领域提出的一个十分著名的方法，发展至今至少存在原始版本、程序化版本、构建型扎根理论三大学派，已经形成学派的“丛林”。[①] 因此，该方法论被冠以在社会科学中使用最为广泛却误解最深的研究方法之一的“殊荣”。[②]

本文依据“中国管理扎根研究范式”的研究流程而展开，选择使用该基本模型的重要原因在于其在综合比较扎根理论三大流派间的差异及归纳共性的基础上初步形成的一个中国本土管理理论构建的基本范式，[③] 提炼了扎根理论不同学派共同秉持的学术精神——“扎根精神”，避免了以强调各学派间的独特性、产生方法论边界[④]而导致的无休止的学派之争，从研究方法论角度而言天然具备更强的融合性和多元性。

（一）研究范围

要妥善解决彩礼返还问题，准确判断诉争财产的性质是否属于彩礼首当其冲，但实务中不同法院乃至同一地区不同层级法院对于以“恋爱中的大额支出”为代表的婚约形式简化下彩礼的认定[⑤]经常出现完全南辕北辙的相反判决结果，非典型“彩礼”需要着浓墨重彩进行专文研究。因此，本研究暂不涉及彩礼性质的讨论。此外，彩礼基本是男方为娶女方而给付的，[⑥] 返还条件原则上以未缔结婚姻关系为前提，故本文拟探讨范围仅限于已达法定婚龄[⑦]并完成彩礼给付但未办理结婚登记的男女（家庭）之间发生的婚约财产纠纷。

（二）数据收集

数据收集是运用扎根理论的基础和前提，但没有一手数据支持的所谓“扎根研究”是“名为扎根其实并不扎根”的“伪扎根”，仅通过收集二手资料而未深入现场肯定是不符

---

① 贾旭东、衡量：《扎根理论的“丛林”、过往与进路》，载《科研管理》2020第5期。

② 费小冬：《扎根理论研究方法论》，载《公共行政评论》2008年第3期。

③ “中国管理扎根研究范式”是兰州大学管理学院贾旭东教授及学者衡量于2016年3月在《管理科学》上发表的《基于“扎根精神”的中国本土管理理论构建范式初探》一文中首次提出。贾旭东、衡量：《基于“扎根精神”的中国本土管理理论构建范式初探》，载《管理学报》2016第3期。

④ 贾旭东、衡量：《基于“扎根精神”的中国本土管理理论构建范式初探》，载《管理学报》2016第3期。

⑤ 张莉、张丹：《婚约形式简化下彩礼返还问题的处理》，载《人民司法》2009年第12期。

⑥ 对于彩礼的给付，亦有因男方入赘而由女方向男方给付的情形，但该类型不在本文的讨论范围之内，因此后续的样本未选取涉及该类纠纷的判决书。

⑦ 在我国一些偏远农村地区，未达到法定婚龄便在双方家庭的张罗下订立婚约并给付彩礼的不在少数，对于此类明显违反《民法典》婚姻家庭编关于结婚年龄要求的婚约财产纠纷也不在本文的讨论范围之内。

合扎根研究的基本要求。① 因此，本研究以两位拥有丰富家事案件审判经验的基层法院法官为访谈对象，主要围绕“如何办理婚约财产纠纷案件”“本地婚约习俗习惯与法律规定冲突时如何处理”“婚约习俗在案件审理中的运用情况”“婚约习俗对于审理案件的作用”以及“习惯入典对审理工作的影响”等问题展开了一对一的深度沟通和交流，为了弥补访谈样本过少带来的经验积累薄弱的问题，特选择四位法官裁判彩礼纠纷之观念的二手资料作为编码补充②，同时结合了最高人民法院及地方法院发布的“典型案例”以及遵循随机抽样获得的裁判文书等数据强化三角检验。

（三）数据处理

为始终保持对样本数据树立中立客观的态度，在开放性编码阶段依据资料特点借助质性研究工具 Nvivo12 灵活交替使用不同的编码方式，如对于法官的书面访谈判决书中的论证过程以及二审改判的案件事实等重要内容采取逐句、逐行乃至逐词的编码进行详细地拆解和分析；而对判决书中上诉人的请求、被上诉人的抗辩等带有自身立场主观性质的片段则进行选择性读取。并通过认知地图挖掘出编码间所隐含的逻辑关系，找寻散落在原始数据中的故事线，共得到 150 余个有效的开放性编码的支撑。在选择性编码阶段则由 10 余个选择性编码和核心类属间的逻辑关系组成而饱和。进入最后关键的理论性编码阶段后形成共计 6 个理论性编码和 3 对逻辑关系支持从而达到理论饱和。

（四）认知地图的使用

由格式塔派心理学家托尔曼于 1960 年提出的认知地图③作为一种隐性知识表达工具可以再现个人表达的概念及概念之间因果依赖的定向连接的因果关系，④ 能够将拟研究数据中存在的因果关系完全呈现出来，并模拟出受访者的思维发展过程。⑤ 认知地图，是程序化扎根理论的核心方法在范式中的具体运用体现，应该与选择性编码在同一阶段齐驱并进并开展双向互动来达到核心范畴愈发凸显和逻辑关系越来越精确、精简的双重目的。

---

① 贾旭东、何光远、陈佳莉、衡量：《基于“扎根精神”的管理创新与国际化路径研究》，载《管理学报》2018 年第 1 期。

② 这 4 位法官分别为从事民事审判工作 11 年的湟中县人民法院马法官、从事民事审判工作 24 年的湟中县人民法院管法官、从事民事审判工作 20 年的湟中县人民法院周法官以及从事民事审判工作 20 年的湟中县人民法院吕法官。王立明、马玉霞：《彩礼纠纷司法裁判研究—兼评青海省基层法院审判婚约财产纠纷案件的观念》，载《青海社会科学》2017 年第 3 期。

③ 张凌、乔晓东、朱礼军、朱梦娴：《认知地图分析方法研究》，载《情报理论与实践》2014，第 6 期。

④ 马费成、张凌：《认知地图及其在隐性知识管理中的应用》，载《图书馆论坛》2009 年第 6 期。

⑤ Chaney, D, Analyzing mental representations: The contribution of cognition maps, *Recherche et Applications en Marketing* (*English Edition*), 93 – 115 (2010).

三、研究过程

（一）阶段一：彩礼纠纷的发生及当事人的应对偏好

行为态度通常是行为意向最有力的预测变量，① 一项基于山东省26个市县共计756人的调研数据显示男女两性在彩礼返还的意向具有显著的差异性②：对于男性受访者而言，无论过错与否，不管性关系深入程度，只要缔结婚姻目的没有实现，都倾向于需要返还彩礼。而女性受访者的意愿相对复杂需要分情况讨论，在因男方的过错导致结婚失败的前提下无论同居与否女性均表示彩礼一概不予返还；如果是归责于女方的过错则需要全额返还，但女性怀孕或生育的除外（如下表1）。由此可见女性相对男性不仅重视婚约中的过错因素，也更加关注性关系发生程度对自身造成的影响。究其原因是由于两性生理及社会构建差异所带来的各自立足于自身立场的理性思考导致的不同。

表1　性别与彩礼返还意向的关系

<table>
<tr><th>不同情形</th><th>过错方</th><th>受访者性别</th><th>全部返还</th><th>返还大部分</th><th>返还小部分</th><th>不还</th></tr>
<tr><td rowspan="2">双方同居</td><td rowspan="2">男方</td><td>男性</td><td>/</td><td colspan="2">√</td><td>/</td></tr>
<tr><td>女性</td><td colspan="3">/</td><td>√</td></tr>
<tr><td rowspan="4">怀孕或生育</td><td rowspan="2">男方</td><td>男性</td><td>/</td><td>√</td><td colspan="2">/</td></tr>
<tr><td>女性</td><td colspan="3">/</td><td>√</td></tr>
<tr><td rowspan="2">女方</td><td>男性</td><td>/</td><td>√</td><td colspan="2">/</td></tr>
<tr><td>女性</td><td colspan="3">/</td><td>√</td></tr>
<tr><td rowspan="4">不区分
具体情形</td><td rowspan="2">男方</td><td>男性</td><td>/</td><td colspan="2">√</td><td>/</td></tr>
<tr><td>女性</td><td colspan="3">/</td><td>√</td></tr>
<tr><td rowspan="2">女方</td><td>男性</td><td>/</td><td>√</td><td colspan="2">/</td></tr>
<tr><td>女性</td><td>√</td><td colspan="3">/</td></tr>
</table>

普罗大众的法律意识与阶层、身份、法律知识、接触法律制度的经验等有关，③ 在婚约财产纠纷中，不同的两性差异更是塑造分化的法律意识的决定性因素。由于双方态度立场的南辕北辙，男性在彩礼纠纷中往往愿意把法律制度当成“游戏规则”（with the law）④真正参与其中并积极将其运用作为争取自身权益的方式和武器，因为无过错的彩礼返还规

① 闫岩：《计划行为理论的产生、发展和评述》，载《国际新闻界》2014年第7期。

② 康娜：《婚约彩礼习惯与制定法的冲突与协调——以山东省为例》，载《民俗研究》2013年第1期。

③ 贺欣：《街头的研究者：法律与社会科学笔记》，北京大学出版社2021年版，第58页。

④ ［美］帕特里夏·尤伊克、苏珊·S. 西尔贝：《日常生活与法律》，陆益龙译，商务印书馆出版社2015年版，第157页。

则看似对他们更有利；而与之相反，女性发现当前立法对她们明显不利后形成了“反叛之法”（against the law）[①] 的心态和看法，转而投向于更契合她们权利保护的风俗习惯。因为民俗习惯对彩礼返还的判断标准以“何方有过错”为主，并且该“过错”的范围定义非常广泛，“一般是哪一方先提出，哪一方就承担过错责任”，[②] 悔婚方必然有过错。分化且截然不同的法律意识不仅直接导致了彩礼返还与否的分歧产生，还直接影响法律的执行。这点在对法官的访谈和裁判文书的分析中得到了充分的证实，如表2所示。

表2 开放性编码示例一

数据来源	数据	编码	备注
对A法官的访谈摘录	女方……觉得我已经当着父老乡亲的面办了结婚仪式，也和男方共同生活了，有的还有孩子了，男方最后要求结束关系的时候还要回彩礼会特别不能接受	女方内心无法接受返还彩礼的事实	女方法律意识的具体体现
	只是当事人接受不了这个审判结果		
（2020）湘1124民初2227号民事判决书中女方的答辩意见摘录	从缔结婚约到返还婚约财产原告（男方）从没到被告方（女方）家里协商，双方父母也没有相互沟通，致使悔婚过错责任在于原告方，由于被告无过错责任，可以少退甚至不退婚约财产	因男方责任退婚女方可以少退或不退彩礼	
（2021）川0923民初376号民事判决书中女方的答辩意见摘录	根据当地习俗，男方提出退婚，彩礼分文不退	习俗与现行法律对彩礼返还的规定相互冲突	
（2021）皖16民终1354号民事判决书中二审男方的答辩意见摘录	彩礼是男方在婚约中迫于当地习惯的做法……女方要返还	女方应该返还彩礼	男方法律意识的具体体现

综上所述，男女双方对于彩礼返还及其规定的态度和理解的截然不同导致了矛盾的产生。根据海德的人际状态平衡模式[③]，婚约财产纠纷发生后男女双方（甚至家庭）的人际关系无论站在哪方立场来看都会处于一种不平衡状态，因为不管是作为认知主体的男方还是女方，在面对因感情破裂而心生厌恶的对方（家庭）和具有货币价值的彩礼二者之既有态度和评价已经无法步调一致，即双方之间已经互生隔阂甚至相互憎恨造成认知失调产生

① ［美］帕特里夏·尤伊克、苏珊·S. 西尔贝：《日常生活与法律》，陆益龙译，商务印书馆出版社2015年版，第237页。

② 吕廷君：《关于民间订婚习惯的调查报告》，载谢晖、陈金钊主编：《民间法》第2卷，山东人民出版社2003年版，第279页。

③ Dowd J，The Balancing Act：AddressingAnalog/Digital Relation States within Balance Theory，*Review Literature And Arts Of The Americas*，319 - 29（2007）.

失衡的人际状态。通常在判决书中记录如男方认定女方是借婚骗财的诈骗分子、女方认为导致退婚的主要责任在于男方存在感情不忠行为等互相猜疑、指责甚至带有明显且强烈个人不满情绪的语句内容，如表 3 所示。

表 3　开放性编码示例二

来源	数据	编码
（2021）皖 16 民终 1354 号民事判决书男方二审的答辩意见摘录	××存在借婚姻骗取索取财物的可能	男方认为女方在借婚骗财
（2019）桂 10 民终 2743 号民事判决书男方二审的上诉请求摘录	被上诉人是用婚姻骗取钱财的	
（2021）皖 13 民终 1487 号民事判决书男方二审的上诉请求摘录	×××是借婚姻为名骗取××巨额彩礼	
（2021）皖 16 民终 1354 号民事判决书女方二审的上诉请求摘录	×××在日常生活中没有给予对××关心与关爱，同时伴有感情不忠、出轨现象的发生	女方认为男方有感情不忠的行为

心理学家卡里尔鲁斯布尔特等人在对冲突反应行为的研究中发现恢复稳定状态的路径选择依赖于认知主体对双方关系满意度的判断，满意度低的认知双方更多地选择主动破坏性的如脱离行为或被动破坏性的如忽略行为①，体现在感情破裂的婚约财产纠纷里往往表现为双方坚守自我的一贯认知，采取对抗性的行为处理冲突，“因彩礼退还未能达成一致意见，被告建议原告走法律程序”“××绝情地一张诉状起诉索要彩礼款……”等情节在判决书中屡见不鲜，详见表 4。

表 4　开放性编码示例三

来源	数据	编码
（2020）湘 1124 民初 2227 号民事判决书中男方的诉讼请求摘录	被告同意终止婚约关系，只因彩礼退还未能达成一致意见，被告建议原告走法律程序	因彩礼返还出现分歧而诉诸法律
（2020）陕 0304 民初 2089 号民事判决书女方的答辩意见摘录	到现在了也没有人跟他说过要解除婚约，结果最后他等来了法院的传票	男方起诉要求女方返还彩礼
（2021）皖 16 民终 1354 号民事判决书女方二审的上诉请求摘录	××故意导致法律文书无法送达进行公告，从而绝情地一张诉状起诉索要彩礼款，达到不可告人的目的	男方有借用诉讼手段达到不可告人目的的可能

基于上述分析，彩礼纠纷是如何发生的以及当事人对此不同的反应行为的逻辑脉络已经逐渐清晰，借助认知地图描述为图 1 所示其逻辑路径由“无过错彩礼返还规则→男方的

① 许孝媛：《作为媒介的猫：人际传播的联结与障碍》，载《北京社会科学》2019 年第 10 期。

法律意识→返还彩礼”和“以悔婚为评判标准的习俗→女方的法律意识→不应该返还彩礼”两条路径构成；继续将上述路径中的开放性编码按照内部逻辑进行归纳合并及整理形成选择性编码，构成“立法与习俗的冲动→男女分化的法律意识→彩礼返还的不同意见→起诉”的关键路径，而贯穿逻辑路线始终的是不管从规范层面还是个人层面都未达成平衡的一种矛盾冲突状态，即“为追求满足符合自身利益需求的需要，男女双方在彩礼返还立法规定和习俗相互冲突之现实前提的影响下形成了不同的心理行为偏好和分化的法律意识，进而直接催生了彩礼纠纷的产生。对于难以调和的彩礼纠纷，男方主张依法解决，而女方更倾向于依习俗解决，对于男女不同反应行为的解决路径最终通常表现为由男方主动起诉至法院要求女方返还彩礼”，且达到饱和。

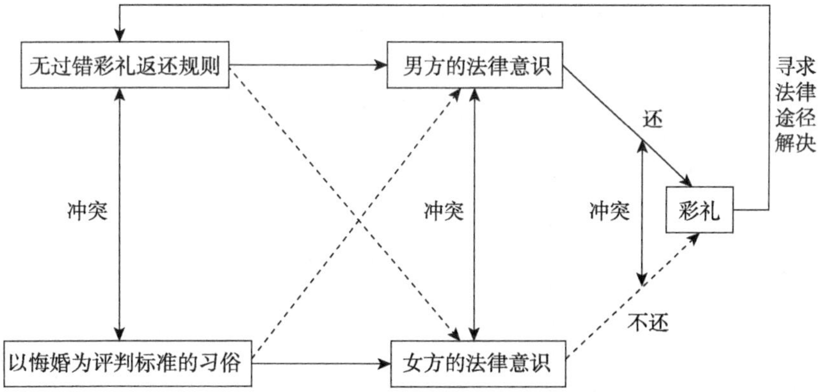

图1　彩礼纠纷的发生及当事人区别应对的逻辑路径

（二）阶段二：审判中可能出现的问题总结

在前述的探讨中，男女双方分化的法律意识是矛盾形成的关键推动因素，那到了诉讼环节法官会以怎样的态度和措施来回应对立的两造当事人从而妥善化解纠纷成为继续深入研究的起始点。我们惊喜地发现在审理彩礼纠纷过程中社会性别意识尤其是注重女方利益保护的观念早已融入司法实践，主要体现在以下几个方面：

首先，在思想意识上已有法官注意到无过错彩礼返还规则更倾向于保障男性的婚姻自由，因而明确表示需要从严把握防止男性滥用该条款作为自己见异思迁的挡箭牌而使女方陷入被动局面；其次，在办案方法上法官往往根据细致分析个案的实际情况后才做出决定，“具体问题具体分析”的方法在彩礼纠纷处理中使用的非常广泛，法官综合考量的因素非常丰富，甚至是女方当事人的情绪因素也能被有所照顾；再次，在判决结果上“施展”平衡术让女方也尽可能有所得，不仅在法律之内理解和阐释哪些是可能有利于女方的情节和要素，更在法律之外的风俗习惯上进行充分的挖掘。如在彩礼范围的认定上注重将女方的合理支出扣除、主动作出有利于女方的彩礼事实认定、除非有骗婚现象存在一般不判决女方全部返还等等；最后，在结案方式上法官倾向于用调解的方式来规避判决可能带来的执行风险，因为有些案件中的经济不够独立和强大的女方往往在收受彩礼后将其花费，如果强行判决不仅在日后执行问题上难以开展而且也不利于双方根据现实情况调整预期和诉求。判决方式的适用看似是法官为了规避案件风险所作出的现实选择，但也在无形中帮助客观上暂时无法返还彩礼的女方争取到了宝贵的缓冲时间，因此，仍然可以归结为法官主动为女方考虑的范畴。

表 6　访谈与开放性编码示例一

来源	数据	编码	备注 1	备注 2
马法官裁判彩礼纠纷之观念	不能简单地套用……相关规定，简单套用难免使女方被动，因为不管自己是否有过错，男方都会有为其“保驾护航”，女方却缺少为其“保驾护航”的利器	在思想意识上认识到无过错彩礼返还规则更倾向于保护男方而不是女方	思想意识上注重对女方的保护	这些语料体现出来法官在思想意识、办案方法、结案方式、判决结果等诸多方面都会主动考虑对女方的保护
周法官裁判彩礼纠纷之观念	返还彩礼纠纷应从严处理，也就是说，不是你想要多少就给你返还多少	不是男方主张返还多少彩礼法官就会同意其诉求，而是需要严格认定		
管法官裁判彩礼纠纷之观念	彩礼是否返还，应具体问题具体分析具体比例要视情况而定	坚持“具体问题具体分析”的方法处理彩礼纠纷	办案方法上注重对女方的保护	
吕法官裁判彩礼纠纷之观念	处理彩礼纠纷，应具体问题具体分析			
对 B 法官的访谈	这类案件当事人在审判过程以及判决出来后情绪起伏还特别大	法官需要关注女方当事人情绪方面的因素		
管法官裁判彩礼纠纷之观念	扣除女方必要支出	在彩礼的范围认定上，法官们都会考虑到将女方的合理必要支出扣除，这在客观上使得判决女方需要返还的彩礼数额减少	在彩礼认定、判决结果等经济利益方面对女方作出倾斜	
吕法官裁判彩礼纠纷之观念	在处理返还彩礼时，应将女方合理的支出扣除			
周法官裁判彩礼纠纷之观念	若将订婚礼金也纳入彩礼返还范围，对于女方来讲是明显不公平的	在彩礼范围的认定上法官作出了利于女方的认定结果		
吕法官裁判彩礼纠纷之观念	不应全部返还，除非有骗婚现象存	在判决结果上不会一概判令女方全部返还彩礼		

在彩礼纠纷中关注对女性利益的保护是法官努力调和制定法和习俗之间存在的差异和冲突的典型表现，但通过进一步的数据整理发现，法官在处理彩礼纠纷问题过度追求平衡男女双方之间的利害关系容易导致“不合乎法律性”问题的出现，主要体现为以下两点：

一方面将“彩礼是否返还”与“返还多少”两个重要问题混杂在一起，如某法官表示“彩礼是否返还，应具体问题具体分析，返还彩礼也要考虑男女方的过错”，这种观点明显与当前的制定法相违背，因为法定的彩礼返还规则属于不考虑过错的无过错彩礼返还规则，即使男方存在过错也不是阻却判决女方返还彩礼的是由。法官出现这种错误观点的原因在于受高效安全解纷思维的影响，担心男方有过错还同意其提出的返还彩礼的诉求无法得到女方内心的认同而产生焦虑思想。其实正确的思考路径应该将“返还与否”和“返还多少”两个问题区分开来：第一，无关双方过错，在未领证的前提下男方提出返还彩礼的请求法官必须支持；第二，由于男方存在重大过错，因此在确定彩礼返还数额的多与少上法官可以进行自由裁量，最大限度可以判决女方返还的数额无限趋近于零，在法律效果上接近于不用返还。但是不能因为男方存在重大过错便直接简单得出彩礼不予返还这样缺乏“合法律性”的结论。与此类似的还有某法官认为的“若同居时间短，可以返还彩礼；若同居时间长或者已有小孩，就不应返还。”同理，正确的裁判思考路线应该为“无论同居时间长短与否，彩礼均应判决返还；但由于同居时间越长给付的彩礼用于双方共同生活消费或已经转换为男女双方共同财产的可能性越大，当到达一定的同居时长或双方已生育形成了事实上的夫妻关系，因此决定女方少还彩礼甚至不用退还彩礼。”否则，直接从阻却“返还”的事由直接跨越到“不予返还”的结论将造成以法律规定为价值取向“断桥”的风险。

表7 访谈与开放性编码示例二

来源	数据	编码	备注
管法官裁判彩礼纠纷之观念	对于彩礼是否返还，应具体问题具体分析	彩礼是否返还需要具体问题具体分析吗？不需要	不合乎法律性
	返还彩礼也要考虑男女方的过错	返还彩礼也要考虑男女方的过错？需要吗，其实不需要的	
周法官裁判彩礼纠纷之观念	若同居时间短，可以返还彩礼；若同居时间长或者已有小孩，就不应返还	彩礼返还与否看同居时长吗？其实不看；应该纳入返还数额阶段考虑	

另一方面的问题则出现在“彩礼的认定”和“返还比例的确定”两个环节的互相混同，法官确定当事人应该返还的彩礼数额计算公式为“彩礼返还数额 = 彩礼范围 * 返还比例”，其中彩礼范围的确定从法律性质上来说属于客观的事实认定问题，在双方及家庭中实际发生了多少以彩礼流转为目的的财物给付就应该认定多少，应该第一顺位优先认定；

而确定返还比例则是需要法官综合考虑个案实际情况并充分发挥自由裁量职能的主观性思考，属于在彩礼范围确定后第二顺位予以考量。但在具体实践中往往出现相反的逆向逻辑思维推导，变成从预先判定的彩礼返还是与否或者返还多与少之判决结果反推对彩礼事实的认定。例如当客观上女方彩礼返还不能或者主观上法官认为存在女方应该少还的情形时就会在彩礼范围认定的问题上使用法律技术来减少对彩礼总额的确定。当然，出现此种问题的责任无法完全归结为法官个人原因，因为当前立法对彩礼定义的缺位和空白事实上给法官自由裁量提供了便捷的操作空间。立法将彩礼事实的认定让位于风俗习惯，但风俗习惯的模糊性以及法官引用时文书说理的任意性使得其他因素可以通过法官在认定彩礼事实时享有的自由裁量空间进入审判并最终左右最终的裁判。正因如此，部分法官形成了办理彩礼返还案件享有较大自由裁量权的错觉。

综上，对分析数据利用开放性编码结合认知地图的方法找寻故事线，再按照开放性编码的内部逻辑进行整理、归类和合并形成由选择性编码构成的关键路径为“法官回应制定法与习俗冲突造成的男女对立法律意识→法官注重对女方的保护→异化成过度追求法律之外的社会效果与后果评价衡量→将‘彩礼返还与返还多少’以及‘彩礼范围和返还比例’两两混同→不合法性问题出现”，其中社会效果取代法律效果背后的实现逻辑为“彩礼立法的缺位出现法律漏洞→为法官行使自由裁量权提供了平台和机会→法官实现其特定的裁判目的”，形成图3。

在此阶段的主要影响因素包含了“平衡习俗和规则的冲突回应男女分化的法律意识”“关注女方的利益”“异化成对社会效果的追求”“不合乎法律性”等核心类属，它们共同形成了法官审理彩礼纠纷时容易出现的问题之答案，即无过错彩礼返还规则的出台让法官判决女方返还彩礼有了法律依据，但制定法与习俗的冲突让法官不得不以注重女方的利益保护来加以协调与平衡，但在司法实践中这种过度的关注往往异化成法官对社会效果的追求，混同了对彩礼的“定性”和“定量”，从而在事实查明和判决结果两个方面导致不合乎法律性的决定的作出可能，且达饱和。

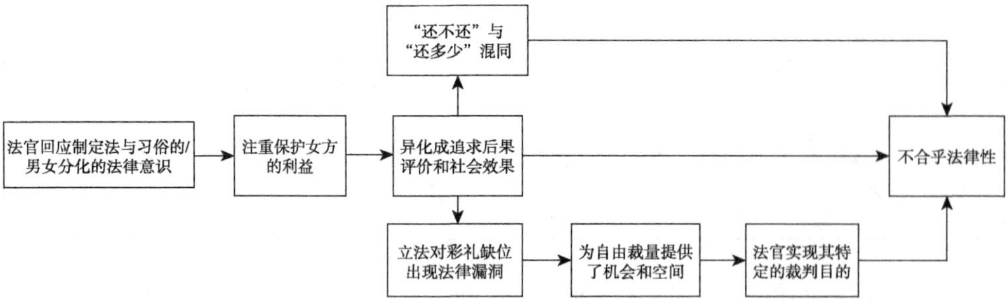

图2　法官审理婚约财产纠纷案件可能出现的判决风险

四、研究发现

（一）无过错彩礼返还规则未损害女性利益

差异女权主义创始人、颇具盛名和影响力的女性心理学家卡罗尔·吉利根曾犀利地批判“所谓法治，不过是男性的需要”，[①] 身为男性的知名法社会学教授贺欣也曾表示“法治不过是男性出于个体主义的需要”。[②] 因此，天然具备性别差异探讨空间和属性的彩礼返还规则自制定[③]到出台乃至实施20余年来一直争议不断，经过文献梳理发现主要集中在以下三个方面：一是批评无过错的彩礼返还请求权与历史传统和民间习惯脱节，导致在聘娶婚和从夫居家庭结构与形态的语境下对于女性的保护力不从心，应该重建以悔婚为基础的彩礼返还规则；[④] 二是批评规则仅以结婚与否作为彩礼返还的判定标准和条件太过单一，难以从容应对当前纷繁复杂的“天价彩礼”难题；[⑤] 三是批评该条文表面上中立但其实对男性女性造成了不同的影响，其背后隐藏着官方制定者潜意识的性别立场甚至是男权主义立场，对女方明显不公平。

然而，司法解释关于彩礼返还条件规定背后的立法考量和现实司法实践中诸多的彩礼纠纷判决果真如此明目张胆地落入男权主义之窠臼吗？在系统的资料收集和归纳总结的基础上笔者认为答案是值得商榷的。

1. 过错返还说之反思

在诉讼阶段女方往往以“致使悔婚过错责任在于原告方，由于被告无过错责任，可以少退甚至不退婚约财产”[⑥]“按照民间习惯男方提出解除恋爱关系是不能要求返还财物的”[⑦]为抗辩理由主张不应该返还彩礼。虽然民间规则中体现的基于信赖利益保护背信弃义必须承担经济损失的思想有一定的合理性，但同样具备诸多问题。首先，彩礼纠纷追根溯源是由两性感情纠纷引发，非理性因素较多，当事人易沉溺于自身感受导致自我角色认知的偏差和重叠，分清是非对错并非易事，其主张的“过错”通常是生活观念上的过错，属于生活事实，并非法律事实范畴。较为典型的为男女双方互相以对方“没有生育能力”或“订婚前故意隐瞒患有严重性功能障碍”为由“指控”对方主观上存在严重过错，但自然受孕障碍或性功能障碍明显不属于《民法典》婚姻家庭编新增的第1053条应当告知的重大疾病范围，并

---

① Gilligan C, *In a Different Yoice*: *Psychological Theory and Women's Development*, Harvard University Press, 1982, chapter 2.

② 贺欣：《街头的研究者：法律与社会科学笔记》，北京大学出版社2021年版，第53页。

③ 根据最高人民法院民事审判第一庭的意见，该条是原《婚姻法司法解释（二）》制定过程中向社会征求意见时群众意见最多、最集中、分歧最大的问题，没有之一。参见最高人民法院民事审判第一庭：《最高人民法院民法典婚姻家庭编司法解释（一）理解与适用》，人民法院出版社2021年版，第68页。

④ 金眉：《论彩礼返还的请求权基础重建》，载《政法论坛》2019年第5期。

⑤ 康娜：《婚约彩礼习惯与制定法的冲突与协调——以山东省为例》，载《民俗研究》2013年第1期。

⑥ 湖南省道县人民法院（2020）湘1124民初2227号民事判决书。

⑦ 河南省洛阳市中级人民法院（2020）豫03民终8108号民事判决书。

且对可治愈的生殖障碍直接给予否定性的过错评价也不符合以人为本的审判理念。按照条件程式确立的法律规范，一定事实构成的实现是特定性为义务产生的前提；只要有一项事实构成要素不成立，则（相应的）法律后果也不存在①。因此，法官对涉及当事人性及生育功能方面的证明要求极高，目的就是为了从证明标准上将当事人以此为主张的“过错”加以排除而实现拒绝当事人类推普通侵权行为诉诸一般过错侵权责任的做法。其次，同样的过错对于两性的惩罚力度失衡。习俗认为男性主动悔婚无法请求返还彩礼但女性在同等条件下只需返还彩礼而无须承担额外的道德和法律谴责。从来源上考察由于彩礼本就不属于女方支出，返还对其而言并未遭受实质性的经济损失，这将使彩礼异化成束缚男方婚姻自由枷锁的同时滋生女方悔婚的随意性，尤其在当前男多女少女性在婚恋市场占据主动地位的现实背景下。这一点已经在访谈中得到初步证实，A法院法官表示“我们遇到的案件中很少存在男方悔婚的，一般都是女方悔婚或是过错”。最后，何方提出退婚并不能直接与何方具有过错等同，否则男方在给付彩礼后即使发现双方并不适于结婚，也可能迫于彩礼压力而不敢解除婚约，只能踏入一场不情愿的婚姻或“坐等”女方主动解除婚约②。机械地把彩礼返还与哪方提出退婚相挂钩与婚姻自主与自由原则严重相违背，在特定情形下甚至可以定性为违反制定法的恶俗陋习，这也与判断习惯正当与否的标准之一的“习惯不能违反是非原则”相违背。

虽然当前的彩礼返还规则明确要求不考虑过错，但仍有研究表明“法官们普遍认为处理彩礼纠纷应在综合考量双方当事人是否有过错……等情况的基础上合理地做出裁判。”③而婚恋里的过错往往又以“感情不忠”“劈腿”等本应与案件无关的当事人道德品行特征为主要表现，已有研究通过严格的实验方法证明本应排除的品格证据的“道德品质”会显著影响法官的司法判决；④ 同时，在千百年来彩礼传承的过程中“过错”又恰恰是个非常重要的因素，风俗习惯一直主张过错方要承担彩礼损失的惩罚。可见，即使立法明确排除了“过错”作为影响法官决定彩礼返还的因素，但在具体的司法实践中其仍然发挥着类似“看不见的手”的潜移默化之作用。这一点从法官在判决文书中作策略性说理也可以得到印证，虽然法官们在访谈和作出裁决时受到当事人过错的影响，但是在判决文书的说理部分法官往往以当事人举证不能来排除一方提出的“过错”,⑤ 实际上此时法律规范的作用是为判决方案做正当化的说明并确保裁判文书在形式上是符合法律规定的。⑥

2. 规则僵化说之批判

认为法律对彩礼返还的规定没有权衡各种因素的观点其实是犯了只重视对法条的文字

---

① ［德］齐佩利乌斯：《法学方法论》，金振豹译，法律出版社2010年版，第40页

② 李付雷：《论彩礼的功能转化与规则重构》，载《中国社会科学院研究生院学报》2021年第1期。

③ 王立明、马玉霞：《彩礼纠纷司法裁判研究—兼评青海省基层法院审判婚约财产纠纷案件的观念》，载《青海社会科学》2017年第3期。

④ 李学尧、刘庄：《矫饰的技术：司法说理与判决中的偏见》，载《中国法律评论》2022年第2期。

⑤ 江苏省宿迁市中级人民法院（2017）苏13民终5031号民事判决书。

⑥ 亓晓鹏：《行政法官疑难案件审理模型的建构》，载《清华法学》2018年第6期。

解释而忽略了整体解释的错误。从官方态度的角度考察，作为规则制定者的最高法院早在2011年出台的《全国民事审判工作会议纪要》第五十条第一款①便明确规定了“双方共同生活的时间”“彩礼数额”“风俗习惯”是法官在确定彩礼返还数额时可以依据的三大因素，我们依次分析：(1) 对于“共同生活时长”而言，法官认为“共同生活”必然会产生一定生活开销，即把“同居时长”和“彩礼的使用情况”相挂钩：当同居时间越久彩礼被用于双方日常生活消费的可能性就越高，彩礼给付的目的也就实现的越充分，因此女方需要返还的数额相应的应该就越少；同时，“时长”属于易被固定的客观指标，双方难以对此产生分歧，该指标当仁不让地成为法官计算返还比例时考虑的首要因素。(2) 彩礼数额不光是影响返还比例的重要因素，更是彩礼事实判断的“金标准”，实践中往往以数额大小为评判标准来认定彩礼。如大部分法官认为彩礼主要是“男方给付女方的数额较大的金钱和物品”“一方当事人给付对方金额较大财物”“给付的数额较大的见面礼、聘礼等”。因此，彩礼数额对于返还的影响呈现数额越大返还越多的规律，毕竟将占据男方家庭财富大比例的彩礼与已返还就是为了保障男方不会永久性丧失再次结婚支付彩礼的能力。(3) “风俗习惯”究竟是如何影响法官判决在文书上几乎没有被深入论证，其出现更像是法官撰写判决文书中不得不提的一类字眼，只需要有所体现即可。

此外，在一定条件下谁提出退婚也会与彩礼返还联系起来，如“男方在约定举行结婚仪式的前一日以女方隐瞒真实年龄为由提出解除婚约”，② 被法院判定只提前一日毁约的行为给女方造成了事实上的损失，因此需要承担彩礼损失的责任。其实从这起案例中也可以得出“悔婚方≠过错方”的结论，因为男方主张其提出悔婚的原因在于女方隐藏自己的真实年龄，进而归结为女方在恋爱中的不诚信。在两性感情交往中“彼此真诚”确实是很多人看中的道德品质，如果该案中的女方被证实因不诚实故意隐瞒真实年龄的行为而导致男方退婚，那么责任应该归结为女方的不诚信问题，判决结果应该偏向男方而不是女方，但此案却是依据婚约信赖利益损害赔偿责任来判定男方赔偿女方为订婚支出的有关费用。或许也正是因为发现了此案中“悔婚方”与“过错方”的身份存在冲突和矛盾，两级法院的法官均未求证男方提出解除婚约的真实原因，而是采用判决女方返还约60%的彩礼的折中的方案来平衡婚姻自由和真实损失之间的关系。由此可见，彩礼返还与违反婚约应承担信赖责任挂钩的观点只能纯粹适用于受害方无过错的前提下，否则逻辑将难自洽。因此，我们也不能简单的得出“提出退婚方必定遭受彩礼损失的惩罚”之结论。

还有学者主张把男女双方曾经的情感状况、情感投入等有关感情付出沉没成本纳入考虑范围，但感情纠纷的非理性因素较多，分清是非对错并非易事，最终往往演变成以男女

---

① 婚约财产纠纷案件中，当事人请求返还以结婚为条件而给付的彩礼，如果未婚男女双方确已共同生活但最终未登记结婚，人民法院可以根据双方共同生活的时间、彩礼数额并结合当地农村的风俗习惯等因素，确定是否返还及返还数额。

② 甘肃省庆阳市中级人民法院（2014）庆中民终字第497号民事判决书。

双方的恋爱时长为主要标准来确定比例，表现为恋爱关系的程度越深，男方遭受的彩礼损失就越大的类似规律。不过该观点在审判事务中并未被广泛采用，法官很少主动探究和讨论双方当事人的恋爱时间和情感状况，仅仅用“综合考虑双方恋爱时间……”“综合考虑双方的相处情况……”等字眼一笔带过，仍然未明确交代上述因素是如何对返还多少产生影响和作用的。

3. 差别对待说之否定

其一，回应“只论聘中的彩礼却不论嫁中的嫁妆的做法”之观点，当下的审判实务中法官尊重陪嫁习俗，对女方的陪嫁物及嫁妆的价值和数额进行明确并折抵彩礼的返还，对于特殊情况如在双方共同生活期间使用过如今处于男方支配下原本属于女方的陪嫁物品等，法官选择从综合当事人双方利益、减少当事人诉累以及优先考虑女方的感受等多角度出发，判决不要求男方返还而是进行估价折抵女方返还的彩礼为宜，这是法官明确综合考虑多种因素的一种体现。其二，法官保护妇女权益的有效实践在前述论证同居时长、女方怀孕或流产等情况下可以得到最大化的体现，即使在没有制定统一法律适用裁判指引的法院，上述因素依然是法官主动考量的有关要素。如“双方同居时间较短，考虑……××存在人工流产的事实，酌定返还60%的彩礼款”,[①] 可见在共同生活并不长的时候，女方曾怀孕并终止妊娠给其身体和心理带来严重伤害的这一情节会显著影响法官对彩礼返还比例的确定。其三，基于“共同生活”的彩礼返还操作惯例会让女方在无形中受益。从经济角度探讨彩礼最终流转及流向的受益人至少存在有纯粹的女方（家庭）、女方个人和新婚家庭、新婚家庭这三种不同情形，“共同生活”相当于直接默认了彩礼的流向渠道仅限于新生家庭而自动忽略或排除了其他两种，虽然现代彩礼的代际财富转移功能体现的愈发强烈，但得出女方接受的彩礼就会全部用于新婚家庭共同生活的结论仍过于直接和简单，尤其在儿女双全的家庭中父母将女儿结婚所得彩礼作为儿子娶妻成本导致代内剥削结果[②]的仍不在少数。也许法官将“共同生活”作为彩礼返还的重要因素本意并非出于对女方利益的保护和弥补同居带给女方的负面影响，但在现阶段没有比其更便捷操作及普适性的判别指标出现之前女方将无形中在除彩礼流向“新婚家庭”外的其他情形中受益。

综上所述，无论是立法还是各地法院依照本地风俗及经济发展情况制定的指导文件，抑或是实务中法官所作判决，对彩礼返还所应该考虑的因素均相当之广泛，涵盖从前述讨论重点要素之外的“彩礼风俗的存在”到“彩礼的消耗情况”再到“双方家庭经济情况”等等从微观的使用层面延伸至双方家庭的经济层面。因此，有关学者认为当前立法关于彩礼返还比例规定僵化的错误观点明显陷入了只拘泥于法条本身就事论事的静态思考迷魂阵，缺少对该问题变化视觉的实践考察。

---

① 安徽省亳州市中级人民法院（2021）皖16民终1354号民事判决书。

② 陶自祥：《高额彩礼：理解农村代内剥削现象的一种视角——性别视角下农村女性早婚的思考》，载《民俗研究》2011年第3期。

（二）习俗之司法功能发挥：程序法功能 > 实体法功能

1. 表现出众的程序法功能

（1）习俗作为事实认定的依据。彩礼返还是婚约财产纠纷案件当事人的诉求重点，在男女双方及其家庭之间的众多财产流转中准确判定彩礼及其范围数额成为审判实践的重中之重。婚约习惯是一种经验法则①可以成为判断彩礼事实的手段和工具②。通过案例编码发现，习俗作为彩礼事实推定的初始依据和彩礼事实认定的依据在司法机关处理婚约财产纠纷时被广泛使用，婚约习俗在彩礼事实推定上表现为积极评价和消极评价两方面的功能，即法官依据婚约习俗推定或否定彩礼事实的存在。在认定彩礼事实时法官通常在判决书中表述为"××礼……符合当地的婚嫁风俗习惯"③"按当地习俗过门时……支付……礼款（三金、压箧）××元"；否定彩礼事实时的表达则为"……并未按民间习惯……下结婚聘礼或彩礼""……更没有举行过民间意义上的订婚仪式"。

由于婚约习俗"五里不同俗，十里改规矩"的内生性属性决定了在认定事实的过程中存在地域性限制，不同地区法院在判别某一具体类型的财物给付是否属于彩礼时可能会出现完全相反的结论。如受古代婚礼上下花轿习俗的影响，双方结婚仪式过程中作为新娘子的女方如今也通常会收到代表着男方家庭美好期盼的"上下轿（车）礼（钱)"，有的法官主张上下轿礼只是婚礼众多仪式中的某一备选环节，并不必然产生；而且婚姻礼仪最基本的意义和作用除了体现人们对新婚夫妇美好祝愿外，便是使婚姻取得社会的承认，④当事人虽未办理结婚登记，但结婚仪式因实际举办完毕已致使其标识功能基本得以实现，因此不宜认定为彩礼；⑤有法官则认为事前由媒人与双方家庭商量好具体数额并在婚礼当天由接亲人亲手交给新娘子的上下轿礼符合当地的婚嫁风俗习惯，应当予以认定。⑥由此可见，本地区的迎亲嫁娶是否按民风习俗形成并长期存在给付上下轿礼的风气是法官重点考虑的判断标准之一，如果当地没有此种惯例存在则难以被法官认定为属于彩礼范畴。

为帮助法官准备把握彩礼范围越来越多的法院结合当地的婚俗习惯及经济发展水平因地制宜地制定了统一的彩礼认定标准，如下表所示，我们可以看出虽然不同地区法院规定的彩礼认定标准的起始点不同，但评判标准依然是以数额的多寡或者物品价值的大小来评定的，"正向列举"的规定技术或许无穷无尽没有上限，但通过"反向否定"往往可以将部分争议款项排除于彩礼范围之外。经编码统计，法院对以下几类财物认定为非彩礼性质大都不存在分歧和争议：第一类为小额支出，如男女双方在恋爱期间的小额支出、双方及

① 张卫平：《认识经验法则》，载《清华法学》2008 年第 6 期。
② 樊涛：《我国民商事司法中的交易习惯》，载《法律适用》2014 第 2 期。
③ 江苏省宿迁市中级人民法院（2017）苏 13 民终 5031 号民事判决书。
④ 参见杜江涌：《家事法与家事习惯》，华中科技大学出版社 2017 年版，第 88－89 页。
⑤ 江苏省徐州市中级人民法院（2020）苏 03 民终 5272 号民事判决书。
⑥ 江苏省宿迁市中级人民法院（2017）苏 13 民终 5031 号民事判决书。

家庭的礼节性交往的赠与及一方的请客花费等；第二类是用于双方共同的支出消费，如双方同居期间用于共同生活的转账支出、女方将彩礼转为婚宴等其他结婚用途的双方共同消费的部分，如“……酒、肉、红糖、米粑等礼品……已在订婚宴及婚宴上使用，双方均并未从中获利，故上述礼品不应……返还”“接收的礼品款……在订立婚约时，双方已进行消费，可以不予返还”；第三类是男女双方为置办酒席的有关花费，由于婚约礼成的目标已实际实现也无法评价为彩礼，男方既不能要求女方返还，女方也不可请求折抵彩礼。综上可见，不被认定为彩礼的财物往来通常有共通之处，即女方在双方财产互易的过程中没有明显的获利，即使获利，数额较小的微利可不被评价为彩礼。

表 8　不同地区法院不同年份制定的彩礼范围认定标准

法院名称	彩礼范围	非彩礼范围	判断标准
泰州姜堰市法院（2004 年 10 月 28 日）	礼金或礼物价值在 2000 元以上； 具有纪念意义的戒指、项链和手链等特定物，双方当事人能确定其性质、样式、规格、数量和价值的； 用于购买妆奁、服装等的礼金酌情折价返还	婚约的礼物和礼金价值在人民币 2000 元以下的	数额/价值大小
亳州市中级人民法院（2006 年 10 月 1 日）	现金、首饰等贵重物品	一方请客花费或所送少量烟、酒及食物等	
周口市中级人民法院（2008 年 1 月 1 日）	500 元以上的现金； 价值 500 元以上的贵重物品	一方向对方所送的烟、酒、食品、衣物等易损耗的日常用品、请客花费以及赠送的价值较小的定情信物	
河南省高级人民法院（2011 年 10 月 20 日）	给付 500 元以上的金钱或价值超过 500 元的财物礼品，如手机、金银首饰等，应认定为彩礼	/	
遵化市人民法院（2013 年 8 月 1 日）	较大数额的财物一般指 2000 元以上的现金或价值 2000 元以上的首饰、电器、通信工具、交通工具、以及不动产等贵重物品	一方向对方所送的烟、酒、食品、衣物等易损耗的日常用品、请客花费以及赠送的价值较小的定情信物等	
商丘市中级人民法院（2020 年 8 月 4 日）	（1）包括但不限于见面礼、聘礼、上车礼、下车礼、改口费及价值 3000 元以上的首饰、电器、通信工具、交通工具等贵重财物； （2）给付金钱单词超过 3000 元或累计超过 30000 元的	/	

（2）依据彩礼习俗进行证据评价。证据证明力有无和大小然需要靠审判人员的判断，即要求审判员按照良知、理性、经验规则对证据证明力有无和大小进行判断①，法官可以运用经验法则、逻辑推理等②综合审查证据，法院用婚约彩礼习俗来确定证据的证明力时，习俗依然充当着日常生活经验的角色，与事实认定一样，也有着积极评价与消极评价两种，法官在认可证据证明力时会表述为"按照当地习俗……证明具有一定可信性""证人陈述的情况符合本地的风俗习惯"；否定证据证明力时表述为"不符合本地的婚嫁风俗习惯"等。虽然法官借助经验法则实现着婚约彩礼习俗在事实发现中事实认定和证据评价中的功能，但受"媒妁之言"习俗的深远影响，"无媒不成婚"在全国诸多地区仍广泛盛行，哪怕是男女双方自由恋爱，也需要经过第三人出面提请以表慎重和郑重，否则为失礼之事③。由于媒人作为男女双方婚姻礼仪各个环节见证人的特殊地位具有不可替代性，其证人证言的证明力度不仅更强而且广泛被法院邀请以中立的身份参与有关纠纷调解。可见，尽管在我国实行几千年的媒妁之制有所动摇，但媒妁之俗依然存在④，并默默发挥着助力法官在事实发现中实现事实认定和证据请评价的诉讼法功能。

（3）在证明责任分配方面尚无建树。彩礼的风俗习惯想要被纳入司法适用需要由法官对其进行甄别取舍也就是启动和识别程序，由于实践中缺乏完善的习惯法认定标准或对习惯法认定评价不一，直接适用习惯法缺乏体制上的保障，导致法官适用习惯的积极性很低。访谈的两位法官也纷纷表示习惯入典拥有正式法源地位对审判工作的影响是非常有限的，彩礼习俗的宏观性、非普适性、证明成本高等局限和缺陷注定了它难以优先于制定法被适用。A 法官更是明确表示适用稳定性不强的民俗习惯来裁判需要承担较大的法律风险，其对民俗习惯的态度是非常谨慎的。上述法官的考量在样本判决书中同样能发现出些许端倪，当事人主张的彩礼返还习惯通常被法官以"司法解释对于退还彩礼已有规定，故……不应当适用习俗"而拒绝，提出民俗习惯存在的一方当事人往往尚未进入举证分配环节即被直接排除于诉讼程序之外。

2. 不尽人意的实体法功能

通过前述分析发现彩礼返还规则的立法大大压缩了适用习惯解决彩礼纠纷的空间，但这并不代表得到民众认可的风俗习惯就要被束之高阁，虽然其在法律适用上难有建树，但作为被官方承认的考量退还彩礼金额的重要因素之一，不仅可以帮助法官更加精准计算应该返还的彩礼数额，而且在"未婚男女双方确已共同生活"这一前提下，依然有机会成为法院确定彩礼是否返还的有关依据，只是风俗习惯无法单独发挥作用，必须结合"共同生活的时间""彩礼数额"等因素共同适用。受制于当前习俗缺乏明确适用的标准以及适用

---

① 张卫平：《民事诉讼法》，中国人民大学出版社 2015 年版，第 174 页。
② 江伟主编：《民事诉讼法学》，北京大学出版社 2015 年版，第 213 页。
③ 杜江涌：《家事法与家事习惯》，华中科技大学出版社 2017 年版，第 48 页。
④ 丁新正：《合二姓之好》，孔学堂书局 2017 年版，第 155 页。

不畅的现实困境，在多数情况下其还是发挥着影响彩礼返还数额的作用在诉讼终端被法官所考虑，往往在判决结果的部分以“本院综合考量地方习俗……酌定……退还彩礼……元”“法院综合考虑……参照风俗习惯……对……要求返还彩礼的诉讼请求酌情支持……元”① 等语句来阐明。但这也恰恰证明了法官并没有全然抛弃和忽视彩礼习俗，而是灵活的将其作为衡量双方当事人利益的考虑因素纳入司法的最后步骤以期实现法律效果和社会效果的统一，甚至是着眼于法律适用后的实际社会影响。不过依然存在和前述相同的问题是几乎没有裁判对所援引的婚约习俗作出详细的内容说明，法官并没有花笔墨来说明引用的习俗具体是什么，为什么依据该习俗就可以实现调节彩礼返还数额的目的，两者之间的逻辑关系是什么均一概不知，这无益于法官适用习俗判案水平的提升。

五、结论

当前通行的彩礼返还的请求权基础无须重建，因为受到男女双方当事人分化法律意识的影响，法官在审判婚约财产纠纷时以注重女方的利益保护来加以协调与平衡制定法与风俗习惯之间的矛盾和冲突，但法官对社会效果的过度追求有让无过错彩礼返还规则架空的危险，以至于在审判中的对彩礼的事实查明和判决结果两个方面出现不合乎法律性的决定可能。因此，当下的关注重点应该转移到一是法官在判决文书的说理中急需加强对利用当地的风俗习惯明确彩礼具体范围以及调节返还比例和数额之思考过程的有关论证，从而减少借助风俗习惯的模糊性让其他因素进入审判并最终影响法官判决的可能；二是各地区法院应该根据本地区特殊的婚嫁风俗情况制定符合当地风俗的统一性认知标准，毕竟同一个地区的法官群体和普通民众在民事习惯上的认知标准这一方面存在较大差距，就算是在法官群体中，民事习惯认定上的差异性也会因为年龄的差异而呈现，这类太过主观的认定方式也给司法实践带来了一定程度的负面影响。② 标准统一不仅在一定程度上可以促使法官指导当事人自行调解或和解以实现诉讼案件数量减少的目的；而且还可以给法官断案时提供有力且有效的依据，有利于提高办案效率，也有利于当事人接受法院的调解或者判决。

---

① 江苏省徐州市中级人民法院（2020）苏03民终5272号民事判决书。

② 公丕祥：《民俗习惯司法运用的理论与实践》，法律出版社2011年版，第182－192页。

Judicial application of the custom of returning betrothal gifts in China from the perspective of civil code Research on the grounded paradigm based on interviews and judgment documents

Zhang Hai, Chen Aiwu

Abstract: In response to the criticism of the current rules on the return of no fault betrothal gifts, this paper uses the Chinese management rooted research paradigm to encode the corpus of interviews with two grass - roots judges and the trial concepts, judgment documents and other second - hand materials of four judges. It is found that the practical judgments do not harm women's interests, but are affected by women's legal consciousness of "rebellious law", The judge is forced to pursue the social effect and follow - up reaction of the case handling excessively, so that there is a risk of "illegality" in the identification of the bride price facts and the making of the judgment results. In addition, the function of substantive law in the judicial application of customs and habits is inferior to that of procedural law. Strengthening the argumentation and reasoning of the judicial application of customs and habits in the judgment documents and unifying the cognitive standards will help to achieve the goal of the same case and the same judgment, and thus improve the acceptance of the parties to the judgment results.

Keywords: bride price return, Rooted paradigm, social customs and habits, Judicial application

（编辑：郑志泽）

村民委员会职能履行的现状、困境与应对

——以湖南、河北等地区6个乡镇的田野调查为样本

熊　婧*

摘　要　村民委员会是基于村民自治实践产生的特别法人，其特别法人的制度设计也应着眼于村民委员会履职实践需要。对湖南、河北、江西、河南等地区6个乡镇的田野调查结果表明村民委员会职能履行存在村民委员会社会公权力滥用与自治性淡化的困境，这是源于村民委员会政经职能混同、《村民委员会组织法》监管制度脱离实践、行政协助边界模糊，以及对基层人民政府物质依赖等综合因素的结果。应当调整、修改《村民委员会组织法》，分离村民委员会经济职能，重构村民委员会与农村集体经济组织的新型合作关系，规范其行政协助职能，完善组织制度规定，同时确立修改后的《村民委员会组织法》为村民委员会法人章程的主要内容，注重权力限制与权利保障。

关键词　村民委员会　特别法人　职能履行　自治权利　村民委员会组织法

一、问题由来及调研进路

我国农村已进入了深度发展与现代化治理的新时期，习近平总书记在党的十九大报告中提出“实施乡村振兴战略”，要求“健全自治、法治、德治相结合的乡村治理体系”。村民委员会作为基层群众性自治组织担负着我国基层自治与乡村治理的重要使命，因此对村民委员会为代表的社会组织的治理涉及政治、法律和政策的诸多方面，如何发挥社会组织的积极作用、实现治理的科学化也是私法领域需要考虑的问题，《民法典》的编纂也对基层自治工作给予了极大的关注，2017年《民法总则》第96条、第101条确立了村民委

* 熊婧，湖南大学法学院博士研究生。

员会的特别法人地位，2020 年《民法典》第 96 条、第 101 条延续了这一规定，这一立法是立法者立足于法人职能国家预设、宏观管控社会制度的“私法援助”，① 是功能主义法人类型创设，“为在传统法人结构性分类中无处安放的公法组织在功能性目录下寻获位置”。②

作为中国特色乡村治理体系的重要内容，村民委员会特别法人制度的构建还处于探索阶段。③ 基于其特殊性，村民委员会特别法人制度既需要落实细化村民委员会作为民事主体的具体规定，更重要的是其职能履行方面的规范架构，因为作为公法人，其整体制度的设计倚重于其公共管理任务的执行，④ 实践中村民委员会职能履行的社会公权力滥用与自治性淡化等问题层出，在对河北唐山 G 乡镇发放的 500 份问卷中关于“村民委员会有没有开过村民会议，如何开的”问题中，98% 的村民都选择了“没开会”“形式主义，未按流程决议”，在湖南华容 B 乡镇的调研访谈中，随机访谈的村民 30 人中有 28 人不认为村民委员会有真正通过村民会议做出过决议，分别表示“他们只是做做样子”“村主任说了算”。河南濮阳地区的村居法律顾问与江西赣州地区的驻村干部也表示村民委员会越权决议的行为十分普遍，“村务监督也是形同虚设，他们内部自己的。”对于村民委员会自治性淡化问题，接受访谈的村民委员会成员无一例外地反映“没有时间做自己的事情”“主要做政府摊派下来的任务。”可见村民自治仍是基层治理的薄弱环节，在村民委员会特别法人制度构建之际，考察村民委员会职能履行现状、困境问题以提出应对策略，根据实践需求修改并调整《村民委员会组织法》，对其特别法人制度架构具有重要意义，如此，以保障村民委员会组织性与自治功能的实现。

实证是制度构建的有效途径，鉴于中国各地经济水平发展程度不同，即便是同一个地

① 参见陈小君：《民法典“特别法人”入法动因、功效与实践》，载《检察日报》2020 年 7 月 15 日。

② 张力：《民法典中法人分类的逻辑性、功用、局限及其克服》，载《安徽大学学报》（哲学社会科学版）2019 年第 2 期。

③ 目前法学界对特别法人制度的构建还处于特别法人属性与制度构造的探究与构想阶段。张新宝、张力、王雷、屈茂辉、陈小君等人提出了村民委员会特别法人公法人属性的观点，为法人制度构建的功能与价值指明了研究方向，公法人的终极目的在于职能履行，因此对村民委员会法人制度的探究需进一步结合职能履行现状、困境进行分析。参见张新宝：《从〈民法通则〉到〈民法总则〉：基于功能主义的法人分类》，地《比较法研究》2017 年第 4 期；张力《民法典中法人分类的逻辑性、功用、局限及其克服》，载《安徽大学学报》（哲学社会科学版）2019 年第 2 期；王雷《民法典有关特别法人的规定解析——从居民委员会、村民委员会和农村集体经济组织作为特别法人的相关思考谈起》，载《中国民政》2020 年第 13 期；屈茂辉：《基层群众性自治组织法人制度三论》，载《现代法学》2022 年第 1 期；陈小君：《民法典“特别法人”入法动因、功效与实践》，载《检察日报》2020 年 7 月 15 日。

④ “私法人侧重与其交易地位的承认及财产责任如何承担，公法人则强调法人以特定人格完成法律所赋予的公共管理职责和任务”，“民商法中的法人制度实际上只有公司，……基层群众性自治组织法人等，都并非根据民商法成立的，而是依据宪法等其他部门法成立之后参与民事关系而已”。史际春、胡春丽：《论法人》，载《法学家》2018 年第 3 期。

区，城中村型村改居新型“居民委员会”[①]、地处近郊的与纯乡村型的村民委员会法人运行情况也不一致，笔者选取了城中村型村改居新型“居民委员会”、近郊型村民委员会与纯乡村型村民委员会为研究类型，于2018年－2021年期间对湖南华容、湖南宁乡、湖南张家界、江西赣州、河南濮阳、河北唐山等地区6个乡镇进行了调研。访谈了江西赣州D乡镇的驻村干部、湖南华容B乡镇的村民委员会主任、河南濮阳地区的村居法律顾问、湖南慈利X乡镇的财政所工作人员、湖南宁乡H乡镇村民委员会的会计（共计30人），并以实习的形式在河北唐山G乡镇人民政府与包村干部一起工作了半个月，与该政府的综合治理部门、信访部门、经管站、财政所的负责人进行了数次访谈，围绕着“村民委员会日常做些什么”“村民委员会有哪些行政协助职能”设置了15个问题，访谈过程中根据实际情况有取舍的提问，包含受访谈人员自由发挥的无结构式访谈。对资料的搜集本着“能得便得，多多益善”的做法，搜索到了500余份政府文件材料。通过多种资料的对比佐证确认研究对象的真实性，在对村民委员会的行为解释时，广泛的资料提供了更多解释路径，笔者及时记录了当时当地的工作与调查情况，完成了3万余字的《村民委员会法人田野调查工作笔记》。同时，对河北唐山G乡镇28个村发放了500份问卷，调研对象包括村民与村民委员会主任，设置了“村民委员会日常做些什么”“村民委员会怎么开会的，流程是什么”“村民委员会签过什么合同”等24个问题。虽然调研未囊括全中国所有地区的情形，但是这6个乡镇地区的考察结果也能以小见大，为村民委员会特别法人制度整体架构背景下的职能履行法治化应对提供研究价值。

二、村民委员会职能履行的现状

村民委员会的职能散见于多部法律法规及规章文件中，《宪法》第111条规定村民委员会为基层群众性自治组织，设“人民调解、治安保卫、公共卫生等委员会”作为下属机构，基本任务为“办理本居住地区的公共事务和公益事业，调解民间纠纷，协助维护社会治安，并向人民政府反映群众的意见、要求和提出建议。”该条文位于章节“国家机构”的最后一条，如此排篇布局易让人误认为村民委员会就是行政机关，曾有学者提出这是《宪法》上的“逻辑疏漏”。[②]《村民委员会组织法》第2条则进一步明确了村民委员会的职能，即“自我管理、自我教育、自我服务”，第5条还规定了需“协助”国家机关开展工作，《物权法》《土地管理法》《土地承包法》等法律规定了村民委员会代为发包等土地管理职能，但这些职能规定较为抽象，需结合田野调查，在实践基础上将村民委员会的职能具体化，经梳理，村民委员会的职能主要分为自治职能、经济职能与行政协助职能。

① 随着城市化进程的逐步推进，中国诸多城中村在大片集体土地被征收完以后，村民委员会改为了“居民委员会”，尤其是广东地区，有些地方已经没有了农村也没有了村民委员会，全部改体为了“居民委员会”。由于改制前管理着大量集体资产，因此这一新型城中村型居民委员会对本文的研究也具有类型意义。

② 参见任自力：《村民委员会的法律地位辨析》，载《中国农业大学学报》（社会科学版）2006年第3期。

村民委员会自治职能为其基础职能，贯穿于村民从出生到死亡，小到为村里新生儿的出生证明盖章、为没有法定监护人的孤儿担任监护人、调解村民之间纠纷，大到村民选举、兴修水利、道路、学校等基础设施、指导村民建设住宅等公益事业、公共卫生、医疗卫生服务，召集村民会议并向其报告工作，都离不开村民委员会的参与。从调研结果看来，不同地区、不同类型的村民委员会在自治职能上具有共通性，主要在于管理村民与服务村民，在河北唐山G乡镇（城中村）发放了500份问卷，回收了有效问卷498份，其中关于“村民委员会平时做些什么”，选项“换届选举”“本村公益事业、基础设施建设”“民间纠纷、治安事件”“医疗卫生与计划生育”“向政府反映村民诉求”的选中率为99%（见图1）。在湖南华容B乡镇（包含纯乡村型村民委员会与近郊型村民委员会）与10位村民委员会主任的访谈笔录中，当地村民委员会自治事务主要是“河流沟渠治理”“广场、健身器材等公益设施的添置”“民间纠纷调解”。湖南慈利X乡镇财政所的工作人员在访谈中表示村民委员会的自治事项主要是“环境卫生的治理”“基础设施建设”。

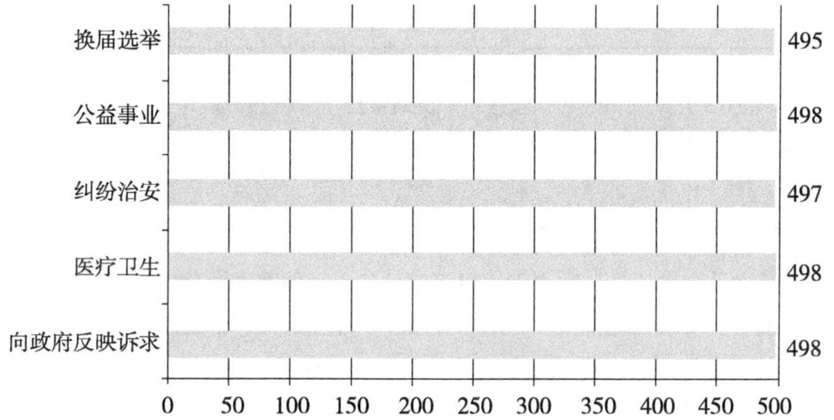

图1　村民委员会的自治事项

村民委员会的经济职能主要是农村集体经济组织的职能，村民委员会法人的确立正是来源于村民委员会普遍代行村集体经济组织职能时对独立民事主体身份的需要。① 笔者调研地区的农村集体经济组织普遍是虚化的，村民委员会与当地农村集体经济组织是一套人马、两幅牌子。与村民的访谈笔录中也多次出现“村民委员会就是村集体经济组织”的表述，既是因为日常在称谓上少有区分，也是因为同一套人马让村民产生了误解。农村集体经济并未普遍发展起来，河北唐山G乡镇经管站一位L姓的负责人在访谈中表示：

“清产核资后虽然成立了村集体经济组织，但是都是有聊胜于无，不是说我们搞形式主义，而是制定规则的人并不是真正落实的人，他们并不知落实的难处，很多村民都不同

① 参见陈甦主编：《民法总则评注》（上册），法律出版社2017年版，第709页。

意村集体经济组织拿着集体资产去经营，因为总是亏损，早些年的村办企业都赔了，倒闭了。我们这儿的农村集体经济组织实际上就是村委会，那些股份也都是虚拟的，自己造的，上面有要求，下面就‘诌’一个交上去。”司法所C姓所长更是表示“许多村集体经济组织连自己的公章都没有，就是村委会的章。”农村集体经济组织事实上与村民委员会是交织在一起的，并且“历经人民公社、联产承包责任制等时代变迁，‘形’已灭但神还在，不存在成立与否的问题”①。《土地法》《民法典》等多部法律法规中也明确规定了农村集体经济组织的职能可由村民委员会“代为”履行，由于农村集体经济组织也是特别法人，因此此处的“代”应做代理解释。

村民委员会的经济职能主要是对土地的发包，其他集体资产、资源的经营、租赁与投资，发展合作经济等。江西赣江D乡镇的驻村干部在访谈中谈到“当地宅基地的划分包括分区、合作社的挂靠形式，都离不开村委会的影子。”城中村的村改居型“居委会”的经济职能更加广泛，需要代为处理集体土地征地拆迁事宜，以及村埠、门面房的出租、人员就业安排等管理行为（见表1）。

表1　村委会的经济职能

	土地发包	合作社的挂靠	生产服务协调工作	集体经济的经营管理	征地拆迁	村埠管理
近/远郊型村委会	√	√	√	√		
城中村委会	√	√	√	√	√	√

村民委员会的行政协助职能占据了村民委员会工作的绝大部分内容，笔者在河北唐山G乡镇实习期间，发现当地乡镇政府的综合治理、环境部门、信访办、经管站、财务所等部门与当地村民委员会“交道”频繁，村民委员会的行政协助工作在农村熟人社会的环境中有着存在的必然性，信访办的负责人在访谈中表示“村委会的人对当地更加知根知底，很多事情，我们去了村民也不认，更认村主任。”村民委员会行政协助工作的“接受”也十分“便利”，综合治理L姓负责人在“村民委员会如何协助你们工作”的访谈问题中谈到“我们跟村委会的人建了QQ群，微信群，有什么需要做的，就直接发通知。”

村民委员会的行政协助工作主要有协助政府舆情工作、宅基地上报审核职责、出具未违反计划生育政策的证明、开具婚姻登记所需证明、协助办理户口登记，与“留痕”工作。其中的“留痕”工作占据了村民委员会行政协助工作的主要部分，不管是湖南华容B乡镇村委会成员，湖南宁乡H乡镇村委会成员，在访谈中都表示“被大量的留痕工作忙昏了头”（见图2）。

① 屈茂辉：《农村集体经济组织法人制度研究》，《政法论坛》2018年第2期。

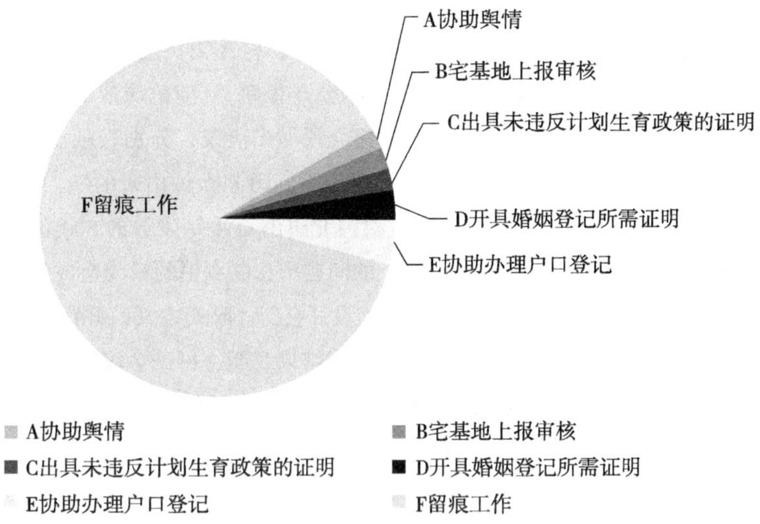

图2 村委会的行政协助职能

三、村民委员会职能履行的困境及成因

（一）村民委员会职能履行的困境

通过整理田野调查访谈与问卷资料，村民委员会职能履行在实践中整体呈现出自治权力滥用与自治性淡化问题，其中自治权力的滥用情况在城中村型村改居“居委会”尤为显著。村民委员会的职能履行中贯穿着权力与权利的行使，村民委员会职能在以村民为对象时，体现为自我管理的权力属性。职能的履行本身带有天然的“管理”属性，无论是自治职能与经济职能的行使都涉及村民委员会对村民土地经营等权益的处理，村民委员会与村民之间的法律关系近似大陆法系公务法人与其内部人员的特别权力关系，村民委员会与村民处于相对不平等的位置，农村天然封闭的环境为村民委员会滥用社会公权力提供了便利，尤其是城市化进程中“村改居”型“居委会”在政经合一的职能环境下，“贪腐”现象更为严重，极大地损害了村民的集体利益。村民委员会在以基层人民政府等国家公权力机关为对象时，其职能体现为基层自治的权利属性，大量的行政协助工作使得村委会成员无暇顾及自治职能的履行，村民委员会逐渐偏离了基层群众性自治组织的法律定位。

1. 村民委员会社会公权力的滥用

村民委员会职能履行中社会公权力的滥用主要表现为不经村民会议越权做出决议、村务监督架空与滥用经济职能。经济职能的滥用多发生于城中村的村改居“居委会”，贪占、私分拆迁和征地的补偿款，或低价出售村集体资产，以至村集体资产流失十分严重。

河南濮阳地区的村居法律顾问在访谈中表示“村民委员会越权决议的行为大量存在，而且对于村民委员会越权决议的效力在法庭上认定不一，村民委员会越权的行为愈发严重。”在湖南华容B乡镇的调研访谈笔录中，村民委员会成员与村民对于“村民委员会怎么开会的，会议流程是什么”有着截然不同的回答，村民委员会的成员基本回答的都是“经过议事会提议召开，重大事项都经过四议两公开程序。”随机访谈的村民30人里有28个人的回答不认为村民委员会有真正通过村民会议做出决议，分别表示“他们没开过会”“做样子的，都是村主任自己说了算”“很多决定不知道怎么做出来的”，只有2个村民表示“好像是开过会”“不清楚”（见图3）。对河北唐山G乡镇发放的500份问卷关于“村民委员会如何开会、有没有开过村民会议”的问题中，G乡镇的村委会成员都选择了“定期召开村民会议”，而98%的村民都选择了“没开会”“形式主义，并没有按流程决议”，仅有2%的村民没有做选项（见图4）。这一系列结果表明，村民会议实际上沦为了某种形式。村民委员会在职能履行中也缺乏真正有效的监督，虽然组织法确立了村务监督委员会和村务公开制度，实践中也被架空，通过整理河北唐山G乡镇政府信访部门的信访材料，笔者发现2/3以上的矛盾冲突都与村集体资产监督机制的缺失有关，主要是量化分配、检举贪污腐败、村账务不清、集体资产流失等。接受访谈的江西赣州地区驻村干部则表示“监管是空的，起码可以说是虚设，收益就是他们内部自己的了”。①

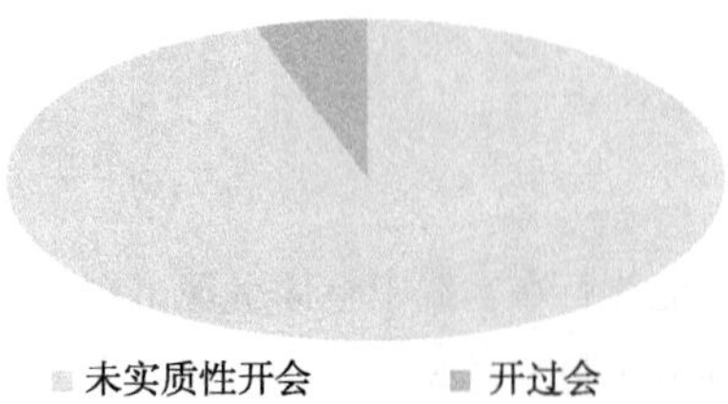

图3　湖南华容B乡镇重大事项村民会议召开情况

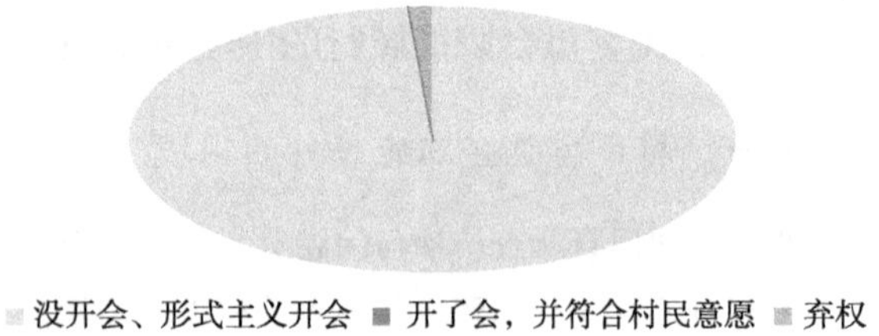

图4　唐山G乡镇村民会议召开情况

甚至有些地区村民委员会人员与乡镇人民政府官员从根源上对村集体所有的认知就与法律规定明显不符，他们认为村民委员会“代为经营管理”的就是村民委员会自己的财产，进一步促使了权力的“膨胀”。对于“村民委员会有没有财产，有哪些财产”，在湖南华容B乡镇访谈的30个村委会主任中，有26个人都认为村民委员会有自己的财产，细问，其答复却是认为“村集体的就是村委会的”，有2个表示村委会“没有自己的财产”，仅有1个村主任表示“村委会没有自己财产，都是村集体的”。湖南宁乡市人民政府的官员在访谈中也认为村民委员会所管理的村集体财产“就是村委会自己的财产。”（见图5）

① 驻村干部与包村干部是各地区对管理村民委员会的乡镇人民政府干部的不同称谓。河北唐山地区的这类干部叫包村干部，江西、湖南地区的这类干部叫驻村干部。

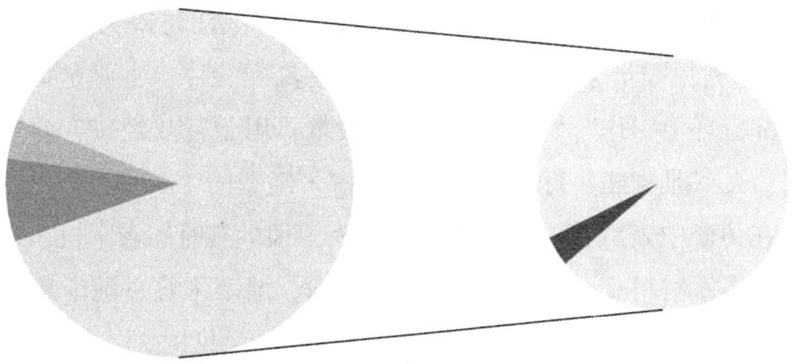

图 5 湖南华容 B 乡镇村委会主任财产认知情况

诉讼领域的数据也反映了村民委员会社会公权力膨胀的现状。笔者检索了《村民委员会组织法》在威科数据库的法律法规引用情况，到 2021 年 9 月 29 日止，《村民委员会组织法》被援引次数最多的两个法条是第 24 条和第 27 条，相关案例分别是 15439 件和 16096 件，① 这两个法条正是关于村民会议决议事项的特别规定。援引《村民委员会组织法》法条的案件一共 44257 件，这两条占据了 71.25%。诉讼领域村民委员会的涉诉事由更加广泛，主要是村民委员会侵犯村民人身权利、民主权利和合法财产权利。(见图 6)

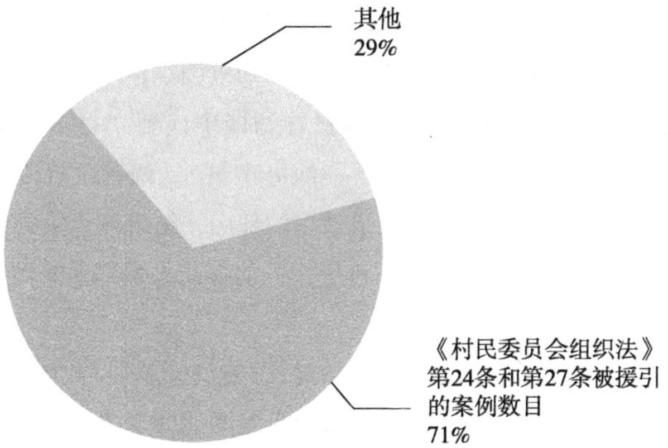

图 6 《村民委员会组织法》在威科数据库的法律法规引用情况

2. 村民委员会的自治性淡化

村民委员会的本职工作原本应当是对本村的公共事务和公共事业进行管理。然而现实运行中村民委员会自治性微弱，充斥着大量行政任务，资金上也依赖财政拨款，与乡镇人

---

① 其余引用最多的法条，按次数由多到少排序依次为第 28 条、第 2 条、第 36 条、第 8 条、第 31 条、第 3 条、第 30 条和第 5 条。

民政府呈现出松散耦合的关系。在湖南华容B乡镇与村主任访谈关于“村民委员会日常做一些什么事情”“村民委员会的钱用于哪方面比较多”，答：“主要是帮政府做事，大量的留痕工作，少部分环卫工作”“钱主要是财政拨款，用于行政经费、计划生育、安全生产、党建和环卫，尤其是党建、行政经费与环卫占了经费的主要部分”。湖南宁乡H乡镇村民委员会会计在访谈中表示“一天下来忙得昏头，很少有时间看手机，通常是第二天说有检查，就要熬通宵做材料。”笔者调研的河北唐山、湖南华容、湖南慈利、山西晋中等地区无一例外地呈现出了村民委员会自治性微弱的问题。(见图7)

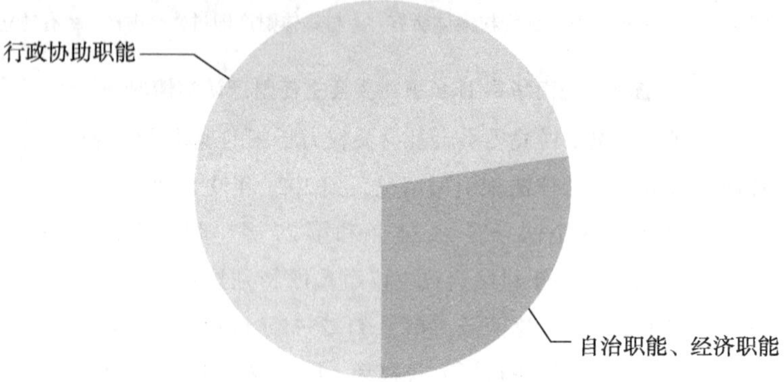

图7　村委会日常工作职能占比

基层人民政府的工作人员对于村民委员会的认知也围绕在“下一级办事员”上。湖南华容B乡镇、江西赣州地区乡镇政府办事人员在访谈中谈到“自治本身就与我们的行政管理相违背，不现实，村委会更像我们的下一级办事员”。调研后阶段笔者去河北唐山G乡镇调研时曾提出想去与村民委员会打交道最多的部门，结果该乡镇的每个部门都有村民委员会的参与，信访办的工作人员表示“村里相关的事儿大多都是交代村委会的人办，他们认识当地人，好办”。

此外，大量立法也违背了《宪法》规定的村民委员会基层群众性自治组织的法律定位，有些省市的地方性法规中并没有村民委员会自治职能的表述，反而规定村民委员会可以接受乡镇政府的委托办理行政管理事务，并为村民委员会规定了诸多行政任务。典型的例如计划生育、婚姻登记和收养登记要以村民委员会的证明为前提等，村民委员会越来越扮演着类似于行政机关内部科室的角色。

（二）村民委员会职能履行困境的成因

村民委员会社会公权力的失治与自治性微弱是多方面因素综合导致的结果。政经职能混同使村民委员会这一基层群众性自治组织承担了原本不属于它的经济职能，一定程度上诱发了村民委员会的权力寻租，《村民委员会组织法》组织制度部分规定脱离现实情况使得监管架空，村民委员会职能的履行缺乏有效的制约，这一系列因素使得村民委员会职能履行过程中权力不断膨胀，悖离了基层群众性自治组织公共管理与服务的宗旨，极大地损害了村民的合法权益。村民委员会的自治性微弱的原因也是多方面的，从法律规范上看，其自治职能与行政协助职能之间界限不清，对于如何行政协助也缺乏行政合同的调整与规范，加之中国农村集体经济发展极不平衡的现实条件下村民委员会对国家财政的物质依赖，使得村民委员会的行政化趋势愈加深化。村民自治权利行使空间的极度逼仄，与当前福利国家、积极服务为诉求的"社会国家"的主题不相符。

1. 村民委员会社会公权力滥用的成因

首先，从现有法律制度来看，村民委员会政经职能规定的混同是致使村民委员会权力膨胀与滥用的主要原因。村民委员会作为基层群众性自治组织，政经职能混同使得村民委员会偏离了原有的功能定位，公法性组织沾上了经济利益色彩为村民委员会社会公权力失治提供了便利的腐败环境①。"随着中国由传统社会向现代社会的转型中，国家权力不再是统治社会的唯一权力了，……村民委员会享有的权力其实就是一种社会权力，不受制约的权力必然产生权力专横和腐败"②。此外村民委员会既非社团组织，亦非财团组织，而是具有中国特色的籍合组织③，其成立之初虽然是民间自发成立的，但其全国化的推广是国家公权力力量的驱动，不似其他法人组织因人合或趋利而结为团体，因此缺乏凝聚为团体以谋发展的基本动力，加之村民委员会成员素质良莠不齐④，难以在巨大的经济利益面前"自省"，村民委员会"监守自盗""权钱交易"的不良现象屡有发生。

其次，《村民委员会组织法》组织制度的不足使得村民委员会社会公权力的行使缺乏有效监管。前文列举的田野调查数据表明村民委员会的民主监督与管理实际是架空的，《村民委员会组织法》组织制度脱离实际，操作性不强，使村民委员会的社会公权力并未受到有效制约。村民委员会组织制度的核心条款——《村民委员会组织法》第 17 条、第 20 条、第 31 条 - 32 条、第 36 条选举、监督的组织制度规定在一定程度上脱离了村民委员会的实际情况，或存在监督部门推诿产生监管的盲区，或规定过于概括，无法真正有效制约村民委员会的社会公权力。

《村民委员会组织法》第 17 条第二款规定的对不正当当选破坏村民委员会选举行为的村民权利救济途径有两个，即"向乡、民族乡、镇的人民代表大会和人民政府或者县级人民代表大会常务委员会和人民政府及其有关部门举报，由乡级或者县级人民政府负责调查

① 以陈小君为代表的学者建议将村集体经济职能回归村集体经济组织。"市场经济体制下，以行政管理为主要身份属性且长期作为农村集体"内部部门"的村委会并不适宜充任土地入市流转的"出让方"，相比而言农村集体经济组织更为恰当（但仍需进一步廓清农民集体——集体财产——农村集体经济组织之间关系）。"陈小君：《民法典"特别法人"入法动因、功效与实践》，载《检察日报》2020 年 7 月 15 日。

② 陈娟、周实：《论村民委员会在行政法中的法律地位》，载《行政法与法》2005 年第 5 期。

③ 参见陈甦：《籍合组织的特性与法律规制的策略》，载《清华法学》2018 年第 3 期。

④ 从调研结果看，农村大多为留守妇孺和文化层次不高的务农青壮年，从中选举出来的村民委员会成员学历普遍偏低，河北省唐山市 G 乡的村委会成员共计 140 人，其中最高学历专科的仅 5 人。其他调研点的情况也大致如此。

并依法处理”，这为权利救济机关留下了推诿的余地。因为此法条规定的两个监督主体——乡级的和县级的，现实中往往这两个机关“踢皮球”。河北T市纪委的工作人员的访谈笔录有提到这一现状，“村民上访事情每天都有，诉求无非就是对当地村主任私占土地赔偿金、贿选等村内违法或违规的举报，而当地有关部门大多都想法子推掉了”。而且从“相互勾结”的角度来看将县级政府机关也确立为村民选举权的权利救济主体也难以实现真正的公平正义。因为在村民委员会出现贿选的情形中，所在地乡镇人民政府个别乡镇干部往往就是该村民委员会的“庇护伞”，甚至有些地方的村民委员会本身就是乡镇干部有意挑选的“亲信”，难以起到真正的监督作用。

《村民委员会组织法》第32条虽然明确了村务监督委员会的成员不得由村民委员会成员及其近亲属担任，而且其中应当有具备财会、管理知识的人员，但是实际运行中有些为了以权谋私的村民委员会有意将自己近亲属安插到了本村的村务监督委员会中，甚至有些人员根本不具备财会、管理知识，反而成了个别村干部对抗民主监督的傀儡。

第36条是对村民委员会或其成员做出的决定侵害村民合法权益时的救济，受侵害的村民既可以申请人民法院予以撤销，并由责任人承担法律责任。此条在实务中涉及最多的是村民委员会与村民签订“城中村”改造拆迁补偿安置协议的性质、村民委员会自认实施强制拆迁行为的责任认定。有的法官认为这符合《村民委员会组织法》第36条，应属于村民自治范畴，但是第36条并未说明这类案件应属于行政诉讼受案范围还是民事诉讼受案范围，因此此款实际处于“休眠状态”①，未能对村民委员会权力滥用的行为匹配有效的“制裁方案”。

最后，随着村民委员会特别法人身份确立的制度背景下，《村民委员会组织法》中缺少对村民委员会法人身份的衔接，缺乏对于村民委员会成员权利、义务具体的管理规定，也没有类似分红的奖励机制，村民委员会成员对“村集体”利益缺乏归属感，《村民委员会组织法》亟须更新。

2. 村民委员会自治性淡化的成因

首先，村民委员会行政协助职能与自治职能界限不清在一定程度上促使了村民委员会自治权利行使空间的限缩，自治性逐渐淡化。《村民委员会组织法》并没有明确界定村民委员会的自治职能与行政协助职能，相反，《村民委员会组织法》中随处可见国家公权力的影子。村民委员会的设立、撤销、范围调整、监督、村规民约、自治章程、村民委员会成员的经济责任审计均有当地基层人民政府的参与。基层人民政府对村民委员会的“指导、支持和帮助”过于抽象，难以做到不干预村民委员会的自治。

其次，村民委员会自治性微弱、过度行政化的根本原因在于村民委员会从物质基础上

① 还有一种观点认为这属于法律法规授权范畴，其依据是《村民委员会组织法》第8条和《土地管理法》第66条《土地管理法》第66条规定，村民委员会以安置补偿的方式收回宅基地使用权，可以视为法律法规授权实施的行为，可以作为行政案件处理。

对乡镇人民政府有依赖性。村民委员会过度依赖政府，二者间松散耦合的关系使得村民委员会难以实现真正的自治。村民委员会的物质来源主要是国家财政拨款、社会捐资①，在农村集体经济发达的地区，农村集体经济组织还能反哺村民委员会的建设。然而实践中往往出现农村形象工程建设过度，资金不足的现象，社会捐助此时也往往难以弥补亏空。财政拨款必须专款专用，农村集体经济普遍弱化，全国除了沿海城市农村集体经济比较发达外，普遍都没有自己的农村集体经济实业②。全国多数地方的农村集体经济组织自身人员都是由村民委员会同一套人马兼任，谈不上对村民委员会经济的供给。此外，国家财政拨款作为村民委员会财产主要来源是由乡镇政府的经济管理站和财政所代为保管，实行“一支笔”财务审批制，村民委员会主任只在几千元以下有自主决定权。从人与资的关系看，村民委员会也是依赖于乡镇政府的。

四、村民委员会职能履行困境的应对

《村民委员会组织法》既有对自治权利的保障，又有对自治权力的约束，也在相当长的时期内对村民自治起到了重大的指导作用。但随着城市化进程推进，村民心态也在发生着潜移默化的变化，《村民委员会组织法》的一些规定也逐渐架空，当制度脱离实际就无法真正起到规范作用。为应对职能履行困境与提高村民自治成效，应从《村民委员会组织法》规定的修订着手，重新厘定村民委员会的自治职能，实现政经分离；并修改组织制度中选举与监督制度的规定；构建村民委员会与农村集体经济组织的新型合作关系；通过确立村民委员会的自治职能清单和行政协助清单，引入行政合同规范村民委员会的行政协助职能，保障其自治职能的实现。

（一）分离村民委员会经济职能并构建村民委员会与农村集体经济组织的新型合作关系

从《村民委员会组织法》立法上剥离村民委员会的经济职能。回归村民委员会“自我管理、自我教育、自我服务”的自治职能，以防止村民委员会既自治又管理三资，滋生权力的腐蚀导致监守自盗的情况，正本清源。而且有些村民委员会成员为了“肥水不流外人田”，阻止其他外地人参加本村村民委员会的选举，进一步形成了职能履行的内部闭环，使得权力成了谋求不法私利的手段。虽然政经合一的现状难以改变，对于剥离经济职能确有困难的地区，也应在当地村委会内部设置专门负责农村集体经济组织职能的专职人员，

① 村民委员会对于管理的村集体所有的财产只有经营管理权，而“集体所有”并非法学概念，只有政治意义的宣示作用。

② 因为农村集体经济的发展程度与当地是否有独特的资源优势和便利的交通枢纽优势直接相关，在这一制约下，除沿海地区和个别地区，多数农村集体经济组织处于虚化状态，起码我调研的经济条件最发达的河北省唐山市G镇的农村集体经济组织也是村民委员会同一班人马，收入也主要是来源于集体土地征收。

引导村委会与农村集体经济组织各司其职，提升村民委员会自治职能的专业度。并且使村民委员会与农村集体经济组织账目与财务管理的分离，“村民委员会与农村集体经济组织必须分设账目，并根据会计制度和《农村集体经济组织账务公开规定》进行账务管理并及时公开财务数据，以便集体经济组织成员监督。”①

构建村委会与农村集体经济组织的新型合作关系，既为村委会自治性提供物质基础，又要引导村委会帮助促进农村集体经济组织发展。“乡村经济发展不平衡，会导致村民自治发展失衡，基层民主制度的实践无法脱离经济支持，基层自治组织一旦失去基本的经济基层，自治就形同虚设。”② 村委会的“去行政化”需要农村集体经济的经济支持，同时，随着农村集体经济组织法人化的确立，村委会也应帮助推动农村集体经济组织成为独立的法人主体。村委会依法开展群众自治，做好公共服务，农村集体经济组织的运营与其分离。

（二）规范村民委员会行政协助职能

规范村民委员会的行政协助职能，以提高村委会履职自治性，减少行政权扩张带来的影响。首先，应列明村委会的自治职能清单和行政协助清单。在《村民委员会组织法》第7条至第10条职能的概括规定后，列明属于自治职能的事项，包括并不限于：村民福利补贴事项、使用、分配村民集体土地征收款、发放土地补偿款、集体土地收益款的分配、土地承包经营、土地租金、青苗费的分配发放、宅基地使用方案、农村集体经济组织成员身份的认定、因村集体公益事业的兴办方案产生的纠纷、自我服务事项（如提供供水设施）。并设立兜底条款，界定“是否为村民委员会自治职能”的标准，即“是否与本村及本村村民有直接利益关系，是否主要在于服务村民”。

在《村民委员会组织法》第5条村民委员会协助乡镇人民政府开展工作后面对行政协助清单做补充规定。将村委会履行的与“协助管理农村资源、资产、资金”相关的职能事项明确列为行政协助事项，行政协助清单事项包括并不限于：宅基地上报审核职责、出具“未违反计划生育政策”的证明、开具婚姻登记所需证明、国家计划生育政策的落实、协助办理户口登记、村民户籍的变更、水电费及其他有偿服务费的收缴、优抚、救灾救济、扶贫助残等款物的发放、宅基地的使用、村民的土地承包经营、征用土地等各项补偿费、安置补助费的发放、村集体经济收益的管理和使用、村公益事业的经费筹集和建设承包、村集体经济项目的立项、承包、产业结构调整、经济职能中的这部分行为也要确立为行政诉讼被告：违法收取乡镇统筹、村提留、违法要求承担劳务、摊派、集资行政管理行为。尤其是宅基地拆迁补偿和强制拆迁，诉讼实践中往往争议很大，公权力机关否认为行政协

---

① 于雅璁、王崇敏：《农村集体经济组织：发展历史、检视与未来展望》，载《农村经济》2020年第3期。

② 任中平：《村民自治究竟应当向何处去》，载《探索与争鸣》2011年第3期，转引自李松有：《乡村振兴背景下村民自治分化的发展困境与突破——基于权力—资源关系的分析视角》，载《求实》2019年第1期。

助行为，村民委员会“自认”为自治行为，侵犯了村民的权益，这些事项本身就包含公共管理因素，目前基层干部人员良莠不齐的素质难以应对这些事项的抉择，将其确立为行政职能，一则有利于法官的认定标准，二则有利于限制村民委员会自治权的滥用，从而保障村民的合法权益。

其次，将行政合同作为村民委员会履行行政协助职能的要式行为。村民委员会基于职责和目的的公共性，当属“准公法人”，从地域性上类似法国的市镇法人，从职责履行上看类似公务法人。市镇法人权力来源于分权，治理结构贯穿以权力与权利的博弈状态、均衡发展，强调对权力的监督与制约。公务法人治理结构强调意思自治的灵活性，而且在协助公务时以行政合同为基础规范权利、义务与责任。① 行政协议不仅能为公权力的渗入提供基准线，又明确了双方的权利义务和责任，利于公务法人充分实现意思自治的活力优势，以提高执行效率，也可以防止公权力的扩张。村民委员会与国家公权力机关的行政合同中应明确协助部门、协助内容以及协助时限。设定国家公权力机关与村民委员会在公法上的权利义务，并将行政合同纳入行政诉讼范围，一方面监督国家公权力机关依法履行职责，防止国家公权力机关以订立合同的方式规避法律，另一方面可以强化对国家公权力机关的监督，防止侵害村民委员会的自治权，这是平等主体之间的民事诉讼无法顾及的。

（三）完善组织制度

完善《村民委员会组织法》第二章至第五章的组织制度以提高组织制度与自治实践的契合度，使组织制度起到真正的调整、监督作用。具备包括修改《村民委员会组织法》选举制度的第 17 条、第 20 条，监督制度的第 31 条 – 32 条、第 36 条。

如前文所述，应将不正当选举举报的处理权和监督权只交由县级人民代表大会常务委员会和人民政府。所以应当将《村民委员会组织法》第 17 条第二款改为“村民有权向县级人民代表大会常务委员会和人民政府及其有关主管部门举报，由县级人民政府负责调查并依法处理”。同样，《村民委员会组织法》第 20 条将村民委员会换届选举的工作移交由乡、民族乡、镇的人民政府，监督部分规定也宜修改为“由县级人民政府监督”。《村民委员会组织法》第 31 条规定当村民委员会不及时公布应当公布的事项或者公布的事项不真实的，村民有权向乡、民族乡、镇的人民政府或者县级人民政府及其有关主管部门反映。同样，为了防止政府部门相互推诿和基层村干部彼此勾连，此处也应修改明确“由县级人民政府及其主管部门调查核实，依法公布。”

《村民委员会组织法》第 32 条规定中村务监督委员会的人员身份和专业评估应当作硬

① Article 30 of decreto legislativo n. 267 – Testo unico delle leggi sull'ordinamento degli enti locali (Legislative Decree No 267 – Consolidated Law on the rules governing local authorities) of 18 August 2000 (ordinary supplement to GURI No 162 of 28 September 2000) provides: 1 In order to discharge certain functions and to provide certain services in a coordinated manner, local authorities may enter into appropriate agreements with each other.

性规定，要求村务监督委员会必须有1至2名具备财会、管理知识的人员，并对村民委员会违法违规安插自己近亲属的行为予以行政责任的规定。属于恶意安插亲信，以权谋私的，应引入贪污罪。其实我国立法部门早已流露出这特定事务范围内将村民委员会视为具有国家机关属性的立法意向，2000年通过的《关于中华人民共和国刑法第93条第2款的解释》规定“村民委员会组织成员在从事救灾抢险、土地征用补偿费用管理、计划生育等领域工作时，属于依照法律从事公务的人员，能够成为贪污罪、挪用公款罪、受贿罪的犯罪主体”，2018年通过的《监察法》第15条又将基层群众性自治组织中从事管理的人员纳入监察对象。

对于村民委员会不当行为侵犯了村民合法权益的救济，应做好《村民委员会组织法》第36条与《土地管理法》第66条之间的衔接，以第36条为基础的条件下，做补充规定，将拆迁安置协议与拆迁行为确立为行政诉讼受案范围，一是因为有现成的《土地管理法》第66条已经规定了村民委员会以安置补偿方式收回宅基地使用权的行为视为法律法规授权实施的行为，可以作为行政案件处理。二是诸多上访事宜都涉及强拆行为引发纠纷，不宜将《组织法》第36条的模糊规定作为村民委员会规避侵权追责的避风港。三是因为村民委员会职权的“准公法性”，相对于村民处于优势地位，将此类案件确立为行政诉讼受案范围，更能实现侵权现象发生时对村民委员会的强力制约。

最后，还需在《村民委员会组织法》第二章村民委员会的组成和职责中增加村民委员会成员权利、义务管理规定和奖惩规定。借鉴《公司法》高管分红方式，从农村集体经济中提取相应比例作为村民委员会的奖金分工，提升村民委员会成员自身利息相关性，培养其使命感，从而更好地为村民谋福利，从思想根源上减少权力寻租的不正之风。

（四）确立修改后的《村民委员会组织法》为村民委员会法人章程的主要部分

“章程者，法人之组织也。”① 法人章程作为法人组织体的宪法性文件，是法人组织机构存在和活动的基本准则，也是法律组织机构行使及其职能的具体蓝图，更是法人内在机构和整体机能的全面反映与记载。村民委员会职能履行中社会公权力的膨胀与自治权利行使不充分种种现实困境都需要法律化的章程予以限制权力、保障权利。而且村民委员会公法人的属性也决定了其章程法律化的必要性，② “内部治理应依据法律或行政法规”③。《村民委员会组织法》的内容本身就是调整村民委员会组织的法律，其职能、任务、组织构成及各机构权利义务等内容已经涵盖了村民委员会法人章程应当具备的要素。从合理性角度看，《村民委员会组织法》的内容科学地反映了村民委员会组织性本质，遵循了村民

---

① 参见王泽鉴：《民法总则》（增订版），中国政法大学出版社2001年版，第183页。

② 参见屈茂辉：《基层群众性自治组织法人制度三论》，载《现代法学》2022年第1期。

③ 王雷：《民法典有关特别法人的规定解析——从居民委员会、村民委员会和农村集体经济组织作为特别法人的相关思考谈起》，载《中国民政》2020年第13期。

委员会各机构的内在逻辑，而且效力也比一般法律级别高，作为人大常委颁布的宪法相关法对于村民委员会自治职能的实现能提供强有力的公法保障。因此应当将修改后的《村民委员会组织法》作为村民委员会公法人章程的主要部分，注重权力限制与权利保障。

五、结 语

随着乡村振兴战略的推进，对农村基层组织提出了组织振兴的要求。村民委员会作为基层群众性自治组织，是国家公权力机关以外社会治理的重要力量，也是组织振兴的重点。无论是公法领域还是私法领域都对村民委员会等村级基层组织给予了极大的关注，随着村民委员会等特别法人身份的确立，开启了中国基层自治实践的本土化创新，为世界提供了中国基层自治探索的成果与样本。

特别法人身份的确立不代表其只具有单一的民事主体身份，可以说，村民委员会特别法人制度的目标更在于明确其村民自治体的执行机关的属性与公共管理任务的完成，民事主体身份也是服务于其职能的履行。村民委员会的职能行使中贯穿以权力与权利，当前社会公权力的膨胀与自治性微弱的自治困境需要在特别法人制度的整体规范构建中高度重视其职能的履行，通过修整《村民委员会组织法》职能与组织制度等规定，并将其确立为法人章程的公法规范主要内容，以应对基层的复杂性。村民委员会特别法人制度设计还应结合村民委员会职能履行的实践情况，制定出村民委员会民事主体的具体规范以充实村民委员会特别法人制度的私法规范。鉴于全国经济发展的不平衡，村民委员会类型多样化发展，其特别法人制度的构建应建立在调研更多具有代表性的地区的资料基础上，结合实践中职能履行情况制定出更加贴合实际的规范，如此，才更具有指导意义。

The Current Situation, Dilemma and Response Strategies to the Function Performance of Village s' Committee

——A Field Survey of 6 Townships in Hunan and Hebei as a Sample

XIONG Jing

Abstract: The villagers' committee is a special legal person based on the practice of villagers' self – governance. The institutional design of the special legal person should also focus on the practical needs of villagers' committees in performing their duties. The results of field surveys in six townships in Hunan, Hebei, Jiangxi, and Henan regions show that there is a dilemma of abuse of social public power and dilution of autonomy of villagers' committees in the performance of their functions. This is the result of a combination of factors stemming from the mixed political and economic functions of villagers' committees, the detachment of the regulatory system of the Organic Law of Villagers' Committees from practice, the blurring of the boundaries of administrative assistance, and the reliance on the material base of the grassroots government. adjustments should be made to the Organic Law of the Villagers' Committees. Separating the economic functions of villagers' committees and building new cooperative relations between villagers' committees and rural collective economic organizations. Regulating its administrative assistance functions, improve the provisions of the organizational system. Establish the revised Organic Law of the Villagers' Committee as the main content of the corporate charter of the Villagers' Committee, focusing on power limitation and rights protection.

Keywords: villagers' committee; special legal person; function performance; right to self – governance; organic law of villagers' committee

（编辑：尤婷）

域外经验

民粹主义对欧洲人权法院的挑战

［捷克］扬·佩特洛夫* 著　范继增　郭于羲** 译

摘　要　本文从近期欧洲出现的非比寻常的民粹主义浪潮的视角分析欧洲人权法院的现状。笔者发现如果欧洲人权法院司法审查与民粹主义意识形态发生冲突，那么后者将会对前者形成严重和特殊的挑战。民粹主义独特性威胁的根源在于它将民粹主义意识形态的基础、广泛地对诉求和煽动民众以及民粹主义者倾向消除对自身权力的限制。针对最后一个特征，本文将介绍民粹主义对抗人权法院的技术手段分类，并且要全面分析欧洲人权法院的机构设置。笔者在结论部分认为尽管欧洲人权法院在财政预算和法官人员的遴选等事务中尚未达到完美的境地，但是尚能抵制民粹主义者对其结构性特征和司法人员的攻击。但是，民粹主义者包括用"责骂叙事"的手段在内，采取了强有力的反人权法院的措施，即通过去合法化途径逐渐削弱人权法院的权威性与合法性。由于人权法院在过去十年中不能很好地应对合法性挑战，所以民粹主义的策略切中了人权法院的要害。因此，面对民粹主义的挑战，人权法院需要注意管理自身的社会正当性。

关键词　民粹主义　欧洲人权法院　反法院技术

一、前言

《欧洲人权公约》（以下简称为《人权公约》）和欧洲人权法院（以下简称"人权法

* 扬·佩特洛夫（Jan Petrov），马萨里克大学法学院司法研究所（JUSTIN）研究员。本文的研究获得欧盟2020年研究与创新计划支持的欧洲研究理事会的支持（授权号：678375 JUDI－ARCH ERC－2015－STG）。

** 范继增，山东工商学院法学院副教授，四川大学法学院特聘副研究员，意大利比萨圣安娜大学法学博士；郭于羲，四川大学法学院2020级人权法学研究生。

院”或者“斯特拉斯堡法院”）被誉为“世界上最有效的人权保障体制”① 或是“所有保护公民权利与政治权利最好的司法机构桂冠上的宝石”②。然而，一段时间以来，人权法院在批评和抵制的浪潮中承受着巨大的压力。③ 并无任何的迹象显示当代欧洲社会和政治的发展会在短时间内缓解压力。特别是“民粹主义大爆发”④ 已经给人权法院带来了巨大的压力，民粹主义的异常崛起是欧洲自冷战结束以来最大的政治转型。⑤ 的确，民粹主义的领袖们将欧洲人权法院描绘为“对欧盟人民安全的威胁”⑥，无用的“欧洲马戏团”⑦，和“贪婪的怪物”⑧。尽管如此，民粹主义对欧洲人权法院的挑战尚未得到充分的研究。本文的写作目的是解释民粹主义为何以及如何挑战和逐步威胁欧洲人权法院的独立性、权威性和合法性。

本文认为由于民粹主义的意识形态基础，民粹主义者的沟通方式以及他们的诉求得到普通民众响应等因素的结合，导致民粹主义对人权法院的挑战。这些特征都预示着近期民粹主义的兴起将对欧洲人权法院形成前所未有的紧迫挑战。考虑到民粹主义的意识形态无法与欧洲人权法院匹配以及民粹主义领袖们希望借此消除自身权利的限制，本文将进一步研究人权法院如何抵挡民粹主义的持续性攻击。笔者的结论是欧洲人权法院可以有效地抵制两类民粹主义的进攻策略：限制人权法院参与特定的议程（例如，剥夺欧洲人权法院的司法管辖权，瘫痪人权法院等策略），以及通过攻击特定的审判法官以达到“驯服”人权法院的目的。尽管人权法院的状况尚不完美，尤其是预算和司法人员遴选领域中的问题非常严重，但是人权法院却可以很好地武装自己免于受到民粹主义者对其结构特征和司法人员进行持续性的攻击。当然，这要归功于《欧洲人权公约》采纳了分散式的司法审查体系，才缔造了高水平的司法自治和制度性的司法独立。

但是，民粹主义时代出现了另一种间接性的策略手段。这种方式的威胁性在于逐步削

---

① Alec Stone Sweet & Hellen Keller, “Introduction: The Reception of the ECHR in National Legal Orders”, in H. Keller & A. Sweet (eds.), *A Europe of Rights: The Impact of the ECHR on National Legal System*, Oxford University Press, 2012, p. 11.

② Laurence Helfer, “Redesigning the European Court of Human Rights: Embeddedness as a Deep Structural Principle of the European Human Rights Regime”, 19 *European Journal of International Law*, No. 1 (2008), p. 125.

③ Patricia Popelier, Sarah Lambrecht & Koen Lemmens (eds.), *Criticism of the European Court of Rights*, Intersentia, 2016, p. 3.

④ John Judis, *The Populist Explosion*, Columbia Global Reports, 2016.

⑤ Martin Eiermann, Yascha Mounk, & Limor Gultchin, *European Populism: Trends, Threats and Future Prospects*, Institute for Global Change (Dec 29, 2017), available at https://institute.global/insight/renewing-centre/european-populism-trends-threats-and-future-prospects.

⑥ “Orban Attacks the European Court of Human Rights”, EURACTIV.com (2017), available at https://www.euractiv.com/section/global-europe/news/orban-attacks-the-european-court-of-human-rights-at-epp-congress/.

⑦ “Italy Violated Human Rights of Mafia Boss”, THE LOCAL (Oct 25, 2018), available at https://www.thelocal.it/20181025/italy-violated-human-rights-of-mafia-boss-eu-court.

⑧ Thierry Baudet, *The Anti-democratic Impulses of the ECHR*, SPIKED (Jan 19, 2011), available at https://www.spiked-online.com/2011/01/19/the-anti-democratic-impulses-of-the-echr/.

弱其在缔约国内的权威性和社会正当性，从而使人权法院地位逐渐边缘化。民粹主义意识形态和政治风格的结合恰是实现削弱人权法院权威性的力量。民粹主义的意识形态导致了对当下欧洲自由民主的宪法制度结构的批判和阐释如何实现“真正”民主的宪法性视野。进而，民粹主义者倾向于将国际人权法院作为“责骂叙事”（blame of narrative）的对象，用以解释谁应对当前人民的问题负责以及如何解决这些问题。民粹主义者的叙事解决了人民因缺乏对政治权力的控制而担忧失去社会经济和身份地位，从而获得了一般民众的共鸣。通过谴责人权法院并激发人民对其仇恨情绪，民粹主义者掌握了动员人民的巨大能力，这种能力甚至具有跨国性的影响，并对人权法院的判决内容进行攻击。这些手段是扭曲和破坏人权法院独立性和权威性的社会与政治的根源。显然，这对人权法院具有极高的威胁性。民粹主义将其主要火力集中在过去十年中人权法院的脆弱面——合法性挑战。换句话说，民粹主义浪潮对欧洲人权法院的最大挑战是改变了欧洲范围内对人权案件裁决的社会政治观念。

本文的新颖性贡献体现在三个方面：首先，通过分析民粹主义的概念表达基础和民粹主义对人权法院实际挑战的路径，笔者解释了欧洲的民粹主义和国际人权管辖机构的矛盾和表现。其次，本文限制司法权和规训人权法院的新颖技术种类，并且通过这类技术中内含的不同内容研究人权法院应对策略和方法。因此，可以证明民粹主义不仅是对法治参与者的威胁，而且也威胁着人权法院的特定制度设计。最后，本文的分析结果表明当面临民粹主义的挑战时，正式的独立司法制度机制无法足够达到保障法院结构特征和司法人员的标准。文章详细阐述了人权法院受到民粹主义去合法化策略的影响，导致其逐渐丧失权威基础，所以笔者论证了民粹主义时代下人权法院巩固其社会正当性具有极为重要的意义。

本文其余部分涉及以下内容：笔者为了在第二部分展现为何民粹主义会反对国际人权裁判机构的司法独立，所以将民粹主义重构为一种意识形态和宪法规划（constitutional project）。由于执政的民粹主义领袖们企图巩固他们的地位以及消解对他们权力的限制，所以笔者将在第三部分将分析新的反人权法院的技术，研究人权法院的机构设置，并评估了人权法院的制度设计应对民粹主义挑战的风险和应对资源。第四节将是本文的结论部分。

二、作为意识形态与宪法规划的民粹主义：对国际人权法院的威胁

在政治话语体系中，“民粹主义”的帽子经常被政客们用于羞辱政治对立者并指责他们参与煽动叛乱或者为他们贴上“机会主义”的标签。[①] 然而，民粹主义的概念远大于此。部分学者将民粹主义描述为一种特殊的政治风格、政治运动、策略或话语。[②] 在这种

① Cas Mudde, “The Populist Zeitgeist”, 39 *Government & Opposition*, No. 4 (2004), pp. 542 – 543.

② 参见 Takis Pappas, “Modern Populism: Research Advances, Conceptual and Methodological Pitfalls, and the Minimal Definition”, in *Oxford Research in Encyclopedia of Politics*, 2016。

情况下，民粹主义与具有动员民众强大能力的魅力式政治领袖相结合①，通过追求政治情感因素的激进性②和寻求借助“大多数无组织追随者的直接，无中介渠道和无制度性支持”③ 途径行使权力。

除此之外，在研究过程中民粹主义还被视为一种独特政治意识形态。但是，相比于传统的自由主义或者社会主义意识形态，民粹主义意识形态基础较为薄弱，尚不能提供一张展示其内容的全景图。民粹主义仅提供了一系列关于“民主可以和应当如何运行，领导人可以和应当如何与人民相联系”。④ 因此，凯斯·穆德（Cas Mudde）提出了的民粹主义定义具有影响性：“一种将社会最终将被分为两个同质却相互对立的意识形态，即‘单纯善良的人民’与‘腐败的社会精英’两个群体，并认为政治的本质应该是人民公共意志的表达”。⑤

同样，其他作者指出民粹主义强调提升人民主权、多数人统治、增强人民的同质性和对精英阶层的敌视。⑥ 然而，除这些共同特征外，民粹主义还呈现出其他多种形式。民粹主义就如同变色龙一样，与不同政治思想的结合导致不同形式民粹主义。⑦ 本文所提及的民粹主义的概念是指现今欧洲政治生活中占主导地位的版本，也是欧洲人权法院最为急迫所解决的问题，即民粹主义与重要的排他主义，民族主义和反多元主义的因素相结合。⑧ 反多元主义导致了他们宣称人民和人民意志的代表享有排他性的权威：“民粹主义者宣称只有他们才能代表人民”。⑨ 正如下面所展示的反多元主义具有反自由主义的含义。⑩ 因此，笔者在本文将“民粹主义”特指其他学者界定的带有威权色彩的民粹主义（authoritarian popularism）。⑪

---

① Michael Kazin, *The Populist Persuasion: An American History*, Cornell University Press, 1998, p. 1.

② Carlos de la Torre, *Populist seduction in Latin American*, Ohio University Press, 2010, p. 4.

③ Kurt Weyland, “Clarifying a Contested Concept: Populism in the Study of Latin American Politics”, 34 *Comparative Politics*, No. 1 (2001), p. 14..

④ Aziz Z. Huq, “The People Against the Constitution”, 116 *Michigan Law Review*, No. 6 (2018), p. 1132.

⑤ Cas Mudde, “The Populist Zeitgeist”, 39 *Government & Opposition*, No. 4 (2004), p. 543.

⑥ 例如，Margaret Canovan, “Taking Politics to the People: Populism as the Ideology of Democracy”, in Yves Mény & Yves Surel (eds.), *Democracies and The Popularist Challenge*, Springer, 2002, 25; Nadia Urbinati, “The Populist Phenomenon”, 51 *Raisons Politique*, No. 3 (2013), p. 137。

⑦ Paul Taggart, *Populism*, Open University Press, 2000, pp. 2 – 4.

⑧ Cas Mudde and Cristòbal Rovira Kaltwasser, “Exclusionary vs. Inclusionary Populism: ComparingContemporary Europe and Latin America”, 48*Government and Opposition*, No. 2 (2013), p. 155; Bojan Bugaric, “The Two Faces of Populism: Between Authoritarian and Democratic Populism”, 20 *German Law Journal*, Specia; Issue 3 (2019), p. 390.

⑨ Jan – werner Müller, *What is Populism?*, University of Pennsylvania Press, 2016, p. 20.

⑩ 同时参见 Gábor Halmai, “Populism, Authoritarianism and Constitutionalism”, 20 *German Law Journal*, Special issue 3 (2019), p. 296; Kim Lane Scheppele, “Autocratic Legalism”, 85 *University of Chicago Law Review*, No. 2 (2018), p. 545。

⑪ 例如 Pippa Norris & Roger Inglehart, *Cultural Backlash: Trump, Brexit and the Rise of Authoritarian Populism*, Cambridge University Press, 2018; Bojan Bugaric & Alenka Kuhelj, “Varieties of Populism in Europe: Is the Rule of Law in Danger?”, 10 *Hague Journal of Rule of Law*, No. 1 (2018), p. 22。

（一）建构民粹主义意识形态大厦的基石

民粹主义的意识形态是建立在对宪法立法和政治理论基本概念的特定性理解之上的。民粹主义者将特定的人民形态、人民意愿以及政治与宪法特征概念相结合，导致其形成无法与制约民意相融合的新的宪法规划。为了使读者能更好理解民粹主义对人权法院的挑战和建构我的观点，首先应该从民粹主义视角研究这些概念。

民粹主义观念下的“人民”具有反精英，反多元和反个人主义的特征。民粹主义意识形态的起点是将社会分为对立的两极——“我们”与敌对的“他们”。社会因此分为了不同的两类人群：普通、平常和真实的人民与社会精英。因此，并非所有的社会成员都是民粹主义概念里的人民。① 精英被广泛定义为控制国家和社会的统治阶级，政治、经济、文化和媒体中的社会精英摧毁了真正人民的意志。②凯斯·穆德（Cas Mudde）和克里斯托堡·霍维拉·卡特瓦泽（Cristòbal Rovira Kaltwasser）认为民粹主义中的“人民”的概念具有对立统一的辩证关系。其目的是动员和团结大多数群众对抗共同的敌人——社会精英分子。③ 但是，民粹主义下“人民”的概念是模糊的，甚至是一种虚构。④ 人民的概念通常是指被政治权力排除在外的不特定群体——即感觉到被社会精英压迫的人民。模糊的定义使得民粹主义者可以在不同的社会群体中形成统一战线，并创造他们共同的身份特征。⑤ 此外，道德性的诉求进一步加剧了社会的分歧。普通百姓被视为拥有纯粹的道德，而精英则被视为一群腐败之徒。⑥

普通民众同质化的观点是民粹主义对人民意志概念化的基础。它的本质具有一元性，即拥有一个团结的人民，一种利益和一个意愿。⑦ 由于民粹主义领导人了解人民的唯一意志源于人民共同的意识——常识，所以将其视为人民同质化的政治意志。换句话说，政治就是依据常识解决普通民众的问题。⑧ 因此，民意内容并非总是通过宪法正式确立的民主

---

① Jan - werner Müller, *What is Populism?*, University of Pennsylvania Press, 2016, p. 21.

② Cas Mudde & Cristòbal Rovira Kaltwasser, *Populism: A Very Short Introduction*, Oxford University Press, 2017, p. 12.

③ Cas Mudde & Cristòbal Rovira Kaltwasser, *Populism: A Very Short Introduction*, Oxford University Press, 2017, p. 11; Margaret Canovan, “Taking Politics to the People: Populism as the Ideology of Democracy”, in Yves Mény & Yves Surel (eds.), *Democracies and The Popularist Challenge*, Springer, 2002, p. 34.

④ Jan - werner Müller, *What is Populism?*, University of Pennsylvania Press, 2016, p. 20.

⑤ Cas Mudde & Cristóbal Rovira Kaltwasser, *Populism: A Very Short Introduction*, Oxford University Press, 2017, p. 9 – 10.

⑥ Jan - werner Müller, *What is Populism?*, University of Pennsylvania Press, 2016, p. 24.

⑦ Luigi Corrias, “Populism in a Constitutional Key: Constituent Power, Popular Sovereignty and Constitutional I-dentity”, 12 *European Constitutional Law Review*, No. 1 (2016), p. 11.

⑧ Cas Mudde, “The Populist Zeitgeist”, 39 *Government & Opposition*, No. 4 (2004), p. 547 and p. 560.

程序被发现，也产生于无权力民众的直觉中。[①] 民粹主义者赋予人民意志最高的规范与道义效力。[②]

实践性政治要求以真正的方式（authentic way）认知和执行人民的意志。[③] 民粹主义认为政治的主要任务是使通过人民意志所表达的意见与国家政府表达的意见享有同等的权威性。[④]因此，民粹主义对于民意的解释呈现出一元论、自证性、道德正确性以及要求真正实施人民意志。实现人民意志的真实性将我们引入到了民粹主义意识形态的下一个要素，何为"政治"的概念？

民粹主义者批判自由民主的结构和宪法程序解构了人民的意志，并且剥夺了其真实性。他们认为宪法民主制度和程序导致了"政治"被单纯的"行政管理"所取代。[⑤] 结合政策选项严格地限定在从国际法规范或者自由主义下的政治正确性话语中进行选择，自由主义的宪法结构将国家政体变成"缺乏选项的民主政体"。[⑥]

民粹主义的目的是将真实的人民意志带回到政治之中并且使公共领域重新政治化。[⑦] 这种目的是建构在卡尔·施米特（Carl Schmitt）的政治概念之上，形成两极化的政治对抗。[⑧] 这就意味着民粹主义意识形态下政治的核心驱动力是人民与社会精英的相互仇恨。没有对立，就不存在政治，仅存的是行政管理。[⑨] 因此，民粹主义的宪法规划拒绝了自由立宪主义下的"无休止的诉讼"[⑩] 和宪政民主设计中的权力限制。[⑪] 民粹主义者也用相同的观点反抗国际法层面对权力的限制。[⑫] 总之，民粹主义宣称政治优先于法律。[⑬] 此外，

---

① Jan－werner Müller, *What is Populism?*, University of Pennsylvania Press, 2016, p. 26; Margaret Canovan, "Taking Politics to the People: Populism as the Ideology of Democracy", in Yves Mény & Yves Surel (eds.), *Democracies and The Popularist Challenge*, Springer, 2002, p. 32.

② Ben Stanley, "The Thin Ideology of Populism", 13 *Journal of Political Ideology*, No. 1 (2008), p. 101.

③ Ben Stanley, "The Thin Ideology of Populism", 13 *Journal of Political Ideology*, No. 1 (2008), pp. 104－05.

④ Nadia Urbinati, "The Populist Phenomenon", 51 *Raisons Politique*, No. 3 (2013), p. 140.

⑤ Cas Mudde, "The Populist Zeitgeist", 39 *Government & Opposition*, No. 4 (2004), p. 555.

⑥ Ivan Krastev, "The Strange Death of the Liberal Consensus", 18 *Journal of Democracy*, No. 4 (2007), pp. 60－61.

⑦ Cas Mudde, "The Populist Zeitgeist", 39 Government & Opposition, No. 4 (2004), p. 555.

⑧ 参见 Carl Schmitt, *The Concept of The Political*, trans by G. Schwab, The University of Chicago Press, 1996。

⑨ Ben Stanley, "The Thin Ideology of Populism", 13 *Journal of Political Ideology*, No. 1 (2008), p. 97.

⑩ Nadia Urbinati, "The Populist Phenomenon", 51 *Raisons Politique*, No. 3 (2013), p. 147.

⑪ Margaret Canovan, "Trust the People! Populism and the Two Faces of Democracy", 47 *Political Studies*, No. 1 (1999), p. 2; Cas Mudde, "The Populist Zeitgeist", 39 *Government & Opposition*, No. 4 (2004), p. 561.

⑫ Paul Blokker, *Populist Constitutionalism*, Verfassungsblog (May 4, 2017), available at http://verfassungsblog.de/populist－constitutionalism/.

⑬ Gábor Halmai, "Populism, Authoritarianism and Constitutionalism", 20 *German Law Journal*, Special issue 3 (2019), p. 306.

民粹主义倾向于忽视普通性政治和宪法性政治的差别①，导致了将人民意志置于宪法之上。② 施米特主义的思想再次被引用——人民不仅永远享有制宪权，也可以直接行使制宪权："在民主政体中，人民就等于主权。人民的意志可以打破整个宪法规范体系的束缚"。③

民粹主义思想的另一个核心要素是宪法特征（constitutional identity）。根据加里·雅各布森（Gary Jacobson）的说法，宪法特征"是国家先前的政治愿望和承诺混合性的政治表达，也是社会中希望超越过去形态的人们意志与决心"。④ 所以，宪法特征成为在特定政体中建构社会和法律关系的基础。⑤ 同样，米切尔·罗森菲尔德（Michel Rosenfeld）认为宪法特征是对任何需要构建"有特点的自我形象"的想象共同体的反映。⑥ 宪法特征概念承担了"解释和叙事的框架，使共同体演变为有组织的想象共同体"。⑦ 对民粹主义而言，建构一个等同于宪法特征的特殊叙事对民粹主义非常重要。普通民众的同一性意味着政治共同体有着一致性的宪法特征。⑧ 这种宪法特征通常采取类似于神话的历史叙事方式描述人民的伟大。⑨ 为了回应和对抗全球共同主义（cosmopolitanism）的兴起对于民族特征的影响，民粹主义的宪法特征通常表述为"地方主义对全球共同主义的反击……，即只有前者才能代表特定的政体，地区或社区'真实'身份"。⑩

民粹主义意识形态的核心是宪法特征的历史和身份认同维度常与笔者所说的"责骂叙事"相联系。民粹主义经常源自人民对现实生活的不满，并由于人们的沮丧、焦虑和对未

① Paul Blokker, *The Populist Threat to Democratic Constitutionalism*, EUI blog (Nov 14, 2017), https://blogs. eui. eu/constitutionalism - politics - working - group/populist - constitutionalism - 4 - populist - threat - democratic - constitutionalism/.

② Oran Doyle, "Populist Constitutionalism and Constituent Power", 20 German Law Journal, Special issue 2 (2019), p. 162.

③ Carl Schmitt, *Verfassungslehre*, 1928, p. 275. See also Heiner Bielefeldt, "Carl Schmitt' s Critique of Liberalism", in D. Dyzenhaus (ed.), *Law as politics: Carl Schmitt' s Critique of Liberalism*, Duke University Press, 2014, p. 28.

④ Gary J. Jacobsohn, *Constitutional Identity*, Harvard University Press, 2010, p. 7.

⑤ Gary J. Jacobsohn, *Constitutional Identity*, Harvard University Press, 2010, p. 8.

⑥ Michel Rosenfeld, "Constitutional Identity", in M. Rosenfeld & A. Sajò (eds.), *Oxford Handbook of Comparative Constitutional Law*, Oxford University Press, 2012, p. 759.

⑦ Michel Rosenfeld, "Constitutional Identity", in M. Rosenfeld & A. Sajò (eds.), *Oxford Handbook of Comparative Constitutional Law*, Oxford University Press, 2012, p. 759.

⑧ Luigi Corrias, "Populism in a Constitutional Key: Constituent Power, Popular Sovereignty and Constitutional Identity", 12 *European Constitutional Law Review*, No. 1 (2016), p. 13.

⑨ Luigi Corrias, "Populism in a Constitutional Key: Constituent Power, Popular Sovereignty and Constitutional Identity", 12 *European Constitutional Law Review*, No. 1 (2016), p. 13; Nadia Urbinati, "The Populist Phenomenon", 51 *Raisons Politique*, No. 3 (2013), p. 139.

⑩ Ran Hirschl, "Opting Out of 'Global Constitutionalism'", 12 *Law & Ethics of Human Rights*, No. 1 (2018) p. 35.

来的恐惧而逐渐恶化。因此，需要一种对抗现有制度的政治力量。① 作为民粹主义意识形态供给者的民粹领导者们用简单的语言叙述了民粹主义产生的缘由和人民焦虑的后果："这就是正在发生的事实，也可以解释为什么人民要对你们（社会精英）这样做"。② 因此，民粹主义意识形态下的宪法叙事常常是以敌对性为基础。这个过程试图识别出并归咎于那些引起普通民众焦虑的罪恶。③

（二）民粹主义的宪法规划：反对法院、技术官僚和超国家法律制度

倘若我们将民粹主义意识形态下的四种要素相结合，我们就会发现民粹主义很难与源自宪法和国际法的分权与制衡原则相匹配。民粹主义的意识形态无法容忍对民粹领导者确认的人民意愿的约束。

自由主义模式下的宪法结构义重视限制政府权力和防止出现暴政的制约与平衡的宪法价值，增强治理社会的技能，确保政府政策的合法性。④ 制约与平衡的宪法机制还通过建立分散式（decentralization）和耗时性的制定决策体系确保人们免于对激情导致的错误可能付出代价。民粹主义者既不认为这些价值是可取的，也不相信制约与平衡的宪法机制会产生如此功效。在民粹主义者看来，承担约束权力的机构和个人会抑制人民表达真正的意志。而且，由于民粹主义认为解决普通百姓的问题方法具有明显且简单的性质，所以制约与平衡宪法设计本身就不具有必要性和有效性。⑤ 因此，从概念的视角分析，威权民粹主义的宪法规划的基础是反对约束普通民众的意志，并且趋向于拒绝多元化和不赞同设置保障少数群体的权利和制度。⑥ 民粹主义者利用民众的恐慌，用"责骂叙事"批判这些法律结构和制度。出于同样的原因，民粹主义通常是反对技术官僚和非多数人优先的政治制度。民粹主义者将其描述为"制度化的精英主义与对民主的威胁"。⑦

在这方面，司法权涌入了我们的视野。全球范围内针对议会立法的司法审查使得国家

---

① Dani Rodrik, "Populism and the Economics of Globalization", 1 *Journal of International Business Policy*, No. 1 (2018), p. 24。

② Dani Rodrik, "Populism and the Economics of Globalization", 1 *Journal of International Business Policy*, No. 1 (2018), p. 24。

③ Ivan Krastev, "The Strange Death of the Liberal Consensus", 18 *Journal of Democracy*, No. 4 (2007), pp. 60 – 61.

④ Jenny Martinez, "Horizontal Structuring", in M. Rosenfeld & A. Sajò (eds.), The Oxford Handbook of Comparative Constitutional Law 547, 548 (eds., 2012).

⑤ Margaret Canovan, "Trust the People! Populism and the Two Faces of Democracy", 47 *Political Studies*, No. 1 (1999), p. 6.

⑥ Cas Mudde & Cristóbal Rovira Kaltwasser, *Populism: A Very Short Introduction*, Oxford University Press, 2017, p. 81.

⑦ Frank Vibert, The Rise of The Unelected: Democracy and The New Separation of Powers, Cambridge University Press, 2007, p. 3.

的宪法法院或最高法院成为民主立法的重要参与者之一。① 少数服从多数不再是决定某些特定问题的方法，反而法官可以对这些问题享有管辖权。同样，尽管普通法院缺乏违宪审查权，但是却可以通过对行政行为的司法审查权和审查国内法是否符合国际人权公约和欧盟法的途径影响公共政策。② 由于法院和法官通常在民主治理体系中具有更大的影响力和话语权，所以许多民粹主义领导人在掌权后，就企图控制法院。

除了通过国内法院用司法权控制政治之外，近期的历史发展还产生了另外一种趋势——国际司法机构不断扩展其管辖权。③ 各种国际性法院（IC）旨在影响国家行为，并促使国家转向尊重国际法。在过去的几十年中，许多国际性法院都经历了巨大的变革。学者们甚至提到了国际性法院创造和使用范式的变化。④ 至少某些“新”的国际性法院已经掌握更大的权力，并且其承担了远远超出了解决国家间争端的司法角色。求助于国际法院的解决问题的范围越加广泛，也推进了国内法院吸纳国际法院判决的进程，并且某些国际性法院从具有高度地独立于国家控制的地位。⑤ 结果，国际性法院的权威（最为突出的就是欧洲人权法院）以及对国内政治的改变都得到了显著的提升。⑥ 随之产生的问题是民粹主义对国际人权法的不满，尤其是对普遍性的期许抱有愤恨。尤其是民粹主义者将国际人权规范视为对人民意志和宪法特征的非民主性和个体化的障碍。⑦ 结果国际性人权法院和准司法机构，以及对将人权案件提交到上述国际性机构的国际性非政府组织刺激了民粹主义者的神经。⑧

国际性法院的崛起展现了一种普遍的态势——即对限制多数人治理模式的国际化。民粹主义认为全球化和国际组织，国际非政府组织和跨国公司不断提供的影响力是不受控制的国际精英阻碍实现国内真正人民意志的外部障碍。因此，民粹主义者通常包括国际参与

---

① 例如，Alec Stone Sweet, *Governing with Judges*, 2000; Ran Hirschl, “Judicialization of Politics”, in G. Caldeira (ed.), The Oxford Handbook of Law and Politics, Oxford University Press, 2008。

② Leonard Besselink, “The Proliferation of Constitutional Law and Constitutional Adjudication, or How American Judicial Review Came to Europe After All”, 9 *Utrecht Law Review*, No. 2 (2013), p. 19.

③ Cesare Romano, “The Proliferation of International Judicial Bodies: The Pieces of the Puzzle”, 31 *New York University Journal of International Law and Policy*, No. 4 (1999), p. 79.

④ Karen Alter, *The New Terrain of International Law*, Princeton University Press, 2014, p. 3.

⑤ Robert O. Keohane, Andrew Moravcsik, & Anne - Marie Slaughter, “Legalized Dispute Resolution: Interstate and Transnational”, 54 *International Organization*, No. 3 (2000), p. 469; Karen Alter, “Delegating to International Courts: Self - Binding vs. Other - Binding Delegation”, 71 *Law and Contemporary Problems*, No. 1 (2008), p. 37.

⑥ Karen Alter, “Tipping the Balance: International Courts and the Construction of International and Domestic Politics”, 13 *Cambridge Yearbook of European Legal Studies*, No. 1 (2011), p. 1. 参见 infra note 97，以及本文的第三部分。

⑦ Paul Blokker, *Populist Constitutionalism*, Verfassungsblog (May 4, 2017), available at http: //verfassungsblog. de/populist - constitutionalism/.

⑧ Philip Alston, “The Populist Challenge to Human Rights”, 9 *Journal of Human Rights Practice*, No. 1 (2017), p. 1

者和支持他们进行责骂叙事的国内领导人。[①] 在欧洲，民粹主义经常与欧洲怀疑论者统一战线，共同对欧洲一体化的精英和非民主代议的性质进行批评。[②]

波斯纳认为近期的事件甚至表现冷战后形成的自由国际主义（liberal internationalism）可能已经走到了尽头。[③] 全球化的利益分配不均，许多人感到全球化和国际机构将其利益抛弃。[④] 民粹主义领导人认为国际范围的决策者不是为了普通老百姓利益着想，而是服务精英者利益。结果，"国际机构成为民粹主义轻易抨击的目标，部分国家领导人也成为民粹主义的支持者。民粹主义者已经可以通过批评全球化和国际法带来不安全和经济异常的途径削弱构建国际主义秩序精英的权威"。[⑤]

总体而言，反对自由主义模式的分权与制衡的宪法设计和反对限制权力的理念是民粹主义常见的意识形态内容，也是常见的民粹主义强人政治模式。但是，并不是所有的民粹主义的支持者都赞同这一点："即使不同意民粹主义领导人提出简单化解决方案的选民，也可能会在面对那些长时间不属于政治话语的议题时会找到欣慰"。[⑥] 亚沙·穆克（Yascha Mounk）认为人民对于未来的忧虑和担心失去其当前的身份、经济和社会地位驱动了他们对于民粹主义者的支持。[⑦] 从这个视角分析，我们有理由承认民粹主义找到了自由主义宪政民主政体长期所忽视和沉默的问题，尤其是一方面个人主义与世界共同主义之间的张力，另一方面则体现了集体主义和特殊主义（particularism）间的张力。[⑧] 因此，本杰明·阿迪蒂（Benjanmin Arditi）将民粹主义比作为醉酒后而向其他人提出无理问题的"受邀囧客"。然而，这些问题可能针对重要的隐藏性难题。[⑨]

国际性法院或者欧洲人权法院如何才能符合当下的要求呢？司法性与国际性治理下的

---

① Dani Rodrik, "Populism and the Economics of Globalization", 1 *Journal of International Business Policy*, No. 1 (2018), p. 25.

② Paul Taggart, "Populism and Representative Politics in Contemporary Europe", 9 *Journal of Political Ideology*, No. 3 (2004), p. 270.

③ Eric Posner, "Liberal Internationalism and the Populist Backlash", 49 *Arizona State Law Journal*, No. 2 (2017), pp. 812 – 813.

④ Michael J. Trebilcock, Dealing with Losers: The Political Economy of Policy Transition, Oxford University Press, 2014.

⑤ Eric Posner, "Liberal Internationalism and the Populist Backlash", 49 *Arizona State Law Journal*, No. 2 (2017), p. 816.

⑥ 参见对索菲亚·加斯顿（Sophia Gaston）话语的援引。Judy Dempsey, *Does Europe Have an Alternative to Populism*?, Carnegie Europe (Aug. 30, 2018) available at http://carnegieeurope.eu/strategiceurope/77134? lang = en。

⑦ Yascha Mounk, *The People vs. Democracy: Why Our Freedom is in Danger and How to Save It*, Harvard University Press, 2018, p. 157. 同时请参见 Eefje Steenvoorden & Eelco Harteveld, "The Appeal of Nostalgia: The Influence of Societal Pessimism on Support for Populist Radical Right Parties", 41 *West Europe Politics*, No. 1 (2018), p. 28。

⑧ Neil Walker, "Populism and Constitutional Tension", 17 *International Journal of Constitutional Law*, No. 2 (2019), p. 515.

⑨ Benjamin Arditi, Politics on The Edges of liberalism: Difference Popularism Revolution Agitation, Cambridge University Press, 2007, p. 78.

民主与身份认同缺陷属于被忽视的问题。[①] 可以说，欧洲人权法院对很多领域都行使了司法管辖权，这包括了人民最关注的道德和政治领域中的核心问题（例如安全或移民）。尽管有很多支持欧洲人权法院介入这些领域的良好论证，但行使司法管辖权是"是有代价的"。[②] 我们应该承认国际性法院对这些问题的司法审判可以形成去政治化的解决方法，但是这也导致人民对缺乏管控上述棘手问题的控制措施而感到焦虑。[③] 因此，尽管有着人不认同民粹领袖提出的简单化解决方案以及国际治理是精英们的阴谋叙事，但是考虑到国际性法院的裁判导致了国内人民焦虑和担忧的事实，就会有助于我们了解为何人民支持民粹主义者提出的解决方案。这就意味着民粹主义者"责骂叙事"对许多人产生吸引力的同时，也对欧洲人权法院产生了威胁。

非常明显的是国际性法院，尤其是欧洲人权法院一直受到民粹主义的挑战。[④] 最近，欧洲人权法院受到了包括缔约国政府、法官、学者和主流媒体的批评。尽管这些人有时利用了民粹主义的逻辑思维对人权法院提出批评，但笔者认为民粹主义对欧洲人权法院构成了严重的挑战。尽管民粹主义的意识形态建构还尚处于薄弱阶段，但是民粹主义对应该如何运作民主提供了复杂的看法。民粹主义对上述概念的解读形成强烈性的涵义，并因此导致了特殊的宪法视野。这种视角与独立有效的国际人权管辖机制形成了鲜明的比较。国际人权法院的巨大影响性被认为是不合适的，无效的或缺乏民主正当性。民粹主义提供了批评欧洲人权法院行使管辖权是不道德的和敌视人民和民主的基础。因此，提出了一个取代泛欧自由主义制度的宪法规划。民粹主义的另一个基本特征是其广泛的吸引力和动员群众的能力。有关国际性法院正当性议题通常是由来自法律和政治领域的精英人士。[⑤] 但是，民粹主义将其提升到另一个层次。民粹主义的叙事必须围绕着人民的意志。利用民众对社会经济地位和身份认同的关注似乎比单纯利用主权观念或者批判国际性法院反对多数人决断的判决能更好地动员和团结人民。甚至，这种模式具有跨国的影响力。[⑥]

但是，掌权的民粹主义者用工具主义观念看待政治和法律制度。民粹主义当权者仅反

---

① Doreen Lustig & J. H. H. Weiler, "Judicial Review in the Contemporary World—Retrospective and Prospective", 16 International Journal of Constitutional Law, No. 2 (2018), pp. 338 - 45; Yascha Mounk, *The People vs. Democracy: Why Our Freedom is in Danger and How to Save It*, Harvard University Press, 2018, pp. 70 - 77; Neil Walker, "Populism and Constitutional Tension", 17 *International Journal of Constitutional Law*, No. 2 (2019), p. 75.

② Andrea Pin, "The Transnational Drivers of Populist Backlash in Europe: The Role of Courts", 20 *German Law Journal*, Special Issue 2 (2019), p. 236.

③ Andrea Pin, "The Transnational Drivers of Populist Backlash in Europe: The Role of Courts", 20 *German Law Journal*, Special Issue 2 (2019), p. 242. 另一方面，部分学者认为对政治问题的司法裁判会导致法院的政治化。参见 John Ferejohn, "Judicializing Politics, Politicizing Law", 65 *Law and Contemporary Problem*, No. 3 (2002), p. 64。

④ Kanstantsin Dzehtsiarou, *European Consensus and the Legitimacy of the European court of Human Rights*, Cambridge University Press, 2015, p. 146.

⑤ Basak Ç̦alı, Anne Koch, & Nicola Bruch, "The Legitimacy of Human Rights Courts: A Grounded Interpretivist Analysis of the European Court of Human Rights", 35 *Human Rights Quarterly*, No. 4 (2013), p. 962.

⑥ 具体内容请参见本文的第三部分第三节。

对和攻击那些不符合他们自身利益的制度。扬－维尔纳·穆勒（Jan－Werner Müller）认为“民粹主义者只反对那些特定的制度，即他们认为不能产生道德正确性政治结果的制度。但是，这种形式的‘反制度主义’（Anti－institutionalism）只有在民粹主义者反抗时才能清楚地表达出来。掌握的民粹主义者只对他们自己的制度满意”。① 可以明显地从威权民粹主义者行动中看出，他们根据自身宪法视野想调整制度结构。在全世界范围内，我们可以发现掌权的民粹主义者在努力消除宪法制度对行政权的制约，努力地改变选举规则，并限制独立媒体和非政府性的民间组织的活动，倘若这些团体未能产生民粹领袖所希望的结果。② 如果它们跨越的民粹领袖们设置的利益红线，法院通常是反对制约与平衡宪法设计的民粹主义者首要攻击的目标。③ 即便如此，掌权的民粹主义者并不需要废除法院。限制司法机构约束行政机构的方法也可达到他们的追求。最常用的两种策略是：限制法院审查给定行政议程的能力（例如，剥夺管辖权，使法院瘫痪），以及通过攻击司法人员和要求其作出符合民粹主义目标的判决，从而实现“驯服”法院。④

民粹主义的意识形态基石和民粹领袖们对国际性司法机构的攻击对欧洲人权法院有何种影响呢？实际上，民粹主义对强势的国内法院的反感也会影响到欧洲人权法院。人权法院通过动态性解释欧洲人权公约条款的方法提升欧洲人权保障标准。⑤ 人权法院的判决法理渗透到国内法院的判决之中⑥，进而影响了国内法律和宪法的解释和内容⑦，并改变了国内政治进程。⑧ 特别是在“新兴”的欧洲民主国家，欧洲人权法院的判决已经成为国内

---

① Jan－Werner Müller, “Populism and Constitutionalism”, in C. Rovira Kaltwasser *et al* (eds.), *Oxford Handbook of Populism*, Oxford University Press, 2017, p. 598.

② David Landau, “Populist Constitutions”, 85 University of Chicago Law Review. No. 2 (2018), p. 532; Jan－werner Müller, *What is Populism?*, University of Pennsylvania Press, 2016, p. 20.

③ See Bojan Bugarič & Tom Ginsburg, “The Assault on Postcommunist Courts”, 27 *Journal of Democracy*, No. 3 (2016), p. 73; Steven Levitsky & Daniel Ziblatt, *How Democracies Die*, Crown, 2018, pp. 78 – 81.

④ 这些策略在波兰和匈牙利的民粹主义者攻击宪法法院的事例中表现地非常明显。Bojan Bugarič & Tom Ginsburg, “The Assault on Postcommunist Courts”, 27 *Journal of Democracy*, No. 3 (2016), p. 73。

⑤ Kanstantsin Dzehtsiarou, “European Consensus and the Evolutive Interpretation of the European Convention on Human Rights”, 12 German Law Journal, No. 10 (2011), p. 1730.

⑥ Janneke Gerards & Joseph Fleuren (eds.), Implementation of the European Convention on Human Rights and of the Judgments of the ECtHR in National Case Law, Intersentia, 2014, p. 86。

⑦ David Kosař & Lucas Lixinski, “Domestic Judicial Design by International Human Rights Courts”, 109 *American Journal of International Law*, No. 4 (2015), p. 713; Dia Anagnosto (ed.), *The European Court of Human Rights: Implementing Strasbourg' s Judgments on Domestic policy*, Cambridge University Press, 2013; Alec Stone Sweet & Hellen Keller, “Introduction: The Reception of the ECHR in National Legal Orders”, in H. Keller & A. Sweet (eds.), *A Europe of Rights: The Impact of the ECHR on National Legal System*, Oxford University Press, 2012, p. 11.

⑧ Laurence Helfer & Erik Voeten, “International Courts as Agents of Legal Change: Evidence from LGBT Rights in Europe”, 68 *International Organization*, No. 2 (2014), p. 77.

机构的人权保障的说明书①，成为巩固民主发展和防止倒退的工具。②

此外，人权法院的判决与民粹主义意识形态的基础呈现出相悖的价值观。人权法院判决的法理基础建立在保障个人权利、社会多元主义、普遍主义和保障少数群体之上。实际上，人权法院已经开始实施了对抗民粹领袖的一些政策。仅举几个例子，在 2005 – 2007 年间波兰民粹主义盛行时期，欧洲人权法院裁定莱希·卡钦斯基（Lech Kaczynski）禁止在华沙举行声援同性恋权利游行违反了人权公约的义务。③ 最近，欧洲人权法院在土耳其政变未遂后处理了一系列限制表达自由的案件。④ 欧洲人权法院部分判决也已经关注了匈牙利政府总理奥尔班的民粹主义路线，特别是针对其移民政策⑤和免除安德拉斯·巴卡（András Baka）匈牙利最高法院院长职务的事件。⑥

所有这些方面都暗示了欧洲人权法院与民粹主义会产生冲突。考虑到上述提及的威权民粹领袖倾向于消灭限制他们政治计划的既有宪法制度，笔者将在下面的部分点明和分析人权法院应对民粹主义的方法和策略。本文的第三部分将通过民粹主义常使用的反对法院技术的视角检验欧洲人权法院的设置，并试图找到人权法院制度设计存在的风险隐患和应对民粹主义挑战的资源。

三、盘点与分析欧洲人权法院维护独立裁判能力的措施

强烈反对国际或者国内法院不是新现象。⑦ 纵观历史，反对司法权的人一直都在尝试用各种反法院（anti – court）的技术来限制或控制国内和国际的司法机构。⑧ 这一部分将

① Iulia Motoc & Ineta Ziemeie (eds.), *The Impact of The ECHR on Democratic Change in Central and Eastern Europe*, Cambridge University Press, 2016.

② Andrew Moravcsik, "The Origins of Human Rights Regimes: Democratic Delegation in Postwar Europe", 54 *International Organization*, No. 2 (2000), p. 217.

③ Baczkowski and others v. Poland, App. No. 1543/06, Judgment 3 May 2007. Ben Stanley, "Confrontation by Default and Confrontation by Design: Strategic and Institutional Responses to Poland' s Populist Coalition Government", 23 *Democratization*, No. 2 (2016), pp. 273 – 274.

④ Alpay v. Turkey, App. No. 16538/17, Judgment 20 March 2018; Altan v. Turkey, App. No. 13237/17, 20 March 2018.

⑤ 例如 Ilias and Ahmed v. Hungary, App. No. 47287/15, Judgment 3 March 2017。

⑥ Baka v. Hungary, App. No. 20261/12, Judgment 23 June 2016; David Kosař & Katarína Šipulová, "The Strasbourg Court Meets Abusive Constitutionalism: Baka v. Hungary and the Rule of Law", 10 *Hague Journal of Rule of Law*, No. 1 (2018), p. 83. 更多的关于民粹主义和欧洲人权法院的冲突请参见本文的第三部分第三节。

⑦ 请参见最新的研究成果 Wayne Sandholtz, Yining Bei, & Kayla Caldwell, "Backlash and International Human Rights Courts", in A. Brysk & M. Stohl (eds.), *Contracting Human Rights: Crisis, Accountability and Opportunity*, Edward Elgar, 2018, p. 159; Mikael Rask Madsen, Paula Cebulak, & Micha Wiebusch, "Backlash against International Courts: Explaining the Forms and Patterns of Resistance to International Courts", 14 *International Journal of Law in Context*, Special Issue 2, (2018), p. 197; Erik Voeten, "Populism and Backlashes against International Courts", 18 *Perspectives on Politics*, No. 2 (2020), p. 407。

⑧ "反法院的技术手段"词语的表达方法可能显得简单化。部分学者或者政客创制的"反法院的技术"的目的是为了增强法院判决的可控性和提高有效性，所有有着正当性。然而，笔者将其定义为负面性的词汇，仅指当其用于实施"邪恶"目的工具时的情况。

通过民粹主义适用反法院技术的不同内容检验欧洲人权法院的制度设计。笔者基于限制司法权力和规诫国内和国际法官的二手资料，整理了新颖的“反法院的技术手段”的分类。不同类型技术的共性是努力降低法院的权威和否定法院判决的效力。可以根据这些技术手段针对的对象将其分为三类：法院的结构特征，法官和社会合法性。有些技术手段并非是民粹主义的专利。任何隶属于其他政治派别的人也可以使用它们。因此，该分类可以适用于分析任何法院面临的各种挑战。但是，由于第2节已经指出民粹主义对法院的攻击可能会造成对欧洲人权法院的明显威胁，因此我们需要在这里评析欧洲人权法院体系的优势和劣势，并且找出欧洲人权法院如何通过改善制度设计的途径抵御这些技术手段的攻击。

表1　反法院技术手段

法院的结构特征	司法人员	社会合法性
废除法院	罢免不忠的法官	退出
剥夺管辖权	使法官忠诚	以退出相威胁
改变寻求法院救济和程序规则	任命忠诚的法官	批评
介入和干涉法院内容的工作程序		不遵守法院的判决
控制登记和准备审理的案件		
限制财政预算		

（一）针对欧洲人权法院结构特征的攻击

针对司法机构攻击的目的之一就是限制法院介入干涉民粹主义计划的能力。最直接的方法是废除法院或者用一个新的机构取而代之。① 也可以用“剥离管辖权”（jurisdiction stripping）的方式缩减司法权限。② 另一种用于阻止法院判决特定案件的技术方法就是更改法庭受理案件的规则。增加法院受理案件的难度就可以控制法院审理案件的事项。③ 能够瘫痪法院的有力方法就是改变程序规则并干预法院的内部运行。例如，在决定是否实施某种政策时，提高多数表决的门槛数量或者在处理案件的秩序过程中引入严格的规则，这

---

① Steven Levitsky & Daniel Ziblatt, *How Democracies Die*, Crown, 2018, pp. 80 – 81.

② David Kosař, *Perils of Judicial Self – government in Transitional Societies*, Cambridge University Press, 2016, pp. 95 – 96; Keith Rosenn, “The Protection of Judicial Independence in Latin America”, 19 *Inter – American Law Review*, No. 1 (1987), p. 24.

③ Fruzsina Gárdos – Orosz, “The Hungarian Constitutional Court in Transition—from *Actio Popularis* toConstitutional Complaint”, 53*Acta Juridica Hungarica*, No. 4 (2012), p. 302.

些方法都可以减低法院处理问题的效率。① 减少法院预算是另一种控制法院的方法。② 国家或者国际组织可以用约束法院预算的方法处罚或者奖赏法院判决和运行。③ 除此之外，预算不足还会导致法院因无法有效履行职权而陷入瘫痪。预算支持对法院完善工作条件有着重要的影响。这包括互联网技术的支持、设备、建筑物维护，人员数量等内容。④

除预算外，欧洲人权法院在面对攻击时有着很完善的保障措施，可以抵御外界对其结构特征的攻击。人权法院的强大之处在于其实施分散性的司法审判体制，这也成为事实上夯实人权法院基本特征的基础。同时，司法自治（Judicial Self - governance）也是其维护自身力量的关键。这两者使得许多上述列举出的反法院技术无法得以实施。

笔者用"分散性"一词表示司法治理者的多元性。欧洲人权法院是欧洲理事会（Council of Europe）的一部分，该委员会的47个国家是《欧洲人权公约》的缔约国。人权公约本身规范了人权法院最为关键的结构性特征问题，例如人权法院的内部结构、管辖权和权限、受理案件规则等。因此，缔约国必须面对极高的改变欧洲人权法院结构性特征的门槛。他们面临着"联合决策陷阱"。⑤ 关于人权法院事务的高层级决定结果可能会遭到的低层级的欧洲理事会成员国的抵制。这意味着人权公约直接规定的人权法院结构特征具有事实上的稳定性。

人权法院可以依据此种路径免受对其结构特征的直接攻击。废除《欧洲人权公约》，剥夺管辖权以及改变受理案件的程序规则皆需要对人权公约本身进行修改。考虑到缔约国的数量较多以及政治生态的多样性，不可能没有否决权来阻止此类攻击。但是，这并不意味着个别国家或志趣相投的国家集团不能发起针对法院的运动，并通过政治渠道非正式地影响法院的运作。⑥

第二个重要特征是人权法院在内部工作方面具有高度的自治性。⑦ 《欧洲人权公约》

---

① Wojciech Sadurski, *Poland' s Constitutional Breakdown*, Oxford University Press, 2019, pp. 61 - 79. 作者在这本书中展示了如何瘫痪波兰宪法法院的路径。

② 尽管对财政的限制在所有针对法院结构性特征的攻击中有着明显的地位，但是由于其攻击的范围是整个的法院，而非简单法官个体，所以笔者依旧将其归为这一类。并且与其它的结构性技术相同，这会损害法院履行职权的能力。

③ Tom Ginsburg, "Political Constraints on International Courts", in Cesare Romano (ed.), T*he Oxford Handbook of International Adjudication*, Oxford University Press, 2013, p. 493.

④ David Kosař, Perils of Judicial Self - government in Transitional Societies, Cambridge University Press, 2016, p. 94.

⑤ Fritz Scharpf, "The Joint - decision Trap: Lessons from German Federalism and European Integration", 66 *Public Administration*, No. 3 (1988), p. 239; R. Daniel Kelemen, "The Political Foundations of Judicial Independence in the European Union", 19 *Journal of European Public Policy*, No. 1 (2012), p. 44.

⑥ 参见本文第三部分第三节。

⑦ 关于司法自治和欧洲人权法院，请参见 Başak Çalı & Stewart Cunningham, "Judicial Self Government and the *Sui Generis* Case of the European Court of Human Rights", 19 *German Law Journal*, No. 7 (2018), p. 1977; Nino Tsereteli & Hubert Smekal, "The Judicial Self - Government at the International Level—A New Research Agenda", 19 *German Law Journal*, No. 7 (2018), p. 2137。

规定了人权法院的基本内容。然后，人权法院的法官可以对欧洲人权法院内部工作程序的具体内容作出决定。人权法院实施的《法院规则》包含了程序性的规则。这些规则最终可能被滥用，从而对人权法院进行攻击。例如，影响处理案件的程序、投票和必要的多数人决定权的门槛。① 因此，由于采用分散性司法模式和司法自治制度，试图通过改变程序规则瘫痪人权法院的做法将会变得非常复杂。

分散性司法和司法自治的结合也避免了外界对合议庭组成的干预以及对立案庭法官的攻击。《欧洲人权公约》规定欧洲人权法院由大审判庭和合议庭组成。而且，应设有立案庭，设置一名立案庭庭长和一至两名副庭长。行使司法自治权意味着欧洲人权法院由法官自行设立合议庭，选举院长、副院长、立案庭庭长和副庭长，并依据《欧洲人权公约》第25条自行制定法院规则。然后，法院规则具体规定了人权法院院长和立案庭庭长内部职权，合议庭的组成与职权、审判委员会和独任法官的构成以及法院的年度事务和需要考虑的具体事项。

缩减预算的反法院措施仍是人权法院需要解决的难题。人权法院没有单独的预算；它的预算是整个欧洲理事会预算中的一部分，该预算需要经过欧洲理事会部长委员会的（Committee of Minister）批准。② 欧洲理事会有47个成员国资助。每个成员国缴纳的数额的计算公式是固定的，需要考虑该国的人口数量和国民生产总值。③ 因此，由于不同成员国担负的数额不同，这也为分散性治理模式带来了严重的问题。主要的成员国拒绝担负欧洲理事会的财政可能会严重伤害欧洲人权法院的状况。此外，兰伯特·阿德尔贾瓦德（Lambert Abdelgawad）认为根据人权法院接受案件的案件数量，人权法院显然面临着“资金不足”的状况。④ 自从欧洲理事会重要的资助国之一的俄罗斯于2017年宣布将停止向欧洲历史会捐款以后，情况变得更加糟糕。⑤ 此外，土耳其也决定不再担任欧洲理事会的捐助国。⑥ 这些事态发展可能进一步加剧欧洲人权法院资金不足的问题，并严重损害人权法院履行职权的有效性。⑦

---

① ECtHR, Rules of Court (Apr 16, 2018), available at: https://www.echr.coe.int/Documents/Rules_ Court_ ENG. pdf.

② 欧洲人权法院的财政预算，请参见 http://www.echr.coe.int/Documents/Budget_ ENG. pdf。

③ 欧洲人权法院的财政预算，请参见 http://www.echr.coe.int/Documents/Budget_ ENG. pdf。

④ Elizabeth Lambert Abdelgawad, "Measuring the Judicial Performance of the European Court of Human Rights", 8 *International Journal for Court Administration*, No. 2 (2017), p. 23.

⑤ 俄罗斯政府的决定是针对欧洲理事会议会联盟因俄罗斯占领克里米亚而做出的剥夺其投票权的第1990/2014号决定的应对。available at: http://assembly.coe.int/nw/xml/XRef/Xref - XML2HTML - EN. asp? fileid = 20882&lang = en。

⑥ Jennifer Rankin, *Human rights body faces cash crisis after clash with Russia*, Guardian (Mar 16, 2018), available at: https://www.theguardian.com/law/2018/mar/16/ human - rights - body - faces - cash - crisis - after - clash - with - russia? CMP = share_ btn_ tw.

⑦ Lize Glas, *The Assembly's Row with Russia and Its Repercussions for the Convention System*, Strasbourg Observers (Oct 30, 2017). available at https://strasbourgobservers.com/2017/10/30/ the - assemblys - row - with - russia - and - its - repercussions - for - the - convention - system/.

(二) 对人权法院司法人员的攻击

由于人权法院是由对判决有着至关重要影响的个体法官组成，因此许多反法院的技术途径旨在“驯服”司法人员。这主要存在两种方法：安插入新的忠诚于国家立场的法官或者迫使现任法官忠诚于国家立场。任命忠诚的法官的前提是罢免不忠诚的法官，或者重新“包装”法院，即扩大法院的规模，即让忠诚者担任新的职位。①

可以通过弹劾②或滥用纪律处分等各种方式罢免法官。③ 一个不太直接的方式就是降低法官的薪水或者法院机构的开支。这可能会迫使一些法官辞职。④ 另一种可能是降低法官的强制退休年龄。⑤ 最后一种手段是对个别法官进行恐吓威胁。给法官本人或家人打威胁电话，甚至对其进行人身恐吓都可能造成恐怖气氛，导致法官的辞职。⑥ 一旦职位出现空缺，旨在达到驯服法官意图的政客便可以任命忠诚于自身理念的法官候选人任职。但是，有时候他们不必费尽心机地去罢免现任法官，而是重新通过增加人数的方式“包装”法院，并用忠诚者来填补新职位。⑦

驯服法院是另一种途径是迫使现任法官忠诚于政府立场。这可以通过威胁罢免法官的技术方法得以完成。但是，用胡萝卜而非大棒的手段也可以很好地完成工作。例如，可以向现任法官发出其可以晋升到更高法院的承诺，升任审判庭庭长或法院副院长的职位。⑧ 或者，可以向现任法官保证给予更高薪水，甚至给予直接贿赂。重新任命相同的法官是一项重要且会引起争议的技术途径。⑨ 一些法院（主要是宪法法院和国际性法院）规定了有限但可以续任的条款。在这种情况下，政治行为者可以利用其重新任命法官的权力，使法

---

① Andrea Castagnola & Aníbal Pérez Liñan, “Bolivia: The Rise (and Fall) of Judicial Review”, in Gretchen Helmke & Julio Rios – Figueroa (eds.), *Courts in the Latin America*, Cambridge University Press, 2014, p. 303.

② Andrea Castagnola & Aníbal Pérez Liñan, “Bolivia: The Rise (and Fall) of Judicial Review”, in Gretchen Helmke & Julio Rios – Figueroa (eds.), Courts in the Latin America, Cambridge University Press, 2014, pp. 297 – 298.

③ David Kosař, Perils of Judicial Self – government in Transitional Societies, Cambridge University Press, 2016, p. 77.

④ Andrea Castagnola & Aníbal Pérez Liñan, “Bolivia: The Rise (and Fall) of Judicial Review”, in Gretchen Helmke & Julio Rios – Figueroa (eds.), *Courts in the Latin America*, Cambridge University Press, 2014, p. 283, p. 296 and p. 298.

⑤ 例如，Gábor Halmai, “The Early Retirement Age of the Hungarian Judges”, in Fernanda Nicola & Bill Davies (eds.), *EU Law Stories: Contextual and Critical Histories of European Jurisprudence*, Cambridge University Press, 2017, p. 488。

⑥ Jessica Walsh, “A Double – Edged Sword: Judicial Independence and Accountability in Latin America”, *International Bar Association Report*, No. 5 (2016), p. 23.

⑦ Bojan Bugarič & Tom Ginsburg, “The Assault on Postcommunist Courts”, 27 *Journal of Democracy*, No. 3 (2016), p. 73.

⑧ David Kosař, *Perils of Judicial Self – government in Transitional Societies*, Cambridge University Press, 2016, p. 83. and pp. 85 – 86.

⑨ Laurence Helfer, “Why States Create International Tribunals: A Theory of Constrained Independence”, 23 *Conference on New Political Economy*, No. 1 (2005), p. 253.

官朝向他们希望的方向做出判决结果。最后，即便法官不能获得连任，这些法官也可能非常在意自身未来的职业发展。因此，他们在很大程度上要依靠政府的力量保住他们相对好的地位。可以利用这一事实向法官施加压力。① 鉴于国际法官制度本质就是审判人员的有限任期和旅居国外。本国政府提出的一些吸引条件会在国际法院的背景下更加具有诱惑力。

欧洲人权法院的制度设计可以相对较好地防止或抵抗外界对司法人员攻击的手段。这个体系的主要优势体现在分散性和对司法独立的有力保障、遴选法官机制中的司法自治，以及在法官的晋升和纪律方面显著的司法自治。

结合《欧洲人权公约》体系事实性固化了人权法院法官可以自行管理自身的纪律性事项，滥用纪律性动议将变得非常的困难。② 因此，通过影响解雇程序从而对人权法院施加影响是不现实的。对司法实践的观察可以证实这点。到目前为止，人权法院尚未启动纪律性的解雇机制。③ 关于减薪的可能性，司法人员的薪资与驻法国的欧洲委员会的职员薪资等级挂钩。④ 2016 年，薪金净收入为每月 16613.78 欧元⑤，且薪水无须缴纳个人所得税⑥。这种收入安全性似乎足以保证司法独立。相比于其他地区性国际人权法院，这种保障体现地更加明显。例如，由于美洲人权法院法官的职位并非是全职的，所以法官没有固定薪资，只担负"为了体现和保障其重要性和独立性的酬金和旅费"⑦。

分散性逻辑适用于降低人权法院法官退休年龄的尝试。司法人员履职的年龄上限是 70 岁，这一点直接"确立"在人权公约第 23 条第 2 款中。但是，《欧洲人权公约第 15 号议定书》更改了此规则。第 15 号议定书引入了一项新的要求，候选法官的年龄不得超过 65 岁，这意味着法官退休的年龄不可能高于 74 岁。这表明修改《欧洲人权公约》并非没有可能，人权法院亦会受到控制。但是，缔约国可以阻止带有恶意的公约修正案的通过。⑧ 为了解决最后一种反法院技术手段带来的麻烦，也就是法官将受到不可避免的威胁。至少应该给予欧洲人权法院的法官外交豁免权，只有人权法院的判决方能剥夺法官个人的权利。这种豁免权应保护欧洲人权法院的法官免于受到国内法律程序的威胁。

也存在迫使现任法官忠诚于政府决定的另一种技术手段。已经确定了四种主要技术手

---

① Erik Voeten, "International Judicial Independence", in Mark Pollack & Jeffrey Dunnof (eds.), *Interdisciplinary Perspectives on International Law and International Relations*, Cambridge University Press, 2013, p. 433.

② 参见《欧洲人权公约》第 23 条第 4 款。

③ Jeffrey Dunoff & Mark Pollack, "The Judicial Trilemma", 111 *American Journal of International Law*, No. 2 (2017), p. 249.

④ 参见部长委员会 2009 年第 5 号关于欧洲人权法院与人权委员会法官地位和待遇决议的第 3 条第 1 款。

⑤ 请参见英国议会法官任命委员会网站上对欧洲人权法院法官介绍和解释的相关信息。请参见：https://www.judicialappointments.gov.uk/sites/default/files/sync/basic_ page/information_ pack_ final_ 0.pdf。

⑥ 参见《欧洲理事会人员特权与豁免权一般性协议》第 18 条第 2 款。

⑦ 参见《美洲人权公约》第 72 条。

⑧ 请参见 Geir Ulfstein & Andreas Føllesdal, *Copenhagen—Much Ado about Little*? European Journal International Law Talk! (Apr 14, 2018), available at https://www.ejiltalk.org/copenhagen - much - ado - about - little/。

段——连任，承诺晋升职称，未来职业机会的承诺和贿赂。保障独立司法的措施与司法自治的结合很好地保障了人权法院法官免于受到外在压力的驯服。

在重新任命法官的问题上，在政府多次指责自己国家派出到人权法院的法官作出“错误”的判决，并且扬言对其进行报复①以及对该法官判决进行学术批评后，该法官就失去了获得重新任命的可能性。② 自2010年以来，欧洲人权法院法官的任期为九年，不可延续任期。③ 然而，续任并非是缔约国政府向现任法官提出的唯一激励性措施。国际性法院的法官（尤其是无法延长任期的法官）必须处理卸任后的职业问题。因此，政府可以通过向人权法院现任法官提出其可以在其他机构中任职的方式对法官施加压力。④ 很难阻止这种反法院的技术手段在欧洲理事会层级上实施。但是，一种与之相对应的预防措施是养老金体系。加入退休金计划并至少任职5年的人权法院法官，在年满65周岁后⑤，便有资格从欧洲人权理事会获得退休金。由于养老金机制提供给人权法院法官退休金保障，所以会部分性强化人权法院法官的独立性。但是，各缔约国可以采取其他的技术方法影响人权法院的判决。例如，一些国家允许前往欧洲人权法院的法官先行暂停在国内法院的职位，并可以选择在人权法院任期结束后返回原岗。⑥

由于人权法院握有司法自治的特权，所以缔约国无法通过向法院允诺晋升的方法驯服法官。法院院长和副院长以及普通审判庭庭长的选择权掌握在大审判庭手中（依据《欧洲人权公约》第25条）。尽管违反刑法，但是贿赂是影响法官的另一种方式。腐败的可能性始终存在，没有任何正式的规则可以阻止腐败的发生。人权法院机制在这方面的优势是人权法院的法官享有相对安全的物质保障。但是，为了防止可能发生的腐败丑闻，应该建议人权法院尽可能地谨慎和透明，否则将会对人权法院判决的合法性产生非常有害的影响。

从比较视角分析，驯服法院的常用方法是重新包装法院（court - packing）。但是，在人权法院情境中实施这种技术的可能性非常低。同样，这是由于人权法院体系是分散性模式以及《欧洲人权公约》第20条事实上固定了法官的人数。但是，旨在驯服人权法院的缔约国政府可以尝试将忠诚于本国政府的法官安插在人权法院法官的位置上。但是从理论

---

① 参见 Erik Voeten, “The Impartiality of International Judges: Evidence from the European Court of Human Rights”, 102 *American Political Science Review*, No. 4 (2008), p. 421。

② Jeffrey Dunoff & Mark Pollack, “The Judicial Trilemma”, 111 *American Journal of International Law*, No. 2 (2017), pp. 250 - 251.

③ 《欧洲人权公约》第23条第1款。

④ Erik Voeten, “International Judicial Independence”, in Mark Pollack & Jeffrey Dunnof (eds.), *Interdisciplinary Perspectives on International Law and International Relations*, Cambridge University Press, 2013, p. 433.

⑤ 进一步的细节内容，请参见欧洲理事会部长委员会通过的2009年第5号关于欧洲人权法院与人权委员会法官地位和待遇决议的第10条第3款。

⑥ Boriss Cilevičs, “Reinforcement of the Independence of the European Court of Human Rights”, *Pace Report*, 2014, available at: http://assembly.coe.int/nw/xml/XRef/Xref-XML2HTML-en.asp?fileid=20933&lang=en.

上讲，这并非易如反掌，特别会受到两种措施的挑战：遴选法官咨询专家小组①和欧洲理事会议会联盟对法官的选举。咨询专家小组就入围的法官候选人是否符合要求向各成员国和欧洲理事会议会联盟提供建议。但是，它的观点只具有建议性。人权法院法官最终由欧洲理事会议会联盟选举产生，该机构成员由来自欧洲理事会所有成员国的代表组成，因此是采取了分散性决策的逻辑。然而，在实践中，分散性决策的论点并非很强烈。正如柯亨·莱门斯（Koen Lemmens）所说，"只要人权公约机制允许民主选举出的法官，我们就必须接受这种遴选机制的另一面：游说，政治游戏，国际推销和交易"。② 最重要的是，由于欧洲理事会议会联盟成员相对较少地参与投票，所以游说的门槛较低。③ 选举过程应该解决这一缺陷，因为通过个别法官控制欧洲人权法院在特定时候变得十分关键。缺乏能力和带有偏见法官的当选会在很大程度上损害法院的合法性和声誉。④ 此外，在欧洲人权法院的情境下，个体法官有着极大的影响力。他们可以在判决中发表不同意见，并且可以在独任制法庭中决定提交的案件因明显缺乏依据而驳回诉讼请求。⑤

（三）通过话语转变和去合法性的途径渐进性腐蚀人权法院

目前所谈及的两种攻击法院的主要策略都是以直接的方式显现。攻击法院的结构特征旨在限制法院介入案件的机会。通过驯服法院的司法人员可以迫使法院在更大程度上赞同政府机构，使法院判决与政治行为者的偏好保持和谐一致，并最终剥夺法院所拥有的事实性否决权。就人权法院而言，这两种反法院的技术手段似乎不具有可行性。尽管现实的情况并不足够完美——财政预算和法官遴选问题比较突出——但是由于去中心化的结构，司法机构自治⑥以及司法独立等制度保障措施的存在，人权法院可以很好地保障自己免于外界的攻击。

但是，绝缘于外界攻击的司法制度设计并不意味着人权法院不会受到民粹主义者的挑战。特别是在国际人权司法制度的情境下，还存在另一种攻击法院的方式——通过转变对

---

① 这个咨询专家小组包括了7名司法专家——现任或前任的欧洲人权法院法官或者来自缔约国高等法院的法官。

② Koen Lemmens, "（S）electing Judges for Strasbourg", in Michal Bobek（ed.）, *Selecting Europe' s Judges*, Oxford University Press, 2015, p. 108.

③ Koen Lemmens, "（S）electing Judges for Strasbourg", in Michal Bobek（ed.）, Selecting Europe' s Judges, Oxford University Press, 2015, p. 108; David Kosař, "Selecting Strasbourg Judges", in Michal Bobek（ed.）, *Selecting Europe' s Judges*, Oxford University Press, p. 154.

④ Basak C¸alı, Anne Koch, & Nicola Bruch, "The Legitimacy of Human Rights Courts: A Grounded Interpretivist Analysis of the European Court of Human Rights", 35 *Human Rights Quarterly*, No. 4（2013）, p. 962.

⑤ 参见《欧洲人权公约》第27条第1款。

⑥ 在欧洲人权法院的判例法中，司法自治的概念被定义为维护人权法院独立司法和权威的力量. 但是，通常而言司法自治也是一把可以限制法官在司法机构内部独立的双刃剑。参见 Michal Bobek & David Kosař, "Global Solutions, Local Damages: A Critical Study in Judicial Councils in Central and Eastern Europe", 15 *German Law Journal*, No. 7（2014）, p. 1257。

法院的话语和对法院去合法化途径使其边缘化，这将会导致欧洲人权法院的权威性逐渐地降低。虽然，这种途径稍显缓慢和缺乏直接性，但是对于欧洲人权法院而言，这是更为现实和危险的情景。尽管前两种策略需要多个政府采取一致性行动或实施代价更为高昂的政治措施，但是更为可能通过去合法化的方式攻击人权法院。

社会合法性的衰退对人权法院构成威胁。去合法性的技术手段可以转变对法院的话语描述，并由此引发危险循环——较低的合法性意味着法院可能会在未来的审判过程中降低法院行使权利的有效性。① 这构成了对法院有效行使司法权的重大威胁，并增加了其被边缘化的风险。从政治视角分析，这种模式很有可能以更小的代价攻击法院的制度框架和司法人员。换句话说，由于法院具有的社会合法性及其广泛的底层支持是维护独立司法的堡垒，因此丧失或者减少这些优势将为民粹主义者攻击人权法院提供机会。②

为了改变话语内容并剥夺国际性法院的合法性，反法院势力可以使用一系列技术手段。这些技术主要分为两个类别：退出国际性法院和发出批评的声音。③ 退出机制是使政府直接摆脱国际性法院约束的方法。各国可以退出国际刑事法院的管辖权，也可以退出由国际性法院所维护的国际机制。④ 由于其影响后果的范围更为广泛，退出机制可以被视为一种去合法性的策略手段。最为重要的是，它倾向于降低法院的社会合法性与权威性，最近围绕国际刑事法院的退出谈判就是明显例证。⑤ 此外，如果一个缔约国想到了退出，或者甚至正在认真考虑退出选项，这可能会导致连锁的滚雪球效应，鼓励其他国家同样选择退出。⑥ 此外，部分缔约国的退出可能导致其他缔约国限制国际性法院的管辖权，以防其他国家后续地退出。⑦ 即使一个国家最终没有选择退出，就可以用退出威胁国际性法院并

① Tom Ginsburg, "Political Constraints on International Courts", in Cesare Romano (ed.), *The Oxford Handbook of International Adjudication*, Oxford University Press, 2013, p. 491.

② R. Daniel Kelemen, "The Political Foundations of Judicial Independence in the European Union", 19 *Journal of European Public Policy*, No. 1 (2012), p. 45.

③ Albert Hirschman, Exit, Voice and Loyalty: Response Declines to the Firms, Organization and States, Harvard University Press, 1970.

④ 例如，委内瑞拉与特立尼达和多巴哥退出了《美洲人权公约》。另一个近期发生的事例是布隆迪退出国际刑事法院。参见 Wayne Sandholtz, Yining Bei, & Kayla Caldwell, "Backlash and International Human Rights Courts", in A. Brysk & M. Stohl (eds.), *Contracting Human Rights: Crisis, Accountability and Opportunity*, Edward Elgar, 2018, p. 159。

⑤ Laurence Helfer & Anne Showalter, "Opposing International Justice: Kenya' s Integrated Backlash Strategy Against the ICC", 17 *International Criminal Law Review*, No. 1 (2017), p. 1

⑥ 拉丁美洲国家退出国际投资争端解决中心（ICSID）就是明显例证 . Tom Ginsburg, "Political Constraints on International Courts", in Cesare Romano (ed.), *The Oxford Handbook of International Adjudication*, Oxford University Press, 2013, p. 493。

⑦ 参见南部非洲发展共同体（Southern African Development Community）法庭的事例。Karen Alter, James T. Gathii, & Laurence R. Helfer, "Backlash against International Courts in West, East and Southern Africa: Causes and Consequences", 27 *European Journal of International Law*, No. 2 (2016), p. 314。

发出强烈的不满信号。①

退出威胁可能成为言语上批评国际性司法机构的常见策略措施。对法院发出批评性声音是一种强有力的言语工具，最终在众多的遵守国际性法院的缔约国中伤害其权威性。尤其是在言语传播的过程中，它可能成为具有强大实力国家反抗国际性法院的有效工具。② 利用公众舆论反对法院是一个具体对抗法院的方法。③ 一方面，国际性法院一直是被批评的对象。但是，对国际性法院来说这不必然是一件坏事。质疑国际性法院的结论并且提出其他的国际法解释结果是重要的反馈渠道。④ 国际性法院不应该绝缘于一切批评意见。对国际性法院判决的公正质疑有助于国际法的发展。而且，如果特定的国际性司法机构表明它真的在倾听这些批评意见，那么会带来对增强合法性的丰硕成果。⑤ 因此，并非所有对欧洲人权法院的批评都应视为民粹主义者不正当的造谣生事。虽然很难在其中找到一条清晰合理的界线，但以下因素可能帮助我们区分两者。尽管是批评的意见，但是公平地挑战人权法院的判决意味着批评者接受了《欧洲人权公约》体系的重要制度理性——即超越国家主权范围的人权保障——并且尊重欧洲人权法院的独立性。此外，富有建设性的批评意见应该是呈现出允许容纳双方不同观点的语言为导向，而不应是使用谴责和威胁与谩骂的语言。

最后一种技术手段是不遵守司法判决。尽管劝导缔约国遵守判决并非是国际性法院的唯一目的⑥，但它依旧是维护国际性法院有效性的核心措施之一。倘若国际性法院的判决会被经常性或者公开性地忽略，那么法院就会失去合法性。⑦ 需要说明的是在国际人权法院的判决中，缔约国部分或延迟地遵守司法裁决似乎成为一个标准性结果。⑧ 但是，这也

① Tom Ginsburg, "Political Constraints on International Courts", in Cesare Romano (ed.), *The Oxford Handbook of International Adjudication*, Oxford University Press, 2013, p. 491.

② Philip Leach & Alice Donald, *Russia Defies Strasbourg: Is Contagion Spreading?* European Journal of International Law: Talk! (Dec 19, 2015), available at https://www.ejiltalk.org/russia-defies-strasbourg-is-contagion-spreading/.

③ Tom Ginsburg, "Political Constraints on International Courts", in Cesare Romano (ed.), *The Oxford Handbook of International Adjudication*, Oxford University Press, 2013, p. 493.

④ Mikael Rask Madsen, "Bolstering Authority by Enhancing Communication: How Checks and Balances and Feedback Loops Can Strengthen the Authority of the European Court of Human Rights", in Joana Mendes & Ingo Venzke (eds.), *Allocating Authority: Who Should Do What in European and International Law?* Hart Publishing, 2018, p. 77.

⑤ André Nollkaemper, "Conversations among Courts: Domestic and International Adjudicators", in Cesare Romano *et al* (eds.), *The Oxford Handbook of International Adjudication*, Oxford University Press, 2013, pp. 536-537.

⑥ Yuval Shany, "Assessing the Effectiveness of International Courts: A Goal-Based Approach", 106 *American Journal of International Law*, No. 2 (2012), p. 225.

⑦ Erik Voeten, "International Judicial Independence", in Mark Pollack & Jeffrey Dunnof (eds.), Interdisciplinary Perspectives on International Law and International Relations, Cambridge University Press, 2013, p. 436.

⑧ Darren Hawkins & Wade Jacoby, "Partial Compliance: A Comparison of the European and Inter-American American Courts for Human Rights", 6 *Journal of International Law and International Relation*, No. 1 (2010), p. 83.

可以用来挑战国际性法院判决的正当性。① 换句话说，缺乏专业知识和机构能力导致的不能履行人权公约行为②和故意地“废弃公约效力的策略”有明显差异性。③ 大规模地不遵守司法机构的判决会使得法院失去有效性，这可能导致失去正当性和稳固的支持力。即使是单一的强大国家发出的“拒绝遵守判决的嘈杂声音”也可能对法院的合法性造成破坏性后果。④

欧洲人权法院应对上文所提及的去合法化的挑战存在缺陷。实际上，这些领域也凸显了人权法院的最大弱点。在过去的十年中，人权法院面临着前所未有的批评，也包括上述所列举的许多去合法化技术手段。尽管欧洲人权法院自成立以来一直受到批评，⑤ 但近期对其批评的火力越来越强烈，并且出现了“针对人权法院进行抨击”的新流派。⑥ 除了聚焦对人权法院判决的法律质量以及人权法院法官的司法道德以外⑦，对欧洲人权法院的挑战主要集中在人权法院是国际性司法机构，缺乏干涉国内政策的正当性。⑧ 这一批评呼应对国际机构的主权性批评和对司法审查性质的非民主性批评。人权法院已被描绘成不具有评估国内法律实践地位的外国法院。另外，也曾有人质疑非民选的外国法官对国内议会立法进行二次审查的司法权力的正当性。⑨ 在英国，针对人权法院的批评在敏感的政治领域

---

① Laurence Helfer, "Why States Create International Tribunals: A Theory of Constrained Independence", 23 *Conference on New Political Economy*, No. 1 (2005), p. 253.

② Dia Anagnostou & Alina Mungiu - Pippidi, "Domestic Implementation of Human Rights Judgments in Europe: Legal Infrastructure and Government Effectiveness Matter" 25 *European Journal of International Law*, No. 1 (2014), p. 207.

③ Ran Hirschl, "Opting Out of 'Global Constitutionalism'", 12 *Law & Ethics of Human Rights*, No. 1 (2018) p. 18.

④ Laurence Helfer, "Why States Create International Tribunals: A Theory of Constrained Independence", 23 *Conference on New Political Economy*, No. 1 (2005), p. 253.

⑤ See Ed Bates, "The Birth of the European Convention on Human Rights—and the European Court of Human Rights", in Jonas Christoffersen & Mikael Rask Madsen (eds.), *The European Court of Human Rights between Law and Politics*, Oxford University Press, 2013, p. 17.

⑥ Mikael Rask Madsen, "The Challenging Authority of the European Court of Human Rights: From Cold War Legal Diplomacy to the Brighton Declaration and Backlash", 79 *Law and Contemporary Problem*, No. 1 (2016), p. 174; Barbara Oomen, "A Serious Case of Strasbourg - Bashing? An Evaluation of the Debates on the Legitimacy of the European Court of Human Rights in the Netherlands", 20 *International Journal of Human Rights*, No. 3 (2016), p. 407

⑦ See Luzius Wildhaber, "Criticism and Case Over - load: Comments on the Future of the European Court of Human Rights", in Spyridon Flogaitis, Tom Zwart, & Julie Fraser (eds.), *The European Court of Human Rights and Its Discontents: Turning Criticism into Strength*, Edward Elgar, 2013, p. 10.

⑧ Kanstantsin Dzehtsiarou, *European Consensus and the Legitimacy of the European court of Human Rights*, Cambridge University Press, 2015, p. 144; Robert Spano, "The Future of the European Court of Human Rights— Subsidiarity, Process - Based Review and the Rule of Law", 18 Human Rights Law Review, No. 3 (2018), 473, pp. 478 - 479.

⑨ Patricia Popelier, Sarah Lambrecht & Koen Lemmens (eds.), Criticism of the European Court of Rights, Intersentia, 2016, p. 3; FLuzius Wildhaber, "Criticism and Case Over - load: Comments on the Future of the European Court of Human Rights", in Spyridon Flogaitis, Tom Zwart, & Julie Fraser (eds.), *The European Court of Human Rights and Its Discontents: Turning Criticism into Strength*, Edward Elgar, 2013, p. 10.

判决（例如驱逐恐怖分子和囚犯的投票权）中不断地被激化。① 这种现象随后转移到了其他国家，俄罗斯就是一个典型案例。②

在围绕着讨论欧洲人权法院长远未来的2012年布莱顿会议的活动中，就呈现出对欧洲人权法院抵制的声音。在会议召开之前，英国政府就将其所持立场的文件泄露给媒体。③《布莱顿宣言》草案包含了一些“试图削弱人权法院实质管辖权”段落。④ 结果，“对人权法院的抗拒成为整个会议的主导氛围”。⑤ 但是，《布莱顿宣言》的最终版本却体现了较为温和的结果。⑥ 不能忽略的是如米克尔·麦德森（Mikael Madsen）所言，《布莱顿宣言》体现了不同寻常的意义。与以前的文件相比，这份宣言公开地提及了欧洲人权法院未来的政治层面（而不仅仅是技术层面）的问题，并伴有极其负面的评论。⑦ 这是欧洲理事会历史上第一份旨在限制而不是增强人权法院权威的措施。⑧

同时，遵守欧洲人权法院判决的比率也在恶化。尽管1990年代欧洲人权法院院长罗尔夫·里斯达尔（Rolv Ryssdal）表示人权法院的判决应该“永远地被遵守”⑨，但是今天人权法院却面临着种种问题，包括由于拖延而产生的部分遵守和不遵守的问题以及对人权法院判决的原则性排斥。⑩ 因此，学者们讨论了《欧洲人权公约》体系中的实施危机，并

---

① Ed Bates, “Analysing the Prisoner Voting Saga and the British Challenge to Strasbourg”, 14 *Human Rights Law Review*, No. 3 (2014), p. 503.

② 由于对学界的著作已经广泛涉及欧洲人权法院的合法性危机，因此这个问题已经成为众人皆知的话题。笔者在此不必再多加陈述。相关的著作请参见 Katja S. Ziegler, Elizabeth Wicks, & Loveday Hodson (eds.), The UK and European Human Rights: A Strained Relationship?, Hart Publishing, 2015; Patricia Popelier, Sarah Lambrecht & Koen Lemmens (eds.), *Criticism of the European Court of Rights*, Intersentia, 2016, p. 3; See Luzius Wildhaber, “Criticism and Case Over - load: Comments on the Future of the European Court of Human Rights”, in Spyridon Flogaitis, Tom Zwart, & Julie Fraser (eds.), *The European Court of Human Rights and Its Discontents: Turning Criticism into Strength*, Edward Elgar, 2013, p. 10。

③ James Landale, *UK Presses for European Human Rights Convention Changes*, BBC News (Feb 29, 2012), available at http://www.bbc.com/news/uk-politics-17201024.

④ Ed Bates, *The Brighton Declaration and the “Meddling Court”*, UK Human Rights Blog (2012), available at https://ukhumanrightsblog.com/2012/04/22/the-brighton-declaration-and-the-meddling-court/#more-13662.

⑤ Laurence Helfer, “The Burdens and Benefits of Brighton”, 1 *Esil Reflection*, No. 1 (2012), p. 1.

⑥ Laurence Helfer, “The Burdens and Benefits of Brighton”, 1 *Esil Reflection*, No. 1 (2012), p. 1.

⑦ Mikael Rask Madsen, “The Challenging Authority of the European Court of Human Rights: From Cold War Legal Diplomacy to the Brighton Declaration and Backlash”, 79 *Law and Contemporary Problem*, No. 1 (2016), p. 169.

⑧ Laurence Helfer, “The Burdens and Benefits of Brighton”, 1 *Esil Reflection*, No. 1 (2012), p. 1.

⑨ Rolv Ryssdal, “The Enforcement System Set up under the European Convention on Human Rights”, in Mielle Bulterman & Martin Kuijer (eds.), *Compliance with Judgments of international Courts*, Springer Netherlands, 1996, p. 67.

⑩ David Kosař & Jan Petrov, “Determinants of Compliance Difficulties among ‘Good Compliers’: Implementation of International Human Rights Rulings in the Czech Republic”, 29 *European Journal of International Law*, No. 2 (2018), p. 399; Fiona de Londras & Kanstantsin Dzehtsiarou, “Mission Impossible? Addressing Non-Execution through Infringement Proceedings in the European Court of Human Rights”, 66 *International Comparative Law Quarterly*, No. 2 (2017), p. 468.

强调了法院承担的案件数量压力和合法性对人权法院的破坏性影响。①

所有这些进展可以阐释欧洲人权法院在应对合法性挑战时的脆弱性。在过去的十年中，《欧洲人权公约》体系中出现了退出《欧洲人权公约》的提议、对欧洲人权法院声誉的质疑、试图削减其权威和原则性拒绝实施人权法院的判决。这些都对欧洲人权法院产生了巨大的影响。可以说这些新现象的发展导致《欧洲人权公约》体系的重力中心转向缔约国法律和政治方向。② 部分学者将这个现象描述为欧洲人权法院的判决进入了辅助性和程序性嵌入时代。③ 其他学者则认为由于各缔约国为了支持传统的公约模式而抵制人权法院的判决，所以人权法院会受到更大地约束。④ 麦德森表明了欧洲人权法院倾向给予缔约国更为宽泛的边际裁量空间。⑤ 奥义韦德 · 斯蒂安森（Øyvind Stiansen）和埃里克 · 沃藤（Erik Voeten）支持这个结论，并指出自布莱顿大会以来，各缔约国也倾向任命更为克制的法官。⑥ 然而，这种方式显然并没有阻止国内不断增长地对人权法院的反抗。

为什么关于欧洲人权法院的话语非常重要？对人权法院的公共性话语会严重影响人们对于欧洲人权法院的感知。这也是人权法院社会合法性的决定性因素。正如康斯坦丁 · 泽特西亚乌（Kanstantsin Dzehtsiarou）所说，“如果人们对人权法院的认知是非法的，那么人权法院将无法有效运作”。⑦ 同其他任何（国际性）法院一样，欧洲人权法院需要合法性的支持，以确保其适当和有效的运行。合法性，即认为法院权威具有正当性，⑧ 乃是法院效力和触发法律变革的能力的关键要素之一。⑨ 法院需要公众的广泛支持以进行合法有

① Basak Cali, “Coping with Crisis: Whither the Variable Geomety in the Jurisprudence of the European Court of Human Rights”, 35 Wisconsin International Law Journal, No. 2 (2018), p. 241; David Kosař & Jan Petrov, “Determinants of Compliance Difficulties among ‘Good Compliers’: Implementation of International Human Rights Rulings in the Czech Republic”, 29 *European Journal of International Law*, No. 2 (2018), p. 399.

② Jonas Christoffersen & Mikael Rask Madsen, “Postscript: Understanding the Past, Present and Future of the European Court of Human Rights”, in Jonas Christoffersen & Mikael Rask Madsen (eds.), T*he European Court of Human Rights between Law and Politics*, Oxford University Press, 2013, p. 230.

③ Robert Spano, “Universality or Diversity of Human Rights? Strasbourg in the Age of Subsidiarity”, 14 Human Rights Law Review, No. 3 (2014), p. 487; and Robert Spano, “The Future of the European Court of Human Rights—Subsidiarity, Process - Based Review and the Rule of Law”, 18 *Human Rights Law Review*, No. 3 (2018), 473, pp. 478 - 479.

④ Øyvind Stiansen & Erik Voeten, “Backlash and Judicial Restraint: Evidence from the European Court of Human Rights”, 64 *International Studies Quarterly*, No. 4 (2020), p. 770.

⑤ Mikael Rask Madsen, “Rebalancing European Human Rights: Has the Brighton Declaration Engendered a New Deal on Human Rights in Europe?” 9 *Journal of International Dispute Settlement*, No. 2 (2018), p. 199.

⑥ Øyvind Stiansen & Erik Voeten, “Backlash and Judicial Restraint: Evidence from the European Court of Human Rights”, 64 *International Studies Quarterly*, No. 4 (2020), p. 770.

⑦ Kanstantsin Dzehtsiarou, European Consensus and the Legitimacy of the European court of Human Rights, Cambridge University Press, 2015, p. 143.

⑧ Nienke Grossman, “Legitimacy and International Adjudicative Bodies”, 41 *George Washington International Law Review*, No. 1 (2009), pp. 107 & 110 & 115.

⑨ Yonatan Lupu, “International Judicial Legitimacy: Lessons from National Courts”, 14 *Theoretical Inquiries in Law*, No. 2 (2013), p. 440.

效的权力运作。但是，公众广泛的支持并不取决于人们在短期内对于法院判决的满意程度。①

由于欧洲人权法院的最大弱点遇到了民粹主义者的最大长处，所以后者的兴起使得情势更加地糟糕。民粹主义可以通过包括“责骂叙事”在内等手段对人权法院实施去合法性攻击。民粹主义的意识形态为反法院攻击提供了正当理由，而民粹主义的政治风格使得人们容易被它攻击人权法院的方式所吸引。的确，如下面内容所示，最近民粹主义言辞对人权法院的挑衅是愈演愈烈。

在使用去合法性技术手段的过程中，民粹主义行为者经常站在主权的立场批判欧洲人权法院，并强调欧洲人权法院干涉了国内政策并限制人民的选择，这导致了国际性法院的司法审查权与人民主权的矛盾。法国民粹主义政党——国民联盟（以前叫“国民阵线”）的领导人玛丽娜·勒庞（Marine Le Pen）表示：“欧洲人权法院干涉了国内的法律秩序，我们必须在这一领域夺回主权”。② 2014 年，因为欧洲人权法院一直在向法国政府强加“人民拒绝的观点”，所以勒庞建议法国退出《欧洲人权公约》。③ 同样，荷兰民粹主义者盖尔特·怀尔德斯（Geert Wilders）也阐述了他所在政党的立场：“如果你支持民主的法治国家，那么就应该永远不要支持欧洲人权法院”。④ 他的政党反复建议荷兰政府退出《欧洲人权公约》。⑤ 通常被视为民粹主义的瑞士人民党⑥支持民粹主义的立场——“支持瑞士法律，反对外国法官”。提出这一口号的目的是避免瑞士的法律受到国际法，尤其是避免欧洲人权法院的影响。民粹主义者认为应该采用修宪的途径达到这一目标。采取这种

① Erik Voeten, “Public Opinion and the Legitimacy of International Courts”, 14 Theoretical Inquiries in Law, No. 2 (2013), p. 415; James L. Gibson, Gregory A. Caldeira, & Vanessa A. Baird, “On the Legitimacy of National High Courts”, 92 *American Political Science Review*, No. 2 (1998), p. 343.

② Ivanne Trippenbach, *CEDH: Marine Le Pen veut sortir de la《camisole》des droits de l' homme*, l' opinion (Jan 18, 2019), available at https://www.lopinion.fr/edition/politique/cedh-marine-pen-veut-sortir-camisole-droits-l-homme-174826.

③ *GPA: Marine Le Pen souhaite que la France quitte la CEDH*, lE point (Oct 5, 2014), available at https://www.lepoint.fr/politique/gpa-marine-le-pen-souhaite-que-la-france-quitte-la-cedh-05-10-2014-1869602_20.php.

④ *Debat over EHRM dat nationale wetgeving doorkruist*, PVV, available at https://pvv.nl/index.php/component/content/article.html? id=6616: debat-over-ehrm-dat-nationale-wetgeving-doorkruist.

⑤ Janneke Gerards, “The Netherlands: Political Dynamics, Institutional Robustness”, in Patricia Popelier, Sarah Lambrecht & Koen Lemmens (eds.), *Criticism of the European Court of Rights*, Intersentia, 2016, p. 329.; and *Motie van het lid markuszower* (May 11, 2017), available at https://zoek.officielebekendmakingen.nl/kst-34235-9.html.（在议会辩论欧洲人权公约第 16 号议定书过程中，部分议员提出退出《欧洲人权公约》）。

⑥ See Laurent Bernhard, “Three Faces of Populism in Current Switzerland: Comparing the Populist Communication of the Swiss People's Party, the Ticino League, and the Geneva Citizens' Movement”, 23 *Swiss Political Science Review*, No. 2 (2017), p. 509.

模式可能会加速瑞士退出《欧洲人权公约》的步伐，但是民粹主义者的目标最终未能实现。①

重要的是，民粹主义者经常使用非常富有外在表现力和道德性的语言批评人权法院，并将其描述为一种威胁。当下荷兰民粹主义政党——民主论坛——的领导人，蒂埃里·鲍代（Thierry Baudet），将欧洲人权法院描述为“在没有丝毫合法性的情况下，推翻了许多国家法律与规定的贪婪怪物”。② 法国国民联盟的乔丹·巴尔德拉（Jordan Bardella）认为法国必须摆脱人权法院的“束缚”。③ 这种妖魔化的描述经常被那些在意识形态上与民粹主义政党相似的独立小报媒体所报道和渲染，并在对人权法院的去合法化攻击中作出贡献。例如，英国小报《太阳报》（The Sun）中一篇报道欧洲人权法院文章的标题就是“邪恶势力的胜利——欧洲法官所宣称的终身任职是‘不人道的’”，并将人权法院改称为“恐吓人类的法院”（Court of Human Frights）。④ 在有关于人权法院判决的文章中，瑞士媒体使用了诸如“人权黑手党”（human rights mafia）和“民主的阉割”等词语进行极端性描述。⑤ 有时，民粹主义者对人权法院的批评是完全恶意的。作为对欧洲人权法院关于展示极权主义符号判决的回应，匈牙利议会议长称欧洲人权法院的法官是“斯特拉斯堡的白痴”。⑥ 意大利民粹主义党联盟的马泰奥·萨勒维尼（Matteo Salvini）甚至指出：“我将关闭欧洲人权法院，这个机构毫无用处，我们还得花钱支持他们接二连三地做出白痴的判决”。⑦

通常，民粹主义者仅在特定的案件中批评欧洲人权法院。由于人权法经常限制“严打

---

① Tilamnn Altwicker, "Switzerland: The Substitute Constitution in Times of Popular Dissent", in Patricia Popelier, Sarah Lambrecht & Koen Lemmens (eds.), *Criticism of the European Court of Rights*, Intersentia, 2016, pp. 398 - 399; Constance Kaempfer, Sophie Thirion, & Evelyne Schmid, *Switzerland Rejects a Popular Initiative 'Against Foreign Judges*, opinio Juris (Dec 17, 2018), available at http://opiniojuris.org/2018/12/17/switzerland-rejects-a-popular-initiative-against-foreign-judges/.

② Thierry Baudet, The Anti-democratic Impulses of the ECHR, SPIKED (Jan 19, 2011), available at https://www.spiked-online.com/2011/01/19/the-anti-democratic-impulses-of-the-echr/.

③ Ivanne Trippenbach, CEDH: Marine Le Pen veut sortir de la《camisole》des droits de l' homme, l' opinion (Jan 18, 2019), available at https://www.lopinion.fr/edition/politique/cedh-marine-pen-veut-sortir-camisole-droits-l-homme-174826.

④ Graeme Wilson, *Victory for Evil*, The Sun (Jul 9, 2013), available at https://www.thesun.co.uk/archives/politics/857957/victory-for-evil/; Graeme Wilson, *Court of Human Frights*, The Sun (Jan 26, 2012), available at https://www.thesun.co.uk/archives/politics/329478/court-of-human-frights/.

⑤ Tilamnn Altwicker, "Switzerland: The Substitute Constitution in Times of Popular Dissent", in Patricia Popelier, Sarah Lambrecht & Koen Lemmens (eds.), *Criticism of the European Court of Rights*, Intersentia, 2016, pp. 392 - 393.

⑥ See Eszter Polgári, "Hungary: 'Gains and Losses'. Changing the Relationship with the European Court of Human Rights", in Patricia Popelier, Sarah Lambrecht & Koen Lemmens (eds.), *Criticism of the European Court of Rights*, Intersentia, 2016, p. 308.

⑦ *Strasbourg Court "Useless" Says Salvini*, Ansa (Apr 9, 2015), available at http://www.ansa.it/english/news/politics/2015/04/09/strasbourg-court-useless-says-salvini_07b1abed-c340-443f-b073-776d80562b81.html.

犯罪”的政策，所以涉及安全的判决经常会引起对人权法院的批评。例如，英国独立党的宣言就规定要英国退出《欧洲人权公约》并废除《人权法案》，以保障“守法公民和受害者的利益始终优先于罪犯的利益”。① 同样，匈牙利总理奥尔班（Orbán）批评欧洲人权法院宣布无假释制度的条件下判处无期徒刑违反了《欧洲人权公约》第3条。② 他认为该判决是“无法容忍的”，并进一步指出在欧洲机构中“犯罪者的权利高于无辜者和受害者的权利”。③ 在意大利，针对欧洲人权法院宣布意大利政府纵容对反全球化抗议者实施酷刑的判决中，萨勒维尼谴责其“无用”。④ 在*Provenzano*案的判决中，人权法院认定黑手党集团的幕后老板有权在健康危机的条件下，要求改变严格的监禁刑制度。萨勒维尼做出了同样的反映⑤，称该裁定为“欧洲马戏团无用之举的又一例证”。⑥

与恐怖主义相关的安全问题是民粹主义领导人经常对欧洲人权法院进行批评的另一个领域。法国国民联盟中的政治活动者们经常痛斥“欧洲人权法院对法国法律体系的造成不适当地过分影响，禁止法国领导它所希望的反恐斗争”。⑦ 土耳其也在这个领域表现得十分突出。在*Demirtas*案的判决中，欧洲人权法院认为，尽管本案原告是亲库尔德党的人士，对其进行逮捕的行为是基于合理怀疑其参与有关恐怖主义的事由，但是对其进行长期拘留关押是不合理的，并且土耳其政府作出此项决定的目的是限制本案原告的政治参与权。因此，欧洲人权法院要求土耳其政府应该“尽早终止对申请人的审前羁押”。⑧ 针对这一判决，土耳其总统埃尔多安认为人权法院的判决是对恐怖主义的支持，并质问道：“您会赞同这个《欧洲人权公约》？您会作出这类的判决吗？任何支持葛兰主义者（译者注：土耳其总统埃尔多安的政敌）的国家或机构都无权谈论民主”。⑨ 埃尔多安否认人权

① Roger Masterman, “The United Kingdom: From Strasbourg Surrogacy Towards a British Bill of Rights?”, in Patricia Popelier, Sarah Lambrecht & Koen Lemmens (eds.), Criticism of the European Court of Rights, Intersentia, 2016, p. 464.

② Magyar v. Hungary, App. No. 73593/10, Judgment 20 May 2014.

③ See Eszter Polgári, “Hungary: ‘Gains and Losses’. Changing the Relationship with the European Court of Human Rights”, in Patricia Popelier, Sarah Lambrecht & Koen Lemmens (eds.), *Criticism of the European Court of Rights*, Intersentia, 2016, p. 300.

④ *Strasbourg Court “Useless” Says Salvini*, Ansa (Apr 9, 2015), available at http://www.ansa.it/english/news/politics/2015/04/09/strasbourg-court-useless-says-salvini_07b1abed-c340-443f-b073-776d80562b81.html.

⑤ Provenzano v. Italy, App. No. 55080/13, Judgment 25 October 2018.

⑥ “Italy Violated Human Rights of Mafia Boss”, THE LOCAL (Oct 25, 2018), available at https://www.thelocal.it/20181025/italy-violated-human-rights-of-mafia-boss-eu-court.

⑦ Ivanne Trippenbach, *CEDH: Marine Le Pen veut sortir de la《camisole》des droits de l' homme*, l' opinion (Jan 18, 2019), available at https://www.lopinion.fr/edition/politique/cedh-marine-pen-veut-sortir-camisole-droits-l-homme-174826.

⑧ Demirtas v. Turkey (no. 2), App. No. 14305/17, 20 November 2018, para. 283.

⑨ *Turkey' s Erdogan says ECHR ruling on jailed politician supports terrorism*, Reuters (Nov 21, 2018), available at https://www.reuters.com/article/us-turkey-security-demirtas/turkeys-erdogan-says-echr-ruling-on-jailed-politician-supports-terrorism-idUSKCN1NQ1C2.

法院对此案判决的有效性并表示其与《欧洲人权公约》第46条第1款明显冲突，人权法院的裁决不具有约束力。①

人口迁移是导致民粹主义者攻击人权法院缺乏合法性的另一领域。匈牙利的几个相关的例子证明了紧张的态势。2017年，奥尔班总理发表讲话，要求欧洲人权法院必须立即进行改革，因为它的判决“会导致引入移民并且威胁到欧盟人民的安全”。② 作为对欧洲人权法院认为驱逐两名寻求庇护者违反公约权利保障标准的回应，匈牙利国务卿将诉讼争议称为“国际移民势力”用来拆除保护欧洲法律的“特洛伊木马”。③

另一方面，民粹主义者并非总是谴责欧洲人权法院。有时，他们会以自己的喜好利用人权法院，甚至在必要时会求助该司法机构维护自身的利益。2018年，由萨勒维尼（Salvini）领导的民粹主义政党——意大利联盟——在意大利最高法院宣布查封该党的财产后，宣布将向欧洲人权法院提出诉讼。意大利联盟组织的律师也表示政府行为明显违法，所以有必要去欧洲人权法院寻求正义。④ 另一个例子涉及捷克共和国的民粹主义总理安德烈·巴比什（Andrej Babiš）。因为他在历史档案中被列为与先前捷克斯洛伐克政权的秘密警察有着合作，所以巴比什在斯洛伐克提起了诉讼。斯洛伐克宪法法院裁定其败诉后，他向欧洲人权法院提出诉讼，要求人权法院为其伸张正义，但最终未能成功。⑤

总体而言，民粹主义意识形态和政治风格的结合为挑战欧洲人权法院提供了极其强大的基础。民粹主义者对欧洲人权法院的真正挑战可以总结为以下几点。首先，非常重要的是民粹主义的挑战发起一方不只是民粹主义政府。⑥ 技术进步（尤其是社交媒体），民粹主义者的熟练运用技术以及人民的“认知性动员”⑦ 的结合提高了民粹主义领袖领导能力

---

① Erdog˘an rejects European court’s “non - binding” decision over Demirtas¸, Hürriyet Daily News (Nov 20, 2018), available at http://www.hurriyetdailynews.com/european - court - urges - turkey - to - free - demirtas - 139022.

② “Orban Attacks the European Court of Human Rights”, EURACTIV.com (2017), available at https://www.euractiv.com/section/global - europe/news/orban - attacks - the - european - court - of - human - rights - at - epp - congress/.

③ *State Secretary Says ECtHR Lawsuit Is the New Method of Soros and His Network to Undo the European Legal Systém*, About Hungary (Apr 23, 2018), available at http://abouthungary.hu/news - in - brief/state - secretary - says - ecthr - lawsuit - is - the - new - method - of - soros - and - his - network - to - undo - the - european - legal - system/.

④ Fondi sequestrati, Lega ricorre a Corte diritti Ue, Adnkronos (Nov 10, 2018), available at https://www.adnkronos.com/fatti/politica/2018/11/10/fondi - sequestrati - lega - ricorre - corte - diritti _ XdwnD5wtx7jQ4GNHy0cdqL.html.

⑤ Ivana Svobodová, *BabiŠ zu˚stane v registru agentu˚ STB. Štrasburk odmítl jeho stížnost.* Respekt (Dec 10, 2018), available at https://www.respekt.cz/politika/strasburk - odmitl - babisovu - stiznost - jeho - jmeno - v - registru - agentu - stb - zustane.

⑥ Cf. Heike Krieger, “Populist Governments and International Law”, 30 *European Journal of International Law*, No. 3 (2019), p. 971.

⑦ Ronald Inglehart, “Cognitive Mobilization and European Identity”, 3 Contemporary Politics, No. 1 (1970), p. 45.

和民粹政党与人民直接沟通的能力，从而对公共领域施加影响，并且对例如欧洲人权法院等法治机构进行去合法化的攻击，即便民粹主义者尚未掌权。因此，民粹主义对欧洲人权法院去合法性的攻击并不限于很多由民粹主义者掌权的东欧国家，同时也存在于欧洲的其他地区。虽然民粹主义势力在部分欧洲国家尚未掌权，但仍占据着举足轻重的地位。① 因此，我们可以说民粹主义时代增大了抵制国际性法院的可能性——我们不仅应该对政府行为者予以关注，也应该对更广泛的跨国性民粹主义行为者进行关注。

其次，民粹主义对人权法院合法性的攻击支持了前文中对民粹主义的实践性论述，甚至是民粹政治有着机会主义的性质。② 民粹主义对人权法院的批判通常是对触及特定政策的判决而产生的。这些领域是地方性民粹主义者进行叙事的核心内容（例如匈牙利的移民）和/或可以使用民粹主义意识形态的立场轻易动员民粹主义支持力量根据民粹意识形态讨论话题（例如安全问题）。有时民粹主义的批评仅是向欧洲人权法院传达谴责的信息，有时也包含提出纠正措施与建议。这些意见通常包括缔约国政府应该从人权法院的影响中解放出来，忽略人权法院的判决（不遵守人权法院的判决）或对人权法院进行结构性限制（论及“限制其职权”和“关闭人权法院机构”）。更为重要的是民粹主义者利用修辞手段增强动员能力。这通常会以增添情感因素的方式，使用表达性词语来侮辱欧洲人权法院，增加人民的恐惧和焦虑，并通常将这些负面的情感与欧洲人权法院和人权相挂钩。最近的研究表明通过激发恐惧和愤怒会更容易用信息说服民众与人们达成共识③，这种方式推进动员能力和攻击人权法院的合法性。

问题的关键是：这种去合法性的挑战是否真的会对欧洲人权法院构成威胁？首先，正如本文第二部分第二节所阐释的内容，民粹主义的某些批评意见并非是空穴来风。拓展公约权利内容范围的演化性解释，忽视了缔约国的特殊性，人权法院判决的质量会成为对欧洲人权公约未来体制辩论的一切合法性问题。忽略这些问题会对欧洲人权法院造成实质性的损害。但是，民粹主义行动者似乎并未对改革现有制度或者重新平衡自由和民主制度提出认真的意见。民粹主义的观点似乎是由旨在煽动情绪和谴责欧洲人权法院的“贬低性言语策略”④ 在驱动。

---

① 此外，即便民粹主义未能掌权，他们也会将主流的政党推到难堪的地位。参见 Martin Eiermann, Yascha Mounk, & Limor Gultchin, *European Populism: Trends, Threats and Future Prospects*, Institute for Global Change (Dec 29, 2017), available at https://institute.global/insight/renewing - centre/european - populism - trends - threats - and - future - prospects。

② Jan - Werner Müller, “Populism and Constitutionalism”, in C. Rovira Kaltwasser *et al* (eds.), *Oxford Handbook of Populism*, Oxford University Press, 2017, p. 598.

③ See Shana Kushner Gadarian & Bethany Albertson, “Anxiety, Immigration, and the Search for Information”, 35 *Political psychology*, No. 2 (2014), p. 133; Ted Brader, “Striking a Responsive Chord: How Political Ads Motivate and Persuade Voters by Appealing to Emotions”, 49 *American Journal of Political Science*, No. 2 (2005), p. 388.

④ Tilamnn Altwicker, “Switzerland: The Substitute Constitution in Times of Popular Dissent”, in Patricia Popelier, Sarah Lambrecht & Koen Lemmens (eds.), *Criticism of the European Court of Rights*, Intersentia, 2016, p. 392.

但是，一条批评性推文或一段抨击性的言论是否能成为威胁这个世界上最为有效的国际性法院佼佼者的途径呢？人权法院所面临的挑战不仅是单一的推文和修辞性言语，而是这些内容可能引发的话语框架的渐进性变化，特别是在欧洲人口和社会经济发生重大变化的时代背景下。正如詹姆斯·克劳福德（James Crawford）所说，“对国际法怀疑主义修辞与日俱增……可能促使人们大规模撤退回到本土主义和单边主义”。① 意识形态基础和政治风格的结合使民粹主义者可以有效地利用前文中提及的人民社会经济和身份认同的焦虑。甚至，这种手段具有潜在的跨国性质。民粹主义者责骂叙事赋予了人民焦虑以实际意义，并使其更普遍地引起对欧洲人权法院和人权的不满。② 如上所述，激发恐惧和愤怒在民粹主义攻击人权法院合法性的过程中起着重要的作用，这进一步激起了对人权法院批判的共鸣。

围绕着欧洲人权法院话语框架的转变可能会扭曲其独立性和权威性的社会和政治渊源，所以有着危险的长期含义。民粹主义运用去合法性策略可以严重降低人权法院的社会合法性，反过来会开始逐渐侵蚀欧洲人权保障领域，并为缔约国政府不遵守判决的做法提供支持。这违反了不得干涉欧洲人权法院独立性的政治规范，而且会进一步约束和限制人权法院。

在某种程度上，我们可以将《哥本哈根宣言》——欧洲理事会制定的有关欧洲人权法院未来的最高级别文件——解释为朝这个方向迈出的步伐。2017 年 11 月，丹麦成为欧洲理事会主席国。在国内民粹主义者引起的关于驱逐外国罪犯的讨论中，作为主席国的丹麦宣布了其改革欧洲人权公约体系的目标和限制欧洲人权法院进行动态性解释公约权利的司法实践。③ 部分评论者将后续的宣言草案描述为对欧洲人权法院施加政治压力的制度化工具，并“试图给人权法院的法官戴上手铐”。④ 然而，最终的宣言文本则是一份解决人权

---

① James Crawford, “The Current Political Discourse Concerning International Law”, 81 *Modern Law Review*, No. 1, (2018), p. 22.

② See Bart Bonikowski, “Ethno – nationalist Populism and the Mobilization of Collective Resentment”, 68 *British Journal of Sociology*, No. S1 (2017), p. S181; Tomasz Koncewicz, *The Role of Citizen Emotions in Constitutional Backsliding*, Reconnect (Mar 29, 2019), available at https: //reconnect – europe. eu/blog/ koncewicz – citizen – emotions – constitutional – backsliding/.

③ Jacques Hartmann, A *Danish Crusade for the Reform of the European Court of Human Rights*, European Journal of International Law: Talk! (Nov 14, 2017), available at https: //www. ejiltalk. org/a – danish – crusade – for – the – reform – of – the – european – court – of – human – rights/.

④ Alice Donald & Philip Leach, *A Wolf in Sheep’ s Clothing: Why the Draft Copenhagen Declaration Must be Rewritten*, European Journal of International Law: Talk! (Feb 21, 2018), available at https: //www. ejiltalk. org/a – wolf – in – sheeps – clothing – why – the – draft – copenhagen – declaration – must – be – rewritten/. 对宣言草案的不同观点, see Mikael Rask Madsen & Jonas Christoffersen, *The European Court of Human Rights’ View of the Draft Copenhagen Declaration*, European Journal of International Law: Talk! (Feb 23, 2018), available at https: // www. ejiltalk. org/ the – european – court – of – human – rights – view – of – the – draft – copenhagen – declaration/。

法院核心问题的更为平衡的文件。[①] 尽管《哥本哈根宣言》尚未被广泛提及，但宣言草案表明了对欧洲人权法院的不断变动的话语甚至可以影响到欧洲理事会政治的最高层面。

民粹主义政府实施的不履行人权法院判决的国内政治可以强化针对人权法院语言渲染性的去合法化的策略。就执行判决的实效性而言，国际性法院始终依赖着国内机构的遵守和与诸缔约国间的合作。[②] 但是，威权民粹主义“占领”[③] 整个的国家机关并限制公民社会的策略增加了解决问题的难度。仅举几个例子，匈牙利和波兰的民粹主义政府最近改变了先前履行和落实欧洲人权法院判决的国内宪法法院成员，并设法转变他们意识形态的立场。[④] 这也对匈牙利遵守《欧洲人权公约》产生了影响。艾斯特·波尔加里（Eszter Polgári）撰写的有关于匈牙利的报告指出由奥尔班之前的议会所任命法官与新任命的法官在如何对待欧洲人权法院的判例中产生了裂痕。一位新任命的宪法法院法官甚至反对人权法院的判决具有约束力，甚至反对一切多数法官决定将欧洲人权法院判例作为考虑事项的判决意见。[⑤] 甚至俄罗斯宪法法院被明确授予审查欧洲人权法院的判决与宪法的融合性。[⑥] 同样，作为支持欧洲人权法院判决的人权非政府组织也受到民粹主义者的压力，其社会活动能力也受到了严重的限制。[⑦] 因此，民粹主义者限制支持和遵守欧洲人权法院判决合作者的国内改革可能加剧遵守人权公约的困难性，也会降低人权法院的社会合法性。

（四）小结：民粹主义对欧洲人权法院有着独特的挑战性

作者认为当下的民粹主义“爆炸”的现象不仅是对人权法院主权性批评的另一例证。[⑧] 最

---

① 参见 Geir Ulfstein & Andreas Føllesdal, Copenhagen—Much Ado about Little? European Journal International Law Talk!（Apr 14, 2018）, available at https://www.ejiltalk.org/copenhagen - much - ado - about - little/。

② Karen Alter, The New Terrain of International Law, Princeton University Press, 2014, pp. 20 - 21.（区分了掌握正式权力遵守人权法院判决的合作伙伴和可以为其它机构实施压力的支持性伙伴）。

③ Jan - werner Müller, *What is Populism?*, University of Pennsylvania Press, 2016, p. 44.

④ Jan Petrov, “Unpacking the Partnership: Typology of Constitutional Courts' Roles in Implementation of the European Court of Human Rights' Case Law”, 14 *European Constitutional Law Review*, No. 3（2018）, p. 526.

⑤ See Eszter Polgári, “Hungary: ‘Gains and Losses’. Changing the Relationship with the European Court of Human Rights”, in Patricia Popelier, Sarah Lambrecht & Koen Lemmens（eds.）, *Criticism of the European Court of Rights*, Intersentia, 2016, pp. 317 - 318.

⑥ Jan Petrov, “Unpacking the Partnership: Typology of Constitutional Courts' Roles in Implementation of the European Court of Human Rights' Case Law”, 14 *European Constitutional Law Review*, No. 3（2018）, pp. 517 - 518; Marina Aksenova & Iryna Marchuk, “Reinventing or Rediscovering International Law? The Russian Constitutional Court's Uneasy Dialogue with the European Court of Human Rights”, 16 *International Journal of Constitutional Law*, No. 4（2018）, p. 1322. 由于部分学者认为俄罗斯是一个民粹主义政体，所以笔者需要提及俄罗斯的状况，以确保完整性分析欧洲民粹主义。See Neil Robinson & Sarah Milne, “Populism and Political Development in Hybrid Regimes: Russia and the Development of Official Populism”, 38 *International Political Science Review*, No. 4（2017）, p. 412。

⑦ 一些例证请参见 Antoine Buyse, “Squeezing Civic Space: Restrictions on Civil Society Organizations and the Linkages with Human Rights”, 22 *International Journal of Human Rights*, No. 8（2018）, p. 966。

⑧ See Ran Hirschl, “Opting Out of ‘Global Constitutionalism’”, 12 *Law & Ethics of Human Rights*, No. 1（2018）p. 2. 作者将民粹主义的挑战视为一种独立形态并且指出这种意识形态不同于早期对全球化和全球立宪主义的仇恨。

近的民粹主义浪潮一直在重写欧洲政治势力的版图①，将民粹主义对欧洲人权法院的抵制提高了一个层次。正如本文所阐述的，民粹主义对人权法院的挑战并不仅停留在发明新的遏制法院权力的技术手段。相反，民粹主义有着独特的扭曲人权法院合法性和权威性的强大能力。对人权法院的批评不再局限于学术辩论或小报媒体，批评的结果会影响许多国家的最高政治层级与公共辩论。

因此，民粹主义的意识形态所产生的宪法视野和解释当下人民所面临问题的责骂叙事与民粹主义者广泛应用的这种沟通与引起的大众共鸣的结合使得民粹主义者可以专门挑战人权法院的独立性和权威性。从而，民粹主义拥有极高的动员人民的能力（可能是跨国性），使人们产生对人权法院的憎恨，并改变围绕欧洲人权法院裁决的讨论框架。

换句话说，民粹主义仅是相对薄弱的意识形态，但是它对民主的运作方式有清晰的涵义，并解释了为什么挑战人权法院具有正当性和必要性。然后，民粹主义用特殊的方式传递信息，这建立在人民的恐惧和焦虑之上。民粹主义指出了经常被忽视的问题，并在责骂叙事中提供了简单解释和解决方案。源于民粹主义提倡的多数者优先和民族主义因素加之情感与道德主义腔调，民粹主义者有着极高的动员能力。这些特征的结合使民粹主义者可以用能够动员听众并引导人民对欧洲人权法院恐惧的技能武装自己。因此，在许多社会阶层中，对责骂叙事引起的共鸣明显使得渐进性腐蚀的情形变得极有风险性，特别是因为人权法院已经显现出自身很容易受到合法性挑战的伤害。作为国际性法院，人权法院不具有像民粹主义政客那样与大众沟通的资源和获得大众支持的能力，即便人权法院近期有着教育的能力。民粹主义者拥有更好的资源和现实中不断地获得媒体报道的机会。另一方面，人权法院在时间期间（案件数量）、财务自由（预算问题）和沟通技巧等方面的资源有限。寻求民众的支持并非是人权法院的首要目标。由于欧洲人权公约体系遭受了民粹主义对欧盟的批评而加剧，因此问题更加严重。缺乏对欧盟与欧洲理事会间关系的一般性了解，以及缺乏对人权法院不属于欧盟机构的常识，导致了对欧盟批评的溢出效应。② 此外，由于民粹主义政府倾向于改变制度环境并减少对自身权力的限制，所以对欧洲人权法院进行去合法化攻击仅是第一步，也是渐进性腐蚀的开端。降低人权法院的社会合法性意味着降低不遵守人权法院判决的成本，而广泛的漠视人权法院的判决为进一步遏制和边缘化人权法院开启了大门。

需要说明的是笔者不认为国际性法院不应该受到批评。对欧洲人权法院判例法和职能

① Martin Eiermann, Yascha Mounk, & Limor Gultchin, *European Populism: Trends, Threats and Future Prospects*, Institute for Global Change (Dec 29, 2017), available at https://institute.global/insight/renewing - centre/european - populism - trends - threats - and - future - prospects.

② Johan Karlsson Schaffer, Andreas Føllesdal, & Geir Ulfstein, "International Human Rights and the Challenge of Legitimacy", in Andreas Føllesdal, Johan Karlsson Schaffer, & Geir Ulfstein (eds.), *The Legitimacy of International Human rights Regimes*, Cambridge University Press, 2014, p. 11.

的辩论是对人权法院重要的反馈机制。① 如上所述，对人权法院能动主义的批评、扩大动态性解释以及国际司法机构裁决的民主和认同性缺陷属于辩论合法性问题的焦点。但是，正如本文第三部分第三节所展示的，民粹主义制造了一种与众不同的挑战。民粹主义批评并未讨论欧洲人权公约体系内的正确平衡，而是恶意地将欧洲人权法院描绘成“紧身大衣”和“妖怪”。但是，民粹主义者并未提供相应的理性分析，甚至就等同阴谋论的词语“人权黑手党”“特洛伊木马”，并用对欧洲人权法院的批判进行政治动员，而且强调“我们”与“他们”的区分（请参见有关移民和罪犯权利的评论）。

四、结论

欧洲人权法院已经在很长的时间内受到了多个角度的批评。本文认为最近的欧洲民粹主义的大爆发给人权法院带来了巨大的挑战。民粹主义的兴起不仅意味着加剧对人权法院的批判。民粹主义意识形态和政治风格的结合逐渐导致欧洲人权法院话语框架的改变，并引发对欧洲人权公约中主要理性因素的质疑。鉴于民粹主义者倾向于改变制度性格局并消除对行政权力的限制，民粹主义者对欧洲人权法院形成了重大且急迫性挑战。

不过，后续地对欧洲人权法院制度设计的审视表明人权法院可以很好地保障自身，避免受到针对司法人员和对法院结构特征的攻击。除了人权法院的预算和法官遴选方面存在严重的问题，人权公约缔约国的数量程度和多样性（分散性）、较高程度的司法自治以及独立司法的制度性保障使得人权法院相对有效地突破缔约国阻止其审查国内政策合约性的障碍或被民粹主义者“驯服”。

但是，还有另一种挑战欧洲人权法院的策略——通过去合法性以及渐进性腐蚀其权威和社会合法性的途径使人权法院边缘化，这在民粹主义情境下给人权法院带来极其特殊的困扰。民粹主义者的最大优势是对反多数机构的责骂叙事，并为攻击法院提供正当性理由。民粹主义的优势恰恰遇上了人权法院的最大弱点，即很难面对合法性挑战。由于民粹主义的意识形态（形成了相对应的宪法视野和对当下人民的问题和解决方案的责骂性叙事）与吸引人的政治交流风格和与民众的共鸣相结合，民粹主义的挑战特别地体现在威胁人权法院的独立性和权威性。结果，民粹主义有着极高的动员人民的能力（甚至是跨国性质），引起人们对人权法院的憎恨，并转移了针对欧洲人权法院判决的讨论框架。这可能会导致欧洲人权法院社会合法性的下降，从而破坏禁止干涉人权法院独立性的政治规范，并进一步遏制法院。简而言之，民粹主义的去合法化战略可能会通过侵犯人权法院的独立性和权威性的社会和政治来源而使其逐渐受到腐蚀。

本文着重于对民粹主义挑战人权法院的症状进行诊断。本文目的不是为了找到解救人

---

① Mikael Rask Madsen，“Bolstering Authority by Enhancing Communication：How Checks and Balances and Feedback Loops Can Strengthen the Authority of the European Court of Human Rights”，in Joana Mendes & Ingo Venzke（eds.），*Allocating Authority：Who Should Do What in European and International Law?* Hart Publishing，2018，p. 77.

权法院的方法，而是在辩论人权法院未来的过程中，提出前期准备的步骤和建议在民粹主义时代下我们应该关注的焦点。未来研究的关键问题是人权法院、欧洲理事会和其他参与者应如何应对民粹主义的渐进性侵蚀。一种可能的发展是支持欧洲人权法院的参与者将建设性地使用民粹主义的批评意见——将其作为一面“镜子”① ——并朝向解决一些被忽视的问题以及认真对待导致许多人支持民粹主义者的方向引导欧洲人权法院的改革进程。另一个使人忧虑的远景是民粹主义领导人将在渐进性侵蚀人权法院的情境下取得成功，并且将会减少人权法院的权威性和独立性。很难将后一种情景解释为人民与民主的胜利。这将消灭对威权民粹主义政府最后约束之一，并进一步释放由威权民粹主义者统治的国家所具有的典型的“强化行政权威”②，这与对人民负责的民主体制相距甚远。

The populist challenge to the European Court of Human Rights

Jan Petrov

Abstract: This article analyzes the European Court of Human Rights (ECtHR) from the perspec - tive of the recent extraordinary wave of populism in Europe. It argues that populism poses a serious and distinctive challenge to the ECtHR since supranational judicial review is at odds with the populist ideology. What makes the populist challenge distinctive is the com - bination of the ideological basis of populism, its wide appeal and capacity to reach ordinary people, and populists' tendency to remove limitations on their power. With respect to the last point, the article introduces a categorization of anti - court techniques and takes stock of the ECtHR's institutional setting. It concludes that although the situation is not perfect—the budget and judicial selection are especially problematic—the ECtHR is rather well insulated from eventual attacks targeting its structural features or the judicial personnel. However, in - cluding the ECtHR in the "narrative of blame," populism is very strong in another anti - court strategy—achieving gradual erosion of a court through delegitimization. That is particularly threatening for the ECtHR due to its vulnerability to legitimacy challenges manifested in the past decade. As a result, the populist challenge will likely require careful management of the ECtHR's social legitimacy.

Keywords: Populism; the European Court of Human Rights (ECtHR); anti - court techniques

（编辑：陶文泰）

---

① David Landau, "Populist Constitutions", 85 *University of Chicago Law Review*. No. 2 (2018), p. 543.

② Tarunabh Khaitan, "Executive Aggrandizement in Established Democracies: A Crisis of Liberal Democratic Constitutionalism", 17 *International Journal of Constitutional Law*, No. 1 (2019), p. 342.

自然法与历史法[*]

[日] 和田小次郎[**] 著　张心璐　姚　远[***] 译

摘　要　自然法思想萌芽于希腊智术师，进入二十世纪获得了新生，在近代成为人类的国家和法的终极根源和权威来源。自然法追求法理念的合理性。历史法学则主张所有的法都受历史的制约，存在于民族的现实生活中，是自然而然生成的。历史法着眼于法的现实性，而现实的法的本质是民族精神，民族精神又是历史法的本源。历史法学的本质特征在于，法是自发形成并被人们发现的事物。自然法和历史法是法哲学必须加以警戒的两座断崖，既不能否定法的普遍理性，也不能否定法的内容的历史性。自然法以合理性为本质，主要在理性的必然性、妥当性中追求其效力，其认为法必须从普遍理念中寻找其合理性和妥当性。历史法是在现实的民族生活中生成的法，是在现实中施行的法，其认为法都是在历史中被发现的。法既有历史性也有理念性。

关键词　自然法　历史法　法的效力　实定法

一、自然法与历史法

拉德布鲁赫说："法哲学从起源到十九世纪初，都是自然法论。"① 自然法思想萌芽于希腊的智术师，经过希腊的哲学家到罗马的法学家、中世纪的教会学者，及至近代，在十

---

* 译自：和田小次郎「自然法と歴史法」（法哲学四季報 1948 年第 1 期）。本译文是国家社科基金一般项目"马克思法律思想的法国渊源研究"（17BFX161）的阶段性成果。文内某些术语和人名已转写为拉丁字母，以利阅读。感谢南京师范大学法学院硕士生林静娴为翻译工作提供的帮助。

** 和田小次郎（1902—1954），日本著名法哲学家，早稻田大学法学教授。

*** 张心璐，南京师范大学法学院硕士生；姚远，南京师范大学法学院暨中国法治现代化研究院副教授。

① Radbruch, *Rechtsphilosophie*, 1932, S. 14.

九世纪由于历史法学兴起而被一时中断，但进入二十世纪又获得了新生。① 自然法是整个思想史上最为根深蒂固的思想。

智术师从相对主义的立场出发，主张任何价值都具有相对性。在宣扬礼法（nomos）相对性的同时，他们也常称自然（physis）具有绝对性，通过对照来阐明礼法相对论。例如，普罗泰戈拉、希庇阿斯和安提丰认为礼法是相对的东西，相比之下，自然具有绝对的妥当性。在他们看来，遵从自然必然性会带来幸福和利益，违反它则会招致痛苦和不快。这种合乎自然法则的事物是一种绝对规范。只有以怀疑的、批判的目光审视现实的制度和传承下来的诸规范时，只有当认为各种实定规范是人为的、相对的，或者说它们违背高级法的时候，自然法思想才由此诞生。不去盲目地、无意识地信奉那些传承至今的各种支配性规范的权威，而对此有所怀疑，这是批判性反思的促成因素。然而该因素并没有促使新规范建立起来，反而破坏了陈旧的诸传统规范的权威，这在希腊首先是由智术师完成的。他们是破坏性思想的核心人物，这不足为奇，但是在他们破坏性思想的深处，自然法思想已经生根发芽（哪怕还仅仅是萌芽）。关于实定规范的相对性的认识，是自然法思想的前提，智术师的破坏性思想在这方面起到了很大的历史作用。自然法思想认为实定法具有相对性，且对此多少抱持批判主义倾向，而批判的基准和根据就是绝对不变的自然法。安东·门格尔说："社会的进步分子已经表现出赞同自然法学的倾向了。"② 与十七、十八世纪自然法一样，公元前四、五世纪的希腊自然法也承认这一点。③ 这是自然法中批判主义的根基所在。

对柏拉图来说，理念一般而言是超越现象世界的真正实在的世界。亚里士多德区分了"自然的正义（dikaion physikon）"和"约定的正义（dikaion nomikon）"。"自然的正义"在"任何地方都具有同等的妥当性，无论它是否被看作正确的东西"。与之相对，在"约定的正义"下，"最初是这样定还是那样定并不重要，但一旦定下了，若不依此行事就会产生问题。"④ 在罗马，乌尔比安、优士丁尼都提倡自然法，尤其是"万民法（ius gentium）"的发展与自然法思想有密切关系。在中世纪，像奥古斯丁、托马斯·阿奎那那样的教父以及经院学者也提倡自然法。直至近代，梅兰希通（Melanchton）和赫明森（Hemmingsen）等宗教改革人士也开始拥护自然法。⑤

在近代，国家和法从神的权威下解放出来，成为人间的东西。自然法摆脱了中世纪的教父和经院学者所宣扬的、从属于神法且充当人法与神法之间媒介的地位，在成为人间事

① Charmont, *La Renaissance du Droit naturel*, 1927; Haines, *The Revival of Natural Law Concepts*, 1930; Junk, *Das Problem des natürlichen Rechtes*, 1912.

② Anton Menger, *Neue Staatslehre*, 1903. 河村教授譯「新國家論」三九頁。

③ 关于智术师的自然法思想，参见拙稿「ソフィストの自然法思想」(早稲田法學第十三卷所載)。

④ Aristoteles, *Nikomachische Ethik*, V. Buch, 10. Kapitel. 高田三郎氏譯「ニコマコス論理學」二五一頁。

⑤ 关于自然法的历史，参见田中耕太郎博士「自然法の過去及び其の現代的意義」（法律哲學論集（二）所載）。

物的同时也成为人类的国家和法的终极根源和权威来源。格劳秀斯有句名言："就算承认神不执掌人事这一不可饶恕的假定，也必须承认自然法。"① 他将自然法从神的权威下解放出来，变成人类理性的产物，推动了近代化，具有历史的功绩。在整个漫长的中世纪，调整国家相互间关系的规范以教会的权威为根基。当教会的权威崩坏后，已经无法在那里求得各种规范的根源；格劳秀斯找到了国际法的新的权威来源，即作为人类理性之命令的自然法。格劳秀斯之后的自然法学者都把自然法作为人类理性的命令，从中发现了各种实定规范的权威来源。因此，近代自然法的特征就是绝对的理性主义。他们把自然法视作理性的命令，由此出发，以理性的必然性为根据进行演绎，发现了自然法内容的诸原则。这些原则具有理性的必然性，因而具有永恒不变的效力。因此，对于他们来说，自然法的效力不在于现实的实效性，而主要体现在理念的妥当性。②

自然法以不变的权威为前提，优越于那具有相对性的现实实定法。因此，自然法论以二元论为立场的同时对实定法持批判主义，由此具有理想主义的倾向。柏拉图认为理念是真正实在的世界，而自然法学者多多少少倾向认为不变的自然法是真实的法，而变迁的实定法是假象的法。实定法从属于自然法，只要违反自然法就无效。另外，立法的功能就是认识自然法，并将其转化为明文规定。因此，只有当立法充分认识了自然法，其所制定的法规本身才会成为自然法的具体表现，具有不变的效力。实际上，近代自然法超越了批判的指导理念，对近代自然法内容的认识形成内容的体系，这也成为近代法典的原型。近代初期各部法典都以关于自然法内容的认识为基础，制定明文规定。虽然其要求具有不变的效力，但是这已经偏离了自然法本身，表现出自然法本身也陷入了自我矛盾。或许，法的二元论作为自然法的前提因此而被扬弃，批判主义作为自然法的本质也遭到排斥。这样一来就出现重大的谬误，即以自然法的名义要求实定法具备超越历史的不变效力。对于自然法的非难基本集中在这一点上。

历史法学③作为对这样的自然法学的反动而兴起，它主张所有的法都受历史的制约，存在于民族的现实生活中，和语言、习俗一样是自然而然生成的。萨维尼说："详细考察至今为止在德国法学家中处于支配地位的各种见解和方法，会发现其分为两大类。其中一派通过历史学派之名而显示充分特征，至于另一派，我们是单纯地称之为非历史学派。前一派认为，国民的全部过往赋予了法的素材，但它并不发源于某种恣意（一如偶然情况或其他可能的情况那样），而是发源于国民自身及其历史的最内在本质。后一派认为，法是在各种场合由承担立法权之人任意制定的，独立于过去时代的法，仅仅是在当下场合确信最好的法。"④ 萨维尼排斥"非历史学派"，主张历史法是唯一的法。施塔尔很好地描述了

① Grotius, *De iure belli et pacis*, Prolegom. § 11.

② 关于近代的自然法学派，参见拙稿「自然法學派に就て」（早稲田法學第十四卷所載）。

③ 参见拙稿「歴史法學派における法源論」（早稲田法學第二二卷所載）。

④ Savigny, in der *Zeitschrift für geschichtliche Rechtswissenschaft*, Bd. I, S. 1 ff.

历史学派眼中的自然法："自然法与该民族其他的所有存在毫无关系，而是根据一般抽象原理建立起来的。各个时代都要求具有理性必然性的、已经完成的从而无法容纳任何进步的法。自然法不偏不倚，对任何人都清晰明确，但其最深刻的不合理之处是其完全不关心生活关系的内在本质。生活关系的这种本质是伦理的原理，也是法的原理。法在多大程度上适应这种本质并形成生活关系，就在多大程度上是理性的。然而，对自然法来说，生活关系的这种内在本质是完全不存在的，无论在哪里总是仅以人类的自由为基准。自然法的全部谋划无视那存在于生活关系的本质中的真正客观的生活秩序，只是从自然中推导出这种秩序。结果只能是破坏秩序。"①

经常有人说历史法学派没有哲学基础。但是，关于这一点施塔姆勒的评价是正确的："历史法学的基础理论是关于最初状况的法哲学。"② 萨维尼和普赫塔（Puchta）的主要议题是法的发生论。但是，其态度单纯是历史的，而不是非哲学的或者反哲学的。他们反对自然法学的演绎，强调历史的方法，但是不宜把他们那历史的方法直接视为非哲学的东西。历史的方法并不单纯是确定与罗列事实。对于他们来说，法的历史发生是与任意发生相对立的。在法的发生论中，他们反对以下自然法观点，即根据法的主观理性，从先验的法概念出发，将法的整体演绎为抽象事物。对他们而言，法凭借内在的必然性，在民族历史最深层的本质中诞生，而历史法学必须洞察这种本质。这要求历史的方法和哲学的态度。应当注意，萨维尼本人对各学派倾向的划分并非"历史的"和"哲学的"的对立，而是"历史的"和"非历史的"的对立。③ 历史法学的功绩在于将法源论作为主要问题，以历史的和哲学的方式加以考究。因此也有人认为，历史法学不是克服了自然法学，相反，它发展了自然法学。④ 这又是过度夸张了。不能否认的是，历史法学是因对自然法学的反动而兴起的，与自然法学的理性主义相对，浪漫主义是历史法学的母体；相对于自然法的个人主义，民族主义是历史法学的基础。

历史法学派着眼于法的现实性。但是他们追求的不是法理念的合理性，而是现实的在场，是有机的生命性。因此，他们认为法总是现实的，施行于现实的地盘。故而对于他们来说"没有实现的法不是法"。换言之，法的本质不是理念合理性，而是现实的机能性、（从而）效力。不应该离开机能或效力来看法的本质。并且对于他们来说，法的本质不是作为理念妥当性的效力，而是现实实效性的效力。因而他们认为，法的发生问题是具有效力的法的发生问题，而不是与法的效力相异的其他问题。有人总是会把法源问题分为"法的内容渊源"和"法的效力渊源"，从这种区分立场出发批判历史法学的一元论观点，这

---

① Stahl, *Rechtsphilosophie*, 5. Aufl. 1870, S. 282 f.

② Stammler, *Ueber die Methode der geschichtlichen Rechtstheorie*, 1888, S. 3.

③ Savigny, a. a. O. S. 1.

④ Stammler, a. a. O. ; Bergbohm, *Jurisprudenz und Rechtsphilosophie*; Kantorowicz, *Was ist uns Savigny*?; Manigk, *Savigny und der Modernismus im Recht.*

是站在了重视法的人为技术性的立场上。历史法学派重视法的有机生命性，因而认为习惯法是最初的、第一位的法。他们站在这种立场，认为制定法及法曹法的根底包含有机的生命性，从而称立法者和法律家为“民族的喉舌”，[①] 或是称其为发现民族精神的“道”或“媒介”。[②] 法不是被创制的事物，而是自发形成并被人们发现的事物，这是历史法的本质特征。

虽说历史法学派着眼于现实的在场，但是法并不只是事实的东西。对他们来说，法的本质也不单是事实的东西，同时也是精神的东西。民族精神是所有法的固有渊源。习惯法在惯例事实中具象化，并以此为媒介为人们所认识。惯例事实本身是习惯法的发生形式，其本源或本质是民族精神。他们在惯例事实中看到了使之成为惯例的精神。单凭事实无法产生法，在惯例事实中体现出来的精神才是法，历史法的本质也是精神。

但是，只有民族精神（而非一般的精神）才具有现实性。对他们来说，现实的法的本质是民族精神。这一点作为民族成员共通的确信，由内（而外）制约着他们的行动，而且从他们被制约的行动中展现出来。无论是像习惯法那样直接显现，还是像制定法及法曹法那样以作为“民族的喉舌”的立法者及法曹为媒介间接显现，法的本源都是民族精神。

历史法学派极其重视作为历史法之本源的民族精神。结果，就像他们认为自然法学具有形而上学的态度而谴责自然法学一样，人们总是谴责他们把民族精神当作形而上学之物来推崇。但是，他们是彻底的现实主义。因此，他们认为民族精神跟“民族的活动”是一回事。[③] 作为整体的民族不断地推动成员。离开这种对成员的推动就算不上民族了。而且，这种鼓动在本质上是精神层面的。其存在于每个民族成员的意识中，同时又作为客观事物从内部制约他们的行动。这既是民族精神也是“民族的活动”。民族精神既是“民族的活动”，也是民族的本质。当然，民族、（从而）民族精神就具备了自然的和历史的根基。换言之，这是成为民族成员，促使其意识中存在客观共通思想的自然 - 历史因素。历史法学派把跟一定土地的结合、共通的血统、共通的生活、共通的历史宿命等作为民族的根基。因此，民族也被称为“自然的统一体”。[④] 但是对他们来说，构成作为“自然的统一体”民族的本质的，是民族精神。换言之，它是在这种自然 - 历史基底上共同生活的人们意识中的、统一的、精神的推动。对他们而言，民族精神是“民族的活动”，也就是民族的推动，离开这种精神推动便谈不上民族。民族并不是超越其成员、存在于外部的，而是在他们心中发挥作用的。历史法学派的法人拟制说很有名，他们拒绝把法人看作实体的实在。在实体的实在性中无法发现其统一性。实体的实在性只属于个人。法人也是通过个人进行统一的意思表示，通过个人进行统一的活动。作出意思表示并活动的乃是个人，不

① Savigny, *System des heut. röm. Rechts*, I, S. 39.; Puchta, *Pandekten*, § 10.
② Puchta, *Lehrbuch für Institution*, S. 15.
③ Puchta, *Gewohnheitsrecht*, I, S. 138.
④ Savigny, *System des heut. röm. Rechts*, I, S. 18 f.

过，统一的含义归属于法人，所以他们提倡法人拟制说。关于法人的本质他们提倡拟制说，对他们来说民族不能被把握为实体的实在。民族是自然的统一体，这种自然的统一体作为统一的精神机能是实在的，也是符合现实的。对他们来说，民族不是超越成员的实体性实在，从而民族精神不是独特的形而上学的本体。民族是在其成员的意识中不断起作用的、精神的机能的现实体，其作为自然的统一体的同时，也将民族精神作为其本质。历史法离不开这样的民族，民族精神是历史法的本源。换言之，历史法是民族的机能。

有人谴责历史法主张的根本态度是静观主义（Quietismus）。最初进行谴责的人是蒂堡。① 他认为萨维尼、普赫塔的见解在精神上是倒行逆施的：他们认为历史上发生的才是真理，不应当受到责难。耶林则对历史法学的静观主义进行了最尖锐的攻击。② 他在《权利斗争论》［即《为权利而斗争》］中说："法的诞生与人类的诞生一样伴随着剧烈的阵痛。"又在《法目的论》中打出"目的是一切法的创造者"的标语。耶林并不满意历史法学派的法的自然生成说。耶林的主张值得倾听。可是，在"伴随阵痛的诞生"中，要诞生的事物必然先已生成。对于历史法学派，诞生是法的发生形式的问题，而不是法的发生根据的问题。关于法的发生形式，"为法而展开的残酷斗争"（耶林）未必遭到历史法学派否定。立法活动或学术活动都是困难的思考活动，能够成为指向法的斗争过程。不仅如此，虽然历史的"自然的生成"有其"自然性"，但是应当注意它以人类的不断努力为中介。

萨维尼、普赫塔认为，就像语言是代代相传的一样，法也是被继受、遵守和传承的。对他们来说，法是民族的历史传统的一方面，是以民族的历史传统为基础生成的事物。确实，如果强调历史的层面，就存在怀古的静观主义的危险性。而主张有机的自然的生成，也存在旁观主义的危险性，其轻视人类自由的目的活动，将一切归功于"默默作用的内在力量"。甚至，排斥法理（ratio）还会有这样一种危险性，即忽视一般的批判的反省所具有的意义。对历史学派的诸多批判和谴责都各有根据和理由。尽管如此，历史法学的主张也有很多可取之处，不应无视其功绩。

拉斯克说："自然法是从价值的绝对性提出经验基础，历史主义是从经验基础提出价值的绝对性。自然法通过价值的实体化，完全破坏了经验事物的独立性，因而落入反历史性的缺陷。……另一方面，历史主义破坏了所有的哲学以及世界观。……自然法和历史主义是法哲学必须防范的两座断崖。"③ 拉德布鲁赫一方面认为自然法凭借正当法排除制定法，凭借法的价值排除法的现实，凭借法哲学排除法学，另一方面认为对历史法而言"各

① Thibaut, Ueber die sogenannte historische und nicht - historische Rechtschule, in *Archiv Civ. Prax.*, Bd. 21, S. 408.

② Jhering, *Der Kampf ums Recht*; *Zweck im Recht.*

③ Lask, *Rechtsphilosophie.* 和田譯「ラスク的法律哲學」(早稲田法學第九巻所載) 一六頁。

种历史主义的谬误，基于将历史认识的范畴上升到政治行为的规范”。[①] 确实，自然法和历史法是体现漫长法哲学思想史上各种倾向之振幅的两极，是法哲学必须加以警戒的两座断崖，是之后必须引以为训的路标。既不能否定法的普遍理性，也不能否定法的内容的历史性。

二、法是被创造的还是被发现的

法是被创造的还是被发现的？对于这个问题，在我看来，无论自然法还是历史法都认为法不是被创造的，而是被发现的。

自然法是经由理性思维而在理性中发现的作为人类本性的东西。因而，自然法以合理性为本质，主要在理性的必然性、（从而）妥当性中追求其效力。追求法的合理性，并以人的本性为基础，是自然法不可磨灭的功绩。法是属于人间存在的现象，其终极的理念根源必定基于人的本性。自然法学家尖锐指出，人不是神也不是野兽，一方面是具备本能的自然存在，另一方面是自觉的理性存在，这种人类存在特性以法为基础。确实，普遍的、理念的要求是法固有的。法的存在由此拥有了终极的合理性，被赋予了权利。同时，法也被赋予了理念性的使命。法在具体内容上无法避免历史的制约，但理念性使命是一定具有普遍性的。离开了这样的理念要求，法就无法存在。拉德布鲁赫说：“法是为法价值也就是法理念服务的现实。”[②] 宾德说：“法理念所加工的一切东西都是法。”[③] 舍恩菲尔德说：“法的存在（Recht－sein）是通往法的道路。也就是说，它正受到作为优良理念的风气（ethos）的引导，我们把这种理念称为正义。没有正义理念就没有法。”[④] 古尔维奇说：“法的概念本质上与正义的理念相关联。法常常是旨在实现正义的尝试。这种尝试的具体形态受环境、时间等各种条件的制约，相对说来有成功也有失败。法在复杂的现实形态中相对说来是完善的也是不完善的。法多少有些堕落的成分，相反，也有与其功能相适应的成分在内。然而，法一旦不能为实现正义而服务，那就完全不是法了。”[⑤] 这些话都很适合表达我此处的思想。自然法启发了有关这种法中的朝向普遍理念的志向、朝向理念的普遍志向。

法必须从普遍理念中寻找其合理性，从而寻找其妥当性。自然法通过指出应在理性的必然性中加以寻找，而教给我们这一点。但是，自然法为普遍理念赋予内容，也要求内容的诸规范具有普遍妥当性，后者仅可见于理性的必然性。而这是自然法的越权，是重大谬误。拉斯克说：“自然法的先验论的缺点在于：其一，不尊重黑暗的内容剩余，亦即那无

---

① Radbruch, *Rechtsphilosophie*, 1932, S. 16 f.; *Grundzüge der Rechtsphilosophie*, 1914, S. 5 ff.

② Radbruch, *Rechtsphilosophie*, S. 29.

③ Binder, *Rechtsbegriff und Rechtsidee*, 1915, S. 60.

④ Schönfeld, *Die logische Struktur der Rechtsordnung*, 1927, S. 42.

⑤ Gurvitch, *L' Idée du Droit Social*, 1932, p. 96.

法被价值完全照亮的、不可探知的事实性；其二，没有把理性的要求充分限定在以下功能上，即对给定素材作出加工的、纯形式上的组织原理。”① 本来，为了实现理性的要求，经验基础成为必要，但自然法没有认识到应当适用于经验基础的形式价值因素。相反，自然法将理性的要求实体化，将其变成自给自足的现实。通过理性要求的这种物化（Verdinglichung），自然法想要以纯粹理性取代现实，如此这般导致其“作为现实过于抽象，作为理念过于具体”，并且陷入非历史的形而上学。

虽说自然法优越于实定法，具备不随时空改变而改变的效力，是在理性的必然性中发现的，但因此实定法规定只要违反自然法就无效，且立法者的任务就是认识自然法的内容规定，加以成文化。因此，有把握认清自然法内容的立法，就要求其制定的实定法规具有自然法那样的绝对效力。萨维尼列举了几部有代表性的近代民法典，如1804年的《拿破仑法典》、1794年的《普鲁士邦法》、1811年的《奥地利民法典》，每一部都以这样的自然法思想为基础。因此，自然法本来是要在理性的必然中寻找的，但在十九世纪，它不再担当立法和实定法的指导原理，而变成“法是被创造的”这一观念的根据。因此，立法创制的实定法规也要求具有超历史的不变效力。②

针对非历史的自然法，萨维尼提倡历史法。历史法和语言、习俗一样，是在民族生活的历史现实中自然生成的。造出历史法的并不是立法者的创意，而是民族生活中“默默起作用的内在力量”。历史法与民族生活的其他各种因素有密切关联，只是民族生活的一个方面。这样成为历史法之根源的就是民族精神。民族精神使民族成为民族的同时，从内在制约民族的各成员，使民族生活成为可能。因此，民族精神最直接地表现于民族的风俗习惯，因而历史法的初始形态就是习惯法。然而，随着民族生活的复杂化，一方面立法变得必要，另一方面产生了各种身份的分化，法曾经存在于所有民族成员的心中，而现在变成了特殊的法曹阶级的占有物。在这个阶段，立法者和法曹就此而论都是民族精神的喉舌，由他们制定、形成的法也是原则上的民族法、历史法。历史法是立法者制定的，通过法曹产生的法在本质上也是作为民族精神表现的民族法，只是在这种情况下以立法者或法曹等民族精神喉舌的活动为媒介展现出来。历史法的根本指导原理是：无论是在立法、学术活动还是法的解释中，法都是在历史中被发现的。

自然法指出法的理念性，与之相对，历史法指出了法的历史性、（从而）实定性。应当肯定这一不朽的功绩。法对现实社会生活中的人们起到规范作用。离开这种作用，任何法都无法存在。因此，所有的法一定是实定法，不能够缺乏实定性。因而，自然法指明法的理念性，这是有意义的，但认为其是同实定法并行的、独立的法，则属重大谬误。

历史法是在现实的民族生活中生成的法。因而，对历史法来说，无法施行于现实的东

① Lask, Rechtsphilosophie, *Gesam. Schriften*, Bd. I, S. 284 f.

② Pound, *Interpretations of Legal History*, p. 14. 参见高柳氏譯「法律史観」二八頁以下。

西就不是法。就算它过去是法，未来是法，现在也不是法。但是现在的法也不是偶然地、突然地产生的，而是根据历史传统生成的。将来的法也不是独立于历史传统而作为崭新事物产生的。因此，历史法的研究如果离开历史研究，就无法进行下去。萨维尼认为以下想法抱持非历史的态度，故而予以拒绝：人们能够基于现在最佳的考虑因素，以先验方式把法创造出来。

历史法是在现实中施行的法。因此，历史法的法效力完全体现在其实效性，自然法的法效力则完全体现在其妥当性。这样一来，若主要就其妥当性的方面而言，法的效力就多少带有自然法的性质，若主要就其实效性的方面而言，法的效力就多少带有历史法的性质。自然法学家根据理性的必然性演绎出法的内容规定，法的效力只有以理性的必然性为基础才能得到承认，也就是说，在实质妥当性中能够发现法的效力。与此相对，例如伯格博姆（Bergbohm），尤其是凯尔森认为能够从形式妥当性中发现法的效力。凯尔森及其学派认为，法作为规范应与存在有严格区别。法作为规范之所以具有效力，是因为其以上级规范为基础。因而，法的效力依存于规范的基础关系，但这要求最高规范担当其他规范的基础，但其本身不以任何其他规范为基础。根本规范［又译基础规范］正因为是根本规范，是不包含任何内容的纯粹形式和逻辑要求。像这样从根本规范这一终极基础产生的规范的基础关系，需要通过纯粹的逻辑主义程序来寻求。因而对于凯尔森来说，法的效力必须体现于形式的妥当性中。尽管凯尔森提倡实证主义且排斥自然法，但人们常说，他本人通过实定法的纯粹化而造成实定法的自然法化。之所以说他陷入他所排斥的自然法，是因为他追求法效力的妥当性方面，而且在倡导实证主义的同时轻视实效性。

在追求法效力的实效性方面的人里面，也可以区分出追求形式实效性的倾向和追求实质实效性的倾向。法的实效性终究不过是法的实际施行。仅在审判场合观察法的实际施行的时候，我们发现的就是形式的实效性，而在现实社会生活场合观察法的实际施行的时候，我们发现的就是实质的实效性。那些试图在司法判决中（而不仅仅在法规注释中）寻找现行法的人，看到的是体现在形式实效性方面的法效力。但是，法不仅仅是在法院通过诉讼得到实施的。不如说，从建立社会生活的秩序这一根本使命来看，法在社会生活中实际运行的方式，必须以法的实效性为着眼点。因此，对于法的实定性来说，实质的实效性是主要问题。追求法的这种实质实效性意义上的效力的代表就是历史法学派。历史法是有具有历史实效性的法。就历史法而言，法随着民族生活的发生而生成，随着民族失去特性而消灭。毕竟，法只是民族生活的一个方面。与历史法类似，埃利希倡导的“活法（lebendes Recht）”也是以实质实效性为主要着眼点的法。

所有的法都是实定法。过去是实定法，将来也作为实定法，无论怎样，离开实定性就不是法。因此法的效力不应仅仅由妥当性构成。可是，止步于在形式上追求实效性，对法的实定性来说还远远不够。法的实定性是在社会生活中得到实现的，通过法院所展现出来的不过是法的实定性的一部分而已。或许是因为法在一般情形下不是通过诉讼或判决来体现的，而是在社会生活中直接实现和得到实施的。如果不是这样，社会生活的秩序就无法维持，而且法也不能很好地实现其使命。历史法学派从实质实效性方面把握法。不，他们不仅从实定性方面，也从历史性方面把握法。这肯定是他们的功绩。

实定的东西一定是历史的东西。的确，在历史的现实中，只有具体的存在才是实定的。因而，将存在要素抽象出来、只在形式妥当性层面加以追求的“纯粹法”不是实定法，反倒更接近自然法。实定的东西绝对是不纯粹的。尽管受到纯粹事物的制约，但也正是因为受到这种制约，它自身不可能纯粹。希培尔认为“纯粹法学”虽然提倡实证主义，却是自然法学——这个观点值得肯定。①

实定法与制定法并不相同。必须区分法和法规。法规作为法的现象形态，是由立法者制定的，而法不是由立法者制定的。只有将法和法规视作同一事物的人，才认为法是由立法者制定的。如果非得要寻求法的立法者，那只能是历史。只要历史是由人类缔造的，就可以说法的主体是人类。但是，法不是根据所谓立法者的立法行为被制定出来的，而是在历史中生成的。在这一前提下，所有的法都是历史法。法的实定性不能依存于立法行为产生的法的命题。通过立法行为创制的是法规而不是法。法的实定性在于它通过具体内容在现实中得到施行，这不是通过立法行为的法创制一次性完成的，而是一个不断生成的过程，是历史现象。就法规而言，立法和司法是根本不同的两种职能。但是就法而言，两者没有本质差别。立法是认识法、解释法、将其制定出来，法的生成过程不因立法而停止。司法是将立法产生的法规作为依据，与此同时又超越法规来认识和适用法。因此，就法而言，立法者也一定是解释者，解释者也必定是立法者。

法规是被创造的，但法不是被创造的，而是被发现的。自然法和历史法都指明了这一点。自然法是在理性的必然性中被发现的，历史法是在历史中被发现的。有人主张自然法和实定法是并行的独立存在物，这种看法是错误的，如果所有的法都是实定法，那么所有的法都必然作为历史法而在历史中被发现。但是，就算不承认自然法或者理性法的单独存在，也必须承认法的理性。历史已经不单是现象的转变过程，而是经由现象变迁的理性展开过程，因而也能讲述历史的精神。历史正因为是历史，就必定具备普遍连续性并受到必然性支配，前者随着时间流逝通过各种现象的变迁体现出来，后者通过各种偶然性体现出来。由此各种现象也具有了历史意味。这是历史的理性，也是其法则。即使承认所有的法都是在历史中被发现的历史法，不存在自然法或理性法，也必须承认法的理性。若非如此，就会忽视法本身的存在理由，法最终只是听任于历史的偶然。

所有的法都是实定法，除了实定法不存在其他法。但是，实定法作为法也必须包含法的理性，具有指向理念的志向。

法在历史的现实中不断发挥着作用，同时也为了这种历史的现实而发挥作用。法不单

① E. v. Hippel, *Untersuchungen zum Problem des fehlerhaften Staatsaktes*, 1924, S. 65.

单是应然，也不单单是存在，而是两者相互制约的规范。正如舍恩菲尔德所说：“法作为被要求的东西与应然联系起来，作为实在的东西与存在联系起来。法只要作为正当的东西就是应然，只要作为实定的东西就是存在。法不仅是存在着的应然（seiendes Gesolltes），也是应然的存在（gesolltes Seinendes）。如果强调法的正当性或者规范的方面，法就是前者；如果强调法的实定性或社会学的方面，法就是后者。法与所有的现实一样都是复合的。它不只有一方面而是具有两面性。”① 法必须同时承认实定性和理念性。当然，理念不是独自存在的，法不是凭借理念性而存在的，因而不可能存在理性法或者自然法。法由于具有实定性而存在，因而所有的法都是实定法。但是，法是以理念为志向而存在的。法的实定性是受理念制约的实定性。历史法也一定包含法的理性。如果不是这样就无法叙述法的精神了。

因此，法的那种理念性必定是在理性的必然中发现的，同时其实定性也必然在历史中被发现。但是，如果历史本身已经具有理念的现实化的意味，那么历史中发现的法也应该显示这种理念的现实化，或者说也要求它具备理念的现实化。法的实定性有理念的现实化的意味，实定法和历史法都在相对意义上包含法的理念。因此，舍恩菲尔德指出，② 法学以实定法为对象就不可能是纯粹的逻辑，以历史法为对象就不可能是无批判的历史主义，必定是具有意识形态的。

三、法的理念性与历史性

自然法学认为，法超越了时间和空间，是从不变的理性中演绎出来的。历史法学主张，法发源于民族精神，像语言一样是历史的、自然而然生成的。针对前两种观点也有人认为，法以现实中血淋淋的利益斗争为基础，必须通过激烈斗争才能产生，所以上述观点不过是痴人说梦。耶林曾说过，法犹如雅努斯的头，有两面，一面展示了秩序与和平，另一面体现了劳动和斗争。他指出要区分享受法的恩惠方面的人和为法斗争的人。③ 他认为“不经斗争的和平、不经劳动的享受属于天国的时代。历史知道二者出自不断的、艰苦的努力。”他还指出：“现行法在漫长的时光流逝中，将无数个体和各阶级整体的利益牢牢绑定在一起，结果就导致如果不严重损害这些利益，就无法废除它。因而，提出法规或制度问题就意味着向所有这些利益宣战，这一过程就像切断有无数触手缠绕的水螅一样。这种尝试威胁到了利益，故而利益受威胁的一方由于自我保存欲的自然发动，作出激烈反抗，进而引发斗争。与其他任何斗争一样，能够决定斗争走向的不是发动斗争的理由轻重，而是双方的实力较量。结果是常常导致与力的平行四边形同样的结果，即脱离原本的方向，

① Schönfeld, a. a. O. , S. 65.

② Schönfeld, a. a. O. , S. 47.

③ Jhering, *Kampf ums Recht* (*Reclam*), S. 20 ff. 日沖氏譯「権利のための闘争」二五頁以下。

向对角线的方向靠拢。”根据这种观点，对耶林来说“法是权力的明智政策”。[①] 由于权力确信自己的利益需要法，才会依赖法，就像园丁培育自己种下的树木一样，权力也培育了法。并且这不仅是为了树木，同时也是为了自己。他们二者都深知，想要结果就必须用心培育，果实就是对辛劳的最佳犒赏。法是权力的明智的政策，它不是基于一时的、瞬间的利益的目光短浅的政策，而是高瞻远瞩的政策。

虽然耶林认为法是利益斗争的产物，但因为法是“权力的政策”，法中不单有优越阶级的利益，多少也包括从属阶级的利益。他说：“市民社会的秩序总是对应着作为其组成部分的各种身份阶层或阶级的力量关系。征服者如果把被征服民族整合到国家之中，就不会为其赋予跟自己平等的地位，而是将其置于从属关系中。同样，在一起成长的同一民族内部，也是优势阶级在法制度中展现力量的优越性。……只要双方原本的力量对比关系没有任何变化，对于弱势一方而言，唯一的做法就是不去颠覆这种状态，这对他们来说才是最有利的。无论多么严格的法，强者对弱者宣告的法对于弱者来说可能起到悖论的作用。与没有法而期待强者的情况相比，还是有好处的。”也就是说，压迫不是无制约的，只要是法的制约产生的压迫，对于弱者来说就有好处。[②] 因此，在这样一种法制度下，受压迫阶级并非一定要满足于现状。资产阶级法支配下的无产阶级和无产阶级法支配下的资产阶级，同样享受着这种好处。因此，按照那时资产者和无产者之间的力量分配关系，不存在纯粹的资产阶级法，只存在着因为各种程度的妥协和让步而被削弱的市民阶级法。其中，耶林所说的“力的平行四边形”发挥作用，以及出现“权力的政策”，都可以说是法这种形式的必然功能。

拉德布鲁赫说：“对自由及其实现的欲求，从兴起的资产阶级的利益和力量中显露出来。但是，他们所认为的自由不仅是为了他们自身的自由，而是为了所有人的自由，因为他们将这种自由作为法来要求。法就其本质而言必定提出践行正义的要求。然而，正义要求法原则的普遍性和法规之前人人平等。以权利的形式提出第一位的要求，是为了让自身的要求得到所有其他人的承认。由于资产阶级以法的形式要求自由，这种自由才成为服务一切人的自由。因而，它也能充当斗争中的无产阶级得以享有的联盟自由（Koalitionsfreiheit），也能够成为反对资产阶级——他们原先得益于这种自由而发展起来——的斗争手段。适用于自由的情况同样适用于民主。同理，资产阶级出于他们自身的利益而贯彻民主，但正因为他们以法的形式贯彻民主，这民主才成为服务于一切人的民主、服务于无产阶级的民主。资产阶级出于自己的利益高举民主旗帜，而在反对资产阶级的斗争中，也产生了无产阶级的列队行进方式（Aufmarschform）。”[③]

---

① Jhering, *Zweck im Recht*, Bd. I. 拙譯「法律目的論」下卷（早稲田法學別冊第六卷）二五二頁以下。

② イェリング「法律目的論」前揭書三七七頁以下。

③ Radbruch, Klassenrecht und Rechtsidee, *Zeitschr. f. Soziales Recht*, 1929, 1. Jahrg. Num. 2, S. 76.

拉德布鲁赫从中总结出三点。① 第一，把经济利益和经济力量转换为法的形式，意味着从经济利益中解放出法的形式的固有法则性。第二，遵循固有法则发展的法，能够自己反作用于其根源即经济的力量关系，因而经济基础同法意识形态的上层建筑之间能够建立相互作用。第三，由于这种固有法则性和相互作用，受压迫阶级在实现统治阶级创制的法时也能够获得某种程度的利益。因此，受压迫阶级在为法而展开的诸多斗争中，成为统治阶级借以拘束他们的法秩序的守护者。或许，这的确是阶级法，但也正因为是阶级法，统治阶级的利益才没有赤裸裸地暴露出来，而是披着法的衣裳出现。而就算法的内容是他们欲求的东西，法的形式总是对受压迫者有帮助。只有“法的形式主义”（拉德布鲁赫语）能够在敌对阶级的立法和司法的恣意行为中保护受压迫阶级。因此，对于以统治阶级的利益和权力为内容制定的法，只要它是法，就受到普遍的法形式的约束；只要它是法，在强化统治阶级权力的同时也会削弱统治阶级的权力。现在，这种权力如果略微缺少正当性的外观就无法得到行使，就此而言它被削弱了；但只要这种权力还能被行使，它就将因为此时所附加的正当性的尊严而得到加强。

法中既有统治阶级的利益及其维护手段，另一方面也有受压迫阶级前进的据点。统治阶级想将自己的利益和权力塑造成法。他们通过法使其利益和权力正当化，通过正当化明确其保障。在这种条件下，法变成了统治阶级的手段。但尽管如此，法在具有“固有法则性”这一点上，也未必是统治阶级的忠实手段，反而是对统治阶级的恣意行为的制约。法的这种理念对于所有的恣意行为来说都是对立概念，统治阶级正是基于法的这种反恣意性，通过将自己的利益改造为法而使利益正当化。因此，被改造为法的统治阶级利益能够超脱统治阶级的恣意。法反过来也制约着统治阶级的恣意，在这样的法中，受压迫阶级能够发现他们的避难所以及他们前进的据点，无论它多么局促。作为阶级统治手段的法是阶级法，但阶级法也具有法的“固有法则性”。

法的理念保障着法的固有法则性。但是理念对法来说不只有着超越的妥当性，也是内在地制约和指导法的原理。任何法都是以理念为志向且在现实中发挥功能的规范，在这种对理念的志向中，理念内化于法并发挥现实的功能。当然，内在于法且以现实的方式发挥功能的理念，或者说理念的现实功能，只要是现实的也就得是相对的，受历史的制约，从而受“力的平行四边形”驱动。因而，法的实定性相对正当又相对不正当。不存在绝对正当的法。但是，如果没有对“公正”的志向，任何法都无从谈起。没有朝向“公正”的志向，法就会化作单纯“权力的恣意”。“公正”在担当法以“公正”为志向所追求的目标时，具有超越性；在这种志向本身中，则具有内在性。如果将法里面的这种对理念的志向称作法的理念性，那么法的“固有法则性”就是法的理念性的功能，是在理念性层面上的法的本质特性。

---

① Radbruch, a. a. O. , S. 76 f.

自然法教给我们法的理念性。自然法作为独立的法而存在这一点必须被否定，但只要不否定法的理念性，那么自然法的教诲就一定是有意义的。因此，提倡阶级法的弗伦克尔说："从历史来看，理性主义的方法和资本主义的内容是十八世纪自然法的特征。概念上自然法是受压迫阶级的意识形态，他们为了在被认为是最高的法庭上面让反抗权合法化，在他们对成文法规的斗争中采用自然法。""自然法不是一次性发生的历史事件，而是具有社会学根基的持续现象。如果成文法是统治阶级的权力手段，自然法就是受压迫的革命家阶层的正当根据和宣传手段。"①

与自然法教给我们法的理念性相对，历史法教给我们法的历史性。不存在脱离历史的根基而只有理念性的法。于是，就不得不否定自然法、理性法独立存在的观点。按照理念的本性，决不能认为法在理念上是自然法或者理性法，但可以认为法在现实中皆为历史法。是实定法就是历史法，因而法的实定性和历史性可以归为一回事。经常有人把实定法与制定法或成文法看作一回事，这是不应该的。实定法是具有实效性的法、必须在现实中施行的法。因此，实定法不是立法者制定的，法就其实定性而言是在历史中生成的东西。历史法教给我们这个道理。

萨维尼反对法典编纂的理由如下：若在历史法研究尚不成熟的阶段通过非历史的演绎而强行编纂法典，他担心这部法典会因为这些历史法而失去力量。此外，萨维尼也担心法典编纂容易歪曲、抑制历史法的生成。他认为"法不是自己存在的，其本质是从某个特殊方面反映出来的人类生活。"② 因此，他主张法学如果从这个对象中抽离，就算确能获得高度的形式条理，却无从洞察法关系本身，从而缺乏现实性。③ 同时，为了这种历史法的研究，萨维尼倡议设立"由学养深厚的学者和经验丰富的实务家组成的法典委员会"，由此"集成实际生活所产生的法的经验"。④

后来激烈反对历史法学派的耶林在《罗马法精神论》中也提出："法不是发源于立法者的深思熟虑产生的自主规定的外在集合，是同某个民族的语言一样的历史内在融合的产物。关于这一点现在没有争议。人类的意图、计算当然与法的形成有关，但它们不是创造了法而是发现了法。或许是因为在人类群居生活中所建立的关系，无法通过人类的意图、计算而形成。生活的冲动产生了法及其诸设施，并在连续的外在现实中支撑着法。"⑤ 这与萨维尼的主张完全一致。耶林又指出"事实的法（tatsächliches Recht）"和"形式化的法"（formuliertes Recht）的差别，⑥ 认为"在事实上具有支配性甚至可适用性的客观法，

---

① Fraenkel, *Zur Soziologie der Klassenjustiz*, 1927. S. 34.
② Savigny. *Beruf*, S. 18. 長場氏譯八六頁。
③ a. a. O. S. 18. 長場氏譯八七頁。
④ Savigny, *System des heut. röm. Rechts*, I, S. 204.
⑤ Jhering, *Geist des röm. Rechts*, I, S. 26.
⑥ a. a. O. , S. 31.

与按照法规或教义的形式对法作出的把握之间不完全一致”。① “法规只是法的最外在的实用顶点，且无论是外延还是内涵都无法穷尽法的现实内容。”② 萨维尼认为历史法、（从而）民族法是民族精神的显现，耶林研究罗马法的生活状态，或是生活状态中的罗马法，从中发现罗马法的精神。

所有的法都必须到历史中找寻。没有实定性就没有法，这与舍去历史性就没有法是一个意思。成文法规是发现法的确切根据。过去的法都是资料。就法的历史性而言，法是在历史中变迁和生灭的，没有超历史的永恒法。在历史中，“力的平行四边形”起决定作用。“利益斗争”决定法的形成的方向。参与平行四边形之中的权力担当者和相关斗争利益的性质，具有历史的多样性。即使要经过“血淋淋的斗争”（耶林语），法也是在历史中生成的。就算立法能够帮助或抑制法的生成，立法也不能创造出法或者阻止法的生成。在立法之后，法依然没有停止其生成。因此，所有的法都是历史法，都是在历史中被发现的。

但是，耶林通过研究罗马法发现了罗马法的精神。形成历史法的是历史精神。精神是历史的生成物，同时又受制于理念或者对理念的志向而形成法。就其对理念的志向而言，历史精神也被叫作意识形态。每一种法的精神就是法的意识形态。因此，法的历史性也与意识形态性相关。从而，在意识形态领域，历史精神中的理念被认为可以在历史中发现。法不只是利益斗争或者“权力斗争”的产物，也是意识形态化的产物。因此，法虽然是以斗争为媒介而历史地生成的，但其具有理念的志向，应当说志向中一定包含理念。“法的固有法则性”将以此为基础。法既有历史性也有理念性，这正是历史法和自然法分别教给我们的东西，因此，二者是法哲学应当警戒的两座断崖。

NaturalLaw and Historical law

Kojiro Wada

Trans. by Zhang Xinlu & Yao Yuan

Abstract: The idea of natural law germinated in Greek sophists. In the twentieth century, it gained a new life and became the ultimate source and authoritative source of human state and law in modern times. Natural law pursues the rationality of legal ideas. Historical jurisprudence advocates that all laws are subject to the constraints of history, exist in the real life of the nation, and are generated naturally. The historical law focuses on the reality of the law, and the essence of the realistic law is the national spirit, and the national spirit is the origin of the historical law. The es-

① a. a. O., S. 33.

② a. a. O., S. 34.

sential feature of historical jurisprudence is that law is something that is spontaneously formed and discovered by people. Natural law and historical law are the two cliffs that legal philosophy must guard against. Neither the universal rationality of law nor the historicity of the content of law can be denied. Natural law takes rationality as its essence, and mainly pursues its effectiveness in rational necessity and appropriateness. It believes that law must seek its rationality and appropriateness from universal ideas. The historical law is the law generated in the actual national life and the law implemented in the reality. It believes that the law is all discovered in history. Law is both historical and ideal.

Keywords: Natural Law; Historical Law; Validity of Law, Positive Law

（编辑：曹瀚哲）

作为经验有效性理论的法社会学

[德] 沃尔夫冈·施鲁赫特* 著　赵　静** 译

摘　要　与当下主流的社会学研究趋势相反，该学科的创始人认为法社会学是一般社会学理论的组成部分。他们将法律及其在历史上的各种变体理解为社会生活的构成性部分。这种观点在埃米尔·涂尔干和马克斯·韦伯的作品中尤为明显。这同样为呈现两位作者的理论进路在方法与内容方面的差异提供了可能性。本文论述了涂尔干和韦伯是如何从比较的和发展的角度研究法律，包括他们是如何看待刑法尤其是人权的作用的。在此基础上，本文进一步讨论了二人的理论与德国当前的法社会学研究之间的联系。

关键词　埃米尔·涂尔干　马克斯·韦伯　法社会学　经验有效性理论　人权

导言：介于一般社会学与特殊社会学之间的法社会学

我将通过两点说明开始我的论述。第一点关于本次研讨会的标题，第二点关于本文的标题。① 研讨会的标题表明，会议应当关注的是二十世纪末法社会学的现状与发展前景，即首要关注法社会学的未来而非其过去。但我认为，回顾过去对展望未来颇有助益。因为只有这样才能衡量法社会学已取得的进展。历史学家们说“漫长的世纪”和“短暂的世纪”，或许对于法社会学来说，二十世纪是短暂的，而且也没取得卓越的进步。本文选取的标题包含自然主义谬误的危险。我意识到了这一点。不过我关心的并不是事实性

---

* 沃尔夫冈·施鲁赫特，德国著名社会学家，海德堡大学荣休社会学教授。原文为：Wolfgang Schluchter, *Rechtssoziologie als empirische Geltungstheorie*, in: *Horst Dreier* (*Hrsg.*), *Rechtssoziologie am Ende des 20. Jahrhunderts. Gedächtnissymposion für Edgar Michael Wenz*, Mohr Siebeck, Tübingen 2000, S. 8 – 30. ——译者注。

** 赵静，法学博士，北京化工大学（文法学院）讲师。

① 本文来自于作者在“二十世纪末的法社会学——埃德加·米歇尔·文茨（Edgar Michael Wenz）纪念研讨会”上所作的报告，并收录于会议论文集（见本页译者注 *）。该会议举办于1999年6月中旬维尔茨堡大学。文茨为维尔茨堡大学的荣休教授，也是法学基础学科的资助者，于1997年9月13日逝世。——译者注。

（Faktizität）与有效性（Geltung，一译效力）之间的区别，而是有效性类型（*Geltungsarten*）之间的区别，这些有效性类型之间必须相互预设且彼此关联。在我看来，法社会学不仅是实效性研究（*Wirksamkeitsforschung*），而是呈现为有效性研究形态（*in Gestalt* von Geltungsforschung）的实效性研究。对此可以研究‘本学科’的‘经典学者’，故下文将重点考察之。

当然，‘经典学者’的范围很大，尤其对于我有限的目的来说太大了。埃米尔·涂尔干（Emile Durkheim）、马克斯·韦伯（Max Weber）、欧根·埃利希（Eugen Ehrlich）、提奥多·盖格（Theodor Geiger）——这些只是此刻想到的其中几个名字而已。本文仅讨论涂尔干和韦伯。原因很简单：对二者而言，法社会学首先是一般社会理论（*allgemeine* Sozialtheorie）的一部分。我们可以将以社会学为视角来看待法律的方式分为两种：要么将法律视为社会生活的建构条件之一、或许甚至是唯一建构条件（Konstitutionsbedingung）①，要么将法律视为一个特殊的制度领域。在第一种情况下，法社会学是一般社会理论的一部分，在第二种情况下则是一种领域社会学（Bereichssoziologie），它致力于在特殊情境中将一般社会理论具体化并予以应用。第一种观点在‘经典学者’中占据主导地位，但第二种观点在二十世纪开始脱颖而出。这使得法社会学成为一种“连字符社会学”（Bindestrich-soziologie）②，或特殊社会学。目前，第一种观点似乎又开始收复失地。当然，这两种观点并非截然对立，但二者的侧重点有所差别。

正是出于上述原因，我认为回溯到涂尔干和韦伯的法社会学出发点是有益的。我将围绕两个命题展开对他们的比较：第一，对二者而言，法律首先是在一般社会理论的框架内得以阐发的社会生活的建构条件，其次才是一般社会理论必须应用的某个制度领域；第二，他们各自的社会理论导致了对法律迥然不同的理解。

我将分四个步骤介绍涂尔干的立场，并以此开始我的比较：（1）行为规则的实证科学；（2）风俗和法律的物理学纲要；（3）刑法发展的两大规律；（4）作为刑法的人权。

一、埃米尔·涂尔干

（一）行为规则的实证科学

涂尔干很早就形成了他的社会学纲要，其观点主要来自对两个思想脉络的独特结合：一是法国脉络（该脉络将社会学视为实证科学、社会物理学），二是德国脉络（该脉络深

① 涂尔干将康德的哲学改造成一门作为经验科学的社会学，因此从严格意义上来讲，先验方法不复存在，经验论取代了形而上学。涂尔干不从主体而从集体出发进行思维（kollektives Denken）：不是主体，而是集体（das Kollektive）建构了社会生活；主体毋宁是集体建构的。从这种集体思维中，涂尔干得出了“集体世界与个体世界的（经验性）二元论”，进而取代了康德的“本体世界与现象世界的二元论”。——译者注。

② “连字符社会学”是将社会学的思维运用到各个社会领域，以观察其社会问题和社会现象，例如家庭社会学、犯罪社会学、灾害社会学、媒体社会学等；法社会学也可以归属其中。——译者注。

受历史学派的影响，从中产生出实证道德科学）。[①] 法国脉络首推奥古斯特·孔德（Auguste Comte）。孔德想要借助他关于人类精神发展的三阶段法则（Drei – Stadien – Gesetz）和科学的层次法则（Hierarchiegesetz），将社会学（作为一门关于社会生活的实证科学）提升为现代的主导科学。作为德国脉络的首要代表，威廉·冯特（Wilhelm Wundt）以他的民族心理学为例，说明了这门主导科学应该如何发展成为一门不仅涉及人类及其道德的科学（像孔德那样），还涉及民族及其道德的科学。[②] 也可以说：在涂尔干看来，法国笛卡尔主义与德国康德主义应当结合成为一门新科学，即作为一种社会心理学的社会学；在这里，通过经验—归纳的方式，二者均被做了决定性修改。风俗[③]和法律的归纳物理学（*induktive Physik* der Sitten und des Rechts）应该取代道德和法律的演绎形而上学（*deduktive Metaphysik* der Sitten und des Rechts）[④]。然而，对涂尔干来说，风俗和法律从一开始就不是物理的、而是心灵的（mental），不是个体的、而是社会的事实。这些事实起源于个体的联合，具有自成一类的特征（sui generis – Charakter）和巨大的历史多变性。

（二）风俗和法律的物理学纲要

这种风俗和法律的物理学的重点是从比较的视角分析配备制裁的行为规则（sanktionsbewehrte Verhaltensregeln）。这里的比较是跨文化和跨时代的。1887/1888 年冬季学期，涂尔干在波尔多大学讲授其“社会科学”课程（*Cours de Science Sociale*）的第一堂课，这也在一定程度上成为他教学工作的起点和持久参照点。[⑤] 作为一门新科学，社会科学的对象与方法早在此时便被完全确立了下来。根据涂尔干的说法，新科学的对象与方法由经济

---

① Vgl. dazu A. Comte, *Rede über den Geist des Positivismus*, 1956, S. 5 ff. , 205 ff.

② 涂尔干在巴黎高等师范学院毕业后，最初在圣康坦担任高级中学哲学教师。1885 年，他赴德国进行了一场学术旅行考察，主要前往柏林和莱比锡。由此诞生了两篇长文：《德国大学的哲学》与《德国的实证道德科学》，它们均属于涂尔干社会学的构成要素。两篇译文均收录于：E. Durkheim, *Über Deutschland. Texte aus den Jahren* 1887 *bis* 1915, hrsg. von Franz Schultheis und Andreas Gipper, 1995, S. 27 ff. und S. 85 ff。

③ 在内容层面，涂尔干的“mœurs”（施鲁赫特将其对应德语的 Sitte）与韦伯的“Sitte”在他们的法社会学思想中有不同含义。韦伯将 Sitte 与惯例、法律和道德并列，并将 Sitte 视为该序列的逻辑起点。在这一序列中，对于行动者的约束力被缩减至最低。正如时尚（Mode）和习惯（Brauch），Sitte 也是一种行为准则（Verhaltensvorschrift），严格来说，是任何行动者都不期待其他行动者会遵守的行为准则。相对于韦伯而言，涂尔干则保留了康德的“Sitten”（Metaphysik der Sitten und des Rechts）概念。然而在翻译层面，本文保留汉语世界的通俗译法，将涂尔干的“mœurs”（Sitte）与下文中韦伯的“Sitte”统一译为“风俗”，而将康德著作中的“Sitten”译为“道德”。——译者注。

④ “风俗和法律的物理学”的法语原文为：physique des murs et du droit。众所周知，康德的学说是“道德与法律的形而上学”（Metaphysik der Sitten und des Rechts），在定义社会学时，涂尔干用“物理学”（physique, Physik）取代“形而上学”（métaphysique, Metaphysik），即用经验科学方法比较并理解人类历史上各种各样的风俗和法律演进，与形而上学的演绎方法相对立（另参见第 2 页脚注②）。——译者注。

⑤ 自 1890 年以来，涂尔干定期在波尔多大学文学院讲授“社会科学课程：风俗和法律的物理学”（„ Lecons de sociologie. Physique des moeurset du droit “），直到 1900 年，然后从 1904 年到 1912 年，涂尔干再次在索邦大学讲授本课程。本讲座课程的手稿（来自涂尔干遗稿）经编辑后，已译成德文并出版：E. Durkheim, *Physik der Sitten und des Rechts. Vorlesungen zur Soziologie der Moral*, 1991。

学家引进，后经由孔德（Auguste Comte）进行建构，由斯宾塞（Herbert Spencer）加以巩固，由舍夫勒（Albert Schäffle）予以确定，再由德国经济学家和（历史学派的[①]）法学家完成专业化，最终被确立为：

（1）每个社会都有一定数量的共同观念和情感，并代代相传。这些现象具有心理的（psychisch）、心灵的（mental）性质，但它们不能被个体心理学，而只能被社会心理学（如冯特的民族心理学）所认识。

（2）这些共同观念和情感中的一部分关系到社会生活的实践，是义务性的。它们涉及针对个体的准则，这些准则要求获得尊重和遵守。

（3）其中一些准则对社会如此重要，以至于社会设立了保障它们获得尊重和遵守的机构（*Organe*）。一旦如此，道德判断和道德谴责就变成了"法律公式"（juridische Formeln）[②]。此时，法律社会学得以与道德社会学并驾齐驱。

（4）同样，主要以自身利益、而非以义务为中心的经济现象，也必须置入这种关联中。与道德科学和法律科学一样，经济科学也是一门社会科学。

因此，这种风俗和法律的物理学的核心是对规则进行社会学分析，尤其是从比较的视角对法律规则进行社会学分析。社会学首先是比较的法社会学。

事实上，涂尔干的第一个内容性研究，尤其是他著名的社会（而非经济）分工研究，本质上是法社会学分析。涂尔干在晚期论述道，在社会发展伊始，一切皆是宗教，这表明他转向了一种宗教社会学；而他在早期作品中认为：最初一切皆是法律，更准确地说是刑法，尽管其尚未被形式化、编纂和组织。[③] 作为法社会学的社会学以如下假设为出发点，法律发展伴随着社会发展（符合命题，Entsprechungsthese），然后，法律是符号（表征命题，Repräsentationsthese）且由此适合充当社会状态的指示器（认知命题，Erkenntnis-these）。此外，这种社会学还假定，相对于法律而言，风俗处于第二位阶（层级命题，Hi-erarchiethese），而且与经济学不同，这种社会学关注的不是自利的、而是合乎义务的行动（pflichtmäßiges Handeln），主要因为集体生活乃义务（Verpflichtung）的表达。但在涂尔干看来，要想谈论义务，则必须谈论强制[④]（强制命题，Zwangsthese）。因此，与此种进路

---

① 由于德国法学家包括历史学派和潘德克顿学派，因此施鲁赫特通过增加括号予以限定，即涂尔干在此处意指历史法学派。——译者注。

② E. Durkheim, *Frühe Schriften zur Begründung der Sozialwissenschaft*, hrsg. , eingel. und übersetzt von Lore Heisterberg, 1981, S. 46.

③ 涂尔干在1907年回顾时写道："我在1887年读过冯特，直到1895年我才清晰地意识到宗教在社会生活中所起的重要作用。那一年的大部分时间里，我找到了一种社会学的路径来研究宗教。这对我来说是一个启示。1895年的大课标志着我思想发展的一个转折点，以至于我之前的所有研究都必须经过艰苦的修改，以适应新的见解。我八年前读过的冯特的《伦理学》对这种方向性转变没有任何影响。这一转变完全基于我对宗教史的研究，最重要的是基于对罗伯逊·史密斯（Robertson Smith）及其学派的相关著作的阅读。" Vgl. E. Durkheim, *Über Deutschland. Texte aus den Jahren* 1887 *bis* 1915, hrsg. von Franz Schultheis und Andreas Gipper, 1995, S. 241。

④ E. Durkheim, *Über soziale Arbeitsteilung. Studie über die Organisation höherer Gesellschaften*, 2. Aufl. , 1988, S. 97.

相关联的关键性结论是：不是因为某行动（Handlung）构成犯罪，所以它才违反了共同意识，而是因为该行动违反了共同意识，所以才构成犯罪。然而，共同意识的核心是由那些凝聚成准则的观念和情感构成，它们代代相传，并被视为‘神圣的’。于是，社会学首先并不仅仅是法社会学，更准确地来说是**刑法社会学**。

因此，涂尔干的社会学始于对规则概念进行分析性的剖析，以及由此对规则进行的分类。① 首先对他而言，重要的是某行为规则是否配备制裁。如果该规则是配备制裁的，则取决于与之相关的制裁类型，即该制裁是诉求性的（appellativ），例如通过诉诸良心，还是（广义的）损害性的（schädigend）。如果该制裁是损害性的，它可以用来实施报复或恢复原状。这就是涂尔干著名的关于压制性法律（repressives Recht）与恢复性法律（restitutives Recht）的区分的含义。该区分是分析性的，并且相对独立于具体的法律质料，尽管这些质料与该区分（刑法 vs 其他法律）之间存在亲合力（Wahlverwandtschaft）。②

涂尔干的行为规则类型学

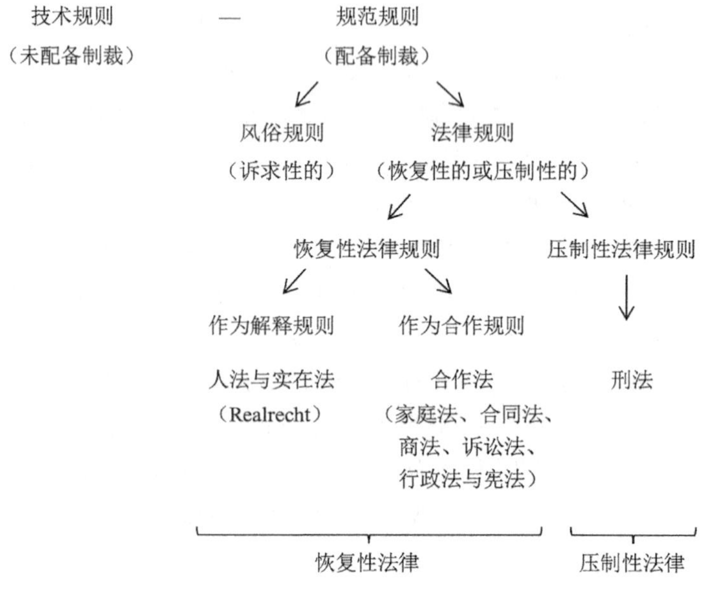

① 在这方面，最清晰的表述见于涂尔干晚期的文本，即1906年的文章《道德事实的确定》。在这里涂尔干区分了技术规则（technische Regeln）与道德规则（moralischen Regeln），或更一般地来说，区分了明智规则和幸福规则（Regeln der Klugheit und Glückseligkeit）与义务规则（Regeln der Verpflichtung）——对此他使用了一个思想实验加以说明。在这里，他关注的是行动与行动后果之间的联系。正如涂尔干所说，这种联系是“自然的”还是“人为的”、分析的还是综合的？是“实然”联系（„Ist“-Verknüpfung）还是“应然”联系（„Soll“-Verknüpfung）？在后一种情况下，真正的联系是通过制裁化（Sanktionierung）建立的。Vgl. E. Durkheim, *Soziologie und Philosophie*, 1967, S. 84 ff., bes. S. 93。

② 因此，涂尔干的分类并没有遵循私法与公法之间的通常区分；对他来说，法律质料的区分标准是制裁的类型。即便这种区分也不总能得到贯彻。例如，美国法中广为人知的所谓惩罚性损害赔偿（punitive damage）即结合了压制性制裁与恢复性制裁。

然而在社会生活中，法律并不仅仅起到诸如报复、恢复或保护社会免受离轨行为侵害等消极作用，它还通过培育团结而发挥积极作用。法律规则毕竟最终仅代表那些社会成员所认可的、值得为之奋斗的观念和情感。这些观念和情感被视为具有约束力的，因为它们对社会成员来说是值得效仿的。正如在其消极作用中那样，法律也可以在其积极作用中首先服务于两个目标：法律在社会成员之间创造相似性或（互补的）差异性。（积极）团结在第一种情况下是机械的，而在第二种情况下则是有机的。压制性法律是前者的表达，而恢复性法律是后者的表达。在他的作品中，涂尔干通过团结的类型学补充了行为规则的类型学。

涂尔干的团结类型学

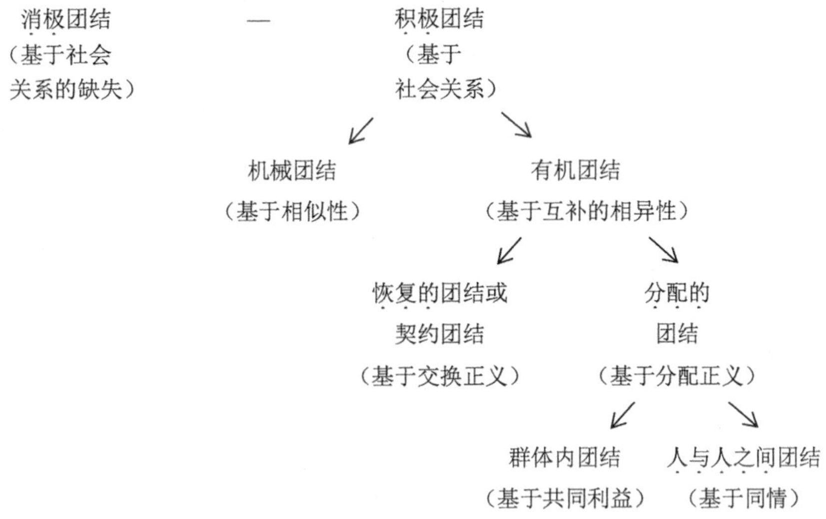

（三）刑法发展的两大规律

在涂尔干看来，一个社会共同意识的范围、强度和牢固性与法律意识之间的联系最为紧密，而刑法意识居于法律意识的核心位置。围绕该核心形成了多个同心圆，每个同心圆与核心之间的距离远近说明了共享的观念和情感的强度和牢固程度。当然，规范不仅规制合乎义务的行动，而且也规制自利的行动，由此团结得以形成。这是涂尔干在处理分工问题时的重大发现，他从分工中获得了‘道德’维度。因为他认识到，在特定条件下，分工同样能产生团结，尽管是一种特殊类型的团结。如前所述，为了区别于机械团结，他称这种团结为有机团结。但他的理论清楚地表明，他认为通过自利的行动无法理解有机团结。无论自利的行动建立在多么合理的计算之上——这也可能包含一种洞见，即如果一个人想要增加自己的效用，在特定条件下自愿与他人合作会对他更有利——，根据涂尔干的说法，以自利的动机为支撑的合作永远不会导向稳定的社会秩序。为此必须在自利的行动之外，加入合乎义务的行动；但合乎义务的行动指向配备制裁的行为规则。因此，有机团结的涵义远比契约团结丰富，且最终以压制性制裁为基础。如果弱化制裁，共同意识的强度和牢固性就会受到影响。因此，在任何社会，包括现代社会，最终都以刑法为核心。

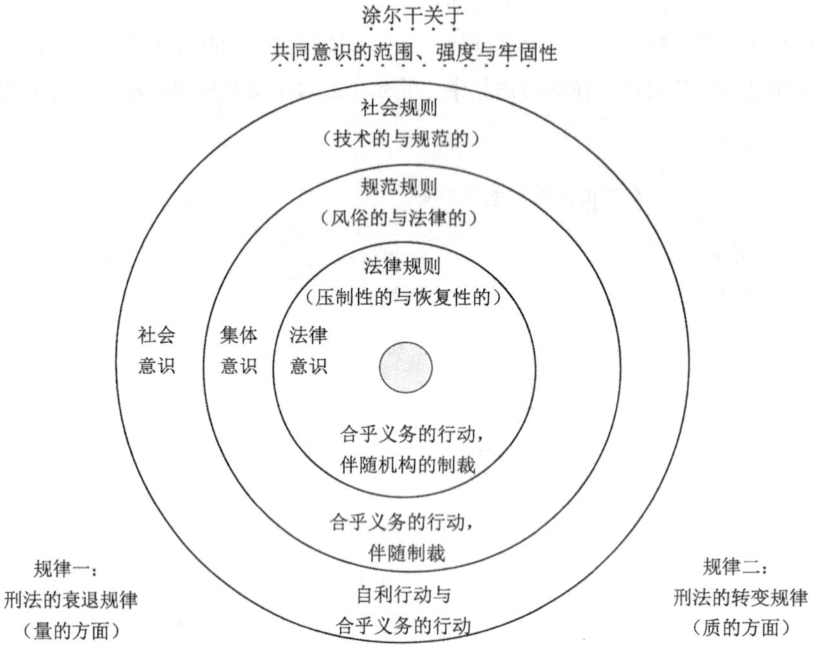

涂尔干最初的出发点是假定法律发展的特点是恢复性法律会取代压制性法律。一个社会的分工越细，其运行便越少借助压制性法律，而越依赖于恢复性法律。虽然刚开始一切都曾是刑法，但在一个分工社会中，这种状态无法维系，因为诸部分（Glieder）之间的差异会越来越大。因此，刑法的相对范围会随着社会的发展而缩小，相反，（尤其是）合作法呈现增长之势。然而，在一个诸部分之间的相似性日益减少的社会中，刑法的适用范围会缩小，其强度和牢固性也会减弱。①

当然，在其后期著作中，涂尔干对这个过于简单的、仍对其社会分工研究起决定性作用的论点——通过“重构压制性法律”的观点来补充“用恢复性法律代替压制性法律”的观点——进行了修改。在他看来，刑法不仅在它与恢复性法律的关系中发展，而且刑法自身也在发展。（当然，这同样适用于恢复性法律。）随着社会分工的增加，刑法实际上日

---

① 涂尔干没有明确说明这里的‘部分’（Glied）是什么意思；他是在谈论个体还是整体，是（职业）群体还是作为职能承担者的制度性领域？仅看这一点，涂尔干的分析就无法令人满意。而且他还在“机械—有机”区分的分析性应用与具体性应用之间摇摆不定。这在二手文献中造成了相当大的混乱，并导致了不合适的辅助建构（例如区分社会整合与系统整合）。Vgl. dazu vor allem D. Lockwood, *Solidarity and Schism. The Problem of Disorder ‘ in Durkheimian and Marxist Sociology*, 1992。

益衰退（量的方面）；但与此同时，刑法自身也在发生根本性变化（质的方面），并因此仍能成为分工社会的核心。这种根本性变化恰恰反映了共享的观念和情感发生了根本性变化。倘若由个体来代表人类，这些观念和情感便不再将群体，而是将个体‘奉若神明’。个体崇拜取代了群体崇拜。

因此，涂尔干区分了刑法发展的两大规律：衰退规律（Das Gesetz der Rückbildung）与转变规律（Das Gesetz der Umbildung）。[①] 衰退规律指出，压制性核心的范围随着社会发展而日益缩小，源于相似性的所有社会联结（soziale Bande）都失去了约束力，恢复性法律的扩张以压制性法律为代价，所有这一切都是个体化（Individualisierung）增强的结果。转变规律指出，首先是压制性核心的强度和牢固性有所转变；相对于源于相似性的社会联结而言，基于日益增强的差异性的社会联结的约束力变强了；但压制性核心仍然存在，只不过呈现为一种新的形态。这在刑罚观念的变迁中尤为明显。此处涂尔干的观点极其现代。如果把他的分析转化为当代术语，可以说：报应原则升华为罪责原则，预防原则扩大到囊括特殊预防。被禁止的行动中包含的主观部分日益重要，而个体化正存在于此。因此，现代刑法认识到了禁止错误（Verbotsirrtum）、阻却责任的紧急避险以及无责任能力。然而，个体化也体现在日渐重要的再社会化观念中。尽管仍然需要一般预防、对公众的威慑和法律意识的增强，但要补之以特殊预防、阻止犯罪人再次犯罪的威慑，尤其是再社会化。与个体化（从群体崇拜到个体崇拜）同时相连的是主体化与心理化（从身体惩罚到心理惩罚）。后来在《规训与惩罚》（*überwachen und Strafen*）中，米歇尔·福柯（Michael Foucault）效仿涂尔干分析了这一过程，不过目标截然不同。[②]

若牢记以上联系，涂尔干在社会分工的研究中发现的法律规则的差异化体系将更容易理解：[③]

---

① 相应文本尚无德文译文。原文收录于 E. Durkheim, *Deux lois de l' evolution pénale*, in: *Journal sociologique* (1969), S. 245 – 273. 这两大规律在原文中表述为：1. “量变规律”：“惩罚的强度越大，社会的发展程度就越低，中央权力也就越不受限制”（S. 245）。2. “质变规律”：“刑罚剥夺而且仅剥夺自由，根据罪行的严重程度决定剥夺自由的时间长短。此类自由刑倾向于成为一种常态化的压制手段”（S. 256）。

② Vgl. M. Foucault, *Überwachen und Strafen. Die Geburt des Gefängnisses*, 1976. 福柯关注的是如何显现出刑罚及其执行表面上的人性化（Humanisierung）背后的深层去人性化（Dehumanisierung），这种去人性化源于惩罚的匿名化以及惩罚向心理管束（psychische Disziplinierung）的转变。

③ 由于翻译并不总能切中作者原意，因此这里从原文中摘取概览图。Vgl. E. Durkheim, *De la division du travail social*, 1994, S. 102 und S. 127 f. 在概览图中，我将涂尔干在书中不同地方呈现的两种规则类型的分类放在了一起。显然，涂尔干对规则进行的分类是以法国民法典为基准。概览图的中文翻译引自：[法] 埃米尔·涂尔干：《涂尔干文集》第 1 卷：《社会分工论》，渠敬东主编，商务印书馆 2020 年版，第 204 – 205 页，第 178 页。——译者注。

I. －有组织的压制性制裁规则

禁止违犯集体感情的行为规则

I

- 宗教感情
  - 积极的（规定宗教实践）
  - 消极的 —— 关于神圣信仰
    - 关于崇拜
    - 关于崇拜机构（如教堂、神父）
- 民族感情
  - 积极的（确定的公民义务）
  - 消极的（叛乱、内战等）
- 家庭感情
  - 积极的：a.父子 b.夫妻 c.一般亲戚
  - 消极的：a.父子 b.夫妻 c.一般亲戚
- 两性感情
  - 被禁止的结合：乱伦—鸡奸—不当婚配
  - 卖淫
  - 公共廉耻
  - 未成年人的廉耻
- 有关工作的廉耻
  - 行乞
  - 流浪
  - 酗酒
  - 工作中的刑法规定
- 各种传统感情
  - 关于：
    - 行规
    - 殡葬
    - 饮食
    - 服饰
    - 典礼
    - 其他活动
- 有关共同意识机构的感情
  - 直接的侵害
    - 叛国
    - 阴谋推翻合法政府
    - 恶毒攻击合法政府
    - 武装对抗合法政府—暴乱
  - 间接的侵害
    - 个人侵吞公共职务—篡权—篡改民意
    - 公务员营私舞弊及各种渎职行为
    - 各种不遵守国家法令的行为（行政违法）

服务于一般目的

II

服务于特殊目的

- 有关个人人格的感情
  - 杀人—伤害—自杀
  - 个人自由
    - 肉体的
    - 精神的（在实行公民权利的过程中受到压制）
    - 名誉：侮辱、造谣、诽谤、伪证
- 有关个人财产的感情
  - 偷盗—诈骗钱财、违约
  - 各种欺骗
- 有关个人与人格及个人与财产的关系的一般个人感情
  - 伪造货币—倒闭
  - 纵火
  - 趁火打劫—劫掠
  - 公共卫生

II. －恢复性制裁规则

- 消极关系或回避关系
  - 物与人的关系
    - 各种形式的所有权（动产和不动产等）
    - 所有权的各种程序（财产抵押权和根据收益权占有等）
  - 人与人的关系
    - 由正常执行的物权决定
    - 由非法侵占的物权决定
- 家庭职能之间的关系
- 积极关系或协作关系
  - 分散的经济职能关系
    - 一般契约关系
    - 特殊契约关系
  - 行政职能关系
    - 各个行政职能之间的关系
    - 带有政府职能的行政职能关系
    - 分散于社会的行政职能关系
  - 政府职能关系
    - 各个政府职能之间的关系
    - 带有行政职能的政府职能关系
    - 带有分散的政治职能的政府职能关系

（四）作为刑法的人权

如果遵循这种法律规则的早期分类，这里面很明显已经包含了两种类型的压制性法律规则，这些规则后来被更多地置于一种发展史的视角下予以考察，成为保护群体的规则和保护个体的规则。个体主义的集体理想（*Kollektivideal*）越强，被个体权利所限制的群体权利就会越多；因此，对涂尔干来说，这种集体理想规定的不是利己的个体主义，而是道德的个体主义。① 风俗和法律的物理学从比较的视角表明，人类的法律发展以人的权利和义务为顶点。虽然在简单社会中，人无足轻重，但在复杂社会中，至少自十八世纪的政治革命以来，人几乎代表一切。涂尔干对康德的先天预设，即人自身是目的，进行了发生学上的（genetisch）发展：作为有缔约能力的（verträgsfähig）所有权人，人借由相互交叉的社会圈子，与一个分工社会的具体群体生活紧密联系，而且始终先于任何具体群体生活。当然，这里的人并非现代压制性法律最终保护的具体的人，而是理想的人，个体，人格（la personne humaine），即个体中的人性（Menschheit）。因此，在‘更高级的社会’中，规定国家有义务保护个体的规则同样拥有最高权威。当然，更精确的表述应该是：这些规则应当拥最高权威。因为在涂尔干的时代，甚至在今天，每项统计研究都表明，尊重权利和遵守义务根本没有得到很好的贯彻。

让我们总结一下涂尔干的发展史观点：无论细分结构的（segmentär strukturiert）社会多么包罗万象和错综复杂，其中个别的群体权利和义务优先于个体权利和义务；然而，在分工结构的社会中则不同：在这里，二者的关系是颠倒的。现在，特殊的群体权利和义务必须与普遍的人的权利和义务合为一体。不过这些人的权利与义务被涂尔干视为刑法规则！

如前所述，自1895年以来，涂尔干越来越多地将法律的发展奠基于宗教的发展。在宗教的发展中，产生了神圣物与凡俗物的区分，这也在法律的发展，特别是在刑法的发展中有所体现。尽管确实存在一个世俗化的过程（Prozeß der Säkularisierung），但这必须与凡俗化的过程（Prozeß der Profanisierung）明确区分开来。在凡俗化的过程中，宗教不是被摧毁而是被重建。因此，人的权利和义务必须最终嵌入一种公民宗教中（*Zivilreligion*）中，以此为桥梁将人的权利和义务与社会性权利和义务，即公民权利和义务、职业权利和义务、家庭权利和义务，联结起来；也可以说：这将使人的权利和义务情境化。

与救赎宗教相比，公民宗教的最终约束力较弱。因此，尽管法律的一部分源于宗教，但法律在现代社会中重新占据核心地位，尽管只是那些与有组织的制裁机构（Sanktionsapparat）相关联的法律。但这似乎正是涂尔干时代和当今的人的权利和义务问题。因此，涂尔干当然会赞同国际法晚近的发展，那就是国家主权（所谓的国家内政）被人的权利和义务相对化。

因此，在涂尔干的社会理论中，法社会学确实起到了核心作用。严格来说，社会被视为一个法律体系。法律不仅是社会生活的建构条件之一，而且是唯一建构条件，这与韦伯有所不同。我现在转向对韦伯的讨论。

我同样分四个步骤来展开讨论：（1）一种关于行动（Handeln）的理解科学（verste-

---

① 详见：W. Schluchter，*Über Individualismus*，*in*：*ders.*，*Individualismus*，*Verantwortungsethik und Vielfalt.* Skizzen（erscheint demnächst）。

风俗和法律的物理学之结构

配备制裁的行为规则

a）行为规则的起源：历史比较

b）行为规则的权威：统计比较

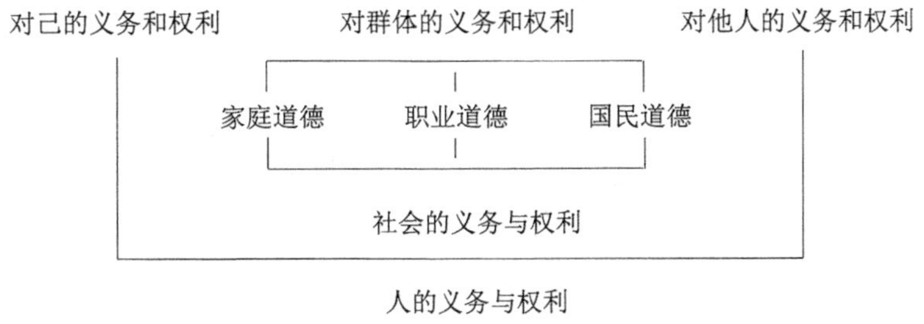

hende Wissenschaft）。（2）社会关系、社会秩序和组织（Verbände）的类型学纲要。（3）形式的与实质的法律理性化（Rechtsrationalisierung）。（4）作为范导性理念（regulative Idee）的人权。

二、马克斯·韦伯

（一）关于行动的理解科学

1919/20年，韦伯为他的《社会经济学概论》（*Grundriß der Sozialökonomik*）新版本，写作了《社会学的基本概念》（„ Soziologische Grundbegriffe “）。在这里，韦伯将社会学定义为一门科学，它“意图对社会行动进行解释性理解，并借此对其过程及效果进行因果说明”（Soziologie sei „ eine Wissenschaft, welche soziales Handeln deutend verstehen und dadurch in seinem Ablauf und seinen Wirkungen ursächlich erklären will “.）。[①] 该定义突显出三点内容：（1）社会学是一门经验科学（Erfahrungswissenschaft），正如所有经验科学，社会学亦旨在寻找有效的因果归责（kausale Zurechnungen）和说明（Erklärungen）；（2）社会学对以合意义的（sinnadäquat，一译意义上妥当的）方式所建构的行动类型进行说明，以行动者主观意向的意义（subjektiv gemeinter Sinn）为出发点；（3）但同时，社会学也从结构原则出发进行解释，即在微观层次与宏观层次之间进行由方法支配的转换，而不是只停留在一个层面。因此，社会学需要具有特定层次的（ebenenspezifisch）基本概念。这一点可以通过《社会学的基本概念》的架构（Architektur）加以说明，即基本概念从行动出发，经由社会关系和社会秩序，进而达到组织，也就是发展出来了特定层次的概念，这些概念是按照**逻辑的**，而非发生学的次序排列。

① M. Weber, *Wirtschaft und Gesellschaft*, 5., rev. Aufl., 1972, S. 1（hinfort：WuG）.

韦伯《社会学的基本概念》的架构

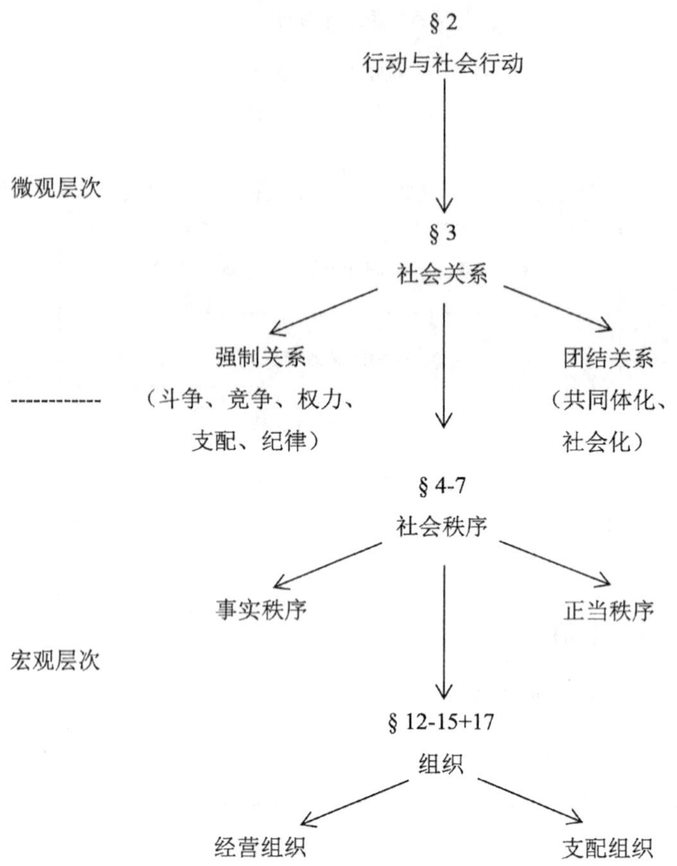

此外，由于社会学是在结构性语境下来考察行动，于是它能在观察性说明之外，进行理解性说明；这种思想对涂尔干则极为陌生。对韦伯来说，行动关系到意义，而意义被安置在结构中；这些结构既限制行动，又使行动成为可能，只不过它们只能在行动中产生和再生产。

（二）社会关系、社会秩序和组织的类型学纲要

韦伯对法律的思考，现在也构成上述基本概念的一部分。要想正确理解这一点，必须明晰两个关联。一个关联涉及韦伯与鲁道夫 · 施塔姆勒（Rudolf Stammler）之间的争论。施塔姆勒根据唯物主义观点，对经济学和法律进行了社会哲学的研究（1906 年第 2 版 · 修订版）。一开始被韦伯称为范畴的基本概念，最初也是为了“展示施塔姆勒‘应该是什么意思’”① 而发展起来的，尤其表现在法律概念的社会学版本中。另一个关联涉及韦伯

① M. Weber, *Gesammelte Aufsätze zur Wissenschaftslehre*, 3. Aufl., 1968, S. 427.

的《政治经济学手册》(*Handbuch der politischen Ökonomie*),也就是后来的《社会经济学概论》(*Grundriß der Sozialökonomik*),这是他自己的构想;为此他曾想在《经济与社会》(“Wirtschaft und Gesellschaft”)的标题下,写作《经济与法律》(“Wirtschaft und Recht”):(1)经济与法律的“原则性关系”;(2)“当今状态的诸发展时期”。①

韦伯逝世后,在他的遗稿中发现了相关文本,能够大致对应上述结构:一个文本是《经济与秩序》(„Die Wirtschaft und die Ordnungen“),该文本有两个版本,一个早期版本很可能写于1910年之前,另一个版本较晚,但也不早于1913年;另一个文本作为他的法社会学而出名②。但不应将后者误解为“连字符社会学”或纯粹的领域社会学。韦伯的法社会学将法律的发展放置到与其他社会秩序和权力的发展的关系中,予以探讨。他持普遍历史的视角,将该发展一方面视为法律之内的(rechtsintern)过程,另一方面视为法律之外的(rechtsextern)过程。

针对所提问题,我们可以从这些文本中获得什么?我从《经济与秩序》一文开始分析。该文涉及法律秩序与经济秩序的关系,但也涉及法律秩序与惯例秩序以及法律秩序与风俗之间的关系,最后还涉及法律强制对经济的意义和限度,因此,韦伯事实上以社会学为视角,聚焦于法律与经济的原则性关系。如前所述,该文本也是对施塔姆勒的抨击。这一抨击在下述评论中表现地尤为清晰:“但最重要的是施塔姆勒混淆了两个问题,一是理念的(*ideell*)、法教义学家或伦理学家在科学上可演绎的某‘规范’的‘有效性’(‘Geltung’ einer ‘Norm’),二是作为经验观察对象的经验行动的实际(*real*)影响;通过规范的有效性之观念(*Vorstellung* vom Gelten der Normen)。进一步来说,施塔姆勒混淆了通过规则确立的对行为的规范的‘被规制性’(*normative* ‘Geregeltheit’)与人类行为的事实的合规律性(*faktische* Regelmäßigkeiten)。必须在概念上对二者予以严格区分。”③

韦伯本人是如何谨守他所提出的上述概念区分的呢?首先,他严格区分了两种视角(*Betrachtungsweisen*):法学的视角与社会经济学的,尤其是社会学的视角。这使他区分了规范的两种有效性类型(*Geltungsarten*),即规范的有效性与经验的有效性,它们之间必须相互预设且彼此关联。然后,他严格区分了两种行为的合规律性(*Verhaltensregelmäßigkeiten*),即纯粹事实的与受规则引导的行为的合规律性。这使他区分了(一方面)惯例(Konvention,一译常规)、法律和伦理(Sittlichkeit)与(另一方面)纯粹的风俗(Sitte)。不过,受规则引导的行为是适合秩序的(ordnungstauglich);而规则的类型及其保障决定了从中会产生何种秩序。

---

① 参见韦伯于1910年5月为《社会经济学手册》起草的“分工计划”(“Stoffverteilungsplan”)。该分工计划详见:Max Weber – Gesamtausgabe II/6, S. 766 ff., hier: S. 768。

② 该文本指的是韦伯未完成的手稿《法律的发展条件》(„Die Entwicklungsbedingungen des Rechts“),英译本将原标题改为:“The Society of Law”。韦伯在这里描绘了从古至今各个时期的法律状态的发展。德文原文收录于:Max Weber, Wirtschaft und Gesellschaft, MWG I/223, S. 274 ff。——译者注。

③ M. Weber, *WuG*, S. 191.

从1920年开始，韦伯将这种早期的社会秩序类型学纳入其《社会学的基本概念》，但也对此有所修改，原因是在这种早期的类型学与“社会学的基本概念”之间，韦伯发展出了他的支配社会学，正当性概念（Legitimitätsbegriff）在那里居于核心位置。这从逻辑上对应《社会学的基本概念》第五章：“行动，尤其是社会行动，进而尤其是社会关系，能够站在参与者一方以正当秩序之存续的观念为导向。行动的这一导向事实上会发生的机会（Chance）应被称为相关秩序的‘有效性’。”他继续往下说道：“我们意图（a）只在一种情形下将社会关系的意义内涵（Sinngehalt）称为‘秩序’，即行动以既定‘准则’（平均的和接近的）为导向。”对此我们可以进行补充：这些准则最初既可以是目的准则，也可以是规范准则。然后再对此进行限制：“我们意图（b）只在一种情形下论及该秩序的‘有效性’，即上述事实上的准则导向之所以至少同样（即实际上起作用）发生，是因为这些准则无论如何针对行动是有效的：有约束力的（verbindlich）或起模范作用的（vorbildlich）。”[①] 但是，这最终仅适用于规范准则（Normmaximen）。

韦伯的上述多个定义中包含四方面的内容：（1）两个有效性概念；（2）两个合规律性概念；（3）目的秩序与规范秩序的区分；（4）在规范秩序内部，惯例秩序与法律秩序的区分。但就法律体系而言，韦伯现在强调，在一种经验可验证的正当性信念的意义上理解正当性。这是在此期间内发展起来的支配社会学的结果。

韦伯关于社会秩序的（早期）类型学

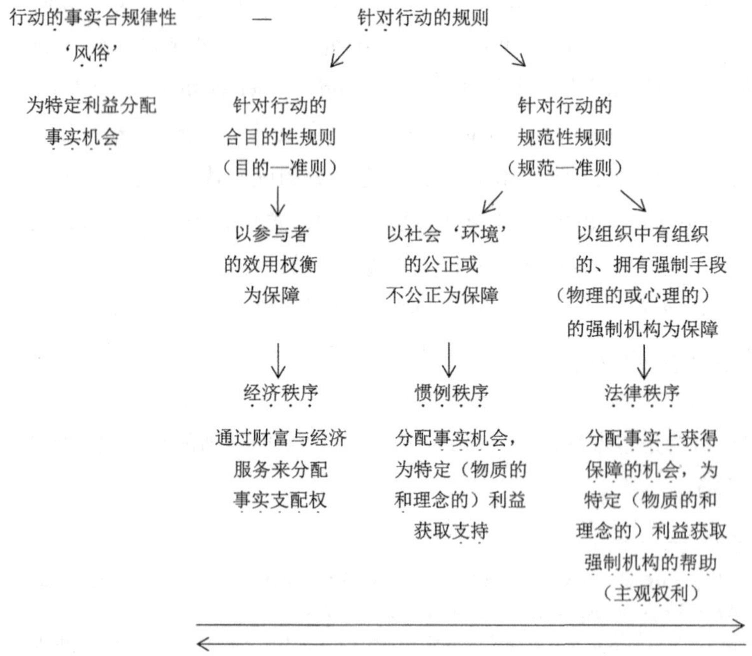

① M. Weber, *WuG*, S. 16.

因此，法社会学视角关注法律秩序的经验有效性，并将其置于法律规范（Rechtssätze）的核心；它不同于法教义学的关注点，后者研究规范的有效性，而不论这些法律规范是习惯法还是成文法的结果。法律规范将构成要件（Tatbestand）与法律后果（Rechtsfolge）联系起来（如果A，那么B），这种联系的特点在于，它并不总是发生，因此必须通过强制机构（Zwangsapparat）予以保障。这一点与涂尔干最为接近，尽管韦伯同时会更多地考虑分层（Abstufungen，一译等级区分）。因此，客观法也可能间接地获得保障或者毫无保障，却不会因此失去其作为客观法的属性；而且即使在获得保障的情况下，不一定非得是国家保障，也可以是非国家或先国家保障。但主观权利对应于客观法。韦伯在社会学上将主观权利定义为：凭借客观法律秩序，一个人事实上有机会“为特定（理想的或物质的）利益获取‘强制机构’的帮助”。[①] 同样，这种主观权利既可能是间接的，例如作为反射效力（Reflexwirkung）的结果，也可能是直接的，因此要么是先天的，要么是后天的。

以下六个要点与韦伯的经验法律秩序概念相关联：（1）任何经验法律秩序都有漏洞。将法律规范的客观—正确意义呈现为一个逻辑上无矛盾的封闭体系，是一个永远无法完全实现的法教义学理想。（2）在任何一个经验法律体系中，法律规范或多或少都有效。这种渐进主义的观点（gradualistische Sichtweise）最终也与法教义学理想相矛盾。（3）法律秩序的经验有效性程度通常取决于其他规范秩序（尤其是惯例规范）的有效性，但也取决于伦理规范的有效性。（4）法律秩序不仅与伦理、惯例和风俗相互连接，形成“无缝的阶梯”（„ in lückenloser Stufenleiter “），而且一个社会中通常有多种秩序并存，法律秩序相互之间会发生冲突，同时法律秩序也会与其他秩序发生冲突，因此可以称其为秩序的斗争。（5）法律秩序只规制行动的一小部分，涵盖的“仅仅是相同部分”[②]；法律秩序尽管在规范层面上是有效的，但在经验层面上很可能归于无效。（6）虽然法律秩序只能或多或少地被彻底理性化（durchrationalisiert），但从法律史的角度来看有三个重要发展，它们属于法律理性化的范畴：一是法律秩序的统一化（Vereinheitlichung）；二是法律秩序相对于其他规范秩序的相对自治化（Autonomisierung）；三是国家对法律强制的垄断化（Monopolisierung）。但在韦伯看来，第三种理性化是市场发展的结果：“市场社会化（Marktvergesellschaftung，一译市场结合体关系）的全面支配一方面要求法律能够根据理性规则可计算的方式发挥功能，另一方面，市场的扩大是市场社会化的典型趋势，凭借其内在的结果（Konsequenzen），市场的扩大会促进对所有‘正当的’强制力（Zwangsgewalt）的垄断和监管，这种垄断和监管通过设立一个普遍的强制机构（Zwangsanstalt）而实现，即解散所有单个的、大多基于经济垄断的等级性强制构造物（Zwangsgebilde，一译强制构成体）和

① M. Weber, *WuG*, S. 184. 顺便提一句，韦伯后来将先前手稿中的“强制机构”（Zwangsapparat）概念替换为“实施强制的班子”（Erzwingungsstab）。

② M. Weber, *WuG*, S. 194.

其他强制构造物。”①

与涂尔干不同，对韦伯而言，法律不是社会生活的唯一建构条件，而只是建构条件之一。当然，从韦伯的观点来看，随着社会分化的发展，这一条件越来越重要，因为这个过程也被（甚至首先被）描述为社会关系的法律化（Verrechtlichung）。在这个过程中，法律经历了根本性转变。与涂尔干不同，韦伯将这一过程置于法律的形式理性化与实质理性化的公式（Formel von der formalen und materialen Rationalisierung des Rechts）之下。

（三）形式的与实质的法律理性化

这里不是要复述韦伯对‘当今法律状态（Rechtszustand）发展的各个时期’的全面描述，正如他的法社会学手稿中所呈现的那样。当然，重要的是要谨记，与涂尔干不同，韦伯不是从压制性法律与恢复性法律的变化及其相互关系的角度审视这一发展。他的着眼点是证明当今法律状态主要是法律发现（Rechtsfindung）的形式理性化的结果，作为一种辩证的反向运动（Gegenbewegung），在一些法律利害关系者（Rechtsinteressenten）中产生了对实质的法律理性化的渴望。因为现代法律秩序不仅处于与其他社会秩序之间的张力中，而且还被一种法律理念所支配，这种法律理念自身即揭示了一种深刻的张力。引用古斯塔夫·拉德布鲁赫（Gustav Radbruch）的话来说，这是一种（一方面）正义理念与（另一方面）法的安定性理念和合目的性理念之间的张力。如果法律在形式上被理性化，那么法的安定性与合目的性必定占据主导地位。在韦伯看来，这一点通过在现代的法律发现中普遍存在的四项原则得以呈现：（1）法律发现由涵摄原则（Subsumtionsprinzip）所决定，根据该原则，法律发现存在于抽象法律规范在具体情形中的应用。构成要件要素（Tatbestandsmerkmale）必须是普遍的和明确的。（2）法律发现由建构原则（Konstruktionsprinzip）所决定，根据该原则，必须通过法律逻辑工具对每个具体的案件事实（Sachverhalt）进行涵摄，这些工具是由理性支配的，具有内在于法律的性质（rechtsimmanenter Natur）。（3）法律发现由封闭性原则（Geschlossenheitsprinzip）所决定，根据该原则，有效的法律呈现为一个无漏洞的法律规范体系。这种封闭性是对与法律相关的生活关系进行逻辑的意义解释（Sinndeutung）与建构性理解的结果。（4）法律发现最终由关联性原则（Relevanzprinzip）所决定，根据该原则，任何在法学上无法建构的事物，均不能被视为与法律有关联的。这指向构成要件与案件事实之间的差异和法律的‘非现实性’（Unwirklichkeit‘ des Rechts）。②

韦伯详细论述了以下权力（Mächte）：政治权力（Gewalten，一译暴力）和贵族权力、各种法学流派的代表、各种法律利害关系群体和法律秩序的组织章程（Verfaßtheit），尤其

① M. Weber, *WuG*, S. 198.

② Hierzu bes. M. Weber, *WuG*, S. 395 ff.

在西方国家，它们推动了形式的法律理性化进程。既然这些权力之间的差异如此之大——仅从这一点，就可以看到韦伯与涂尔干之间的距离——那这种实质的法律理性化如何体现？随着法的安定性与合目的性的增长，正义又将如何？

（四）作为范导性理念的人权

韦伯本人描述了法律形式主义的诸多反向运动。这些运动首先具有绝对内在于法律的性质。例如，以自由心证取代形式上有约束力的证据法，以关注当事人的真实意愿取代形式上有约束力的构成要件要素，又比如在确定法律后果时更多地考虑‘意向’（Gesinnung），但首先是一些特定法律概念，如诚实信用或善良风俗，渗入形式法律中。但更重要的是外在于法律的发展。根据韦伯的说法，各个法律利害群体，尤其是法律思想家（Rechtsideologe）[①]，意图用实质正义取代形式上的合法性（Legalität）。[②] 他将这种反形式主义的担纲群体（Trägergruppen）定位于福利官僚机构（Wohlfahrtsbürokratie）以及社会民主党或法律实践的同行思想家（Standesideologen）。所有这些群体的共同点是，它们都意图让形式的法律服务于非法律的政治和伦理预设，并且在这样做的过程中，它们也倾向于抹平法律之外的与法律之内的实质理性化之间的差异。

对于韦伯来说，当今法律状态的首要特征是，随着自然法的消失，法律体系整体上从法外正义预设转向了法内正义预设。现代的形式法律充其量还知晓一些超实证的法律原则，正如赫尔曼·海勒（Hermann Heller）曾经说过的那样，可以将其理解为具有道德上有效性诉求（sittlicher Geltungsanspruch）的法律内容的构造原则（Bauprinzipien）。[③] 这种最初必须被视为受文化圈约束的（kulturkreis*gebunden*）构造原则无疑包括人权。涂尔干将人权置于“高等社会”的核心，对此韦伯认为，如果没有人权，现代人则无法生存。因为康德的洞见也适用于韦伯，即人是自身的目的，而绝不能沦为手段，否则人就会丧失自己的尊严。尽管如此，韦伯很可能不会想到将人权解释为刑法。他甚至不确定，人权是否应该被理解为脱离文化圈的（kulturkreis*entbunden*），即在建构的意义上被理解为普遍的。当然，如果至少没有假设这种普遍主义（Universalismus），那么形式的法律理性化将面临如下风险，即法的安定性与合目的性将获得独立，法律形式主义也不再能够与作为法的理念之组成部分的正义理念之间保持一种充满张力的平衡（spannungsreicher Ausgleich）。正如过多的实质化（Materialisierung）会破坏现代法律的效能（Leistungsfähigkeit）一样，法律的形式理性化同样会与一切法律之外的与法律之内的实质合理性（Rationalität）相脱钩。

---

① “Rechtsideologe”是韦伯笔下的概念，这里指的主要是自由法学派的法学家，他们试图将法律的实质理性化置于其形式理性化之上。——译者注。

② M. Weber, *WuG*, S. 507.

③ 对此参见施鲁赫特关于海勒与韦伯的论述：W. Schluchter, *Die Entstehung des modernen Rationalismus. Eine Analyse von Max Webers Entwicklungsgeschichte des Okzidents*, 1998, S. 223 ff。

展望：作为社会理论的法社会学的回归？

接下来通过全面比较上文论述的法社会学经典学者，开始我们的展望：他们之间有什么共同点，又有哪些不同点？毫无疑问，他们的共同点在于，他们均阐明了以经济学视角来考察社会生活的局限性，以及经济秩序尤其是资本主义市场交换经济的非经济性前提和后果（die außerÖkonomischen Voraussetzungen und Folgen）：涂尔干通过与功利主义社会理论之间争辩，来开展他关于社会分工的研究；韦伯通过一方面与历史唯物主义、另一方面与新古典经济学派之间的争辩，来研究现代资本主义的兴起。对他们二人来说，法律在这一争辩中扮演着重要角色。但他们的差异之处即在于如何规定这个角色。

我总结了四点差异：

（1）对于涂尔干来说，法律是社会生活的核心，对于韦伯来说，法律仅仅是组成社会生活的诸多要素中的一个重要因果要素。即便是决定现代社会秩序的法律化趋势（Verrechtlichungstendenz）也始终只涵盖行动的片段，仅此而已。

（2）对于涂尔干来说，法律是社会生活的象征，即首先构成了其文化的一部分；对于韦伯来说，法律是秩序，即首先是秩序配置（Ordnungskonfiguration）的一部分，而社会生活在秩序配置中展开。

（3）对于涂尔干来说，除了暂时的危机时期，法律发展与社会发展之间存在符合关系（*Entsprechung*）；对于韦伯来说，法律发展中的一部分有自身规律（*eigengesetzlich*，一译有固有法则），相对于其他发展也有自身权利（*Eigenrecht*，一译固有权利）。

（4）对于涂尔干来说，法律的分化（Ausdifferenzierung，一译分出）是现代社会功能分化（Differenzierung）① 的一部分；对于韦伯来说，法律的分化主要是指具有不同规范性尊严（normative Dignität）的价值之分化，继之以制度的分化与秩序的分化。

简而言之：核心 vs 片段、文化 vs 秩序、符合关系 vs 自身规律、功能分化 vs 价值分化，这些差异标志着位于迥然相异的社会理论框架内的不同法律观念。

这种将法社会学融入一般社会理论的做法过时了吗？我不这样觉得。纵览德国现况，两位最杰出的社会理论家——尼古拉斯·卢曼（Niklas Luhmann）与尤尔根·哈贝马斯（Jürgen Habermas）——最近即进行了这样的结合：卢曼在他的一般社会系统理论框架内，将法律视为一种分化的、运作封闭的、拥有自我结构的子系统，该系统是在与其他分化的子系统的结构耦合中发展出来的；② 哈贝马斯在其奠基于语言哲学的一般交往理论的框架内，赋予法律一种沟通交往权力与行政权力的桥梁功能；通过该理论，现代社会的双重任

① Ausdifferenzierung 更多地指"过程"，Differenzierung 则更多地指"结果"，经过与施鲁赫特的商议后，本文将其均译为"分化"。——译者注。

② Vgl. N. Luhmann, *Das Recht der Gesellschaft*, 1993, und jüngst auch ders., *Ausdifferenzierung des Rechts. Beiträge zur Rechtssoziologie und Rechtstheorie*, 1999. 卢曼在他的自创生转向（autopoietischen Wende）之前就已经在研究法律了。Vgl. etwa seine zweibändige Rechtssoziologie, 1972。

务——同时保证社会整合（*Sozialintegration*）与系统整合（*Systemintegration*）——才会达成。① 当然，这两种进路的理论基础与涂尔干和韦伯的理论基础完全不同。前两者之间的差异程度至少不亚于后两者之间的差异程度。法律被赋予的角色也偏离了经典学者的评估，而且在相互比较中可以看到卢曼和哈贝马斯对这一角色的规定也大相径庭。无论如何，在经典学者看来，法律既不是自创生系统（autopoietisches System），也不能确保现代社会的‘双重’整合——尽管涂尔干至少毫无疑问非常接近这种概念性（Begrifflichkeit）和观点。但可以说，尤其韦伯——既不像卢曼，也不像哈贝马斯——没有过分强调法律在社会生活中的作用。也许这就是为什么在近一个世纪之后，人们仍应当常忆这些法社会学经典学者，然后再无条件地共同贯彻社会理论中的自创生或语言学—语用学转向。

Legal Sociology as an Empirical Theory of Validity

Wolfgang Schluchter (Author) Zhao Jing (Translater)

Abstract: Contrary to the trend in today' s sociology, the founders of this discipline considered legal sociology to be an integral part of the sociological theory. They understood the law and its historical variations as a constitutive part of social life. This is particularly evident in the works of Émile Durkheim and Max Weber. At the same time, this opens up the possibility of presenting the difference between the approaches of the two authors, both in terms of methodology and content. The paper shows how these authors treated law in a comparative and developmental perspective and how they saw the role of criminal law and human rights in particular. Relationships to the current debate in Germany are also established.

Keywords: Émile Durkheim; Max Weber; legal sociology; empirical theory of validity, human rights

（编辑：曹瀚哲）

① Vgl. J. Habermas, *Faktizität und Geltung. Beiträge zur Diskurstheorie des Rechts und des demokratischen Rechtsstaats*, 1992.

更正说明

费小兵《国内首例代孕所致监护权案引发的合法性反思——基于中华法之道与西方相关哲学的多维视域》，第一通讯单位是重庆邮电大学，第二通讯单位是四川大学道教与宗教文化研究所。